Rosa Luxemburg
Politische Schriften

Die kleine weiße Reihe

Rosa Luxemburg, am 5. März 1871 geboren, gehört zu den ganz wenigen herausragenden Persönlichkeiten, die der deutsche Marxismus vorzuweisen hat. Ihr allzu kurzes Leben war bis zum Zerreißen eingespannt in innere und äußere Widersprüche. Aus einer wohlhabenden jüdischen Kaufmannsfamilie in Russisch-Polen stammend, akzeptierte sie schon früh die Risiken, die mit dem illegalen Kampf verbunden waren. Sie schlug die Sicherheiten aus, die eine akademische Laufbahn hätte bieten können, und stieg in der deutschen Sozialdemokratie rasch zur Wortführerin des linken Flügels auf. Wegen ihrer vehementen Kritik am Militarismus lange Zeit in Haft, blieb sie dennoch Motor der radikalen Opposition und war maßgeblich an der Gründung der KPD beteiligt. Nach ihrer Teilnahme am Berliner Aufstand wurde sie zusammen mit Karl Liebknecht am 15. Januar 1919 von Soldaten ermordet.

Die vorliegende Ausgabe stellt Rosa Luxemburgs „Politische Schriften" in chronologischer Folge vor. Eine Bibliographie und ein Namenregister runden die Ausgabe ab.

<u>Der Herausgeber:</u> Professor Dr. Ossip K. Flechtheim, Jahrgang 1909, lehrte Politische Wissenschaft an der Freien Universität Berlin. Er ist durch zahlreiche Veröffentlichungen hervorgetreten.

Rosa Luxemburg
Politische Schriften

**Herausgegeben und eingeleitet
von Ossip K. Flechtheim**

athenäum

Die „Politischen Schriften", herausgegeben von Ossip K. Flechtheim, erschienen ursprünglich in einer mehrbändigen Ausgabe bei der Europäischen Verlagsanstalt. Die ersten beiden Bände wurden 1966 mit der „Einführung" des Herausgebers veröffentlicht und entsprechen hier den Seiten 5 – 433. Zwei Jahre später wurde die Ausgabe dann um einen 3. Band erweitert (hier ab S. 435), für den der Herausgeber eine zusätzliche „Einleitung" verfaßte. Eine unveränderte Neuausgabe dieser dreibändigen Fassung erschien 1975, ebenfalls bei der Europäischen Verlagsanstalt.

Die Taschenbuchausgabe folgt dem vorliegenden Text. Die Seitenzählung wurde fortlaufend gestaltet und das Namenregister entsprechend geändert.

CIP-Kurztitelaufnahme der Deutschen Bibliothek

Luxemburg, Rosa:
Politische Schriften / Rosa Luxemburg. Hrsg. u. eingeleitet von Ossip K. Flechtheim. – Frankfurt am Main :
Athenäum, 1987.
   (Taschenbücher Syndikat bei Athenäum ; Bd. 95)
   ISBN 3-610-04695-3

Taschenbücher
Band 95
April 1987

Athenäum Verlag GmbH, Frankfurt am Main
Alle Rechte vorbehalten.
© der Erstausgabe: Europäische Verlagsanstalt
Frankfurt am Main 1966 und 1968
Druck und Bindung: Ebner Ulm
Printed in West-Germany
ISBN 3-610-04695-3

Einführung

I

Rosa Luxemburg wurde am 5. März 1871 (dem Geburtsjahr Liebknechts) in Zamość in Russisch-Polen als Tochter eines emanzipierten jüdischen Kaufmanns geboren.[1] Sie trat schon ganz früh einem polnischen illegalen revolutionären Zirkel bei und floh – noch nicht achtzehnjährig – über die Grenze. Nach dem Abschluß ihres Studiums lebte sie seit 1896 in Deutschland – vor der Ausweisung geschützt durch die mittels einer Scheinehe mit Gustav Lübeck erworbene deutsche Staatsangehörigkeit. Mit ihrer ganzen Kraft stürzte sie sich alsbald in die Arbeit der deutschen Sozialdemokratie. Auch als theoretische Wortführerin der deutschen Marxisten, blieb sie zugleich Internationalistin und Weltbürgerin. Nach dem Ausbruch der ersten russischen Revolution 1905 ging sie illegal nach Warschau, wo sie 1906 zusammen mit ihrem Lebensgefährten Leo Jogiches verhaftet wurde. Nach Stellung einer Kaution freigekommen, kehrte sie nach Deutschland zurück. Seit 1907 wirkte sie als Dozentin an der zentralen Parteischule der SPD. Aus dieser Arbeit erwuchs die erst nach ihrem Tode veröffentlichte »Einführung in die Nationalökonomie« sowie ihr theoretisches Hauptwerk »Die Akkumulation des Kapitals. Ein Beitrag zur ökonomischen Erklärung des Imperialismus« (1913).

Für die Humanistin und Kriegsgegnerin, die schon 1900 auf dem Pariser Kongreß der II. Internationale vorhergesagt hatte, der Zusammenbruch der kapitalistischen Ordnung werde »durch eine durch die Weltpolitik herbeige-

---

[1] Zweifel hinsichtlich ihres Geburtsjahres sind jetzt von J. P. Nettl in seiner Biographie (Rosa Luxemburg, Vol. I, London 1966, S. 50) geklärt worden.

führte Krisis erfolgen«, und die auf den Kongressen der Internationale 1907 in Stuttgart und 1912 in Basel den Kampf gegen Krieg und Militarismus zu steigern versucht hatte, wirkten der Ausbruch des Weltkrieges und die Kriegspolitik der SPD als furchtbare persönliche Schicksalsschläge. Zusammen mit Karl Liebknecht suchte sie mühselig das kleine Häuflein kompromißloser Kriegsgegner in der SPD zu sammeln und zu organisieren – erst in der »Gruppe Internationale«, dann im »Spartakusbund«. Doch schon am 18. Februar 1915 wurde sie zur Abbüßung einer einjährigen Gefängnisstrafe festgesetzt. Am 22. Januar 1916 war sie wieder frei – doch schon am 10. Juli 1916 wurde die »Schutzhaft« über sie verhängt. Erst am 9. November 1918 öffneten sich die Gefängnistore auch für Rosa Luxemburg. Sie verzehrte sich nun im Kampf gegen die neue Ebert-Scheidemann-Regierung für die Weiterführung der Revolution, der auch die Gründung der KPD (Spartakusbund) dienen sollte. Nachdem ein Aufstand, den Rosa abgelehnt hatte, fehlgeschlagen war, wurde sie am 15. Januar 1919 zusammen mit Karl Liebknecht von Regierungstruppen festgenommen und brutal ermordet. Ihre Leiche wurde erst nach Monaten aus dem Landwehrkanal geborgen. Die Mörder wurden freigesprochen – der damalige Hauptmann Pabst lebte noch lange bei bester Gesundheit.

II

Die deutsche Geschichte des 19. und 20. Jahrhunderts steht im Zeichen einer eigenartigen Tragik. Bei den großen Völkern des Westens war die nationale Frage schon relativ früh in einer Synthese von nationaler Einheit und bürgerlicher Freiheit gelöst worden. In Deutschland wurde die Nation erst spät – zu spät? – mit Hilfe von »Blut und Eisen« geeint. Der aus Bismarcks »Revolution von oben« resultierende typisch deutsche Konstitutionalismus begründete ein Herrschaftssystem, das vor allem auf Kosten der politischen Freiheit, die nur eine Scheinexistenz führte, funktionierte. Auch nach 1871 hatte der imperialistische

Kampf gegen die »feindliche« Umwelt – ein Kampf unter autoritärer Führung und im reaktionären Geiste – das Primat. Der Schwäche der freiheitlich-revolutionär-demokratischen Kräfte entsprach die außerordentliche Stärke autoritärer-reaktionär-bürokratischer Institutionen, Kräfte und Verhaltensweisen.

Bis ins 20. Jahrhundert hinein überdauerte der Militär- und Polizeistaat; er war das Gegenstück einer Obrigkeitsgesellschaft und einer Untertanen-Mentalität. War dieser Staat auch kein totalitärer Staat, so war er doch ein »Überstaat«, der mit seinen Eingriffen ordnend, schützend oder unterdrückend weit in die verschiedenen Lebensbereiche der Gesellschaft hineinreichte. Heinrich Manns »Der Untertan« wie auch der »Hauptmann von Köpenick« sagen über diese Seite der deutschen Wirklichkeit mehr aus als alle gelehrten Abhandlungen.

Diesem historisch-sozialen Milieu ist auch die Sozialdemokratie stets verhaftet geblieben, die ja erst nach der schweren Niederlage der achtundvierziger Demokratie, also in einer restaurativen Epoche, entstanden ist. Zwar berief sie sich lange Zeit mit Stolz nicht nur auf Lassalle, sondern auch auf Marx und Engels. Sowohl die Einstellung der Mehrheit ihrer Anhänger wie auch die von ihr schon vor 1914 wirklich verfolgte Politik waren jedoch nicht die einer marxistischen Arbeiterpartei. Ja, man kann sich fragen, inwiefern sie als sozialistische oder auch nur als radikal-demokratische Partei operierte.

Der Aufstieg der Arbeiterbewegung fiel in eine Epoche des wirtschaftlichen Aufschwungs, der im neuen Reich besonders zu spüren war. So läßt sich eine, wenn auch noch so bescheidene, wirtschaftliche Verbesserung der Lage eines nicht unbeträchtlichen Teils der Arbeiterschaft kaum bestreiten. Vom Beginn der sechziger Jahre bis zur Jahrhundertwende waren, natürlich zum Teil auch als Folge der gewerkschaftlichen Kämpfe, die Reallöhne um nahezu ein Drittel gestiegen; danach waren sie allerdings, infolge des Ansteigens der Lebenshaltungskosten, stabil geblieben. Nicht ohne Wirkung war auch die Verkürzung des Arbeitstages vom Zwölfstundentag in den siebziger Jahren zum Zehnstundentag 1914, die Leistungen der Sozialversicherung, die Verbesserung des Arbeitsschutzes geblieben. Dem standen allerdings das anhaltende Wohnungselend sowie die zunehmende Differenzierung der Arbeiterklasse in eine Oberschicht mit kleinbürgerlichem Lebenszuschnitt, eine breite Mittelschicht und eine verelendete Unterschicht gegenüber.

Im Kaiserreich sind die Institutionen und Organisationen der Arbeiterbewegung außerordentlich rasch erstarkt. Hierfür nur wenige Zahlen:

Das Vermögen der Freien Gewerkschaften stieg zwischen 1890 und 1914 von 425 845 Mark auf über 88 Millionen. Die Zahl ihrer Mitglieder wuchs im selben Zeitraum von weniger als 300 000 auf über 2,5 Millionen. Viel stärker vergrößerte sich noch der Kreis der festangestellten Funktionäre: Waren es 1900 bei den Zentralverbänden 269 gewesen, so erreichten sie bei Kriegsausbruch die stattliche Zahl von 2867. 1900 kamen also auf je 10 000 Mitglieder nur 4 hauptamtliche Funktionäre, 1914 dagegen mindestens 11. Die Gesamteinnahmen des Parteivorstandes stiegen von 232 000 Mark 1891/92 auf 1 358 000 Mark 1910/11, das Vermögen von etwa 172 000 Mark 1890 auf etwa 2 335 000 Mark 1913. Die Parteipresse – 1912 gab es 90 Tageszeitungen! – beschäftigte 267 Redakteure, 89 Geschäftsführer, 413 Angestellte als kaufmännisches und Verwaltungspersonal, 2646 als technisches Personal und 7589 Zeitungsausträgerinnen; der Literaturumsatz der Buchhandlung »Vorwärts« belief sich 1911/12 auf 790 000 Mark. Die Partei hatte 1913/14 9115 Vertreter in Landgemeinden, 2753 Stadtverordnete, 320 Mitglieder von Gemeindevorständen und Magistraten. Sie verfügte über 231 Landtagsmandate. Als Kuriosum sei erwähnt, daß sie in Schwarzburg-Rudolstadt die absolute Mehrheit im Parlament erringen konnte (9:7). Im Preußischen Abgeordnetenhaus blieb sie eine verschwindende Minderheit (10 von 443 Mandaten). In den Vertretungs- und Verwaltungskörperschaften der Arbeiterversicherung, in den Gewerbe- und Kaufmannsgerichten und den kommunalen Arbeitsnachweisen saßen bereits 1910 fast 100 000 Sozialdemokraten. Die Mitgliederzahl der SPD hatte sich in weniger als einem Jahrzehnt verdreifacht (1906: 384 000; 1914: 1 086 000). Ihre Erfolge bei den Reichstagswahlen sind geradezu sensationell: Stimmten 1871 weniger als 3% aller – natürlich nur männlichen! – Wähler für sie, so waren es 1912 34,8%. Die Zahl ihrer Stimmen vervierzigfachte sich von 1871 (124 655) bis 1912 (4 250 399), die ihrer Mandate wuchs in diesen vier Jahrzehnten noch mehr – von 2 auf 110 (von diesen Abgeordneten waren 36 Gewerkschaftsführer).

Wie breit war nun die soziale Basis der sozialistischen Organisationen? Vor 1914 war nur eine Minderheit der Arbeitnehmerschaft gewerkschaftlich organisiert, die Arbeitnehmer der staatlichen Betriebe und Verwaltungen sowie die Landarbeiter überhaupt nicht, die Gemeindearbeiter und Frauen nur schwach. Die Organisation der Angestellten war noch wenig fortgeschritten. Das Schwergewicht der Gewerkschaften lag bei den Arbeitern in Industrie, Handwerk, Handel und Verkehr. Von diesen hatten sich 1907 etwa 24% den Freien Gewerkschaften angeschlossen. Am stärksten organisiert waren die gelernten Arbeiter in den Betrieben mit 10 bis 1000 Arbeitern, d. h. also die der kleinen und mittleren Betriebe. Aber auch innerhalb der eigentlichen gewerblichen Arbeiterklasse waren die mehr handwerklich geprägten, klein- und mittelbetrieblich bestimmten Industriezweige am stärksten durchorganisiert. An der Spitze standen die konservativen Buchdrucker. Schwächer waren die Gewerkschaften in der Großindustrie, am schwächsten in der Schwerindustrie. Im Bergbau waren sie ohne großen praktischen Einfluß, in der großen Eisen- und Stahlindustrie hatten sie überhaupt noch nicht Fuß fassen können.

Vor dem Ersten Weltkrieg war die SPD aber nicht nur die stärkste Partei in der Zweiten Internationale, die Freien Gewerkschaften die größten Gewerkschaften der Welt (der britische Trade Union Congress hatte 1913 2,2 Millionen Mitglieder, die amerikanische Federation of Labor nicht ganz 2 Millionen). Daneben hatte sich die deutsche Arbeiterbewegung in einer ganzen Reihe von Neben- und Hilfsorganisationen organisiert, die wie ein dichtes Netz die SPD umgaben. Hierfür nur einige ganz wenige Beispiele: 1913/14 wurden 49 Gesellschaftsreisen für Arbeiter veranstaltet; es gab 147 Arbeiterbibliotheken; es fanden 769 Volksvorstellungen und 38 Kindervorstellungen statt. Dieses organisatorische Geflecht reichte in der Tat vom »Konsum« bis zum Bestattungsverein, vom Kegelklub bis zur Parteihochschule.

Der weitgehenden Verstoßung des Proletariats von oben entsprach eine zeitweilige, mehr oder weniger unfreiwillige »secessio plebis« von unten. In der zerspaltenen, partikularistischen deutschen Gesellschaft lebte das Proletariat im 19. Jahrhundert in der Tat in einem Leerraum. Das Verlangen dieser vom wilhelminischen Obrigkeitsstaat und von der noch halbfeudal-militaristischen Gesellschaft nicht akzeptierten deutschen Industriearbeiterschaft nach einer neuen Heimat fand seine Erfüllung in einer eigenen Welt von Organisationen und Institutionen, in der der Genosse von der Wiege bis zum Grabe (oder bis zum Ausschluß!) zu leben vermochte. Hier konnte sich auch im besten Falle ein Gefühl von Würde und Kraft entfalten, das gelegentlich bis zu einem ausgesprochenen Sendungsbewußtsein reichen konnte. Dieses suchte sich in einem stark fatalistisch-religiös gefärbten Vulgärmarxismus zu artikulieren, wie er gegen Ende des Jahrhunderts herrschend wurde. Wie P. v. Oertzen ausführt, nahmen die Arbeiter, soweit sie die marxistische Lehre akzeptierten, sie nicht als Arbeiter, als Produzenten auf, sondern als Mitglieder ihrer Parteiorganisation. Sie bezogen sie also nicht auf ihre konkrete Lage in der Wirtschaft und im Betrieb, sondern auf ihre Tätigkeit als politisch organisierte Parteimitglieder. Die von der SPD erfaßten Massen der Arbeiter hatten aber nur eine begrenzte Möglichkeit der Selbsttätigkeit und Selbstbestimmung. Der sozialdemokratische Wahlverein operierte ohne Beziehung zu der Wirtschaft und den konkreten sozialistischen Zukunftsaufgaben. Insofern kann man also fast von einer Schizophrenie des klassenbewußten Proletariers sprechen: »Auf der einen Seite stand der berufsstolze, dem Verband unverbrüchlich treue Gewerkschaftsgenosse, auf der anderen Seite das radikal-demokratische, auf das allgemeine Wahlrecht und die politische Aufklärung der Massen vertrauende Parteimitglied.« Während die Gewerkschaften weder über eine ausgesprochene Arbeiterintelligenzschicht noch über eine eigene Theorie verfügten, besaß die Sozialdemokratie beides.

Soweit die Partei an der Entwicklung eines eigenen, neuen sozialistischen Menschentypus arbeitete und sich nicht auf den Ausbau der Organisation konzentrierte, kämpfte sie vor allem für ein demokratisches – allgemeines – Wahlrecht und – zusammen mit den Gewerkschaften – für den Acht-Stunden-Tag und andere sozialpolitische Verbesserungen. Sie verzichtete aber weitgehend auf jedes aktiv-revolutionäre Eingreifen in die große Politik, das den Rahmen der bürgerlichen Gesellschaft zu sprengen gedroht hätte. Man glaubte um so mehr, den Anbruch des Sozialismus passiv abwarten zu können, da man davon überzeugt war, daß dieser mit dem unvermeidlichen Zusammenbruch des Kapitalismus naturnotwendig kommen würde.

Eine reformistische Tagespolitik drückte der Partei ihren Stempel auf, je mehr es ihr und den Gewerkschaften gelang, in die Bereiche der Sozialpolitik, der Kommunalpolitik, ja sogar auch der Landespolitik – im Süden, nicht in Norddeutschland! – einzudringen. Nicht die marxistischen oder revisionistischen Theoretiker, sondern die Gewerkschaftssekretäre, Parteibeamten und Kommunalpolitiker bestimmten immer stärker den Charakter der Partei. So übertrieb Rosa Luxemburg vielleicht gar nicht so sehr, wenn sie den sozialdemokratischen Parteitag als eine Versammlung von Bonzen und Budikern attackierte. War die Sozialdemokratie ausgezogen, die bestehende Gesellschaft zu verändern, so hatte diese schon vor 1914 jener ihren Stempel aufzudrücken vermocht.

Man kann aber nicht nur allgemein eine Verbürgerlichung und Bürokratisierung der Sozialdemokratie feststellen, sondern auch eine Anpassung an spezifisch »Wilhelminische« Wesenszüge. Der Kampf mit der wilhelminischen Autokratie führte dazu, daß die SPD gerade im Verlauf dieses Prozesses selber immer autoritärer wurde. Robert Michels hat in seinen Untersuchungen darauf hingewiesen, welche Rolle bereits vor 1914 die kriegerische Terminologie und die militärischen Begriffe gerade auch bei der deutschen Sozialdemokratie gespielt haben. Er hat dann ja auch aus seinen Erfahrungen vor allem auch mit der SPD sein ehernes Gesetz von der Oligarchie in allen demokratischen Organisationen ableiten zu können geglaubt. Wie es nun damit auch bestellt sein mag, um dem äußerst straff organisierten und disziplinierten Gegner selber schlagkräftig entgegentreten zu können, glaubte die SPD schon bald, das Prinzip der Organisationsdisziplin ganz groß schreiben zu müssen.

Die autoritären Tendenzen innerhalb der Partei fanden aber zudem einen besonders nahrhaften Boden, da ja auch die Menschen, die sich in der Sozialdemokratie zusammenschlossen, trotz allem sicherlich vorhandenen Freiheitswillen doch in ihrer Charakterstruktur vorgeformt waren durch die Persönlichkeitsbildung in der deutschen Gesellschaft. Hatte man ihnen in der patriarchalischen Familie, in der traditionalen Schule, in der hierarchischen Staatskirche, im autokratischen Heere, in der autoritär organisierten Fabrik tagein, tagaus beigebracht, daß es auf Gehorsam und Ordnung ankomme, so konnten sie gar nicht anders, als sich auch in ihrer eigenen Partei ähnlich zu verhalten. Nichts natürlicher, als daß die große Mehrheit nur allzu bereit war, sich einer neuen Führung gegenüber, die neben oder an die Stelle der alten wilhelminischen Obrigkeit trat, ähnlich zu verhalten wie den alten Gewalten gegenüber.

Der Glaube an eine revolutionäre Umwälzung, sei es auch nur nach dem Vorbild der großen Französischen Revolution, war angesichts des Fehlens einer nonkonformistischen Widerstandstradition, des Scheiterns der letzten demokratischen Revolution von 1848 sowie der letzten bürgerlichen Opposition in den sechziger Jahren von Generation zu Generation schwächer geworden. Nach dem Tode von Engels und Wilhelm Liebknecht war wohl schon die Generation von Bebel und Kautsky kaum noch imstande, sich die Zukunft im Zeichen von Revolution, Aufstand und Bürgerkrieg vorzustellen. Das materielle und ideelle Erstarken Preußens und Deutschlands im Rahmen der raschen Entwicklung des Hochkapitalismus schien doch ein für allemal zu beweisen, daß die Weiterentwicklung nur auf dem Wege einer mehr oder weniger weitgehenden Anpassung an die bestehenden Mächte möglich war. Gerade für den Deutschen mußten Aufstand und Rebellion zu Chaos und Anarchie führen, durften Reform und Kompromiß nie die Aufrechterhaltung von Ruhe und Ordnung gefährden. Wilhelm II. hatte daher wohl nicht so unrecht, wenn er – nach der Bekundung Eduard Davids – nach Ausbruch des Krieges bemerkte, der rote Lack sei von den Sozialdemokraten abgesprungen und die guten Deutschen seien zum Vorschein gekommen!

Freilich war die »Integrierung« der deutschen Arbeiterbewegung in das Gefüge des Deutschen Reiches stets viel weniger lückenlos und durchgängig als in Westeuropa. Anders als im »bürgerlichen« Frankreich der Dritten Republik oder in dem sich verbürgerlichenden England – oder auch dem »liberalen Musterländle« Baden! – waren die monarchistischen, bürokratischen und aristokratischen Elemente in Preußen-Deutschland nach wie vor noch so stark, daß hier alle Akkomodationsbestrebungen der SPD immer wieder auf halbem Wege stecken blieben. Stellte der übermächtige Gegner, mit dem es die SPD vor allem in Preußen zu tun hatte, sie auch nie vor die klare Alternative: »Revolutionärer Kampf oder Untergang!«, so hielt er sie doch durch eine Politik der Nadelstiche in der Opposition. Für Wilhelm II. blieb die SPD bis 1914 die Partei der »vaterlandslosen Gesellen«; kein Sozialdemokrat konnte in seinem Machtbereich Dozent oder auch nur Briefträger werden. Insofern hat Paul Frölich recht, wenn er ironisch bemerkt, »daß die recht relative Tugend der Partei in der Vergangenheit wesentlich im Mangel an Gelegenheit zur Sünde ihren Grund hatte«.

Wie C. F. Schorske betont hat, verstärkten sich die reaktionären und autoritären Tendenzen wieder nach der Jahrhundertwende. Hatte die SPD auch nach dem Sturz Bismarcks stets unter der Drohung neuer Ausnahmegesetze und des Staatsstreiches gelebt, so schien immerhin damals die Verwirklichung liberaler Reformen näherzurücken.

Mit der Entfaltung des Imperialismus polarisierte sich die Gesellschaft erneut: Kapitalkonzentration, Fusion des Industrie- und Bankkapitals zum Finanzkapital, Monopole, Kapitalexport gaben die wirtschaftliche Grundlage für einen forcierten Kolonialismus, Militarismus und Nationalismus ab. In dem Maße, in dem eine Außenpolitik gesteigerten Wettrüstens und drohender Kriege in den Vordergrund rückte, verengte sich der Spielraum für innerpolitische Reformen. Im Lande der unvollendeten bürgerlichen Revolution schien jeder Weg zur Macht in eine Sackgasse zu münden: Bei den Reichstagswahlen konnte man zwar siegen, das Parlament selber aber blieb doch ein Schattenparlament. Hatte der Wahlsieg von 1912 neue Hoffnungen erweckt, so hielt doch die Bastion der Reaktion – Preußen – allen Angriffen stand. Die maßvolle Politik, die die SPD treiben mußte, um das liberale Bürgertum als Bundesgenossen gegen die preußischen Junker zu gewinnen, war zu schwächlich, um von diesen Konzessionen zu erzwingen. Die Bündnispolitik von 1912 zahlte sich nicht aus. Trotz Reichstagsmandaten und Massenorganisationen litt die SPD stärker denn je unter dem Gefühl der Ohnmacht. Sogar die Organisation begann nun zu stagnieren: Im Geschäftsjahr 1912/13 stieg die Parteimitgliedschaft nur noch um 1,3%. So wurde parallel zur »Reichsverdrossenheit« eine wachsende »Parteiverdrossenheit« spürbar.

Die Zukunft erschien in umso düstererem Lichte, als auch die inneren Spannungen zunahmen und die Parteieinheit zu bedrohen schienen. Trotz aller nach außen so imposant wirkenden organisatorischen Geschlossenheit hatte innerhalb der Partei längst ein Differenzierungsprozeß eingesetzt. Schon um 1900 standen sich die »Revisionisten«, denen Bernstein 1899 in seinem Buch »Die Voraussetzungen des Sozialismus und die Aufgaben der Sozialdemokratie« ein vollständiges Programm gegeben hatte, und die geistig von Kautsky geführten »Orthodoxen Marxisten« gegenüber. Im Gefolge der Russischen Revolution von 1905 begannen sich die letzteren weiter zu differenzieren: Von dem weit zahlreicheren »Marxistischen Zentrum« um Kautsky und um den Parteivorstand spaltete sich in den nächsten

Jahren die zahlenmäßig kleine, aber theoretisch sehr rührige »Radikale Linke« ab.

Bernsteins Revisionismus verdankte seine Entstehung sowohl der Prosperität der neunziger Jahre wie auch den neuen Möglichkeiten, die sich nach dem Fall des Sozialistengesetzes jedenfalls außerhalb Preußens in der Politik zu eröffnen schienen. Allerdings wirkte die Parteitradition sowie die anhaltende Diskriminierung der Partei vor allem in Preußen noch so stark nach, daß sich die Führer und die Masse der Funktionäre gegen Bernstein wandten. Mit überwältigenden Mehrheiten – 216 : 21 und 288 : 11 Stimmen! – wurden seine Anschauungen auf den Parteitagen zu Hannover (1899) und Dresden (1903) verdammt. Freilich war diese Mehrheit alles andere als »radikalmarxistisch« – viele sogenannte Marxisten handelten nur nach dem Rat Ignaz Auers, der Bernstein geschrieben hatte: »Ede, Du bist ein Esel, so was sagt man nicht, so etwas tut man!« Bis 1914 stützte diese Mehrheit meist das marxistische Zentrum – zumindest ideologisch und phraseologisch. Die Bemühungen des Zentrums, die bescheiden-reformistische Praxis des »Alltags« mit der Weihe des radikal-revolutionären »Sonntags« zu verklären, enthüllen sich heute als eine typische »Integrations«-Ideologie, die in der Phase des Wachstums und der Konsolidierung der proletarischen Organisationen insofern angemessen war, als sie die Stärke und Einheit der Parteiorganisation als solche symbolisierte und verabsolutierte. Später hatte sie auch noch zusätzlich die Funktion der innerparteilichen Versöhnung von Bernsteinschem Revisionismus und Luxemburgischem Radikalismus im Rahmen einer einzigen Partei. Auch für die konservative Bürokratie der Arbeiterorganisationen war sie bis 1914 insoweit nützlich, als sie deren Interesse an der Organisation als solcher begründete. Sie entsprach der eigenartigen, aus der besonderen Lage des Vorkriegs-Deutschland erklärlichen Zwischenstellung der SPD: konnte man sich doch weder wie in Westeuropa als vollreformistische Partei in eine entwickelte bürgerliche Demokratie offen einordnen, noch wie in Rußland als revolutionäre Vorkämpferin der ganzen Gesellschaft gegen den Staat permanent revolutionär handeln. Indem diese einheitliche Ideologie die gerade für Deutschland so typische Vielfalt und Tiefe der Probleme und Spannungen verhüllte, erleichterte sie es der konservativen Parteiführung, an den alten Formen und Formeln festzuhalten. Bei einer katastrophalen Zuspitzung der objektiven Lage mußte diese Ideologie versagen, ihre Träger, soweit sie an ihr festhalten wollten, gegenüber den beiden Flügeln der Partei ins Hintertreffen geraten.

Die Position des marxistischen Zentrums wurde in dem Jahrzehnt zwischen 1905 und 1914 durch die Herausbildung der radikal-marxistischen Linken geschwächt. Während Rosa Luxemburg die Aktivierung des Klassenkampfes mittels des politischen Massenstreiks verlangte, drangen auf dem Mannheimer Parteitag von 1906 praktisch schon die Gewerkschaften mit ihrer Forderung nach einem Vetorecht gegen sie betreffende Parteibeschlüsse durch. Das stärkte die Parteiführung und die Reformisten und erbitterte die Radikalen. In ihren Augen hatte die Parteiführung die Aura der Unfehlbarkeit verloren. Nach den Wahlen von 1907 wuchsen angesichts der Zuspitzung der weltpolitischen Lage und des drohenden Krieges die Gegensätze in der Partei. Während Liebknecht und Eisner eine entschiedenere Politik gegen den Krieg zu verlangen begannen, traten für den Vorschlag, im Falle eines deutschen Interventionskrieges gegen Rußland den Massenstreik zu proklamieren, nur die späteren Spartakisten ein. So gerieten nun Liebknecht, Rosa Luxemburg und Hermann Duncker auch gegen Bebel in Opposition. Auf dem Stuttgarter Kongreß der Zweiten Internationale 1907 gehörte die SPD zum konservativen Lager, das eine radikalere antimilitaristische Politik bekämpfte – nur der Einfluß der anderen Parteien verhinderte eine weitere Anpassung der SPD an den Militarismus und die sich daraus möglicherweise ergebende Spaltung. Die Periode revolutionärer Erwartungen, die 1905 eingesetzt hatte, endete mit einem großen Katzenjammer.

Erst die Auflösung des Bülow-Blocks – wir folgen immer noch Schorske – führte 1909 zu einer schärferen Profilierung der radikalen Linken: In dem Maße, in dem die Hoffnung der Revisionisten auf Zusammenarbeit mit den Liberalen wuchs, nahmen die Befürchtungen der Radikalen zu: Sie sahen in diesem Zusammengehen nur die Gefahr einer Kapitulation vor dem Imperialismus und dem Kriege. Das Ergebnis war ein klarer Bruch zwischen dem Kautskyschen Zentrum und der marxistischen Linken: Während jenes an der alten Strategie des passiven Abwartens der Revolution festhalten und so auch einen Kompromiß zwischen den Revisionisten und Gewerkschaftern einerseits, den Linken andererseits ermöglichen wollte, spürten diese immer stärker, daß die Verschärfung der inneren und äußeren Widersprüche eine entschiedenere und revolutionärere Politik unerläßlich machte. Die Partei schien sich so in drei Lager zu spalten. Kautsky hat das topographisch wie folgt veranschaulicht: von Trier, der Geburtsstadt von Karl Marx, komme man in einer scharfen Rechtswendung nach dem Großherzogtum Baden, dem Hauptsitz der Revisionisten. Gehe man dagegen nach links, so gelange man nach »Luxemburg«.

Die Stellungnahme zum Kriege und zur Armee ließ auf den beiden Parteitagen in Chemnitz 1912 und in Jena 1913 sogar vier Strömungen deutlich werden: Auf der äußersten Rechten die sogenannten Revisionisten, in der Mitte den Parteivorstand und die Masse der Funktionäre, links davon das marxistische Zentrum, das jetzt wieder nach links rückte, auf der äußersten Linken die Gruppe um Rosa Luxemburg, Mehring, Liebknecht. Die Revisionisten und die Parteimehrheit waren jetzt bereit, einer Heeresvermehrung zuzustimmen, falls diese aus direkten Steuern finanziert würde. In der Reichstagsfraktion war das Stimmenverhältnis 52:37 bei 7 Stimmenthaltungen. Das Zentrum schloß sich jetzt auch in der Frage des Massenstreiks mit der Linken gegen den Parteivorstand zusammen. Für sie ging es jetzt nicht nur um die Aufrechterhaltung alter Prinzipien, sondern auch um eine Revolutionierung der Taktik. In Jena zeigte sich, daß etwa 30% der Parteitagsdelegierten für eine offensive Taktik und gegen die Haltung der Parteimehrheit in der Steuerfrage waren. Die

Übereinstimmung zwischen diesem Abstimmungsverhältnis und dem späteren Kräfteverhältnis SPD–USPD ist überraschend.

Je größer die Gefahr des Auseinanderfallens der Partei wurde, um so dringender wurde das Verlangen nach Stärkung der innerparteilichen Disziplin. Die Verschärfung der Parteidisziplin wurde ihrerseits jedoch wieder zum Anlaß für die Radikalen, ihre Opposition gegen die Parteiführung zu steigern und ihre eigene Sonderorganisation auszubauen. Seit dem Mannheimer Parteitag hatte sich das Schwergewicht von der Mitgliedschaft und dem Parteitag weiter weg zum Parteivorstand verlagert, der auf die Zustimmung der Gewerkschaftsführer angewiesen war. Damit verbunden war eine Einbuße an taktischer Manövrierfähigkeit. Immer stärker wurde die Parteiorganisation zum Gefangenen der herrschenden Richtung. Mit dem Eintritt neuer Persönlichkeiten in die Parteiführung wurde der Apparat noch konservativer: Nachdem Wilhelm Liebknecht bereits 1900 verschieden war, starben nun in rascher Folge Singer und Bebel. Ein neuer Typ von Arbeiterführer, den so gut wie nichts mit der heroisch-revolutionären Vergangenheit der Bewegung verband und der ganz farbloser, kühler, fleißiger, eminent praktischer Organisator, Verwaltungsmann oder Parlamentarier war, kam nach oben: Scheidemann, Braun, vor allem aber Ebert erscheinen als Prototypen dieses neuen Führers. Schorske spricht in diesem Zusammenhang von reformistischen Routiniers, die äußerstenfalls an eine friedliche Weiterentwicklung des Status quo glaubten. Ihnen gegenüber konnten sich die wenigen radikaleren Mitglieder des Vorstandes wie Haase als Nachfolger Singers sowie Luise Zietz nicht durchsetzen. Im neuen Vorstand war auch das bürokratische Element mit zwei zusätzlichen Sekretären stärker vertreten. Die Kontrollkommission, die große Befugnisse hatte, war überwiegend zentralistisch orientiert: Von den Linksradikalen gehörte nur Clara Zetkin ihr an. Alle radikalen Versuche, die Parteiführung zu reformieren, waren gescheitert. Der Parteivorstand ließ nun bei der Anwendung der Statuten auf die Rechten Milde walten, während er gegen die Linken streng durchgriff. Diese schlugen zurück: Auf beiden Seiten wurde der Kampf schärfer und skrupelloser. An eine Spaltung der Partei dachte allerdings niemand auf der Linken – dafür war sie in sich schon zu uneinheitlich. Es kam nicht einmal zur Gründung einer eigenen Zeitschrift; im Dezember 1913 begannen allerdings Rosa Luxemburg, Mehring und Karski ihre »Sozialdemokratische Korrespondenz« herauszugeben.

Wie schwach die Linke war, sollte sich schon ein Jahr später zeigen. Nun wurde plötzlich deutlich, daß für die große Mehrheit die pseudomarxistische Sprache und Phraseologie nur die wahre Natur ihrer Politik verhüllt hatte. Wie breit schon vor 1914 nicht nur in den Gewerkschaften, sondern auch in der Partei die Schicht geworden war, die primär sozialpolitisch orientiert, verfassungs- und gesellschaftspolitisch aber weitgehend indifferent oder konformistisch, jedenfalls aber nicht gewillt war, die jeweilige Verfassungswirklichkeit radikal in Frage zu stellen, wurde wie auf einen Schlag offenbar, als am 4. August 1914 der Kaiser sein Wort von den »vaterlandslosen Gesellen« zurücknahm. Das Gros der Partei unter Führung von Ebert und Scheidemann trat nun offen auf den Boden des Status quo. Es war jetzt bereit, sich mit einem »sozialen Kaisertum« abzufinden, falls nur einige »Schönheitsfehler«, wie das preußische Dreiklassenwahlrecht, korrigiert würden.

Nach den Erfahrungen des letzten halben Jahrhunderts ist es heute klar, daß die Entscheidung der SPD vom 4. August 1914 zu den verhängnisvollsten weltgeschichtlichen Wendepunkten der Neuzeit gehört. Theoretisch standen der führenden Partei der Zweiten Internationale drei erfolgversprechende Wege offen: 1. Verschärfung des Klassenkampfes gegen die eigene Regierung bis zu deren Kapitulation oder Niederlage, dann Machtübernahme und Friedensschluß. Diesen Weg ging Lenin in Rußland – Liebknecht forderte ihn für Deutschland. Die Ablehnung aller Kriegskredite wäre der selbstverständliche erste Schritt gewesen. 2. Klare, aber möglicherweise mehr oder weniger legale Opposition gegen die imperialistisch-bellizistischen Tendenzen der Regierungspolitik mit dem Ziel eines sofortigen Friedens – koste es, was es wolle. Eine solche pazifistische Linie wurde später z. T. von der USPD vertreten – sie hätte 1914 zumindest Stimmenthaltung und Freigabe der Abstimmung und spätestens 1917 nach der Russischen Revolution Ablehnung aller Kredite erfordert. 3. Am schwierigsten wäre eine Politik durchzuführen gewesen, die von vornherein den Krieg in einen nationalen und sozialen Kampf der unterdrückten Völker und Klassen gegen den Weltimperialismus hätte verwandeln wollen. Dies hätte revolutionäre Mobilisierung aller Völker (der Iren, Inder, vor allem aber auch der Polen, Elsässer usw.) gegen alle reaktionären Regierungen bedeutet – in Fortführung der Tradition von 1848. Selbst wenn die SPD zunächst für die Kriegskredite gestimmt hätte, hätte sie auch dann von vornherein die Kriegführung der eigenen Regierung als reaktionär-imperialistisch kritisieren müssen. In jedem Falle hätte die SPD, auch wenn sie den zweiten oder dritten Weg gewählt hätte, von vornherein – zumindest seit der Marneschlacht! – ernsthaft die Niederlage Deutschlands einkalkulieren und sich für diesen Fall auf die Machtübernahme vorbereiten müssen.

Nichts von all dem ist geschehen. Die SPD ging den Weg des geringsten Widerstandes, der Identifizierung mit der Politik der reaktionären herrschenden Kreise und Klassen, der Illusion eines Sieges der Wilhelm und Bethmann, der Hindenburg und Ludendorff. Das war nicht nur ein »Verrat« an Revolution und Sozialismus – es war ein für die Politik der Deutschen im 20. Jahrhundert typischer Mangel an Realitätssinn, ja, ein stupender Illusionismus.

Mit ihrer Entscheidung vom 4. 8. und der diese fortführenden und steigernden Politik des »Burgfriedens« und des »Durchhaltens bis zum bitteren Ende« trug die SPD entscheidend dazu bei, nicht nur die Chancen des demokratischen Sozialismus in Europa zu zerstören, sondern auch die der Einheit und Freiheit der deutschen Nation und der Entwicklung eines europäischen und weltweiten friedlichen Staatensystems. Schon die unmittelbaren Folgen waren beispiellos: Die Zerstörung der Parteieinheit und die Polarisierung der Extreme, der Bruch mit den Bolschewiki und anderen Radikalen im Osten, der Antagonismus zu allen sozialistischen, demokratischen und progressiven Richtungen in Westeuropa, den USA usw. Die weiteren Auswirkungen sind nur als fatal zu bezeichnen: die Isolierung Deutschlands, die Zerstörung der Linken in Deutschland, die Feindschaft des Weltkommunismus, die Unmöglichkeit einer Vermeidung oder Überwindung der Weltwirtschaftskrise, die Vorbereitung des Bodens für das Dritte Reich und damit für den zweiten Weltkrieg, die Niederlage von 1945 usw.

Das Festhalten am Burgfrieden und an einer eisernen Parteidisziplin beschleunigten die Spaltung der SPD. Nachdem Karl Liebknecht als einziger schon am 2. 12. 1914 gegen die Kriegskredite gestimmt hatte, folgten ein Jahr später 20 Abgeordnete seinem Beispiel, während weitere 22 den Saal verließen. Die aus der Fraktion ausgeschlossenen Parlamentarier schlossen sich im März 1916 zu einer »Sozialdemokratischen Arbeitsgemeinschaft« zusammen. Diese war der Vorläufer der USPD, die im April 1917 in Gotha begründet wurde. Obwohl die Spartakusgruppe um Liebknecht und Luxemburg der neuen Partei kritisch gegenüberstand, schloß sie sich zunächst dieser an. Erst nach der Novemberrevolution erfolgte die endgültige und totale Trennung: Auf einer Reichskonferenz im Dezember 1918 wurde gegen drei Stimmen die Gründung einer eigenen Partei beschlossen. Am 30. 12. 1918 trat der Gründungsparteitag zusammen. Die neue Partei nannte sich KPD (Spartakusbund) – bereits im März 1918 hatte sich die russische SAPR (Bolschewiki) in Kommunistische Partei Rußlands umbenannt. Man wollte so den Bruch mit den Sozialdemokratien der 2. Internationale und die Renaissance des revolutionären Marxismus der vierziger Jahre schon in der Namengebung signalisieren.

III

Rosa Luxemburgs Schrift »Sozialreform oder Revolution?« ist ihre Antwort auf eine Aufsatzreihe und ein Buch

Eduard Bernsteins, des Begründers und Wortführers des Revisionismus. Aus dem Ausbleiben der Wirtschaftskrisen, dem Überleben des Mittelstandes, der angeblichen Liberalisierung und Demokratisierung von Staat, Gesellschaft und Wirtschaft, der Verbesserung der Stellung des Proletariats und dem Vormarsch der Arbeiterbewegung hatte Bernstein geschlossen, daß die revolutionäre Strategie Marxens überholt sei und durch eine Taktik der schrittweisen Reformen und des friedlichen Hineinwachsens in den Sozialismus zu ersetzen sei. Gegen Bernsteins »Opportunismus« verweist R. Luxemburg auf die Dialektik von Sozialreform und -revolution, auf den unzertrennlichen Zusammenhang von Reform als Mittel und Revolution als Zweck. »Die Vereinigung der großen Volksmasse mit einem über die ganze bestehende Ordnung hinausgehenden Ziele, des alltäglichen Kampfes mit der großen Weltreform, das ist das große Problem der sozialdemokratischen Bewegung, die sich auch folgerichtig auf dem ganzen Entwicklungsgange zwischen den beiden Klippen: zwischen dem Aufgeben des Massencharakters und dem Aufgeben des Endziels, zwischen dem Rückfall in die Sekte und dem Umfall in die bürgerliche Reformbewegung, zwischen Anarchismus und Opportunismus vorwärts arbeiten muß.« Nehme man dagegen mit Bernstein an, der Kapitalismus sei nicht zum Zusammenbruch verurteilt, so höre der Sozialismus auf, eine historische Notwendigkeit zu sein.

R. Luxemburg sucht dann die ökonomischen Argumente Bernsteins zu widerlegen. Weder der Kredit noch die Unternehmenszusammenschlüsse, weder die Zähigkeit der Mittelbetriebe noch das Vordringen der Aktiengesellschaften könnten die Konflikte im Kapitalismus lösen. »In letzter Linie« müßten sie den Widerspruch zwischen Produktions-, Austausch- und Aneignungsweise nur verschärfen. Auch das Ausbleiben der periodischen Handelskrisen gelte nur für eine Übergangsperiode – wir näherten uns aber dem Anfang von ihrem Ende.

Im Rückblick erscheint uns heute diese Kontroverse unschlüssig – beide Seiten haben recht und unrecht. Sicherlich erwies sich der Glaube Bernsteins, der Kapitalismus werde seine Schranken Schritt für Schritt abbauen, als falsch. Wie R. Luxemburg richtig geahnt hatte, kam eine Zeit, in der sich eine katastrophale Entwicklung des Kapitalismus abzeichnete. Die große Wirtschaftskrise von 1929 konnte zumindest für Deutschland und Amerika als Zusammenbruch des Wirtschaftssystems erscheinen. Da diese Katastrophe aber nicht die von R. Luxemburg vorausgesagten sozialen und politischen Wirkungen hatte, vermochte der Kapitalismus von innen heraus seine Krise zu überwinden. Und nun sollten in der Tat neue Entwicklungen und Kräfte, die Bernstein mehr oder weniger korrekt vorausgesehen hatte, eine neue Wachstumsphase einleiten, in der wir uns heute noch befinden und von der wir nicht wissen, wo, wie und wann sie zu Ende gehen wird. Der Kapitalismus hat nun einmal eine Zäh- und Langlebigkeit bewiesen, die Rosa Luxemburg nie geahnt hat – die Menschheit hat allerdings für sein Überleben und seine Verjüngung einen Preis entrichten müssen, den Bernstein auch nicht ahnen konnte: Depressionen wie die von 1929, Massenschlächtereien wie die beiden Weltkriege, Rückfälle in die Barbarei wie das Dritte Reich, Wettrüsten im Krieg und im Frieden, individuelle Verschwendungen, soziale Verzerrungen und kulturelle Verwüstungen kann sich das System leisten, solange es nur die Produktivkräfte immer stärker zu steigern und die Massen an ihren Produkten teilhaben zu lassen vermag.

Rein ökonomische Schranken scheint das System also nicht zu kennen – untergehen könnte es höchstens an seinen gesellschaftlich-politischen Widersprüchen. Und damit wären wir bei Rosa Luxemburgs Polemik gegen Bernsteins politische Theorie und Praxis. Dieser erhoffte sich den Übergang zum Sozialismus von den Gewerkschaften und Genossenschaften, von Sozialreform und gesellschaftlicher Kontrolle sowie von der politischen Demokratisierung. Demgegenüber sieht R. Luxemburg nur allzu deutlich die Grenzen der Reform und die Schranken der Demokratie im Kapitalismus. Während die Genossenschaften die kapitalistische Großproduktion nicht umzugestalten vermögen, bleiben die Gewerkschaften Defensivorganisationen, die den relativen Anteil des Arbeiters am gesellschaftlichen Reichtum nicht entscheidend vergrößern können. Und was den Staat und die Demokratie anlangt, so besteht nach R. Luxemburg kein absoluter Zusammenhang zwischen dieser und der kapitalistischen Entwicklung. Einerseits finde sich die Demokratie in den verschiedensten Gesellschaften, angefangen vom Urkommunismus bis zu den mittelalterlichen Kommunen. Andererseits vertrage sich der Kapitalismus auch mit absoluter oder konstitutioneller Monarchie, Republik und sogar orientalischem Despotismus. Heute bewege sich die bürgerliche Demokratie sogar rückläufig. Der Staat werde – ebenso wie die Eigentumsverhältnisse! – immer kapitalistischer und verliere mehr und mehr seinen gesamtgesellschaftlichen Charakter. Zwar wüchsen – das muß die Verfasserin zugeben! – die allgemeinen Staatsfunktionen; zugleich zwinge ihn jedoch sein Klassencharakter immer mehr dazu, sich ganz auf die nur für die Bourgeoisie nützliche Zoll- und Kolonialpolitik, den Militarismus und Marinismus zu verlegen. Die spezifische Bedeutung des heutigen Militarismus verrate »erstens sein allgemeines Wachstum in allen Ländern um die Wette, sozusagen durch eigene, innere, mechanische Triebkraft, eine Erscheinung, die noch vor ein paar Jahrzehnten ganz unbekannt war, ferner die Unvermeidlichkeit, das Fatale der herannahenden Explosion bei gleichzeitiger völliger Unbestimmtheit des Anlasses, der zunächst interessierten Staaten, des Streitgegenstandes und aller näheren Umstände. Aus einer Triebkraft der kapitalistischen Entwicklung ist auch der Militarismus zur kapitalistischen Krankheit geworden.«

Führt der Militarismus – das Werkzeug einer imperialistischen Weltpolitik – zur Schwächung der Demokratie, so wird diese durch den Aufstieg der Sozialdemokratie gestärkt. Die sozialistische Arbeiterbewegung ist heute »die *einzige* Stütze der Demokratie«. Diese ist für die Arbeiterklasse notwendig und unentbehrlich, »weil nur in ihr, in dem Kampfe um die Demokratie, in der Ausübung ihrer Rechte das Proletariat zum Bewußtsein seiner Klasseninteressen und seiner geschichtlichen Aufgabe kommen kann.

Mit einem Worte, die Demokratie ist unentbehrlich, nicht weil sie die Eroberung der politischen Macht durch das Proletariat überflüssig, sondern umgekehrt, weil sie diese Machtergreifung ebenso notwendig, wie auch einzig möglich macht.« Der Klassenkampf für Reformen und Demokratisierung hebt das Klassenbewußtsein des Proletariats; er bereitet es so für die revolutionäre Machteroberung vor. Marx habe nicht die Ersetzung der proletarischen Diktatur durch Sozialreformen für möglich gehalten, sondern nur »die friedliche Ausübung der proletarischen Diktatur.« Dabei sei auch eine verfrühte Revolution unvermeidlich, da erst sie »die politischen Bedingungen des endgültigen Sieges schafft, indem das Proletariat erst im Laufe jener politischen Krise, die seine Machtergreifung begleiten wird, erst im Feuer langer und hartnäckiger Kämpfe den erforderlichen Grad der politischen Reife erreichen kann, der es zur endgültigen großen Umwälzung befähigen wird«. Sozialreform und Demokratie machen die Wand zwischen kapitalistischer und sozialistischer Gesellschaft nicht durchlässiger, sondern starrer – nur »der Hammerschlag der Revolution« kann sie niederreißen.

Wir sehen hier deutlich, wie viel Rosa Luxemburg von der Revolutionierung der Arbeiterklasse erhofft hat. Sie sieht die Gefahr des Abgleitens in den Opportunismus, der Anpassung an den Status quo, der Integration des Proletariats in die bürgerliche Gesellschaft gerade auch als Ergebnis einer sogenannten realistischen »Kompensations- und Kuhhandelspolitik«. Deshalb der immer dringlichere Ruf nach der Mobilisierung und Aktivierung der Massen, der auf ihrem unerschütterlichen Glauben an die Produktivität und Spontaneität des arbeitenden Menschen beruht. Dieser Glaube veranlaßte sie nicht, an der Notwendigkeit des großen revolutionären Umbruches zu zweifeln – er brachte sie allerdings dazu, in der Revolution, an deren Notwendigkeit ihr keine Zweifel kamen, doch mehr die humane Befreiungstat denn die brutale Terrorherrschaft zu sehen.

Unter dem Eindruck der großen Streikbewegungen vor und während der russischen Revolution von 1905 analysierte R. Luxemburg eingehend das Kampfmittel des Massenstreiks. Ermuntert durch die ungeahnte Weite und Tiefe der proletarischen Streikaktionen im angeblich so rückständigen Zarenreich, glaubte sie an ähnliche Möglichkeiten im ach so fortgeschrittenen Deutschland. Während man auf den Parteitagen der SPD und den Kongressen der Freien Gewerkschaften um die Formulierung von Resolutionen stritt, die den politischen Streik mit allen möglichen Kautelen umgeben sollten, wollte Rosa »nicht durch abstrakte Spekulationen, also über die Möglichkeit oder Unmöglichkeit, den Nutzen oder die Schädlichkeit des Massenstreiks, sondern durch die Erforschung derjenigen Momente und derjenigen sozialen Verhältnisse, aus denen der Massenstreik in der gegenwärtigen Phase des Klassenkampfes erwächst«, zur Lösung des Problems beitragen.

Unermüdlich erinnert sie an die Bedeutung der Mitwirkung der breitesten Massen der Unorganisierten. Zum kläglichen Fiasko verurteilt sei eine Strategie des Klassenkampfes, »die bloß auf die hübsch ausgeführten Märsche des kasernierten kleinen Teils des Proletariats zugeschnitten wäre«. Die Verselbständigung der beiden Säulen der Arbeiterbewegung, der Partei und der Gewerkschaften, müsse überwunden werden. Der Kampfstreik könne nicht von oben dekretiert werden, die Aufgabe der Sozialdemokratie liege daher auch nicht so sehr in der »technischen Vorbereitung und Leitung des Massenstreiks«, als vielmehr »in der politischen Führung der ganzen Bewegung«. Sie müsse die revolutionäre Entwicklung dadurch zu beschleunigen suchen, »daß sie den breitesten proletarischen Schichten den unvermeidlichen Eintritt dieser revolutionären Periode, die dazu führenden inneren sozialen Momente und die politischen Konsequenzen klarmacht. Sollen breiteste proletarische Schichten für eine politische Massenaktion der Sozialdemokratie gewonnen werden, und soll umgekehrt die Sozialdemokratie bei einer Massenbewegung die wirkliche Leitung ergreifen und behalten, der ganzen Bewegung im politischen Sinne Herr werden, dann muß sie mit voller Klarheit, Konsequenz und Entschlossenheit die Taktik, die Ziele dem deutschen Proletariat in der Periode der kommenden Kämpfe zu stecken wissen.« So würden die

Massen zum »handelnden Chorus«, die »Leitungen nur die sprechenden Personen, die Dolmetscher des Massenwillens«.

In einer Revolutionsperiode dürfe sich die SPD nie auf eine bloß parlamentarische Defensive beschränken. Als letztes geschichtlich notwendiges Ziel gehe es um die Diktatur des Proletariats und um die Revolution. Während aber das Polizeigehirn Revolution mit Straßenkrawall und Unordnung identifiziere, sehe der Sozialist in ihr vor allem die tiefgreifende Umwälzung der sozialen Verhältnisse und der Klassenbeziehungen. Die Barrikadenschlacht sei nicht mehr ihre Hauptform, sondern nur noch »ein äußerster Punkt, nur ein Moment in dem ganzen Prozeß des proletarischen Massenkampfes«. Die Geschichte habe in dieser »neuen Form der Revolution« einen Weg zur »Zivilisierung und Milderung« der Klassenkämpfe gefunden. R. Luxemburg versucht so einen dritten Weg zu finden zwischen dem Terrorismus der bürgerlichen Revolution und dem Opportunismus der Revisionisten, einen Weg, der vielleicht schon als Vorwegnahme von Laskis »Revolution by Consent« wie aber auch der revolutionären gewaltlosen Aktion von heute angesehen werden sollte (Schon bei ihrer Behandlung der Generalstreiks in Kiew im Juli 1903 hatte R. Luxemburg geschildert, wie die Streikenden sich mit Weib und Kind auf den Schienenstrang gesetzt und den Gewehrsalven ihre entblößte Brust geboten hatten).

Heute erkennen wir unschwer, wie viele Illusionen sich Rosa Luxemburg über die revolutionären Möglichkeiten in Deutschland gemacht hat. Zwar sollte es auch hier zu großen Massenstreiks kommen – erwähnt seien nur der Ausstand im Januar 1918, die Generalstreiks gegen den Kapp-Putsch 1920 und gegen Cuno im August 1923. Jedesmal zeigten sich aber Obrigkeit und Bürgertum als dem zerspaltenen und führerlosen Proletariat weit überlegen. War in Rußland 1917 mit dem Verfall des Staatsapparates ein gesellschaftliches Vakuum entstanden, so erwies sich in Deutschland sogar auch beim Zusammenbruch der Regierungsgewalt 1918 die bürgerliche Gesellschaftsordnung doch als so fest fundiert und flexibel, daß die proletarischen Gegenkräfte weiter den bürgerlichen Einflüssen und Traditionen verhaftet blieben. Diese Stärke der etablierten Gewalten spiegelte sich auch darin, daß sich hier weder eine revolutionäre Elite wie die Bolschewiki herausbilden konnte, noch revolutionäre Führer wie Lenin und Trotzki die Gunst des Augenblicks zu nutzen verstanden.

Zu den ersten, die die welthistorische Bedeutung der Zustimmung der sozialdemokratischen Reichstagsfraktion zu den Kriegskrediten am 4. August 1914 erkannten, gehörte Rosa Luxemburg. Im April 1915 schrieb sie im Berliner »Weibergefängnis« die Abhandlung, die nur unter dem Pseudonym Junius in Zürich 1916 erscheinen konnte. Junius Brutus war das Pseudonym gewesen, unter dem 1579 die »Vindiciae contra tyrannos« veröffentlicht worden war. In dieser Streitschrift war das Volk aufgefordert worden, sich den ungerechten Herrschern zu widersetzen und sie mit Waffengewalt zu besiegen. Ich will »meinen Zorn über sie ausschütten wie eine Wasserflut«, ist dort zu lesen. Bekannt sind auch die Junius-Briefe, die 1769–1772 in London erschienen und die Regierung scharf attackierten. Auch Rosa Luxemburg schrieb ihre Anklage gegen den Krieg und seine Verteidiger mit ihrem Herzblut. Selten ist ein Massenverbrechen so klar gezeichnet, sind seine Folgen so prophetisch verkündet worden. So hat uns Rosa Luxemburg mit ihrer Junius-Broschüre eines der bleibenden Dokumente unseres Jahrhunderts, wenn nicht der Weltliteratur, hinterlassen.

Die Kapitulation der internationalen Sozialdemokratie sei eine Katastrophe, der Fall des sozialistischen Proletariats ein Unglück für die Menschheit, der Weltkrieg eine Weltwende. Hatte Rosa Luxemburg bis 1914 an das naturnotwendige Kommen des Sozialismus geglaubt, so sah sie nun deutlich die Alternative: Sozialismus oder Barbarei! Wenn das Proletariat nicht sein revolutionäres Kampfschwert in die Waagschale wirft, wird der Sieg des Imperialismus den »Untergang jeglicher *Kultur*, wie im alten Rom«, mit sich bringen. Die militärische Unentschiedenheit führt zur Beendigung des Krieges durch allseitige Erschöpfung, der der wirtschaftliche Ruin aller Länder folgt. Der Weltkrieg ist aber vor allem »ein Aderlaß, an dem die eu-

ropäische Arbeiterbewegung zu verbluten droht«. Mit jedem geschulten, klassenbewußten Proletarier »sinkt ein Kämpfer der Zukunft, ein Soldat der Revolution, ein Retter der Menschheit vom Joch des Kapitalismus ins Grab«. »Noch ein solcher Weltkrieg, und die Aussichten des Sozialismus sind unter den von der imperialistischen Barbarei aufgetürmten Trümmern begraben.« Ja, schon wird der Zweite Weltkrieg als Resultat neuer Rüstungen, der Herrschaft des Militarismus und der Reaktion antizipiert – gerade auch im Falle der Niederlage Deutschlands.
Mit großen Strichen zeichnet Rosa Luxemburg Entstehung und Charakter des Ersten Weltkrieges: Die Annexion Elsaß-Lothringens hatte das französisch-russische Bündnis, die Zweiteilung Europas und das Wettrüsten zur Folge; hinzu trat aber die imperialistische Entwicklung seit 1890. Der zuspätgekommene deutsche Imperialismus ist besonders aggressiv und unberechenbar. Indem R. Luxemburg die Legende von der Einkreisung Deutschlands und der russischen Gefahr, von der Vaterlandsverteidigung und vom nationalen Befreiungskrieg zerfetzt, zeigt sie die Schuld der preußischen und deutschen Machthaber an dem Ausbruch der Kriege von 1866, 1870 und 1914; sie verschweigt aber auch nicht die Mitverantwortung Frankreichs und Englands, »denn was sie ›verteidigen‹, ist ... ihr von den Anschlägen des deutschen Emporkömmlings bedrohter alter imperialistischer Besitzstand«. Erst der Sozialismus wird das Selbstbestimmungsrecht der Nationen sichern. Lange vor Fritz Fischers »Griff nach der Weltmacht« wird hier so das Verhältnis Deutschlands zu den anderen Weltmächten treffend aufgedeckt.
Der einseitige Verzicht der SPD auf den Klassenkampf muß die Volksmassen – die einzige Stütze der »kümmerlichen deutschen Freiheit« – entmutigen, die Reaktion dagegen ermutigen. Erfolg: Stärkung des Annexionismus und Verlängerung des Krieges! Dagegen muß die Sozialdemokratie selbständig Klassenpolitik betreiben und die nationale Verteidigung als revolutionären Hebel gegen den Krieg wenden. Erste Schritte hierzu: Miliz, Volksentscheid über Krieg und Frieden, Aufhebung des Belagerungszu-

standes, größte politische Freiheit, Losung der großen deutschen Republik. So wäre zumindest die SPD »in dem allgemeinen Strudel, Zerfall und Zusammenbruch wie ein Fels im brausenden Meer der hohe Leuchtturm der Internationale geblieben, nach dem sich bald alle anderen Arbeiterparteien orientiert hätten. Die enorme moralische Autorität, welche die deutsche Sozialdemokratie bis zum 4. August 1914 in der ganzen proletarischen Welt genoß, hätte ohne jeden Zweifel auch in dieser allgemeinen Verwirrung in kurzer Frist einen Wandel herbeigeführt. Damit wäre die Friedensstimmung und der Druck der Volksmassen zum Frieden in allen Ländern gesteigert, die Beendigung des Massenmordes beschleunigt, die Zahl seiner Opfer verringert worden. Das deutsche Proletariat wäre der Turmwächter des Sozialismus und der Befreiung der Menschheit geblieben – und dies ist wohl ein patriotisches Werk, das der Jünger von Marx, Engels und Lassalle nicht unwürdig war.«

»Die schleunigste Erzwingung des Friedens durch die internationale Kampfaktion des Proletariats«, heißt es an anderer Stelle, »die praktische Verwirklichung der alten Losung ›Krieg dem Kriege‹ sind der einzige Sieg, an dem das internationale Proletariat interessiert sein kann«. In den von R. Luxemburg entworfenen Leitsätzen heißt es, angesichts des Verrats der offiziellen Parteiführung sei »eine neue Arbeiter-Internationale zu schaffen, welche die Leitung und Zusammenfassung des revolutionären Klassenkampfes gegen den Imperialismus in allen Ländern übernimmt«. Nur so kann die Arbeiterklasse der historischen Notwendigkeit der imperialistischen Weltherrschaft die des Sozialismus entgegensetzen – »und die unsrige... hat einen längeren Atem«.

Bereits am 14. Dezember 1918 hatte Rosa Luxemburg in der »Roten Fahne« das von ihr stammende Programm des Spartakusbundes veröffentlicht. Wieder geht sie davon aus, daß der Weltkrieg die Gesellschaft vor die Alternative gestellt habe: Untergang im Chaos und in der Anarchie oder Abschaffung der kapitalistischen Ausbeutung. Sozialismus sei die einzige Rettung der Menschheit. Sie zitiert dann vermeintlich aus dem Kommunistischen Manifest: »Sozialismus oder Untergang in der Barbarei!« Rosa Luxemburg ist hier einem eigenartigen, vielleicht nicht zufälligen Irrtum erlegen. Weder die Worte noch der Gedankengang finden sich im Manifest. Der Gedanke taucht bei ihr zum ersten Mal in der Junius-Broschüre auf. Er wird hier dem alten Engels zugeschrieben, der in den achtziger und neunziger Jahren wiederholt von der Möglichkeit eines Weltkrieges gesprochen hat, der in einem Chaos enden und einen Rückschlag der Arbeiterbewegung, aber doch nur temporär, zur Folge haben könnte. Engels unterstreicht dann aber immer wieder: »Nur ein Resultat ist absolut sicher: ...die Herstellung des schließlichen Sieges der Arbeiterklasse.« Mir ist nur ein Brief von Engels an Lafargue vom 25. 3. 1889 bekannt, wo jener von »le peu de chances qu'il y a que de cette guerre acharnée résulte une révolution... surtout pour notre mouvement en Allemagne qui serait terrassé, écrasé, éteint, par la force...« spricht. Im Manifest erwähnen zwar Marx und Engels abstrakt die Möglichkeit »des gemeinsamen Unterganges der kämpfenden Klassen« in der Vergangenheit – für die Zukunft sind aber der »Untergang (der Bourgeoisie) und der Sieg des Proletariats gleich unvermeidlich«. In Wirklichkeit sieht erst R. Luxemburg unter dem Eindruck des Weltkrieges die Zukunft als etwas, dessen Ausgang durchaus offen bleibt. Erst jetzt unterscheidet sie sich von dem deterministischen Optimismus der sonstigen Marxisten bis einschließlich Lenin und Lukács (aus einem Gefühl für Qualität zögert man, Stalin in einem Atemzug mit jenen zu nennen).

Stärker als Lenin betont sie auch wieder die Schöpferkraft und Würde der Masse. Im Sozialismus wird diese »das ganze politische und wirtschaftliche Leben selbst leben und in bewußter freier Selbstbestimmung lenken. Da die sozialistische Revolution die erste ist, die im Interesse der großen Mehrheit und durch die große Mehrheit siegt, bedarf sie keines Terrors – sie haßt und verabscheut den Menschenmord.« Was den Spartakusbund anlangt, so wird dieser »nie anders die Regierungsgewalt übernehmen als durch den klaren, unzweideutigen Willen der großen

Mehrheit der proletarischen Masse in ganz Deutschland, nie anders als kraft ihrer bewußten Zustimmung zu den Ansichten, Zielen und Kampfmethoden des Spartakus-Bundes«. Sein Sieg steht daher erst am Ende der Revolution. Andererseits betont R. Luxemburg, daß der Widerstand der imperialistischen Kapitalistenklasse, die die »Brutalität, den unverhüllten Zynismus, die Niedertracht aller ihrer Vorgänger überbietet«, nur »mit eiserner Faust, rücksichtsloser Energie« gebrochen werden kann. Im gewaltigsten Bürgerkrieg, den die Weltgeschichte je gesehen, muß das Proletariat die ganze Staatsgewalt den herrschenden Klassen »wie der Gott Thor seinen Hammer« aufs Haupt schmettern. Hier »gilt dem Feinde das Wort: Daumen aufs Auge und Knie auf die Brust!«

In ihrer großen Rede auf dem Gründungsparteitag der KPD geht sie davon aus, daß man zum Kommunistischen Manifest zurückkehren und den »Nur-Parlamentarismus«, wie er in der Arbeiterbewegung schon Jahrzehnte vor dem 4. August Raum gewonnen habe, revidieren müsse. Es gebe kein Minimal- und Maximalprogramm mehr – das Minimum sei die Verwirklichung des Sozialismus. Sie kritisiert dann die Schwächen des 9. November. Sie erkennt klar, daß die Revolution »zu drei Vierteln mehr Zusammenbruch des bestehenden Imperialismus als Sieg eines neuen Prinzips« gewesen sei. Die Revolution müsse sterben oder weitergetrieben werden. Liest man dann weiter, die Ebert-Scheidemann würden weichen müssen vor einer ausgesprochenen Militärdiktatur unter Hindenburg oder anderen konterrevolutionären Mächten, so wird man an 1932/1933 erinnert. R. Luxemburg polemisiert gegen die Entscheidung der Parteitagsmehrheit, die Wahlen zur Nationalversammlung zu boykottieren, denn diese könne doch eine neue Schule der Erziehung für die Arbeiter werden. Vor allem setzt sie aber auf die Arbeiter- und Soldatenräte, die die ganze Staatsmacht in ihren Händen vereinigen müssen. Nur so werde der Frieden gesichert werden, denn »Friede bedeutet Weltrevolution des Proletariats«. Rosa Luxemburg wagt nicht zu prophezeien, wieviel Zeit dieser Prozeß brauchen wird. »Wer rechnet von uns, wen kümmert das, wenn nur unser Leben dazu ausreicht, es dahin zu bringen!«

Ihr letzter Artikel in der »Roten Fahne«, »Die Ordnung herrscht in Berlin«, ist zum Vermächtnis der Todgeweihten geworden – der Januar-Aufstand war gescheitert, der weiße Terror tobte. Sie zieht den Vergleich zwischen Berlin 1919, Warschau 1831 und Paris 1871. Alle Verzagtheit weit von sich weisend, bekennt sie, daß der Weg des Sozialismus voller Niederlagen sei. Im Gegensatz zu den parlamentarischen Kämpfen sind jedoch gewisse Niederlagen der Revolution Unterpfand des künftigen Endsieges. Allerdings war die Niederlage in Berlin zwiespältig: Die Führung hat versagt, aber sie wird korrigiert werden. »Die Massen ... sind der Fels, auf dem der Endsieg der Revolution errichtet wird. Die Massen waren auf der Höhe, sie haben diese ›Niederlage‹ zu einem Glied jener historischen Niederlagen gestaltet, die der Stolz und die Kraft des internationalen Sozialismus sind. Und darum wird aus dieser ›Niederlage‹ der künftige Sieg erblühen ... Die Revolution wird sich morgen schon ›rasselnd wieder in die Höh' richten‹ und zu eurem Schrecken mit Posaunenklang verkünden: ›Ich war, ich bin, ich werde sein!‹«

Rosa Luxemburgs Glaube an die Masse scheint in der Tat unbesiegbar zu sein – ähnlich wie das blinde Vertrauen ihres Kampf- und Leidensgefährten Liebknecht, dessen letzter Leitartikel in der »Roten Fahne« an das unterirdische Grollen des Vulkans erinnert, der die Fluchbeladenen in glühender Asche und Lavaströmen begraben wird, denn, »Spartakus – das heißt Feuer und Geist, das heißt Seele und Herz, das heißt Wille und Tat der Revolution des Proletariats. Und Spartakus – das heißt alle Not und Glückssehnsucht, alle Kampfentschlossenheit des klassenbewußten Proletariats. Denn Spartakus, das heißt Sozialismus und Weltrevolution!«

IV

Es ist nichts Ungewöhnliches, daß in der historischen Perspektive von sieben Jahrzehnten das Charakterbild einer Persönlichkeit neue Gestalt annimmt. Rosa Luxemburgs Statur hat seit ihrem Ende von Mörderhand an Größe fast ständig zugenommen. Die »blutige Rosa«, einst der Schrecken der Philister und Bonzen, ist heute so gut wie vergessen – in der Verfasserin der »Briefe aus dem Gefängnis« und der »Briefe an Freunde« will man jetzt oft nichts als die gütig-zarte Frau sehen. Dabei hat sich Rosa Luxemburg selber einmal mit Penthesilea verglichen (wobei allerdings selbst noch in ihrer tiefsten Verachtung der männlichen Memmen und in ihrem heiligsten Zorn über die feigen Opportunisten der Unterton echter Menschenliebe mitschwingt). Stets verband sich in diesem so vielseitigen Menschen die musische Innerlichkeit mit dem ethischen und politischen Engagement nach außen. Das Wort der hinreißenden Rednerin ist verklungen – ihr großartiger Gedankenbau fasziniert nach wie vor den Leser. Die Lektüre der Schriften der Agitatorin und Theoretikerin, die als eines der nicht sehr häufigen Originalgenies des deutschen Marxismus weiterleben wird, lohnt sich immer noch. Ähnlich wie Karl Liebknecht gehört sie zu den wenigen Menschen, deren körperliche Tapferkeit ihrem geistigen Mut die Waage halten. Bei dieser kleinen, körperlich behinderten Frau wird man unwillkürlich an den »Ritter ohne Furcht und Tadel« erinnert – trotz all ihren Schwächen.

Sie blieb ihr allzu kurzes Leben lang ein »Mensch mit seinem Widerspruch«. Wie sie zwischen den Zeiten lebte und wirkte, so spiegelte sie den Widerspruch der Epochen wider – das Gegeneinander von Reform und Revolution, von Krieg und Frieden, von Gewalt und Humanität. Stets erneut rang sie um deren Synthese – eine glatte Lösung sollte ihr nicht beschieden sein. In ihrer Opposition gegen Revisionismus und Opportunismus, Imperialismus und Militarismus, Krieg und Terror scheute sie sich nie, die Gefahren der Anpassung, der Kapitulation, des Verrats deutlich auszusprechen. Wie sollte sie da nicht über das Ziel hinausschießen? Angesichts des Massenmords des Weltkrieges – in jenen Tagen, da sie erklärte, sie sei »hart geworden wie geschliffener Stahl« –, fand sie sich bereit, der Gewalt des Kapitalismus die überlegene Gewalt des Proletariats entgegenzusetzen. Der Krieg bestätigte ihr, daß auch der Arbeiter sein Ziel nicht auf friedlichem Wege erreichen kann. Zwar zeigte die Russische Revolution die Gefahren der Diktatur, des Terrors, der Manipulierung der Masse durch unfehlbare Führer – aber waren das nicht doch nur Begleiterscheinungen des Kampfes und Sieges, die gerade in Deutschland zurücktreten würden? Rosa Luxemburg zelebrierte als eine der ersten den revolutionären Elan der russischen Massen, der so deutlich mit der philiströsen Enge der deutschen Bewegung kontrastierte – aber war nicht Deutschland industriell so außerordentlich hoch entwickelt, hatte es nicht ein geschultes Proletariat, befand es sich nicht 1918/19 in einer totalen Krise, die einfach zur Revolution führen mußte, sollte nicht Europa im Chaos versinken?

Sie proklamierte selber die Rückkehr zum revolutionären Urkommunismus des Manifestes und der Revolution von 1848. So übernahm sie zugleich auch alle Illusionen jenes Marx, der schon 1844 in der »Kritik der Hegelschen Rechtsphilosophie« glaubte beweisen zu können, daß in Deutschland »die teilweise, die nur politische Revolution, die Revolution, welche die Pfeiler des Hauses stehen läßt«, »ein utopischer Traum« sei, daß hier jedem Stande »jene revolutionäre Kühnheit fehlt, welche dem Gegner die trotzige Parole zuschleudert: Ich bin nichts und ich müßte alles sein!«, daß den »Hauptstock deutscher Moral und Ehrlichkeit ... jener bescheidene Egoismus bildet, welcher seine Beschränktheit geltend macht und gegen sich geltend macht«, daß hier, »wo das praktische Leben ebenso geistlos, als das geistige Leben unpraktisch ist, keine Klasse der bürgerlichen Gesellschaft das Bedürfnis und die Fähigkeit der allgemeinen Emanzipation hat bis ...« Nun, bis das Proletariat »die Emanzipation der Deutschen zu Menschen vollziehen wird!«. Wir wissen heute, wie wenig sich jene

Heilserwartung des jungen Marx bestätigt hat – gerade auch für sein deutsches Land! – wie die Entmenschung des Deutschen so gar nicht in die deutsche Menschlichkeit dialektisch umschlagen, sondern die Antithese ihre Zuspitzung in einer Perfektion der Entfremdung und Unmenschlichkeit, des Sadismus und Nihilismus durch den Nationalsozialismus erfahren sollte.

Vergessen wir aber nicht, wie leicht die bescheidenen Erfolge der deutschen Arbeiterbewegung in der Zeit von 1848 bis 1914 Anhänger wie Gegner über alle bedeutsamen Rückschläge hinwegtäuschten und so den Glauben an die Sendung des deutschen Proletariers immer erneut nährten. Mochte der alte Marx etwas skeptischer geworden sein, selbst ein Engels lebte in einer Welt der Einbildungen. Es genügte ein Wahlerfolg der SPD, auf daß der Alte in den Optimismus seiner Jugend zurückverfiel. Wie auch Bebel erwartete er den Endsieg noch vor der Jahrhundertwende. Dabei warnte er immer wieder vor unbedachten Aktionen, da diese von den Machthabern zum Anlaß genommen werden könnten, die SPD zu vernichten, während diese bei friedlicher Entwicklung baldigst siegen werde. Paradoxerweise sollte also eine und dieselbe Partei gleichzeitig so schwach sein, daß der Gegner sie ohne weiteres dezimieren konnte, und doch auch wieder so stark, daß sie in ein paar Jahren den Sozialismus zu erzwingen imstande war. Keiner wurde sich damals dieses eklatanten Widerspruches bewußt. Der für die deutsche Politik so typische Mangel an Realitätssinn ist also weder auf die Gegenwart noch auf die tonangebenden Kreise beschränkt, man stößt immer und überall auf ihn, auch bei Engels und den revolutionären Marxisten. Ähnlich wie die Revisionisten den Willen und die Macht der beati possedentes, einer friedlich-evolutionären Demokratisierung zu widerstehen, übersahen, so überschätzten R. Luxemburg und die radikale Linke die revolutionäre Konsequenz und konstruktive Kraft der ausgebeuteten Schichten.

Wie sehr R. Luxemburg auf den Endsieg vertraute, ersieht man aus jeder Zeile ihres Werkes. Ihr unerschütterlicher Glaube findet eine besonders konzise und klare Formulierung in einer Fragment gebliebenen Schrift, einer ihrer letzten Arbeiten überhaupt. Darin heißt es: »Die objektive Unlösbarkeit der Aufgaben, vor die sich die bürgerliche Gesellschaft gestellt sieht, diese ist es, die den Sozialismus zur historischen Notwendigkeit und die Weltrevolution unvermeidlich macht. Wie lange diese letzte Periode dauern, welche Formen sie annehmen wird, kann niemand voraussehen. Die Geschichte hat das ausgefahrene Geleise und den gemütlichen Trott verlassen, und jeder neue Schritt, jede neue Wendung des Weges eröffnen neue Perspektiven und eine neue Szenerie. Worauf es ankommt, ist, das eigentliche Problem dieser Periode zu begreifen. Dieses Problem heißt: die Diktatur des Proletariats, Verwirklichung des Sozialismus. Die Schwierigkeiten der Aufgabe liegen nicht in der Stärke des Gegners, der Widerstände der bürgerlichen Gesellschaft. Ihre ultima ratio: das Heer, ist durch den Krieg zur Niederhaltung des Proletariats unbrauchbar, selbst revolutionär geworden. Ihre materielle Daseinsbasis: die Erhaltung der Gesellschaft, ist durch den Krieg zerrüttet. Ihre moralische Daseinsbasis: die Tradition, der Schlendrian, die Autorität sind in alle Winde verweht. Das ganze Gefüge ist aufgelockert, flüssig und beweglich geworden. Die Bedingungen des Kampfes um die Macht sind so günstig wie noch für keine aufstrebende Klasse in der Weltgeschichte. Sie kann wie eine reife Frucht dem Proletariat in den Schoß fallen. Die Schwierigkeit liegt im Proletariat selbst, in seiner Unreife, vielmehr in der Unreife seiner Führer, der sozialistischen Parteien. Die Arbeiterklasse sträubt sich, sie schreckt immer wieder vor der unbestimmten Ungeheuerlichkeit ihrer Aufgabe zurück. Aber sie muß, sie muß. Die Geschichte schneidet ihr alle Ausflüchte ab, – um aus Nacht und Graus die geschundene Menschheit ins Licht der Befreiung zu führen.«

Hier ahnt R. Luxemburg, welche Bedeutung Reife und Unreife des Proletariats und seiner Organisationen haben. Wann und wie kann aber die Unreife der Massen und der Führer überwunden werden? Arthur Rosenberg sieht drei Entwicklungsphasen der Herausbildung des Klassenbewußtseins in der Arbeiterbewegung: Die erste war die der Organisierung der Arbeiter unter Führung einer Elite von Berufsrevolutionären aus der radikalen Intelligenz (Typus Marx-Engels und Bolschewiki). Für die zweite waren die sozialdemokratischen Massenparteien typisch, die das proletarische Los innerhalb des Kapitalismus lindern und verbessern wollten (II. Internationale). Die dritte Phase wäre durch eine ganz klassenbewußte, sich selbst bestimmende Arbeiterschaft charakterisiert, die selbständig nach eigener Einsicht mittels der sozialistischen Revolution die Macht erlangt und das bürgerliche Privateigentum vergesellschaftet. Da das Gros der europäischen Arbeiterschaft die dritte Etappe noch nicht erreicht habe, hätten Theoretiker dieser dritten Stufe wie Rosa Luxemburg nur wenige Anhänger haben können. Dennoch vertreten just sie »in der Gegenwart des Proletariats schon seine Zukunft«.

Wird das Proletariat als ganzes je dieses dritte Stadium erreichen? Hat Rosa Luxemburg hieran nie gezweifelt, so läßt sich nach den Geschehnissen unseres Jahrhunderts ein ungebrochener Optimismus immer schwerer aufrechterhalten. Rosenberg selber verweist darauf, daß diese Etappe zur Voraussetzung hat »eine außerordentlich weite Vorwärtsentwicklung des Kapitalismus, eine Zertrümmerung der Mittelschichten, die zwischen Bourgeoisie und Proletariat stehen, so daß jede Bündnistaktik des Proletariats auf nationaldemokratischer Basis überflüssig wird, und nur noch die ungeheure Mehrheit der proletarischen Ausgebeuteten der ungeheuren Minderheit der kapitalistischen Ausbeuter gegenübersteht. Ferner erfordert diese dritte Stufe eine hervorragende Schulung des Proletariats, das durch Intelligenz und Selbstdisziplin fähig sein muß, aus eigener Kraft eine neue Welt aufzubauen.«

Hinzutreten müßte aber wohl noch die totale Durchindustrialisierung und Modernisierung der ganzen »Dritten Welt« und die Erfassung der Menschheit in einer überwiegend genossenschaftlich-föderativ-funktionalen Weltorganisation, die stark genug sein müßte, den Frieden zu sichern. R. Luxemburg ahnte wohl richtig, daß die auf der Erschließung vorkapitalistischer Räume beruhende kapitalistische Dynamik des 19. Jahrhunderts in einer vollindustrialisierten Welt zum Erliegen kommen müsse; daß aber, wie sie annahm, eine humane, sozialistische, klassenlose Gesellschaft unbedingt die Nachfolge antreten müßte, ist schon fraglicher. Jedenfalls wäre hierfür erforderlich ein außerordentliches Maß an Sicherheit und Bildung, Kultur und Charakterreife, was wohl wieder eine Bevölkerungsstabilisierung oder zumindest eine Verlangsamung der Bevölkerungszunahme voraussetzen würde wie auch die Beschränkung oder zumindest stärkste Konzentrierung der Bemühungen der Menschheit auf die Kultivierung dieses unseres Planeten. Nun gehen tatsächlich einige Trends in diese Richtung. Werden sie sich aber im 21. Jahrhundert oder auch nur im dritten Millennium voll auswirken können angesichts der schon heute wahrnehmbaren starken Gegentendenzen? Selbst wenn wir vor totalen und lethalen Katastrophen bewahrt bleiben sollen, werden die wachsende Bürokratisierung und Standardisierung, die immer neue Formen annehmende Entpersönlichung und Entfremdung, die zunächst jedenfalls die »modernen Industriegesellschaften« in West und Ost, Nord und Süd charakterisieren, wohl kaum über Nacht verschwinden. Der tertiäre Sektor der z. T. parasitären Dienstleistungen wird wohl auf Kosten des primären und sekundären weiterwachsen, die Zahl der Industriearbeiter – u. a. als Ergebnis der Rationalisierung und Automation – zugunsten der der Angestellten zurückgehen. Wir wissen nicht, wie in dieser Zukunftsgesellschaft das Bewußtsein der Arbeiter und der anderen Schichten (Angestellte, Bürokratie und Technokratie, Bauern, soweit sie doch noch überleben) geprägt sein wird. Werden sie saturiert und angepaßt eine Gesellschaft und Kultur im Stile von Huxleys »Schöner Neuer Welt« hinnehmen, oder wird der uralte Traum von einer besseren Zukunft zur Veränderung der Welt und des Menschen treiben?

Wenden wir uns noch einmal Marx zu. Sein Glaube an den radikalen Umschlag des Kapitalismus in den Sozialismus, der bürgerlichen Gesellschaft in eine klassenlose Gesellschaft, der Entfremdung des Menschen in seine Verwirklichung beruht auf dem Modell der revolutionären

Emanzipation der Bourgeoisie sowie auf dem Prozeß der radikalen Zuspitzung des dialektischen Widerspruches. Bei nüchternerer Betrachtung zeigt sich dagegen, daß schon die bürgerliche Emanzipation außerhalb Frankreichs erheblich langsamer und bruchstückhafter, evolutionärer und gradueller verlaufen ist (man denke nicht nur an Deutschland, sondern auch an Italien, England usw.) und daß sogar der Sieg der Bourgeoisie letztlich nicht ganz ohne Kompromiß mit dem ancien régime erfolgt ist – gerade auch in England, dem Lande des klassischen Kapitalismus. Wie Rathenau richtig sah, entsprach der Ideologie der Französischen Revolution (Freiheit und Gleichheit sowie Befreiung des Kleinbürgers) noch am ehesten die Realität der »Verdrängung der feudalen Vorherrschaft durch die kapitalistische Bourgeoisie unter der Staatsform des plutokratisch-konstitutionellen Regiments«.

Manches spricht nun dafür, daß der Aufstieg des Proletariats noch widersprüchlicher, vielschichtiger und fragmentarischer verlaufen wird als der des Bürgertums. Gerade als viel stärker niedergehaltene Klasse weist das Proletariat möglicherweise nicht mehr, sondern weniger revolutionäre Potenz auf als die Bourgeoisie. Viel eher und leichter wird es sich – ähnlich wie z. B. die Bauern – domestizieren und differenzieren. Indem es sich mit Teilkonzessionen und -erfolgen begnügt, prägt es der neuen Gesellschaft und Kultur noch weniger seinen Stempel auf, als das das machtvolle Bürgertum getan hat. Die neue Geschichtsepoche mag nicht so sehr eine proletarisch-sozialistische, als eine solche der Widersprüche und Übergänge, der Mischformen und Synkretismen werden. Innerhalb der Arbeiterschaft wie innerhalb des Bürgertums entstehen neue Schichten: Angestellte, Bürokratie, Technokratie usw. Diese bestimmen stärker das Gesicht der Welt von morgen. Sie sind auch das Bindeglied zwischen dem Arbeiter und dem Bürger, zwischen Kapitalismus und Sozialismus. Beide Paare (Arbeiter-Sozialismus und Bürger-Kapitalismus) verkörpern die neue industrielle Revolution und Gesellschaft – vielleicht ist ihr Gegensatz, so ernst er ist, doch geringer, als der zwischen der »modernen« dynamisch-industriellen und der »traditionalen« statisch-agraren Phase. Sollte wirklich im dritten Millennium eine radikal neue, wirklich klassen- und herrschaftlose Weltkultur und -gesellschaft ins Leben treten, so mag diese nicht so sehr von dem Mann der Arbeit, als von dem über Roboter und Komputer verfügenden neuen Menschen der Muße getragen werden.

Wie dem auch sei, in unserem Jahrhundert dürfte der Kampf um die Position des Industriearbeiters in »Spätkapitalismus« und »moderner Industriegesellschaft« in sich stets ändernder Form durchaus weitergehen. Er hat gerade in einigen führenden Industriestaaten des Westens, wie in den USA und der Bundesrepublik, zunächst zu einer weitgreifenden Akkomodation mit dem bestehenden Sozial- und Rüstungskapitalismus geführt, die sich in einer »Ideologie der Ideologielosigkeit« widerspiegelt. Im Zeichen der »Konsumentendemokratie«, des manipulierten Kulturbetriebes, des apolitischen Menschen scheinen sich hier auf einer höheren Stufe Bewußtseinsverlust und Orientierungslosigkeit gerade auch für die Massen, die so zu gefügigen Befehlsempfängern und unproduktiven Reklameadressaten herabsinken, durchzusetzen. Hier erinnert trotz allen materiellen Fortschritten diese Phase des Spätkapitalismus an den Frühkapitalismus vor der Entstehung einer oppositionellen Arbeiterbewegung. In Ländern wie Italien oder auch Frankreich und England hat sich hingegen typisch sozialistisch-proletarisches Klassenbewußtsein stärker erhalten. Dort bleibt der Kampf um »Strukturreformen« auf der Tagesordnung. Mit der möglichen weiteren Demokratisierung der kommunistischen Bewegung mögen sich neue Kampfformen der Massenaktion bilden, die auf friedlich-evolutionär-gesetzlichem Wege zur Entfaltung der Planwirtschaft und Nationalisierung, zu Mitbestimmung und Demokratisierung der Bildung führen. Solche Strukturreformen werden vielleicht im Endergebnis einer weiteren Etappe jener »sozialen Revolution« gleichkommen, die Rosa Luxemburg erhoffte und erwartete. Ob allerdings so schon eine wirklich neue sozialistisch-solidarische Gesellschaft und Kultur Gestalt annehmen werden, muß man bezweifeln. Der Vormarsch der Massen in dieser Richtung mag, selbst wenn er zunächst als ein Durchbruch durch die kapitalistischen Sozialstrukturen erscheint, doch auch zu einer neuen Integration in ein noch so modifiziertes System tradierter Herrschaftsinstitutionen und Repressionsprozesse führen. Klarer als zur Zeit Rosa Luxemburgs erkennen wir heute, daß die Humanisierung und Harmonisierung der Gesellschaft und Kultur wohl stets eher Aufgabe als Gegebenheiten bleiben wird. Insofern hatte der Gegenspieler Bernstein nicht so ganz unrecht, wenn er auf die Bedeutung des evolutionären Weges hinwies – eines Weges, der allerdings auf ein Ziel ausgerichtet bleiben muß.

Das dialektische Mit- und Gegeneinander von Weg und Ziel kann man auch am Verhalten R. Luxemburgs gegenüber Georg Lukács verdeutlichen. Stärker als sie ist Lukács durch den jungen Marx und durch Hegel geprägt – so steht er Lenin näher als R. Luxemburg. Nicht zufällig kritisierte Lukács R. Luxemburg wegen ihrer Unterschätzung der Partei, um zugleich die Parteikonzeption Lenins zu glorifizieren. Als Hegelianer glaubten Lenin wie Lukács an die Rolle einer Vorhut des Weltgeistes, die sich in der Partei verkörpert. Dieser »fällt die erhabene Rolle zu: Trägerin des Klassenbewußtseins des Proletariats, Gewissen seiner geschichtlichen Sendung zu sein«. Allein die Parteiorganisation kann Theorie und Praxis vermitteln, kann die Totalität der Geschichte erkennen und gestalten, nur sie die Menschheit ins Reich der Freiheit führen. Nur in der Partei kann der Mensch »durch Einsatz der Gesamtpersönlichkeit« die Trennungen der bürgerlichen Gesellschaft hinter sich lassen. Die »Disziplin der kommunistischen Partei, das bedingungslose Aufgehen der Gesamtpersönlichkeit eines jeden Mitgliedes in der Praxis der Bewegung [ist] der einzig mögliche Weg zur Verwirklichung der echten Freiheit«. Lukács bejahte daher nicht zufällig schon 1922 auch die »Säuberungen«, die freilich damals noch nicht mit Folter und Tod identisch waren. Es war wohl auch nicht einfacher Opportunismus, wenn Lukács später ein Bewunderer von Stalin und von dessen »Stil«, die Partei zu führen, wurde und lange Zeit blieb. Auch Rosa Luxemburg glaubte an Sinn und Totalität der Geschichte, an die Aufhebung der Entfremdung, an das Proletariat und dessen Organisationen – die Humanistin in ihr hätte aber wohl nie auch nur einen Augenblick lang die Unmenschlichkeiten Stalins und der Stalinisten hingenommen. Allein schon das Wort »Säuberung« hätte ihr das Blut gerinnen lassen.

In ihrer Auseinandersetzung mit Lenin und den Bolschewiki hat Rosa Luxemburg die humanistisch-demokratisch-libertären Momente im Sozialismus betont. In ihrem Kampf gegen die deutsche Sozialdemokratie sah sie sich gedrängt, die positive Rolle der revolutionären Führung und der konsequenten Gewalt hervorzuheben. An beiden Fronten standen ihr ernst zu nehmende Gegner gegenüber. Haben später die Thälmann und Ulbricht, die Stalin und Shdanow aus dem »Luxemburgismus« einen Popanz gemacht, um ihren Herrschafts- und Unfehlbarkeitsanspruch zu untermauern, so stehen diese Attacken auf R. Luxemburg ebenso unter jeder sachlichen Kritik wie die Anfeindungen eines Noske oder Hitler. Vor und während des Ersten Weltkrieges reflektierte dagegen der Kampf Luxemburgs mit Lenin und Ebert den welthistorischen Antagonismus zwischen einem zukunftsorientierten Voluntarismus, einem gegenwartsgetränkten »Realismus« und einem vergangenheitsbetonten Fatalismus. In Ebert verkörperten sich die Interessen und Ideologien einer aufstrebenden, stark kleinbürgerlich geprägten deutschen Unterschicht, die ihren Frieden mit den Gewalten von gestern machen zu müssen und zu können glaubte. Lenin symbolisierte die Kräfte, die das zurückgebliebene Rußland auf den Stand der gegenwärtigen modernen Industriewelt bringen wollten – koste es, was es wolle. Rosa Luxemburg vertrat als Weltbürgerin, als Bürgerin »derer, die da kommen werden«, die Zukunft einer emanzipierten Menschheit. Diese Perspektive verlangt in letzter Konsequenz nach der Überwindung der entmenschenden Gewaltsamkeit durch die revolutionäre »gewaltlose« Aktion. Es war aber ihr Schicksal, in einer Zeit und in einem Lande zu leben, wo die Gewalt zwar schon – auf längere Sicht gesehen – antiquiert war, die Menschen und die Verhältnisse aber doch noch nicht reif zu sein schienen für den Übergang zu den so anspruchsvollen Methoden der gewaltarmen Aktion.

Ahnte aber Rosa Luxemburg nicht bereits die Problematik der Gewaltsamkeit? War sie insofern nicht in der Tat eine Vorkämpferin des heutigen »Revisionismus«, wie er etwa von einem Kolakowski vertreten wird? Dieser glaubt, daß man zu Zeiten inkonsequent handeln müsse, da die Welt so widerspruchsvoll ist, daß diese Widersprüche immer nur temporär überwunden werden können. Zugleich kennt er aber den Bereich der »elementaren Situationen«, wo man nicht mehr inkonsequent sein darf, wo man »absolute Konsequenz fordern« muß: »Wenn ein Mensch vor Hunger stirbt und man kann ihm zu essen geben, dann gibt es kein Zusammentreffen von Umständen, unter denen es richtig wäre zu sagen: ›Es ist taktisch besser, ihn sterben zu lassen‹, oder (wenn ich ihm nicht helfen kann) ›taktisch ist es besser, seinen Hungertod zu verschweigen‹. Offenbare Angriffskriege, Mord, Folter, Mißhandlungen Wehrloser – das alles sind elementare Situationen. In ihnen hören die Werte der Inkonsequenz auf, eine Rolle zu spielen.« Hier geht es eindeutig um Wert und Unwert, um Tat und Untat, um Mensch und Unmensch. Zu dieser letzten Konsequenz der Inkonsequenz hat sich Rosa Luxemburg allerdings nicht durchgerungen.

Und doch blieb die Identifizierung mit Gewalt und Bürgerkrieg für sie ein Problem. Die »Penthesilea« hat sich wohl kaum so weit diszipliniert, daß sie die Stimme des Herzens ganz verstummen lassen konnte, ist doch wohl nicht »hart geworden wie geschliffener Stahl«. Ein Stalin hatte es da leichter: Herz und Kopf waren bei ihm stets unterentwickelt im Vergleich zu Hand und Faust. Während die tragische Größe Lenins darin bestand, daß es ihm gelungen ist, ganz bewußt auf Kosten seines Herzens eine seltene Synthese von Kopf und Hand zu verwirklichen, hat Rosa Luxemburgs Herz nie aufgehört, laut zu schlagen. Noch kurz vor ihrem Tode soll sie gefragt haben, wieso Dshershinski, der Chef der Tscheka, so grausam sein könne! Das waren kaum die Charaktereigenschaften für eine Führerin, die das deutsche Proletariat in den »gewaltigsten Bürgerkrieg« führen wollte, »den die Weltgeschichte gesehen«. In der Tat, ihr Tod mag auch die Folge ihres Abscheus vor dem Blut und Schmutz eines solchen Krieges gewesen sein. Es gibt doch wohl zu denken, daß sich Machtmenschen und Kriegsstrategen wie Lenin und Stalin wie die Generale der Gegenseite stets adäquat zu schützen wußten, während sich Rosa Luxemburg und Karl Liebknecht immer wieder ganz der Gewalt des Feindes aussetzten, ohne im geringsten an ihre eigene Sicherheit zu denken. Rosa Luxemburgs Biograph Paul Frölich, der darauf hinweist, daß sie in den letzten Tagen körperlich versagt habe, fragt dann: »Reichten zu dieser Aufgabe die physischen Kräfte nicht mehr aus, oder mangelte dieser großen Führerin, die als Theoretikerin, als Strategin des Klassenkampfes mit so unerschütterlicher innerer Festigkeit voranschritt, jene letzte Vollendung des Heerführers, der unbekümmert um alle Stimmungsmomente im kritischen Augenblick realistisch zu entscheiden und seine Entschlüsse durchzusetzen weiß – jene Vollendung des revolutionären Heerführers, die in Lenin Fleisch und Leben geworden ist? Die Frage ist nicht zu lösen...« Frölich zitiert dann Goethes Egmont mit seinem: »Wie von unsichtbaren Geistern gepeitscht, gehen die Sonnenpferde der Zeit mit unsers Schicksals leichtem Wagen durch; und uns bleibt nichts, als mutig gefaßt die Zügel festzuhalten... Soll ich fallen, so mag ein Donnerschlag, ein Sturmwind, ja selbst ein verfehlter Schritt mich abwärts in die Tiefe stürzen – da liege ich mit vielen Tausenden.« Hat auch Rosa Luxemburg ihren Schicksalswagen nicht mehr zu lenken vermocht, da das Schicksal so Unmenschliches von ihr verlangte? Wir wissen es nicht – wie es auch müßig ist, darüber zu spekulieren, ob nicht ihr Überleben den deutschen Kommunismus vor der Stalinisierung und damit vielleicht die Welt vor dem Sieg des Nationalsozialismus und der Katastrophe des Zweiten Weltkrieges hätte bewahren können.

Was auch immer Sinn und Unsinn ihres Todes sein mögen, ganz ausgelöscht hat er sie nicht. Solange der Mord von Soldaten an Frauen und Kindern, Männern und Greisen im Namen von Frieden und Freiheit, von Demokratie und Sozialismus immer noch als »Verteidigungskrieg«, »gerechter Krieg«, »Polizeiaktion« usw. hingenommen wird und seinen Niederschlag in Kursnotierungen findet, wird Rosa Luxemburgs Wort von den Dividenden, die steigen, und den Proletariern, die fallen, seine blutige Aktualität bewahren. Mag noch so viel von ihren Erkenntnissen überholt sein, ihr Weitblick und ihr Glaube werden so fortleben wie ihr Mut und ihre Selbstlosigkeit. Wo immer neue Bewegungen an die Traditionen des Nonkonformismus, des Pazifismus, des Sozialismus anknüpfen werden, werden sie bei einem Dietrich Bonhoeffer, einem Carl v. Ossietzky und einer Rosa Luxemburg – jenen anderen Deutschen! – Ideale und Ideen suchen und finden.

Ossip K. Flechtheim

Literaturhinweise

Eduard David
Das Kriegstagebuch des Reichstagsabgeordneten Eduard David 1914–1918, hrsgg. von S. Miller, Düsseldorf 1966.

Friedr. Engels
Paul et Laura Lafargue, Correspondence, Bd. 2, Paris 1956.

O. K. Flechtheim
Die KPD in der Weimarer Republik, Offenbach am Main 1948.

Paul Frölich
Rosa Luxemburg, Gedanke und Tat, Neuaufl. Frankfurt/M. 1967 (Bibliographie auf S. 363 ff.).

Leszek Kolakowski
Der Mensch ohne Alternative, München 1960.

Georg Lukács
Geschichte und Klassenbewußtsein, Berlin 1923.

Gustav Mayer
Friedrich Engels, Band 2, Haag 1934.

Robert Michels
Zur Soziologie des Parteiwesens in der modernen Demokratie, Neuaufl., hrsgg. von W. Conze, Stuttgart 1957.

J. P. Nettl
Rosa Luxemburg, Köln und Berlin 1967, (Bibliographie auf S. 835 ff.).

Peter v. Oertzen
Betriebsräte in der Novemberrevolution (Beiträge zur Geschichte des Parlamentarismus und der politischen Parteien, Band 25), Düsseldorf 1963.

C. E. Schorske
German Social Democracy 1905–1917, Cambridge, Mass. 1955.

Sozialreform oder Revolution?

Vorwort

Der Titel der vorliegenden Schrift kann auf den ersten Blick überraschen. Sozialreform *oder* Revolution? Kann denn die Sozialdemokratie *gegen* die Sozialreform sein? Oder kann sie die soziale Revolution, die Umwälzung der bestehenden Ordnung, die ihr Endziel bildet, der Sozialreform *entgegenstellen?* Allerdings nicht. Für die Sozialdemokratie bildet der alltägliche praktische Kampf um soziale Reformen, um die Besserung der Lage des arbeitenden Volkes noch auf dem Boden des Bestehenden, um die demokratischen Einrichtungen vielmehr den einzigen Weg, den proletarischen Klassenkampf zu leiten und auf das Endziel, auf die Ergreifung der politischen Macht und Aufhebung des Lohnsystems hinzuarbeiten. Für die Sozialdemokratie besteht zwischen der Sozialreform und der sozialen Revolution ein unzertrennlicher Zusammenhang, indem ihr der Kampf um die Sozialreform *das Mittel*, die soziale Umwälzung aber der *Zweck* ist.

Eine Entgegenstellung dieser beiden Momente der Ar-

Von der Schrift »Sozialreform oder Revolution?« liegen zwei verschiedene Ausgaben vor, die von der Verfasserin selbst bearbeitet wurden, eine aus dem Jahre 1900, die andere aus dem Jahre 1908. Sie weichen in Einzelheiten voneinander ab. Hauptsächlich handelt es sich dabei um zwei Dinge. In der zweiten Auflage wurden verschiedene Änderungen vorgenommen, die sich aus neuen praktischen Erfahrungen ergaben, so z. B. in der Frage der Wirtschaftskrise. Ausgelassen wurden in der zweiten Auflage alle die Stellen, in denen der Ausschluß der Reformisten gefordert oder auf ihn angespielt wurde. Als Rosa Luxemburg ein Jahrzehnt nach Beginn der Bernsteindebatte und nach der Eroberung wichtigster Parteipositionen durch die Opportunisten die Broschüre wieder herausgab, hatte die Ausschlußforderung jeden Sinn verloren.
Hier ist die 1. Auflage zugrunde gelegt. Die späteren Auslassungen sind durch Klammern [ ] angedeutet. Die Ergänzungen der 2. Auflage sind in Anmerkungen beigefügt. Stilistische Verbesserungen und kleine Überarbeitungen wurden aus der zweiten Auflage ohne weiteres übernommen.

beiterbewegung finden wir erst in der Theorie von Ed. Bernstein, wie er sie in seinen Aufsätzen: »Probleme des Sozialismus«, in der »Neuen Zeit« 1897/98 und namentlich in seinem Buche: »Voraussetzungen des Sozialismus« dargelegt hat. Diese ganze Theorie läuft praktisch auf nichts anderes als auf den Rat hinaus, die soziale Umwälzung, das Endziel der Sozialdemokratie, aufzugeben und die Sozialreform umgekehrt aus einem *Mittel* des Klassenkampfes zu seinem *Zwecke* zu machen. Bernstein selbst hat am treffendsten und am schärfsten seine Ansichten formuliert, indem er schrieb: »Das Endziel, was es immer sei, ist mir Nichts, die Bewegung Alles«.

Da aber das sozialistische Endziel das einzige entscheidende Moment ist, das die sozialdemokratische Bewegung von der bürgerlichen Demokratie und dem bürgerlichen Radikalismus unterscheidet, das die ganze Arbeiterbewegung aus einer müßigen Flickarbeit zur Rettung der kapitalistischen Ordnung in einen Klassenkampf *gegen* diese Ordnung, um die Aufhebung dieser Ordnung verwandelt, so ist die Frage »Sozialreform oder Revolution?« im Bernsteinschen Sinne für die Sozialdemokratie zugleich die Frage: Sein oder Nichtsein? In der Auseinandersetzung mit Bernstein und seinen Anhängern, darüber muß sich jedermann in der Partei klar werden, handelt es sich nicht um diese oder jene Kampfweise, nicht um diese oder jene *Taktik*, sondern um die ganze *Existenz* der sozialdemokratischen Bewegung.

[Bei flüchtiger Betrachtung der Bernsteinschen Theorie kann dies als eine Übertreibung erscheinen. Spricht denn Bernstein nicht auf Schritt und Tritt von der Sozialdemokratie und ihren Zielen, wiederholt er nicht selbst mehrmals und ausdrücklich, daß auch er das sozialistische Endziel, nur in einer anderen Form, anstrebe, betont er nicht mit Nachdruck, daß er die heutige Praxis der Sozialdemokratie fast gänzlich anerkenne? Freilich ist das alles wahr. Ebenso wahr ist es aber, daß seit jeher in der Entwicklung der Theorie und in der Politik jede neue Richtung in ihren Anfängen an die alte, auch wenn sie im inneren Kern zu ihr in direktem Gegensatz steht, sich anlehnt, daß sie sich zuerst den Formen anpaßt, die sie vorfindet, die Sprache spricht, die vor ihr gesprochen wurde. Mit der Zeit erst tritt der neue Kern aus der alten Hülle hervor, und die neue Richtung findet eigene Formen, eigene Sprache.

Von einer Opposition gegen den wissenschaftlichen Sozialismus erwarten, daß sie von Anfang an ihr inneres Wesen selbst klar und deutlich bis zur letzten Konsequenz ausspricht, daß sie die theoretische Grundlage der Sozialdemokratie offen und schroff *ableugnet,* hieße die Macht des wissenschaftlichen Sozialismus unterschätzen. Wer heute als Sozialist gelten, zugleich aber der Marxschen Lehre, dem riesenhaftesten Produkte des menschlichen Geistes in diesem Jahrhundert, den Krieg erklären will, muß mit einer unbewußten Huldigung an sie beginnen, indem er sich vor allem selbst zum Anhänger dieser Lehre bekennt und in ihr selbst Stützpunkte für ihre Bekämpfung sucht, die letztere bloß als ihre Fortentwicklung hinstellt. Unbeirrt durch diese äußeren Formen muß man deshalb den in der Bernsteinschen Theorie steckenden Kern herausschälen, und dies ist gerade eine dringende Notwendigkeit für die breiten Schichten der industriellen Proletarier in unserer Partei.

Es kann keine gröbere Beleidigung, keine ärgere Schmähung gegen die Arbeiterschaft ausgesprochen werden, als die Behauptung: theoretische Auseinandersetzungen seien lediglich Sache der »Akademiker«. Schon Lassalle hat einst gesagt: Erst, wenn Wissenschaft und Arbeiter, diese entgegengesetzten Pole der Gesellschaft, sich vereinigen, werden sie alle Kulturhindernisse in ihren ehernen Armen erdrücken. Die ganze Macht der modernen Arbeiterbewegung beruht auf der theoretischen Erkenntnis.]*

Doppelt wichtig ist aber diese Erkenntnis für die Arbeiter im gegebenen Falle, weil es sich hier gerade um sie und ihren Einfluß in der Bewegung handelt, weil es ihre eigene Haut ist, die hier zu Markte getragen wird. Die durch Bernstein theoretisch formulierte opportunistische Strömung in der Partei ist nichts anderes, als eine unbewußte Bestrebung, den zur Partei herübergekommenen klein-bür-

---

* Die hier eingeklammerten Absätze fehlen in der 2. Auflage.

gerlichen Elementen die Oberhand zu sichern, in ihrem Geiste die Praxis und die Ziele der Partei umzumodeln. Die Frage von der Sozialreform und der Revolution, vom Endziel und der Bewegung ist von anderer Seite die Frage vom *kleinbürgerlichen oder proletarischen Charakter der Arbeiterbewegung.*

[Deshalb liegt es gerade im Interesse der proletarischen Masse der Partei, sich mit der gegenwärtigen theoretischen Auseinandersetzung mit dem Opportunismus aufs lebhafteste und aufs eingehendste zu befassen. Solange die theoretische Erkenntnis bloß das Privilegium einer Handvoll »Akademiker« in der Partei bleibt, droht ihr immer die Gefahr, auf Abwege zu geraten. Erst wenn die große Arbeitermasse selbst die scharfe zuverlässige Waffe des wissenschaftlichen Sozialismus in die Hand genommen hat, dann werden alle kleinbürgerlichen Anwandlungen, alle opportunistischen Strömungen im Sande verlaufen. Dann ist auch die Bewegung auf sicheren, festen Boden gestellt. »Die Menge tut es.«]

Berlin, 18. April 1899

Rosa Luxemburg

Erster Teil*

1. Die opportunistische Methode

Wenn Theorien Spiegelbilder der Erscheinungen der Außenwelt im menschlichen Hirn sind, so muß man angesichts der Theorie von Eduard Bernstein jedenfalls hinzufügen – manchmal auf den Kopf gestellte Spiegelbilder. Eine Theorie von der Einführung des Sozialismus durch Sozialreformen – nach dem endgültigen Einschlafen der deutschen Sozialreform, von der Kontrolle der Gewerkschaften über den Produktionsprozeß – nach der Niederlage der englischen Maschinenbauer, von der sozialdemokratischen Parlamentsmehrheit – nach der sächsischen Verfassungsrevision und den Attentaten auf das allgemeine Reichstagswahlrecht! Allein der Schwerpunkt der Bernsteinschen Ausführungen liegt unseres Erachtens nicht in seinen Ansichten über die praktischen Aufgaben der Sozialdemokratie, sondern in dem, was er über den Gang der objektiven Entwicklung der kapitalistischen Gesellschaft sagt, womit jene Ansichten freilich im engsten Zusammenhange stehen.

Nach Bernstein wird ein allgemeiner Zusammenbruch des Kapitalismus mit dessen Entwicklung immer unwahrscheinlicher, weil das kapitalistische System einerseits immer mehr Anpassungsfähigkeit zeigt, andererseits die Produktion sich immer mehr differenziert. Die Anpassungsfähigkeit des Kapitalismus äußert sich nach Bernstein erstens in dem Verschwinden der allgemeinen *Krisen*, dank der Entwicklung des Kreditsystems, der Unternehmerorganisationen und des Verkehrs sowie des Nachrichtendienstes, zweitens in der Zähigkeit des Mittelstandes infolge der be-

---

* Der erste Teil dieser Schrift bezieht sich auf eine Aufsatzreihe von Eduard Bernstein: »Probleme des Sozialismus«, in: »Neue Zeit«, Zürich 1897–1898.

ständigen Differenzierung der Produktionszweige sowie der Hebung großer Schichten des Proletariats in den Mittelstand, drittens endlich in der ökonomischen und politischen Hebung der Lage des Proletariats infolge des Gewerkschaftskampfes.

Für den praktischen Kampf der Sozialdemokratie ergibt sich daraus die allgemeine Weisung, daß sie ihre Tätigkeit nicht auf die Besitzergreifung der politischen Staatsmacht, sondern auf die Hebung der Lage der Arbeiterklasse und auf die Einführung des Sozialismus, nicht durch eine soziale und politische Krise, sondern durch eine schrittweise Erweiterung der gesellschaftlichen Kontrolle und eine stufenweise Durchführung des Genossenschaftlichkeitsprinzips zu richten habe.

Bernstein selbst sieht in seinen Ausführungen nichts Neues, er meint vielmehr, daß sie ebenso mit einzelnen Äußerungen von Marx und Engels, wie mit der allgemeinen bisherigen Richtung der Sozialdemokratie übereinstimmen. Es läßt sich indes unseres Erachtens schwerlich leugnen, daß die Auffassung Bernsteins tatsächlich mit dem Gedankengang des wissenschaftlichen Sozialismus in grundsätzlichem Widerspruche steht.

Würde sich die ganze Bernsteinsche Revision dahin zusammenfassen, daß der Gang der kapitalistischen Entwicklung ein viel langsamerer ist, als man anzunehmen sich gewöhnt hat, so bedeutete dies in der Tat bloß eine Aufschiebung der bis jetzt angenommenen politischen Machtergreifung seitens des Proletariats, woraus praktisch höchstens etwa ein ruhigeres Tempo des Kampfes gefolgert werden könnte.

Dies ist aber nicht der Fall. Was Bernstein in Frage gestellt hat, ist nicht die Rapidität der Entwicklung, sondern der Entwicklungsgang selbst der kapitalistischen Gesellschaft und im Zusammenhang damit der Übergang zur sozialistischen Ordnung.

Wenn die bisherige sozialistische Theorie annahm, der Ausgangspunkt der sozialistischen Umwälzung würde eine allgemeine und vernichtende Krise sein, so muß man, unseres Erachtens, dabei zweierlei unterscheiden: den darin verborgenen Grundgedanken und dessen äußere Form.

Der Gedanke besteht in der Annahme, die kapitalistische Ordnung würde von sich aus, kraft eigener Widersprüche den Moment zeitigen, wo sie aus den Fugen geht, wo sie einfach unmöglich wird. Daß man sich diesen Moment in der Form einer allgemeinen und erschütternden Handelskrise dachte, hatte gewiß seine guten Gründe, bleibt aber nichtsdestoweniger für den Grundgedanken unwesentlich und nebensächlich.

Die wissenschaftliche Begründung des Sozialismus stützt sich nämlich bekanntermaßen auf *drei* Ergebnisse der kapitalistischen Entwicklung: vor allem auf die wachsende *Anarchie* der kapitalistischen Wirtschaft, die ihren Untergang zu unvermeidlichem Ergebnis macht, zweitens auf die fortschreitende *Vergesellschaftung* des Produktionsprozesses, die die positiven Ansätze der künftigen sozialen Ordnung schafft, und drittens auf die wachsende *Organisation und Klassenerkenntnis* des Proletariats, das den aktiven Faktor der bevorstehenden Umwälzung bildet.

Es ist der *erste* der genannten Grundpfeiler des wissenschaftlichen Sozialismus, den Bernstein beseitigt. Er behauptet nämlich, die kapitalistische Entwicklung gehe nicht einem allgemeinen wirtschaftlichen Krach entgegen.

Er verwirft aber damit nicht bloß die bestimmte Form des kapitalistischen Untergangs, sondern diesen Untergang selbst. Er sagt ausdrücklich: »Es könnte nun erwidert werden, daß, wenn man von dem Zusammenbruch der gegenwärtigen Gesellschaft spricht, man dabei mehr im Auge hat, als eine verallgemeinerte und gegen früher verstärkte Geschäftskrisis, nämlich einen totalen Zusammenbruch des kapitalistischen Systems an seinen eigenen Widersprüchen.« Und darauf antwortet er: »Ein annähernd gleichzeitiger völliger Zusammenbruch des gegenwärtigen Produktionssystems wird mit der fortschreitenden Entwicklung der Gesellschaft nicht wahrscheinlicher, sondern unwahrscheinlicher, weil dieselbe auf der einen Seite die Anpassungsfähigkeit, auf der anderen – bzw. zugleich damit – die Differenzierung der Industrie steigert.«[1]

---

[1] »Neue Zeit«, 1897/98, Nr. 18, S. 555.

Dann entsteht aber die große Frage: Warum und wie gelangen wir überhaupt noch zum Endziel unserer Bestrebungen? Vom Standpunkte des wissenschaftlichen Sozialismus äußert sich die historische Notwendigkeit der sozialistischen Umwälzung vor allem in der wachsenden Anarchie des kapitalistischen Systems, die es auch in eine ausweglose Sackgasse drängt. Nimmt man jedoch mit Bernstein an, die kapitalistische Entwicklung gehe nicht in der Richtung zum eigenen Untergang, dann hört der Sozialismus auf, *objektiv notwendig zu sein*. Von den Grundsteinen seiner wissenschaftlichen Begründung bleiben dann nur noch die beiden anderen Ergebnisse der kapitalistischen Ordnung: der vergesellschaftete Produktionsprozeß und das Klassenbewußtsein des Proletariats. Dies hat auch Bernstein im Auge, als er sagt: »Die sozialistische Gedankenwelt verliert (mit der Beseitigung der Zusammenbruchstheorie) durchaus nichts an überzeugender Kraft. Denn genauer zugesehen, was sind denn alle die von uns aufgezählten Faktoren der Beseitigung oder Modifizierung der alten Krisen? Alles Dinge, die gleichzeitig Voraussetzungen und zum Teil sogar Ansätze der Vergesellschaftung von Produktion und Austausch darstellen.«[2]

Indes genügt eine kurze Betrachtung, um auch dies als einen Trugschluß zu erweisen. Worin besteht die Bedeutung der von Bernstein als kapitalistisches Anpassungsmittel bezeichneten Erscheinungen: der Kartelle, des Kredits, der vervollkommneten Verkehrsmittel, der Hebung der Arbeiterklasse usw. Offenbar darin, daß sie die inneren Widersprüche der kapitalistischen Wirtschaft beseitigen oder wenigstens abstumpfen, ihre Entfaltung und Verschärfung verhindern. So bedeutet die Beseitigung der Krisen die Aufhebung des Widerspruchs zwischen Produktion und Austausch auf kapitalistischer Basis, so bedeutet die Hebung der Lage der Arbeiterklasse teils als solcher, teils in den Mittelstand, die Abstumpfung des Widerspruchs zwischen Kapital und Arbeit. Indem somit die Kartelle, das Kreditwesen, die Gewerkschaften usw. die

---

[2] »Neue Zeit«, 1897/98, Nr. 18, S. 554.

kapitalistischen Widersprüche aufheben, also das kapitalistische System vom Untergang retten, den Kapitalismus konservieren – deshalb nennt sie ja Bernstein »Anpassungsmittel« – wie können sie zu gleicher Zeit ebensoviele »Voraussetzungen und zum Teil sogar Ansätze« zum Sozialismus darstellen? Offenbar nur in dem Sinne, daß sie den gesellschaftlichen Charakter der Produktion stärker zum Ausdruck bringen. Aber indem sie ihn in seiner *kapitalistischen* Form konservieren, machen sie umgekehrt den Übergang dieser vergesellschafteten Produktion in die sozialistische Form in demselben Maße überflüssig. Sie können daher Ansätze und Voraussetzungen der sozialistischen Ordnung bloß in begrifflichem und nicht in historischem Sinne darstellen, d. h. Erscheinungen, von denen wir auf Grund unserer Vorstellung vom Sozialismus *wissen,* daß sie mit ihm verwandt sind, die aber tatsächlich die sozialistische Umwälzung nicht nur nicht herbeiführen, sondern sie vielmehr überflüssig machen. Bleibt dann als Begründung des Sozialismus bloß das Klassenbewußtsein des Proletariats. Aber auch dieses ist gegebenenfalls nicht der einfache geistige Widerschein der sich immer mehr zuspitzenden Widersprüche des Kapitalismus und seines bevorstehenden Untergangs – dieser ist ja verhütet durch die Anpassungsmittel – sondern ein bloßes Ideal, dessen Überzeugungskraft auf seinen eigenen ihm zugedachten Vollkommenheiten beruht.

Mit einem Wort, was wir auf diesem Wege erhalten, ist eine Begründung des sozialistischen Programms durch »reine Erkenntnis«, das heißt, einfach gesagt, eine idealistische Begründung, während die objektive Notwendigkeit, das heißt die Begründung durch den Gang der materiellen gesellschaftlichen Entwicklung, dahinfällt. Die revisionistische Theorie steht vor einem Entweder – Oder. Entweder folgt die sozialistische Umgestaltung nach wie vor aus den inneren Widersprüchen der kapitalistischen Ordnung, dann entwickeln sich mit dieser Ordnung auch ihre Widersprüche und ein Zusammenbruch in dieser oder jener Form ist in irgendeinem Zeitpunkt das unvermeidliche Ergebnis, dann sind aber auch die »Anpassungsmittel« unwirksam, und die

Zusammenbruchstheorie richtig. Oder die »Anpassungsmittel« sind wirklich imstande, einem Zusammenbruch des kapitalistischen Systems vorzubeugen, also den Kapitalismus existenzfähig zu machen, also seine Widersprüche aufzuheben, dann hört aber der *Sozialismus* auf, eine historische Notwendigkeit zu sein, und er ist dann alles, was man will, nur nicht ein Ergebnis der materiellen Entwicklung der Gesellschaft. Dieses Dilemma läuft auf ein anderes hinaus: entweder hat der Revisionismus in bezug auf den Gang der kapitalistischen Entwicklung recht, dann verwandelt sich die sozialistische Umgestaltung der Gesellschaft in eine Utopie, oder der Sozialismus ist keine Utopie, dann muß aber die Theorie der »Anpassungsmittel« nicht stichhaltig sein. That is the question, das ist die Frage.

2. Anpassung des Kapitalismus

Die wichtigsten Mittel, die nach Bernstein die Anpassung der kapitalistischen Wirtschaft herbeiführen, sind das Kreditwesen, die verbesserten Verkehrsmittel und die Unternehmerorganisationen.

Um beim *Kredit* anzufangen, so hat er in der kapitalistischen Wirtschaft mannigfaltige Funktionen, seine wichtigste besteht aber bekanntlich in der Vergrößerung der Ausdehnungsfähigkeit der Produktion und in der Vermittelung und Erleichterung des Austausches. Da, wo die innere Tendenz der kapitalistischen Produktion zur grenzenlosen Ausdehnung auf die Schranken des Privateigentums, den beschränkten Umfang des Privatkapitals stößt, da stellt sich der Kredit als das Mittel ein, in kapitalistischer Weise diese Schranken zu überwinden, viele Privatkapitale zu einem zu verschmelzen – Aktiengesellschaften – und einem Kapitalisten die Verfügung über fremdes Kapital zu gewähren – industrieller Kredit. Andererseits beschleunigt er als kommerzieller Kredit den Austausch der Waren, also den Rückfluß des Kapitals zur Produktion, also den ganzen Kreislauf des Produktionsprozesses. Die Wirkung, die diese beiden wichtigsten Funktionen des Kredits auf die Krisenbildung haben, ist leicht zu übersehen. Wenn die Krisen, wie bekannt, aus dem Widerspruch zwischen der Ausdehnungsfähigkeit, Ausdehnungstendenz der Produktion und der beschränkten Konsumtionsfähigkeit entstehen, so ist der Kredit nach dem obigen so recht das spezielle Mittel, diesen Widerspruch so oft als möglich zum Ausbruch zu bringen. Vor allem steigert er die Ausdehnungsfähigkeit der Produktion ins Ungeheure und bildet die innere Triebkraft, sie beständig über die Schranken des Marktes hinauszutreiben. Aber er schlägt auf zwei Seiten. Hat er einmal als Faktor des Produktionsprozesses die Überproduktion mit heraufbeschworen, so schlägt er während der Krise in seiner Eigenschaft als Vermittler des Warenaustausches die von ihm selbst wachgerufenen Produktivkräfte um so gründlicher zu Boden. Bei den ersten Anzeichen der Stokkung schrumpft der Kredit zusammen, läßt den Austausch im Stich da, wo er notwendig wäre, erweist sich als wirkungs- und zwecklos da, wo er sich noch bietet, und verringert so während der Krise die Konsumtionsfähigkeit auf das Mindestmaß.

Außer diesen beiden wichtigsten Ergebnissen wirkt der Kredit in bezug auf die Krisenbildung noch mannigfach. Er bietet nicht nur das technische Mittel, einem Kapitalisten die Verfügung über fremde Kapitale in die Hand zu geben, sondern bildet für ihn zugleich den Sporn zu einer kühnen und rücksichtslosen Verwendung des fremden Eigentums, also zu waghalsigen Spekulationen. Er verschärft nicht nur als heimtückisches Mittel des Warenaustausches die Krise, sondern erleichtert ihr Eintreten und ihre Verbreitung, indem er den ganzen Austausch in eine äußerst zusammengesetzte und künstliche Maschinerie mit einem Mindestmaß Metallgeld als reeller Grundlage verwandelt und so ihre Störung bei geringstem Anlaß herbeiführt.

So ist der Kredit, weit entfernt, ein Mittel zur Beseitigung oder auch nur zur Linderung der Krisen zu sein, ganz im Gegenteil ein besonderer mächtiger Faktor der Krisenbildung. Und das ist auch gar nicht anders möglich. Die spezifische Funktion des Kredits ist – ganz allgemein ausgedrückt – doch nichts anderes, als den Rest von Standfestigkeit aus allen kapitalistischen Verhältnissen zu verbannen und überall die größtmögliche Elastizität hineinzubringen, alle kapitalistischen Kräfte in höchstem Maße dehnbar, relativ und empfindlich zu machen. Daß damit die Krisen, die nichts anderes als der periodische Zusammenstoß der einander widerstrebenden Kräfte der kapitalistischen Wirtschaft sind, nur erleichtert und verschärft werden können, liegt auf der Hand.

Dies führt uns aber zugleich auf die andere Frage, wie der Kredit überhaupt als ein »Anpassungsmittel« des Kapitalismus erscheinen kann. In welcher Beziehung und in welcher Gestalt immer die »Anpassung« mit Hilfe des Kredits gedacht wird, ihr Wesen kann offenbar nur darin bestehen, daß irgendein gegensätzliches Verhältnis der kapitalistischen Wirtschaft ausgeglichen, irgendeiner ihrer Widersprüche aufgehoben oder abgestumpft und so den eingeklemmten Kräften auf irgendeinem Punkte freier Spielraum gewährt wird. Wenn es indes ein Mittel in der heutigen kapitalistischen Wirtschaft gibt, alle ihre Widersprüche aufs höchste zu steigern, so ist es gerade der Kredit. Er steigert den Widerspruch zwischen *Produktionsweise* und *Austauschweise,* indem er die Produktion aufs höchste anspannt, den Austausch aber bei geringstem Anlaß lahmlegt. Er steigert den Widerspruch zwischen *Produktions-* und *Aneignungsweise,* indem er die Produktion vom Eigentum trennt, indem er das Kapital in der Produktion in ein gesellschaftliches, einen Teil des Profits aber in die Form des Kapitalzinses, also in einen reinen Eigentumstitel verwandelt. Er steigert den Widerspruch zwischen den *Eigentums-* und *Produktions*verhältnissen, indem er durch Enteignung vieler kleiner Kapitalisten in wenigen Händen ungeheure Produktivkräfte vereinigt. Er steigert den Widerspruch zwischen dem *gesellschaftlichen* Charakter der Produktion und dem kapitalistischen *Privateigentum,* indem er die Einmischung des Staates in die Produktion (Aktiengesellschaft) notwendig macht.

Mit einem Wort, der Kredit reproduziert alle kardinalen Widersprüche der kapitalistischen Welt, er treibt sie auf die Spitze, er beschleunigt den Gang, in dem sie ihrer eigenen Vernichtung – dem Zusammenbruch – entgegeneilt. Das erste Anpassungsmittel für den Kapitalismus in bezug auf den Kredit müßte also darin bestehen, den Kredit *abzuschaffen,* ihn rückgängig zu machen. So wie er ist, bildet er nicht ein Anpassungs-, sondern ein Vernichtungsmittel von höchst revolutionärer Wirkung. Hat doch eben dieser revolutionäre, über den Kapitalismus selbst hinausführende Charakter des Kredits sogar zu sozialistisch angehauchten Reformplänen verleitet, und große Vertreter des Kredits, wie den Isaac Péreire in Frankreich, wie Marx sagt, halb als Propheten, halb als Lumpen erscheinen lassen.

Ebenso hinfällig erweist sich nach näherer Betrachtung das zweite »Anpassungsmittel« der kapitalistischen Produktion – die *Unternehmerverbände**. Nach Bernstein sollen sie durch die Regulierung der Produktion der Anarchie Einhalt tun und Krisen vorbeugen. Die Entwicklung der Kartelle und Trusts ist freilich eine in ihren vielseitigen ökonomischen Wirkungen noch nicht erforschte Erscheinung. Sie bildet erst ein Problem, das nur an der Hand der Marxschen Lehre gelöst werden kann. Allein, soviel ist auf jeden Fall klar: von einer Eindämmung der kapitalistischen Anarchie durch die Unternehmerkartelle könnte nur in dem Maße die Rede sein, als die Kartelle, Trusts usw. annähernd zu einer allgemeinen, herrschenden Produktionsform werden sollten. Allein gerade dies ist durch die Natur der Kartelle selbst ausgeschlossen. Der schließliche ökonomische Zweck und die Wirkung der Unternehmerverbände bestehen darin, durch den Ausschluß der Konkurrenz innerhalb einer Branche auf die Verteilung der auf dem Warenmarkt erzielten Profitmasse so einzuwirken, daß sie den Anteil dieses Industriezweiges an ihr steigern. Die Organisation kann in einem Industriezweig nur auf Kosten der anderen die Profitrate heben, und deshalb kann sie eben unmöglich allgemein werden. Ausgedehnt auf alle wichtigeren Produktionszweige hebt sie ihre Wirkung selbst auf.

---
* R. L. gebraucht hier den Begriff Unternehmerverband, anders als im heute üblichen Sprachgebrauch, für die Kartelle, Trusts und ähnliche Gebilde.

Aber auch in den Grenzen ihrer praktischen Anwendung wirken die Unternehmerverbände gerade entgegengesetzt der Beseitigung der industriellen Anarchie. Die bezeichnete Steigerung der Profitrate erzielen die Kartelle auf dem inneren Markte in der Regel dadurch, daß sie die zuschüssigen Kapitalportionen, die sie für den inneren Bedarf nicht verwenden können, für das Ausland mit einer viel niedrigeren Profitrate produzieren lassen, d. h. ihre Waren im Auslande viel billiger verkaufen als im eigenen Lande. Das Ergebnis ist die verschärfte Konkurrenz im Auslande, die vergrößerte Anarchie auf dem Weltmarkt, d. h. gerade das Umgekehrte von dem, was erzielt werden will. Ein Beispiel davon bietet die Geschichte der internationalen Zuckerindustrie.

Endlich im ganzen als Erscheinungsform der kapitalistischen Produktionsweise dürfen die Unternehmerverbände wohl nur als ein Übergangsstadium, als eine bestimmte Phase der kapitalistischen Entwicklung aufgefaßt werden. In der Tat! In letzter Linie betrachtet, sind die Kartelle eigentlich ein Mittel der kapitalistischen Produktionsweise, den fatalen Fall der Profitrate in einzelnen Produktionszweigen aufzuhalten. Welches ist aber die Methode, der sich die Kartelle zu diesem Zwecke bedienen? Im Grunde genommen ist es nichts anderes als die Brachlegung eines Teils des akkumulierten Kapitals, d. h. dieselbe Methode, die in einer anderen Form, in den Krisen zur Anwendung kommt. Ein solches Heilmittel gleicht aber der Krankheit wie ein Ei dem anderen, und kann nur bis zu einem gewissen Zeitpunkt als das kleinere Übel gelten. Beginnt der Absatzmarkt sich zu verringern, indem der Weltmarkt bis aufs äußerste ausgebildet und durch die konkurrierenden kapitalistischen Länder erschöpft wird – und der frühere oder spätere Eintritt eines solchen Moments kann offenbar nicht geleugnet werden –, dann nimmt auch die erzwungene teilweise Brachlegung des Kapitals einen solchen Umfang an, daß die Arznei selbst in Krankheit umschlägt und das bereits durch die Organisation stark vergesellschaftete Kapital sich in privates rückverwandelt. Bei dem verringerten Vermögen, auf dem Absatzmarkt ein Plätzchen für sich zu finden, zieht jede private Kapitalportion vor, auf eigene Faust das Glück zu probieren. Die Organisationen müssen dann wie Seifenblasen platzen und wieder einer freien Konkurrenz, in potenzierter Form, Platz machen.*

Im ganzen erscheinen also auch die Kartelle, ebenso wie der Kredit, als bestimmte Entwicklungsphasen, die in letzter Linie die Anarchie der kapitalistischen Welt nur noch vergrößern und alle ihre inneren Widersprüche zum Ausdruck und zur Reife bringen. Sie verschärfen den Widerspruch zwischen der Produktionsweise und der Austauschweise, indem sie den Kampf zwischen den Produzenten und den Konsumenten auf die Spitze treiben, wie wir dies besonders in den Vereinigten Staaten Amerikas erleben. Sie verschärfen ferner den Widerspruch zwischen der Produktions- und der Aneignungsweise, indem sie der Arbeiterschaft die Übermacht des organisierten Kapitals in brutalster Form entgegenstellen und so den Gegensatz zwischen Kapital und Arbeit aufs äußerste steigern.

Sie verschärfen endlich den Widerspruch zwischen dem internationalen Charakter der kapitalistischen Weltwirtschaft und dem nationalen Charakter des kapitalistischen Staates, indem sie zur Begleiterscheinung einen allgemeinen Zollkrieg haben und so die Gegensätze zwischen den einzelnen kapitalistischen Staaten auf die Spitze treiben. Dazu kommt die direkte, höchst revolutionäre

---

* Ergänzung in der 2. Auflage: In einer Fußnote zum 3. Band des Kapital schreibt Fr. Engels 1894: »Seit obiges geschrieben wurde (1865), hat sich die Konkurrenz auf dem Weltmarkt bedeutend gesteigert durch die rapide Entwicklung der Industrie in allen Kulturländern, namentlich in Amerika und Deutschland. Die Tatsache, daß die rasch und riesig anschwellenden modernen Produktivkräfte den Gesetzen des kapitalistischen Warenaustausches, innerhalb deren sie sich bewegen sollen, täglich mehr über den Kopf wachsen, diese Tatsache drängt sich heute auch dem Bewußtsein der Kapitalisten selbst mehr und mehr auf. Dies zeigt sich namentlich in zwei Symptomen. Erstens in der neuen allgemeinen Schutzzoll-Manie, die sich von der alten Schutzzöllnerei besonders dadurch unterscheidet, daß sie gerade die exportfähigen Artikel am meisten schützt. Zweitens in den Kartellen (Trusts) der Fabrikanten ganzer großer Produktionssphären zur Regulierung der Produktion und damit der Preise und Profite. Es ist selbstredend, daß diese Experimente nur bei relativ günstigem ökonomischen Wetter durchführbar sind. Der erste Sturm muß sie über den Haufen werfen und beweisen, daß, wenn auch die Produktion einer Regulierung bedarf, es sicher nicht die Kapitalistenklasse ist, die dazu berufen ist. Inzwischen haben diese Kartelle nur den Zweck, dafür zu sorgen, daß die Kleinen noch rascher von den Großen verspeist werden als bisher.«

Wirkung der Kartelle auf die Konzentration der Produktion, technische Vervollkommnung usw.

So erscheinen die Kartelle und Trusts in ihrer endgültigen Wirkung auf die kapitalistische Wirtschaft nicht nur als kein »Anpassungsmittel«, das ihre Widersprüche verwischt, sondern geradezu als eines der Mittel, die sie selbst zur Vergrößerung der eigenen Anarchie, zur Austragung der in ihr enthaltenen Widersprüche, zur Beschleunigung des eigenen Unterganges geschaffen hat.

Allein, wenn das Kreditwesen, die Kartelle und dergleichen die Anarchie der kapitalistischen Wirtschaft nicht beseitigen, wie kommt es, daß wir zwei Jahrzehnte lang – seit 1873 – keine allgemeine Handelskrise hatten? Ist das nicht ein Zeichen, daß sich die kapitalistische Produktionsweise wenigstens in der Hauptsache an die Bedürfnisse der Gesellschaft tatsächlich »angepaßt« hat und die von Marx gegebene Analyse überholt ist?

[Wir glauben, daß die jetzige Windstille auf dem Weltmarkt sich auf eine andere Weise erklären läßt.

Man hat sich gewöhnt, die bisherigen großen periodischen Handelskrisen als die von Marx in seiner Analyse schematisierten Alterskrisen des Kapitalismus zu betrachten. Die ungefähr zehnjährige Periodizität des Produktionszyklus schien die beste Bestätigung dieses Schemas zu sein. Diese Auffassung beruht jedoch unseres Erachtens auf einem Mißverständnis. Faßt man näher ins Auge die jedesmaligen Ursachen aller bisherigen großen internationalen Krisen, so muß man zu der Überzeugung gelangen, daß sie sämtlich nicht der Ausdruck der Altersschwäche der kapitalistischen Wirtschaft, sondern vielmehr ihres Kindheitsalters waren. Schon eine kurze Besinnung genügt, um von vornherein darzutun, daß der Kapitalismus in den Jahren 1825, 1836, 1847 unmöglich jenen periodischen, aus voller Reife entspringenden unvermeidlichen Anprall der Produktivkräfte an die Marktschranken erzeugen konnte, wie es im Marxschen Schema aufgezeichnet ist, da er damals in den meisten Ländern erst in den Windeln lag.]*

---

* An Stelle des hier eingeklammerten Absatzes der 1. Auflage steht in der 2. Auflage folgender Absatz:

In der Tat, die Krise von 1825 war ein Resultat der großen Anlagen bei Straßenbauten, Kanälen und Gaswerken, die in dem vorhergehenden Jahrzehnt, vorzüglich in England, wie auch die Krise selbst, stattgefunden haben. Die folgende Krise 1836-1839 war gleichfalls ein Ergebnis kolossaler Gründungen bei der Anlage neuer Transportmittel. Die Krise von 1847 ist bekanntlich durch die fieberhaften englischen Eisenbahngründungen heraufbeschworen worden (1844-1847, d. h. in drei Jahren allein wurden vom Parlament neue Eisenbahnen für etwa 1½ Milliarden Taler konzessioniert!). In allen drei Fällen sind es also verschiedene Formen der *Neukonstituierung* der Wirtschaft des Kapitals, der Grundlegung neuer Fundamente unter die kapitalistische Entwicklung, die die Krisen im Gefolge hatten. Im Jahre 1857 sind es die plötzliche Eröffnung neuer Absatzmärkte für die europäische Industrie in Amerika und Australien infolge der Entdeckung von Goldminen, in Frankreich speziell die Eisenbahngründungen, in denen es in Englands Fußstapfen trat (1852-1856 wurden für 1¼ Milliarden Franken neue Eisenbahnen in Frankreich gegründet). Endlich die große Krise von 1873 ist bekanntlich eine direkte Folge der Neukonstituierung, des ersten Sturmlaufs der Großindustrie in Deutschland und in Österreich, die den politischen Ereignissen von 1866 und 1871 folgte.

Es war also jedesmal die plötzliche *Erweiterung* des Gebiets der kapitalistischen Wirtschaft und nicht die Einen-

---

Die Antwort folgte der Frage auf dem Fuße. Kaum hatte Bernstein 1898 die Marxsche Krisentheorie zum alten Eisen geworfen, als im Jahre 1900 eine allgemeine heftige Krise ausbrach und sieben Jahre später, 1907, eine erneute Krise von den Vereinigten Staaten aus über den Weltmarkt gezogen kam. So war durch lautsprechende Tatsachen selbst die Theorie von der »Anpassung« des Kapitalismus zu Boden geschlagen. Zugleich war es damit erwiesen, daß diejenigen, die der Marxschen Krisentheorie, nur weil sie in zwei angeblichen »Verfallsterminen« versagt hatte, preisgaben, den Kern dieser Theorie mit einer unwesentlichen äußeren Einzelheit ihrer Form – mit dem zehnjährigen Zyklus verwechselten. Die Formulierung des Kreislaufs der modernen kapitalistischen Industrie als einer zehnjährigen Periode war aber bei Marx und Engels in den 60er und 70er Jahren eine einfache Konstatierung der Tatsachen, die ihrerseits nicht auf irgendwelchen Naturgesetzen, sondern auf einer Reihe bestimmter geschichtlicher Umstände beruhten, die mit der sprungweisen Ausdehnung der Wirkungssphäre des jungen Kapitalismus in Verbindung standen.

gung ihres Spielraums, nicht ihre Erschöpfung, die bisher den Anlaß zu Handelskrisen gab. Daß jene internationalen Krisen sich gerade alle zehn Jahre wiederholten, ist an sich eine rein äußerliche, zufällige Erscheinung. Das Marxsche Schema der Krisenbildung, wie Engels es in dem Anti-Dühring und Marx im 1. und 3. Band des »Kapital« gegeben haben, trifft auf alle Krisen insofern zu, als es ihren inneren Mechanismus und ihre tiefliegenden allgemeinen Ursachen aufdeckt.

[In seinem Ganzen paßt aber dieses Schema vielmehr auf eine vollkommen entwickelte kapitalistische Wirtschaft, wo der Weltmarkt als etwas bereits Gegebenes vorausgesetzt wird. Nur dann können sich die Krisen aus der inneren eigenen Bewegung des Produktions- und Austauschprozesses auf jene mechanische Weise, ohne den äußeren Anlaß einer plötzlichen Erschütterung in den Produktions- und Marktverhältnissen wiederholen, wie es von der Marxschen Analyse angenommen wird. Wenn wir uns nun die heutige ökonomische Lage vergegenwärtigen, so müssen wir jedenfalls zugeben, daß wir noch nicht in jene Phase vollkommener kapitalistischer Reife getreten sind, die bei dem Marxschen Schema der Krisenperiodizität vorausgesetzt wird. Der Weltmarkt ist immer noch in der Ausbildung begriffen. Deutschland und Österreich traten erst in den 70er Jahren in die Phase der eigentlichen großindustriellen Produktion, Rußland erst in den 80er Jahren, Frankreich ist bis jetzt noch zum großen Teil kleingewerblich, die Balkanstaaten haben noch zum beträchtlichen Teil nicht einmal die Fesseln der Naturalwirtschaft abgestreift, erst in den 80er Jahren sind Amerika, Australien und Afrika in einen regen und regelmäßigen Warenverkehr mit Europa getreten. Wenn wir deshalb einerseits die plötzlichen sprungweisen Erschließungen neuer Gebiete der kapitalistischen Wirtschaft, wie sie bis zu den 70er Jahren periodisch auftraten, und die bisherigen Krisen, sozusagen die Jugendkrisen, im Gefolge hatten, bereits hinter uns haben, so sind wir andererseits noch nicht bis zu jenem Grade der Ausbildung und der Erschöpfung des Weltmarkts vorgeschritten, die einen fatalen, periodischen Anprall der Produktivkräfte an die Marktschranken, die wirklichen kapitalistischen Alterskrisen, erzeugen würde. Wir befinden uns in einer Phase, wo die Krisen nicht mehr das Aufkommen des Kapitalismus und noch nicht seinen Untergang begleiten. Diese Übergangsperiode charakterisiert sich auch durch den seit etwa zwei Jahrzehnten anhaltenden, durchschnittlich matten Geschäftsgang, wo kurze Perioden des Aufschwungs mit langen Perioden der Depression abwechseln.

Daß wir uns aber unaufhaltsam dem Anfang vom Ende, der Periode der kapitalistischen Schlußkrisen nähern, das folgt eben aus denselben Erscheinungen, die vorläufig das Ausbleiben der Krisen bedingen. Ist einmal der Weltmarkt im großen und ganzen ausgebildet und kann er durch keine plötzlichen Erweiterungen mehr vergrößert werden, schreitet zugleich die Produktivität der Arbeit unaufhaltsam fort, dann beginnt über kurz oder lang der periodische Widerstreit der Produktivkräfte mit den Austauschschranken, der von selbst durch seine Wiederholung immer schroffer und stürmischer wird. Und wenn etwas speziell dazu geeignet ist, uns dieser Periode zu nähern, den Weltmarkt rasch herzustellen und ihn rasch zu erschöpfen, so sind es eben diejenigen Erscheinungen – das Kreditwesen und die Unternehmerorganisationen –, auf die Bernstein als auf »Anpassungsmittel« des Kapitalismus baut.]*

Die Annahme, die kapitalistische Produktion könnte sich dem Austausch »anpassen«, setzt eins von beiden voraus: entweder, daß der Weltmarkt unumschränkt und ins Unendliche wächst, oder umgekehrt, daß die Produktivkräfte in ihrem Wachstum gehemmt werden, damit sie nicht über die Marktschranken hinauseilen. Ersteres ist eine physische Unmöglichkeit, letzterem steht die Tatsache entgegen, daß auf Schritt und Tritt technische Umwälzungen auf allen

---

* An Stelle der hier eingeklammerten Absätze steht in der 2. Auflage: Mögen sich diese Krisen alle 10, alle 5, oder abwechselnd alle 20 Jahre und alle 8 Jahre wiederholen. Was aber die Bernsteinsche Theorie am schlagendsten ihrer Unzulänglichkeit überführt, ist die Tatsache, daß die jüngste Krise im Jahre 1907/08 am heftigsten gerade in jenem Lande wütete, wo die famosen kapitalistischen »Anpassungsmittel«: der Kredit, der Nachrichtendienst und die Trusts am meisten ausgebildet sind.

Gebieten der Produktion vor sich gehen und jeden Tag neue Produktivkräfte wachrufen.

Noch eine Erscheinung widerspricht nach Bernstein dem bezeichneten Gang der kapitalistischen Dinge: die »schier unerschütterliche Phalanx« der Mittelbetriebe, auf die er uns hinweist. Er sieht darin ein Zeichen, daß die großindustrielle Entwicklung nicht so revolutionierend und konzentrierend wirkt, wie es nach der »Zusammenbruchstheorie« hätte erwartet werden müssen. Allein er wird auch hier zum Opfer des eigenen Mißverständnisses. Es hieße in der Tat die Entwicklung der Großindustrie ganz falsch auffassen, wenn man erwarten würde, es sollten dabei die Mittelbetriebe stufenweise von der Oberfläche verschwinden.

In dem allgemeinen Gange der kapitalistischen Entwicklung spielen gerade nach der Annahme von Marx die Kleinkapitale die Rolle der Pioniere der technischen Revolution, und zwar in doppelter Hinsicht, ebenso in bezug auf neue Produktionsmethoden in alten und befestigten, fest eingewurzelten Branchen, wie auch in bezug auf Schaffung neuer, von großen Kapitalien noch gar nicht exploitierter Produktionszweige. Vollkommen falsch ist die Auffassung, als ginge die Geschichte des kapitalistischen Mittelbetriebes in gerader Linie abwärts zum stufenweisen Untergang. Der tatsächliche Verlauf der Entwicklung ist vielmehr auch hier rein dialektisch und bewegt sich beständig zwischen Gegensätzen. Der kapitalistische Mittelstand befindet sich ganz wie die Arbeiterklasse unter dem Einfluß zweier entgegengesetzter Tendenzen, einer ihn erhebenden und einer ihn herabdrückenden Tendenz. Die herabdrückende Tendenz ist gegebenenfalls das beständige Steigen der Stufenleiter der Produktion, welche den Umfang der Mittelkapitale periodisch überholt und sie so immer wieder aus dem Wettkampf herausschleudert. Die hebende Tendenz ist die periodische Entwertung des vorhandenen Kapitals, die die Stufenleiter der Produktion – dem Werte des notwendigen Kapitalminimums nach – immer wieder für eine Zeitlang senkt, sowie das Eindringen der kapitalistischen Produktion in neuen Sphären. Der Kampf des Mittelbetriebes mit dem Großkapital ist nicht als eine regelmäßige Schlacht zu denken, wo der Trupp des schwächeren Teiles direkt und quantitativ immer mehr zusammenschmilzt, sondern vielmehr als ein periodisches Abmähen der Kleinkapitale, die dann immer wieder rasch aufkommen, um von neuem durch die Sense der Großindustrie abgemäht zu werden. Von den beiden Tendenzen, die mit dem kapitalistischen Mittelstand Fangball spielen, siegt in letzter Linie – im Gegensatz zu der Entwicklung der Arbeiterklasse – die herabdrückende Tendenz. Dies braucht sich aber durchaus nicht in der absoluten zahlenmäßigen Abnahme der Mittelbetriebe zu äußern, sondern erstens in dem allmählich steigenden Kapitalminimum, das zum existenzfähigen Betriebe in den alten Branchen nötig ist, zweitens in der immer kürzeren Zeitspanne, während der sich Kleinkapitale der Exploitation neuer Branchen auf eigene Hand erfreuen. Daraus folgt für das individuelle Kleinkapital eine immer kürzere Lebensfrist und ein immer rascherer Wechsel der Produktionsmethoden wie der Anlagearten, und für die Klasse im ganzen ein immer rascherer sozialer Stoffwechsel.

Letzteres weiß Bernstein sehr gut, und er stellt es selbst fest. Was er aber zu vergessen scheint, ist, daß damit das Gesetz selbst der Bewegung der kapitalistischen Mittelbetriebe gegeben ist. Sind die Kleinkapitale einmal die Vorkämpfer des technischen Fortschrittes, und ist der technische Fortschritt der Lebenspulsschlag der kapitalistischen Wirtschaft, so bilden offenbar die Kleinkapitale eine unzertrennliche Begleiterscheinung der kapitalistischen Entwicklung, die erst mit ihr zusammen verschwinden kann. Das stufenweise Verschwinden der Mittelbetriebe – im Sinne der absoluten summarischen Statistik, um die es sich bei Bernstein handelt – würde bedeuten, nicht wie Bernstein meint, den revolutionären Entwicklungsgang des Kapitalismus, sondern gerade umgekehrt eine Stockung, Einschlummerung des letzteren. »Die Profitrate, d. h. der verhältnismäßige Kapitalzuwachs ist vor allem wichtig für alle neuen, sich selbständig gruppierenden Kapitalableger. Und sobald die Kapitalbildung ausschließlich in die Hände einiger wenigen fertigen Großkapitale fiele, ... wäre überhaupt das belebende Feuer der Produktion erloschen. Sie würde einschlummern.«³

[Die Bernsteinschen Anpassungsmittel erweisen sich somit als unwirksam, und die Erscheinungen, die er als Symptome der Anpassung erklärt, müssen auf ganz andere Ursachen zurückgeführt werden.]*

3. Einführung des Sozialismus durch soziale Reformen

Bernstein verwirft die »Zusammenbruchstheorie« als den historischen Weg zur Verwirklichung der sozialistischen Gesellschaft. Welches ist der Weg, der vom Standpunkte der »Anpassungstheorie des Kapitalismus« dazu führt? Bernstein hat diese Frage nur andeutungsweise beantwortet, den Versuch, sie ausführlicher im Sinne Bernsteins darzustellen, hat Konrad Schmidt gemacht.⁴ Nach ihm wird »der gewerkschaftliche Kampf und der politische Kampf um soziale Reformen eine immer weiter erstreckte gesellschaftliche Kontrolle über die Produktionsbedingungen« herbeiführen und durch die Gesetzgebung »den Kapitaleigentümer durch Beschränkung seiner Rechte mehr und mehr in die Rolle eines Verwalters herabdrücken«, bis schließlich »dem mürbe gemachten Kapitalisten, der seinen Besitz immer wertloser für sich selbst werden sieht, die Leitung und Verwaltung des Betriebes abgenommen« und so endgültig der gesellschaftliche Betrieb eingeführt wird.

Also Gewerkschaften, soziale Reformen und noch, wie Bernstein hinzufügt, die politische Demokratisierung des Staates, das sind die Mittel der allmählichen Einführung des Sozialismus.

Um bei den Gewerkschaften anzufangen, so besteht ihre wichtigste Funktion – und niemand hat es besser dargetan als Bernstein selbst im Jahre 1891 in der »Neuen Zeit« –

---
³ K. Marx, »Das Kapital«, 3. Band, I, S. 241.
* In der 2. Auflage gestrichen.
⁴ »Vorwärts« vom 20. Februar 1898, Literarische Rundschau. Wir glauben um so mehr die Ausführungen Konrad Schmidts im Zusammenhang mit denjenigen von Bernstein betrachten zu dürfen, als Bernstein mit keinem Wort die Kommentierung seiner Ansichten im »Vorwärts« ablehnte.

darin, daß sie auf seiten der Arbeiter das Mittel sind, das kapitalistische Lohngesetz, d. h. den Verkauf der Arbeitskraft nach ihrem jeweiligen Marktpreis, zu verwirklichen. Worin die Gewerkschaften dem Proletariat dienen, ist, die in jedem Zeitpunkte gegebenen Konjunkturen des Marktes für sich auszunutzen. Diese Konjunkturen selbst aber, d. h. einerseits die von dem Produktionsstand bedingte Nachfrage nach Arbeitskraft, andererseits das durch Proletarisierung der Mittelschichten und natürliche Fortpflanzung der Arbeiterklasse geschaffene Angebot der Arbeitskraft, endlich auch der jeweilige Grad der Produktivität der Arbeit, liegen außerhalb der Einwirkungssphäre der Gewerkschaften. Sie können deshalb das Lohngesetz nicht umstürzen; sie können im besten Falle die kapitalistische Ausbeutung in die jeweilig »normalen« Schranken weisen, keineswegs aber die Ausbeutung selbst stufenweise aufheben.

Konrad Schmidt nennt freilich die jetzige gewerkschaftliche Bewegung »schwächliche Anfangsstadien« und verspricht sich von der Zukunft, daß »das Gewerkschaftswesen auf die Regulierung der Produktion selbst einen immer steigenden Einfluß gewinnt«. Unter der Regulierung der Produktion kann man aber nur zweierlei verstehen: die Einmischung in die technische Seite des Produktionsprozesses und die Bestimmung des Umfangs der Produktion selbst. Welcher Natur kann in diesen beiden Fragen die Einwirkung der Gewerkschaften sein? Es ist klar, daß, was die Technik der Produktion betrifft, das Interesse des Kapitalisten mit dem Fortschritt und der Entwicklung der kapitalistischen Wirtschaft in gewissen Grenzen zusammenfällt. Es ist die eigene Not, die ihn zu technischen Verbesserungen anspornt. Die Stellung des einzelnen Arbeiters hingegen ist gerade entgegengesetzt: jede technische Umwälzung widerstreitet den Interessen der direkt dadurch berührten Arbeiter und verschlechtert ihre unmittelbare Lage, indem sie die Arbeitskraft entwertet, die Arbeit intensiver, eintöniger, qualvoller macht. Insofern sich die Gewerkschaft in die technische Seite der Produktion einmischen kann, kann sie offenbar nur im letzteren Sinne, d. h. im Sinne der direkt interessierten einzelnen Arbeitergruppe handeln, also sich Neuerungen widersetzen. In diesem Falle handelt sie aber nicht im Interesse der Arbeiterklasse im ganzen und ihrer Emanzipation, die vielmehr mit dem technischen Fortschritt, d. h. mit dem Interesse des einzelnen Kapitalisten übereinstimmen, sondern gerade entgegengesetzt, im Sinne der Reaktion. Und in der Tat, wir finden das Bestreben, auf die technische Seite der Produktion einzuwirken, nicht in der Zukunft, wo Konrad Schmidt sie sucht, sondern in der Vergangenheit der Gewerkschaftsbewegung. Sie bezeichnet die ältere Phase des englischen Trade Unionismus (bis in die 60er Jahre), wo er noch an mittelalterlich-zünftlerische Überlieferungen anknüpfte und charakteristischerweise von dem veralteten Grundsatz des »erworbenen Rechts auf angemessene Arbeit« getragen war.[5] Die Bestrebung der Gewerkschaften, den Umfang der Produktion und die Warenpreise zu bestimmen, ist hingegen eine Erscheinung ganz neuen Datums. Erst in der allerletzten Zeit sehen wir – wiederum nur in England – dahingehende Versuche auftauchen.[6] Dem Charakter und der Tendenz nach sind aber auch diese Bestrebungen jenen ganz gleichwertig. Denn worauf reduziert sich notwendigerweise die aktive Teilnahme der Gewerkschaft an der Bestimmung des Umfangs und der Preise der Warenproduktion? Auf ein Kartell der Arbeiter mit den Unternehmern gegen den Konsumenten, und zwar unter Gebrauch von Zwangsmaßregeln gegen konkurrierende Unternehmer, die den Methoden der regelrechten Unternehmerverbände in nichts nachstehen. Es ist dies im Grunde genommen kein Kampf zwischen Arbeit und Kapital mehr, sondern ein solidarischer Kampf des Kapitals und der Arbeitskraft gegen die konsumierende Gesellschaft. Seinem sozialen Werte nach ist das ein reaktionäres Beginnen, das schon deshalb keine Etappe in dem Emanzipationskampfe des Proletariats bilden kann, weil es vielmehr das gerade Gegenteil von einem Klassenkampf darstellt. Seinem praktischen Werte nach ist das eine Utopie, die sich,

---

[5] Webb, Theorie und Praxis der englischen Gewerkvereine. 2. Bd. S. 100 ff.
[6] Webb, Theorie und Praxis der englischen Gewerkvereine. 2. Bd. S. 115 ff.

wie eine kurze Besinnung dartut, nie auf größere und für den Weltmarkt produzierende Branchen erstrecken kann.

Die Tätigkeit der Gewerkschaften beschränkt sich also in der Hauptsache auf den Lohnkampf und die Verkürzung der Arbeitszeit, d. h. bloß auf die Regulierung der kapitalistischen Ausbeutung je nach den Marktverhältnissen; die Einwirkung auf den Produktionsprozeß bleibt ihnen der Natur der Dinge nach verschlossen. Ja, noch mehr, der ganze Zug der gewerkschaftlichen Entwicklung richtet sich gerade umgekehrt, wie es Konrad Schmidt annimmt, auf die völlige Ablösung des Arbeitsmarktes von jeder unmittelbaren Beziehung zu dem übrigen Warenmarkt. Am bezeichnendsten hierfür ist die Tatsache, daß sogar die Bestrebung, den Arbeitskontrakt wenigstens passiv mit der allgemeinen Produktionslage in unmittelbare Beziehung zu bringen, durch das System der gleitenden Lohnlisten nunmehr von der Entwicklung überholt ist, und daß sich die englischen Trade Unions von ihnen immer mehr abwenden.[7]

Aber auch in den tatsächlichen Schranken ihrer Einwirkung geht die gewerkschaftliche Bewegung, nicht wie es die Theorie der Anpassung des Kapitals voraussetzt, einer unumschränkten Ausdehnung entgegen. Ganz umgekehrt! Faßt man größere Strecken der sozialen Entwicklung ins Auge, so kann man sich der Tatsache nicht verschließen, daß wir im großen und ganzen nicht Zeiten einer siegreichen Machtentfaltung, sondern wachsenden Schwierigkeiten der gewerkschaftlichen Bewegung entgegengehen. Hat die Entwicklung der Industrie ihren Höhepunkt erreicht und beginnt für das Kapital auf dem Weltmarkt der »absteigende Ast«, dann wird der gewerkschaftliche Kampf doppelt schwierig: erstens verschlimmern sich die objektiven Konjunkturen des Marktes für die Arbeitskraft, indem die Nachfrage langsamer, das Angebot aber rascher steigt, als es jetzt der Fall ist, zweitens greift das Kapital selbst, um sich für die Verluste auf dem Weltmarkt zu entschädigen, um so hartnäckiger auf die dem Arbeiter zukom-

---

[7] Webb, a. a. O. S. 115.

mende Portion des Produktes zurück. Ist doch die Reduzierung des Arbeitslohnes eines der wichtigsten Mittel, den Fall der Profitnote aufzuhalten.[8] England bietet uns bereits das Bild des beginnenden zweiten Stadiums in der gewerkschaftlichen Bewegung. Sie reduzirt sich dabei notgedrungen immer mehr auf die bloße Verteidigung des bereits Errungenen, und auch diese wird immer schwieriger. Der bezeichnete allgemeine Gang der Dinge ist es, dessen Gegenstück der Aufschwung des politischen und sozialistischen Klassenkampfes sein muß.

Den gleichen Fehler der umgekehrten geschichtlichen Perspektive begeht Konrad Schmidt in bezug auf die Sozialreform, von der er sich verspricht, daß sie »Hand in Hand mit den gewerkschaftlichen Arbeiterkoalitionen der Kapitalistenklasse die Bedingungen, unter denen sie allein Arbeitskräfte verwenden darf, aufoktroyiert«. Im Sinne der so aufgefaßten Sozialreform nennt Bernstein die Fabrikgesetze ein Stück »gesellschaftliche Kontrolle« und als solche – ein Stück Sozialismus. Auch Konrad Schmidt sagt überall, wo er vom staatlichen Arbeiterschutz spricht, »gesellschaftliche Kontrolle«, und hat er so glücklich den Staat in Gesellschaft verwandelt, dann setzt er schon getrost hinzu: »d. h. die aufstrebende Arbeiterklasse«, und durch diese Operation verwandeln sich die harmlosen Arbeiterschutzbestimmungen des deutschen Bundesrates in sozialistische Übergangsmaßregeln des deutschen Proletariats.

Die Mystifikation liegt hier auf der Hand. Der heutige Staat ist eben keine »Gesellschaft« im Sinne der »aufstrebenden Arbeiterklasse«, sondern Vertreter der kapitalistischen Gesellschaft, d. h. Klassenstaat. Deshalb ist auch die von ihm gehandhabte Sozialreform nicht eine Betätigung der »gesellschaftlichen Kontrolle«, d. h. der Kontrolle der freien arbeitenden Gesellschaft über den eigenen Arbeitsprozeß, sondern eine Kontrolle der Klassenorganisation des Kapitals über den Produktionsprozeß des Kapitals. Darin, d. h. in den Interessen des Kapitals, findet denn

---

[8] K. Marx, »Das Kapital«, 3. Band, I, S. 216.

auch die Sozialreform ihre natürlichen Schranken. Freilich, Bernstein und Konrad Schmidt sehen auch in dieser Beziehung in der Gegenwart bloß »schwächliche Anfangsstadien« und versprechen sich von der Zukunft eine ins Unendliche steigende Sozialreform zugunsten der Arbeiterklasse. Allein sie begehen dabei den gleichen Fehler, wie in der Annahme einer unumschränkten Machtentfaltung der Gewerkschaftsbewegung.

Die Theorie der allmählichen Einführung des Sozialismus durch soziale Reformen setzt als Bedingung, und hier liegt ihr Schwerpunkt, eine bestimmte objektive Entwicklung, ebenso des kapitalistischen Eigentums wie des Staates, voraus. In bezug auf das erstere geht das Schema der künftigen Entwicklung, wie es Konrad Schmidt voraussetzt, dahin, »den Kapitaleigentümer durch Beschränkung seiner Rechte mehr und mehr in die Rolle eines Verwalters herabzudrücken«. Angesichts der angeblichen Unmöglichkeit der einmaligen plötzlichen Expropriation der Produktionsmittel macht sich Konrad Schmidt eine Theorie der stufenweisen Enteignung zurecht. Hierfür konstruiert er sich als notwendige Voraussetzung eine Zersplitterung des Eigentumsrechts in ein »Obereigentum«, das er der »Gesellschaft« zuweist, und das er immer mehr ausgedehnt wissen will, und ein Nutznießrecht, das in den Händen des Kapitalisten immer mehr zur bloßen Verwaltung seines Betriebes zusammenschrumpft. Nun ist diese Konstruktion entweder ein harmloses Wortspiel, bei dem nichts Wichtiges weiter gedacht wurde. Dann bleibt die Theorie der allmählichen Expropriation ohne alle Deckung. Oder es ist ein ernst gemeintes Schema der rechtlichen Entwicklung. Dann ist es aber völlig verkehrt. Die Zersplitterung der im Eigentumsrecht liegenden verschiedenen Befugnisse, zu der Konrad Schmidt für seine »stufenweise Expropriation« des Kapitals Zuflucht nimmt, ist charakteristisch für die feudal-naturalwirtschaftliche Gesellschaft, in der die Verteilung des Produktes unter die verschiedenen Gesellschaftsklassen in natura und auf Grund persönlicher Beziehungen zwischen den Feudalherren und ihren Untergebenen vor sich ging. Der Zerfall des Eigentums in verschiedene Teilrechte war hier die im voraus gegebene Organisation der Verteilung des gesellschaftlichen Reichtums. Mit dem Übergang zur Warenproduktion und der Auflösung aller persönlichen Bande zwischen den einzelnen Teilnehmern des Produktionsprozesses befestigte sich umgekehrt das Verhältnis zwischen Mensch und Sache – das Privateigentum. Indem die Verteilung sich nicht mehr durch persönliche Beziehungen, sondern durch den Austausch vollzieht, messen sich verschiedene Anteilansprüche an dem gesellschaftlichen Reichtum nicht in Splittern des Eigentumsrechts an einem gemeinsamen Objekt, sondern in dem von jedermann zu Markte gebrachten Wert. Der erste Umschwung in rechtlichen Beziehungen, der das Aufkommen der Warenproduktion in den städtischen Kommunen des Mittelalters begleitete, war auch die Ausbildung des absoluten geschlossenen Privateigentums im Schoße der feudalen Rechtsverhältnisse mit geteiltem Eigentum. In der kapitalistischen Produktion setzt sich aber diese Entwicklung weiter fort. Je mehr der Produktionsprozeß vergesellschaftet wird, um so mehr beruht der Verteilungsprozeß auf reinem Austausch und um so unantastbarer und geschlossener wird das kapitalistische Privateigentum, um so mehr schlägt das Kapitaleigentum aus einem Recht auf das Produkt der eigenen Arbeit in ein reines Aneignungsrecht gegenüber fremder Arbeit um. So lange der Kapitalist selbst die Fabrik leitet, ist die Verteilung noch bis zu einem gewissen Grade an persönliche Teilnahme an dem Produktionsprozeß geknüpft. In dem Maße, wie die persönliche Leitung des Fabrikanten überflüssig wird, und vollends in den Aktiengesellschaften, sondert sich das Eigentum an Kapital als Anspruchstitel bei der Verteilung gänzlich von persönlichen Beziehungen zur Produktion und erscheint in seiner reinsten, geschlossenen Form. In dem Aktienkapital und dem industriellen Kreditkapital gelangt das kapitalistische Eigentumsrecht erst zu seiner vollen Ausbildung.

Das geschichtliche Schema der Entwicklung des Kapitalisten, wie es Konrad Schmidt zeichnet: »vom Eigentümer zum bloßen Verwalter«, erscheint somit als die auf den Kopf gestellte tatsächliche Entwicklung, die umgekehrt vom Eigentümer und Verwalter zum bloßen Eigentümer führt. Es geht hier Konrad Schmidt wie Goethe:

Was er besitzt, das sieht er wie im Weiten,
Und was verschwand, wird ihm zu Wirklichkeiten.

Und wie sein historisches Schema ökonomisch von der modernen Aktiengesellschaft auf die Manufakturfabrik oder gar auf die Handwerker-Werkstatt zurückgeht, so will es rechtlich die kapitalistische Welt in die feudal-naturalwirtschaftlichen Eierschalen zurückstecken.

Von diesem Standpunkte erscheint auch die »gesellschaftliche Kontrolle« in einem anderen Lichte, als sie Konrad Schmidt sieht. Das, was heute als »gesellschaftliche Kontrolle« funktioniert – der Arbeiterschutz, die Aufsicht über Aktiengesellschaften usw. – hat tatsächlich mit einem Anteil am Eigentumsrecht, mit »Obereigentum« nicht das geringste zu tun. Sie betätigt sich nicht als Beschränkung des kapitalistischen Eigentums, sondern umgekehrt als dessen Schutz. Oder ökonomisch gesprochen, sie bildet nicht einen Eingriff in die kapitalistische Ausbeutung, sondern eine Normierung. Ordnung dieser Ausbeutung. Und wenn Bernstein die Frage stellt, ob in einem Fabrikgesetz viel oder wenig Sozialismus steckt, so können wir ihm versichern, daß in dem allerbesten Fabrikgesetz genau so viel »Sozialismus« steckt wie in den Magistratsbestimmungen über die Straßenreinigung und das Anzünden der Gaslaternen, was ja auch »gesellschaftliche Kontrolle« ist.

4. Zollpolitik und Militarismus

Die zweite Voraussetzung der allmählichen Einführung des Sozialismus bei Ed. Bernstein ist die Entwicklung des Staates zur Gesellschaft. Es ist dies bereits zum Gemeinplatz geworden, daß der heutige Staat ein Klassenstaat ist. Indes müßte unseres Erachtens auch dieser Satz, wie alles, was auf die kapitalistische Gesellschaft Bezug hat, nicht in einer starren, absoluten Gültigkeit, sondern in der fließenden Entwicklung aufgefaßt werden.

Mit dem politischen Sieg der Bourgeoisie ist der Staat

zum kapitalistischen Staat geworden. Freilich, die kapitalistische Entwicklung selbst verändert die Natur des Staates wesentlich, indem sie die Sphäre seiner Wirkung immer mehr erweitert, ihm immer neue Funktionen zuweist, namentlich in bezug auf das ökonomische Leben seine Einmischung und Kontrolle darüber immer notwendiger macht. Insofern bereitet sich allmählich die künftige Verschmelzung des Staates mit der Gesellschaft vor, sozusagen der Rückfall der Funktionen des Staates an die Gesellschaft. Nach dieser Richtung hin kann man auch von einer Entwicklung des kapitalistischen Staats zur Gesellschaft sprechen, und in diesem Sinne zweifellos, sagt Marx, der Arbeiterschutz sei die erste bewußte Einmischung »der Gesellschaft« in ihren sozialen Lebensprozeß, ein Satz, auf den sich Bernstein beruft.

Aber auf der anderen Seite vollzieht sich im Wesen des Staates durch dieselbe kapitalistische Entwicklung eine andere Wandlung. Zunächst ist der heutige Staat – eine Organisation der herrschenden Kapitalistenklasse. Wenn er im Interesse der gesellschaftlichen Entwicklung verschiedene Funktionen von allgemeinem Interesse übernimmt, so nur, weil und insofern diese Interessen und die gesellschaftliche Entwicklung mit den Interessen der herrschenden Klasse im allgemeinen zusammenfallen. Der Arbeiterschutz z. B. liegt ebenso sehr im unmittelbaren Interesse der Kapitalisten als Klasse, wie der Gesellschaft im ganzen. Aber diese Harmonie dauert nur bis zu einem gewissen Zeitpunkt der kapitalistischen Entwicklung. Hat die Entwicklung einen bestimmten Höhepunkt erreicht, dann fangen die Interessen der Bourgeoisie als Klasse und die des ökonomischen Fortschritts an, auch im kapitalistischen Sinne auseinanderzugehen. Wir glauben, daß diese Phase bereits herangebrochen ist, und dies äußert sich in den zwei wichtigsten Erscheinungen des heutigen sozialen Lebens: in der *Zollpolitik* und im *Militarismus*. Beides – Zollpolitik wie Militarismus – haben in der Geschichte des Kapitalismus ihre unentbehrliche und insofern fortschrittliche, revolutionäre Rolle gespielt. Ohne den Zollschutz wäre das Aufkommen der Großindustrie in den einzelnen Ländern kaum möglich

gewesen. Heute liegen aber die Dinge anders. [In allen wichtigsten Ländern und zwar gerade in denen, die am meisten Zollpolitik treiben, ist die kapitalistische Produktion so ziemlich zum gleichen Durchschnitt gelangt.]*
Vom Standpunkte der kapitalistischen *Entwicklung*, d. h. vom Stanpunkte der Weltwirtschaft, ist es heute ganz gleichgültig, ob Deutschland nach England mehr Waren ausführt oder England nach Deutschland. Vom Standpunkt derselben Entwicklung hat also der Mohr seine Arbeit getan und könnte gehen. Ja, er *müßte* gehen. Bei der heutigen gegenseitigen Abhängigkeit verschiedener Industriezweige müssen Schutzzölle auf irgendwelche Waren die Produktion anderer Waren im Inlande verteuern, d. h. die Industrie wieder unterbinden. Nicht aber so vom Standpunkte der Interessen der *Kapitalistenklasse*. Die Industrie bedarf zu ihrer *Entwicklung* des Zollschutzes nicht, wohl aber die Unternehmer zum Schutze ihres Absatzes. Das heißt, die Zölle dienen heute nicht mehr als Schutzmittel einer aufstrebenden kapitalistischen Produktion gegen eine reifere, sondern als Kampfmittel einer nationalen Kapitalistengruppe gegen eine andere. Die Zölle sind ferner nicht mehr nötig als Schutzmittel der Industrie, um einen inländischen Markt zu bilden und zu erobern, wohl aber als unentbehrliches Mittel zur Kartellierung der Industrie, d. h. zum Kampfe der kapitalistischen Produzenten mit der konsumierenden Gesellschaft. Endlich, was am grellsten den spezifischen Charakter der heutigen Zollpolitik markiert, ist die Tatsache, daß jetzt überall die ausschlaggebende Rolle darin überhaupt nicht die Industrie, sondern die Landwirtschaft spielt, d. h. daß die Zollpolitik eigentlich zu einem Mittel geworden ist, *feudale Interessen in kapitalistische Form zu gießen und zum Ausdruck zu bringen.*

Die gleiche Wandlung ist mit dem Militarismus vorgegangen. Wenn wir die Geschichte betrachten, nicht wie sie hätte sein können oder sollen, sondern wie sie tatsächlich

---

* In der 2. Auflage heißt es an dieser Stelle: Heute dient der Schutzzoll nicht dazu, junge Industrien in die Höhe zu bringen, sondern veraltete Produktionsformen künstlich zu konservieren.

war, so müssen wir konstatieren, daß der Krieg den unentbehrlichen Faktor der kapitalistischen Entwicklung bildete. Die Vereinigten Staaten Nordamerikas und Deutschland, Italien und die Balkanstaaten, Rußland und Polen, sie alle verdanken die Bedingungen oder den Anstoß zur kapitalistischen Entwicklung den Kriegen, gleichviel ob dem Sieg oder der Niederlage. Solange als es Länder gab, deren innere Zersplitterung oder deren naturalwirtschaftliche Abgeschlossenheit zu überwinden war, spielte auch der Militarismus eine revolutionäre Rolle im kapitalistischen Sinne. Heute liegen auch hier die Dinge anders. [Der Militarismus hat keine Länder mehr dem Kapitalismus zu erschließen.]* Wenn die Weltpolitik zum Theater drohender Konflikte geworden ist, so handelt es sich nicht sowohl um die Erschließung neuer Länder für den Kapitalismus, als um fertige *europäische* Gegensätze, die sich nach den anderen Weltteilen verpflanzt haben und dort zum Durchbruch kommen. Was heute gegeneinander mit der Waffe in der Hand auftritt, gleichviel ob in Europa oder in anderen Weltteilen, sind nicht einerseits kapitalistische, andererseits natural-wirtschaftliche Länder, sondern Staaten, die gerade durch die Gleichartigkeit ihrer hohen kapitalistischen Entwicklung zum Konflikt getrieben werden. Für diese Entwicklung selbst kann freilich unter diesen Umständen der Konflikt, wenn er zum Durchbruch kommt, nur von fataler Bedeutung sein, indem er die tiefste Erschütterung und Umwälzung des wirtschaftlichen Lebens in allen kapitalistischen Ländern herbeiführen wird. Anders sieht aber die Sache aus vom Standpunkte der *Kapitalistenklasse*. Für sie ist heute der Militarismus in dreifacher Beziehung unentbehrlich geworden: erstens als Kampfmittel für konkurrierende »nationale« Interessen gegen andere nationale Gruppen, zweitens als wichtigste Anlageart ebenso für das finanzielle wie für das industrielle Kapital, und drittens als Werkzeug der Klassenherrschaft im Inlande gegenüber

---

* In der 2. Auflage gestrichen. Wo im Text weiter von Weltpolitik und Erschließung anderer Länder die Rede ist, wurde in der 1. Auflage nur von China gesprochen.

dem arbeitenden Volke – alles Interessen, die mit dem Fortschritt der kapitalistischen Produktionsweise an sich nichts gemein haben. Und was am besten wiederum diesen spezifischen Charakter des heutigen Militarismus verrät, ist erstens sein allgemeines Wachstum in allen Ländern um die Wette, sozusagen durch eigene, innere, mechanische Triebkraft, eine Erscheinung, die noch vor ein paar Jahrzehnten ganz unbekannt war, ferner die Unvermeidlichkeit, das Fatale der herannahenden Explosion bei gleichzeitiger völliger Unbestimmtheit des Anlasses, der zunächst interessierten Staaten, des Streitgegenstandes und aller näheren Umstände. Aus einer Triebkraft der kapitalistischen Entwicklung ist auch der Militarismus zur kapitalistischen Krankheit geworden.

Bei dem dargelegten Zwiespalt zwischen der gesellschaftlichen Entwicklung und den herrschenden Klasseninteressen stellt sich der Staat auf die Seite der letzteren. Er tritt in seiner Politik, ebenso wie die Bourgeoisie, *in Gegensatz* zu der gesellschaftlichen Entwicklung, er *verliert* somit immer mehr seinen Charakter des Vertreters der gesamten Gesellschaft und wird in gleichem Maße immer mehr zum reinen *Klassenstaate*. Oder, richtiger ausgesprochen, diese seine beiden Eigenschaften trennen sich voneinander und spitzen sich zu einem Widerspruche *innerhalb* des Wesens des Staates zu. Und zwar wird der bezeichnete Widerspruch mit jedem Tage schärfer. Denn einerseits wachsen die Funktionen des Staates von allgemeinem Charakter, seine Einmischung in das gesellschaftliche Leben, seine »Kontrolle« darüber. Andererseits aber zwingt ihn sein Klassencharakter immer mehr, den Schwerpunkt seiner Tätigkeit und seine Machtmittel auf Gebiete zu verlegen, die nur für das Klasseninteresse der Bourgeoisie von Nutzen, für die Gesellschaft nur von negativer Bedeutung sind, den Militarismus, die Zoll- und Kolonialpolitik. Zweitens wird dadurch auch seine »gesellschaftliche Kontrolle« immer mehr vom Klassencharakter durchdrungen und beherrscht (siehe die Handhabung des Arbeiterschutzes in allen Ländern).

Der bezeichneten Wandlung im Wesen des Staates widerspricht nicht, entspricht vielmehr vollkommen die Ausbildung der Demokratie, in der Bernstein ebenfalls das Mittel der stufenweisen Einführung des Sozialismus sieht.

Wie Konrad Schmidt erläutert, soll die Erlangung einer sozialdemokratischen Mehrheit im Parlament sogar der direkte Weg dieser stufenweisen Sozialisierung der Gesellschaft sein. Die demokratischen Formen des politischen Lebens sind nun zweifellos eine Erscheinung, die am stärksten die Entwicklung des Staates zur Gesellschaft zum Ausdruck bringt und insofern eine Etappe zur sozialistischen Umwälzung bildet. Allein der Zwiespalt im Wesen des kapitalistischen Staates, den wir charakterisiert haben, tritt in dem modernen Parlamentarismus um so greller zutage. Zwar der Form nach dient der Parlamentarismus dazu, in der staatlichen Organisation die Interessen der gesamten Gesellschaft zum Ausdruck zu bringen. Andererseits aber ist es doch nur die kapitalistische Gesellschaft, d. h. eine Gesellschaft, in der die *kapitalistischen* Interessen maßgebend sind, die er zum Ausdruck bringt. Die der Form nach demokratischen Einrichtungen werden somit dem Inhalt nach zum Werkzeuge der herrschenden Klasseninteressen. Dies tritt in greifbarer Weise in der Tatsache zutage, daß, sobald die Demokratie die Tendenz hat, ihren Klassencharakter zu verleugnen und in ein Werkzeug der tatsälichen Volksinteressen umzuschlagen, die demokratischen Formen selbst von der Bourgeoisie und ihrer staatlichen Vertretung geopfert werden. Die Idee von einer sozialdemokratischen Parlamentsmehrheit erscheint angesichts dessen als eine Kalkulation, die ganz im Geiste des bürgerlichen Liberalismus bloß mit der einen, formellen Seite der Demokratie rechnet, die andere Seite aber, ihren reellen Inhalt, völlig außer acht läßt. Und der Parlamentarismus im ganzen erscheint nicht als ein unmittelbar sozialistisches Element, das die kapitalistische Gesellschaft allmählich durchtränkt, wie Bernstein annimmt, sondern umgekehrt als ein spezifisches Mittel des bürgerlichen Klassenstaates, die kapitalistischen Gegensätze zur Reife und zur Ausbildung zu bringen.

Angesichts dieser objektiven Entwicklung des Staates verwandelt sich der Satz Bernsteins und Konrad Schmidts von der direkt den Sozialismus herbeiführenden, wachsenden »gesellschaftlichen Kontrolle« in eine Phrase, die mit jedem Tage mehr der Wirklichkeit widerspricht.

Die Theorie von der stufenweisen Einführung des Sozialismus läuft hinaus auf eine allmähliche Reform des kapitalistischen Eigentums und des kapitalistischen Staates im sozialistischen Sinne. Beide entwickeln sich jedoch kraft objektiver Vorgänge der gegenwärtigen Gesellschaft nach einer gerade entgegengesetzten Richtung. Der Produktionsprozeß wird immer mehr vergesellschaftet, und die Einmischung, die Kontrolle des Staates über diesen Produktionsprozeß wird immer breiter. Aber gleichzeitig wird das Privateigentum immer mehr zur Form der nackten kapitalistischen Ausbeutung fremder Arbeit, und die staatliche Kontrolle wird immer mehr von ausschließlichen Klasseninteressen durchdrungen. Indem somit der Staat, d. h. die *politische* Organisation, und die Eigentumsverhältnisse, d. h. die *rechtliche* Organisation des Kapitalismus, mit der Entwicklung immer *kapitalistischer* und nicht immer sozialistischer werden, setzen sie der Theorie von der allmählichen Einführung des Sozialismus zwei unüberwindliche Schwierigkeiten entgen.

Die Idee Fouriers, durch das Phalanstere-System das sämtliche Meerwasser der Erde in Limonade zu verwandeln, war sehr phantastisch. Allein die Idee Bernsteins, das Meer der kapitalistischen Bitternis durch flaschenweises Hinzufügen der sozialreformerischen Limonade in ein Meer sozialistischer Süßigkeit zu verwandeln, ist nur abgeschmackter, aber nicht um ein Haar weniger phantastisch.

Die Produktionsverhältnisse der kapitalistischen Gesellschaft nähern sich der sozialistischen immer mehr, ihre politischen und rechtlichen Verhältnisse dagegen errichten zwischen der kapitalistischen und der sozialistischen Gesellschaft eine immer höhere Wand. Diese Wand wird durch die Entwicklung der Sozialreformen wie der Demokratie nicht durchlöchert, sondern umgekehrt fester, starrer gemacht. Wodurch sie also niedergerissen werden kann, ist einzig der Hammerschlag der Revolution, d. h. *die Eroberung der politischen Macht durch das Proletariat.*

5. Praktische Konsequenzen und allgemeiner Charakter des Revisionismus

Wir haben im ersten Kapitel darzutun gesucht, daß die Bernsteinsche Theorie das sozialistische Programm vom materiellen Boden aufhebt und auf eine idealistische Basis versetzt. Dies bezieht sich auf die theoretische Begründung. Wie sieht nun aber die Theorie – in die Praxis übersetzt – aus? Zunächst und formell unterscheidet sie sich gar nicht von der bisher üblichen Praxis des sozialdemokratischen Kampfes. Gewerkschaften, der Kampf um die Sozialreform und um die Demokratisierung der politischen Einrichtungen, das ist das nämliche, was auch sonst den formellen Inhalt der sozialdemokratischen Parteitätigkeit ausmacht. Der Unterschied liegt also nicht in dem *Was*, wohl aber in dem *Wie*. Wie die Dinge jetzt liegen, werden der gewerkschaftliche und der parlamentarische Kampf als Mittel aufgefaßt, das Proletariat allmählich zur Besitzergreifung der politischen Gewalt zu führen und zu erziehen. Nach der revisionistischen Auffassung sollen sie, angesichts der Unmöglichkeit und Zwecklosigkeit dieser Besitzergreifung, bloß im Hinblick auf unmittelbare Resultate, d. h. die Hebung der materiellen Lage der Arbeiter, und auf die stufenweise Einschränkung der kapitalistischen Ausbeutung und die Erweiterung der gesellschaftlichen Kontrolle geführt werden. Wenn wir von dem Zwecke der unmittelbaren Hebung der Lage der Arbeiter absehen, da er beiden Auffassungen, der bisher in der Partei üblichen, wie der revisionistischen, gemeinsam ist, so liegt der ganze Unterschied kurz gefaßt darin: nach der landläufigen Auffassung besteht die sozialistische Bedeutung des gewerkschaftlichen und politischen Kampfes darin, daß er das Proletariat, d. h. den *subjektiven* Faktor der sozialistischen Umwälzung zu deren Durchführung vorbereitet. Nach Bernstein besteht sie darin, daß der gewerkschaftliche und politische Kampf die kapitalistische Ausbeutung selbst stufenweise einschränken, der kapitalistischen Gesellschaft immer mehr ihren kapitalistischen Charakter nehmen und den sozialistischen aufprägen, mit einem Worte, die sozialistische

Umwälzung *in objektivem* Sinne herbeiführen soll. Sieht man die Sache näher an, so sind beide Auffassungen sogar gerade entgegengesetzt. In der parteiüblichen Auffassung gelangt das Proletariat durch den gewerkschaftlichen und politischen Kampf zu der Überzeugung von der Unmöglichkeit, seine Lage von Grund aus durch diesen Kampf umzugestalten, und von der Unvermeidlichkeit einer endgültigen Besitzergreifung der politischen Machtmittel. In der Bernsteinschen Auffassung geht man von der Unmöglichkeit der politischen Machtergreifung als Voraussetzung aus, um durch bloßen gewerkschaftlichen und politischen Kampf die sozialistische Ordnung einzuführen.

Der sozialistische Charakter des gewerkschaftlichen und parlamentarischen Kampfes liegt also bei der Bernsteinschen Auffassung in dem Glauben an dessen stufenweise sozialisierende Einwirkung auf die kapitalistische Wirtschaft. Eine solche Einwirkung ist aber tatsächlich wie wir darzutun suchten – bloße Einbildung. Die kapitalistischen Eigentums- und Staatseinrichtungen entwickeln sich nach einer entgegengesetzten Richtung. Damit aber verliert der praktische Tageskampf der Sozialdemokratie in letzter Linie überhaupt jede Beziehung zum Sozialismus. Die große sozialistische Bedeutung des gewerkschaftlichen und politischen Kampfes besteht darin, daß sie die *Erkenntnis,* das Bewußtsein des Proletariats sozialisieren, es als Klasse organisieren. Indem man sie als Mittel der unmittelbaren Sozialisierung der kapitalistischen Wirtschaft auffaßt, versagen sie nicht nur diese ihnen angedichtete Wirkung, sondern büßen zugleich auch die andere Bedeutung ein: sie hören auf, Erziehungsmittel der Arbeiterklasse zur proletarischen Machtergreifung zu sein.

Es beruht deshalb auf einem gänzlichen Mißverständnis, wenn Eduard Bernstein und Konrad Schmidt sich beruhigen, das Endziel gehe der Arbeiterbewegung bei der Einschränkung des ganzen Kampfes auf Sozialreform und Gewerkschaften doch nicht verloren, weil jeder Schritt auf dieser Bahn über sich hinausführe und das sozialistische Ziel so der Bewegung selbst als Tendenz innewohne. Dies ist allerdings in vollem Maße bei der jetzigen Taktik der deutschen Sozialdemokratie der Fall, d. h. wenn die bewußte und feste Bestrebung zur Eroberung der politischen Macht dem gewerkschaftlichen und sozialreformerischen Kampfe als Leitstern *vorausgeht*. Löst man jedoch diese im voraus gegebene Bestrebung von der Bewegung ab und stellt man die Sozialreform zunächst als Selbstzweck auf, so führt sie nicht nur nicht zur Verwirklichung des sozialistischen Endzieles, sondern eher umgekehrt. Konrad Schmidt verläßt sich einfach auf die sozusagen mechanische Bewegung, die, einmal in Fluß gebracht, von selbst nicht wieder aufhören kann, und zwar auf Grund des einfachen Satzes, daß beim Essen der Appetit kommt und die Arbeiterklasse sich nie mit Reformen zufrieden geben kann, solange nicht die sozialistische Umwälzung vollendet ist. Die letzte Voraussetzung ist zwar richtig und dafür bürgt uns die Unzulänglichkeit der kapitalistischen Sozialreform selbst. Aber die daraus gezogene Folgerung könnte nur dann wahr sein, wenn sich eine ununterbrochene Kette fortlaufender und stets wachsender Sozialreformen von der heutigen Gesellschaftsordnung unmittelbar zur sozialistischen konstruieren ließe. Das ist aber eine Phantasie, die Kette bricht vielmehr nach der Natur der Dinge sehr bald ab, und die Wege, die die Bewegung von diesem Punkte an einschlagen kann, sind mannigfaltig.

Am nächsten und wahrscheinlichsten erfolgt dann eine Verschiebung in der Taktik nach der Richtung, um durch alle Mittel die praktischen Resultate des Kampfes, die Sozialreformen zu ermöglichen. Der unversöhnliche, schroffe Klassenstandpunkt, der nur im Hinblick auf eine angestrebte politische Machteroberung Sinn hat, wird immer mehr zu einem bloßen Hindernis, sobald unmittelbare praktische Erfolge den Hauptzweck bilden. Der nächste Schritt ist also eine »Kompensationspolitik« – auf gut deutsch: eine Kuhhandelspolitik – und eine versöhnliche, staatsmännisch kluge Haltung. Die Bewegung kann aber auch nicht lange stehen bleiben. Denn da die Sozialreform einmal in der kapitalistischen Welt eine hohle Nuß ist und allezeit bleibt, mag man eine Taktik anwenden, welche man will, so ist der nächste logische Schritt die Enttäuschung auch in der Sozialreform, d. h. der ruhige Hafen, wo nun die Professoren Schmoller u. Co. vor Anker gegangen sind, die ja auch auf sozialreformerischen Gewässern durchstudierten die groß' und kleine Welt, um schließlich alles gehen zu lassen, wie's Gott gefällt.[9] Der Sozialismus erfolgt also aus dem alltäglichen Kampfe der Arbeiterklasse durchaus nicht von selbst und unter allen Umständen. Er ergibt sich nur aus den immer mehr sich zuspitzenden Widersprüchen der kapitalistischen Wirtschaft und aus der Erkenntnis der Arbeiterklasse von der Unerläßlichkeit ihrer Aufhebung durch eine soziale Umwälzung. Leugnet man das eine und verwirft man das andere, wie es der Revisionismus tut, dann reduziert sich die Arbeiterbewegung zunächst auf simple Gewerkvereinlerei und Sozialreformerei und führt durch eigene Schwerkraft in letzter Linie zum Verlassen des Klassenstandpunktes.

Diese Konsequenzen werden auch klar, wenn man die revisionistische Theorie noch von einer anderen Seite betrachtet und sich die Frage stellt: was ist der allgemeine Charakter dieser Auffassung? Es ist klar, daß der Revisionismus nicht auf dem Boden der kapitalistischen Verhältnisse steht und nicht mit bürgerlichen Ökonomen ihre Widersprüche leugnet. Er geht vielmehr in seiner Theorie auch wie die Marxsche Auffassung von der Existenz dieser Widersprüche als Voraussetzung aus. Andererseits aber – und dies ist sowohl der Kernpunkt seiner Auffassung über-

---

[9] Im Jahre 1872 haben die Professoren Wagner, Schmoller, Brentano und andere in Eisenach einen Kongreß abgehalten, auf dem sie die Einführung der Sozialreformen zum Schutze der Arbeiterklasse mit großen Lärm und viel Aufsehen als ihr Ziel proklamierten. Dieselben von dem Liberalen Oppenheimer ironisch als »Kathedersozialisten« bezeichneten Herren haben gleich darauf den »Verein für Sozialreform« gegründet. Schon wenige Jahre später, als sich der Kampf gegen die Sozialdemokratie verschärfte, stimmten die Leuchten des »Kathedersozialismus« als Reichstagsabgeordnete für die Verlängerung des Sozialistengesetzes. Sonst besteht die ganze Tätigkeit des Vereins in alljährlichen Generalversammlungen, auf denen über verschiedene Themata einige professorale Referate vorgelesen werden, außerdem sind über 100 dickleibige Bände über ökonomische Fragen von demselben Verein herausgegeben worden. Für Sozialreformen ist von den Professoren, die übrigens auch für Schutzzölle, Militarismus usw. eintreten, nicht ein Jota geleistet worden. Der Verein hat auch zuletzt selbst die Sozialreformen aufgegeben und befaßt sich mit dem Thema der Krisen, Kartelle u. dergl. (Diese Anmerkung fehlt in der 1. Auflage.)

haupt wie seine Grunddifferenz mit der bisher üblichen sozialdemokratischen Auffassung – stützt er sich nicht in seiner Theorie auf die *Aufhebung* dieser Widersprüche durch ihre eigene konsequente Entwicklung.

Seine Theorie steht in der Mitte zwischen den beiden Extremen, er will nicht die kapitalistischen Widersprüche zur vollen Reife gelangen und durch einen revolutionären Umschlag auf der Spitze *aufheben,* sondern ihnen die Spitze abbrechen, sie *abstumpfen.* So soll das Ausbleiben der Krisen und die Unternehmerorganisation den Widerspruch zwischen der Produktion und dem Austausch, die Hebung der Lage des Proletariats und die Fortexistenz des Mittelstandes den Widerspruch zwischen Kapital und Arbeit, die wachsende Kontrolle und Demokratie den Widerspruch zwischen Klassenstaat und Gesellschaft abstumpfen.

Freilich besteht auch die landläufige sozialdemokratische Taktik nicht darin, daß man die Entwicklung der kapitalistischen Widersprüche bis zur äußersten Spitze und dann erst ihren Umschlag *abwartet.* Umgekehrt, wir stützen uns bloß auf die einmal erkannte *Richtung* der Entwicklung, treiben aber dann im politischen Kampfe ihre Konsequenzen auf die Spitze, worin das Wesen jeder revolutionären Taktik überhaupt besteht. So bekämpft die Sozialdemokratie z. B. die Zölle und den Militarismus zu allen Zeiten, nicht erst, als ihr reaktionärer Charakter völlig zum Durchbruch gelangt ist. Bernstein stützt sich aber in seiner Taktik überhaupt nicht auf die Weiterentwicklung und Verschärfung, sondern auf die Abstumpfung der kapitalistischen Widersprüche. Er selbst hat es am treffendsten gekennzeichnet, indem er von einer »Anpassung« der kapitalistischen Wirtschaft spricht. Wann hätte eine solche Auffassung ihre Richtigkeit? Alle Widersprüche der heutigen Gesellschaft sind einfache Ergebnisse der kapitalistischen Produktionsweise. Setzen wir voraus, daß diese Produktionsweise sich weiter in der bis jetzt gegebenen Richtung entwickelt, so müssen sich mit ihr unzertrennlich auch alle ihre Konsequenzen weiter entwickeln, die Widersprüche zuspitzen und verschärfen, statt sich abzustumpfen.

Letzteres setzt also umgekehrt als Bedingung voraus, daß die kapitalistische Produktionsweise selbst in ihrer Entwicklung gehemmt wird. Mit einem Worte, die allgemeinste Voraussetzung der Bernsteinschen Theorie, das ist *ein Stillstand in der kapitalistischen Entwicklung.*

Damit richtet sich aber die Theorie von selbst, und zwar doppelt. Denn erstens legt sie ihren *utopischen* Charakter in bezug auf das sozialistische Endziel bloß – es ist von vornherein klar, daß eine versumpfte kapitalistische Entwicklung nicht zur sozialistischen Umwälzung führen kann – und hier haben wir die Bestätigung unserer Darstellung der praktischen Konsequenz der Theorie. Zweitens enthüllt sie ihren *reaktionären* Charakter in bezug auf die tatsächlich sich vollziehende rapide kapitalistische Entwicklung. Nun drängt sich die Frage auf: wie kann die Bernsteinsche Auffassungsweise angesichts dieser tatsächlichen kapitalistischen Entwicklung erklärt oder vielmehr charakterisiert werden?

Daß die ökonomischen Voraussetzungen, von denen Bernstein in seiner Analyse der heutigen sozialen Verhältnisse ausgeht – seine Theorie der kapitalistischen »Anpassung« – unstichhaltig sind, glauben wir im ersten Abschnitt gezeigt zu haben. Wir sahen, daß weder das Kreditwesen noch die Kartelle als »Anpassungsmittel« der kapitalistischen Wirtschaft, weder das zeitweilige Ausbleiben der Krisen, noch die Fortdauer des Mittelstandes als Symptom der kapitalistischen Anpassung aufgefaßt werden können. Allen genannten Details der Anpassungstheorie liegt aber – abgesehen von ihrer direkten Irrtümlichkeit – noch ein gemeinsamer charakteristischer Zug zugrunde. Diese Theorie faßt alle behandelten Erscheinungen des ökonomischen Lebens nicht in ihrer organischen Angliederung an die kapitalistische Entwicklung im ganzen und in ihrem Zusammenhange mit dem ganzen Wirtschaftsmechanismus auf, sondern aus diesem Zusammenhange gerissen, im selbständigen Dasein, als disjecta membra (zerstreute Teile) einer leblosen Maschine. So z. B. die Auffassung von der Anpassungswirkung des *Kredits.* Faßt man ins Auge den Kredit als eine naturwüchsige höhere Stufe des Austausches und im Zusammenhang mit allen dem kapitalistischen Austausch innewohnenden Widersprüchen, so kann man unmöglich in ihm irgendein gleichsam außerhalb des Austauschprozesses stehendes, mechanisches »Anpassungsmittel« sehen, ebenso wenig wie man das Geld selbst, die Ware, das Kapital als »Anpassungsmittel« des Kapitalismus ansehen kann. Der Kredit ist aber nicht um ein Haar weniger als Geld, Ware und Kapital ein organisches Glied der kapitalistischen Wirtschaft auf einer gewissen Stufe ihrer Entwicklung und bildet auf dieser Stufe, wieder ganz wie jene, ebenso ein unentbehrliches Mittelglied ihres Räderwerkes, wie auch ein Zerstörungswerkzeug, indem es ihre inneren Widersprüche steigert.

Ganz dasselbe gilt von den Kartellen und den vervollkommneten Verkehrsmitteln.

Die gleiche mechanische und undialektische Auffassung liegt ferner in der Weise, wie Bernstein das Ausbleiben der Krisen als ein Symptom der »Anpassung« der kapitalistischen Wirtschaft hinnimmt. Für ihn sind die Krisen einfach Störungen im wirtschaftlichen Mechanismus, und bleiben sie aus, dann kann offenbar der Mechanismus glatt funktionieren. Die Krisen sind aber tatsächlich keine »Störungen« im eigentlichen Sinne, oder vielmehr, sie sind Störungen, ohne die aber die kapitalistische Wirtschaft im ganzen gar nicht auskommen kann. Ist es einmal Tatsache, daß die Krisen, ganz kurz ausgedrückt, die auf kapitalistischer Basis einzig mögliche, deshalb ganz normale Methode der periodischen Lösung des Zwiespaltes zwischen der unbeschränkten Ausdehnungsfähigkeit der Produktion und den engen Schranken des Absatzmarktes bilden, dann sind auch die Krisen unzertrennliche organische Erscheinungen der kapitalistischen Gesamtwirtschaft.

In einem »störungslosen« Fortgang der kapitalistischen Produktion liegen vielmehr für sie Gefahren, die größer sind als die Krisen selbst. Es ist dies nämlich das, nicht aus dem Widerspruch zwischen Produktion und Austausch, sondern aus der Entwicklung der Produktivität der Arbeit selbst sich ergebende stete Sinken der Profitrate, das die höchst gefährliche Tendenz hat, die Produktion allen kleineren und mittleren Kapitalien unmöglich zu machen, und so der Neubildung, damit dem Fortschritt der Kapitalanlagen Schranken entgegenzusetzen. Gerade die Krisen, die sich aus demselben Prozeß als die andere Konsequenz ergeben, bewirken durch die periodische *Entwertung* des Kapitals, durch Verbilligung der Produktionsmittel und Lahmlegung eines Teils des tätigen Kapitals zugleich die Hebung der Profite und schaffen so für Neuanlagen und damit neue Fortschritte in der Produktion Raum. So erscheinen sie als Mittel, das Feuer der kapitalistischen Entwicklung immer wieder zu schüren und zu entfachen, und ihr Ausbleiben, nicht für bestimmte Momente der Ausbildung des Weltmarktes, wie wir es annehmen, sondern schlechthin, würde bald die kapitalistische Wirtschaft, nicht wie Bernstein meint, auf einen grünen Zweig, sondern direkt in den Sumpf gebracht haben. Bei der mechanischen Auffassungsweise, die die ganze Anpassungstheorie kennzeichnet, läßt Bernstein ebenso die Unentbehrlichkeit der Krisen, wie die Unentbehrlichkeit der periodisch immer wieder aufschießenden Neuanlagen von kleinen und mittleren Kapitalen außer acht, weshalb ihm u. a. auch die stete Wiedergeburt des Kleinkapitals als ein Zeichen des kapitalistischen Stillstandes, statt, wie tatsächlich, der normalen kapitalistischen Entwicklung, erscheint.

Es gibt nun freilich einen Standpunkt, von dem alle behandelten Erscheinungen sich auch wirklich so darstellen, wie sie die »Anpassungstheorie« zusammenfaßt, nämlich den Standpunkt des *einzelnen* Kapitalisten, wie ihm die Tatsachen des wirtschaftlichen Lebens, verunstaltet durch die Gesetze der Konkurrenz, zum Bewußtsein kommen. Der einzelne Kapitalist sieht vor allem tatsächlich jedes organische Glied des Wirtschaftsganzen als ein Ganzes, Selbständiges für sich, er sieht sie auch ferner nur von der Seite, wie sie auf ihn, den einzelnen Kapitalisten, einwirken, deshalb als bloße »Störungen« oder bloße »Anpassungsmittel«. Für den einzelnen Kapitalisten sind die Krisen tatsächlich bloße Störungen, und ihr Ausbleiben gewährt ihm eine längere Lebensfrist, für ihn ist der Kredit gleichfalls ein Mittel, seine unzureichenden Produktivkräfte den Anforderungen des Marktes »anzupassen«, für ihn hebt ein Kartell, in das er eintritt, auch wirklich die Anarchie der Produktion auf.

Mit einem Worte, die Bernsteinsche Anpassungstheorie ist nichts als eine theoretische Verallgemeinerung der Auffassungsweise des einzelnen Kapitalisten. Was ist aber diese Auffassungsweise im theoretischen Ausdruck anderes, als das Wesentliche und Charakteristische der bürgerlichen Vulgärökonomie? Alle ökonomischen Irrtümer dieser Schule beruhen eben auf dem Mißverständnis, daß die Erscheinungen der Konkurrenz, gesehen durch die Augen des Einzelkapitals, für Erscheinungen der kapitalistischen Wirtschaft im ganzen genommen werden. Und wie Bernstein den Kredit, so faßt die Vulgärökonomie auch noch z. B. das *Geld* als ein geistreiches »Anpassungsmittel« zu den Bedürfnissen des Austausches auf, sie sucht auch in den kapitalistischen Erscheinungen selbst die Gegengifte gegen die kapitalistischen Übel, sie glaubt, in Übereinstimmung mit Bernstein, an die *Möglichkeit,* die kapitalistische Wirtschaft zu regulieren, sie läuft endlich auch immer wie die Bernsteinsche Theorie in letzter Linie auf eine *Abstumpfung* der kapitalistischen Widersprüche und Verkleisterung der kapitalistischen Wunden, d. h. mit anderen Worten auf ein reaktionäres statt dem revolutionären Verfahren, und damit auf eine Utopie hinaus.

Die revisionistische Theorie im ganzen genommen läßt sich also folgendermaßen charakterisieren: es ist dies *eine Theorie der sozialistischen Versumpfung, vulgärökonomisch begründet durch eine Theorie der kapitalistischen Versumpfung.*

Zweiter Teil*

I. Die ökonomische Entwicklung und der Sozialismus

Die größte Errungenschaft des proletarischen Klassenkampfes in seiner Entwicklung war die Entdeckung der Ansatzpunkte für die Verwirklichung des Sozialismus in den *ökonomischen Verhältnissen* der kapitalistischen Gesellschaft. Dadurch ist der Sozialismus aus einem »Ideal«, das jahrtausendelang der Menschheit vorschwebte, *zur geschichtlichen Notwendigkeit* geworden.

Bernstein bestreitet die Existenz dieser ökonomischen Voraussetzungen des Sozialismus in der gegenwärtigen Gesellschaft. Dabei macht er selbst in seiner Beweisführung eine interessante Entwicklung durch. Anfangs, in der »Neuen Zeit«, bestritt er bloß die Raschheit der Konzentration in der Industrie und stützte dies auf einen Vergleich der Ergebnisse der Gewerbestatistik in Deutschland von 1895 und 1882. Dabei mußte er, um diese Ergebnisse für seine Zwecke zu benutzen, zu ganz summarischem und mechanischem Verfahren seine Zuflucht nehmen. Aber auch im günstigsten Falle konnte Bernstein mit seinem Hinweise auf die Zähigkeit der Mittelbetriebe die Marxsche Analyse nicht im mindesten treffen. Denn diese setzt weder ein bestimmtes *Tempo* der Konzentration der Industrie, das heißt eine bestimmte *Frist* für die Verwirklichung des sozialistischen Endzieles, noch auch, wie wir gezeigt haben, ein *absolutes Verschwinden* der Kleinkapitale, bzw. das Verschwinden des Kleinbürgertums als Bedingung der Realisierbarkeit des Sozialismus voraus.

---

* Der zweite Teil dieser Schrift bezieht sich auf das Buch von Eduard Bernstein: »Die Voraussetzungen des Sozialismus und die Aufgaben der Sozialdemokratie« (Stuttgart 1899, Verlag von J. H. W. Dietz Nachf., G.m.b.H.).

In weiterer Entwicklung seiner Ansichten gibt nun Bernstein in seinem Buche neues Beweismaterial, und zwar: *die Statistik der Aktiengesellschaften*, die dartun soll, daß die Zahl der Aktionäre sich stets vergrößert, die Kapitalistenklasse also nicht zusammenschmilzt, sondern im Gegenteil immer größer wird. Es ist erstaunlich, wie wenig Bernstein das vorhandene Material kennt und wie wenig er es zu seinen Gunsten zu gebrauchen weiß!

Wollte er durch Aktiengesellschaften etwas gegen das Marxsche Gesetz der industriellen Entwicklung beweisen, dann hätte er ganz andere Zahlen bringen sollen. Nämlich jedermann, der die Geschichte der Aktiengründung in Deutschland kennt, weiß, daß ihr durchschnittliches, auf eine Unternehmung fallendes Gründungskapital in fast regelmäßiger *Abnahme* begriffen ist. So betrug dieses Kapital vor 1871 etwa 10,8 Millionen Mark, 1871 nur noch 4,01 Millionen Mark, 1873: 3,8 Millionen Mark, 1883 bis 1887 weniger als 1 Millionen Mark, 1891 nur 0,56 Millionen Mark, 1892: 0,62 Millionen Mark. Seitdem schwanken die Beträge um 1 Million Mark, und zwar sind sie wieder von 1,78 Millionen Mark im Jahre 1895 auf 1,19 Millionen Mark im 1. Semester 1897 gefallen.[10]

Erstaunliche Zahlen! Bernstein würde wahrscheinlich damit gar eine ganze contra-Marxsche Tendenz des Überganges von Großbetrieben zurück auf Kleinbetriebe konstruieren. Allein in diesem Falle könnte ihm jedermann erwidern: Wenn Sie mit dieser Statistik etwas nachweisen wollen, dann müssen Sie vor allem beweisen, daß sie sich auf *dieselben* Industriezweige bezieht, daß die kleineren Betriebe nun an Stelle der alten großen und nicht dort auftreten, wo bis jetzt das Einzelkapital oder gar Handwerk oder Zwergbetrieb war. Diesen Beweis gelingt es Ihnen aber nicht zu erbringen, denn der Übergang von riesigen Aktiengründungen zu mittleren und kleinen ist gerade nur dadurch erklärlich, daß das Aktienwesen in stets neue Zweige eindringt, und wenn es anfangs nur für wenige Riesenunternehmungen taugte, es sich jetzt immer mehr

---

[10] Van der Borght, Handwörterbuch der Staatswissenschaften. I.

dem Mittelbetriebe, hie und da sogar dem Kleinbetriebe angepaßt hat. (Selbst Aktiengründungen bis 1000 Mark Kapital herunter kommen vor!)

Was bedeutet aber volkswirtschaftlich die immer größere Verbreitung des Aktienwesens? Sie bedeutet die fortschreitende Vergesellschaftung der Produktion in kapitalistischer Form, die Vergesellschaftung nicht nur der Riesen-, sondern auch der Mittel- und sogar der Kleinproduktion, also etwas, was der Marxschen Theorie nicht widerspricht, sondern sie in denkbar glänzendster Weise bestätigt.

In der Tat! Worin besteht das ökonomische Phänomen der Aktiengründung? Einerseits in der Vereinigung vieler kleiner Geldvermögen zu Einem Produktionskapital, andererseits in der Trennung der Produktion vom Kapitaleigentum, also in einer zweifachen Überwindung der kapitalistischen Produktionsweise – immer auf kapitalistischer Basis. Was bedeutet angesichts dessen die von Bernstein angeführte Statistik der großen Zahl der an einer Unternehmung beteiligten Aktionäre? Eben nichts anderes, als daß jetzt Eine kapitalistische Unternehmung nicht Einem Kapitaleigentümer wie ehedem, sondern einer ganzen Anzahl, einer immer mehr anwachsenden Zahl von Kapitaleigentümern entspricht, daß somit der wirtschaftliche Begriff »Kapitalist« sich nicht mehr mit dem Einzelindividuum deckt, daß der heutige industrielle Kapitalist eine Sammelperson ist, die aus Hunderten, ja aus Tausenden von Personen besteht, daß die Kategorie »Kapitalist« selbst im Rahmen der kapitalistischen Wirtschaft zur gesellschaftlichen, daß sie *vergesellschaftet* wurde.

Wie erklärt es sich aber angesichts dessen, daß Bernstein das Phänomen der Aktiengesellschaften gerade umgekehrt als eine Zersplitterung und nicht als eine Zusammenfassung des Kapitals auffaßt, daß er dort Verbreitung des Kapitaleigentums, wo Marx »Aufhebung des Kapitaleigentums« sieht? Durch einen sehr einfachen vulgärökonomischen Schnitzer: weil Bernstein unter Kapitalist nicht eine Kategorie der Produktion, sondern des Eigentumsrechts, nicht eine wirtschaftliche, sondern eine steuerpolitische Einheit, unter Kapital nicht ein Produktionsganzes, sondern schlechthin Geldvermögen versteht. Deshalb sieht er in seinem englischen Nähgarntrust nicht die Zusammenschweißung von 12 300 Personen zu Einem, sondern ganze 12 300 Kapitalisten, deshalb ist ihm auch sein Ingenieur Schulze, der als Mitgift für seine Frau vom Rentier Müller »eine größere Anzahl Aktien« bekommen hat (S. 54), auch ein Kapitalist, deshalb wimmelt ihm die ganze Welt von »Kapitalisten«.[11]

Aber hier wie sonst ist der vulgärökonomische Schnitzer bei Bernstein bloß der theoretische Boden für eine Vulgarisierung des Sozialismus. Indem Bernstein den Begriff Kapitalist aus den Produktionsverhältnissen in die Eigentumsverhältnisse überträgt und, »statt von Unternehmern von Menschen spricht« (S. 53), überträgt er auch die Frage des Sozialismus aus dem Gebiete der Produktion auf das Gebiet der Vermögensverhältnisse, aus dem Verhältnis von Kapital und Arbeit in das Verhältnis von reich und arm.

Damit sind wir von Marx und Engels glücklich auf den Verfasser des »Evangeliums des armen Sünders« zurückgebracht, nur mit dem Unterschiede, daß Weitling mit richtigem proletarischem Instinkt eben in diesem Gegensatz von arm und reich in primitiver Form die Klassengegensätze *erkannte,* und zum Hebel der sozialistischen Bewegung machen wollte, während Bernstein umgekehrt, in der Verwandlung der Armen in Reiche, d. h. in der Verwischung des Klassengegensatzes, also im kleinbürgerlichen Verfahren die Aussichten des Sozialismus sieht.

---

[11] Notabene! Bernstein sieht offenbar in der großen Verbreitung kleiner Aktien einen Beweis, daß der gesellschaftliche Reichtum seinen Aktiensegen über ganz kleine Leute zu ergießen beginnt. In der Tat, wer würde denn sonst als Kleinbürger oder gar Arbeiter z. B. Aktien für die Bagatelle von 1 Pfd. oder 20 Mk. kaufen! Leider beruht diese Annahme auf einem einfachen Rechenfehler: man operiert mit dem Nennwerte der Aktien, statt mit ihrem Marktwerte, was aber zweierlei ist. Ein Beispiel! Auf dem Minenmarkt werden u. a. die südafrikanischen Randmines gehandelt; die Aktien sind, wie die meisten der Minenwerte, 1 Pfd. = 20 Mark-Papiere. Ihr Preis war aber schon 1899 43 Pfd. (s. den Kurszettel Ende März), d. h. nicht 20, sondern 860 Mk.! Und so steht es im Durchschnitt überall. Die »kleinen« Aktien sind also, obwohl sie so demokratisch klingen, tatsächlich meistens gutbürgerliche, und keineswegs kleinbürgerliche oder gar proletarische »Anweisungen auf den gesellschaftlichen Reichtum«, denn zum Nennwert werden sie von dem kleinsten Teil der Aktionäre erworben.

Freilich beschränkt sich Bernstein nicht auf die Einkommensstatistik. Er gibt uns auch Betriebsstatistik, und zwar aus mehreren Ländern: aus Deutschland und aus Frankreich, aus England und aus der Schweiz, aus Österreich und aus den Vereinigten Staaten. Aber was für eine Statistik ist das? Es sind dies nicht etwa vergleichende Daten aus *verschiedenen Zeitpunkten* in je einem Lande, sondern aus je einem Zeitpunkt in verschiedenen Ländern. Er vergleicht also – ausgenommen Deutschland, wo er seine alte Gegenüberstellung von 1895 und 1882 wiederholt – nicht den Stand der Betriebsgliederung eines Landes in verschiedenen Momenten, sondern nur die *absoluten* Zahlen für verschiedene Länder (für England vom Jahre 1891, Frankreich 1894, Vereinigte Staaten 1890 usw.). Der Schluß, zu dem er gelangt, ist der, »daß, wenn der Großbetrieb in der Industrie heute tatsächlich schon das Übergewicht hat, er doch, die von ihm abhängigen Betriebe eingerechnet, selbst in einem so vorgeschrittenen Lande wie Preußen höchstens die *Hälfte* der in der Produktion tätigen Bevölkerung vertritt«, und ähnlich in ganz Deutschland, England, Belgien usw. (S. 84).

Was er auf diese Weise nachweist, ist offenbar nicht diese oder jene Tendenz der ökonomischen Entwicklung, sondern bloß das absolute Stärkeverhältnis der verschiedenen Betriebsformen bzw. verschiedenen Berufsklassen. Soll damit die Aussichtslosigkeit des Sozialismus bewiesen werden, so liegt dieser Beweisführung eine Theorie zugrunde, wonach über den Ausgang sozialer Bestrebungen das zahlenmäßige, physische Stärkeverhältnis der Kämpfenden, also das bloße Moment der *Gewalt* entscheidet. Hier fällt der überall den Blanquismus witternde Bernstein zur Abwechslung selbst in das gröbste blanquistische Mißverständnis zurück. Allerdings wieder mit dem Unterschied, daß die Blanquisten als eine sozialistische und revolutionäre Richtung die ökonomische Durchführbarkeit des Sozialismus als selbstverständlich voraussetzten, und auf sie die Aussichten der gewaltsamen Revolution sogar einer kleinen Minderheit gründeten, während Bernstein umgekehrt aus der zahlenmäßigen Unzulänglichkeit der Volksmehrheit die ökonomische Aussichtslosigkeit des Sozialismus folgert. Die Sozialdemokratie leitet ihr Endziel ebensowenig von der siegreichen Gewalt der Minderheit, wie von dem zahlenmäßigen Übergewicht der Mehrheit, sondern von der ökonomischen Notwendigkeit – und der Einsicht in diese Notwendigkeit – ab, die zur Aufhebung des Kapitalismus durch die Volksmasse führt, und die sich vor allem in der *kapitalistischen Anarchie* äußert.

Was diese letzte entscheidende Frage der Anarchie in der kapitalistischen Wirtschaft anbetrifft, so leugnet Bernstein selbst bloß die großen und die allgemeinen Krisen, nicht aber partielle und nationale Krisen. Er stellt somit bloß sehr viel Anarchie in Abrede und gibt gleichzeitig die Existenz von ein wenig Anarchie zu. Der kapitalistischen Wirtschaft geht es bei Bernstein wie – um einmal auch mit Marx zu reden – jener törichten Jungfer mit dem Kinde, das »nur ganz klein« war. Das Fatale bei der Sache ist nun, daß in solchen Dingen wie die Anarchie, wenig und viel gleich schlimm ist. Gibt Bernstein ein wenig Anarchie zu, so sorgt der Mechanismus der Warenwirtschaft von selbst für die Steigerung dieser Anarchie ins Ungeheure – bis zum Zusammenbruch. Hofft Bernstein aber – unter gleichzeitiger Beibehaltung der Warenproduktion – auch das bißchen Anarchie allmählich in Ordnung und Harmonie aufzulösen, so verfällt er wiederum in einen der fundamentalsten Fehler der bürgerlichen Vulgärökonomie, indem er die Austauschweise von der Produktionsweise als unabhängig betrachtet*.

---

* Die folgende Anmerkung fehlt in der 2. Auflage:
Bernstein antwortet zwar auf einige Punkte unserer ersten Artikelreihe in der »Leipziger Volkszeitung« ziemlich breit, aber in einer Weise, die bloß seine Verlegenheit verrät. Er macht sich z. B. die Antwort auf unsere Kritik seiner Krisenskepsis dadurch leicht, daß er uns einredet, die ganze Marxsche Krisentheorie« zur Zukunftsmusik gemacht zu haben. Dies ist aber eine höchst freie Auslegung unserer Worte, denn wir erklärten nur die regelmäßige, *mechanische Periodizität* der Krisen, genauer: den zehnjährigen Krisenzyklus für ein nur dem völlig entwickelten Weltmarkt entsprechendes Schema. Was den *Inhalt* der Marxschen Krisentheorie betrifft, so erklärten wir ihn für die einzige wissenschaftliche Formulierung des Mechanismus wie der inneren ökonomischen Ursachen *aller* bisherigen Krisen.
Noch wundersamer sind die Antworten Bernsteins auf andere Punkte unserer Kritik. Auf den Hinweis z. B., die Kartelle könnten schon aus dem Grunde kein Mittel gegen die kapitalistische Anarchie bieten, weil sie – wie die

Es ist hier nicht die entscheidende Gelegenheit, die überraschende Verwirrung in bezug auf die elementarsten Grundsätze der politischen Ökonomie, die Bernstein in seinem Buche an den Tag gelegt hat, in ihrem Ganzen zu zeigen. Aber ein Punkt, auf den uns die Grundfrage der kapitalistischen Anarchie führt, soll kurz beleuchtet werden.

Bernstein erklärt, das Marxsche *Arbeitswertgesetz* sei eine bloße Abstraktion, was nach ihm in der politischen Ökonomie offenbar ein Schimpfwort ist. Ist aber der Arbeitswert bloß eine Abstraktion, »ein Gedankenbild« (S. 44), dann hat jeder rechtschaffene Bürger, der beim Militär gedient und seine Steuern entrichtet hat, das gleiche Recht wie Karl Marx, sich beliebigen Unsinn zu einem solchen »Gedankenbild«, d. h. zum Wertgesetz, zurecht zu machen. »Von Hause aus ist es Marx ebenso erlaubt, von den Eigenschaften der Waren soweit abzusehen, daß sie schließlich nur noch Verkörperungen von Mengen einfacher menschlicher Arbeit bleiben, wie es der Böhm-Jevonsschen Schule freisteht, von alle Eigenschaften der Waren außer ihrer Nützlichkeit zu abstrahieren« (S. 42).

Zuckerindustrie zeigt – bloß eine verschärfte Konkurrenz auf dem Weltmarkt erzeugtes, auf diesen Hinweis antwortet Bernstein, dies sei zwar richtig, aber die verschärfte Zuckerkonkurrenz in England habe ja eine mächtige Fabrikation von Marmeladen und von Eingekochtem ins Leben gerufen (S. 78). Eine Antwort, die uns an die Konversationsübungen im ersten Teil der Ollendorfschen Sprachmethode für den Selbstunterricht erinnert: »Der Ärmel ist kurz, *aber* der Schuh ist eng. Der Vater ist groß, *aber* die Mutter hat sich schlafen gelegt.«
In ähnlichem logischen Zusammenhang antwortet Bernstein auf unsere Beweisführung, daß auch der *Kredit* kein »Anpassungsmittel« gegen die kapitalistische Anarchie sein könne, weil er vielmehr diese Anarchie noch steigere: der Kredit habe ja neben der zerstörenden auch noch eine positive »herstellend-schöpferische« Eigenschaft, die auch Marx anerkannt habe. Für denjenigen, der auf der Marxschen Theorie fußend, in der kapitalistischen Wirtschaft überhaupt alle positiven Ansätze für die künftige sozialistische Umwandlung der Gesellschaft sieht, ist dieser Hinweis auch in bezug auf den Kredit nicht gerade neu. Worum es sich in der Debatte handelte, war die Frage, ob diese positive über den Kapitalismus hinausführende Eigenschaft des Kredits in der kapitalistischen Wirtschaft auch positiv zur Geltung komme, ob sie die kapitalistische Anarchie bezwingen könne, wie Bernstein behauptet, oder vielmehr selbst in einen Widerspruch ausarte und die Anarchie nur noch vergrößere, wie wir gezeigt haben. Der Hinweis Bernsteins wiederum auf die »herstellend-schöpferische Fähigkeit des Kredits«, die ja den Ausgangspunkt der ganzen Debatte bildete, ist angesichts dessen bloß eine »theoretische Flucht ins Jenseits« – des Diskussionsfeldes.

Also die Marxsche gesellschaftliche Arbeit und die Mengersche abstrakte Nützlichkeit, das ist ihm gehüpft wie gesprungen: alles bloß Abstraktion. Bernstein hat somit ganz vergessen, daß die Marxsche Abstraktion nicht eine Erfindung, sondern eine Entdeckung ist, daß sie nicht in Marxens Kopfe, sondern in der Warenwirtschaft existiert, nicht ein eingebildetes, sondern ein reales gesellschaftliches Dasein führt, ein so reales Dasein, daß sie geschnitten und gehämmert, gewogen und geprägt wird. Die von Marx entdeckte abstrakt-menschliche Arbeit ist nämlich in ihrer entfalteten Form nichts anderes als – das *Geld*. Und dies ist gerade eine der genialsten ökonomischen Entdeckungen von Marx, während für die ganze bürgerliche Ökonomie, vom ersten Merkantilisten bis auf den letzten Klassiker, das mystische Wesen des Geldes ein Buch mit sieben Siegeln geblieben ist.

Hingegen ist die Böhm-Jevonssche abstrakte Nützlichkeit tatsächlich bloß ein Gedankenbild oder vielmehr ein Bild der Gedankenlosigkeit, ein Privatblödsinn, für den weder die kapitalistische, noch eine andere menschliche Gesellschaft, sondern einzig und allein die bürgerliche Vulgärökonomie verantwortlich gemacht werden kann. Mit diesem »Gedankenbild« im Kopfe können Bernstein und Böhm und Jevons mit der ganzen subjektiven Gemeinde vor dem Mysterium des Geldes noch zwanzig Jahre stehen, ohne daß sie zu einer anderen Lösung kommen, als was jeder Schuster ohne sie schon wußte: daß das Geld auch eine »nützliche« Sache ist.

Bernstein hat somit für das Marxsche Wertgesetz das Verständnis gänzlich verloren. Für denjenigen aber, der mit dem Marxschen ökonomischen System einigermaßen vertraut ist, wird ohne weiteres klar sein, daß ohne das Wertgesetz das ganze System völlig unverständlich bleibt, oder, um konkreter zu sprechen, ohne Verständnis des Wesens der Ware und ihres Austausches die ganze kapitalistische Wirtschaft mit ihren Zusammenhängen ein Geheimnis bleiben muß.

Was ist aber der Marxsche Zauberschlüssel, der ihm gerade die innersten Geheimnisse aller kapitalistischen Erscheinungen geöffnet hat, der ihn mit spielender Leichtigkeit Probleme lösen ließ, von denen die größten Geister der bürgerlichen klassischen Ökonomie, wie Smith und Ricardo, nicht einmal die Existenz ahnten? Nichts anderes als die Auffassung von der ganzen kapitalistischen Wirtschaft, als von einer historischen Erscheinung, und zwar nicht nur nach hinten, wie es im besten Falle die klassische Ökonomie verstand, sondern auch nach vorne, nicht nur im Hinblick auf die feudalwirtschaftliche Vergangenheit, sondern namentlich auch im Hinblick auf die sozialistische Zukunft. Das Geheimnis der Marxschen Wertlehre, seiner Geldanalyse, seiner Kapitaltheorie, seiner Lehre von der Profitrate, und somit des ganzen ökonomischen Systems ist – die Vergänglichkeit der kapitalistischen Wirtschaft, ihr Zusammenbruch, also – dies nur die andere Seite – das sozialistische Endziel. Gerade und nur weil Marx von vornherein als Sozialist, d. h. unter dem geschichtlichen Gesichtspunkte die kapitalistische Wirtschaft ins Auge faßte, konnte er ihre Hieroglyphe entziffern, und weil er den sozialistischen Standpunkt zum Ausgangspunkt der wissenschaftlichen Analyse der bürgerlichen Gesellschaft machte, konnte er umgekehrt den Sozialismus wissenschaftlich begründen.

Daran sind die Bemerkungen Bernsteins am Schlusse seines Buches zu messen, wo er über den »Dualismus« (Zwiespalt) klagt, »der durch das ganze monumentale Marxsche Werk geht«, »einen Dualismus, der darin besteht, daß das Werk wissenschaftliche Untersuchung sein und doch eine, lange vor seiner Konzipierung (Abfassung) fertige These beweisen will, daß ihm ein Schema zugrunde liegt, in dem das Resultat, zu dem hin die Entwicklung führen sollte, schon von vornherein feststand. Das Zurückkommen auf das kommunistische Manifest (d. h. auf das sozialistische Endziel! D. V.) weist hier auf einen tatsächlichen Rest von Utopismus im Marxschen System hin.« (S. 177)

Der Marxsche »Dualismus« ist aber nichts anderes als der Dualismus der sozialistischen Zukunft und der kapitalistischen Gegenwart, des Kapitals und der Arbeit, der Bourgeoisie und des Proletariats, er ist die monumentale wissenschaftliche Abspiegelung des in der bürgerlichen Gesellschaft existierenden Dualismus, der bürgerlichen Klassengegensätze.

Und wenn Bernstein in diesem theoretischen Dualismus bei Marx »einen Überrest des Utopismus« sieht, so ist das nur ein naives Bekenntnis, daß er den geschichtlichen Dualismus in der bürgerlichen Gesellschaft, die kapitalistischen Klassengegensätze leugnet, daß für ihn der Sozialismus selbst zu einem »Überrest des Utopismus« geworden ist. Der »Monismus«, d. h. die Einheitlichkeit Bernsteins ist die Einheitlichkeit der verewigten kapitalistischen Ordnung, die Einheitlichkeit des Sozialisten, der sein Endziel fallen gelassen hat, um dafür in der einen und unwandelbaren bürgerlichen Gesellschaft das Ende der menschlichen Entwicklung zu sehen.

Sieht aber Bernstein in der ökonomischen Struktur des Kapitalismus selbst den Zwiespalt, die Entwicklung zum Sozialismus nicht, so muß er, um das sozialistische Programm wenigstens in der Form zu retten, zu einer außerhalb der ökonomischen Entwicklung liegenden, zu einer idealistischen Konstruktion Zuflucht nehmen und den Sozialismus selbst aus einer bestimmten geschichtlichen Phase der gesellschaftlichen Entwicklung in ein abstraktes »Prinzip« verwandeln.

Das Bernsteinsche »Prinzip der Genossenschaftlichkeit«, mit dem die kapitalistische Wirtschaft ausgeschmückt werden soll, dieser dünnste »Abkläricht« des sozialistischen Endzieles, erscheint angesichts dessen nicht als ein Zugeständnis seiner bürgerlichen Theorie an die sozialistische Zukunft der Gesellschaft, sondern an die sozialistische Vergangenheit – Bernsteins.

2. Gewerkschaften, Genossenschaften und politische Demokratie

Wir haben gesehen, der Bernsteinsche Sozialismus läuft auf den Plan hinaus, die Arbeiter an dem gesellschaftlichen Reichtum teilnehmen zu lassen, die Armen in Reiche zu verwandeln. Wie soll das bewerkstelligt werden? In seinen Aufsätzen »Probleme des Sozialismus« in der »Neuen Zeit« ließ Bernstein nur kaum verständliche Fingerzeige durchblicken, in seinem Buche gibt er über diese Frage vollen Aufschluß: sein Sozialismus soll auf zwei Wegen, durch Gewerkschaften oder, wie Bernstein es nennt, wirtschaftliche Demokratie, und durch Genossenschaften verwirklicht werden. Durch die ersteren will er dem industriellen, durch die letzteren dem kaufmännischen Profit an den Kragen. (S. 118.)

Was die Genossenschaften, und zwar vor allem die Produktivgenossenschaften betrifft, so stellen sie ihrem inneren Wesen nach inmitten der kapitalistischen Wirtschaft ein *Zwitterding* dar: eine im kleinen sozialisierte Produktion bei kapitalistischem Austausche. In der kapitalistischen Wirtschaft beherrscht aber der Austausch die Produktion und macht, angesichts der Konkurrenz, rücksichtslose Ausbeutung, d. h. völlige Beherrschung des Produktionsprozesses durch die Interessen des Kapitals, zur Existenzbedingung der Unternehmung. Praktisch äußert sich das in der Notwendigkeit, die Arbeit möglichst intensiv zu machen, sie zu verkürzen oder zu verlängern, je nach der Marktlage, die Arbeitskraft je nach den Anforderungen des Absatzmarktes heranzuziehen oder sie abzustoßen und aufs Pflaster zu setzen, mit einem Worte, all die bekannten Methoden zu praktizieren, die eine kapitalistische Unternehmung konkurrenzfähig machen. In der Produktivgenossenschaft ergibt sich daraus die widerspruchsvolle Notwendigkeit für die Arbeiter, sich selbst mit dem ganzen erforderlichen Absolutismus zu regieren, sich selbst gegenüber die Rolle des kapitalistischen Unternehmers zu spielen. An diesem Widerspruche geht die Produktivgenossenschaft auch zugrunde, indem sie entweder zur kapitalistischen Unternehmung sich rückentwickelt, oder, falls die Interessen der Arbeiter stärker sind, sich auflöst. Das sind die Tatsachen, die Bernstein selbst konstatiert, aber mißversteht, indem er nach Frau Potter-Webb die Ursache des Unterganges der Produktivgenossenschaften in England in der mangelnden »Disziplin« sieht. Was hier oberflächlich und seicht als Disziplin bezeichnet wird, ist nichts anderes als das natürliche absolute Regime des Kapitals, das die Arbeiter allerdings sich selbst gegenüber unmöglich ausüben können.[12]

Daraus folgt, daß die Produktivgenossenschaft sich ihre Existenz inmitten der kapitalistischen Wirtschaft nur dann sichern kann, wenn sie auf einem Umwege den in ihr verborgenen Widerspruch zwischen Produktionsweise und Austauschweise aufhebt, indem sie sich künstlich den Gesetzen der freien Konkurrenz entzieht. Dies kann sie nur, wenn sie sich von vornherein einen Absatzmarkt, einen festen Kreis von Konsumenten sichert. Als solches Hilfsmittel dient ihr eben der *Konsumverein*. Darin wiederum, und nicht in der Unterscheidung in Kauf- und Verkaufsgenossenschaften, oder wie der Oppenheimersche Einfall sonst lautet, liegt das von Bernstein behandelte Geheimnis, warum selbständige Produktivgenossenschaften zugrunde gehen, und erst der Konsumverein ihnen eine Existenz zu sichern vermag.

Sind aber somit die Existenzbedingungen der Produktivgenossenschaften in der heutigen Gesellschaft an die Existenzbedingungen der Konsumvereine gebunden, so folgt daraus in weiterer Konsequenz, daß die Produktivgenossenschaften im günstigsten Falle auf kleinen lokalen Absatz und auf wenige Produkte des unmittelbaren Bedarfs, vorzugsweise auf Lebensmittel angewiesen sind. Alle wichtigsten Zweige der kapitalistischen Produktion: die Textil-, Kohlen-, Metall-, Petrolindustrie, sowie der Maschinen-, Lokomotiven- und Schiffsbau sind vom Konsumverein, also auch von der Produktivgenossenschaft von vornherein ausgeschlossen. Abgesehen also von ihrem Zwittercharakter können die Produktivgenossenschaften als allgemeine soziale Reform schon aus dem Grunde nicht erscheinen, weil ihre allgemeine Durchführung vor allem die Abschaffung des Weltmarktes und Auflösung der bestehenden Weltwirtschaft in kleine lokale Produktions- und Austausch-

---

[12] »Die Kooperativfabriken der Arbeiter selbst sind, innerhalb der alten Form, das erste Durchbrechen der alten Form, obgleich sie natürlich überall, in ihrer wirklichen Organisation, alle Mängel des bestehenden Systems reproduzieren müssen.« (Marx: Kapitel, Bd. 3, T. 1, S. 427.)

gruppen, also dem Wesen nach einen Rückgang von großkapitalistischer auf mittelalterliche Warenwirtschaft voraussetzt.

Aber auch in den Grenzen ihrer möglichen Verwirklichung, auf dem Boden der gegenwärtigen Gesellschaft reduzieren sich die Produktivgenossenschaften notwendigerweise in bloße Anhängsel der Konsumvereine, die somit als die Hauptträger der beabsichtigten sozialistischen Reform in den Vordergrund treten. Die ganze sozialistische Reform durch die Genossenschaften reduziert sich aber dadurch aus einem Kampf gegen das Produktivkapital, d. h. gegen den Hauptstamm der kapitalistischen Wirtschaft, in einen Kampf gegen das Handelskapital, und zwar gegen das Kleinhandels-, das Zwischenhandelskapital, d. h. bloß gegen kleine *Abzweigungen* des kapitalistischen Stammes.

Was die Gewerkschaften betrifft, die nach Bernstein ihrerseits ein Mittel gegen die Ausbeutung des Produktivkapitals darstellen sollen, so haben wir bereits gezeigt, daß die Gewerkschaften nicht imstande sind, den Arbeitern einen Einfluß auf den Produktionsprozeß, weder in bezug auf den Produktions*umfang*, noch in bezug auf das *technische* Verfahren, zu sichern.

Was aber die rein ökonomische Seite, »den Kampf der Lohnrate mit der Profitrate« betrifft, wie Bernstein es nennt, so wird dieser Kampf, wie gleichfalls bereits gezeigt, nicht in dem freien blauen Luftraum, sondern in den bestimmten Schranken des Lohngesetzes ausgefochten, das er nicht zu durchbrechen, sondern bloß zu verwirklichen vermag. Dies wird auch klar, wenn man die Sache von einer anderen Seite faßt und sich die Frage nach den eigentlichen Funktionen der Gewerkschaften stellt.

Die Gewerkschaften, denen Bernstein die Rolle zuweist, in dem Emanzipationskampfe der Arbeiterklasse den eigentlichen Angriff gegen die industrielle Profitrate zu führen und sie stufenweise in die Lohnrate aufzulösen, sind nämlich gar nicht imstande, eine ökonomische Angriffspolitik gegen den Profit zu führen, weil sie nichts sind als die organisierte *Defensive* der Arbeitskraft gegen die Angriffe des Profits, als die Abwehr der Arbeiterklasse gegen die herabdrückende Tendenz der kapitalistischen Wirtschaft. Dies aus zwei Gründen.

Erstens haben die Gewerkschaften zur Aufgabe, die Marktlage der Ware Arbeitskraft durch ihre Organisation zu beeinflussen, die Organisation wird aber durch den Prozeß der Proletarisierung der Mittelschichten, der dem Arbeitsmarkt stets neue Ware zuführt, beständig durchbrochen. Zweitens bezwecken die Gewerkschaften die Hebung der Lebenshaltung, die Vergrößerung des Anteils der Arbeiterklasse am gesellschaftlichen Reichtum, dieser Anteil wird aber durch das Wachstum der Produktivität der Arbeit mit der Fatalität eines Naturprozesses beständig herabgedrückt. Um letzteres einzusehen, braucht man durchaus nicht ein Marxist zu sein, sondern bloß: »Zur Beleuchtung der sozialen Frage«, von Rodbertus, einmal in der Hand gehabt zu haben.

In beiden wirtschaftlichen Hauptfunktionen verwandelt sich also der gewerkschaftliche Kampf kraft objektiver Vorgänge in der kapitalistischen Gesellschaft in eine Art Sisyphusarbeit. Diese Sisyphusarbeit ist allerdings unentbehrlich, soll der Arbeiter überhaupt zu der ihm nach der jeweiligen Marktlage zufallenden Lohnrate kommen, soll das kapitalistische Lohngesetz verwirklicht und die herabdrückende Tendenz der wirtschaftlichen Entwicklung in ihrer Wirkung paralysiert, oder genauer, abgeschwächt werden. Gedenkt man aber, die Gewerkschaften in ein Mittel zur stufenweisen Verkürzung des Profits zugunsten des Arbeitslohnes zu verwandeln, so setzt dies vor allem als soziale Bedingung erstens einen Stillstand in der Proletarisierung der Mittelschichten und dem Wachstum der Arbeiterklasse, zweitens einen Stillstand in dem Wachstum der Produktivität der Arbeit, also in beiden Fällen, ganz wie die Verwirklichung der konsumgenossenschaftlichen Wirtschaft, *einen Rückgang auf vorgroßkapitalistische Zustände voraus.*

Die beiden Bernsteinschen Mittel der sozialistischen Reform: die Genossenschaften und die Gewerkschaften erweisen sich somit als gänzlich unfähig, die kapitalistische *Produktionsweise* umzugestalten. Bernstein ist sich dessen im Grunde genommen auch selbst dunkel bewußt und faßt sie bloß als Mittel auf, den kapitalistischen *Profit* abzuzwakken, und die Arbeiter auf diese Weise zu bereichern. Damit verzichtet er aber selbst auf den Kampf mit der *kapitalistischen Produktionsweise* und richtet die sozialdemokratische Bewegung auf den Kampf gegen die *kapitalistische Verteilung*. Bernstein formuliert auch wiederholt seinen Sozialismus als das Bestreben nach einer »gerechten«, »gerechteren« (S. 51 seines Buches), ja einer »noch gerechteren« (»Vorwärts« vom 26. März 1899) Verteilung.

Der nächste Anstoß zur sozialdemokratischen Bewegung wenigstens bei den Volksmassen ist freilich auch die »ungerechte« Verteilung der kapitalistischen Ordnung. Und indem sie für die Vergesellschaftung der gesamten Wirtschaft kämpft, strebt die Sozialdemokratie dadurch selbstverständlich auch eine »gerechte« Verteilung des gesellschaftlichen Reichtums an. Nur richtet sie ihren Kampf, dank der von Marx gewonnenen Einsicht, daß die jeweilige Verteilung bloß eine naturgesetzliche Folge der jeweiligen Produktionsweise ist, nicht auf die Verteilung im *Rahmen* der kapitalistischen Produktion, sondern auf die Aufhebung der Warenproduktion selbst. Mit einem Wort, die Sozialdemokratie will die *sozialistische Verteilung* durch die Beseitigung der *kapitalistischen Produktionsweise* herbeiführen, während das Bernsteinsche Verfahren ein direkt umgekehrtes ist; er will die *kapitalistische Verteilung* bekämpfen und hofft auf diesem Wege allmählich die *sozialistische Produktionsweise* herbeizuführen.

Wie kann aber in diesem Falle die Bernsteinsche sozialistische Reform begründet werden? Durch bestimmte Tendenzen der kapitalistischen Produktion? Keineswegs, denn erstens leugnet er ja diese Tendenzen, und zweitens ist bei ihm nach dem vorher Gesagten die erwünschte Gestaltung der Produktion Ergebnis und nicht Ursache der Verteilung. Die Begründung *seines* Sozialismus kann also keine ökonomische sein. Nachdem er Zweck und Mittel des Sozialismus und damit die ökonomischen Verhältnisse auf den Kopf gestellt hat, *kann* er keine materialistische Begründung für sein Programm geben, *ist er gezwungen,* zu einer idealistischen zu greifen.

»Wozu die Ableitung des Sozialismus aus dem ökonomischen Zwange?« hören wir ihn dann sagen. »Wozu die Degradierung der *Einsicht, des Rechtsbewußtseins, des Willens* der Menschen?« (»Vorwärts« vom 26. März 1899). Die Bernsteinsche gerechtere Verteilung soll also kraft des freien, nicht im Dienste der wirtschaftlichen Notwendigkeit wirkenden Willens der Menschen, oder genauer, da der Wille selbst bloß ein Instrument ist, kraft der Einsicht in die Gerechtigkeit, kurz, kraft der *Gerechtigkeitsidee* verwirklicht werden.

Da sind wir glücklich bei dem Prinzip der Gerechtigkeit angelangt, bei diesem alten, seit Jahrtausenden von allen Weltverbesserern in Ermangelung sicherer geschichtlicher Beförderungsmittel gerittenen Renner, bei der klapprigen Rosinante, auf der alle Don Quichottes der Geschichte zur großen Weltreform hinausritten, um schließlich nichts andres heimzubringen als ein blaues Auge.

Das Verhältnis von arm und reich als gesellschaftliche Grundlage des Sozialismus, das »Prinzip« der Genossenschaftlichkeit als sein Inhalt, die »gerechtere Verteilung« als sein Zweck und die Idee der Gerechtigkeit als seine einzige geschichtliche Legitimation – mit wieviel mehr Kraft, mit wieviel mehr Geist, mit wieviel mehr Glanz vertrat doch Weitling vor mehr als 50 Jahren *diese Sorte* von Sozialismus! Allerdings kannte der geniale Schneider den wissenschaftlichen Sozialismus noch nicht. Und wenn *heute*, nach einem halben Jahrhundert, seine von Marx und Engels in kleine Fetzen zerzauste Auffassung glücklich wieder zusammengeflickt und dem deutschen Proletariat als letztes Wort der Wissenschaft angeboten wird, so gehört dazu allenfalls auch ein Schneider ... aber kein genialer.

Wie die Gewerkschaften und Genossenschaften ökonomische Stützpunkte, so ist die wichtigste *politische* Voraussetzung der revisionistischen Theorie eine stets fortschreitende Entwicklung der *Demokratie*. Die heutigen Reaktionsausbrüche sind dem Revisionismus nur »Zuckungen«, die er für zufällig und vorübergehend hält, und mit denen bei der Aufstellung der allgemeinen Richtschnur für den Arbeiterkampf nicht zu rechnen sei.

[Es kommt aber nicht darauf an, was Bernstein auf Grund von mündlichen und schriftlichen Versicherungen seiner Freunde über die Dauerhaftigkeit der Reaktion denkt, sondern welcher innere, objektive Zusammenhang zwischen der Demokratie und der tatsächlichen gesellschaftlichen Entwicklung besteht.]*

Nach Bernstein z. B. erscheint die Demokratie als eine unvermeidliche Stufe in der Entwicklung der modernen Gesellschaft, ja, die Demokratie ist ihm, ganz wie dem bürgerlichen Theoretiker der Liberalismus, das große Grundgesetz der geschichtlichen Entwicklung überhaupt, dessen Verwirklichung alle wirkenden Mächte des politischen Lebens dienen müssen. Das ist aber in dieser absoluten Form grundfalsch und nichts als eine kleinbürgerliche, und zwar oberflächliche Schablonisierung der Ergebnisse eines kleinen Zipfelchens der bürgerlichen Entwicklung, etwa der letzten 25 bis 30 Jahre. Sieht man sich die Entwicklung der Demokratie in der Geschichte und zugleich die politische Geschichte des Kapitalismus näher an, so kommt ein wesentlich anderes Resultat heraus.

Was das erstere betrifft, so finden wir die Demokratie in den verschiedensten Gesellschaftsformationen: in den ursprünglichen kommunistischen Gesellschaften, in den antiken Sklavenstaaten, in den mittelalterlichen städtischen Kommunen. Desgleichen begegnen wir dem Absolutismus und der konstitutionellen Monarchie in den verschiedensten wirtschaftlichen Zusammenhängen. Andererseits ruft der Kapitalismus in seinen Anfängen – als Warenproduktion – eine demokratische Verfassung in den städtischen Kommunen ins Leben; später, in seiner entwickelteren Form, als Manufaktur, findet er in der absoluten Monarchie seine entsprechende politische Form. Endlich als entfaltete industrielle Wirtschaft erzeugt er in Frankreich abwechselnd die demokratische Republik (1793), die absolute Monarchie Napoleons I., die Adelsmonarchie der Restaurationszeit (1815 bis 1830), die bürgerliche konstitutionelle Monarchie des Louis Philippe, wieder die demokratische

---

* In der 2. Auflage gestrichen.

Republik, wieder die Monarchie Napoleons III., endlich zum drittenmal die Republik. In Deutschland ist die einzige wirkliche demokratische Einrichtung, das allgemeine Wahlrecht, nicht eine Errungenschaft des bürgerlichen Liberalismus, sondern ein Werkzeug der politischen Zusammenschweißung der Kleinstaaterei und hat bloß insofern eine Bedeutung in der Entwicklung der deutschen Bourgeoisie, die sich sonst mit einer halbfeudalen konstitutionellen Monarchie zufrieden gibt. In Rußland gedieh der Kapitalismus lange unter dem orientalischen Selbstherrschertum, ohne daß die Bourgeoisie Miene machte, sich nach der Demokratie zu sehnen. In Österreich ist das allgemeine Wahlrecht zum großen Teil als ein Rettungsgürtel für die auseinanderfallende *Monarchie* erschienen, [und wie wenig es mit der eigentlichen Demokratie verbunden ist, beweist die Herrschaft des § 14].* In Belgien endlich steht die demokratische Errungenschaft der Arbeiterbewegung – das allgemeine Wahlrecht – in unzweifelhaftem Zusammenhang mit der Schwäche des Militarismus, also mit der besonderen geographisch-politischen Lage Belgiens, und vor allem ist sie eben ein nicht *durch* die Bourgeoisie, sondern *gegen* die Bourgeoisie erkämpftes »Stück Demokratie.«

Der ununterbrochene Aufstieg der Demokratie, der unserem Revisionismus wie dem bürgerlichen Freisinn als das große Grundgesetz der menschlichen und zum mindesten der modernen Geschichte erscheint, ist somit nach näherer Betrachtung ein Luftgebilde. Zwischen der kapitalistischen Entwicklung und der Demokratie läßt sich kein allgemeiner absoluter Zusammenhang konstruieren. Die politische Form ist jedesmal das Ergebnis der ganzen Summe politischer, innerer und äußerer, Faktoren und läßt in ihren Grenzen die ganze Stufenleiter von der absoluten Monarchie bis zur demokratischen Republik zu.

Wenn wir somit von einem allgemeinen geschichtlichen Gesetz der Entwicklung der Demokratie auch im Rahmen der modernen Gesellschaft absehen müssen und uns bloß an

---

* In der 2. Aufl. gestrichen. (Auf Grund des § 14 der Verfassung konnten in der habsburgischen Monarchie die verfassungsmäßigen Garantien, auch das Parlament, außer Kraft gesetzt werden. Er wurde öfters angewandt.)

die gegenwärtige Phase der bürgerlichen Geschichte wenden, so sehen wir auch hier in der politischen Lage Faktoren, die nicht zur Verwirklichung des Bernsteinschen Schemas, sondern vielmehr gerade umgekehrt, zur Preisgabe der bisherigen Errungenschaften seitens der bürgerlichen Gesellschaft führen.

Einerseits haben die demokratischen Einrichtungen, was höchst wichtig ist, für die bürgerliche Entwicklung in hohem Maße ihre Rolle ausgespielt. Insofern sie zur Zusammenschweißung der Kleinstaaten und zur Herstellung moderner Großstaaten notwendig waren (Deutschland, Italien), sind sie entbehrlich geworden; die wirtschaftliche Entwicklung hat inzwischen eine innere organische Verwachsung herbeigeführt, [und der Verband der politischen Demokratie kann insofern ohne Gefahr für den Organismus der bürgerlichen Gesellschaften abgenommen werden.]*

Dasselbe gilt in bezug auf die Umgestaltung der ganzen politisch-administrativen Staatsmaschine aus einem halb- oder ganzfeudalen in einen kapitalistischen Mechanismus. Diese Umgestaltung, die geschichtlich von der Demokratie unzertrennlich war, ist heute gleichfalls in so hohem Maße erreicht, daß die rein demokratischen Ingredienzien (Zutaten) des Staatswesens, das allgemeine Wahlrecht, die republikanische Staatsform, an sich ausscheiden könnten, ohne daß die Administration, das Finanzwesen, das Wehrwesen usw. in die vormärzlichen Formen zurückzufallen brauchten.

Ist auf diese Weise der Liberalismus für die bürgerliche Gesellschaft als solche wesentlich überflüssig, so andererseits in wichtigen Beziehungen direkt ein Hindernis geworden. Hier kommen zwei Faktoren in Betracht, die das gesamte politische Leben der heutigen Staaten geradezu beherrschen: die *Weltpolitik* und die Arbeiterbewegung – beides nur zwei verschiedene Seiten der gegenwärtigen Phase der kapitalistischen Entwicklung.

Die Ausbildung der Weltwirtschaft und die Verschärfung

---

* In der 2. Aufl. gestrichen.

und Verallgemeinerung des Konkurrenzkampfes auf dem Weltmarkte haben den Militarismus und Marinismus als Werkzeuge der Weltpolitik zum tonangebenden Moment ebenso des äußeren wie des inneren Lebens der Großstaaten gemacht. Ist aber die Weltpolitik und der Militarismus eine *aufsteigende* Tendenz der heutigen Phase, so muß sich folgerichtig die bürgerliche Demokratie auf *absteigender* Linie bewegen. [Schlagendstes Beispiel: die nordamerikanische Union seit dem spanischen Kriege. In Frankreich verdankt die Republik ihre Existenz hauptsächlich der internationalen politischen Lage, die einen Krieg vorläufig unmöglich macht. Käme es zu einem solchen und würde sich Frankreich, wie allem Anschein nach anzunehmen ist, als für die Weltpolitik nicht gerüstet erweisen, dann wäre die Antwort auf die erste Niederlage Frankreichs auf dem Kriegsschauplatz – die Proklamierung der Monarchie in Paris. In Deutschland wurden die neue Aera der großen Rüstungen (1893) und die mit Kiautschou inaugurierte Weltpolitik sofort mit zwei Opfern von der bürgerlichen Demokratie: dem Zerfall des Freisinns und dem Umfall des Zentrums bezahlt.]*

Treibt somit die auswärtige Politik die Bourgeoisie in die Arme der Reaktion, so nicht minder die innere Politik – die aufstrebende Arbeiterklasse. Bernstein gibt dies selbst zu, indem er die sozialdemokratische »Freßlegende«[13], d. h. die sozialistischen Bestrebungen der Arbeiterklasse für die Fahnenflucht der liberalen Bourgeoisie verantwortlich macht. Er rät dem Proletariat im Anschluß daran, um den zu Tode erschrockenen Liberalismus wieder aus dem Mauseloch der Reaktion hervorzulocken, sein sozialistisches

---

* R. L. hat diese Auffassung von der mutmaßlichen Einwirkung eines Krieges auf Frankreich korrigiert. An Stelle des eingeklammerten Absatzes steht in der 2. Auflage folgendes: In Deutschland wurde die Ära der großen Rüstungen, die seit 1893 datiert, und die mit Kiautschou inaugurierte Weltpolitik sofort von der bürgerlichen Demokratie mit zwei Opfern: dem Zerfall des Freisinns und dem Umfall des Zentrums aus einer Oppositionspartei zur Regierungspartei bezahlt. Die jüngsten Reichstagswahlen 1907, die unter dem Zeichen der Kolonialpolitik ausgefochten wurden, sind zugleich das historische Begräbnis des deutschen Liberalismus.

[13] Unter »Freßlegende« versteht Bernstein »die Redensarten, die eine allgemeine, gleichzeitige und gewalttätige Expropriation unterstellen«. (»Neue Zeit« 1898/99 II. S. 89.)

Endziel fallen zu lassen. Damit beweist er aber selbst am schlagendsten, indem er den Wegfall der sozialistischen Arbeiterbewegung zur Lebensbedingung und zur sozialen Voraussetzung der bürgerlichen Demokratie heute macht, daß diese Demokratie in gleichem Maße der inneren Entwicklungstendenz der heutigen Gesellschaft widerspricht, wie die sozialistische Arbeiterbewegung *ein direktes Produkt* dieser Tendenz ist.

Aber er beweist damit noch ein weiteres. Indem er den Verzicht auf das sozialistische Endziel seitens der Arbeiterklasse zur Voraussetzung und Bedingunge des Wiederauflebens der bürgerlichen Demokratie macht, zeigt er selbst, wie wenig, umgekehrt die bürgerliche Demokratie eine notwendige Voraussetzung und Bedingung der sozialistischen Bewegung und des sozialistischen Sieges sein kann. Hier schließt sich das Bernsteinsche Räsonnement zu einem fehlerhaften Kreis, wobei die letzte Schlußfolgerung seine erste Voraussetzung »frißt.«

Der Ausweg aus diesem Kreise ist ein sehr einfacher: aus der Tatsache, daß der bürgerliche Liberalismus vor Schreck vor der aufstrebenden Arbeiterbewegung und ihren Endzielen seine Seele ausgehaucht hat, folgt nur, daß die sozialistische Arbeiterbewegung eben heute die *einzige* Stütze der Demokratie ist und sein kann, und daß nicht die Schicksale der sozialistischen Bewegung an die bürgerliche Demokratie, sondern umgekehrt die Schicksale der demokratischen Entwicklung an die sozialistische Bewegung gebunden sind. Daß die Demokratie nicht in dem Maße lebensfähig wird, als die Arbeiterklasse ihren Emanzipationskampf aufgibt, sondern umgekehrt, in dem Maße, als die sozialistische Bewegung stark genug wird, gegen die reaktionären Folgen der Weltpolitik und der bürgerlichen Fahnenflucht anzukämpfen. Daß, wer die Stärkung der Demokratie wünscht, auch Stärkung und nicht Schwächung der sozialistischen Bewegung wünschen muß, und daß mit dem Aufgeben der sozialistischen Bestrebungen ebenso die Arbeiterbewegung wie die Demokratie aufgegeben wird.

[Bernstein erklärt am Schluß seiner »Antwort« an Kautsky im »Vorwärts« vom 26. März 1899, er sei mit dem praktischen Teil des Programms der Sozialdemokratie im ganzen durchaus einverstanden, er hätte bloß gegen dessen theoretischen Teil etwas einzuwenden. Dessen ungeachtet glaubt er offenbar noch mit Fug und Recht in Reih und Glied der Partei marschieren zu können, denn welches »Gewicht« ist darauf zu legen, »ob im theoretischen Teil ein Satz steht, der mit seiner Auffassung vom Gang der Entwicklung nicht mehr stimmt«? Diese Erklärung zeigt im besten Falle, wie vollständig Bernstein den Sinn für den Zusammenhang der praktischen Tätigkeit der Sozialdemokratie mit ihren allgemeinen Grundsätzen verloren hat, wie sehr dieselben Worte aufgehört haben, für die Partei und für Bernstein dasselbe auszudrücken. Tatsächlich führen die eigenen Theorien Bernsteins, wie wir gesehen, zu der elementarsten sozialdemokratischen Erkenntnis, daß ohne die grundsätzliche Basis auch der praktische Kampf wertlos und zwecklos wird, daß mit dem Aufgeben des *Endziels* auch die *Bewegung* selbst zugrunde gehen muß.]*

3. Die Eroberung der politischen Macht

Die Schicksale der Demokratie sind, wie wir gesehen, an die Schicksale der Arbeiterbewegung gebunden. Aber macht denn die Entwicklung der Demokratie auch im besten Falle eine proletarische Revolution im Sinne der Ergreifung der Staatsgewalt, der Eroberung der politischen Macht überflüssig oder unmöglich?

Bernstein entscheidet diese Frage auf dem Wege einer gründlichen Abwägung der guten und schlechten Seiten der gesetzlichen Reform und der Revolution, und zwar mit einer Behaglichkeit, die an das Abwägen von Zimt und Pfeffer in einem Konsumverein erinnert. In dem gesetzlichen Gang der Entwicklung sieht er die Wirkung des Intellekts, in dem revolutionären die des Gefühls, in der Reformarbeit eine langsame, in der Revolution eine rasche Methode des geschichtlichen Fortschritts, in der Gesetzge-

---

* Fehlt in der 2. Auflage.

bung eine planmäßige, in dem Umsturz eine elementarische Gewalt. (S. 183)

Es ist nun eine alte Geschichte, daß der kleinbürgerliche Reformer in allen Dingen der Welt eine »gute« und eine »schlechte« Seite sieht und daß er von allen Blumenbeeten nascht. Eine ebenso alte Geschichte ist es aber, daß der wirkliche Gang der Dinge sich um kleinbürgerliche Kombinationen sehr wenig kümmert und das sorgfältigst zusammengeschleppte Häuflein »guter Seiten« von allen möglilichen Dingen der Welt mit einem Nasenstüber in die Luft sprengt. Tatsächlich sehen wir in der Geschichte die gesetzliche Reform und die Revolution nach tieferen Gründen als die Vorzüge oder Nachteile dieses oder jenes Verfahrens funktionieren.

In der Geschichte der bürgerlichen Gesellschaft diente die gesetzliche Reform zur allmählichen Erstarkung der aufstrebenden Klasse, bis sie sich reif genug fühlte, die politische Macht zu erobern und das ganze bestehende Rechtssystem umzuwerfen, um ein neues aufzubauen. Bernstein, der gegen die Eroberung der politischen Macht als eine blanquistische Gewalttheorie wettert, passiert das Malheur, daß er das, was seit Jahrhunderten der Angelpunkt und die Triebkraft der menschlichen Geschichte ist, für einen blanquistischen Rechenfehler hält. Seit die Klassengesellschaften existieren und der Klassenkampf den wesentlichen Inhalt ihrer Gedichte bildet, war nämlich die Eroberung der politischen Macht stets ebenso das Ziel aller aufstrebenden Klassen, wie der Ausgangs- und der Endpunkt jeder geschichtlichen Periode. Dies sehen wir in den langen Kämpfen des Bauerntums mit den Geldkapitalisten und dem Adel im alten Rom, in den Kämpfen des Patriziertums mit den Bischöfen und des Handwerkertums mit den Patriziern mit den mittelalterlichen Städten, in den Kämpfen der Bourgeoisie mit dem Feudalismus in der Neuzeit.

Die gesetzliche Reform und die Revolution sind also nicht verschiedene Methoden des geschichtlichen Fortschritts, die man in dem Geschichtsbüfett nach Belieben wie heiße Würstchen oder kalte Würstchen auswählen kann, sondern verschiedene *Momente* in der Entwicklung der Klassengesellschaft, die einander ebenso bedingen und ergänzen, zugleich aber ausschließen, wie z. B. Südpol und Nordpol, wie Bourgeoisie und Proletariat.

Und zwar ist die jeweilige gesetzliche Verfassung bloß ein *Produkt* der Revolution. Während die Revolution der politische Schöpfungsakt der Klassengeschichte ist, ist die Gesetzgebung das politische Fortvegetieren der Gesellschaft. Die gesetzliche Reformarbeit hat eben in sich keine eigene, von der Revolution unabhängige Triebkraft, sie bewegt sich in jeder Geschichtsperiode nur auf der Linie und solange, als in ihr der ihr durch die letzte Umwälzung gegebene Fußtritt nachwirkt, oder, konkret gesprochen, nur *im Rahmen* der durch die letzte Umwälzung in die Welt gesetzten Gesellschaftsform. Das ist eben der Kernpunkt der Frage.

Es ist grundfalsch und ganz ungeschichtlich, sich die gesetzliche Reformarbeit bloß als die ins Breite gezogene Revolution und die Revolution als die zusammengedrängte Reform vorzustellen. Eine soziale Umwälzung und eine gesetzliche Reform sind nicht durch die *Zeitdauer,* sondern durch das *Wesen* verschiedene Momente. Das ganze Geheimnis der geschichtlichen Umwälzungen durch den Gebrauch der politischen Macht liegt ja gerade in dem Umschlage der bloßen quantitativen Veränderungen in eine neue Qualität, konkret gesprochen in dem Übergange einer Geschichtsperiode, einer Gesellschaftsordnung in eine andere.

Wer sich daher für den gesetzlichen Reformweg *anstatt* und im *Gegensatz* zur Eroberung der politischen Macht und zur Umwälzung der Gesellschaft ausspricht, wählt tatsächlich nicht einen ruhigeren, sicheren, langsameren Weg zum *gleichen* Ziel, sondern auch ein *anderes* Ziel, nämlich statt der Herbeiführung einer neuen Gesellschaftsordnung bloß unwesentliche Veränderungen in der alten. So gelangt man von den politischen Ansichten des Revisionismus zu demselben Schluß, wie von seinen ökonomischen Theorien: daß sie im Grunde genommen nicht auf die Verwirklichung der *sozialistischen* Ordnung, sondern bloß auf die Reformierung der *kapitalistischen,* nicht auf die Aufhebung des

Lohnsystems, sondern auf das Mehr oder Weniger der Ausbeutung, mit einem Worte auf die Beseitigung der kapitalistischen Auswüchse und nicht des Kapitalismus selbst abzielen.

Vielleicht behalten aber die obigen Sätze über die Funktion der gesetzlichen Reform und der Revolution ihre Richtigkeit bloß in bezug auf die bisherigen Klassenkämpfe? Vielleicht ist von nun an, dank der Ausbildung des bürgerlichen Rechtssystems, der gesetzlichen Reform auch die Überführung der Gesellschaft aus einer geschichtlichen Phase in eine andere zugewiesen und die Ergreifung der Staatsgewalt durch das Proletariat »zur inhaltlosen Phrase geworden«, wie Bernstein auf Seite 183 seiner Schrift sagt?

Das gerade und direkte Gegenteil ist der Fall. Was zeichnet die bürgerliche Gesellschaft von den früheren Klassengesellschaften – der antiken und der mittelalterlichen – aus? Eben der Umstand, daß die Klassenherrschaft jetzt nicht auf »wohl erworbenen Rechten«, sondern auf *tatsächlichen wirtschaftlichen Verhältnissen beruht,* daß das Lohnsystem nicht ein Rechtsverhältnis, sondern ein rein ökonomisches ist. Man wird in unserem ganzen Rechtssystem keine gesetzliche Formel der gegenwärtigen Klassenherrschaft finden. Gibt es Spuren von einer solchen, dann sind es eben, wie die Gesindeordnung, Überbleibsel der feudalen Verhältnisse.

Wie also die Lohnsklaverei »auf gesetzlichem Wege« stufenweise aufheben, wenn sie in den Gesetzen gar nicht ausgedrückt ist? Bernstein, der sich an die gesetzliche Reformarbeit machen will, um dem Kapitalismus auf diesem Wege ein Ende zu bereiten, gerät in die Lage jenes russischen Schutzmannes, der bei Uspienski sein Abenteuer erzählt: ...»Schnell packte ich den Kerl am Kragen und was stellte sich heraus? Daß der verdammte Kerl keinen Kragen hatte!« ... Da liegt eben der Hase im Pfeffer.

»Alle bisherige Gesellschaft beruhte auf dem Gegensatz unterdrückter und unterdrückender Klassen« (Das Kommunistische Manifest S. 17). Aber in den vorhergehenden Phasen der modernen Gesellschaft war dieser Gegensatz in bestimmten rechtlichen Verhältnissen ausgedrückt und konnte eben deshalb bis zu einem gewissen Grad den aufkommenden neuen Verhältnissen noch im Rahmen der alten Raum gewähren. »Der Leibeigene hat sich zum Mitglied der Kommune in der Leibeigenschaft herausgearbeitet« (Kommunistisches Manifest S. 17). Wieso? Durch stufenweise Aufhebung im Weichbilde der Stadt aller jener Splitterrechte: der Fronden, Kurmeden, des Gewandrechts, Besthaupts, Kopfzinses, Heiratszwanges, Erbteilungsrechts usw. usw., deren Gesamtheit die Leibeigenschaft ausmachte.

Desgleichen arbeitete sich »der Kleinbürger zum Bourgeois unter dem Joch des feudalistischen Absolutismus« empor (a. a. O. S. 17). Auf welchem Wege? Durch teilweise formelle Aufhebung oder tatsächliche Lockerung der Zunftfesseln, durch allmähliche Umbildung der Verwaltung, des Finanz- und Wehrwesens in dem allernotwendigsten Umfange.

Will man also abstrakt, anstatt geschichtlich, die Frage behandeln, so läßt sich bei den früheren Klassenverhältnissen ein rein gesetzlich-reformlerischer Übergang von der feudalen zur bürgerlichen Gesellschaft wenigstens *denken*. Was sehen wir aber in der Tat? Daß auch dort die gesetzlichen Reformen nicht dazu dienten, die Ergreifung der politischen Macht durch das Bürgertum überflüssig zu machen, sondern umgekehrt, sie vorzubereiten und herbeizuführen. Eine förmliche politisch-soziale Umwälzung war unentbehrlich, ebenso zur Aufhebung der Leibeigenschaft, wie zur Abschaffung des Feudalismus.

Ganz anders noch liegen aber die Dinge jetzt. Der Proletarier wird durch kein Gesetz gezwungen, sich in das Joch des Kapitals zu spannen, sondern durch die Not, durch den Mangel an Produktionsmitteln. Kein Gesetz in der Welt kann ihm aber im Rahmen der bürgerlichen Gesellschaft diese Mittel zudekretieren, weil er ihrer nicht durch Gesetz, sondern durch ökonomische Entwicklung beraubt wurde.

Ferner beruht die Ausbeutung *innerhalb* des Lohnverhältnisses gleichfalls nicht auf Gesetzen, denn in Höhe der Löhne wird nicht auf gesetzlichem Wege, sondern durch ökonomische Faktoren bestimmt. Und die Tatsache selbst der Ausbeutung beruht nicht auf einer gesetzlichen Bestimmung, sondern auf der rein wirtschaftlichen Tatsache, daß die Arbeitskraft als Ware auftritt, die unter anderem die angenehme Eigenschaft besitzt, Wert, und zwar *mehr* Wert zu produzieren, als sie selbst in den Lebensmitteln des Arbeiters vertilgt. Mit einem Worte, alle Grundverhältnisse der kapitalistischen Klassenherrschaft lassen sich durch gesetzliche Reformen auf bürgerlicher Basis deshalb nicht umgestalten, weil sie weder durch bürgerliche Gesetze herbeigeführt, noch die Gestalt von solchen Gesetzen erhalten haben. Bernstein weiß das nicht, wenn er eine sozialistische »Reform« plant, aber was er nicht weiß, das sagt er, indem er auf S. 10 seines Buches schreibt, daß »das ökonomische Motiv heute frei auftritt, wo es früher durch Herrschaftsverhältnisse und Ideologien aller Art verkleidet war«.

Aber es kommt noch ein zweites hinzu. Es ist die andere Besonderheit der kapitalistischen Ordnung, daß in ihr alle Elemente der künftigen Gesellschaft in ihrer Entwicklung vorerst eine Form annehmen, in der sie sich dem Sozialismus nicht nähern, sondern von ihm entfernen. In der Produktion wird immer mehr der gesellschaftliche Charakter zum Ausdruck gebracht. Aber in welcher Form? Von Großbetrieb, Aktiengesellschaft, Kartell, wo die kapitalistischen Gegensätze, die Ausbeutung, die Unterjochung der Arbeitskraft aufs höchste gesteigert werden.

Im Wehrwesen führt die Entwicklung die Verbreitung der allgemeinen Wehrpflicht, die Verkürzung der Dienstzeit, also materiell die Annäherung an das Volksheer herbei. Aber dies in der Form von modernem Militarismus, wo die Beherrschung des Volkes durch den Militärstaat, der Klassencharakter des Staates zum grellsten Ausdruck kommt.

In den politischen Verhältnissen führt die Entwicklung der Demokratie, insofern sie günstigen Boden hat, zur Beteiligung aller Volksschichten am politischen Leben, also gewissermaßen zum »Volksstaat«. Aber dies in der Form des bürgerlichen Parlamentarismus, wo die Klassengegensätze, die Klassenherrschaft nicht aufgehoben sind, sondern vielmehr entfaltet und bloßgelegt werden. Weil sich die ganze kapitalistische Entwicklung somit in Widersprüchen bewegt, so muß, um den Kern der sozialistischen Gesellschaft aus der ihm widersprechenden kapitalistischen Hülle herauszuschälen, auch aus diesem Grunde zur Eroberung der politischen Macht durch das Proletariat und zur gänzlichen Aufhebung des kapitalistischen Systems gegriffen werden.

Bernstein zieht freilich andere Schlüsse daraus: führte die Entwicklung der Demokratie zur Verschärfung und nicht zur Abschwächung der kapitalistischen Widersprüche, dann »müßte die Sozialdemokratie«, antwortet er uns, »wenn sie sich nicht selbst die Arbeit erschweren will, Sozialreformen und die Erweiterung der demokratischen Einrichtungen nach Möglichkeit zu vereiteln streben« (S. 71). Dies allerdings, wenn die Sozialdemokratie nach kleinbürgerlicher Art an dem müßigen Geschäft des Auswählens aller guten Seiten und des Wegwerfens schlechter Seiten der Geschichte Geschmack fände. Nur müßte sie dann folgerichtig auch den ganzen Kapitalismus überhaupt »zu vereiteln streben«, denn *er* ist doch unbestreitbar der Hauptbösewicht, der ihr alle Hindernisse auf dem Wege zum Sozialismus stellt. Tatsächlich gibt der Kapitalismus neben und zugleich mit *Hindernissen* auch die einzigen *Möglichkeiten*, das sozialistische Programm zu verwirklichen. Dasselbe gilt aber vollkommen auch in bezug auf die Demokratie.

Ist die Demokratie für die Bourgeoisie teils überflüssig, teils hinderlich geworden, so ist sie für die Arbeiterklasse dafür notwendig und unentbehrlich. Sie ist erstens notwendig, weil sie politische Formen (Selbstverwaltung, Wahlrecht u. dergl.) schafft, die als Ansätze und Stützpunkte für das Proletariat bei seiner Umgestaltung der bürgerlichen Gesellschaft dienen werden. Sie ist aber zweitens unentbehrlich, weil nur in ihr, in dem Kampfe um die Demokratie, in der Ausübung ihrer Rechte das Proletariat zum Bewußtsein seiner Klasseninteressen und seiner geschichtlichen Aufgaben kommen kann.

Mit einem Worte, die Demokratie ist unentbehrlich,

nicht weil sie die Eroberung der politischen Macht durch das Proletariat *überflüssig*, sondern umgekehrt, weil sie diese Machtergreifung ebenso *notwendig*, wie auch einzig *möglich* macht. Wenn Engels die Taktik der heutigen Arbeiterbewegung in seinem Vorwort zu den »Klassenkämpfen in Frankreich« revidierte und den Barrikaden den gesetzlichen Kampf entgegenstellte, so behandelte er – *was aus jeder Zeile des Vorwortes klar ist* – nicht die Frage der endgültigen Eroberung der politischen Macht, sondern die des heutigen alltäglichen Kampfes, nicht das Verhalten des Proletariats *gegenüber* dem kapitalistischen Staate im Moment der Ergreifung der Staatsgewalt, sondern sein Verhalten im *Rahmen* des kapitalistischen Staates. Mit einem Wort, Engels gab die Richtschnur dem *beherrschten* Proletariat und nicht dem siegreichen.

Umgekehrt bezieht sich der bekannte Ausspruch von Marx über die Bodenfrage in England, auf den sich Bernstein gleichfalls beruft: »man käme wahrscheinlich am billigsten fort, wenn man die Landlords auskaufte«, nicht auf das Verhalten des Proletariats *vor* seinem Siege, sondern *nach* dem Siege. Denn von »Auskaufen« der herrschenden Klassen kann offenbar nur dann die Rede sein, wenn die Arbeiterklasse am Ruder ist. Was Marx somit hier als möglich in Erwägung zog, ist die *friedliche Ausübung der proletarischen Diktatur* und nicht die Ersetzung der Diktatur durch kapitalistische Sozialreformen.

Die Notwendigkeit selbst der Ergreifung der politischen Macht durch das Proletariat war ebenso für Marx wie Engels zu allen Zeiten außer Zweifel. Und es blieb Bernstein vorbehalten, den Hühnerstall des bürgerlichen Parlamentarismus für das berufene Organ zu halten, wodurch die gewaltigste weltgeschichtliche Umwälzung: die Überführung der Gesellschaft aus den *kapitalistischen* in *sozialistische* Formen vollzogen werden soll.

Aber Bernstein hat ja seine Theorie bloß mit der Befürchtung und der Warnung angefangen, daß das Proletariat nicht zu *früh* ans Ruder komme! In diesem Falle müßte es nämlich nach Bernstein die bürgerlichen Zustände ganz so lassen, wie sie sind und selbst eine furchtbare Niederlage erleiden. Was aus dieser Befürchtung vor allem ersichtlich, ist, daß die Bernsteinsche Theorie für das Proletariat, falls es durch die Verhältnisse ans Ruder gebracht wäre, nur Eine »praktische« Anweisung hat: sich schlafen zu legen. Damit richtet sie sich aber ohne weiteres selbst, als eine Auffassung, die das Proletariat in den wichtigsten Fällen des Kampfes zur Untätigkeit, also zum passiven Verrate an der eigenen Sache verurteilt.

Tatsächlich wäre unser ganzes Programm ein elender Wisch Papier, wenn es uns nicht für *alle* Eventualitäten und in *allen* Momenten des Kampfes zu dienen, und zwar durch seine *Ausübung* und nicht durch seine Nichtausübung zu dienen imstande wäre. Ist unser Programm einmal die Formulierung der geschichtlichen Entwicklung der Gesellschaft vom Kapitalismus zum Sozialismus, dann muß es offenbar auch alle Übergangsphasen dieser Entwicklung formulieren, in sich in den Grundzügen enthalten, also auch das entsprechende Verhalten im Sinne der Annäherung zum Sozialismus in *jedem* Moment dem Proletariat anweisen können. Daraus folgt, daß es überhaupt für das Proletariat *keinen Augenblick* geben kann, in dem es gezwungen wäre, sein Programm im Stiche zu lassen, oder wo es von diesem Programm könnte im Stiche gelassen werden.

Praktisch äußert sich das in der Tatsache, daß es keinen Moment geben kann, in dem das Proletariat, durch den Gang der Dinge ans Ruder gebracht, nicht in der Lage und auch nicht verpflichtet wäre, gewisse Maßregeln zur Verwirklichung seines Programms, gewisse Übergangsmaßregeln im Sinne des Sozialismus zu treffen. Hinter der Behauptung, das sozialistische Programm könnte in irgend einem Augenblick der politischen Herrschaft des Proletariats völlig versagen und gar keine Anweisungen zu seiner Verwirklichung geben, steckt unbewußt die andere Behauptung: *das sozialistische Programm sei überhaupt und jederzeit unrealisierbar*.

Und wenn die Übergangsmaßregeln verfrüht sind? Diese Frage birgt in sich einen ganzen Knäuel von Mißverständnissen in bezug auf den wirklichen Gang sozialer Umwälzungen.

Die Ergreifung der Staatsgewalt durch das Proletariat, d. h. durch eine große Volksklasse, läßt sich vor allem nicht künstlich herbeiführen. Sie setzt von selbst, abgesehen von Fällen, wie die Pariser Kommune, wo die Herrschaft dem Proletariat nicht als Ergebnis seines zielbewußten Kampfes, sondern ausnahmsweise als von allen verlassenes herrenloses Gut in den Schoß fiel, einen bestimmten Reifegrad der ökonomisch-politischen Verhältnisse voraus. Hier liegt der Hauptunterschied zwischen blanquistischen Staatsstreichen einer »entschlossenen Minderheit«, die jederzeit wie aus der Pistole geschossen und eben deshalb immer unzeitgemäß kommen, und der Eroberung der Staatsgewalt durch die große und klassenbewußte Volksmasse, die selbst nur das Produkt eines beginnenden Zusammenbruches der bürgerlichen Gesellschaft sein kann, deshalb in sich selbst die ökonomisch-politische Legitimation ihrer zeitgemäßen Erscheinung trägt.

Kann somit die Eroberung der politischen Macht durch die Arbeiterklasse vom Standpunkt der gesellschaftlichen *Voraussetzungen* gar nicht »zu früh« geschehen, so muß sie andererseits vom Standpunkte des politischen Effekts: der *Festhaltung* der Gewalt, notwendig »zu früh« stattfinden. Die verfrühte Revolution, die Bernstein nicht schlafen läßt, bedroht uns wie das Damoklesschwert, und dagegen hilft kein Bitten und Beten, kein Bangen und Zagen. Und zwar aus zwei sehr einfachen Gründen.

Erstens ist eine so gewaltige Umwälzung, wie die Überführung der Gesellschaft aus der kapitalistischen in die sozialistische Ordnung, ganz undenkbar auf einen Schlag, durch einen siegreichen Streich des Proletariats. Dies als möglich voraussetzen, hieße wiederum eine echt blanquistische Auffassung an den Tag legen. Die sozialistische Umwälzung setzt einen langen und hartnäckigen Kampf voraus, wobei das Proletariat allem Anscheine nach mehr als einmal zurückgeworfen wird, so daß es das erstemal, vom Standpunkte des Endresultates des ganzen Kampfes gesprochen, notwendig »zu früh« ans Ruder gekommen sein wird.

Zweitens aber läßt sich das »verfrühte« Ergreifen der

Staatsgewalt auch deshalb nicht vermeiden, weil diese »verfrühten« Angriffe des Proletariats eben selbst ein, und zwar sehr wichtiger Faktor sind, der die *politischen* Bedingungen des endgültigen Sieges schafft, indem das Proletariat erst im Laufe jener politischen Krise, die seine Machtergreifung begleiten wird, erst im Feuer langer und hartnäckiger Kämpfe den erforderlichen Grad der politischen Reife erreichen kann, der es zur endgültigen großen Umwälzung befähigen wird. So stellen sich denn jene »verfrühten« Angriffe des Proletariats auf die politische Staatsgewalt selbst als wichtige geschichtliche Momente heraus, die auch den *Zeitpunkt* des endgültigen Sieges mitherbeiführen und mitbestimmen. Von *diesem* Standpunkte erscheint die Vorstellung einer »verfrühten« Eroberung der politischen Macht durch das arbeitende Volk als ein politischer Widersinn, der von einer mechanischen Entwicklung der Gesellschaft ausgeht und einen *außerhalb* und *unabhängig* vom Klassenkampf bestimmten Zeitpunkt für den Sieg des Klassenkampfes voraussetzt.

Da aber das Proletariat somit gar nicht imstande ist, die Staatsgewalt anders als »zu früh« zu erobern, oder mit anderen Worten, da es sie unbedingt einmal oder mehrmals »zu früh« erobern muß, um sie schließlich dauernd zu erobern, so ist die Opposition gegen die »*verfrühte*« Machtergreifung nichts als die Opposition gegen die *Bestrebung des Proletariats überhaupt, sich der Staatsgewalt zu bemächtigen.*

Also auch von dieser Seite gelangen wir folgerichtig, wie durch alle Straßen nach Rom, zu dem Ergebnis, daß die revisionistische Anweisung, das sozialistische *Endziel* fallen zu lassen, auf die andere hinauskommt, auch die ganze sozialistische *Bewegung* aufzugeben, [daß sein Rat an die Sozialdemokratie, sich im Falle der Machteroberung »schlafen zu legen«, mit dem anderen identisch ist: *sich nun und überhaupt schlafen zu legen,* d. h. auf den Klassenkampf zu verzichten]*.

---

* In der 2. Auflage gestrichen.

4. Der Zusammenbruch

Bernstein hat seine Revision des sozialdemokratischen Programms mit dem Aufgeben der Theorie des kapitalistischen Zusammenbruchs angefangen. Da aber der Zusammenbruch der bürgerlichen Gesellschaft ein Eckstein des wissenschaftlichen Sozialismus ist, so mußte die Entfernung dieses Ecksteins logisch zum Zusammenbruche der ganzen sozialistischen Auffassung bei Bernstein führen. Im Laufe der Debatte gibt er, um seine erste Behauptung aufrecht zu erhalten, eine Position des Sozialismus nach der anderen preis.

Ohne Zusammenbruch des Kapitalismus ist die Expropriation der Kapitalistenklasse unmöglich – Bernstein verzichtet auf die Expropriation und stellt als Ziel der Arbeiterbewegung die allmähliche Durchführung des »Genossenschaftlichkeitsprinzips« auf.

Aber die Genossenschaftlichkeit läßt sich inmitten der kapitalistischen Produktion nicht durchführen – Bernstein verzichtet auf die Vergesellschaftung der Produktion und kommt auf die Reform des Handels, auf den Konsumverein.

Aber die Umgestaltung der Gesellschaft durch die Konsumvereine, auch mit Gewerkschaften zusammen, verträgt sich nicht mit der tatsächlichen materiellen Entwicklung der kapitalistischen Gesellschaft – Bernstein gibt die materialistische Geschichtsauffassung auf.

Aber *seine* Auffassung von dem Gang der ökonomischen Entwicklung verträgt sich nicht mit dem Marxschen Mehrwertgesetz – Bernstein gibt das Mehrwert- und das Wertgesetz und damit die ganze ökonomische Theorie von Karl Marx auf.

Aber ohne bestimmtes Endziel und ohne ökonomischen Boden in der gegenwärtigen Gesellschaft kann der proletarische Klassenkampf nicht geführt werden – Bernstein gibt den Klassenkampf auf und verkündet die Aussöhnung mit dem bürgerlichen Liberalismus.

Aber in einer Klassengesellschaft ist der Klassenkampf eine ganz natürliche, unvermeidliche Erscheinung – Bernstein bestreitet in weiterer Konsequenz sogar das Bestehen der Klassen in unserer Gesellschaft: die Arbeiterklasse ist ihm bloß ein Haufen nicht nur politisch und geistig, sondern auch wirtschaftlich zersplitterter Individuen. Und auch die Bourgeoisie wird nach ihm nicht durch innere ökonomische Interessen, sondern bloß durch äußeren Druck – von oben oder von unten – politisch zusammengehalten.

Aber wenn es keinen ökonomischen Boden für den Klassenkampf und im Grunde genommen auch keine Klassen gibt, so erscheint nicht nur der künftige Kampf des Proletariats mit der Bourgeoisie unmöglich, sondern auch der bisherige, so erscheint die Sozialdemokratie selbst mit ihren Erfolgen unbegreiflich. Oder aber sie wird begreiflich gleichfalls nur als Resultat des politischen Regierungsdruckes, nicht als gesetzmäßiges Ergebnis der geschichtlichen Entwicklung, sondern als Zufallsprodukt des hohenzollernschen Kurses, nicht als legitimes Kind der kapitalistischen Gesellschaft, sondern als Bastard der Reaktion. So führt Bernstein mit zwingender Logik von der materialistischen Geschichtsauffassung zu der »Frankfurter« und der »Vossischen Zeitung«.

Es bleibt nur noch übrig, nachdem man die ganze sozialistische Kritik der kapitalistischen Gesellschaft abgeschworen hat, das Bestehende wenigstens im großen und ganzen auch befriedigend zu finden. Und auch davor schreckt Bernstein nicht zurück: er findet jetzt die Reaktion in Deutschland nicht so stark, »in den westeuropäischen Staaten ist von politischer Reaktion nicht viel zu merken«, in fast allen Ländern des Westens ist »die Haltung der bürgerlichen Klassen der sozialistischen Bewegung gegenüber höchstens eine der Defensive und keine der Unterdrückung« (»Vorwärts« vom 26. März 1899). Die Arbeiter sind nicht verelendet, sondern im Gegenteil immer wohlhabender, die Bourgeoisie ist politisch fortschrittlich und sogar moralisch gesund, von Reaktion und Unterdrückung ist nichts zu sehen, – und alles geht zum besten in dieser besten der Welten...

So kommt Bernstein ganz logisch und folgerichtig von A bis herunter auf Z. Er hatte damit angefangen, das *End-*

ziel um der Bewegung willen aufzugeben. Da es aber tatsächlich keine sozialdemokratische Bewegung ohne das sozialistische Endziel geben kann, so endet er notwendig damit, daß er auch die *Bewegung* selbst aufgibt.

Die ganze sozialistische Auffassung Bernsteins ist somit zusammengebrochen. Aus dem stolzen, symmetrischen, wunderbaren Bau des Marxschen Systems ist bei ihm nunmehr ein großer Schutthaufen geworden, in dem Scherben aller Systeme, Gedankensplitter aller großen und kleinen Geister eine gemeinsame Gruft gefunden haben. Marx und Proudhon, Leo von Buch und Franz Oppenheimer, Friedrich Albert Lange und Kant, Herr Prokopovitsch und Dr. Ritter von Neupauer, Herkner und Schulze-Gävernitz, Lassalle und Prof. Julius Wolf – alle haben ihr Scherflein zu dem Bernsteinschen System beigetragen, bei allen ist er in die Lehre gegangen. Und kein Wunder! Mit dem Verlassen des Klassenstandpunktes hat er den politischen Kompaß, mit dem Aufgeben des wissenschaftlichen Sozialismus die geistige Kristallisationsachse verloren, um die sich einzelne Tatsachen zum organischen Ganzen einer konsequenten Weltanschauung gruppieren.

Diese aus allen möglichen Systembrocken unterschiedslos zusammengewürfelte Theorie scheint auf den ersten Blick ganz vorurteilslos zu sein. Bernstein will auch nichts von einer »Parteiwissenschaft«, oder richtiger von einer Klassenwissenschaft, ebensowenig von einem Klassenliberalismus, einer Klassenmoral hören. Er meint eine allgemein menschliche, abstrakte Wissenschaft, abstrakten Liberalismus, abstrakte Moral zu vertreten. Da aber die wirkliche Gesellschaft aus Klassen besteht, die diametral entgegengesetzte Interessen, Bestrebungen und Auffassungen haben, so ist eine allgemein menschliche Wissenschaft in sozialen Fragen, ein abstrakter Liberalismus, eine abstrakte Moral vorläufig eine Phantasie, eine Selbsttäuschung. Was Bernstein für seine allgemein menschliche Wissenschaft, Demokratie und Moral hält, ist bloß die herrschende, d. h. die bürgerliche Wissenschaft, die bürgerliche Demokratie, die bürgerliche Moral.

In der Tat! Wenn er das Marxsche ökonomische System

abschwört, um auf die Lehren von Brentano, Böhm-Jevons, Say, Julius Wolf zu schwören, was tut er anderes, als die wissenschaftliche Grundlage der Emanzipation der Arbeiterklasse mit dem Apologetentum (Verherrlichung) der Bourgeoisie vertauschen? Wenn er von dem allgemein menschlichen Charakter des Liberalismus spricht und den Sozialismus in seine Abart verwandelt, was tut er anderes, als dem Sozialismus den Klassencharakter, also den geschichtlichen Inhalt, also überhaupt jeden Inhalt nehmen und damit umgekehrt die historische Trägerin des Liberalismus, die Bourgeoisie, zur Vertreterin der allgemein menschlichen Interessen machen?

Und wenn er gegen »die Erhebung der materiellen Faktoren zu den omnipotenten (allmächtigen) Mächten der Entwicklung«, gegen die »Verachtung des Ideals« in der Sozialdemokratie zu Felde zieht, wenn er dem Idealismus, der Moral das Wort redet, gleichzeitig aber gegen die einzige Quelle der moralischen Wiedergeburt des Proletariats, gegen den revolutionären Klassenkampf eifert – was tut er im Grunde genommen anderes, als der Arbeiterklasse die Quintessenz der Moral der Bourgeoisie: die Aussöhnung mit der bestehenden Ordnung und die Übertragung der Hoffnung ins Jenseits der sittlichen Vorstellungswelt predigen?

Indem er endlich gegen die Dialektik seine schärfsten Pfeile richtet, was tut er anders, als gegen die spezifische Denkweise des aufstrebenden klassenbewußten Proletariats ankämpfen? Gegen das Schwert ankämpfen, das dem Proletariat die Finsternis seiner historischen Zukunft hat durchhauen helfen, gegen die geistige Waffe, womit es, materiell noch im Joch, die Bourgeoisie besiegt, weil es sie ihrer Vergänglichkeit überführt, ihr die Unvermeidlichkeit seines Sieges nachgewiesen, die Revolution im Reiche des Geistes bereits vollzogen hat! Indem Bernstein von der Dialektik Abschied nimmt und die Gedankenschaukel des Einerseits-Andererseits, Zwar-Aber, Obgleich-Dennoch, Mehr-Weniger sich aneignet, verfällt er ganz folgerichtig in die historisch-bedingte Denkweise der untergehenden Bourgeoisie, eine Denkweise, die das getreue geistige Abbild ihres gesellschaftlichen Daseins und ihres politischen Tuns ist. (Caprivi-Hohenlohe, Berlepsch-Posadowsky, Februarerlasse-Zuchthausvorlage,) das politische Einerseits-Andererseits, Wenn und Aber der heutigen Bourgeoisie sieht genau so aus, wie die Denkweise Bernsteins, und die Bernsteinsche Denkweise ist das feinste und sicherste Symptom seiner bürgerlichen Weltanschauung.

Aber für Bernstein ist nunmehr auch das Wort »bürgerlich« kein Klassenausdruck, sondern ein allgemein-gesellschaftlicher Begriff. Das bedeutet nur, daß er – folgerichtig bis zum Punkt über dem i – mit der Wissenschaft, Politik, Moral und Denkweise auch die geschichtliche Sprache des Proletariats mit derjenigen der Bourgeoisie vertauscht hat. Indem Bernstein unter »Bürger« unterschiedslos den Bourgeois und den Proletarier, also den Menschen schlechthin versteht, ist ihm tatsächlich der Mensch schlechthin zum Bourgeois, die menschliche Gesellschaft mit der bürgerlichen identisch geworden.

[Wenn jemand zu Beginn der Diskussion mit Bernstein noch gehofft hat, ihn durch Argumente aus der wissenschaftlichen Rüstkammer der Sozialdemokratie überzeugen, ihn der Bewegung wiedergeben zu können, muß er diese Hoffnung gänzlich fallen lassen. Denn nun haben dieselben Worte aufgehört, für beide Seiten dieselben Begriffe, die nämlichen Begriffe haben aufgehört, dieselben sozialen Tatsachen auszudrücken. Die Diskussion mit Bernstein ist zur Auseinandersetzung zweier Weltanschauungen, zweier Klassen, zweier Gesellschaftsformen geworden. Bernstein und die Sozialdemokratie stehen jetzt auf gänzlich verschiedenem Boden.]*

5. Der Opportunismus in Theorie und Praxis

Das Bernsteinsche Buch hat für die deutsche und die internationale Arbeiterbewegung eine große geschichtliche Bedeutung gehabt: es war dies der erste Versuch, den opportu-

---

* In der 2. Auflage gestrichen.

nistischen Strömungen in der Sozialdemokratie eine theoretische Grundlage zu geben.

Die opportunistischen Strömungen datieren in unserer Bewegung, wenn man ihre sporadischen Äußerungen, wie in der bekannten Dampfsubventionsfrage, in Betracht zieht, seit längerer Zeit. Allein eine ausgesprochene einheitliche Strömung in diesem Sinne datiert erst seit Anfang der neunziger Jahre, seit dem Fall des Sozialistengesetzes und der Wiedereroberung des gesetzlichen Bodens. Vollmars Staatssozialismus, die bayerische Budgetabstimmung, der süddeutsche Agrarsozialismus, Heines Kompensationsvorschläge, Schippels Zoll- und Milizstandpunkt, das sind die Marksteine in der Entwicklung der opportunistischen Praxis.

Was kennzeichnete sie vor allem äußerlich? Die Feindseligkeit gegen »die Theorie«. Und dies ist ganz selbstverständlich, denn unsere »Theorie«, d. h. die Grundsätze des wissenschaftlichen Sozialismus, setzen der praktischen Tätigkeit ebenso in bezug auf die angestrebten *Ziele,* wie auf die anzuwendenden Kampf*mittel*, wie endlich selbst auf die Kampf*weise* sehr feste Schranken. Daher zeigt sich bei denjenigen, die nur den praktischen Erfolgen nachjagen wollen, das natürliche Bestreben, sich die Hände frei zu machen, d. h. unsere Praxis von der »Theorie« zu trennen, von ihr unabhängig zu machen.

Aber dieselbe Theorie schlug sie bei jedem praktischen Versuch auf den Kopf: der Staatssozialismus, Agrarsozialismus, die Kompensationspolitik, die Milizfrage sind ebensoviel Niederlagen für den Opportunismus. Es ist klar, daß diese Strömung, wollte sie sich gegen unsere Grundsätze behaupten, folgerichtig dazu kommen mußte, sich an die Theorie selbst, an die Grundsätze heranzuwagen, statt sie zu ignorieren, sie zu erschüttern suchen und eine eigene Theorie zurechtzumachen. Ein dahingehender Versuch war eben die Bernsteinsche Theorie, und daher sahen wir auf dem Parteitag in Stuttgart alle opportunistischen Elemente sich sofort um das Bernsteinsche Banner gruppieren. Sind einerseits die opportunistischen Strömungen in der Praxis eine ganz natürliche, aus den Bedingungen unseres Kampfes und seinem Wachstum erklärliche Erscheinung, so ist andererseits die Bernsteinsche Theorie ein nicht minder selbstverständlicher Versuch, diese Strömungen in einem allgemeinen theoretischen Ausdruck zusammenzufassen, ihre eigenen theoretischen Voraussetzungen herauszufinden und mit dem wissenschaftlichen Sozialismus abzurechnen. Die Bernsteinsche Theorie war daher von vornherein die theoretische Feuerprobe für den Opportunismus, seine erste wissenschaftliche Legitimation.

Wie ist nun diese Probe ausgefallen? Wir haben es gesehen. Der Opportunismus ist nicht imstande, eine einigermaßen die Kritik aushaltende positive Theorie aufzustellen. Alles, was er kann, ist: die Marxsche Lehre zuerst in verschiedenen einzelnen Grundsätzen zu bekämpfen und zuletzt, da diese Lehre ein fest zusammengefügtes Gebäude darstellt, das ganze System vom obersten Stockwerke bis zum Fundament zu zerstören. Damit ist erwiesen, daß die opportunistische Praxis in ihrem Wesen, in ihren Grundlagen mit dem Marxschen System unvereinbar ist.

Aber damit ist ferner noch erwiesen, daß der Opportunismus auch mit dem Sozialismus überhaupt unvereinbar ist, daß seine innere Tendenz dahin geht, die Arbeiterbewegung in bürgerliche Bahnen hinüberzudrängen, d. h. den proletarischen Klassenkampf völlig lahmzulegen. Freilich ist proletarischer Klassenkampf mit dem Marxschen System – geschichtlich genommen – nicht identisch. Auch *vor* Marx und unabhängig von ihm hat es eine Arbeiterbewegung und verschiedene sozialistische Systeme gegeben, die jedes in seiner Weise ein den Zeitverhältnissen entsprechender theoretischer Ausdruck der Emanzipationsbestrebungen der Arbeiterklasse waren. Die Begründung des Sozialismus durch moralische Gerechtigkeitsbegriffe, der Kampf gegen die Verteilungsweise, statt gegen die Produktionsweise, die Auffassung der Klassengegensätze als Gegensatz von arm und reich, die Bestrebung, die »Genossenschaftlichkeit« auf die kapitalistische Wirtschaft aufzupfropfen, alles das, was wir im Bernsteinschen System vorfinden, ist schon einmal dagewesen. Und diese Theorien waren *ihrer Zeit* bei all ihrer Unzulänglichkeit wirkliche Theorien des proletarischen Klassenkampfes, sie waren die riesenhaften Kinderschuhe, worin das Proletariat auf der geschichtlichen Bühne marschieren lernte.

Aber *nachdem* einmal die Entwicklung des Klassenkampfes selbst und seiner gesellschaftlichen Bedingungen zur Abstreifung dieser Theorien und zur Formulierung der Grundsätze des wissenschaftlichen Sozialismus geführt hat, kann es – wenigstens in Deutschland – keinen Sozialismus mehr außer dem Marxschen, keinen sozialistischen Klassenkampf außerhalb der Sozialdemokratie geben. Nunmehr sind Sozialismus und Marxismus, proletarischer Emanzipationskampf und Sozialdemokratie identisch. Das Zurückgreifen auf vormarxsche Theorien des Sozialismus bedeutet daher heute nicht einmal den Rückfall in die riesenhaften Kinderschuhe des Proletariats, nein, es ist ein Rückfall in die zwerghaften, ausgetretenen Hausschuhe der Bourgeoisie.

Die Bernsteinsche Theorie war der *erste,* aber zugleich auch der *letzte* Versuch, dem Opportunismus eine theoretische Grundlage zu geben. Wir sagen: der letzte, weil er in dem Bernsteinschen System ebenso negativ in der Abschwörung des wissenschaftlichen Sozialismus, wie positiv in der Zusammenwürfelung aller verfügbaren theoretischen Konfusion so weit gegangen ist, daß ihm nichts zu tun mehr übrig bleibt. Durch das Bernsteinsche Buch hat der Opportunismus seine Entwicklung in der Theorie [wie durch die Schippelsche Stellungnahme zur Frage des Militarismus in der Praxis]* vollendet, seine letzten Konsequenzen gezogen.

Und die Marxsche Lehre ist nicht nur imstande, ihn theoretisch zu widerlegen, sondern sie ist es allein, die in der Lage ist, den Opportunismus als geschichtliche Erscheinung in dem Werdegange der Partei auch zu *erklären.* Der weltgeschichtliche Vormarsch des Proletariats bis zu seinem Siege ist tatsächlich »keine so einfache Sache«. Die ganze Besonderheit dieser Bewegung liegt darin, daß hier zum erstenmal in der Geschichte die Volksmassen selbst und

---

* In der 2. Auflage gestrichen.

gegen alle herrschenden Klassen ihren Willen durchsetzen, diesen Willen aber ins Jenseits der heutigen Gesellschaft, über sie hinaus setzen müssen. Diesen *Willen* können sich die Massen aber wiederum nur im beständigen Kampfe mit der bestehenden Ordnung, nur in ihrem Rahmen ausbilden. Die Vereinigung der großen Volksmasse mit einem über die ganze bestehende Ordnung hinausgehenden Ziele, des alltäglichen Kampfes mit der großen Weltreform, das ist das große Problem der sozialdemokratischen Bewegung, die sich auch folgerichtig auf dem ganzen Entwicklungsgange zwischen den beiden Klippen: zwischen dem Aufgeben des Massencharakters und dem Aufgeben des Endziels, zwischen dem Rückfall in die Sekte und dem Umfall in die bürgerliche Reformbewegung, zwischen Anarchismus und Opportunismus vorwärts arbeiten muß.

Die Marxsche Lehre hat freilich in ihrer theoretischen Rüstkammer schon vor einem halben Jahrhundert vernichtende Waffen ebenso gegen das eine wie gegen das andere Extrem geliefert. Da aber unsere Bewegung eben eine Massenbewegung ist, und die Gefahren, die ihr drohen, nicht aus den menschlichen Köpfen, sondern aus den gesellschaftlichen Bedingungen entspringen, so konnten die anarchistischen und die opportunistischen Seitensprünge nicht ein für allemal von vornherein durch die Marxsche Theorie verhütet werden: sie müssen, erst nachdem sie in der Praxis Fleisch geworden, durch die Bewegung selbst, allerdings nur mit Hilfe der von Marx gelieferten Waffen, überwunden werden. Die geringere Gefahr, die anarchistischen Kindheitsmasern, hat die Sozialdemokratie bereits mit der »Unabhängigenbewegung« überwunden. Die größere Gefahr – die opportunistische Wassersucht, überwindet sie gegenwärtig.

Bei dem enormen Wachstum der Bewegung in die Breite in den letzten Jahren, bei der Kompliziertheit der Bedingungen, worin und der Aufgaben, wofür nun der Kampf zu führen ist, mußte der Augenblick kommen, wo sich in der Bewegung Skeptizismus in bezug auf die Erreichung der großen Endziele, Schwankung in bezug auf das ideelle Element der Bewegung geltend machten. So und nicht anders kann und muß die große proletarische Bewegung verlaufen, und die Augenblicke des Wankens, des Zagens sind, weit entfernt, eine Überraschung für die Marxsche Lehre zu sein, vielmehr von Marx längst vorausgesehen und vorausgesagt. »Bürgerliche Revolutionen«, schrieb Marx vor einem halben Jahrhundert in seinem »Achtzehnten Brumaire«, »wie die des achtzehnten Jahrhunderts, stürmen rascher von Erfolg zu Erfolg, ihre dramatischen Effekte überbieten sich, Menschen und Dinge scheinen in Feuerbrillanten gefaßt, die Ekstase ist der Geist jedes Tages: aber sie sind kurzlebig, bald haben sie ihren Höhepunkt erreicht, und ein langer Katzenjammer erfaßt die Gesellschaft, ehe sie die Resultate ihrer Drang- und Sturmperiode nüchtern sich aneignen lernt. Proletarische Revolutionen dagegen, wie die des neunzehnten Jahrhunderts, kritisieren beständig sich selbst, unterbrechen sich fortwährend in ihrem eignen Lauf, kommen auf das scheinbar Vollbrachte zurück, um es wieder von neuem anzufangen, verhöhnen grausamgründlich die Halbheiten, Schwächen und Erbärmlichkeiten ihrer ersten Versuche, scheinen ihren Gegner niederzuwerfen, damit er neue Kräfte aus der Erde sauge und sich riesenhafter ihnen gegenüber wieder aufrichte, schrecken stets von neuem zurück vor der unbestimmten Ungeheuerlichkeit ihrer eigenen Zwecke, bis die Situation geschaffen ist, die jede Umkehr unmöglich macht, und die Verhältnisse selbst rufen: Hic Rhodus, hic salta! Hier ist die Rose, hier tanze!«

Dies ist wahr geblieben, auch nachdem die Lehre des wissenschaftlichen Sozialismus aufgebaut worden ist. Die proletarische Bewegung ist damit noch nicht auf einmal, auch in Deutschland nicht, sozialdemokratisch geworden, sie *wird* sozialdemokratisch mit jedem Tage, sie wird es auch während und indem sie fortwährend die extremen Seitensprünge ins Anarchistische und ins Opportunistische überwindet, beides nur Bewegungsmomente der als *Prozeß* aufgefaßten Sozialdemokratie.

Angesichts dieses ist nicht die Entstehung der opportunistischen Strömung, sondern vielmehr ihre Schwäche überraschend. Solange sie bloß in Einzelfällen der Parteipraxis zum Durchbruch kam, konnte man noch hinter ihr eine irgendwie ernste theoretische Grundlage vermuten. Nun sie aber in dem Bernsteinschen Buche zum vollen Ausdruck gekommen ist, muß jedermann verwundert ausrufen: Wie, das ist alles, was Ihr zu sagen habt? Kein einziger Splitter von einem neuen Gedanken! Kein einziger Gedanke, der nicht schon vor Jahrzehnten von dem Marxismus niedergetreten, zerstampft, ausgelacht, in nichts verwandelt worden wäre!

Es genügte, daß der Opportunismus sprach, um zu zeigen, daß er nichts zu sagen hatte. Und darin liegt die eigentliche parteigeschichtliche Bedeutung des Bernsteinschen Buches.

Und so kann Bernstein noch beim Abschied von der Denkweise des revolutionären Proletariats, von der Dialektik und der materialistischen Geschichtsauffassung, sich bei ihnen für die mildernden Umstände bedanken, die sie seiner Wandlung zubilligen. Denn nur die Dialektik und die materialistische Geschichtsauffassung, hochherzig wie sie sind, lassen ihn als berufenes, aber unbewußtes Werkzeug erscheinen, wodurch das vorwärtsstürmende Proletariat seinen augenblicklichen Wankelmut zum Ausdruck gebracht hat, um ihn, bei Lichte besehen, hohnlachend und lockenschüttelnd weit von sich zu werfen.

[Wir haben gesagt: die Bewegung *wird* sozialdemokratisch, während und indem sie die mit Notwendigkeit sich aus ihrem Wachstum ergebenden Seitensprünge ins Anarchistische und Opportunistische überwindet. Aber überwinden, heißt nicht, in Seelenruhe alles gehen zu lassen, wie's Gott gefällt. *Die jetzige opportunistische Strömung überwinden, heißt, sie von sich weisen.*

Bernstein läßt sein Buch in den Rat an die Partei ausklingen, sie möge zu scheinen wagen, was sie sei: eine demokratisch-sozialistische Reformpartei. Die Partei, d. h. ihr oberstes Organ, der Parteitag, müßte unseres Erachtens diesen Rat quittieren, indem er Bernstein veranlaßt, seinerseits auch formell als das zu erscheinen, was er ist: ein kleinbürgerlich-demokratischer Fortschrittler.]*

---
* In der 2. Auflage gestrichen.
Sozialreform oder Revolution, Gesammelte Werke, hersgg. von Clara Zetkin, Adolf Warski und Paul Frölich, Bd. III, Berlin 1925. Für den vorliegenden Abdruck wurden die redaktionellen Anmerkungen Paul Frölichs übernommen.

Massenstreik, Partei und Gewerkschaften*

I

Fast alle bisherigen Schriften und Äußerungen des internationalen Sozialismus über die Frage des Massenstreiks datieren aus der Zeit *vor* der russischen Revolution, dem ersten geschichtlichen Experiment mit diesem Kampfmittel auf größter Skala. Daher erklärt sich auch, daß sie meistenteils antiquiert sind. In ihrer Auffassung stehen sie wesentlich auf demselben Standpunkt wie Friedrich Engels, der 1873 in seiner Kritik der Bakunistischen Revolutionsmacherei in Spanien schrieb:

»Der allgemeine Streik ist im Bakunistischen Programm der Hebel, der zur Einleitung der sozialen Revolution angesetzt wird. Eines schönen Morgens legen alle Arbeiter aller Gewerke eines Landes oder gar der ganzen Welt die Arbeit nieder und zwingen dadurch in längstens vier Wochen die besitzenden Klassen, entweder zu Kreuze zu kriechen oder auf die Arbeiter loszuschlagen, so daß diese dann das Recht haben, sich zu verteidigen und bei dieser Gelegenheit die ganze alte Gesellschaft über den Haufen zu werfen. Der Vorschlag ist weit entfernt davon, neu zu sein; französische und nach ihnen belgische Sozialisten haben seit 1848 dies Paradepferd stark geritten, das aber ursprünglich englischer Rasse ist. Während der auf die Krise von 1837 folgenden raschen und heftigen Entwicklung des Chartismus unter den englischen Arbeitern war schon 1839 der ›heilige Monat‹ gepredigt worden, die Arbeits-

---

* Für den vorliegenden Abdruck wurde die 1. Auflage dieser Schrift zugrunde gelegt.
Die Ergänzungen der 2. Auflage sind in Anmerkungen beigefügt. Stilistische Verbesserungen und kleine Überarbeitungen wurden aus der 2. Auflage ohne weiteres übernommen.

einstellung auf nationalem Maßstab (siehe Engels, ›Lage der arbeitenden Klasse‹, zweite Auflage, S. 234), und hatte solchen Anklang gefunden, daß die Fabrikarbeiter von Nordengland im Juli 1842 die Sache auszuführen versuchten. – Auch auf dem Genfer Allianzistenkongreß vom 1. September 1873 spielte der allgemeine Streik eine große Rolle, nur wurde allseitig zugegeben, daß dazu eine vollständige Organisation der Arbeiterklasse und eine gefüllte Kasse nötig sei. Und darin liegt eben der Haken. Einerseits werden die Regierungen, besonders wenn man sie durch politische Enthaltung ermutigt, weder die Organisation noch die Kasse der Arbeiter je soweit kommen lassen, und anderseits werden die politischen Ereignisse und die Übergriffe der herrschenden Klassen die Befreiung der Arbeiter zu Wege bringen, lange bevor das Proletariat dazu kommt, sich diese ideale Organisation und diesen kolossalen Reservefonds anzuschaffen. Hätte es sie aber, so brauchte es nicht den Umweg des allgemeinen Streiks, um zum Ziele zu gelangen.«[1]

Hier haben wir die Argumentation, die für die Stellungnahme der internationalen Sozialdemokratie zum Massenstreik in den folgenden Jahrzehnten maßgebend war. Sie ist ganz auf die anarchistische Theorie des Generalstreiks zugeschnitten, das heißt auf die Theorie vom Generalstreik als Mittel, die soziale Revolution einzuleiten, im Gegensatz zum täglichen politischen Kampf der Arbeiterklasse, und erschöpft sich in dem folgenden einfachen Dilemma: entweder ist das gesamte Proletariat noch nicht im Besitz mächtiger Organisationen und Kassen, dann kann es den Generalstreik nicht durchführen, oder es ist bereits mächtig genug organisiert, dann braucht es den Generalstreik nicht. Diese Argumentation ist allerdings so einfach und auf den ersten Blick so unanfechtbar, daß sie ein Vierteljahrhundert lang der modernen Arbeiterbewegung ausgezeichnete Dienste leistete, als logische Waffe wider die anarchistischen Hirngespinste und als Hilfsmittel, um die Idee des

---

[1] *F. Engels*, »Die Bakunisten an der Arbeit. Internationales aus dem Volksstaat«, S. 20.

politischen Kampfes in die weitesten Kreise der Arbeiterschaft zu tragen. Die großartigen Fortschritte der Arbeiterbewegung in allen modernen Ländern während der letzten 25 Jahre sind der glänzendste Beweis für die von Marx und Engels im Gegensatz zum Bakunismus verfochtene Taktik des politischen Kampfes, und die deutsche Sozialdemokratie in ihrer heutigen Macht, in ihrer Stellung als Vorhut der gesamten internationalen Arbeiterbewegung, ist nicht zum geringsten das direkte Produkt der konsequenten und nachdrücklichen Anwendung dieser Taktik.

Die russische Revolution hat nun die obige Argumentation einer gründlichen Revision unterzogen. Sie hat zum ersten Male in der Geschichte der Klassenkämpfe eine grandiose Verwirklichung der Idee des Massenstreiks und – wie wir unten näher ausführen werden – selbst des Generalstreiks gezeitigt und damit eine neue Epoche in der Entwicklung der Arbeiterbewegung eröffnet. Freilich folgt daraus nicht etwa, daß die von Marx und Engels empfohlene Taktik des politischen Kampfes oder ihre an dem Anarchismus geübte Kritik falsch war. Umgekehrt, es sind dieselben Gedankengänge, dieselbe Methode, die der Marx-Engelsschen Taktik, die auch der bisherigen Praxis der deutschen Sozialdemokratie zugrunde lagen, welche jetzt in der russischen Revolution ganz neue Momente und neue Bedingungen des Klassenkampfes erzeugten. Die russische Revolution, dieselbe Revolution, die die erste geschichtliche Probe auf das Exempel des Massenstreiks bildet, bedeutet nicht bloß keine Ehrenrettung für den Anarchismus, sondern sie bedeutet geradezu eine *geschichtliche Liquidation des Anarchismus*. Das triste Dasein, wozu diese Geistesrichtung von der mächtigen Entwicklung der Sozialdemokratie in Deutschland in den letzten Jahrzehnten verurteilt war, mochte gewissermaßen durch die ausschließliche Herrschaft und lange Dauer der parlamentarischen Periode erklärt werden. Eine ganz auf das »Losschlagen« und die »direkte Aktion« zugeschnittene, im nacktesten Heugabelsinne »revolutionäre« Richtung mochte immerhin in der Windstille des parlamentarischen Alltags nur zeitweilig verkümmern, um erst bei einer Wiederkehr der direkten offenen Kampfperiode, bei einer Straßenrevolution aufzuleben und ihre innere Kraft zu entfalten. Zumal schien Rußland besonders dazu angetan, das Experimentierfeld für die Heldentaten des Anarchismus zu werden. Ein Land, wo das Proletariat gar keine politischen Rechte und eine äußerst schwache Organisation hatte, ein buntes Durcheinander verschiedener Volksschichten mit sehr verschiedenen, wirr durcheinanderlaufenden Interessen, geringe Bildung der Volksmasse, dafür äußerste Bestialität in der Gewaltanwendung seitens des herrschenden Regimes – alles das schien wie geschaffen, um den Anarchismus zu einer plötzlichen, wenn auch vielleicht kurzlebigen Macht zu erheben. Und schließlich war Rußland die geschichtliche Geburtsstätte des Anarchismus. Allein, das Vaterland Bakunins sollte für seine Lehre zur Grabesstätte werden. Nicht bloß standen und stehen in Rußland nicht die Anarchisten an der Spitze der Massenstreikbewegung; nicht bloß liegt die ganze politische Führung der revolutionären Aktion und auch des Massenstreiks in den Händen der sozialdemokratischen Organisationen, die von den russischen Anarchisten als »bürgerliche Partei« bitter bekämpft werden, oder zum Teil in den Händen solcher mehr oder weniger von der Sozialdemokratie beeinflußten und sich ihr annähernden sozialistischen Organisationen, wie die terroristische Partei der »Sozialisten-Revolutionäre« – die Anarchisten existieren als ernste politische Richtung überhaupt in der russischen Revolution gar nicht. Nur in einer litauischen Kleinstadt mit besonders schwierigen Verhältnissen – bunte nationale Zusammenwürfelung der Arbeiter, überwiegende Zersplitterung des Kleinbetriebs, sehr tiefstehendes Proletariat –, in *Bialystok*, gibt es unter den sieben oder acht verschiedenen revolutionären Gruppen auch ein Häuflein halbwüchsiger »Anarchisten«, das zur Konfusion und zur Verwirrung der Arbeiterschaft nach Kräften beiträgt; und letzthin macht sich in *Moskau* und vielleicht noch in zwei bis drei Städten je ein Häuflein dieser Gattung bemerkbar. Allein, was ist jetzt, abgesehen von diesen paar »revolutionären« Gruppen, die eigentliche Rolle des Anarchismus in der russischen Revolution? Er ist zum Aushängeschild für gemeine Diebe und Plünderer geworden; unter der Firma des »Anarcho-Kommunismus« wird ein großer Teil jener unzähligen Diebstähle und Plündereien bei Privatleuten ausgeübt, die in jeder Periode der Depression, der momentanen Defensive der Revolution wie eine trübe Welle emporkommen. Der Anarchismus ist in der russischen Revolution nicht die Theorie des kämpfenden Proletariats, sondern das ideologische Aushängeschild des konterrevolutionären Lumpenproletariats geworden, das wie ein Rudel Haifische hinter dem Schlachtschiff der Revolution wimmelt. Und damit ist die geschichtliche Laufbahn des Anarchismus wohl beendet.

Auf der anderen Seite ist der Massenstreik in Rußland verwirklicht worden nicht als ein Mittel, unter Umgehung des politischen Kampfes der Arbeiterklasse und speziell des Parlamentarismus durch einen Theatercoup plötzlich in die soziale Revolution hineinzuspringen, sondern als ein Mittel, erst die Bedingungen des täglichen politischen Kampfes und insbesondere des Parlamentarismus für das Proletariat zu schaffen. Der revolutionäre Kampf in Rußland, in dem die Massenstreiks als die wichtigste Waffe zur Anwendung kommen, wird von dem arbeitenden Volke und in erster Reihe vom Proletariat gerade um dieselben politischen Rechte und Bedingungen geführt, deren Notwendigkeit und Bedeutung im Emanzipationskampfe der Arbeiterklasse Marx und Engels zuerst nachgewiesen und im Gegensatz zum Anarchismus in der Internationale mit aller Macht verfochten haben. So hat die geschichtliche Dialektik, der Fels, auf dem die ganze Lehre des Marxschen Sozialismus beruht, es mit sich gebracht, daß heute der Anarchismus, mit dem die Idee des Massenstreiks unzertrennlich verknüpft war, zu der Praxis des Massenstreiks selbst in einen Gegensatz geraten ist, während umgekehrt der Massenstreik, der als der Gegensatz zur politischen Betätigung des Proletariats bekämpft wurde, heute als die mächtigste Waffe des politischen Kampfes um politische Rechte erscheint. Wenn also die russische Revolution eine gründliche Revision des alten Standpunkts des Marxismus zum Massenstreik erforderlich macht, so ist es wieder nur der Marxismus, dessen allgemeine Methoden und Gesichtspunkte dabei in neuer Gestalt den Sieg davontragen. Moors Geliebte kann nur durch Moor sterben.

II

Die erste Revision, die sich aus den Ereignissen in Rußland für die Frage vom Massenstreik ergibt, bezieht sich auf die allgemeine *Auffassung* des Problems. Bis jetzt stehen sowohl die eifrigen Befürworter eines »Versuchs mit dem Massenstreik« in Deutschland von der Art Bernsteins, Eisners usw., wie auch die strikten Gegner eines solchen Versuchs, wie sie im gewerkschaftlichen Lager zum Beispiel durch Bömelburg vertreten sind, im Grunde genommen auf dem Boden derselben, und zwar der anarchistischen Auffassung. Die scheinbaren Gegenpole schließen sich nicht bloß gegenseitig aus, sondern, wie stets, bedingen auch und ergänzen zugleich einander. Für die anarchistische Denkweise ist nämlich die Spekulation direkt auf den »großen Kladderadatsch«, auf die soziale Revolution nur ein äußeres und unwesentliches Merkmal. Wesentlich ist dabei die ganze abstrakte, unhistorische Betrachtung des Massenstreiks, wie überhaupt aller Bedingungen des proletarischen Kampfes. Für den Anarchisten existieren als stoffliche Voraussetzungen seiner »revolutionären« Spekulationen lediglich zwei Dinge: zunächst die blaue Luft und dann der gute Wille und der Mut, die Menschheit aus dem heutigen kapitalistischen Jammertal zu erretten. In der blauen Luft ergab sich aus dem Räsonnement schon vor 60 Jahren, daß der Massenstreik das kürzeste, sicherste und leichteste Mittel ist, um den Sprung ins bessere soziale Jenseits auszuführen. In derselben blauen Luft ergibt sich neuerdings aus der Spekulation, daß der gewerkschaftliche Kampf die einzige wirkliche »direkte Aktion der Massen« und also der einzige revolutionäre Kampf ist – dies bekanntlich die neueste Schrulle der französischen und italienischen »Syndikalisten«. Das Fatale für den Anarchismus war dabei stets, daß die in der blauen Luft improvisierten Kampfmethoden nicht bloß eine Rechnung ohne den Wirt, daß heißt reine Utopien waren, sondern daß sie, weil sie eben mit der verachteten, schlechten Wirklichkeit gar nicht rechneten, in dieser schlechten Wirklichkeit meistens aus revolutionären Spekulationen unversehens zu praktischen Helferdiensten für die Reaktion wurden.

Auf demselben Boden der abstrakten, unhistorischen Betrachtungsweise stehen aber heute diejenigen, die den Massenstreik nächstens in Deutschland auf dem Wege eines Vorstandsbeschlusses auf einen bestimmten Kalendertag ansetzen möchten, wie auch diejenigen, die, wie die Teilnehmer des Kölner Gewerkschaftskongresses, durch ein Verbot des »Propagierens« das Problem des Massenstreiks aus der Welt schaffen wollen. Beide Richtungen gehen von der gemeinsamen, rein anarchistischen Vorstellung aus, daß der Massenstreik ein bloßes technisches Kampfmittel ist, das nach Belieben und nach bestem Wissen und Gewissen »beschlossen« oder auch »verboten« werden könne, eine Art Taschenmesser, das man in der Tasche »für alle Fälle« zusammengeklappt bereit halten oder auch nach Beschluß aufklappen und gebrauchen kann. Zwar nehmen gerade die Gegner des Massenstreiks für sich das Verdienst in Anspruch, den geschichtlichen Boden und die materiellen Bedingungen der heutigen Situation in Deutschland in Betracht zu ziehen, im Gegensatz zu den »Revolutionsromantikern«, die in der Luft schweben und partout nicht mit der harten Wirklichkeit und ihren Möglichkeiten und Unmöglichkeiten rechnen wollen. »Tatsachen und Zahlen, Zahlen und Tatsachen!« rufen sie wie Mr. Gradgrind in Dickens' »Harte Zeiten«. Was die gewerkschaftlichen Gegner des Massenstreiks unter »geschichtlichem Boden« und »materiellen Bedingungen« verstehen, sind zweierlei Momente: einerseits die Schwäche des Proletariats, anderseits die Kraft des preußisch-deutschen Militarismus. Die ungenügenden Arbeiterorganisationen und Kassenbestände und die imponierenden preußischen Bajonette, das sind die »Tatsachen und Zahlen«, auf denen diese gewerkschaftlichen Führer ihre praktische Politik im gegebenen Falle basieren. Nun sind freilich gewerkschaftliche Kassen sowie preußische Bajonette zweifellos sehr materielle und auch sehr historische Erscheinungen, allein die darauf basierte Auffassung ist kein historischer Materialismus im Sinne von Marx, sondern ein polizeilicher Materialismus im Sinne Puttkamers. Auch die Vertreter des kapitalistischen Polizeistaats rechnen sehr, und zwar ausschließlich mit der jeweiligen tatsächlichen Macht des organisierten Proletariats, sowie mit der materiellen Macht der Bajonette, und aus dem vergleichenden Exempel dieser beiden Zahlenreihen wird noch immer der beruhigende Schluß gezogen: die revolutionäre Arbeiterbewegung wird von einzelnen Wühlern und Hetzern erzeugt, ergo haben wir in den Gefängnissen und den Bajonetten ein ausreichendes Mittel, um der unliebsamen »vorübergehenden Erscheinung« Herr zu werden.

Die klassenbewußte deutsche Arbeiterschaft hat längst das Humoristische der polizeilichen Theorie begriffen, als sei die ganze moderne Arbeiterbewegung ein künstliches, willkürliches Produkt einer Handvoll gewissenloser »Wühler und Hetzer«.

Es ist aber genau dieselbe Auffassung, die darin zum Ausdruck kommt, wenn sich ein paar brave Genossen zu einer freiwilligen Nachtwächterkolonne zusammentun, um die deutsche Arbeiterschaft vor dem gefährlichen Treiben einiger »Revolutionsromantiker« und ihrer »Propaganda des Massenstreiks« zu warnen; oder wenn auf der anderen Seite eine larmoyante (weinerliche) Entrüstungskampagne von denjenigen inszeniert wird, die sich durch irgendwelche »vertraulichen« Abmachungen des Parteivorstandes mit der Generalkommission der Gewerkschaften um den Ausbruch des Massenstreiks in Deutschland betrogen glauben. Käme es auf die zündende »Propaganda« der Revolutionsromantiker oder auf vertrauliche oder öffentliche Beschlüsse der Parteileitungen an, dann hätten wir bis jetzt in Rußland keinen einzigen ernsten Massenstreik. In keinem Lande dachte man – wie ich bereits im März 1905 in der »Sächsischen Arbeiterzeitung« hervorgehoben habe – so wenig daran, den Massenstreik zu »propagieren« oder selbst zu »diskutieren« wie in Rußland. Und die vereinzelten Beispiele von Beschlüssen und Abmachungen des russischen Parteivorstandes, die wirklich den Massenstreik aus freien Stücken proklamieren sollten, wie zum Beispiel der letzte Versuch im August dieses Jahres nach der Duma-Auflösung, sind fast gänzlich gescheitert. Wenn uns also die russische Revolution etwas lehrt, so ist es vor allem, daß der Massenstreik nicht künstlich »gemacht«, nicht ins Blaue hinein »beschlossen«, nicht »propagiert« wird, sondern daß er eine historische Erscheinung ist, die sich in gewissem Moment aus den sozialen Verhältnissen mit geschichtlicher Notwendigkeit ergibt.

Nicht durch abstrakte Spekulationen also über die Möglichkeit oder Unmöglichkeit, den Nutzen oder die Schädlichkeit des Massenstreiks, sondern durch die Erforschung derjenigen Momente und derjenigen sozialen Verhältnisse, aus denen der Massenstreik in der gegenwärtigen Phase des Klassenkampfes erwächst, mit anderen Worten: nicht durch *subjektive Beurteilung* des Massenstreiks vom Standpunkte des Wünschbaren, sondern durch *objektive Untersuchung* der Quellen des Massenstreiks vom Standpunkte des geschichtlich Notwendigen kann das Problem allein erfaßt und auch diskutiert werden.

In der freien Luft der abstrakten logischen Analyse läßt sich die absolute Unmöglichkeit und die sichere Niederlage, sowie die vollkommene Möglichkeit und der zweifellose Sieg des Massenstreiks mit genau derselben Kraft beweisen. Und deshalb ist der Wert der Beweisführung in beiden Fällen derselbe, nämlich gar keiner. Daher ist auch insbesondere die Furcht vor dem »Propagieren« des Massenstreiks, die sogar zu förmlichen Bannflüchen gegen die vermeintlichen Schuldigen dieses Verbrechens geführt hat, lediglich das Produkt eines drolligen Quiproquo (Mißverständnis). Es ist genau so unmöglich, den Massenstreik als abstraktes Kampfmittel zu »propagieren«, wie es unmöglich ist, die »Revolution« zu propagieren. »Revolution« wie »Massenstreik« sind Begriffe, die selbst bloß eine äußere Form des Klassenkampfes bedeuten, die nur im Zusammenhang mit ganz bestimmten politischen Situationen Sinn und Inhalt haben.

Wollte es jemand unternehmen, den Massenstreik überhaupt als eine Form der proletarischen Aktion zum Gegenstand einer regelrechten Agitation zu machen, mit dieser »Idee« hausieren zu gehen, um für sie die Arbeiterschaft nach und nach zu gewinnen, so wäre das eine ebenso müßige aber auch ebenso öde und abgeschmackte Beschäftigung, wie wenn jemand die Idee der Revolution oder des Barrikadenkampfes zum Gegenstand einer besonderen Agitation machen wollte. Der Massenstreik ist jetzt zum Mittelpunkt des lebhaften Interesses der deutschen und der internationalen Arbeiterschaft geworden, weil er eine neue Kampfform und als solche das sichere Symptom eines tiefgehenden inneren Umschwunges in den Klassenverhältnissen und den Bedingungen des Klassenkampfes bedeutet. Es zeugt von dem gesunden revolutionären Instinkt und der lebhaften Intelligenz der deutschen Proletariermasse, daß sie sich – ungeachtet des hartnäckigen Widerstandes ihrer Gewerkschaftsführer – mit so warmem Interesse dem neuen Problem zuwendet. Allein diesem Interesse, dem edlen intellektuellen Durst und revolutionären Tatendrang der Arbeiter kann man nicht dadurch entsprechen, daß man sie mit abstrakter Hirngymnastik über die Möglichkeit oder Unmöglichkeit des Massenstreiks traktiert, sondern dadurch, daß man ihnen die Entwicklung der russischen Revolution, die internationale Bedeutung dieser Revolution, die Verschärfung der Klassengegensätze in Westeuropa, die weiteren politischen Perspektiven des Klassenkampfes in Deutschland, die Rolle und die Aufgaben der Masse in den kommenden Kämpfen klarmacht. Nur in dieser Form wird die Diskussion über den Massenstreik dazu führen, den geistigen Horizont des Proletariats zu erweitern, sein Klassenbewußtsein zu schärfen, seine Denkweise zu vertiefen und seine Tatkraft zu stählen.

Steht man aber auf diesem Standpunkte, dann erscheint in seiner ganzen Lächerlichkeit auch der Strafprozeß, der von den Gegnern der »Revolutionsromantik« gemacht wird, weil man sich bei der Behandlung des Problems nicht genau an den Wortlaut der Jenaer Resolution halte. Mit dieser Resolution geben sich die »praktischen Politiker«

allenfalls noch zufrieden, weil sie den Massenstreik hauptsächlich mit den Schicksalen des allgemeinen Wahlrechts verkoppelt, woraus sie zweierlei folgern zu können glauben: erstens, daß dem Massenstreik ein rein defensiver Charakter bewahrt, zweitens, daß der Massenstreik selbst dem Parlamentarismus untergeordnet, in ein bloßes Anhängsel des Parlamentarismus verwandelt wird. Der wahre Kern der Jenaer Resolution liegt aber in dieser Beziehung darin, daß bei der gegenwärtigen Lage in Deutschland ein Attentat der herrschenden Reaktion auf das Reichstagswahlrecht höchstwahrscheinlich das Einleitungsmoment und das Signal zu jener Periode stürmischer politischer Kämpfe abgeben dürfte, in denen der Massenstreik als Kampfmittel in Deutschland wohl zuerst in Anwendung kommen wird. Allein die soziale Tragweite und den geschichtlichen Spielraum des Massenstreiks als Erscheinung und als Problem des Klassenkampfes durch den Wortlaut einer Parteitagsresolution einengen und künstlich abstecken zu wollen, ist ein Unternehmen, das an Kurzsichtigkeit jenem Diskussionsverbot des Kölner Gewerkschaftskongresses gleichkommt. In der Resolution des Jenaer Parteitages hat die deutsche Sozialdemokratie von dem durch die russische Revolution in den internationalen Bedingungen des proletarischen Klassenkampfes vollzogenen tiefen Umschwung offiziell Akt genommen und ihre revolutionäre Entwicklungsfähigkeit, ihre Anpassungsfähigkeit an die neuen Anforderungen der kommenden Phase der Klassenkämpfe bekundet. Darin liegt die Bedeutung der Jenaer Resolution. Was die praktische Anwendung des Massenstreiks in Deutschland betrifft, darüber wird die Geschichte entscheiden, wie sie darüber in Rußland entschieden hat, die Geschichte, in der die Sozialdemokratie mit ihren Entschlüssen allerdings ein wichtiger Faktor, aber bloß *ein* Faktor unter vielen ist.

III

Der Massenstreik, wie er meistens in der gegenwärtigen Diskussion in Deutschland vorschwebt, ist eine sehr klar und einfach gedachte, scharf umrissene Einzelerscheinung. Es wird ausschließlich vom politischen Massenstreik gesprochen. Es wird dabei an einen einmaligen grandiosen Ausstand des Industrieproletariats gedacht, der aus einem politischen Anlaß von höchster Tragweite unternommen, und zwar auf Grund einer rechtzeitigen gegenseitigen Verständigung der Partei- und der gewerkschaftlichen Instanzen unternommen, dann im Geiste der Disziplin in größter Ordnung durchgeführt und in noch schönster Ordnung auf rechtzeitig gegebene Losung der leitenden Instanzen abgebrochen wird, wobei die Regelung der Unterstützung, der Kosten, der Opfer, mit einem Wort die ganze materielle Bilanz des Massenstreiks im voraus genau bestimmt wird.

Wenn wir nun dieses theoretische Schema mit dem wirklichen Massenstreik vergleichen, wie er in Rußland seit fünf Jahren auftritt, so müssen wir sagen, daß der Vorstellung, die in der deutschen Diskussion im Mittelpunkt steht, fast kein einziger von den vielen Massenstreiks entspricht, die stattgefunden haben, und daß anderseits die Massenstreiks in Rußland eine solche Mannigfaltigkeit der verschiedensten Spielarten aufweisen, daß es ganz unmöglich ist, von »dem« Massenstreik, von einem abstrakten schematischen Massenstreik zu sprechen. Alle Momente des Massenstreiks sowie sein Charakter sind nicht bloß verschieden in verschiedenen Städten und Gegenden des Reiches, sondern vor allem hat sich ihr allgemeiner Charakter mehrmals im Laufe der Revolution geändert. Die Massenstreiks haben in Rußland eine bestimmte Geschichte durchgemacht, und sie machen sie noch weiter durch. Wer also vom Massenstreik in Rußland redet, muß vor allem seine Geschichte ins Auge fassen.

Die jetzige sozusagen offizielle Periode der russischen Revolution wird mit vollem Recht von der Erhebung des Petersburger Proletariats am 22. Januar 1905, von jenem

Zuge der 200 000 Arbeiter vor das Zarenschloß, datiert, der mit einem furchtbaren Blutbade endete. Das blutige Massaker in Petersburg war bekanntlich das Signal zum Ausbruch der ersten Riesenserie von Massenstreiks, die sich binnen weniger Tage über das gesamte Rußland gewälzt und den Sturmruf der Revolution aus Petersburg in alle Winkel des Reiches und in die breitesten Schichten des Proletariats getragen haben. Die Petersburger Erhebung vom 22. Januar war aber auch nur der äußerste Moment eines Massenstreiks, der vorher das Proletariat der Zarenhauptstadt im Januar 1905 ergriffen hatte. Dieser Januar-Massenstreik in Petersburg spielte sich nun zweifellos unter dem unmittelbaren Eindruck jenes riesenhaften Generalstreiks ab, der kurz vorher, im Dezember 1904, im Kaukasus, in Baku, ausgebrochen war und eine Weile lang ganz Rußland in Atem hielt. Die Dezemberereignisse in Baku waren aber ihrerseits nichts anderes, als ein letzter und kräftiger Ausläufer jener gewaltigen Massenstreiks, die wie ein periodisches Erdbeben in den Jahren 1903 und 1904 ganz Südrußland erschütterten und deren Prolog der Massenstreik in Batum (im Kaukasus) im März 1902 war. Diese erste Massenstreikbewegung in der fortlaufenden Kette der jetzigen revolutionären Eruptionen ist endlich nur um vier bis fünf Jahre von dem großen Generalstreik der Petersburger Textilarbeiter in den Jahren 1896 und 1897 entfernt, und wenn diese Bewegung äußerlich von der heutigen Revolution durch einige Jahre scheinbaren Stillstands und starrer Reaktion getrennt scheint, so wird doch jeder, der die innere politische Entwicklung des russischen Proletariats bis zu der heutigen Stufe seines Klassenbewußtseins und seiner revolutionären Energie kennt, die Geschichte der jetzigen Periode der Massenkämpfe mit jenen Petersburger Generalstreiks beginnen. Sie sind für das Problem des Massenstreiks schon deshalb wichtig, weil sie bereits alle Hauptmomente der späteren Massenstreiks im Keime enthalten.

Zunächst erscheint der Petersburger Generalstreik des Jahres 1896 als ein rein ökonomischer partieller Lohnkampf. Seine Ursachen waren die unerträglichen Arbeitsbedingungen der Spinner und Weber Petersburgs: eine 13-, 14- und 15stündige Arbeitszeit, erbärmliche Akkordlöhne und eine ganze Musterkarte nichtswürdigster Unternehmerschikanen. Allein diese Lage ertrugen die Textilarbeiter lange geduldig, bis ein scheinbar winziger Umstand das Maß zum Überlaufen gebracht hat. Im Jahre 1896 im Mai wurde nämlich die zwei Jahre lang aus Angst vor den Revolutionären hinausgeschobene Krönung des heutigen Zaren Nikolaus II. abgehalten, und aus diesem Anlaß bezeugten die Petersburger Unternehmer ihren patriotischen Eifer dadurch, daß sie ihren Arbeitern drei Tage Zwangsferien auferlegten, wobei sie jedoch merkwürdigerweise für diese Tage die Löhne nicht auszahlen wollten. Die dadurch aufgebrachten Textilarbeiter kamen in Bewegung. Nach Beratung von etwa 300 aufgeklärtesten Arbeitern im Jekaterinenhofer Garten wurde der Streik beschlossen und die Forderungen formuliert: 1. Auszahlung der Löhne für die Krönungstage; 2. zehneinhalbstündige Arbeitszeit; 3. Erhöhung der Akkordlöhne. Dies geschah am 24. Mai. Nach einer Woche standen *sämtliche* Webereien und Spinnereien still, und 40 000 Arbeiter waren im Generalstreik. Heute mag dieses Ereignis, an den gewaltigen Massenstreiks der Revolution gemessen, als eine Kleinigkeit erscheinen. In der politischen Eisstarre des *damaligen* Rußlands war ein Generalstreik etwas Unerhörtes, er war selbst eine ganze Revolution im kleinen. Es begannen selbstverständlich die brutalsten Verfolgungen, etwa 1000 Arbeiter wurden verhaftet und nach der Heimat abgeschoben, und der Generalstreik wurde unterdrückt.

Bereits hier sehen wir alle Grundzüge der späteren Massenstreiks. Der nächste Anlaß der Bewegung war ein ganz zufälliger, ja untergeordneter, ihr Ausbruch ein elementarer; aber in dem Zustandekommen der Bewegung zeigten sich die Früchte der mehrjährigen Agitation der Sozialdemokratie, und im Laufe des Generalstreiks standen die sozialdemokratischen Agitatoren an der Spitze der Bewegung, leiteten und benutzten sie zur regen revolutionären Agitation. Ferner: Der Streik war äußerlich ein bloßer ökonomischer Lohnkampf, allein die Stellung der Regierung sowie die Agitation der Sozialdemokratie haben ihn zu einer politischen Erscheinung ersten Ranges gemacht. Und endlich: Der Streik wurde unterdrückt, die Arbeiter erlitten eine »Niederlage«. Aber bereits im Januar des folgenden Jahres, 1897, wiederholen die Petersburger Textilarbeiter nochmals den Generalstreik und errangen diesmal einen hervorragenden Erfolg: die gesetzliche Einführung des elfeinhalbstündigen Arbeitstages in ganz Rußland. Was jedoch ein viel wichtigeres Ergebnis war: seit jenem ersten Generalstreik des Jahres 1896, der ohne eine Spur von Organisation und von Streikkassen unternommen war, beginnt im eigentlichen Rußland ein intensiver gewerkschaftlicher Kampf, der sich bald aus Petersburg auf das übrige Land verbreitet und der sozialdemokratischen Agitation und Organisation ganz neue Aussichten eröffnet, damit aber in der scheinbaren Kirchhofsruhe der folgenden Periode durch unsichtbare Maulwurfsarbeit die proletarische Revolution vorbereitet.

Der Ausbruch des kaukasischen Streiks im März des Jahres 1902 war anscheinend ebenso zufällig und von rein ökonomischen, partiellen, wenn auch ganz anderen Momenten erzeugt, wie jener vom Jahre 1896. Er hängt mit der schweren Industrie- und Handelskrise zusammen, die in Rußland die Vorgängerin des japanischen Krieges und mit ihm zusammen der mächtigste Faktor der beginnenden revolutionären Gärung war. Die Krise erzeugte eine enorme Arbeitslosigkeit, die in der proletarischen Masse die Agitation nährte, deshalb unternahm es die Regierung, zur Beruhigung der Arbeiterklasse die »überflüssigen Hände« nach ihren entsprechenden Heimatorten per Schub zu transportieren. Eine solche Maßnahme eben, die etwa 400 Petroleumarbeiter betreffen sollte, rief in Batum einen Massenprotest hervor, der zu Demonstrationen, Verhaftungen, einem Massaker und schließlich zu einem politischen Prozeß führte, in dem plötzlich die rein ökonomische, partielle Angelegenheit zum politischen und revolutionären Ereignis wurde. Der Widerhall des ganz »resultatlos« verlaufenen und niedergeschlagenen Streiks in Batum war eine Reihe revolutionärer Massendemonstrationen der Arbeiter in Nischni-Nowgorod, in Saratow, in anderen Städten, also ein kräftiger Vorstoß für die allgemeine Welle der revolutionären Bewegung.

Bereits im November 1902 folgte der erste echt revolutionäre Nachhall in Gestalt eines Generalstreiks in *Rostow* am Don. Den Anstoß zu dieser Bewegung gaben Lohndifferenzen in den Werkstätten der Wladikaukasischen Eisenbahn. Die Verwaltung wollte die Löhne herabsetzen, darauf gab das Donsche Komitee der Sozialdemokratie einen Aufruf heraus, mit der Aufforderung zum Streik um folgende Forderungen: Neunstundentag, Lohnaufbesserung, Abschaffung der Strafen, Entlassung unbeliebter Ingenieure usw. Sämtliche Eisenbahnwerkstätten traten in den Ausstand. Ihnen schlossen sich alsbald alle anderen Berufe an, und plötzlich herrschte in Rostow ein nie dagewesener Zustand: jede gewerbliche Arbeit ruht, dafür werden Tag für Tag Monster-Meetings von 15 000 bis 20 000 Arbeitern im Freien abgehalten, manchmal umzingelt von einem Kordon Kosaken, wobei zum ersten Male sozialdemokratische Volksredner offen auftreten, zündende Reden über Sozialismus und politische Freiheit gehalten und mit ungeheurer Begeisterung aufgenommen, revolutionäre Aufrufe in Zehntausenden von Exemplaren verbreitet werden. Mitten in dem starren absolutistischen Rußland erobert das Proletariat Rostows zum ersten Male sein Versammlungsrecht, seine Redefreiheit im Sturm. Freilich geht es auch hier nicht ohne ein Massaker ab. Die Lohndifferenzen der Wladikaukasischen Eisenbahnwerkstätten haben sich in wenigen Tagen zu einem politischen Generalstreik und zu einer revolutionären Straßenschlacht ausgewachsen. Als Nachklang erfolgte sofort noch ein Generalstreik auf der Station *Tichoretzkaja* derselben Eisenbahnlinie. Auch hier kam es zu einem Massaker, ferner zu einem Prozeß, und auch Tichoretzkaja hat sich als Episode gleichfalls in die unzertrennliche Kette der Revolutionsmomente eingeflochten.

Der Frühling 1903 gibt die Antwort auf die niedergeschlagenen Streiks in Rostow und Tichoretzkaja: der ganze Süden Rußlands steht im Mai, Juni und Juli in

Flammen. *Baku, Tiflis, Batum, Jelissawetgrad, Odessa, Kiew, Nikolajew, Jekaterinoslaw* stehen im Generalstreik im buchstäblichen Sinne. Aber auch hier entsteht die Bewegung nicht nach irgendeinem vorgefaßten Plan aus einem Zentrum, sie fließt zusammen aus einzelnen Punkten, in jedem aus anderen Anlässen, in anderen Formen. Den Anfang macht *Baku*, wo mehrere partielle Lohnkämpfe einzelner Fabriken und Branchen endlich in einen Generalstreik ausmünden. In *Tiflis* beginnen den Streik 2000 Handelsangestellte, die eine Arbeitszeit von 6 Uhr morgens bis 11 Uhr abends hatten; sie verlassen alle am 4. Juli um 8 Uhr abends die Läden und machen einen Umzug durch die Stadt, um die Ladeninhaber zur Schließung der Geschäfte aufzufordern. Der Sieg ist ein vollständiger: die Handelsangestellten erringen eine Arbeitszeit von 8 bis 8 und ihnen schließen sich sofort alle Fabriken, Werkstätten, Büros an. Die Zeitungen erscheinen nicht, der Trambahnverkehr kann nur unter dem Schutze des Militärs stattfinden. – In *Jelissawetgrad* beginnt am 10. Juli in allen Fabriken der Streik mit rein ökonomischen Forderungen. Sie werden meistens bewilligt, und am 14. Juli hört der Streik auf. Allein zwei Wochen später bricht er wieder aus; diesmal geben die Bäcker die Parole, ihnen folgen die Steinarbeiter, Tischler, Färber, Mühlenarbeiter und schließlich wieder alle Fabrikarbeiter. – In *Odessa* beginnt die Bewegung mit einem Lohnkampfe, in den der von Regierungsagenten nach dem Programm des berühmten Gendarmen *Subatow* gegründete »legale« Arbeiterverein verwickelt wurde. Die geschichtliche Dialektik hat wieder Gelegenheit genommen, einen ihrer hübschen boshaften Streiche auszuführen: Die ökonomischen Kämpfe der früheren Periode – darunter der große Petersburger Generalstreik von 1896 – hatten die russische Sozialdemokratie zur Übertreibung des sogenannten »Ökonomismus« verleitet, wodurch sie in der Arbeiterschaft für das demagogische Treiben des Subatow den Boden bereitet hatte. Nach einer Weile drehte aber der große revolutionäre Strom das Schifflein mit der falschen Flagge um und zwang es, gerade an der Spitze der revolutionären proletarischen Flottille zu schwimmen. Die

Subatowschen Vereine gaben im Frühling 1904 die Parole zu dem großen Generalstreik in Odessa, wie im Januar 1905 zu dem Generalstreik in Petersburg. Die Arbeiter in Odessa, die in den Wahn von der aufrichtigen Arbeiterfreundlichkeit der Regierung und ihrer Sympathie für rein ökonomischen Kampf gewiegt wurden, wollten plötzlich eine Probe aufs Exempel machen und zwangen den Subatowschen »Arbeiterverein«, in einer Fabrik den Streik um bescheidenste Forderungen zu erklären. Sie wurden darauf vom Unternehmer einfach aufs Pflaster gesetzt, und als sie von dem Leiter ihres Vereins den versprochenen obrigkeitlichen Schutz forderten, verduftete der Herr und ließ die Arbeiter in wilder Gärung zurück. Alsbald stellten sich die Sozialdemokraten an die Spitze, und die Streikbewegung sprang auf andere Fabriken über. Am 1. Juli streiken 2500 Eisenbahnarbeiter, am 4. Juli treten die Hafenarbeiter in den Streik um eine Erhöhung der Löhne von 80 Kopeken auf 2 Rubel und Verkürzung der Arbeitszeit um eine halbe Stunde. Am 6. Juli schließen sich die Seeleute der Bewegung an. Am 13. Juli beginnt der Ausstand des Trambahnpersonals. Nun findet eine Versammlung sämtlicher Streikenden, 7000 bis 8000 Mann, statt; es bildet sich ein Zug, der von Fabrik zu Fabrik geht und, lawinenartig anwachsend, schon als eine 40 000- bis 50 000 köpfige Menge sich zum Hafen begibt, um hier jede Arbeit zum Stillstand zu bringen. Bald herrscht in der ganzen Stadt der Generalstreik. – In *Kiew* beginnt am 21. Juli der Ausstand in den Eisenbahnwerkstätten. Auch hier ist der nächste Anlaß miserable Arbeitsbedingungen, und es werden Lohnforderungen aufgestellt. Am anderen Tage folgen dem Beispiel die Gießereien. Am 23. Juli passiert darauf ein Zwischenfall, der das Signal zum Generalstreik gibt. In der Nacht wurden zwei Delegierte der Eisenbahnarbeiter verhaftet; die Streikenden fordern sofort ihre Freilassung, und als dies nicht erfüllt wird, beschließen sie, die Eisenbahnzüge nicht aus der Stadt herauszulassen. Am Bahnhof setzen sich auf den Schienenstrang sämtliche Streikende mit Weib und Kind – ein Meer von Menschenköpfen. Man droht mit Gewehrsalven. Die Arbeiter entblößen darauf ihre Brust und rufen: »Schießt!« Eine Salve wird auf die wehrlose, sitzende Menge abgefeuert, und 30 bis 40 Leichen, darunter Frauen und Kinder, bleiben auf dem Platze liegen. Auf diese Kunde erhebt sich am gleichen Tage ganz Kiew zum Streik. Die Leichen der Ermordeten werden von der Menge emporgehoben und in einem Massenzug herumgetragen. Versammlungen, Reden, Verhaftungen, einzelne Straßenkämpfe – Kiew steht mitten in der Revolution. Die Bewegung geht bald zu Ende; dabei haben aber die Buchdrucker eine Verkürzung der Arbeitszeit um eine Stunde und eine Lohnerhöhung um einen Rubel gewonnen; in einer Hefefabrik ist der Achtstundentag eingeführt worden; die Eisenbahnwerkstätten wurden auf Beschluß des Ministeriums geschlossen; andere Branchen führten partielle Streiks um ihre Forderungen weiter. – In *Nikolajew* bricht der Generalstreik unter dem unmittelbaren Eindruck der Nachrichten aus Odessa, Baku, Batum und Tiflis aus, trotz des Widerstandes des sozialdemokratischen Komitees, das den Ausbruch der Bewegung auf den Zeitpunkt hinausschieben wollte, wo das Militär zum Manöver aus der Stadt ziehen sollte. Die Masse ließ sich nicht zurückhalten; eine Fabrik machte den Anfang, die Streikenden gingen von einer Werkstatt zur anderen, der Widerstand des Militärs goß nur Öl ins Feuer. Bald bildeten sich Massenumzüge mit revolutionärem Gesang, die alle Arbeiter, Angestellten, Trambahnbedienstete, Männer und Frauen, mitrissen. Die Arbeitsruhe war eine vollkommene. – In *Jekaterinoslaw* beginnen am 5. August die Bäcker, am 7. die Arbeiter der Eisenbahnwerkstätte, darauf alle anderen Fabriken den Streik; am 8. August hört der Trambahnverkehr auf, die Zeitungen erscheinen nicht. – So kam der grandiose Generalstreik Südrußlands im Sommer 1903 zustande. Aus vielen kleinen Kanälen partieller ökonomischer Kämpfe und kleiner »zufälliger« Vorgänge floß er rasch zu einem gewaltigen Meer zusammen und verwandelte den ganzen Süden des Zarenreichs für einige Wochen in eine bizarre, revolutionäre Arbeiterrepublik. »Brüderliche Umarmungen, Rufe des Entzückens und der Begeisterung, Freiheitslieder, frohes Gelächter, Humor und Freude hörte man in der vieltausendköpfigen Menge, die von Morgen bis Abend in der Stadt wogte. Die Stimmung war eine gehobene; man konnte beinahe glauben, daß ein neues, besseres Leben auf Erden beginnt. Ein tiefernstes und zugleich idyllisches, rührendes Bild...« So schrieb damals der Korrespondent im liberalen »Oswoboshdenije« des Herrn Peter von Struve.

Das Jahr 1904 brachte gleich im Anfang den Krieg und für eine Weile eine Ruhepause in der Massenstreikbewegung mit sich. Zuerst ergoß sich eine trübe Welle polizeilich veranstalteter »patriotischer« Demonstrationen über das Land. Die »liberale« bürgerliche Gesellschaft wurde vorerst von dem zarisch-offiziellen Chauvinismus ganz zu Boden geschmettert. Doch nimmt die Sozialdemokratie bald den Kampfplatz wieder in Besitz; den polizeilichen Demonstrationen des patriotischen Lumpenproletariats werden revolutionäre Arbeiterdemonstrationen entgegengestellt. Endlich wecken die schmählichen Niederlagen der zarischen Armee auch die liberale Gesellschaft aus der Betäubung; es beginnt die Ära liberaler und demokratischer Kongresse, Bankette, Reden, Adressen und Manifeste. Der durch die Schmach des Krieges zeitweilig erdrückte Absolutismus läßt in seiner Zerfahrenheit die Herren gewähren, und sie sehen bereits den Himmel voller liberaler Geigen. Für ein halbes Jahr nimmt der bürgerliche Liberalismus die politische Vorderbühne in Besitz, das Proletariat tritt in den Schatten. Allein nach längerer Depression rafft sich der Absolutismus seinerseits wieder auf, die Kamarilla sammelt ihre Kräfte und durch ein einziges kräftiges Aufstampfen des Kosakenstiefels wird die ganze liberale Aktion im Dezember ins Mauseloch gejagt. Die Bankette, Reden, Kongresse werden kurzerhand als eine »freche Anmaßung« verboten, und der Liberalismus sieht sich plötzlich am Ende seines Lateins. Aber genau dort, wo dem Liberalismus der Faden ausgegangen ist, beginnt die Aktion des Proletariats. Im Dezember 1904 bricht auf dem Boden der Arbeitslosigkeit der grandiose Generalstreik in *Baku* aus: Die Arbeiterklasse ist wieder auf dem Kampfplatz. Als das Reden verboten wurde und verstummte, begann wieder das Handeln. In Baku herrschte während einiger Wochen mitten im Generalstreik die Sozialdemokratie als unumschränkte Herrin der Lage, und die eigenartigen Ereignisse des Dezembers im Kaukasus hätten ein ungeheures Aufsehen erregt, wenn sie nicht so rapid von der steigenden Woge der Revolution übertroffen worden wären, die sie selbst aufgepeitscht hatten. Noch waren die phantastischen, unklaren Nachrichten von dem Generalstreik in Baku nicht in alle Enden des Zarenreichs gelangt, als im Januar 1905 der Massenstreik in *Petersburg* ausbrach.

Auch hier war der Anlaß bekanntlich ein winziger. Zwei Arbeiter der Putilow-Werke wurden wegen ihrer Zugehörigkeit zum legalen Subatowschen Verein entlassen. Diese Maßregelung rief am 16. Januar einen Solidaritätsstreik sämtlicher 12 000 Arbeiter dieser Werke hervor. Die Sozialdemokraten begannen aus Anlaß des Streiks eine rege Agitation um die Erweiterung der Forderungen und setzten die Forderung des Achtstundentages, des Koalitionsrechts, der Rede- und Pressefreiheit usw. durch. Die Gärung der Putilowschen Arbeiter teilte sich rasch dem übrigen Proletariat mit, und in wenigen Tagen standen 140 000 Arbeiter im Streik. Gemeinsame Beratungen und stürmische Diskussionen führten zur Ausarbeitung jener proletarischen Charte der bürgerlichen Freiheiten mit dem Achtstundentag an der Spitze, womit am 22. Januar 200 000 Arbeiter, von dem Priester Gapon geführt, vor das Zarenschloß zogen. Der Konflikt der zwei gemaßregelten Putilow-Arbeiter hat sich binnen einer Woche in den Prolog der gewaltigsten Revolution der Neuzeit verwandelt.

Die zunächst darauffolgenden Ereignisse sind bekannt: Das Petersburger Blutbad hat im Januar und Februar in sämtlichen Industriezentren und Städten Rußlands, Polens, Litauens, der baltischen Provinzen, des Kaukasus, Sibiriens, vom Norden bis zum Süden, vom Westen bis zum Osten riesenhafte Massenstreiks und Generalstreiks hervorgerufen. Allein bei näherem Zusehen treten jetzt die Massenstreiks in anderen Formen auf als in der bisherigen Periode. Diesmal gingen überall die sozialdemokratischen

Organisationen mit Aufrufen voran; überall war die revolutionäre Solidarität mit dem Petersburger Proletariat ausdrücklich als Grund und Zweck des Generalstreiks bezeichnet; überall gab es zugleich Demonstrationen, Reden, Kämpfe mit dem Militär. Doch auch hier war von einem vorgefaßten Plan, einer organisierten Aktion keine Rede, denn die Aufrufe der Parteien vermochten kaum, mit den spontanen Erhebungen der Masse Schritt zu halten; die Leiter hatten kaum Zeit, die Losungen der vorausstürmenden Proletariermenge zu formulieren. Ferner: Die früheren Massen- und Generalstreiks entstanden aus einzelnen zusammenfließenden Lohnkämpfen, die in der allgemeinen Stimmung der revolutionären Situation und unter dem Eindruck der sozialdemokratischen Agitation rapid zu politischen Kundgebungen wurden; das ökonomische Moment und die gewerkschaftliche Zersplitterung waren der Ausgangspunkt, die zusammenfassende Klassenaktion und die politische Leitung das Schlußergebnis. Jetzt ist die Bewegung eine umgekehrte. Die Januar- und Februargeneralstreiks brachen im voraus als einheitliche revolutionäre Aktion unter der Leitung der Sozialdemokratie aus; allein diese Aktion zerfiel bald in eine unendliche Reihe lokaler, partieller, ökonomischer Streiks in einzelnen Gegenden, Städten, Branchen, Fabriken. Den ganzen Frühling des Jahres 1905 hindurch bis in den Hochsommer hinein gärte im gesamten Riesenreich ein unermüdlicher ökonomischer Kampf fast des gesamten Proletariats gegen das Kapital, ein Kampf, der nach oben hin alle kleinbürgerlichen und liberalen Berufe: Handelsangestellte, Bankbeamte, Techniker, Schauspieler, Kunstberufe, ergreift, nach unten hin bis ins Hausgesinde, in das Subalternbeamtentum der Polizei, ja bis in die Schicht des Lumpenproletariats hineindringt und gleichzeitig aus der Stadt aufs flache Land hinausströmt und sogar an die eisernen Tore der Militärkasernen pocht.

Es ist dies ein riesenhaftes buntes Bild einer allgemeinen Auseinandersetzung der Arbeit mit dem Kapital, das die ganze Mannigfaltigkeit der sozialen Gliederung und des politischen Bewußtseins jeder Schicht und jedes Winkels abspiegelt und die ganze lange Stufenleiter vom regelrechten gewerkschaftlichen Kampf einer erprobten großindustriellen Elitetruppe des Proletariats bis zum formlosen Protestausbruch eines Haufens Landproletarier und zur ersten dunklen Regung einer aufgeregten Soldatengarnison durchläuft, von der wohlerzogenen eleganten Revolte in Manschetten und Stehkragen im Kontor eines Bankhauses bis zum wirren, scheu-dreisten Murren einer klobigen Versammlung unzufriedener Polizisten in einer verräucherten, dunklen und schmutzigen Polizeiwachtstube.

Nach der Theorie der Liebhaber »ordentlicher und wohldisziplinierter« Kämpfe nach Plan und Schema, jener besonders, die es von weitem stets besser wissen wollen, wie es »hätte gemacht werden sollen«, war der Zerfall der großen politischen Generalstreikaktion des Januar 1905 in eine Unzahl ökonomischer Kämpfe wahrscheinlich »ein großer Fehler«, der jene Aktion »lahmgelegt« und in ein »Strohfeuer« verwandelt hatte. Auch die Sozialdemokratie in Rußland, die die Revolution zwar mitmacht, aber nicht »macht«, und ihre Gesetze erst aus ihrem Verlauf selbst lernen muß, war im ersten Augenblick durch das scheinbar resultatlose Zurückfluten der ersten Sturmflut des Generalstreiks für eine Weile etwas aus dem Konzept gebracht. Allein, die Geschichte, die jenen »großen Fehler« gemacht hat, verrichtete damit, unbekümmert um das Räsonnieren ihrer unberufenen Schulmeister, eine ebenso unvermeidliche wie in ihren Folgen unberechenbare Riesenarbeit der Revolution.

Die plötzliche Generalerhebung des Proletariats im Januar unter dem gewaltigen Anstoß der Petersburger Ereignisse war nach außen hin ein politischer Akt der revolutionären Kriegserklärung an den Absolutismus. Aber diese erste allgemeine direkte Klassenaktion wirkte gerade als solche nach innen um so mächtiger zurück, indem sie zum erstenmal das Klassengefühl und Klassenbewußtsein in den Millionen und aber Millionen wie durch einen elektrischen Schlag weckte. Und dieses Erwachen des Klassengefühls äußerte sich sofort darin, daß der nach Millionen zählenden proletarischen Masse ganz plötzlich scharf und schneidend die Unerträglichkeit jenes sozialen und ökonomischen Daseins zum Bewußtsein kam, das sie Jahrzehnte in den Ketten des Kapitalismus geduldig ertrug. Es beginnt daher ein spontanes allgemeines Rütteln und Zerren an diesen Ketten. Alle tausendfältigen Leiden des modernen Proletariats erinnern es an alte blutende Wunden. Hier wird um den Achtstundentag gekämpft, dort gegen die Akkordarbeit, hier werden brutale Meister auf einem Handkarren im Sack »hinausgeführt«, anderswo gegen infame Strafsysteme, überall um bessere Löhne, hier und da um Abschaffung der Heimarbeit gekämpft. Rückständige, degradierte Berufe in großen Städten, kleine Provinzstädte, die bis dahin in einem idyllischen Schlaf dahindämmerten, das Dorf mit seinem Vermächtnis aus dem Leibeigentum – alles das besinnt sich plötzlich, vom Januarblitz geweckt, auf seine Rechte und sucht nun fieberhaft, das Versäumte nachzuholen. Der ökonomische Kampf war hier also in Wirklichkeit nicht ein Zerfall, eine Zersplitterung der Aktion, sondern bloß eine Frontänderung, ein plötzlicher und natürlicher Umschlag der ersten Generalschlacht mit dem Absolutismus in eine Generalabrechnung mit dem Kapital, die, ihrem Charakter entsprechend, *die Form* einzelner zersplitterter Lohnkämpfe annahm. Nicht die politische Klassenaktion wurde im Januar durch den Zerfall des Generalstreiks in ökonomische Streiks gebrochen, sondern umgekehrt; nachdem der in der gegebenen Situation und auf der gegebenen Stufe der Revolution mögliche Inhalt der politischen Aktion erschöpft war, zerfiel sie oder schlug vielmehr in eine ökonomische Aktion um.

In der Tat: was konnte der Generalstreik im Januar weiter erreichen? Nur völlige Gedankenlosigkeit durfte eine Vernichtung des Absolutismus auf einen Schlag durch einen einzigen »ausdauernden« Generalstreik nach dem anarchistischen Schema erwarten. Der Absolutismus muß in Rußland durch das Proletariat gestürzt werden. Aber das Proletariat bedarf dazu eines hohen Grades der politischen Schulung, des Klassenbewußtseins und der Organisation. Alle diese Bedingungen vermag es sich nicht aus Broschüren und Flugblättern, sondern bloß aus der lebendigen politischen Schule, aus dem Kampf und in dem Kampf, in dem fortschreitenden Verlauf der Revolution anzueignen. Ferner kann der Absolutismus nicht in jedem beliebigen Moment, wozu bloß eine genügende »Anstrengung« und »Ausdauer« erforderlich, gestürzt werden. Der Untergang des Absolutismus ist bloß ein äußerer Ausdruck der inneren sozialen und Klassenentwicklung der russischen Gesellschaft. Bevor und damit der Absolutismus gestürzt werden kann, muß das künftige bürgerliche Rußland in seinem Innern, in seiner modernen Klassenscheidung hergestellt, geformt werden. Dazu gehört die Auseinandergrenzung der verschiedenen sozialen Schichten und Interessen, die Bildung außer der proletarischen, revolutionären, auch nicht minder der liberalen, radikalen, kleinbürgerlichen, konservativen und reaktionären Parteien, dazu gehört die Selbstbesinnung, Selbsterkenntnis und das Klassenbewußtsein nicht bloß der Volksschichten, sondern auch der bürgerlichen Schichten. Aber auch diese vermögen sich nicht anders als im Kampf, im Prozeß der Revolution selbst, durch die lebendige Schule der Ereignisse, im Zusammenprall mit dem Proletariat, sowie gegeneinander, in unaufhörlicher gegenseitiger Reibung zu bilden und zur Reife zu gedeihen. Diese Klassenspaltung und Klassenreife der bürgerlichen Gesellschaft sowie ihre Aktion im Kampfe gegen den Absolutismus wird durch die eigenartige führende Rolle des Proletariats und seine Klassenaktion einerseits unterbunden und erschwert, anderseits angepeitscht und beschleunigt. Die verschiedenen Unterströme des sozialen Prozesses der Revolution durchkreuzen einander, hemmen einander, steigern die inneren Widersprüche der Revolution, im Resultat beschleunigen und potenzieren sie aber damit nur ihre gewaltigen Ausbrüche.

So erfordert das anscheinend so einfache und nackte, rein mechanische Problem: der Sturz des Absolutismus einen ganzen langen sozialen Prozeß, eine gänzliche Unterwühlung des gesellschaftlichen Bodens, das Unterste muß nach oben, das Oberste nach unten gekehrt, die scheinbare »Ordnung« in ein Chaos und aus dem scheinbaren »anarchischen« Chaos eine neue Ordnung umgeschaffen werden.

Und nun in diesem Prozeß der sozialen Umschachtelung des alten Rußland spielte nicht nur der Januar-Blitz des ersten Generalstreiks, sondern noch mehr das darauffolgende große Frühlings- und Sommergewitter der ökonomischen Streiks eine unersetzliche Rolle. Die erbitterte allgemeine Auseinandersetzung der Lohnarbeit mit dem Kapital hat im gleichen Maße zur Auseinandergrenzung der verschiedenen Volksschichten wie der bürgerlichen Schichten, zum Klassenbewußtsein des revolutionären Proletariats wie auch der liberalen und konservativen Bourgeoisie beigetragen. Und wie die städtischen Lohnkämpfe zur Bildung der starken monarchischen Moskauer Industriellen-Partei beigetragen haben, so hat der rote Hahn der gewaltigen Landerhebung in Livland zur raschen Liquidation des berühmten adelig-agrarischen Semstwo-Liberalismus geführt.

Zugleich aber hat die Periode der ökonomischen Kämpfe im Frühling und Sommer des Jahres 1905 dem städtischen Proletariat in der Gestalt der regen sozialdemokratischen Agitation und Leitung die Möglichkeit gegeben, die ganze Summe der Lehren des Januar-Prologs sich nachträglich anzueignen, sich die weiteren Aufgaben der Revolution klarzumachen. Im Zusammenhang damit steht aber noch ein anderes Ergebnis dauernden sozialen Charakters: *eine allgemeine Hebung des Lebensniveaus des Proletariats*, des wirtschaftlichen, sozialen und intellektuellen. Die Frühlingsstreiks des Jahres 1905 sind fast durchweg siegreich verlaufen.Als eine Probe aus dem enormen und noch meistens unübersehbaren Tatsachenmaterial seien hier nur einige Daten über ein paar der allein in Warschau von der Sozialdemokratie Polens und Litauens geleiteten wichtigsten Streiks angeführt. In den größten Fabriken der *Metallbranche* Warschaus: Aktiengesellschaft Lilpop, Rau & Löwenstein, Rudzki & Co., Bormann, Schwede & Co., Handtke, Gerlach & Pulst, Gebrüder Geisler, Eberhard, Wolski & Co., Aktiengesellschaft Konrad & Jarmuszkiewicz, Weber & Daehn, Gwizdzinski & Co., Drahtfabrik Wolanowski, Aktiengesellschaft Gostynski & Co., K. Brun & Sohn, Fraget, Norblin, Werner, Buch, Gebrüder Kenneberg, Labor, Lampenfabrik Dittmar, Serkowski, Weszyzki, zusammen 22 Fabriken, errangen die Arbeiter sämtlich nach einem vier- bis fünfwöchigen Streik (seit dem 25. und 26. Januar) den neunstündigen Arbeitstag, eine Lohnerhöhung von 15 bis 25 Prozent und verschiedene geringere Forderungen. In den größten Werkstätten der *Holzbranche* Warschaus, nämlich bei Karmanski, Damiecki, Gromel, Szerbinski, Treuerowski, Horn, Bevensee, Tworkowski, Daab und Martens, zusammen 10 Werkstätten, errangen die Streikenden bereits am 23. Februar den Neunstundentag; sie gaben sich jedoch nicht zufrieden und bestanden auf dem Achtstundentag, den sie auch nach einer weiteren Woche durchsetzten, zugleich mit einer Lohnerhöhung. Die gesamte *Maurerbranche* begann den Streik am 27. Februar, forderte gemäß der Parole der Sozialdemokratie den Achtstundentag und errang am 11. März den Neunstundentag, eine Lohnerhöhung für alle Kategorien, regelmäßige wöchentliche Lohnauszahlung usw. usw. Die *Anstreicher, Stellmacher, Sattler* und *Schmiede* errangen gemeinsam den Achtstundentag ohne Lohnverkürzung. Die *Telephon*-Werkstätten streikten zehn Tage und errangen den Achtstundentag und eine Lohnerhöhung um 10 bis 15 Prozent. Die große *Leinenweberei* Hielle & Dietrich (10 000 Arbeiter) errang nach neun Wochen Streik eine Verkürzung der Arbeitszeit um eine Stunde und Lohnaufbesserung um 5 bis 10 Prozent. Und dasselbe Ergebnis in unendlichen Variationen sehen wir in allen übrigen Branchen Warschaus, in Lodz, in Sosnowitz.

Im eigentlichen Rußland wurde der *Achtstundentag* erobert: im Dezember 1904 von einigen Kategorien der Napthaarbeiter in Baku, im Mai 1905 von den Zuckerarbeitern des Kiewer Rayons, im Januar 1905 in sämtlichen Buchdruckereien der Stadt Samara (wo zugleich eine Erhöhung der Akkordlöhne und Abschaffung der Strafen durchgesetzt wurde), im Februar in der Fabrik kriegsmedizinischer Instrumente, in einer Möbeltischlerei und in der Patronenfabrik in Petersburg, ferner wurde eine achtstündige Schicht in den Gruben von Wladiwostok eingeführt, im März in der staatlichen mechanischen Werkstatt der

Staatspapiere, im April bei den Schmieden der Stadt Bobrujsk, im Mai bei den Angestellten der elektrischen Stadtbahn in Tiflis, gleichfalls im Mai der achteinhalbstündige Arbeitstag in der Riesenbaumwollweberei von Morosow (bei gleichzeitiger Abschaffung der Nachtarbeit und Erhöhung der Löhne um 8 Prozent), im Juni der Achtstundentag in einigen Ölmühlen in Petersburg und Moskau, im Juli achteinhalb Stunden bei den Schmieden des Petersburger Hafens, im November in sämtlichen Privatdruckereien der Stadt Orel (bei gleichzeitiger Erhöhung des Zeitlohnes um 20 Prozent und der Akkordlöhne um 100 Prozent, sowie der Einführung eines paritätischen Einigungsamtes).

Der *Neunstundentag* in sämtlichen Eisenbahnwerkstätten (im Februar), in vielen staatlichen Militär- und Marinewerkstätten, in den meisten Fabriken der Stadt Berdjansk, in sämtlichen Druckereien der Stadt Poltawa sowie der Stadt Minsk; neuneinhalb Stunden auf der Schiffswerft, Mechanischen Werkstatt und Gießerei der Stadt Nikolajew, im Juni nach einem allgemeinen Kellnerstreik in Warschau in vielen Restaurants und Cafés (bei gleichzeitiger Lohnerhöhung um 20 bis 40 Prozent und einem zweiwöchigen Urlaub jährlich).

Der *Zehnstundentag* in fast sämtlichen Fabriken der Städte Lodz, Sosnowitz, Riga, Kowno, Reval, Dorpat, Minsk, Charkow, bei den Bäckern in Odessa, in den Handwerkstätten in Kischinew, in einigen Hutfabriken in Petersburg, in den Zündholzfabriken in Kowno (bei gleichzeitiger Lohnerhöhung um 10 Prozent), in sämtlichen staatlichen Marinewerkstätten und bei sämtlichen Hafenarbeitern.

Die Lohnerhöhungen sind im allgemeinen geringer als die Verkürzung der Arbeitszeit, immerhin aber bedeutende; so wurde in Warschau Mitte März 1905 von dem städtischen Fabrikamt eine allgemeine Lohnerhöhung um 15 Prozent festgestellt; in dem Zentrum der Textilindustrie Iwanowo-Wosnessensk erreichten die Lohnerhöhungen 7 bis 15 Prozent; in Kowno wurden von der Lohnerhöhung 73 Prozent der gesamten Arbeiterzahl betroffen.

Ein fester *Minimallohn* wurde eingeführt: in einem Teile der Bäckereien in Odessa, in der Newaschen Schiffswerft in Petersburg usw.

Freilich werden die Konzessionen vielfach bald hier bald dort wieder zurückgenommen. Dies gibt aber nur den Anlaß zu erneuten, noch erbitterteren Revanchekämpfen, und so ist die Streikperiode des Frühlings 1905 von selbst zum Prolog einer unendlichen Reihe sich immer weiter ausbreitender und ineinanderschlingender ökonomischer Kämpfe geworden, die bis auf den heutigen Tag dauern. In den Perioden des äußerlichen Stillstandes der Revolution, wo die Telegramme keine Sensationsnachrichten vom russischen Kampfplatz in die Welt tragen und wo der westeuropäische Leser mit Enttäuschung seine Morgenzeitung aus der Hand legt, mit der Bemerkung, daß in Rußland »nichts passiert sei«, wird in Wirklichkeit in der Tiefe des ganzen Reiches die große Maulwurfsarbeit der Revolution ohne Rast Tag für Tag und Stunde für Stunde fortgesetzt. Der unaufhörliche intensive ökonomische Kampf setzt in rapiden abgekürzten Methoden die Hinüberleitung des Kapitalismus aus dem Stadium der primitiven Akkumulation, des patriarchalischen Raubbaus in ein hochmodernes, zivilisiertes Stadium durch. Heute läßt die tatsächliche Arbeitszeit in der russischen Industrie nicht nur die russische Fabrikgesetzgebung, das heißt den gesetzlichen elfeinhalbstündigen Arbeitstag, sondern selbst die deutschen tatsächlichen Verhältnisse hinter sich. In den meisten Branchen der russischen Großindustrie herrscht heute der Zehnstundentag, der in Deutschland von der Sozialgesetzgebung als unerreichbares Ziel hingestellt wird. Ja, noch mehr; jener ersehnte »industrielle Konstitutionalismus«, für den man in Deutschland schwärmt und um deswillen die Anhänger der opportunistischen Taktik jedes schärfere Lüftchen von den stehenden Gewässern des allein-seligmachenden Parlamentarismus fernhalten möchten, wird in Rußland gerade mitten im Revolutionssturm, *aus* der Revolution, zusammen mit dem politischen »Konstitutionalismus« geboren! Tatsächlich ist nicht bloß eine allgemeine Hebung des Lebensniveaus oder vielmehr des Kulturniveaus der Arbeiterschaft eingetreten. Das materielle Lebensniveau als eine dauernde Stufe des Wohlseins findet in der Revolution keinen Platz. Voller Widersprüche und Kontraste, bringt sie zugleich überraschende ökonomische Siege und brutalste Racheakte des Kapitals: heute den Achtstundentag, morgen Massenaussperrungen und nackten Hunger für Hunderttausende. Das Kostbarste, weil bleibende, bei diesem scharfen revolutionären Auf und Ab der Welle ist ihr *geistiger Niederschlag:* das sprungweise intellektuelle, kulturelle Wachstum des Proletariats, das eine unverbrüchliche Gewähr für sein weiteres unaufhaltsames Fortschreiten im wirtschaftlichen wie im politischen Kampfe bietet. Allein, nicht bloß das. Das Verhältnis selbst des Arbeiters zum Unternehmer wird umgestülpt; seit den Januar-Generalstreiks und den darauffolgenden Streiks des Jahres 1905 ist das Prinzip des kapitalistischen »Hausherrentums« de facto abgeschafft. In den größten Fabriken aller wichtigsten Industriezentren hat sich wie von selbst die Einrichtung der Arbeiterausschüsse gebildet, mit denen allein der Unternehmer verhandelt, die über alle Konflikte entscheiden. Und schließlich noch mehr: Die anscheinend chaotischen Streiks und die »desorganisierte« revolutionäre Aktion nach dem Januar-Generalstreik wird zum Ausgangspunkt einer fieberhaften *Organisationsarbeit.* Madame Geschichte dreht den bürokratischen Schablonenmenschen, die an den Toren des deutschen Gewerkschaftsglücks grimmige Wacht halten, von weitem lachend eine Nase. Die festen Organisationen, die als unbedingte Voraussetzung für einen eventuellen Versuch zu einem eventuellen deutschen Massenstreik im voraus wie eine uneinnehmbare Festung umschanzt werden sollen, diese Organisationen werden in Rußland gerade umgekehrt aus dem Massenstreik geboren. Und während die Hüter der deutschen Gewerkschaften am meisten befürchten, daß die Organisationen in einem revolutionären Wirbel wie kostbares Porzellan krachend in Stücke gehen, zeigt uns die russische Revolution das direkt umgekehrte Bild: aus dem Wirbel und Sturm, aus Feuer und Glut der Massenstreiks, der Straßenkämpfe steigen empor wie die Venus aus dem

Meerschaum: frische, junge, kräftige und lebensfrohe... Gewerkschaften.

Hier nur wieder ein kleines Beispiel, das aber für das gesamte Reich typisch ist. Auf der zweiten Konferenz der Gewerkschaften Rußlands, die Ende Februar 1906 in Petersburg stattgefunden hat, sagte der Vertreter der Petersburger Gewerkschaften in seinem Bericht über die Entwicklung der Gewerkschaftsorganisationen der Zarenhauptstadt:

»Der 22. Januar 1905, der den Gaponschen Verein weggespült hat, bildete einen Wendepunkt. Die Arbeiter aus der Masse haben an der Hand der Ereignisse gelernt, die Bedeutung der Organisation zu schätzen, und begriffen, daß nur sie selbst diese Organisationen schaffen können. – In direkter Verbindung mit der Januarbewegung entsteht in Petersburg die erste Gewerkschaft: die der Buchdrucker. Die zur Ausarbeitung des Tarifs gewählte Kommission arbeitete die Statuten aus, und am 19. Juni begann die Gewerkschaft ihre Existenz. Ungefähr um dieselbe Zeit wurde die Gewerkschaft der Kontoristen und der Buchhalter ins Leben gerufen. Neben diesen Organisationen, die fast offen (legal) existieren, entstanden vom Januar bis Oktober 1905 halbgesetzliche und ungesetzliche Gewerkschaften. Zu den ersteren gehört zum Beispiel die der Apothekergehilfen und der Handelsangestellten. Unter den gesetzlichen Gewerkschaften muß der Verein der Uhrmacher hervorgehoben werden, dessen erste geheime Sitzung am 24. April stattfand. Alle Versuche, eine allgemeine offene Versammlung einzuberufen, scheiterten an dem hartnäckigen Widerstand der Polizei und der Unternehmer in der Person der Handwerkskammer. Dieser Mißerfolg hat die Existenz der Gewerkschaft nicht verhindert. Sie hielt geheime Mitgliederversammlungen am 9. Juni und 14. August ab, abgesehen von den Sitzungen der Vorstände der Gewerkschaft. Die Schneider- und Schneiderinnengewerkschaft wurde im Frühling des Jahres 1905 in einer Versammlung im Walde gegründet, wo 70 Schneider anwesend waren. Nachdem die Frage der Gründung besprochen wurde, wählte man eine Kommission, die mit der

Ausarbeitung des Statuts beauftragt wurde. Alle Versuche der Kommission, für die Gewerkschaft eine gesetzliche Existenz durchzusetzen, blieben erfolglos. Ihre Tätigkeit beschränkt sich auf die Agitation und Mitgliederwerbung in den einzelnen Werkstätten. Ein ähnliches Schicksal war der Schuhmachergewerkschaft beschieden. Im Juli wurde nachts in einem Walde außerhalb der Stadt eine geheime Versammlung einberufen. Mehr als 100 Schuhmacher kamen zusammen; es wurde ein Referat über die Bedeutung der Gewerkschaften, über ihre Geschichte in Westeuropa und ihre Aufgaben in Rußland gehalten. Darauf ward beschlossen, eine Gewerkschaft zu gründen; 12 Mann wurden in eine Kommission gewählt, die das Statut ausarbeiten und eine allgemeine Schuhmacherversammlung einberufen sollte. Das Statut wurde ausgearbeitet, aber es gelang vorläufig weder es zu drucken, noch eine allgemeine Versammlung einzuberufen.«

Das waren die ersten schweren Anfänge. Dann kamen die Oktobertage, der zweite allgemeine Generalstreik, das Zarenmanifest des 30. Oktober und die kurze »Verfassungsperiode«. Mit Feuereifer stürzen sich die Arbeiter in die Wogen der politischen Freiheit, um sie sofort zum Organisationswerk zu benutzen. Neben tagtäglichen politischen Versammlungen, Debatten, Vereinsgründungen wird sofort der Ausbau der Gewerkschaften in Angriff genommen. Im Oktober und November entstehen in Petersburg *vierzig* neue Gewerkschaften. Alsbald wird ein »Zentralbüro«, das heißt ein Gewerkschaftskartell gegründet, es erscheinen verschiedene Gewerkschaftsblätter und seit dem November auch ein Zentralorgan: »Die Gewerkschaft«. Das, was im obigen über Petersburg berichtet wurde, trifft im großen und ganzen auf Moskau und Odessa, Kiew und Nikolajew, Saratow und Woronesch, Samara und Nischni-Nowgorod, auf alle größeren Städte Rußlands und in noch höherem Grade auf Polen zu. Die Gewerkschaften einzelner Städte suchen Fühlung miteinander, es werden Konferenzen abgehalten. Das Ende der »Verfassungsperiode« und die Umkehr zur Reaktion im Dezember 1905 macht zeitweilig auch ein Ende der offenen, breiten Tätigkeit der

Gewerkschaften, bläst ihnen aber das Lebenslicht nicht aus. Sie wirken weiter im geheimen als Organisation und führen gleichzeitig ganz offen Lohnkämpfe. Es bildet sich ein eigenartiges Gemisch eines gesetzlichen und ungesetzlichen Zustandes des Gewerkschaftslebens aus, entsprechend der widerspruchsvollen revolutionären Situation. Aber mitten im Kampf wird das Organisationswerk mit aller Gründlichkeit, ja mit Pedanterie weiter ausgebaut. Die Gewerkschaften der Sozialdemokratie Polens und Litauens zum Beispiel, die auf dem letzten Parteitag (im Juli 1906) durch fünf Delegierte von 10 000 zahlenden Mitgliedern vertreten waren, sind mit ordentlichen Statuten, gedruckten Mitgliedsbüchlein, Klebemarken usw. versehen. Und dieselben Warschauer und Lodzer Bäcker und Schuhmacher, Metallarbeiter und Buchdrucker, die im Juni 1905 auf den Barrikaden standen und im Dezember nur auf eine Parole aus Petersburg zum Straßenkampf warteten, finden zwischen einem Massenstreik und dem anderen, zwischen Gefängnis und Aussperrung, unter dem Belagerungszustand Muße und heiligen Ernst, um ihre Gewerkschaftsstatuten eingehend und aufmerksam zu diskutieren. Ja, diese gestrigen und morgigen Barrikadenkämpfer haben mehr als einmal in Versammlungen ihren Leitern unbarmherzig den Kopf gewaschen und mit dem Austritt aus der Partei gedroht, weil die unglücklichen gewerkschaftlichen Mitgliedsbüchlein nicht rasch genug – in geheimen Druckereien unter unaufhörlicher polizeilicher Hetzjagd – gedruckt werden konnten. Dieser Eifer und dieser Ernst dauern bis zur Stunde fort. In den ersten zwei Wochen des Juli 1906 sind zum Beispiel in Jekaterinoslaw 15 neue Gewerkschaften entstanden: in Kostroma 6 Gewerkschaften, mehrere in Kiew, Poltawa, Smolensk, Tscherkassy, Proskurow – bis in die kleinsten Provinznester. In der Sitzung des Moskauer Gewerkschaftskartells vom 4. Juni dieses Jahres wurde nach Entgegennahme der Berichte einzelner Gewerkschaftsdelegierter beschlossen: »Daß die Gewerkschaften ihre Mitglieder disziplinieren und von Straßenkrawallen zurückhalten sollen, weil der Moment für den Massenstreik als ungeeignet betrachtet wird. Angesichts möglicher Provokationen der Regierung sollen sie achtgeben, daß die Masse nicht auf die Straße hinausströmt. Endlich beschloß das Kartell, daß in der Zeit, wo eine Gewerkschaft einen Streik führt, die anderen sich von Lohnbewegungen zurückzuhalten haben.« Die meisten ökonomischen Kämpfe werden jetzt von den Gewerkschaften geleitet.[2]

So hat der vom Januar-Generalstreik ausgehende große ökonomische Kampf, der von da an bis auf den heutigen Tag nicht aufhört, einen breiten Hintergrund der Revolution gebildet, aus dem sich in unaufhörlicher Wechselwirkung mit der politischen Agitation und den äußeren Ereignissen der Revolution immer wieder bald hier und da einzelne Explosionen, bald allgemeine, große Hauptaktionen des Proletariats erheben. So flammen auf diesem Hintergrund nacheinander auf: am 1. Mai 1905 zur Maifeier ein beispielloser absoluter Generalstreik in *Warschau* mit einer völlig friedlichen Massendemonstration, die in einem blutigen Renkontre der wehrlosen Menge mit den Soldaten endet. Im Juni führt in Lodz ein Massenausflug, der von Soldaten zerstreut wird, zu einer Demonstration von 100 000 Arbeitern auf dem Begräbnis einiger Opfer der Soldateska, zu erneutem Renkontre mit dem Militär und

---

[2] In den zwei ersten Wochen des Juni 1906 allein wurden folgende Lohnkämpfe geführt: bei den Buchdruckern in *Petersburg, Moskau, Odessa, Minsk, Wilna, Saratow, Mogilew, Tambow* um den Achtstundentag und die Sonntagsruhe; ein Generalstreik der Seeleute in *Odessa, Nikolajew, Kertsch, Krim, Kaukasus,* auf der *Wolga*-Flotte, in *Kronstadt,* in *Warschau* und *Plock* um die Anerkennung der Gewerkschaft und Freilassung der verhafteten Arbeiterdelegierten; bei den Hafenarbeitern in *Saratow, Nikolajew, Zarizyn, Archangel[sk], Nischni-Nowgorod, Rybinsk.* Die Bäcker streiken in *Kiew, Archangel[sk], Bialystok, Wilna, Odessa, Charkow, Brest-Litowsk, Radom, Tiflis;* die Landarbeiter in den Distrikten Werchne-Dneprowsk, Borissowsk, Simferopol, in den Gouvernements Podolsk, Tula, Kursk, in den Distrikten Koslow, Lipowetz, in Finnland, im Gouvernement Kiew, im Jelissawetgrader Distrikt. In mehreren Städten streikten in dieser Periode *gleichzeitig fast sämtliche Gewerbezweige,* so in Saratow, Archangel[sk], Kertsch, Krementschug. In *Bachmut* gab es einen Generalstreik der Kohlenarbeiter des ganzen Reviers. In anderen Städten ergriff die Lohnbewegung binnen der erwähnten zwei Wochen *nacheinander alle Gewerbezweige,* so in Kiew, Petersburg, Warschau, Moskau, im ganzen Rayon Iwanowo-Wosnessensk. Zweck der Streiks überall: Verkürzung der Arbeitszeit, Sonntagsruhe, Lohnforderungen. *Die meisten Streiks verliefen siegreich.* Es wird in den lokalen Berichten hervorgehoben, daß sie zum Teil Arbeiterschichten ergriffen, die sich zum ersten Male an einer Lohnbewegung beteiligten.

schließlich zum Generalstreik, der am 23., 24. und 25. in den ersten Barrikadenkampf im Zarenreiche übergeht. Im Juni gleichfalls explodiert im Odessaer Hafen aus einem kleinen Zwischenfall an Bord des Panzerschiffes »Potemkin« die erste große Matrosenrevolte der Schwarzmeerflotte, die sofort als Rückwirkung in *Odessa* und *Nikolajew* einen gewaltigen Massenstreik hervorruft. Als weiteres Echo folgen: der Massenstreik und Matrosenrevolten in *Kronstadt, Libau, Wladiwostok*.

In den Monat Oktober fällt das grandiose Experiment Petersburgs mit der Einführung des Achtstundentags. Der Rat der Arbeiterdelegierten beschließt, in Petersburg auf revolutionärem Wege den Achtstundentag durchzusetzen. Das heißt: an einem bestimmten Tage erklären sämtliche Arbeiter Petersburgs ihren Unternehmern, daß sie nicht gewillt sind, länger als acht Stunden täglich zu arbeiten und verlassen zur entsprechenden Stunde die Arbeitsräume. Die Idee gibt Anlaß zu einer lebhaften Agitation, wird vom Proletariat mit Begeisterung aufgenommen und ausgeführt, wobei die größten Opfer nicht gescheut werden. So bedeutete zum Beispiel der Achtstundentag für die Textilarbeiter, die bis dahin elf Stunden und zwar bei Akkordlöhnen arbeiteten, einen enormen Lohnausfall, den sie jedoch bereitwillig akzeptierten. *Binnen einer Woche herrscht in sämtlichen Fabriken und Werkstätten Petersburgs der Achtstundentag,* und der Jubel der Arbeiterschaft kennt keine Grenzen. Bald rüstet jedoch das anfangs verblüffte Unternehmertum zur Abwehr: Es wird überall mit der Schließung der Fabriken gedroht. Ein Teil der Arbeiter läßt sich auf Verhandlungen ein und erringt hier den Zehn-, dort den Neunstundentag. Die Elite des Petersburger Proletariats jedoch, die Arbeiter der großen staatlichen Metallwerke bleiben unerschüttert, und es erfolgt eine Aussperrung, die 45 000 bis 50 000 Mann für einen Monat aufs Pflaster setzt. Durch diesen Abschluß spielt die Achtstundenbewegung in den allgemeinen Massenstreik des Dezember hinein, den die große Aussperrung in hohem Maße unterbunden hat.

Inzwischen folgt aber im Oktober als Antwort auf das

Bulyginsche Duma-Projekt der zweite gewaltigste allgemeine Massenstreik im gesamten Zarenreich, zu dem die Eisenbahner die Parole ausgeben. Diese zweite revolutionäre Hauptaktion des Proletariats trägt schon einen wesentlich anderen Charakter als die erste im Januar. Das Element des politischen Bewußtseins spielt schon eine viel größere Rolle. Freilich war auch hier der erste Anlaß zum Ausbruch des Massenstreiks ein untergeordneter und scheinbar zufälliger: der Konflikt der Eisenbahner mit der Verwaltung wegen der Pensionskasse. Allein die darauf erfolgte allgemeine Erhebung des Industrieproletariats wird vom klaren politischen Gedanken getragen. Der Prolog des Januarstreiks war ein Bittgang zum Zaren um politische Freiheit, die Losung des Oktoberstreiks lautete: Fort mit der konstitutionellen Komödie des Zarismus! Und dank dem sofortigen Erfolg des Generalstreiks: dem Zarenmanifest vom 30. Oktober, fließt die Bewegung nicht nach innen zurück, wie im Januar, um erst die Anfänge des ökonomischen Klassenkampfes nachzuholen, sondern gießt sich nach außen in eine eifrige Betätigung der frisch eroberten politischen Freiheit über. Demonstrationen, Versammlungen, eine junge Presse, öffentliche Diskussionen und blutige Massaker als das Ende vom Liede, darauf neue Massenstreiks und Demonstrationen – das ist das stürmische Bild der November- und Dezembertage. Im November wird auf den Appell der Sozialdemokratie hin in Petersburg der erste demonstrative Massenstreik veranstaltet als Protestkundgebung gegen die Bluttaten und die Verhängung des Belagerungszustandes in Livland und Polen. Die Gärung nach dem kurzen Verfassungstraum und dem grausamen Erwachen führt endlich im Dezember zum Ausbruch des dritten allgemeinen Massenstreiks im ganzen Zarenreich. Diesmal ist der Verlauf und der Ausgang wieder ein ganz anderer, wie in den beiden früheren Fällen. Die politische Aktion schlägt nicht mehr in eine ökonomische um, wie im Januar, sie erringt aber auch nicht mehr einen raschen Sieg, wie im Oktober. Die Versuche der zarischen Kamarilla mit der wirklichen politischen Freiheit werden nicht mehr gemacht und die revolutionäre Aktion stößt somit zum ersten Male in ihrer ganzen Breite auf die starre Mauer der [materiellen]* Gewalt des Absolutismus. Durch die logische innere Entwicklung der fortschreitenden Ereignisse schlägt der Massenstreik diesmal um in einen offenen Aufstand, einen bewaffneten Barrikaden- und Straßenkampf in Moskau. Die Moskauer Dezembertage schließen als der Höhepunkt der aufsteigenden Linie der politischen Aktion und der Massenstreikbewegung das erste arbeitsreiche Jahr der Revolution ab.

Die Moskauer Ereignisse zeigen zugleich im kleinen Probebild die logische Entwicklung und die Zukunft der revolutionären Bewegung im ganzen: ihren unvermeidlichen Abschluß in einem allgemeinen offenen Aufstand, der aber seinerseits wieder nicht anders zustande kommen kann, als durch die Schule einer Reihe vorbereitender partieller Aufstände, die eben deshalb vorläufig mit partiellen äußeren »Niederlagen« abschließen und, jeder einzeln betrachtet, als »verfrüht« erscheinen mögen.

Das Jahr 1906 bringt die Duma-Wahlen und die Duma-Episode. Das Proletariat boykottiert aus kräftigem revolutionären Instinkt und klarer Erkenntnis der Lage die ganze zarisch-konstitutionelle Farce, und den Vordergrund der politischen Bühne nimmt für einige Monate wieder der Liberalismus ein. Die Situation des Jahres 1904 kehrt anscheinend wieder: eine Periode des Redens tritt an Stelle des Handelns, und das Proletariat tritt für eine Zeitlang in den Schatten, um sich desto fleißiger dem gewerkschaftlichen Kampf und dem Organisationswerk zu widmen. Die Massenstreiks verstummen, während knatternde Raketen der liberalen Rethorik Tag für Tag abgefeuert werden. Schließlich rasselt der eiserne Vorhang plötzlich herunter, die Schauspieler werden auseinandergejagt, von den liberalen Raketen bleibt nur Rauch und Dunst übrig. Ein Versuch des Zentralkomitees der russischen Sozialdemokratie, als Demonstration für die Duma und für die Wiedereröffnung der Periode des liberalen Redens einen vierten Massenstreik in ganz Rußland hervorzurufen, fällt platt zu

---

* Für die 2. Auflage ersetzt durch: physischen

Boden. Die Rolle der politischen Massenstreiks allein ist erschöpft, der Übergang des Massenstreiks in einen allgemeinen Volksaufstand und Straßenkampf aber noch nicht herangereift. Die liberale Episode ist vorbei, die proletarische hat noch nicht wieder begonnen. Die Bühne bleibt vorläufig leer.

IV

Wir haben im vorigen in wenigen knappen Zügen die Geschichte des Massenstreiks in Rußland zu skizzieren gesucht. Schon ein flüchtiger Blick auf diese Geschichte zeigt uns ein Bild, das in keinem Strich demjenigen ähnelt, welches man sich bei der Diskussion in Deutschland gewöhnlich vom Massenstreik macht. Statt des starren und hohlen Schemas einer auf Beschluß der höchsten Instanzen mit Plan und Umsicht ausgeführten trocknen politischen »Aktion« sehen wir ein Stück lebendiges Leben aus Fleisch und Blut, das sich gar nicht aus dem großen Rahmen der Revolution herausschneiden läßt, das durch tausend Adern mit dem ganzen Drum und Dran der Revolution verbunden ist.

Der Massenstreik, wie ihn uns die russische Revolution zeigt, ist eine so wandelbare Erscheinung, daß er alle Phasen des politischen und ökonomischen Kampfes, alle Stadien und Momente der Revolution in sich spiegelt. Seine Anwendbarkeit, seine Wirkungskraft, seine Entstehungsmomente ändern sich fortwährend. Er eröffnet plötzlich neue, weite Perspektiven der Revolution, wo sie bereits in einen Engpaß geraten schien, und er versagt, wo man auf ihn mit voller Sicherheit glaubt rechnen zu können. Er flutet bald wie eine breite Meereswoge über das ganze Reich, bald zerteilt er sich in ein Riesennetz dünner Ströme; bald sprudelt er aus dem Untergrunde wie ein frischer Quell, bald versickert er ganz im Boden. Politische und ökonomische Streiks, Massenstreiks und partielle Streiks, Demonstrationsstreiks und Kampfstreiks, Generalstreiks einzelner Branchen und Generalstreiks einzelner Städte, ruhige

Lohnkämpfe und Straßenschlachten, Barrikadenkämpfe – alles das läuft durcheinander, nebeneinander, durchkreuzt sich, flutet ineinander über; es ist ein ewig bewegliches, wechselndes Meer von Erscheinungen. Und das Bewegungsgesetz dieser Erscheinungen wird klar: Es liegt nicht in dem Massenstreik selbst, nicht in seinen technischen Besonderheiten, sondern in dem politischen und sozialen Kräfteverhältnis der Revolution. Der Massenstreik ist bloß die Form des revolutionären Kampfes und jede Verschiebung im Verhältnis der streitenden Kräfte, in der Parteientwicklung und der Klassenscheidung, in der Position der Konterrevolution, alles das beeinflußt sofort auf tausend unsichtbaren, kaum kontrollierbaren Wegen die Streikaktion. Dabei hört aber die Streikaktion selbst fast keinen Augenblick auf. Sie ändert bloß ihre Formen, ihre Ausdehnung, ihre Wirkung. Sie ist der lebendige Pulsschlag der Revolution und zugleich ihr mächtigstes Triebrad. Mit einem Wort: der Massenstreik, wie ihn uns die russische Revolution zeigt, ist nicht ein pfiffiges Mittel, ausgeklügelt zum Zwecke einer kräftigeren Wirkung des proletarischen Kampfes, sondern er ist *die Bewegungsweise der proletarischen Masse, die Erscheinungsform des proletarischen Kampfes in der Revolution.*

Daraus lassen sich für die Beurteilung des Massenstreikproblems einige allgemeine Gesichtspunkte ableiten.

1. Es ist gänzlich verkehrt, sich den Massenstreik als einen Akt, eine Einzelhandlung zu denken. Der Massenstreik ist vielmehr die Bezeichnung, der Sammelbegriff einer ganzen jahrelangen, vielleicht jahrzehntelangen Periode des Klassenkampfes. Von den unzähligen verschiedensten Massenstreiks, die sich in Rußland seit vier Jahren abgespielt haben, paßt das Schema des Massenstreiks als eines rein politischen, nach Plan und Absicht hervorgerufenen und abgeschlossenen, kurzen Einzelaktes lediglich auf eine, und zwar untergeordnete Spielart: auf den reinen Demonstrationsstreik. Im ganzen Verlauf der fünfjährigen Periode sehen wir in Rußland bloß einige wenige Demonstrationsstreiks, die sich notabene gewöhnlich nur auf einzelne Städte beschränken. So der jährliche Maifeier-Ge-

neralstreik in Warschau und in Lodz – im eigentlichen Rußland ist der 1. Mai bis jetzt noch nicht in nennenswertem Umfange durch Arbeitsruhe gefeiert worden; der Massenstreik in Warschau am 11. September 1905 als Trauerfeier zu Ehren des hingerichteten Martin Kasprzak, im November 1905 in Petersburg als Protestkundgebung gegen die Erklärung des Belagerungszustandes in Polen und Livland, am 22. Januar 1906 in Warschau, Lodz, Czenstochau und dem Dombrowaer Kohlenbecken, sowie zum Teil in einigen russischen Städten als Jahresfeier des Gedenktages des Petersburger Blutbades; ferner im Juli 1906 ein Generalstreik in Tiflis als Sympathiekundgebung für die vom Kriegsgericht wegen der Militärrevolte abgeurteilten Soldaten, endlich aus gleichem Anlaß im September dieses Jahres während der Verhandlung des Kriegsgerichts in Reval. Alle übrigen großen und partiellen Massenstreiks und Generalstreiks waren nicht Demonstrations-, sondern Kampfstreiks, und als solche entstanden sie meistens spontan, jedesmal aus spezifischen lokalen zufälligen Anlässen, ohne Plan und Absicht und wuchsen sich mit elementarer Macht zu großen Bewegungen aus, wobei sie nicht einen »geordneten Rückzug« antraten, sondern sich bald in ökonomischen Kampf verwandelten, bald in Straßenkampf, bald fielen sie von selbst zusammen.

In diesem allgemeinen Bilde spielen die reinen politischen Demonstrationsstreiks eine ganz untergeordnete Rolle – die einzelner kleiner Punkte mitten unter gewaltigen Flächen. Dabei läßt sich, zeitlich betrachtet, folgender Zug wahrnehmen: Die Demonstrationsstreiks, die im Unterschied von den Kampfstreiks das größte Maß von Parteidisziplin, bewußter Leitung und politischem Gedanken aufweisen, also nach dem Schema als die höchste und reifste Form der Massenstreiks erscheinen müßten, spielen in Wahrheit die größte Rolle in den *Anfängen* der Bewegung. So war zum Beispiel die absolute Arbeitsruhe am 1. Mai 1905 in Warschau, als der erste Fall eines so staunenswert durchgeführten Beschlusses der Sozialdemokratie, für die proletarische Bewegung in Polen ein Ereignis von großer Tragweite. Ebenso hat der Sympathiestreik im November des gleichen Jahres in Petersburg als die erste Probe einer bewußten planmäßigen Massenaktion in Rußland großen Eindruck gemacht. Genau so wird auch der »Probemassenstreik« der Hamburger Genossen vom 17. Januar 1906 eine hervorragende Rolle in der Geschichte der künftigen deutschen Massenstreiks spielen, als der erste frische Versuch mit der soviel umstrittenen Waffe, und zwar als ein so wohlgelungener, von der Kampfstimmung und Kampffreude der Hamburger Arbeiterschaft so überzeugend sprechender Versuch. Und ebenso sicher wird die Periode der Massenstreiks in Deutschland, wenn sie einmal im Ernst begonnen hat, von selbst zu einer wirklichen allgemeinen Arbeitsruhe am 1. Mai führen. Die Maifeier dürfte naturgemäß als die erste große Demonstration im Zeichen der Massenkämpfe zu Ehren kommen. In diesem Sinne hat der »lahme Gaul«, wie die Maifeier auf dem Kölner Gewerkschaftskongreß genannt wurde, noch eine große Zukunft und eine wichtige Rolle im proletarischen Klassenkampfe in Deutschland vor sich. Allein mit der Entwicklung der ernsten revolutionären Kämpfe nimmt die Bedeutung solcher Demonstrationen rasch ab. Gerade dieselben Momente, die das Zustandekommen der Demonstrationsstreiks nach vorgefaßtem Plan und auf die Parole der Parteien hin objektiv ermöglichen: das Wachstum des politischen Bewußtseins und der Schulung des Proletariats, machen diese Art von Massenstreiks unmöglich; heute will das Proletariat in Rußland, und zwar gerade die tüchtigste Vorhut der Masse, von Demonstrationsstreiks nichts wissen; die Arbeiter verstehen keinen Spaß mehr und wollen nunmehr bloß an ernsten Kampf mit allen seinen Konsequenzen denken. Und wenn in dem ersten großen Massenstreik im Januar 1905 das demonstrative Element, zwar nicht in absichtlicher, sondern mehr in instinktiver, spontaner Form, noch eine große Rolle spielte, so scheiterte umgekehrt der Versuch des Zentralkomitees der russischen Sozialdemokratie, im August einen Massenstreik als Kundgebung für die aufgelöste Duma hervorzurufen, unter anderem an der entschiedenen Abneigung des geschulten Proletariats gegen schwächliche Halbaktionen und bloße Demonstrationen.

2. Wenn wir aber anstatt der untergeordneten Spielart des demonstrativen Streiks den Kampfstreik ins Auge fassen, wie er im heutigen Rußland den eigentlichen Träger der proletarischen Aktion darstellt, so fällt weiter ins Auge, daß darin das ökonomische und das politische Moment unmöglich voneinander zu trennen sind. Auch hier weicht die Wirklichkeit von dem theoretischen Schema weit ab, und die pedantische Vorstellung, in der der reine politische Massenstreik logisch von dem gewerkschaftlichen Generalstreik als die reifste und höchste Stufe abgeleitet, aber zugleich klar auseinandergehalten wird, ist von der Erfahrung der russischen Revolution gründlich widerlegt. Dies äußert sich nicht bloß geschichtlich darin, daß die Massenstreiks, von jenem ersten großen Lohnkampf der Petersburger Textilarbeiter im Jahre 1896-1897 bis zu dem letzten großen Massenstreik im Dezember 1905, ganz unmerklich aus ökonomischen in politische übergehen, so daß es fast unmöglich ist, die Grenze zwischen beiden zu ziehen. Auch jeder einzelne von den großen Massenstreiks wiederholt sozusagen im kleinen die allgemeine Geschichte der russischen Massenstreiks und beginnt mit einem rein ökonomischen oder jedenfalls partiellen gewerkschaftlichen Konflikt, um die Stufenleiter bis zur politischen Kundgebung zu durchlaufen. Das große Massenstreikgewitter im Süden Rußlands 1902 und 1903 entstand, wie wir gesehen, in Baku aus einem Konflikt infolge der Maßregelung Arbeitsloser, in Rostow aus Lohndifferenzen in den Eisenbahnwerkstätten, in Tiflis aus einem Kampf der Handelsangestellten um die Verkürzung der Arbeitszeit, in Odessa aus einem Lohnkampf in einer einzelnen kleinen Fabrik. Der Januar-Massenstreik 1905 entwickelt sich aus dem internen Konflikt in den Putilow-Werken, der Oktoberstreik aus dem Kampf der Eisenbahner um die Pensionskasse, der Dezemberstreik endlich aus dem Kampf der Post- und Telegrafenangestellten um das Koalitionsrecht. Der Fortschritt der Bewegung im ganzen äußert sich nicht darin, daß das ökonomische Anfangsstadium ausfällt, sondern vielmehr in der Rapidität, womit die Stufenleiter zur politischen Kundgebung durchlaufen wird, und in der Extre-

mität des Punktes, bis zu dem sich der Massenstreik voranbewegt.

Allein die Bewegung im ganzen geht nicht bloß nach der Richtung vom ökonomischen zum politischen Kampf, sondern auch umgekehrt. Jede von den großen politischen Massenaktionen schlägt, nachdem sie ihren politischen Höhepunkt erreicht hat, in einen ganzen Wust ökonomischer Streiks um. Und dies bezieht sich wieder nicht bloß auf jeden einzelnen von den großen Massenstreiks, sondern auch auf die Revolution im ganzen. Mit der Verbreitung, Klärung und Potenzierung des politischen Kampfes tritt nicht bloß der ökonomische Kampf nicht zurück, sondern er verbreitet sich, organisiert sich und potenziert sich seinerseits in gleichem Schritt. Es besteht zwischen beiden eine völlige Wechselwirkung.

Jeder neue Anlauf und neue Sieg des politischen Kampfes verwandelt sich in einen mächtigen Anstoß für den wirtschaftlichen Kampf, indem er zugleich seine äußeren Möglichkeiten erweitert und den inneren Antrieb der Arbeiter, ihre Lage zu bessern, ihre Kampflust erhöht. Nach jeder schäumenden Welle der politischen Aktion bleibt ein befruchtender Niederschlag zurück, aus dem sofort tausendfältige Halme des ökonomischen Kampfes emporschießen. Und umgekehrt. Der unaufhörliche ökonomische Kriegszustand der Arbeiter mit dem Kapital hält die Kampfenergie in allen politischen Pausen wach, er bildet sozusagen das ständige frische Reservoir der proletarischen Klassenkraft, aus dem der politische Kampf immer von neuem seine Macht hervorholt, und zugleich führt das unermüdliche ökonomische Bohren des Proletariats alle Augenblicke bald hier, bald dort zu einzelnen scharfen Konflikten, aus denen unversehens politische Konflikte auf großem Maßstab explodieren.

Mit einem Wort: Der ökonomische Kampf ist das Fortleitende von einem politischen Knotenpunkt zum andern, der politische Kampf ist die periodische Befruchtung des Bodens für den ökonomischen Kampf. Ursache und Wirkung wechseln hier alle Augenblicke ihre Stellen, und so bilden das ökonomische und das politische Moment in der

Massenstreikperiode, weit entfernt, sich reinlich zu scheiden oder gar auszuschließen, wie es das pedantische Schema will, vielmehr nur zwei ineinandergeschlungene Seiten des proletarischen Klassenkampfes in Rußland. Und *ihre Einheit* ist eben der Massenstreik. Wenn die spintisierende Theorie, um zu dem »reinen politischen Massenstreik« zu gelangen, eine künstliche logische Sektion an dem Massenstreik vornimmt, so wird bei diesem Sezieren, wie bei jedem anderen, die Erscheinung nicht in ihrem lebendigen Wesen erkannt, sondern bloß abgetötet.

3. Endlich zeigen uns die Vorgänge in Rußland, daß der Massenstreik von der Revolution unzertrennlich ist. Die Geschichte der russischen Massenstreiks, das ist die Geschichte der russischen Revolution. Wenn freilich die Vertreter unseres deutschen Opportunismus von »Revolution« hören, so denken sie sofort an Blutvergießen, Straßenschlachten, an Pulver und Blei, und der logische Schluß daraus ist: der Massenstreik führt unvermeidlich zur Revolution, *ergo* dürfen wir ihn nicht machen. In der Tat sehen wir in Rußland, daß beinahe jeder Massenstreik im letzten Schluß auf ein Renkontre mit den bewaffneten Hütern der zarischen Ordnung hinausläuft; darin sind die sogenannten politischen Streiks den größeren ökonomischen Kämpfen ganz gleich. Allein die Revolution ist etwas anderes und etwas mehr als Blutvergießen. Im Unterschied von der polizeilichen Auffassung, die die Revolution ausschließlich vom Standpunkte der Straßenunruhen und Krawalle, das heißt vom Standpunkte der »Unordnung« ins Auge faßt, erblickt die Auffassung des wissenschaftlichen Sozialismus in der Revolution vor allem eine tiefgehende innere Umwälzung in den sozialen Klassenverhältnissen. Und von diesem Standpunkt besteht zwischen Revolution und Massenstreik in Rußland auch noch ein ganz anderer Zusammenhang als der von der trivialen Wahrnehmung konstatierte, daß der Massenstreik gewöhnlich im Blutvergießen endet.

Wir haben oben den inneren Mechanismus der russischen Massenstreiks gesehen, der auf der unaufhörlichen Wechselwirkung des politischen und des ökonomischen Kampfes beruht. Aber gerade diese Wechselwirkung ist bedingt durch die Revolutionsperiode. Nur in der Gewitterluft der revolutionären Periode vermag sich nämlich jeder partielle kleine Konflikt zwischen Arbeit und Kapital zu einer allgemeinen Explosion auszuwachsen. In Deutschland passieren jährlich und täglich die heftigsten, brutalsten Zusammenstöße zwischen Arbeitern und Unternehmern, ohne daß der Kampf die Schranken der betreffenden einzelnen Branche oder der einzelnen Stadt, ja Fabrik überspringt. Maßregelungen organisierter Arbeiter wie in Petersburg, Arbeitslosigkeit wie in Baku, Lohnkonflikte wie in Odessa, Kämpfe um das Koalitionsrecht wie in Moskau sind in Deutschland auf der Tagesordnung. Kein einziger dieser Fälle schlägt jedoch in eine gemeinsame Klassenaktion um. Und wenn sie sich selbst zu einzelnen Massenstreiks auswachsen, die zweifellos einen politischen Anstrich haben, so entzünden sie auch dann noch kein allgemeines Gewitter. Der Generalstreik der holländischen Eisenbahner, der trotz wärmster Sympathien mitten in völliger Unbeweglichkeit des Proletariats im Lande verblutete, liefert einen frappanten Beweis dafür.

Und umgekehrt, nur in der Revolutionsperiode, wo die sozialen Fundamente und die Mauern der Klassengesellschaft aufgelockert und in ständiger Verschiebung begriffen sind, vermag jede politische Klassenaktion des Proletariats in wenigen Stunden ganze, bis dahin unberührte Schichten der Arbeiterschaft aus der Unbeweglichkeit zu reißen, was sich sofort naturgemäß in einem stürmischen ökonomischen Kampf äußert. Der plötzlich durch den elektrischen Schlag einer politischen Aktion wachgerüttelte Arbeiter greift im nächsten Augenblick vor allem zu dem nächstliegenden: zur Abwehr gegen sein ökonomisches Sklavenverhältnis; die stürmische Geste des politischen Kampfes läßt ihn plötzlich mit ungeahnter Intensität die Schwere und den Druck seiner ökonomischen Ketten fühlen. Und während zum Beispiel der heftigste politische Kampf in Deutschland: der Wahlkampf oder der parlamentarische Kampf um den Zolltarif kaum einen vernehmbaren direkten Einfluß auf den Verlauf und die Intensität der gleichzeitig in Deutschland geführten Lohnkämpfe ausübt, äußert sich jede politische Aktion des Proletariats in Rußland sofort in der Erweiterung und Vertiefung der Fläche des wirtschaftlichen Kampfes.

So schafft also die Revolution erst die sozialen Bedingungen, in denen jenes unmittelbare Umschlagen des ökonomischen Kampfes in politischen und des politischen Kampfes in ökonomischen ermöglicht wird, das im Massenstreik seinen Ausdruck findet. Und wenn das vulgäre Schema den Zusammenhang zwischen Massenstreik und Revolution nur in den blutigen Straßen-Renkontres erblickt, mit denen die Massenstreiks abschließen, so zeigt uns ein etwas tieferer Blick in die russischen Vorgänge einen ganz *umgekehrten* Zusammenhang: in Wirklichkeit produziert nicht der Massenstreik die Revolution, sondern die Revolution produziert den Massenstreik.

4. Es genügt, das Bisherige zusammenzufassen, um auch über die Frage der bewußten Leitung und der Initiative bei dem Massenstreik Aufschluß zu bekommen. Wenn der Massenstreik nicht einen einzelnen Akt, sondern eine ganze Periode des Klassenkampfes bedeutet, und wenn diese Periode mit einer Revolutionsperiode identisch ist, so ist es klar, daß der Massenstreik nicht aus freien Stücken hervorgerufen werden kann, auch wenn der Entschluß dazu von der höchsten Instanz der stärksten sozialdemokratischen Partei ausgehen mag. Solange die Sozialdemokratie es nicht in ihrer Hand hat, nach eigenem Ermessen Revolutionen zu inszenieren und abzusagen, genügt auch nicht die größte Begeisterung und Ungeduld der sozialdemokratischen Truppen dazu, eine wirkliche Periode der Massenstreiks als eine lebendige mächtige Volksbewegung ins Leben zu rufen. Auf Grund der Entschlossenheit einer Parteileitung und der Parteidisziplin der sozialdemokratischen Arbeiterschaft kann man wohl eine einmalige kurze Demonstration veranstalten, wie der schwedische Massenstreik oder die jüngsten österreichischen oder auch der Hamburger Massenstreik vom 17. Januar. Diese Demonstrationen unterscheiden sich aber von einer wirklichen Periode revolutionärer Massenstreiks genau so, wie sich die be-

kannten Flottendemonstrationen in fremden Häfen bei gespannten diplomatischen Beziehungen von einem Seekrieg unterscheiden. Ein aus lauter Disziplin und Begeisterung geborener Massenstreik wird im besten Falle als eine Episode, als ein Symptom der Kampfstimmung der Arbeiterschaft eine Rolle spielen, worauf die Verhältnisse aber in den ruhigen Alltag zurückfallen. Freilich fallen auch während der Revolution die Massenstreiks nicht ganz vom Himmel. Sie müssen so oder anders von den Arbeitern gemacht werden. Der Entschluß und Beschluß der Arbeiterschaft spielt auch dabei eine Rolle, und zwar kommt die Initiative sowie die weitere Leitung natürlich dem organisierten und aufgeklärtesten sozialdemokratischen Kern des Proletariats zu. Allein diese Initiative und diese Leitung haben einen Spielraum meistens nur in Anwendung auf die einzelnen Akte, einzelnen Streiks, wenn die revolutionäre Periode bereits vorhanden ist, und zwar meistens in den Grenzen einer einzelnen Stadt. So hat zum Beispiel, wie wir gesehen, die Sozialdemokratie mehrmals direkt die Losung zum Massenstreik in Baku, in Warschau, in Lodz, in Petersburg mit Erfolg gegeben. Dasselbe gelingt schon viel weniger in Anwendung auf allgemeine Bewegungen des gesamten Proletariats. Ferner sind dabei der Initiative und der bewußten Leitung ganz bestimmte Schranken gesteckt. Gerade während der Revolution ist es für irgendein leitendes Organ der proletarischen Bewegung äußerst schwer, vorauszusehen und zu berechnen, welcher Anlaß und welche Momente zu Explosionen führen können und welche nicht. Auch hier besteht die Initiative und Leitung nicht in dem Kommandieren aus freien Stücken, sondern in der möglichst geschickten Anpassung an die Situation und möglichst engen Fühlung mit den Stimmungen der Masse. Das Element des Spontanen spielt, wie wir gesehen, in allen russischen Massenstreiks ohne Ausnahme eine große Rolle, sei es als treibendes oder als hemmendes Element. Dies rührt aber nicht daher, weil in Rußland die Sozialdemokratie noch jung oder schwach ist, sondern daher, weil bei jedem einzelnen Akt des Kampfes so viele unübersehbare ökonomische, politische und soziale, allgemeine und lokale, materielle und psychische Momente mitwirken, daß kein einziger Akt sich wie ein Rechenexempel bestimmen und abwickeln läßt. Die Revolution ist, auch wenn in ihr das Proletariat mit der Sozialdemokratie an der Spitze die führende Rolle spielt, nicht ein Manöver des Proletariats im freien Felde, sondern es ist ein Kampf mitten im unaufhörlichen Krachen, Zerbröckeln, Verschieben aller sozialen Fundamente. Kurz, in den Massenstreiks in Rußland spielt das Element des Spontanen eine so vorherrschende Rolle, nicht weil das russische Proletariat »ungeschult« ist, sondern weil sich Revolutionen nicht schulmeistern lassen.

Anderseits aber sehen wir in Rußland, daß dieselbe Revolution, die der Sozialdemokratie das Kommando über den Massenstreik so sehr erschwert und ihr alle Augenblicke launig das Dirigentenstöckchen aus der Hand schlägt oder in die Hand drückt, daß sie dafür selbst gerade alle jene Schwierigkeiten der Massenstreiks löst, die im theoretischen Schema der deutschen Diskussion als die Hauptsorgen der »Leitung« behandelt werden: die Frage der »Verproviantierung«, der »Kostendeckung« und der »Opfer«. Freilich, sie löst sie durchaus nicht in dem Sinne, wie man es bei einer ruhigen, vertraulichen Konferenz zwischen den leitenden Oberinstanzen der Arbeiterbewegung mit dem Bleistift in der Hand regelt. Die »Regelung« all dieser Fragen besteht darin, daß die Revolution eben so enorme Volksmassen auf die Bühne bringt, daß jede Berechnung und Regelung der Kosten ihrer Bewegung, wie man die Kosten eines Zivilprozesses im voraus aufzeichnet, als ein ganz hoffnungsloses Unternehmen erscheint. Gewiß suchen auch die leitenden Organisationen in Rußland die direkten Opfer des Kampfes nach Kräften zu unterstützen. So wurden zum Beispiel die tapferen Opfer der Riesenaussperrung in Petersburg infolge der Achtstundenkampagne wochenlang unterstützt. Allein alle diese Maßnahmen sind in der enormen Bilanz der Revolution ein Tropfen im Meere. Mit dem Augenblick, wo eine wirkliche ernste Massenstreikperiode beginnt, verwandeln sich alle »Kostenberechnungen« in das Vorhaben, den Ozean mit einem Wasserglas auszuschöpfen. Es ist nämlich ein Ozean furchtbarer Entbehrungen und Leiden, durch den jede Revolution für die Proletariermasse erkauft wird. Und die Lösung, die eine revolutionäre Periode dieser scheinbar unüberwindlichen Schwierigkeit gibt, besteht darin, daß sie zugleich eine so gewaltige Summe von Massenidealismus auslöst, bei der die Masse gegen die schärfsten Leiden unempfindlich wird. Mit der Psychologie eines Gewerkschaftlers, der sich auf keine Arbeitsruhe bei der Maifeier einläßt, bevor ihm eine genau bestimmte Unterstützung für den Fall seiner Maßregelung im voraus zugesichert wird, läßt sich weder Revolution noch Massenstreik machen. Aber im Sturm der revolutionären Periode verwandelt sich eben der Proletarier aus einem Unterstützung heischenden vorsorglichen Familienvater in einen »Revolutionsromantiker«, für den sogar das höchste Gut, nämlich das Leben, geschweige das materielle Wohlsein, im Vergleich mit den Kampfidealen geringen Wert besitzt.

Wenn aber die Leitung der Massenstreiks im Sinne des Kommandos über ihre Entstehung und im Sinne der Berechnung und Deckung ihrer Kosten Sache der revolutionären Periode selbst ist, so kommt dafür die Leitung bei Massenstreiks in einem ganz anderen Sinne der Sozialdemokratie und ihren führenden Organen zu. Statt sich mit der technischen Seite, mit dem Mechanismus der Massenstreiks ihren Kopf zu zerbrechen, ist die Sozialdemokratie berufen, die *politische* Leitung auch mitten in der Revolutionsperiode zu übernehmen. Die Parole, die Richtung dem Kampfe zu geben, die *Taktik* des politischen Kampfes so einzurichten, daß in jede Phase und in jedem Moment des Kampfes die ganze Summe der vorhandenen und bereits ausgelösten, betätigten Macht des Proletariats realisiert wird und in der Kampfstellung der Partei zum Ausdruck kommt, daß die Taktik der Sozialdemokratie nach ihrer Entschlossenheit und Schärfe nie *unter* dem Niveau des tatsächlichen Kräfteverhältnisses steht, sondern vielmehr diesem Verhältnis vorauseilt, das ist die wichtigste Aufgabe der »Leitung« in der Periode der Massenstreiks. Und diese Leitung schlägt von selbst gewissermaßen in technische Leitung um. Eine konsequente, entschlossene, vorwärtsstrebende Taktik der Sozialdemokratie ruft in der Masse das Gefühl der Sicherheit, des Selbstvertrauens und der Kampflust hervor; eine schwankende, schwächliche, auf der Unterschätzung des Proletariats basierte Taktik wirkt auf die Masse lähmend und verwirrend. Im ersteren Falle brechen Massenstreiks »von selbst« und immer »rechtzeitig« aus, im zweiten bleiben mitunter direkte Aufforderungen der Leitung zum Massenstreik erfolglos. Und für beides liefert die russische Revolution sprechende Beispiele.

V

Es fragt sich nun, wieweit alle Lehren, die man aus den russischen Massenstreiks ziehen kann, auf Deutschland passen. Die sozialen und politischen Verhältnisse, die Geschichte und der Stand der Arbeiterbewegung sind in Deutschland und in Rußland völlig verschieden. Auf den ersten Blick mögen auch die oben aufgezeichneten inneren Gesetze der russischen Massenstreiks lediglich als das Produkt spezifisch russischer Verhältnisse erscheinen, die für das deutsche Proletariat gar nicht in Betracht kommen. Zwischen dem politischen und ökonomischen Kampf in der russischen Revolution besteht der engste innere Zusammenhang; ihre Einheit kommt in der Periode der Massenstreiks zum Ausdruck. Aber ist das nicht eine einfache Folge des russischen Absolutismus? In einem Staate, wo jede Form und jede Äußerung der Arbeiterbewegung verboten, wo der einfachste Streik ein politisches Verbrechen ist, muß auch logischerweise jeder ökonomische Kampf zum politischen werden.

Ferner, wenn umgekehrt gleich der erste Ausbruch der politischen Revolution eine allgemeine Abrechnung der russischen Arbeiterschaft mit dem Unternehmertum nach sich gezogen hat, so ist das wiederum die einfache Folge des Umstandes, daß der russische Arbeiter bis dahin auf dem tiefsten Niveau der Lebenshaltung stand und überhaupt noch niemals einen regelmäßigen ökonomischen Kampf um die Besserung seiner Lage geführt hatte. Das Proletariat in Rußland mußte sich gewissermaßen aus dem allergröbsten erst herausarbeiten, was Wunder, daß es dazu mit jugendlichem Wagemut griff, sobald die Revolution den ersten frischen Hauch in die Stickluft des Absolutismus hineingebracht hatte. Und endlich erklärt sich der stürmische revolutionäre Verlauf der russischen Massenstreiks, sowie ihr vorwiegend spontaner, elementarer Charakter einerseits aus der politischen Zurückgebliebenheit Rußlands, aus der Notwendigkeit, erst den orientalischen Despotismus zu stürzen, anderseits aus dem Mangel an Organisation und Schulung des russischen Proletariats. In einem Lande, wo die Arbeiterklasse 30 Jahre Erfahrung im politischen Leben, eine drei Millionen starke sozialdemokratische Partei und eineinviertel Million gewerkschaftlich organisierte Kerntruppen hat, kann der politische Kampf, können die Massenstreiks unmöglich denselben stürmischen und elementaren Charakter annehmen wie in einem halbbarbarischen Staate, der erst den Sprung aus dem Mittelalter in die neuzeitliche bürgerliche Ordnung macht. Dies die landläufige Vorstellung bei denjenigen, die den Reifegrad der gesellschaftlichen Verhältnisse eines Landes aus dem Wortlaut seiner geschriebenen Gesetze ablesen wollen.

Untersuchen wir die Fragen nach der Reihe. Zunächst ist es verkehrt, den Beginn des ökonomischen Kampfes in Rußland erst von dem Ausbruch der Revolution zu datieren. Tatsächlich waren die Streiks, die Lohnkämpfe im eigentlichen Rußland seit Anfang der neunziger Jahre, in Russisch-Polen sogar seit Ende der achtziger Jahre, immer mehr auf der Tagesordnung und hatten sich zuletzt das faktische Bürgerrecht erworben. Freilich zogen sie häufig brutale polizeiliche Maßregelungen nach sich, gehörten aber trotzdem zu den alltäglichen Erscheinungen. Bestand doch zum Beispiel in Warschau und Lodz bereits im Jahre 1891 je eine bedeutende allgemeine Streikkasse, und die Schwärmerei für die Gewerkschaften hat in diesen Jahren in Polen für kurze Zeit sogar jene »ökonomischen« Illusionen geschaffen, die in Petersburg und im übrigen Rußland einige Jahre später grassierten.[3]

Desgleichen liegt viel Übertreibung in der Vorstellung, als habe der Proletarier im Zarenreich vor der Revolution durchweg auf dem Lebensniveau eines Paupers gestanden. Gerade die jetzt im ökonomischen wie im politischen Kampfe tätigste und eifrigste Schicht der großindustriellen großstädtischen Arbeiter stand in bezug auf ihr materielles Lebensniveau kaum viel tiefer als die entsprechende Schicht des deutschen Proletariats, und in manchen Berufen kann man in Rußland gleiche, ja hier und da selbst höhere Löhne finden als in Deutschland. Auch in bezug auf die Arbeitszeit wird der Unterschied zwischen den großindustriellen Betrieben hier und dort kaum ein bedeutender sein. Somit sind die Vorstellungen, die mit einem vermeintlichen materiellen und kulturellen Helotentum der russischen Arbeiterschaft rechnen, ziemlich aus der Luft gegriffen. Dieser

---

[3] Es beruht deshalb auf einem tatsächlichen Irrtum, wenn die Genossin Roland-Holst in der Vorrede zur russischen Ausgabe ihres Buches über den Massenstreik meint: »Das Proletariat (in Rußland) war, fast seit dem Aufkommen der Großindustrie, mit dem Massenstreik vertraut geworden, aus dem einfachen Grunde, weil partielle Streiks sich unter dem politischen Drucke des Absolutismus unmöglich erwiesen.« (Siehe »Neue Zeit« Nr. 33, 1906.) Das Umgekehrte war vielmehr der Fall. So sagte auch der Berichterstatter des Petersburger Gewerkschaftskartells auf der zweiten Konferenz der russischen Gewerkschaften im Februar 1906 eingangs seines Referats: »Bei der Zusammensetzung der Konferenz, die ich hier vor mir sehe, habe ich nicht nötig, erst hervorzuheben, daß unsere Gewerkschaftsbewegung nicht etwa von der ›liberalen‹ Periode des Fürsten Swiatopolk-Mirski (im Jahre 1904. R. L.) oder vom 22. Januar herrührt, wie manche zu behaupten versuchen. Die gewerkschaftliche Bewegung hat viel tiefere Wurzeln, sie ist unzertrennlich verknüpft mit der ganzen Vergangenheit unserer Arbeiterbewegung. Unsere Gewerkschaften sind bloß neue Organisationsformen zur Leitung jenes ökonomischen Kampfes, den das russische Proletariat bereits jahrzehntelang führt. Ohne uns weit in die Geschichte zu vertiefen, darf man wohl sagen, daß der ökonomische Kampf der Petersburger Arbeiter mehr oder weniger organisierte Formen annimmt seit den denkwürdigen Streiks der Jahre 1896 und 1897. Die Leitung dieses Kampfes wird, glücklich kombiniert mit der Leitung des politischen Kampfes, Sache jener sozialdemokratischen Organisation, die der ›Petersburger Verein des Kampfes um die Befreiung der Arbeiterklasse‹ hieß, und die sich nach der Konferenz im März 1898 in das ›Petersburger Komitee der russischen sozialdemokratischen Arbeiterpartei‹ verwandelte. Es wird ein kompliziertes System der Fabrik-, Bezirks- und Vorstadt-Organisationen geschaffen, welches die Zentrale durch unzählige Fäden mit den Arbeitermassen verknüpft und es ihr ermöglicht, auf alle Bedürfnisse der Arbeiterschaft durch Flugschriften zu reagieren. Es wird die Möglichkeit geschaffen, die Streiks zu unterstützen und zu leiten.«

Vorstellung müßte bei einigem Nachdenken schon die Tatsache der Revolution selbst und der hervorragenden Rolle des Proletariats in ihr widersprechen. Mit Paupers werden keine Revolutionen von dieser politischen Reife und Gedankenklarheit gemacht, und der im Vordertreffen des Kampfes stehende Petersburger und Warschauer, Moskauer und Odessaer Industriearbeiter ist kulturell und geistig dem westeuropäischen Typus viel näher, als sich diejenigen denken, die als die einzige und unentbehrliche Kulturschule des Proletariats den bürgerlichen Parlamentarismus und die regelrechte Gewerkschaftspraxis betrachten. Die moderne großkapitalistische Entwicklung Rußlands und die anderthalbjahrzehntelange geistige Einwirkung der Sozialdemokratie, die den ökonomischen Kampf ermutigte und leitete, haben auch ohne die äußeren Garantien der bürgerlichen Rechtsordnung ein tüchtiges Stück Kulturarbeit geleistet.

Der Kontrast wird aber noch geringer, wenn wir auf der anderen Seite etwas tiefer in das tatsächliche Lebensniveau der *deutschen* Arbeiterschaft hineinblicken. Die großen politischen Massenstreiks haben in Rußland vom ersten Augenblick die breitesten Schichten des Proletariats aufgerüttelt und in fieberhaften ökonomischen Kampf gestürzt. Allein, gibt es in Deutschland nicht ganze dunkle Winkel im Dasein der Arbeiterschaft, wo das wärmende Licht der Gewerkschaften bis jetzt sehr spärlich eindringt, ganze große Schichten, die bis jetzt gar nicht oder vergeblich auf dem Wege alltäglicher Lohnkämpfe sich aus dem sozialen Helotentum emporzuheben versuchen? Nehmen wir das *Bergarbeiterelend*. Schon in dem ruhigen Werkeltag, in der kalten Atmosphäre des parlamentarischen Einerlei Deutschlands – wie in den anderen Ländern auch, selbst im Dorado der Gewerkschaften, in England – äußert sich der Lohnkampf der Bergarbeiter fast nicht anders als von Zeit zu Zeit in gewaltigen Eruptionen, in Massenstreiks von typischem, elementarem Charakter. Dies zeigt eben, daß der Gegensatz zwischen Kapital und Arbeit hier ein zu scharfer und gewaltiger ist, als daß er sich in die Form ruhiger, planmäßiger, partieller Gewerkschaftskämpfe zerbröckeln ließe. Dieses Bergarbeiterelend aber mit seinem eruptiven Boden, das schon in »normalen« Zeiten einen Wetterwinkel von größter Heftigkeit bildet, müßte sich in Deutschland bei jeder größeren politischen Massenaktion der Arbeiterklasse, bei jedem stärkeren Ruck, der das momentane Gleichgewicht des sozialen Alltags verschiebt, unvermeidlich sofort in einen gewaltigen ökonomisch-sozialen Kampf entladen. Nehmen wir ferner das *Textilarbeiterelend*. Auch hier geben die erbitterten und meistens resultatlosen Ausbrüche des Lohnkampfes, der das Vogtland alle paar Jahre durchtobt, einen schwachen Begriff von der Vehemenz, mit der die große, zusammengeknäuelte Masse der Heloten des kartellierten Textilkapitals bei einer politischen Erschütterung, bei einer kräftigen und kühnen Massenaktion des deutschen Proletariats explodieren müßte. Nehmen wir ferner das *Heimarbeiterelend,* das *Konfektionsarbeiterelend,* das *Elektrizitätsarbeiterelend,* lauter Wetterwinkel, in denen um so sicherer bei jeder politischen Lufterschütterung in Deutschland gewaltige wirtschaftliche Kämpfe ausbrechen werden, je seltener das Proletariat hier sonst, in ruhigen Zeiten, den Kampf aufnimmt und je erfolgloser es jedesmal kämpft, je brutaler es vom Kapital gezwungen wird, zähneknirschend ins Sklavenjoch zurückzukehren.

Nun aber kommen in Betracht ganze große Kategorien des Proletariats, die überhaupt bei dem »normalen« Lauf der Dinge in Deutschland von jeder Möglichkeit eines ruhigen wirtschaftlichen Kampfes um die Hebung ihrer Lage und von jedem Gebrauch des Koalitionsrechts ausgeschlossen sind. Vor allem nennen wir zum Beispiel das glänzende Elend der *Eisenbahn-* und der *Postangestellten.* Bestehen doch für diese Staatsarbeiter mitten im parlamentarischen Rechtsstaat Deutschland russische Zustände, wohlgemerkt russische, wie sie nur *vor* der Revolution, während der ungetrübten Herrlichkeit des Absolutismus, bestanden. Bereits in dem großen Oktoberstreik 1905 stand der russische Eisenbahner in dem noch formell absolutistischen Rußland in bezug auf seine wirtschaftliche und soziale Bewegungsfreiheit turmhoch über dem deutschen. Die russischen

Eisenbahner und Postangestellten haben sich das Koalitionsrecht faktisch im Sturm erobert, und wenn es auch momentan Prozeß auf Prozeß und Maßregelung auf Maßregelung regnet, den inneren Zusammenhalt vermag ihnen nichts mehr zu nehmen. Es wäre aber eine völlig falsche psychologische Rechnung, wollte man mit der deutschen Reaktion annehmen, daß der Kadavergehorsam der deutschen Eisenbahner und Postangestellten ewig dauern wird, daß er ein Fels ist, den nichts zermürben kann. Wenn sich auch die deutschen Gewerkschaftsführer an die bestehenden Zustände dermaßen gewöhnt haben, daß sie ungetrübt durch diese in ganz Europa fast beispiellose Schmach mit einiger Genugtuung die Erfolge des Gewerkschaftskampfes in Deutschland überblicken können, so wird sich der tiefverborgene, lange aufgespeicherte Groll der uniformierten Staatssklaven bei einer allgemeinen Erhebung der Industriearbeiter unvermeidlich Luft zu verschaffen suchen. Und wenn die industrielle Vorhut des Proletariats in Massenstreiks nach weiteren politischen Rechten greifen oder die alten wird verteidigen wollen, muß der große Trupp der Eisenbahner und Postangestellten sich naturnotwendig auf seine besondere Schmach besinnen und endlich einmal zur Befreiung von der Extraportion russischen Absolutismus erheben, die für ihn speziell in Deutschland errichtet ist. Die pedantische Auffassung, die große Volksbewegungen nach Schema und Rezept abwickeln will, glaubt in der Eroberung des Koalitionsrechts für die Eisenbahner die notwendige *Voraussetzung* zu erblicken, bei der man erst an einen Massenstreik in Deutschland wird »denken dürfen«. Der wirkliche und natürliche Gang der Ereignisse kann nur ein umgekehrter sein: nur aus einer kräftigen spontanen Massenstreikaktion kann tatsächlich das Koalitionsrecht der deutschen Eisenbahner wie der Postangestellten geboren werden. Und die bei den bestehenden Verhältnissen in Deutschland unlösbare Aufgabe wird unter dem Eindruck und dem Druck einer allgemeinen politischen Massenaktion des Proletariats ganz plötzlich ihre Möglichkeiten und ihre Lösung finden.

Und endlich das größte und wichtigste: das *Landarbei-*

terelend. Wenn die englischen Gewerkschaften ausschließlich auf die Industriearbeiter zugeschnitten sind, so ist das bei dem spezifischen Charakter der englischen Nationalwirtschaft, bei der geringen Rolle der Landwirtschaft im ganzen des ökonomischen Lebens eher eine begreifliche Erscheinung. In Deutschland wird eine gewerkschaftliche Organisation, und sei sie noch so glänzend ausgebaut, wenn sie lediglich die Industriearbeiter umfaßt und für das ganze große Heer der Landarbeiter unzugänglich ist, immer nur ein schwaches Teilbild der Lage des Proletariats im ganzen geben. Es wäre aber wiederum eine verhängnisvolle Illusion, zu glauben, daß die Zustände auf dem flachen Lande unveränderliche und unbewegliche seien, daß sowohl die unermüdliche Aufklärungsarbeit der Sozialdemokratie, wie noch mehr die ganze innere Klassenpolitik Deutschlands nicht beständig die äußere Passivität des Landarbeiters unterwühlen, und daß bei irgendeiner größeren allgemeinen Klassenaktion des deutschen Industrieproletariats, zu welchem Zweck sie auch unternommen sei, nicht auch das ländliche Proletariat in Aufruhr kommt. Dies kann sich aber ganz naturgemäß nicht anders als zunächst in einem allgemeinen stürmischen ökonomischen Kampf, in gewaltigen Massenstreiks der Landarbeiter äußern.

So verschiebt sich das Bild der angeblichen wirtschaftlichen Überlegenheit des deutschen Proletariats über das russische ganz bedeutend, wenn wir den Blick von der Tabelle der gewerkschaftlich organisierten Industrie- und Handwerksbranchen auf jene großen Gruppen des Proletariats richten, die ganz außerhalb des gewerkschaftlichen Kampfes stehen oder deren besondere wirtschaftliche Lage sich nicht in den engen Rahmen des alltäglichen gewerkschaftlichen Kleinkriegs hineinzwängen läßt. Wir sehen dann ein gewaltiges Gebiet nach dem anderen, wo die Zuspitzung der Gegensätze die äußerste Grenze erreicht hat, wo Zündstoff in Hülle und Fülle aufgehäuft ist, wo sehr viel »russischer Absolutismus« in nacktester Form steckt und wo wirtschaftlich die allerelementarsten Abrechnungen mit dem Kapital erst nachzuholen sind.

Alle diese alten Rechnungen würden dann bei einer allgemeinen politischen Massenaktion des Proletariats unvermeidlich dem herrschenden System präsentiert werden. Eine künstlich arrangierte einmalige Demonstration des städtischen Proletariats, eine bloße aus Disziplin und nach dem Taktstock eines Parteivorstandes ausgeführte Massenstreikaktion könnte freilich die breiteren Volksschichten kühl und gleichgültig lassen. Allein eine wirkliche, aus revolutionärer Situation geborene, kräftige und rücksichtslose Kampfaktion des Industrieproletariats müßte sicher auf tieferliegende Schichten zurückwirken und gerade alle diejenigen, die in normalen ruhigen Zeiten abseits des gewerkschaftlichen Tageskampfes stehen, in einen stürmischen allgemeinen ökonomischen Kampf mitreißen.

Kommen wir aber auch auf die organisierten Vordertruppen des deutschen Industrieproletariats zurück und halten uns anderseits die heute von der russischen Arbeiterschaft verfochtenen Ziele des ökonomischen Kampfes vor die Augen, so finden wir durchaus nicht, daß es Bestrebungen sind, auf die die deutschen ältesten Gewerkschaften Grund hätten, wie auf ausgetretene Kinderschuhe über die Achsel zu schauen. So ist die wichtigste allgemeine Forderung der russischen Streiks seit dem 22. Januar 1905, der Achtstundentag, gewiß kein überwundener Standpunkt für das deutsche Proletariat, vielmehr in den allermeisten Fällen ein schönes fernes Ideal. Dasselbe trifft auf den Kampf mit dem »Hausherrnstandpunkt« zu, auf den Kampf um die Einführung der Arbeiterausschüsse in allen Fabriken, um die Abschaffung der Akkordarbeit, um die Abschaffung der Heimarbeit im Handwerk, um völlige Durchführung der Sonntagsruhe, um Anerkennung des Koalitionsrechts. Ja, bei näherem Zusehen sind sämtliche ökonomischen Kampfobjekte des russischen Proletariats in der jetzigen Revolution auch für das deutsche Proletariat höchst aktuell und berühren lauter wunde Stellen des Arbeiterdaseins.

Daraus ergibt sich vor allem, daß der reine politische Massenstreik mit dem man vorzugsweise operiert, auch für Deutschland ein bloßes, lebloses theoretisches Schema ist. Werden die Massenstreiks aus einer starken revolutionären Gärung sich auf natürlichem Wege als ein entschlossener politischer Kampf der städtischen Arbeiterschaft ergeben, so werden sie ebenso natürlich, genau wie in Rußland, in eine ganze Periode elementarer ökonomischer Kämpfe umschlagen. Die Befürchtungen also der Gewerkschaftsführer, als könnte der Kampf um die ökonomischen Interessen in einer Periode stürmischer politischer Kämpfe, in einer Periode der Massenstreiks, einfach auf die Seite geschoben und erdrückt werden, beruhen auf einer ganz in der Luft schwebenden schulmäßigen Vorstellung von dem Gang der Dinge. Eine revolutionäre Periode würde vielmehr auch in Deutschland den Charakter des gewerkschaftlichen Kampfes ändern und ihn dermaßen potenzieren, daß der heutige Guerillakrieg der Gewerkschaften dagegen ein Kinderspiel sein wird. Und anderseits würde aus diesem elementaren ökonomischen Massenstreikgewitter auch der politische Kampf immer wieder neue Gegenstöße und frische Kräfte schöpfen. Die Wechselwirkung zwischen ökonomischem und politischem Kampf, die die innere Triebfeder der heutigen Massenstreiks in Rußland und zugleich sozusagen den regulierenden Mechanismus der revolutionären Aktion des Proletariats bildet, würde sich ebenso naturgemäß auch in Deutschland aus den Verhältnissen selbst ergeben.

VI

Im Zusammenhang damit bekommt auch die Frage von der Organisation in ihrem Verhältnis zum Problem des Massenstreiks in Deutschland ein wesentlich anderes Gesicht.

Die Stellung mancher Gewerkschaftsführer zu der Frage erschöpft sich gewöhnlich in der Behauptung: »Wir sind noch nicht stark genug, um eine so gewagte Kraftprobe wie einen Massenstreik zu riskieren.« Nun ist dieser Standpunkt insofern ein unhaltbarer, weil es eine unlösbare Aufgabe ist, auf dem Wege einer ruhigen, zahlenmäßigen Berechnung festzustellen, wann das Proletariat zu irgendeinem Kampfe »stark genug sei«. Vor 30 Jahren zählten die deutschen Gewerkschaften 50 000 Mitglieder. Das war offenbar eine Zahl, bei der, nach dem obigen Maßstab, an einen Massenstreik nicht zu denken war. Nach weiteren 15 Jahren waren die Gewerkschaften viermal so stark und zählten 237 000 Mitglieder. Wenn man jedoch damals die heutigen Gewerkschaftsführer gefragt hätte, ob nun die Organisation des Proletariats zu einem Massenstreik reif wäre, so hätten sie sicher geantwortet, daß dies bei weitem nicht der Fall sei und daß die gewerkschaftlich Organisierten erst nach Millionen zählen müßten. Heute gehen die organisierten Gewerkschaftsmitglieder bereits in die zweite Million, aber die Ansicht ihrer Führer ist genau dieselbe, was offenbar so ins Unendliche gehen kann. Stillschweigend wird dabei vorausgesetzt, daß überhaupt die gesamte Arbeiterklasse Deutschlands bis auf den letzten Mann und die letzte Frau in die Organisation aufgenommen werden müsse, bevor man »stark genug sei«, eine Massenaktion zu wagen, die alsdann, nach der alten Formel, sich auch noch wahrscheinlich als »überflüssig« herausstellen würde. Diese Theorie ist jedoch aus dem einfachen Grunde völlig utopisch, weil sie an einem inneren Widerspruch leidet, sich im schlimmen Zirkel dreht. Die Arbeiter sollen, bevor sie irgendeinen direkten Klassenkampf vornehmen können, sämtlich organisiert sein. Die Verhältnisse, die Bedingungen der kapitalistischen Entwicklung und des bürgerlichen Staates bringen es aber mit sich, daß bei dem »normalen« Verlauf der Dinge, ohne stürmische Klassenkämpfe, bestimmte Schichten – und zwar gerade das Gros, die wichtigsten, die tiefstehenden, die vom Kapital und vom Staate am meisten gedrückten Schichten des Proletariats – eben gar nicht organisiert werden können. Sehen wir doch selbst in England, daß ein ganzes Jahrhundert unermüdlicher Gewerkschaftsarbeit ohne alle »Störungen« – ausgenommen im Anfange die Periode der Chartistenbewegung –, ohne alle »revolutionsromantischen« Verirrungen und Lockungen, es nicht weiter gebracht haben, als dahin, eine *Minderheit* der bessersituierten Schichten des Proletariats zu organisieren.

Anderseits aber können die Gewerkschaften, wie alle Kampforganisationen des Proletariats, sich selbst nicht auf die Dauer anders erhalten, als gerade im Kampf, und zwar nicht im Sinne allein des Froschmäusekrieges in den stehenden Gewässern der bürgerlich-parlamentarischen Periode, sondern im Sinne heftiger, revolutionärer Perioden des Massenkampfes. Die steife, mechanisch-bürokratische Auffassung will den Kampf nur als Produkt der Organisation auf einer gewissen Höhe ihrer Stärke gelten lassen. Die lebendige dialektische Entwicklung läßt umgekehrt die Organisation als ein Produkt des Kampfes entstehen. Wir haben bereits ein grandioses Beispiel dieser Erscheinung in Rußland gesehen, wo ein so gut wie gar nicht organisiertes Proletariat sich in anderthalb Jahren stürmischen Revolutionskampfes ein umfassendes Netz von Organisationsansätzen geschaffen hat. Ein anderes Beispiel dieser Art zeigt die eigene Geschichte der deutschen Gewerkschaften. Im Jahre 1878 betrug die Zahl der Gewerkschaftsmitglieder 50 000. Nach der Theorie der heutigen Gewerkschaftsführer war diese Organisation, wie gesagt, bei weitem nicht »stark genug«, um einen heftigen politischen Kampf aufzunehmen. Die deutschen Gewerkschaften *haben* aber, so schwach sie damals waren, den Kampf aufgenommen – nämlich den Kampf mit dem Sozialistengesetz –, und sie erwiesen sich nicht nur »stark genug«, aus dem Kampfe als Sieger hervorzugehen, sondern sie haben in diesem Kampfe ihre Kraft verfünffacht; sie umfaßten nach dem Fall des Sozialistengesetzes im Jahre 1891 277 659 Mitglieder. Allerdings entspricht die Methode, nach der die Gewerkschaften im Kampfe mit dem Sozialistengesetz gesiegt haben, nicht dem Ideal eines friedlichen, bienenartigen ununterbrochenen Ausbaus; sie gingen erst im Kampfe sämtlich in Trümmer, um sich dann aus der nächsten Welle emporzuschwingen und neu geboren zu werden. Dies ist aber eben die den proletarischen Klassenorganisationen entsprechende spezifische Methode des Wachstums: im Kampfe sich zu erproben und aus dem Kampfe wieder reproduziert hervorzugehen.

Nach näherer Prüfung der deutschen Verhältnisse und der Lage der verschiedenen Schichten der Arbeiter ist es klar, daß auch die kommende Periode stürmischer politischer Massenkämpfe für die deutschen Gewerkschaften nicht den befürchteten drohenden Untergang, sondern umgekehrt neue ungeahnte Perspektiven einer rapiden sprungweisen Erweiterung ihrer Machtsphäre mit sich bringen würde. Allein die Frage hat noch eine andere Seite. Der Plan, Massenstreiks als ernste politische Klassenaktion bloß mit Organisierten zu unternehmen, ist überhaupt ein gänzlich hoffnungsloser. Soll der Massenstreik, oder vielmehr sollen die Massenstreiks, soll der Massenkampf einen Erfolg haben, so muß er zu einer wirklichen *Volksbewegung* werden, das heißt die breitesten Schichten des Proletariats mit in den Kampf ziehen. – Schon bei der parlamentarischen Form beruht die Macht des proletarischen Klassenkampfes nicht auf dem kleinen organisierten Kern, sondern auf der breiten umliegenden Peripherie des revolutionär gesinnten Proletariats. Wollte die Sozialdemokratie bloß mit ihren paar Hunderttausend Organisierten Wahlschlachten schlagen, dann würde sie sich selbst zur Nullität verurteilen. Und ist es auch eine Tendenz der Sozialdemokratie, womöglich fast den gesamten großen Heerbann ihrer Wähler in die Parteiorganisationen aufzunehmen, so wird doch nach 30jähriger Erfahrung der Sozialdemokratie nicht ihre Wählermasse durch das Wachstum der Parteiorganisation erweitert, sondern umgekehrt die durch den Wahlkampf jeweilig eroberten frischen Schichten der Arbeiterschaft bilden das Ackerfeld für die darauffolgende Organisationsaussaat. Auch hier liefert nicht nur die Organisation die Kampftruppen, sondern der Kampf liefert in noch höherem Maße die Rekrutiertruppen für die Organisation. In viel höherem Grade als auf den parlamentarischen Kampf bezieht sich dasselbe offenbar auf die direkte politische Massenaktion. Ist auch die Sozialdemokratie, als organisierter Kern der Arbeiterklasse, die führende Vordertruppe des gesamten arbeitenden Volkes und fließt auch die politische Klarheit, die Kraft, die Einheit der Arbeiterbewegung gerade aus dieser Organisation, so darf doch die Klassenbewegung des Proletariats niemals als Bewegung der organisierten Minderheit aufgefaßt werden. Jeder wirkliche große Klassenkampf muß auf der Unterstützung und Mitwirkung der breitesten Massen beruhen, und eine Strategie des Klassenkampfes, die nicht mit dieser Mitwirkung rechnete, die bloß auf die hübsch ausgeführten Märsche des kasernierten kleinen Teils des Proletariats zugeschnitten wäre, ist im voraus zum kläglichen Fiasko verurteilt.

Die Massenstreiks, die politischen Massenkämpfe können also unmöglich in Deutschland von den Organisierten allein getragen und auf eine regelrechte »Leitung« aus einer Parteizentrale berechnet werden. In diesem Falle kommt es aber wieder – ganz wie in Rußland – nicht sowohl auf »Disziplin«, »Schulung« und auf möglichst sorgfältige Vorausbestimmung der Unterstützungs- und der Kostenfrage an, als vielmehr auf eine wirkliche revolutionäre, entschlossene Klassenaktion, die imstande wäre, die breitesten Kreise der nichtorganisierten, aber ihrer Stimmung und ihrer Lage nach revolutionären Proletariermassen zu gewinnen und mitzureißen.

Die Überschätzung und die falsche Einschätzung der Rolle der Organisation im Klassenkampf des Proletariats wird gewöhnlich ergänzt durch die Geringschätzung der unorganisierten Proletariermasse und ihrer politischen Reife. In einer revolutionären Periode, im Sturme großer, aufrüttelnder Klassenkämpfe zeigt sich erst die ganze erzieherische Wirkung der raschen kapitalistischen Entwicklung und der sozialdemokratischen Einflüsse auf die breitesten Volksschichten, wovon in ruhigen Zeiten die Tabellen der Organisationen und selbst die Wahlstatistiken nur einen ganz schwachen Begriff geben.

Wir haben gesehen, daß in Rußland seit etwa zwei Jahren aus dem geringsten partiellen Konflikt der Arbeiter mit dem Unternehmertum, aus der geringsten lokalen Brutalität der Regierungsorgane sofort eine große, allgemeine Aktion des Proletariats entstehen kann. Jedermann sieht und findet es natürlich, weil in Rußland eben »die Revolution« da ist. Was bedeutet aber dies? Es bedeutet, daß das Klassengefühl, der Klasseninstinkt bei dem russischen Proletariat in höchstem Maße lebendig ist, so daß es jede partielle Sache irgendeiner kleinen Arbeitergruppe unmittelbar als allgemeine Sache, als Klassenangelegenheit empfindet und blitzartig darauf als Ganzes reagiert. Während in Deutschland, in Frankreich, in Italien, in Holland die heftigsten gewerkschaftlichen Konflikte gar keine allgemeine Aktion der Arbeiterklasse – und sei es auch nur des organisierten Teils – hervorrufen, entfacht in Rußland der geringste Anlaß einen ganzen Sturm. Das will aber nichts anderes besagen, als daß – so paradox es klingen mag – gegenwärtig der Klasseninstinkt bei dem jungen, ungeschulten, schwach aufgeklärten und noch schwächer organisierten russischen Proletariat ein unendlich stärkerer ist als bei der organisierten, geschulten und aufgeklärten Arbeiterschaft Deutschlands oder eines anderen westeuropäischen Landes. Und das ist nicht etwa eine besondere Tugend des »jungen, unverbrauchten Ostens« im Vergleich mit dem »faulen Westen«, sondern es ist ein einfaches Resultat der unmittelbaren revolutionären Massenaktion. Bei dem deutschen aufgeklärten Arbeiter ist das von der Sozialdemokratie gepflanzte Klassenbewußtsein ein *theoretisches, latentes:* in der Periode der Herrschaft des bürgerlichen Parlamentarismus kann es sich als direkte Massenaktion in der Regel nicht betätigen; es ist hier die ideelle Summe der vierhundert Parallelaktionen der Wahlkreise während des Wahlkampfes, der vielen ökonomischen partiellen Kämpfe und dergleichen. In der Revolution, wo die Masse selbst auf dem politischen Schauplatz erscheint, wird das Klassenbewußtsein ein *praktisches, aktives*. Dem russischen Proletariat hat deshalb ein Jahr der Revolution jene »Schulung« gegeben, welche dem deutschen Proletariat 30 Jahre parlamentarischen und gewerkschaftlichen Kampfes nicht künstlich geben können. Freilich wird dieses lebendige, aktive Klassengefühl des Proletariats auch in Rußland nach dem Abschluß der Revolutionsperiode und nach der Herstellung eines bürgerlich-parlamentarischen Rechtsstaates bedeutend schwinden oder vielmehr in ein verborgenes, latentes umschlagen. Ebenso sicher wird aber umgekehrt in Deutschland in einer Periode kräftiger politischer Aktionen das lebendige, aktionsfähige revolutionäre Klassengefühl die breitesten und tiefsten Schichten des Proletariats ergreifen, und zwar um so rascher und um so mächtiger, je gewaltiger das bis dahin geleistete Erziehungswerk der Sozialdemokratie ist. Dieses Erziehungswerk sowie die aufreizende und revolutionierende Wirkung der gesamten gegenwärtigen deutschen Politik wird sich darin äußern, daß der Fahne der Sozialdemokratie in einer ernsten revolutionären Periode alle jene Scharen plötzlich Folge leisten werden, die jetzt in scheinbarer politischer Stupidität gegen alle Organisierungsversuche der Sozialdemokratie und der Gewerkschaften unempfindlich sind. Sechs Monate einer revolutionären Periode werden an der Schulung dieser jetzt unorganisierten Massen das Werk vollenden, das zehn Jahre Volksversammlungen und Flugblattverteilungen nicht fertigzubringen vermögen. Und wenn die Verhältnisse in Deutschland für eine solche Periode den Reifegrad erreicht haben, werden im Kampfe die heute unorganisierten zurückgebliebensten Schichten naturgemäß das radikalste, das ungestümste, nicht das mitgeschleppte Element bilden. Wird es in Deutschland zu Massenstreiks kommen, so werden fast sicher nicht die bestorganisierten – gewiß nicht die Buchdrucker –, sondern die schlechter oder gar nicht organisierten, die Bergarbeiter, die Textilarbeiter, vielleicht gar die Landarbeiter die größte Aktionsfähigkeit entwickeln.

Auf diese Weise gelangen wir aber auch in Deutschland zu denselben Schlüssen in bezug auf die eigentlichen Aufgaben der *Leitung,* auf die Rolle der Sozialdemokratie gegenüber den Massenstreiks, wie bei der Analyse der russischen Vorgänge. Verlassen wir nämlich das pedantische Schema eines künstlich von Partei und Gewerkschafts wegen kommandierten demonstrativen Massenstreiks der organisierten Minderheit und wenden wir uns dem lebendigen Bilde einer aus äußerster Zuspitzung der Klassengegensätze und der politischen Situation mit elementarer Kraft entstehenden wirklichen Volksbewegung zu, die sich sowohl in politischen wie in ökonomischen stürmischen Massenkämpfen, Massenstreiks entladet, so muß offenbar die Aufgabe der Sozialdemokratie nicht in der technischen Vorbereitung und Leitung des Massenstreiks, sondern vor allem in der *politischen Führung* der ganzen Bewegung bestehen.

Die Sozialdemokratie ist die aufgeklärteste, klassenbewußteste Vorhut des Proletariats. Sie kann und darf nicht mit verschränkten Armen fatalistisch auf den Eintritt der »revolutionären Situation« warten, darauf warten, daß jene spontane Volksbewegung vom Himmel fällt. Im Gegenteil, sie muß, wie immer, der Entwicklung der Dinge *vorauseilen*, sie zu beschleunigen suchen. Dies vermag sie aber nicht dadurch, daß sie zur rechten und unrechten Zeit ins Blaue hinein plötzlich die »Losung« zu einem Massenstreik ausgibt, sondern vor allem dadurch, daß sie den breitesten proletarischen Schichten den unvermeidlichen *Eintritt* dieser revolutionären Periode, die dazu führenden inneren *sozialen Momente* und die politischen Konsequenzen klarmacht. Sollen breiteste proletarische Schichten für eine politische Massenaktion der Sozialdemokratie gewonnen werden, und soll umgekehrt die Sozialdemokratie bei einer Massenbewegung die wirkliche Leitung ergreifen und behalten, der ganzen Bewegung *im politischen Sinne* Herr werden, dann muß sie mit voller Klarheit, Konsequenz und Entschlossenheit die *Taktik*, die *Ziele* dem deutschen Proletariat in der Periode der kommenden Kämpfe zu stecken wissen.

VII

Wir haben gesehen, daß der Massenstreik in Rußland nicht ein künstliches Produkt einer absichtlichen Taktik der Sozialdemokratie, sondern eine natürliche geschichtliche Erscheinung auf dem Boden der jetzigen Revolution darstellt. Welche sind nun die Momente, die in Rußland diese neue Erscheinungsform der Revolution hervorgebracht haben?

Die russische Revolution hat zur nächsten Aufgabe die Beseitigung des Absolutismus und die Herstellung eines modernen bürgerlich-parlamentarischen Rechtsstaates. Formell ist es genau dieselbe Aufgabe, die in Deutschland der Märzrevolution, in Frankreich der großen Revolution am Ausgang des 18. Jahrhunderts bevorstand. Allein die Verhältnisse, das geschichtliche Milieu, in dem diese formell analogen Revolutionen stattfanden, sind grundverschieden von den heutigen Rußlands. Das Entscheidende ist der Umstand, daß zwischen jenen bürgerlichen Revolutionen des Westens und der heutigen bürgerlichen Revolution im Osten der ganze Zyklus der kapitalistischen Entwicklung abgelaufen ist. Und zwar hatte diese Entwicklung nicht bloß die westeuropäischen Länder, sondern auch das absolutistische Rußland ergriffen. Die Großindustrie mit allen ihren Konsequenzen, der modernen Klassenscheidung, den schroffen sozialen Kontrasten, dem modernen Großstadtleben und dem modernen Proletariat, ist in Rußland die herrschende, das heißt in der sozialen Entwicklung ausschlaggebende Produktionsform geworden. Daraus hat sich aber die merkwürdige, widerspruchsvolle, geschichtliche Situation ergeben, daß die nach ihren formellen Aufgaben bürgerliche Revolution in erster Reihe von einem modernen klassenbewußten Proletariat ausgeführt wird, und in einem internationalen Milieu, das im Zeichen des Verfalls der bürgerlichen Demokratie steht. Nicht die Bourgeoisie ist jetzt das führende revolutionäre Element, wie in den früheren Revolutionen des Westens, während die proletarische Masse, aufgelöst im Kleinbürgertum, der Bourgeoisie Heerbanndienste leistet, sondern umgekehrt, das klassenbewußte Proletariat ist das führende und treibende Element, während die großbürgerlichen Schichten teils direkt konterrevolutionär, teils schwächlich-liberal, und nur das ländliche Kleinbürgertum nebst der städtischen kleinbürgerlichen Intelligenz entschieden oppositionell, ja revolutionär gesinnt sind. Das russische Proletariat aber, das dermaßen zur führenden Rolle in der bürgerlichen Revolution bestimmt ist, tritt, selbst frei von allen Illusionen der bürgerlichen Demokratie, dafür mit einem stark entwickelten Bewußtsein der eigenen spezifischen Klasseninteressen, bei einem scharf zugespitzten Gegensatz zwischen Kapital und Arbeit, in den Kampf. Dieses widerspruchsvolle Verhältnis findet seinen Ausdruck in der Tatsache, daß in dieser formell bürgerlichen Revolution der Gegensatz der bürgerlichen Gesellschaft zum Absolutismus von dem Gegensatz des Proletariats zur bürgerlichen Gesellschaft beherrscht wird, daß der Kampf des Proletariats sich mit gleicher Kraft gleichzeitig gegen den Absolutismus und gegen die kapitalistische Ausbeutung richtet, daß das Programm der revolutionären Kämpfe mit gleichem Nachdruck auf die politische Freiheit und auf die Eroberung des Achtstundentages sowie einer menschenwürdigen materiellen Existenz für das Proletariat gerichtet ist. Dieser zwiespältige Charakter der russischen Revolution äußert sich in jener innigen Verbindung und Wechselwirkung des ökonomischen mit dem politischen Kampf, die wir an der Hand der Vorgänge in Rußland kennengelernt haben, und die ihren entsprechenden Ausdruck eben im Massenstreik findet.

In den früheren bürgerlichen Revolutionen, wo einerseits die politische Schulung und Anführung der revolutionären Masse von den bürgerlichen Parteien besorgt wurde und wo es sich anderseits um den nackten Sturz der alten Regierung handelte, war die kurze Barrikadenschlacht die passende Form des revolutionären Kampfes. Heute, wo die Arbeiterklasse sich selbst im Laufe des revolutionären Kampfes aufklären, selbst sammeln und selbst anführen muß, und wo die Revolution ihrerseits ebenso gegen die alte Staatsgewalt wie gegen die kapitalistische Ausbeutung gerichtet ist, erscheint der Massenstreik als das natürliche Mittel, die breitesten proletarischen Schichten in der Aktion selbst zu rekrutieren, zu revolutionieren und zu organisieren, ebenso wie es gleichzeitig ein Mittel ist, die alte Staatsgewalt zu unterminieren und zu stürzen und die kapitalistische Ausbeutung einzudämmen. Das städtische Industrieproletariat ist jetzt die Seele der Revolution in Rußland. Um aber irgendeine direkte politische Aktion als Masse auszuführen, muß sich das Proletariat erst zur Masse wieder sammeln und zu diesem Behufe muß es vor allem aus Fabriken und Werkstätten, aus Schächten und Hütten heraustreten, muß es die Pulverisierung und Zerbröckelung in den Einzelwerkstätten überwinden, zu der es im täglichen Joch des Kapitals verurteilt ist. Der Massenstreik ist somit die erste natürliche, impulsive Form jeder großen revolutionären Aktion des Proletariats, und je mehr die

Industrie die vorherrschende Form der sozialen Wirtschaft, je hervorragender die Rolle des Proletariats in der Revolution und je entwickelter der Gegensatz zwischen Arbeit und Kapital, um so mächtiger und ausschlaggebender müssen die Massenstreiks werden. Die frühere Hauptform der bürgerlichen Revolutionen, die Barrikadenschlacht, die offene Begegnung mit der bewaffneten Macht des Staates, ist in der heutigen Revolution nur ein äußerster Punkt, nur ein Moment in dem ganzen Prozeß des proletarischen Massenkampfes.

Und damit ist in der neuen Form der Revolution auch jene Zivilisierung und Milderung der Klassenkämpfe erreicht, die von den Opportunisten der deutschen Sozialdemokratie, von den Bernstein, David und anderen prophetisch vorausgesagt wurde. Die Genannten erblickten freilich die ersehnte Milderung und Zivilisierung des Klassenkampfes, im Geiste kleinbürgerlich-demokratischer Illusionen, darin, daß der Klassenkampf ausschließlich zu einem parlamentarischen Kampf beschränkt und die Straßenrevolution einfach abgeschafft wird. Die Geschichte hat die Lösung in einer etwas tieferen und feineren Weise gefunden: in dem Aufkommen des revolutionären Massenstreiks, der freilich den nackten brutalen Straßenkampf durchaus nicht ersetzt und nicht überflüssig macht, ihn aber bloß zu einem Moment der langen politischen Kampfperiode reduziert und gleichzeitig mit der Revolutionsperiode ein enormes Kulturwerk im genauesten Sinne dieses Wortes verbindet: die materielle und geistige Hebung der gesamten Arbeiterklasse durch die »Zivilisierung« der barbarischen Formen der kapitalistischen Ausbeutung.

So erweist sich der Massenstreik also nicht als ein spezifisch russisches, aus dem Absolutismus entsprungenes Produkt, sondern als eine allgemeine Form des proletarischen Klassenkampfes, die sich aus dem gegenwärtigen Stadium der kapitalistischen Entwicklung und der Klassenverhältnisse ergibt. Die drei bürgerlichen Revolutionen: die große französische, die deutsche Märzrevolution und die jetzige russische bilden von diesem Standpunkt eine Kette der fortlaufenden Entwicklung, in der sich das Glück und Ende des kapitalistischen Jahrhunderts spiegelt. In der großen französischen Revolution geben die noch ganz unentwickelten inneren Widersprüche der bürgerlichen Gesellschaft für eine lange Periode gewaltiger Kämpfe Raum, wo sich alle die erst in der Hitze der Revolution rasch aufkeimenden und reifenden Gegensätze ungehindert und ungezwungen mit rücksichtslosem Radikalismus austoben. Ein halbes Jahrhundert später wird die auf halbem Wege der kapitalistischen Entwicklung ausgebrochene Revolution des deutschen Bürgertums schon durch den Gegensatz der Interessen und das Gleichgewicht der Kräfte zwischen Kapital und Arbeit in der Mitte unterbunden und durch einen bürgerlich-feudalen Kompromiß erstickt, zu einer kurzen, kläglichen, auf halbem Worte verstummten Episode abgekürzt. Noch ein halbes Jahrundert, und die heutige russische Revolution steht auf einem Punkt des geschichtlichen Weges, der bereits über den Berg, über den Höhepunkt der kapitalistischen Gesellschaft hinweggeschritten ist, wo die bürgerliche Revolution nicht mehr durch den Gegensatz zwischen Bourgeoisie und Proletariat erstickt werden kann, sondern umgekehrt zu einer neuen, langen Periode gewaltigster sozialer Kämpfe entfaltet wird, in denen die Begleichung der alten Rechnung mit dem Absolutismus als eine Kleinigkeit erscheint gegen die vielen neuen Rechnungen, die die Revolution selbst aufmacht. Die heutige Revolution realisiert somit in der besonderen Angelegenheit des absolutistischen Rußlands zugleich die allgemeinen Resultate der internationalen kapitalistischen Entwicklung und erscheint weniger ein letzter Nachläufer der alten bürgerlichen, wie ein Vorläufer der neuen Serie der proletarischen Revolutionen des Westens. Das zurückgebliebenste Land weist, gerade weil es sich mit seiner bürgerlichen Revolution so unverzeihlich verspätet hat, Wege und Methoden des weiteren Klassenkampfes dem Proletariat Deutschlands und der vorgeschrittensten kapitalistischen Länder.

Demnach erscheint es, auch von dieser Seite genommen, gänzlich verfehlt, die russische Revolution als ein schönes Schauspiel, als etwas spezifisch »Russisches« von weitem zu betrachten und höchstens das Heldentum der Kämpfer, das heißt die äußeren Akzessorien des Kampfes zu bewundern. Viel wichtiger ist es, daß die deutschen Arbeiter die russische Revolution als *ihre eigene Angelegenheit* zu betrachten lernen, nicht bloß im Sinne der internationalen Klassensolidarität mit dem russischen Proletariat, sondern vor allem als *ein Kapitel der eigenen sozialen und politischen Geschichte*. Diejenigen Gewerkschaftsführer und Parlamentarier, die das deutsche Proletariat als »zu schwach« und die deutschen Verhältnisse als zu unreif für revolutionäre Massenkämpfe betrachten, haben offenbar keine Ahnung davon, daß der Gradmesser der Reife der Klassenverhältnisse in Deutschland und der Macht des Proletariats nicht in den Statistiken der deutschen Gewerkschaften oder in den Wahlstatistiken liegt, sondern – in den Vorgängen der russischen Revolution. Genau so, wie sich die Reife der französischen Klassengegensätze unter der Julimonarchie und die Pariser Junischlacht in der deutschen Märzrevolution, in ihrem Verlauf und ihrem Fiasko spiegelte, ebenso spiegelt sich heute die Reife der deutschen Klassengegensätze in den Vorgängen, in der Macht der russischen Revolution. Und während die Bürokraten der deutschen Arbeiterbewegung den Nachweis ihrer Kraft und ihrer Reife in den Schubfächern ihrer Kontore auskramen, sehen sie nicht, daß das Gesuchte gerade vor ihren Augen in einer großen historischen Offenbarung liegt, denn geschichtlich genommen ist die russische Revolution ein Reflex der Macht und der Reife der internationalen, also in erster Linie der deutschen Arbeiterbewegung.

Es wäre deshalb ein gar zu klägliches, grotesk winziges Resultat der russischen Revolution, wollte das deutsche Proletariat aus ihr bloß die Lehre ziehen, daß es – wie die Genossen Frohme, Elm und andere wollen – von der russischen Revolution die äußere Form des Kampfes, den Massenstreik entlehnt und zu einer Vorratskanone für den Fall der Kassierung des Reichstagswahlrechts, also zu einem passiven Mittel der parlamentarischen Defensive kastriert. Wenn man uns das Reichstagswahlrecht nimmt, dann wehren wir uns. Das ist ein ganz selbstverständlicher Entschluß. Aber zu diesem Entschluß braucht man sich nicht in die heldenhafte Pose eines Danton zu werfen, wie es zum Beispiel Genosse Elm in Jena getan; denn die Verteidigung des bereits besessenen bescheidenen Maßes der parlamentarischen Rechte ist weniger eine himmelstürmende Neuerung, zu der erst die furchtbaren Hekatomben der russischen Revolution als Ermunterung notwendig waren, als vielmehr die einfachste und erste Pflicht jeder Oppositionspartei. Allein die bloße Defensive darf niemals die Politik des Proletariats in einer Revolutionsperiode erschöpfen. Und wenn es einerseits schwerlich mit Sicherheit vorausgesagt werden kann, ob die Vernichtung des allgemeinen Wahlrechtes in Deutschland in einer Situation eintritt, die unbedingt eine sofortige Massenstreikaktion hervorrufen wird, so ist es anderseits ganz sicher, daß, sobald wir in Deutschland in die Periode stürmischer Massenaktionen eingetreten sind, die Sozialdemokratie unmöglich auf die bloße parlamentarische Defensive ihre Taktik festlegen darf. Den Anlaß und den Moment vorauszubestimmen, an dem die Massenstreiks in Deutschland ausbrechen sollen, liegt außerhalb der Macht der Sozialdemokratie, weil es außerhalb ihrer Macht liegt, geschichtliche Situationen durch Parteitagsbeschlüsse herbeizuführen. Was sie aber kann und muß, ist, die politischen Richtlinien dieser Kämpfe, wenn sie einmal eintreten, klarzulegen und in einer entschlossenen, konsequenten Taktik zu formulieren. Man hält nicht die geschichtlichen Ereignisse im Zaum, indem man ihnen Vorschriften macht, sondern indem man sich im voraus ihre wahrscheinlichen berechenbaren Konsequenzen zum Bewußtsein bringt und die eigene Handlungsweise danach einrichtet.

Die zunächst drohende politische Gefahr, auf die sich die deutsche Arbeiterbewegung seit einer Reihe von Jahren gefaßt macht, ist ein Staatsstreich der Reaktion, der den breitesten Schichten der arbeitenden Volksmasse das wichtigste politische Recht, das Reichstagswahlrecht, wird entreißen wollen. Trotz der ungeheueren Tragweite dieses eventuellen Ereignisses ist es, wie gesagt, unmöglich, mit Bestimmtheit zu behaupten, daß auf den Staatsstreich alsdann sofort eine offene Volksbewegung in der Form von

Massenstreiks ausbricht, weil uns heute alle jene unzähligen Umstände und Momente unbekannt sind, die bei einer Massenbewegung die Situation mitbestimmen. Allein, wenn man die gegenwärtige äußerste Zuspitzung der Verhältnisse in Deutschland und anderseits die mannigfachen internationalen Rückwirkungen der russischen Revolution und weiter des künftigen renovierten Rußlands in Betracht zieht, so ist es klar, daß der Umsturz in der deutschen Politik, der aus einer Kassierung des Reichstagswahlrechts entstehen würde, nicht bei dem Kampf um dieses Wahlrecht allein haltmachen könnte. Dieser Staatsstreich würde vielmehr in kürzerer oder längerer Frist mit elementarer Macht eine große allgemeine politische Abrechnung der einmal empörten und aufgerüttelten Volksmassen mit der Reaktion nach sich ziehen – eine Abrechnung für den Brotwucher, für die künstliche Fleischteuerung, für die Auspowerung durch den uferlosen Militarismus und Marinismus, für die Korruption der Kolonialpolitik, für die nationale Schmach des Königsberger Prozesses, für den Stillstand der Sozialreform, für die Entrechtung der Eisenbahner, der Postbeamten und der Landarbeiter, für die Bemogelung und Verhöhnung der Bergarbeiter, für das Löbtauer Urteil und die ganze Klassenjustiz, für das brutale Aussperrungssystem – kurz, für den gesamten zwanzigjährigen Druck der koalierten Herrschaft des ostelbischen Junkertums und des kartellierten Großkapitals.

Ist aber einmal der Stein ins Rollen gekommen, so kann er, ob es die Sozialdemokratie will oder nicht, nicht mehr zum Stillstand gebracht werden. Die Gegner des Massenstreiks pflegen die Lehren und Beispiele der russischen Revolution, als für Deutschland gar nicht maßgebend, vor allem deshalb abzuweisen, weil ja in Rußland erst der gewaltige Sprung aus einer orientalischen Despotie in eine moderne bürgerliche Rechtsordnung gemacht werden mußte. Der formelle Abstand zwischen der alten und der neuen politischen Ordnung soll für die Vehemenz und die Gewalt der Revolution in Rußland als ausreichender Erklärungsgrund dienen. In Deutschland haben wir längst die notwendigsten Formen und Garantien des Rechtsstaats, weshalb hier ein so elementares Toben der sozialen Gegensätze unmöglich ist. Die also spekulieren, vergessen, daß dafür in Deutschland, wenn es einmal zum Ausbruch offener politischer Kämpfe kommt, eben das geschichtlich bedingte Ziel ein ganz anderes sein wird als heute in Rußland. Gerade weil die bürgerliche Rechtsordnung in Deutschland längst besteht, weil sie also Zeit hatte, sich gänzlich zu erschöpfen und auf die Neige zu gehen, weil die bürgerliche Demokratie und der Liberalismus Zeit hatten, auszusterben, kann von einer *bürgerlichen* Revolution in Deutschland nicht mehr die Rede sein. Und deshalb kann es sich bei einer Periode offener politischer Volkskämpfe in Deutschland als letztes geschichtlich notwendiges Ziel nur noch um die *Diktatur des Proletariats* handeln. Der Abstand aber dieser Aufgabe von den heutigen Zuständen in Deutschland ist ein noch viel gewaltigerer als der Abstand der bürgerlichen Rechtsordnung von der orientalischen Despotie, und deshalb kann diese Aufgabe auch nicht mit einem Schlag, sondern gleichfalls in einer langen Periode gigantischer sozialer Kämpfe vollzogen werden.

Liegt aber nicht ein krasser Widerspruch in den von uns aufgezeichneten Perspektiven? Einerseits heißt es, bei einer eventuellen künftigen Periode der politischen Massenaktion werden vor allem die zurückgebliebensten Schichten des deutschen Proletariats, die Landarbeiter, die Eisenbahner, die Postsklaven, erst ihr Koalitionsrecht erobern, die ärgsten Auswüchse der Ausbeutung erst beseitigt werden müssen, anderseits soll die politische Aufgabe dieser Periode schon die politische Machteroberung durch das Proletariat sein! Einerseits ökonomische, gewerkschaftliche Kämpfe um die nächsten Interessen, um die materielle Hebung der Arbeiterklasse, anderseits schon das äußerste Endziel der Sozialdemokratie! Gewiß, das sind krasse Widersprüche, aber nicht Widersprüche unseres Räsonnements, sondern Widersprüche der kapitalistischen Entwicklung. Sie verläuft nicht in einer hübschen, geraden Linie, sondern im schroffen blitzähnlichen Zickzack. Ebenso wie die verschiedenen kapitalistischen Länder die verschiedensten Stadien der Entwicklung darstellen, ebenso innerhalb jedes

Landes die verschiedenen Schichten derselben Arbeiterklasse. Die Geschichte wartet aber nicht geduldig, bis erst die zurückgebliebenen Länder und Schichten die fortgeschrittensten eingeholt haben, damit sich das Ganze wie eine stramme Kolonne symmetrisch weiterbewegen kann. Sie bringt es bereits in den vordersten exponiertesten Punkten zu Explosionen, sobald die Verhältnisse hier dafür reif sind, und im Sturme der revolutionären Periode wird dann in wenigen Tagen und Monaten das Versäumte nachgeholt, das Ungleiche ausgeglichen, der gesamte soziale Fortschritt mit einem Ruck in Sturmschritt versetzt.

Wie in der russischen Revolution sich die ganze Stufenleiter der Entwicklung und der Interessen der verschiedenen Arbeiterschichten in dem sozialdemokratischen Programm der Revolution und die unzähligen partiellen Kämpfe in der gemeinsamen großen Klassenaktion des Proletariats vereinigen, so wird es, wenn die Verhältnisse dafür reif sind, auch in Deutschland der Fall sein. Und Aufgabe der Sozialdemokratie wird es alsdann sein, ihre Taktik nicht nach den zurückgebliebensten Phasen der Entwicklung, sondern nach den fortgeschrittensten zu richten.

VIII

Das wichtigste Erfordernis in der frühen oder später kommenden Periode der großen Kämpfe, die der deutschen Arbeiterklasse harren, ist, neben der vollen Entschlossenheit und Konsequenz der Taktik, die möglichste Aktionsfähigkeit, also möglichste Einheit des führenden sozialdemokratischen Teils der proletarischen Masse. Indes bereits die ersten schwachen Versuche zur Vorbereitung einer größeren Massenaktion haben sofort einen wichtigen Übelstand in dieser Hinsicht aufgedeckt: die völlige Trennung und Verselbständigung der beiden Organisationen der Arbeiterbewegung, der Sozialdemokratie und der Gewerkschaften.

Es ist klar aus der näheren Betrachtung der Massenstreiks in Rußland sowie aus den Verhältnissen in Deutschland selbst, daß irgendeine größere Massenaktion, wenn sie sich nicht bloß auf eine einmalige Demonstration beschränken, sondern zu einer wirklichen Kampfaktion werden soll, unmöglich als ein sogenannter politischer Massenstreik gedacht werden kann. Die Gewerkschaften würden an einer solchen Aktion in Deutschland genau so beteiligt sein wie die Sozialdemokratie. Nicht aus dem Grunde, weil, wie die Gewerkschaftsführer sich einbilden, die Sozialdemokratie angesichts ihrer viel geringeren Organisation auf die Mitwirkung der 1¼ Million Gewerkschaftler angewiesen wäre und »ohne sie« nichts zustande bringen könnte, sondern aus einem viel tiefer liegenden Grunde: weil jede direkte Massenaktion oder Periode offener Klassenkämpfe zugleich eine politische und ökonomische sein würde. Wird es in Deutschland aus irgendeinem Anlaß und in irgendeinem Zeitpunkt zu großen politischen Kämpfen, zu Massenstreiks kommen, so wird das zugleich eine Ära gewaltiger gewerkschaftlicher Kämpfe in Deutschland eröffnen, wobei die Ereignisse nicht im mindesten danach fragen werden, ob die Gewerkschaftsführer zu der Bewegung ihre Zustimmung gegeben haben oder nicht. Stehen sie auf der Seite oder suchen sich gar der Bewegung zu widersetzen, so wird der Erfolg dieses Verhaltens nur der sein, daß die Gewerkschaftsführer* von der Welle der Ereignisse einfach auf die Seite geschoben und die ökonomischen wie die politischen Kämpfe der Masse ohne sie ausgekämpft werden.

In der Tat. Die Trennung zwischen dem politischen und dem ökonomischen Kampf und die Verselbständigung beider ist nichts als ein künstliches, wenn auch geschichtlich bedingtes Produkt der parlamentarischen Periode. Einerseits wird hier, bei dem ruhigen, »normalen« Gang der bürgerlichen Gesellschaft, der ökonomische Kampf zersplittert, in eine Vielheit einzelner Kämpfe in jeder Unternehmung, in jedem Produktionszweige aufgelöst. Anderseits wird der politische Kampf nicht durch die Masse selbst in einer direkten Aktion geführt, sondern, den Formen des bürger-

---

* Für die 2. Auflage fügte R. L. hinzu: genau wie die Parteiführer im analogen Fall

lichen Staates entsprechend, auf repräsentativem Wege, durch den Druck auf die gesetzgebenden Vertretungen. Sobald eine Periode revolutionärer Kämpfe eintritt, das heißt sobald die Masse auf dem Kampfplatz erscheint, fallen sowohl die Zersplitterung des ökonomischen Kampfes wie die indirekte parlamentarische Form des politischen Kampfes weg; in einer revolutionären Massenaktion sind politischer und ökonomischer Kampf eins, und die künstliche Schranke zwischen Gewerkschaft und Sozialdemokratie als zwei getrennte, ganz selbständige Formen der Arbeiterbewegung wird einfach weggeschwemmt. Was aber in der revolutionären Massenbewegung augenfällig zum Ausdruck kommt, trifft auch für die parlamentarische Periode als wirkliche Sachlage zu. Es gibt nicht zwei verschiedene Klassenkämpfe der Arbeiterklasse, einen ökonomischen und einen politischen, sondern es gibt nur *einen* Klassenkampf, der gleichzeitig auf die Einschränkung der kapitalistischen Ausbeutung innerhalb der bürgerlichen Gesellschaft und auf die Abschaffung der Ausbeutung mitsamt der bürgerlichen Gesellschaft gerichtet ist.

Wenn sich diese zwei Seiten des Klassenkampfes auch aus technischen Gründen in der parlamentarischen Periode voneinander trennen, so stellen sie doch nicht etwa zwei parallel verlaufende Aktionen, sondern bloß zwei Phasen, zwei Stufen des Emanzipationskampfes der Arbeiterklasse dar. Der gewerkschaftliche Kampf umfaßt die Gegenwartsinteressen, der sozialdemokratische Kampf die Zukunftsinteressen der Arbeiterbewegung. Die Kommunisten, sagt das »Kommunistische Manifest«, vertreten gegenüber verschiedenen Gruppeninteressen (nationalen, lokalen Interessen) der Proletarier die gemeinsamen Interessen des gesamten Proletariats und in den verschiedenen Entwicklungsstufen des Klassenkampfes das Interesse der Gesamtbewegung, daß heißt die Endziele der Befreiung des Proletariats. Die Gewerkschaften vertreten die Gruppeninteressen und eine Entwicklungsstufe der Arbeiterbewegung. Die Sozialdemokratie vertritt die Arbeiterklasse und ihre Befreiungsinteressen im ganzen. Das Verhältnis der Gewerkschaften zur Sozialdemokratie ist demnach das eines Teiles zum Ganzen, und wenn unter den Gewerkschaftsführern die Theorie von der »Gleichberechtigung« der Gewerkschaften und der Sozialdemokratie soviel Anklang findet, so beruht das auf einer gründlichen Verkennung des Wesens selbst der Gewerkschaften und ihrer Rolle im allgemeinen Befreiungskampfe der Arbeiterklasse.

Diese Theorie von der parallelen Aktion der Sozialdemokratie und der Gewerkschaften und von ihrer »Gleichberechtigung« ist jedoch nicht völlig aus der Luft gegriffen, sondern hat ihre geschichtlichen Wurzeln. Sie beruht nämlich auf einer Illusion der ruhigen, »normalen« Periode der bürgerlichen Gesellschaft, in der der politische Kampf der Sozialdemokratie in dem *parlamentarischen* Kampf aufzugehen scheint. Der parlamentarische Kampf aber, das ergänzende Gegenstück zum Gewerkschaftskampf, ist ebenso wie dieser ein Kampf ausschließlich auf dem Boden der bürgerlichen Gesellschaftsordnung. Er ist seiner Natur nach politische Reformarbeit, wie die Gewerkschaften ökonomische Reformarbeit sind. Er stellt politische Gegenwartsarbeit dar, wie die Gewerkschaften ökonomische Gegenwartsarbeit darstellen. Er ist, wie sie, auch bloß eine Phase, eine Entwicklungsstufe im Ganzen des proletarischen Klassenkampfes, dessen Endziele über den parlamentarischen Kampf wie über den gewerkschaftlichen Kampf in gleichem Maße hinausgehen. Der parlamentarische Kampf verhält sich zur sozialdemokratischen Politik denn auch wie ein Teil zum Ganzen, genau so wie die gewerkschaftliche Arbeit. Die Sozialdemokratie an sich ist eben die Zusammenfassung sowohl des parlamentarischen wie des gewerkschaftlichen Kampfes in einem auf die Abschaffung der bürgerlichen Gesellschaftsordnung gerichteten Klassenkampf.

Die Theorie von der »Gleichberechtigung« der Gewerkschaften mit der Sozialdemokratie ist also kein bloßes theoretisches Mißverständnis, keine bloße Verwechslung, sondern sie ist ein Ausdruck der bekannten Tendenz jenes opportunistischen Flügels der Sozialdemokratie, der den politischen Kampf der Arbeiterklasse auch tatsächlich auf den parlamentarischen Kampf reduzieren und die Sozialdemokratie aus einer revolutionären proletarischen in eine kleinbürgerliche Reformpartei umwandeln will[4]. Wollte die Sozialdemokratie die Theorie von der »Gleichberechtigung« der Gewerkschaften akzeptieren, so würde sie damit in indirekter Weise und stillschweigend jene Verwandlung akzeptieren, die von den Vertretern der opportunistischen Richtung längst angestrebt wird.

Indes ist in Deutschland eine solche Verschiebung des Verhältnisses innerhalb der Arbeiterbewegung unmöglicher als in irgendeinem anderen Lande. Das theoretische

---

[4] Da das Vorhandensein einer solchen Tendenz innerhalb der deutschen Sozialdemokratie gewöhnlich geleugnet wird, so muß man die Offenherzigkeit begrüßen, mit der die opportunistische Richtung neulich ihre eigentlichen Ziele und Wünsche formuliert hat. In einer Parteiversammlung in Mainz am 10. September dieses Jahres wurde folgende von Dr. *David* vorgelegte Resolution angenommen:
»In der Erwägung, daß die sozialdemokratische Partei den Begriff ›Revolution‹ nicht im Sinne des gewaltsamen Umsturzes, sondern im friedlichen Sinne der Entwicklung, das heißt der allmählichen Durchsetzung eines neuen Wirtschaftsprinzips, auffaßt, lehnt die Mainzer öffentliche Parteiversammlung jede ›Revolutionsromantik‹ ab.
Die Versammlung sieht in der Eroberung der politischen Macht nichts anderes als die Eroberung der Mehrheit des Volkes für die Ideen und Forderungen der Sozialdemokratie; eine Eroberung, die nicht geschehen kann mit gewaltsamen Mitteln, sondern nur durch die Revolutionierung der Köpfe auf dem Wege der geistigen Propaganda und der praktischen Reformarbeit auf allen Gebieten des politischen, wirtschaftlichen und sozialen Lebens.
In der Überzeugung, daß die Sozialdemokratie weit besser gedeiht bei den gesetzlichen Mitteln als bei den ungesetzlichen und dem Umsturz, lehnt die Versammlung die ›direkte Massenaktion‹ als taktisches Prinzip ab und hält an dem Prinzip der *parlamentarischen Reformaktion* fest, das heißt sie wünscht, daß die Partei nach wie vor ernstlich bemüht ist, *auf dem Wege der Gesetzgebung und der organischen Entwicklung allmählich unsere Ziele zu erreichen.*
Die fundamentale Voraussetzung dieser reformatorischen Kampfesmethode ist freilich, daß die *Möglichkeit der Anteilnahme der besitzlosen Volksmasse an der Gesetzgebung* im Reiche und in den Einzelstaaten nicht verkürzt, sondern bis zur *vollen Gleichberechtigung* erweitert wird. Aus diesem Grunde hält es die Versammlung für ein unbestreitbares Recht der Arbeiterschaft, zur Abwehr von Attentaten auf ihre gesetzlichen Rechte sowie zur Erringung weiterer Rechte, wenn alle anderen Mittel versagen, auch die Arbeit für kürzere oder längere Dauer zu verweigern.
Da der politische Massenstreik aber nur dann siegreich für die Arbeiterschaft durchgeführt werden kann, wenn er sich *in streng gesetzlichen Bahnen* hält und seitens der Streikenden kein berechtigter Anlaß zum Eingreifen der bewaffneten Macht geboten wird, so erblickt die Versammlung die einzig notwendige und wirksame Vorbereitung auf den Gebrauch dieses Kampfmittels in dem weiteren Ausbau der politischen, gewerkschaftlichen und genossenschaftlichen Organisation. Denn nur dadurch können die Voraussetzungen in der breiten Volksmasse geschaffen werden, die den erfolgreichen Verlauf eines Massenstreiks garantieren: zielbewußte Disziplin und einen geeigneten wirtschaftlichen Rückhalt.«

Verhältnis, wonach Gewerkschaften bloß ein Teil der Sozialdemokratie sind, findet gerade in Deutschland seine klassische Illustration in den Tatsachen, in der lebendigen Praxis, und zwar äußert sich dies nach drei Richtungen hin. Erstens sind die deutschen Gewerkschaften direkt ein Produkt der Sozialdemokratie; sie ist es, die die ersten Anfänge der Gewerkschaftsbewegung in Deutschland geschaffen hat, sie ist es, die sie großgezogen, sie liefert bis auf heute ihre Leiter und die tätigsten Träger ihrer Organisation. Zweitens sind die deutschen Gewerkschaften ein Produkt der Sozialdemokratie auch in dem Sinne, daß die sozialdemokratische Lehre die Seele der gewerkschaftlichen Praxis bildet, die Gewerkschaften verdanken ihre Überlegenheit über alle bürgerlichen und konfessionellen Gewerkschaften dem Gedanken des Klassenkampfes, ihre praktischen Erfolge, ihre Macht sind ein Resultat des Umstandes, daß ihre Praxis von der Theorie des wissenschaftlichen Sozialismus erleuchtet und über die Niederungen eines engherzigen Empirismus gehoben ist. Die Stärke der »praktischen Politik« der deutschen Gewerkschaften liegt in ihrer Einsicht in die tieferen sozialen und wirtschaftlichen Zusammenhänge der kapitalistischen Ordnung; diese Einsicht verdanken sie aber niemand anderem, als der Theorie des wissenschaftlichen Sozialismus, auf der sie in ihrer Praxis fußen. In diesem Sinne bedeutet jenes Suchen nach der Emanzipierung der Gewerkschaften von der sozialdemokratischen Theorie, nach einer anderen »gewerkschaftlichen Theorie« im Gegensatz zur Sozialdemokratie, dieses Suchen ist vom Standpunkte der Gewerkschaften selbst nichts anderes, als ein Selbstmordversuch. Die Loslösung der gewerkschaftlichen Praxis von der Theorie des wissenschaftlichen Sozialismus würde für die deutschen Gewerkschaften einen sofortigen Verlust der ganzen Überlegenheit gegenüber allen bürgerlichen Gewerkschaftssorten, einen Sturz von ihrer bisherigen Höhe auf das Niveau eines haltlosen Tastens und reinen platten Empirismus bedeuten.

Endlich aber drittens sind die Gewerkschaften, wovon ihre Führer allmählich das Bewußtsein verloren haben, auch direkt in ihrer *zahlenmäßigen* Stärke, ein Produkt der sozialdemokratischen Bewegung und der sozialdemokratischen Agitation.* Manche Gewerkschaftsleiter pflegen gern mit einigem Triumph [und einiger Schadenfreude]** von der stolzen Höhe ihrer 1¼ Millionen Mitglieder auf die armselige, noch nicht volle halbe Million der organisierten Mitglieder der Sozialdemokratie herabzublicken und sie an jene Zeiten vor 10 bis 12 Jahren zu erinnern, wo man in den Reihen der Sozialdemokratie über die Perspektiven der gewerkschaftlichen Entwicklung noch pessimistisch dachte. Sie bemerken gar nicht, daß zwischen diesen zwei Tatsachen: der hohen Ziffer der Gewerkschaftsmitglieder und der niedrigen Ziffer der sozialdemokratisch Organisierten, in gewissem Maße *ein direkter kausaler Zusammenhang besteht.* Tausende und aber Tausende von Arbeitern treten den Parteiorganisationen nicht bei, eben *weil* sie in die Gewerkschaften eintreten. Der Theorie nach müßten alle Arbeiter zweifach organisiert sein: in zweierlei Versammlungen gehen, zweifache Beiträge zahlen, zweierlei Arbeiterpresse lesen usw. Um dies jedoch zu tun, dazu gehört schon ein hoher Grad der Intelligenz und jener Idealismus, der aus reinem Pflichtgefühl gegenüber der Arbeiterbewegung tägliche Opfer an Zeit und Geld nicht scheut, endlich auch jenes leidenschaftliche Interesse für das eigentliche Parteileben, das nur durch die Zugehörigkeit zur Parteiorganisation befriedigt werden kann. All das trifft bei der aufgeklärtesten und intelligentesten Minderheit der sozialdemokratischen Arbeiterschaft in den Großstädten zu, wo das Parteileben ein inhaltsreiches und anziehendes, wo die Lebenshaltung der Arbeiter eine höhere ist. Bei den breiteren Schichten der großstädtischen Arbeitermasse aber, sowie in der Provinz, in den kleineren und

---

* Für die 2. Auflage fügte R. L. hinzu: Gewiß ging und geht die gewerkschaftliche Agitation in manchen Gegenden der sozialdemokratischen voran, und überall ebnet die gewerkschaftliche Arbeit auch der Parteiarbeit die Wege. Vom Standpunkt ihrer *Wirkung* arbeiten Partei und Gewerkschaft einander völlig in die Hand. Allein, wenn man das Bild des Klassenkampfes in Deutschland im ganzen und in seinen tiefer liegenden Zusammenhängen überblickt, so verschiebt sich das Verhältnis erheblich.
** In späteren Auflagen gestrichen.

kleinsten Nestern, wo das lokale politische Leben ein unselbständiges, ein bloßer Reflex der hauptstädtischen Vorgänge, wo das Parteileben folglich auch ein armes und monotones ist, wo endlich die wirtschaftliche Lebenshaltung des Arbeiters meistens eine sehr kümmerliche, da ist das doppelte Organisationsverhältnis sehr schwer durchzuführen.

Für den sozialdemokratisch gesinnten Arbeiter aus der Masse wird dann die Frage von selbst in der Weise gelöst, daß er eben seiner Gewerkschaft beitritt. Den unmittelbaren Interessen seines wirtschaftlichen Kampfes kann er nämlich, was durch die Natur dieses Kampfes selbst bedingt ist, nicht anders genügen, als durch den Beitritt zu einer Berufsorganisation. Der Beitrag, den er hier vielfach unter bedeutenden Opfern seiner Lebenshaltung zahlt, bringt ihm unmittelbaren, sichtlichen Nutzen. Seine sozialdemokratische Gesinnung aber vermag er auch ohne Zugehörigkeit zu einer speziellen Parteiorganisation zu betätigen: durch Stimmabgabe bei den Parlamentswahlen, durch den Besuch sozialdemokratischer Volksversammlungen, durch das Verfolgen der Berichte über sozialdemokratische Reden in den Vertretungskörpern, durch das Lesen der Parteipresse – man vergleiche zum Beispiel die Zahl der sozialdemokratischen Wähler sowie die Abonnentenzahl des »Vorwärts« mit der Zahl der organisierten Parteimitglieder in Berlin. Und, was das Ausschlaggebende ist: der sozialdemokratisch gesinnte durchschnittliche Arbeiter aus der Masse, der als einfacher Mann kein Verständnis für die komplizierte und feine Zweiseelentheorie [der Gewerkschaftsführer]* haben kann, fühlt sich eben auch in der Gewerkschaft *sozialdemokratisch* organisiert. Tragen die Zentralverbände auch kein offizielles Parteischild, so sieht doch der Arbeitsmann aus der Masse in jeder Stadt und jedem Städtchen an der Spitze seiner Gewerkschaft als die tätigsten Leiter diejenigen Kollegen, die er auch als Genossen, als Sozialdemokraten aus dem öffentlichen Leben kennt: bald als sozialdemokratische Reichstags-, Landtags-

---

* In der 2. Auflage gestrichen.

oder Gemeindeabgeordnete, bald als sozialdemokratische Vertrauensmänner, Wahlvereinsvorstände, Parteiredakteure, Parteisekretäre, oder einfach als Redner und Agitatoren. Er hört ferner in der Agitation in seiner Gewerkschaft meistens dieselben ihm lieb und verständlich gewordenen Gedanken über die kapitalistische Ausbeutung, über Klassenverhältnisse, die er auch aus der sozialdemokratischen Agitation kennt; ja die meisten und beliebtesten Redner in den Gewerkschaftsversammlungen, [jene, die allein »Leben in die Bude bringen« und als Anziehungskraft für die sonst schwach besuchten und schläfrigen Gewerkschaftsversammlungen bilden]*, sind eben bekannte Sozialdemokraten.

So wirkt alles dahin, dem klassenbewußten Durchschnittsarbeiter das Gefühl zu geben, daß er, indem er sich gewerkschaftlich organisiert, dadurch auch seiner Arbeiterpartei angehört, sozialdemokratisch organisiert ist. *Und darin liegt eben die eigentliche Werbekraft der deutschen Gewerkschaften*. Nicht dank dem Schein der Neutralität, sondern dank der sozialdemokratischen Wirklichkeit ihres Wesens haben es die Zentralverbände vermocht, ihre heutige Stärke zu erreichen. [Heute wird tatsächlich durch jenen Schein niemand in Deutschland irregeführt.]** Dies ist einfach durch dieselbe Mitexistenz verschiedener bürgerlich-parteilicher: katholischer, Hirsch-Dunckerscher usw. Gewerkschaften begründet, durch die man eben die Notwendigkeit jener angeblichen »Neutralität« zu begründen sucht. Wenn der deutsche Arbeiter, der die volle freie Wahl hat, sich einer christlichen, katholischen, evangelischen oder freisinnigen Gewerkschaft anzuschließen, keine von diesen, sondern die »freie Gewerkschaft« wählt, oder gar aus jenen in diese übertritt, so tut er dies nur, weil er die Zentralverbände als ausgesprochene Organisationen des modernen Klassenkampfes oder, was in Deutschland dasselbe, als sozialdemokratische Gewerkschaften auffaßt. Kurz: der Schein der »Neutralität«,

---

* In den späteren Auflagen gestrichen.
** In den späteren Auflagen gestrichen.

der für manche Gewerkschaftsführer existiert, besteht für die Masse der gewerkschaftlich Organisierten nicht. Und dies ist das **ganze** Glück der [Zentralverbände].* Sollte jener Schein der »Neutralität«, jene Entfremdung und Loslösung der Gewerkschaften von der Sozialdemokratie je zur Wahrheit und namentlich in den Augen der proletarischen Masse zur Wirklichkeit werden, dann würden die Gewerkschaften sofort ihren ganzen Vorzug gegenüber den bürgerlichen Konkurrenzverbänden und damit auch ihre Werbekraft, ihr belebendes Feuer, verlieren. Das Gesagte wird durch allgemein bekannte Tatsachen schlagend bewiesen. Der Schein der parteipolitischen »Neutralität« der Gewerkschaften könnte nämlich als Anziehungsmittel hervorragende Dienste leisten in einem Lande, wo die Sozialdemokratie selbst keinen Kredit bei den Massen besitzt, wo ihr Odium einer Arbeiterorganisation in den Augen der Masse noch eher schadet als hilft, wo mit einem Wort die Gewerkschaften ihre Truppen erst aus einer ganz unaufgeklärten, bürgerlich gesinnten Masse selbst rekrutieren müssen.

Das Muster eines solchen Landes war das ganze vorige Jahrhundert hindurch und ist auch heute noch in hohem Maße – *England*. In Deutschland jedoch liegen die Parteiverhältnisse ganz anders. In einem Lande, wo die Sozialdemokratie die mächtigste politische Partei ist, wo ihre Werbekraft durch ein Heer von über drei Millionen Proletariern dargestellt wird, da ist es lächerlich, von dem abschreckenden Odium der Sozialdemokratie zu sprechen und von der Notwendigkeit einer Kampforganisation der Arbeiter, die politische Neutralität zu wahren. Die bloße Zusammenstellung der Ziffer der sozialdemokratischen Wähler mit den Ziffern der gewerkschaftlichen Organisationen in Deutschland genügt, um für jedes Kind klarzumachen, daß die deutschen Gewerkschaften ihre Truppen nicht, wie in England, aus der unaufgeklärten bürgerlich gesinnten Masse, sondern aus der Masse der bereits durch die Sozialdemokratie aufgerüttelten und für den Gedanken des

---

* Für die späteren Auflagen ersetzt durch: Gewerkschaftsbewegung

Klassenkampfes gewonnenen Proletarier, aus der sozialdemokratischen Wählermasse werben. Manche Gewerkschaftsführer weisen mit Entrüstung – dies ein Requisit der »Neutralitätstheorie« – den Gedanken von sich, die Gewerkschaften als Rekrutenschule für die Sozialdemokratie zu betrachten. Tatsächlich ist diese ihnen so beleidigend erscheinende, in Wirklichkeit höchst schmeichelhafte Zumutung in Deutschland durch den einfachen Umstand zur Phantasie gemacht, weil die Verhältnisse meistens umgekehrt liegen; es ist die Sozialdemokratie, die in Deutschland die Rekrutenschule für die Gewerkschaften bildet. Wenn auch das Organisationswerk der Gewerkschaften meistens noch ein sehr schweres und mühseliges ist [so daß es bei den Gewerkschaftsleitern die Illusion erweckt und nährt, als seien sie es, die in das proletarische Neuland die ersten Furchen ziehen und die erste Saat versenken]*, so ist [tatsächlich]** nicht bloß der Boden bereits durch den sozialdemokratischen Pflug urbar gemacht worden, sondern die gewerkschaftliche Saat selbst und endlich der Säemann müssen auch noch »rot«, sozialdemokratisch sein, damit die Ernte gedeiht. Wenn wir aber auf diese Weise die gewerkschaftlichen Stärkezahlen nicht mit den sozialdemokratischen Organisationen, sondern, was das einzig richtige ist, mit der sozialdemokratischen Wählermasse vergleichen, so kommen wir zu einem Schluß, der von [dem triumphierenden Siegesbewußtsein der Gewerkschaftsführer]*** bedeutend abweicht. Es stellt sich nämlich heraus, daß die »freien Gewerkschaften« heute tatsächlich noch die Minderheit der klassenbewußten Arbeiterschaft Deutschlands darstellen, haben sie doch mit 1¼ Million Organisierter noch nicht einmal die Hälfte der von der Sozialdemokratie aufgerüttelten Massen ausschöpfen können.

Der wichtigste Schluß aus den angeführten Tatsachen ist der, daß die für die kommenden Massenkämpfe in

---

* In der zweiten Auflage gestrichen.
** Für die 2. Auflage ersetzt durch: abgesehen von manchen Gegenden und Fällen, im großen und ganzen
*** Für die 2. Auflage ersetzt durch: der landläufigen Vorstellung in dieser Hinsicht

Deutschland unbedingt notwendige völlige *Einheit* der gewerkschaftlichen und der sozialdemokratischen Arbeiterbewegung *tatsächlich vorhanden ist,* und zwar ist sie verkörpert in der breiten Masse, die gleichzeitig die Basis der Sozialdemokratie wie der Gewerkschaften bildet und in deren Bewußtsein beide Seiten der Bewegung zu einer geistigen Einheit verschmolzen sind. Der angebliche Gegensatz zwischen Sozialdemokratie und Gewerkschaften schrumpft bei dieser Sachlage zu einem Gegensatz zwischen der Sozialdemokratie und [der oberen Schicht]* der Gewerkschaften zusammen, der aber zugleich ein Gegensatz zwischen diesem Teil der Gewerkschaftsführer und der gewerkschaftlich organisierten proletarischen Masse ist.

Das starke Wachstum der Gewerkschaftsbewegung in Deutschland im Laufe der letzten 15 Jahre, besonders in der Periode der wirtschaftlichen Hochkonjunktur 1895 bis 1900, hat von selbst eine große Verselbständigung der Gewerkschaften, eine Spezialisierung ihrer Kampfmethoden und ihrer Leitung und endlich das Aufkommen eines regelrechten gewerkschaftlichen Beamtenstandes mit sich gebracht. All diese Erscheinungen sind ein vollkommen erklärliches und natürliches geschichtliches Produkt des fünfzehnjährigen Wachstums der Gewerkschaften, ein Produkt der wirtschaftlichen Prosperität und der politischen Windstille in Deutschland. [Sie sind, was namentlich auf den Beamtenstand der Gewerkschaften zutrifft, ein historisch notwendiges Übel.]** Allein die Dialektik der Entwicklung bringt es eben mit sich, daß diese notwendigen Förderungsmittel des gewerkschaftlichen Wachstums auf einer gewissen Höhe der Organisation und auf einem gewissen Reifegrad der Verhältnisse in ihr Gegenteil, in Hemmnisse des weiteren Wachstums umschlagen.

Die Spezialisierung ihrer Berufstätigkeit als gewerkschaftlicher Leiter sowie der naturgemäß enge Gesichtskreis, der mit den zersplitterten ökonomischen Kämpfen in einer ruhigen Periode verbunden ist, führen bei den Ge-

---

* Für die 2. Auflage ersetzt durch: einem gewissen Teil
** Für die 2. Auflage ersetzt durch: Sie sind, wenn auch von gewissen Übelständen unzertrennlich, doch zweifellos ein historisch notwendiges Übel.

werkschaftsbeamten nur zu leicht zum Bürokratismus [wie zur Borniertheit der Auffassung].* Beides äußert sich aber in einer ganzen Reihe von Tendenzen, die für die Zukunft der gewerkschaftlichen Bewegung selbst höchst verhängnisvoll werden könnten. Dahin gehört vor allem die Überschätzung der Organisation, die aus einem Mittel zum Zweck allmählich in einen Selbstzweck, in ein höchstes Gut verwandelt wird, dem die Interessen des Kampfes untergeordnet werden sollen. Daraus erklärt sich auch jenes offen zugestandene Ruhebedürfnis, das vor einem größeren Risiko und vor vermeintlichen Gefahren für den Bestand der Gewerkschaften, vor der Ungewißheit größerer Massenaktionen zurückschreckt, ferner die Überschätzung der gewerkschaftlichen Kampfesweise selbst, ihrer Aussichten und ihrer Erfolge. Die beständig von dem ökonomischen Kleinkrieg absorbierten Gewerkschaftsleiter, die es zur Aufgabe haben, den Arbeitermassen den hohen Wert jeder noch so geringen ökonomischen Errungenschaft, jeder Lohnerhöhung oder Verkürzung der Arbeitszeit plausibel zu machen, kommen allmählich dahin, daß sie selbst die größeren Zusammenhänge und den Überblick über die Gesamtlage verlieren. Nur dadurch kann erklärt werden, daß [die deutschen]** Gewerkschaftsführer zum Beispiel mit so großer Genugtuung auf die Errungenschaften der letzten 15 Jahre, auf die Millionen Mark Lohnerhöhungen hinweisen, anstatt umgekehrt den Nachdruck auf die andere Seite der Medaille zu legen: auf die gleichzeitig stattgefundene ungeheure Herabdrückung der proletarischen Lebenshaltung durch den Brotwucher, durch die gesamte Steuer- und Zollpolitik, durch den Bodenwucher, der die Wohnungsmieten in so exorbitanter Weise in die Höhe getrieben hat, mit einem Wort, auf all die objektiven Tendenzen der bürgerlichen Politik, die jene Errungenschaften der 15jährigen gewerkschaftlichen Kämpfe zu einem großen Teil wieder illusorisch machen. Aus der *ganzen* sozialdemokratischen Wahrheit, die neben der Beto-

---

* Für die 2. Auflage ersetzt durch: und zu einer gewissen Enge der Auffassung
** In den späteren Auflagen ersetzt durch: manche

nung der Gegenwartsarbeit und ihrer absoluten Notwendigkeit das Hauptgewicht auf die *Kritik* und die Schranken dieser Arbeit legt, wird so die *halbe* gewerkschaftliche Wahrheit zurechtgestutzt, die nur das Positive des Tageskampfes hervorhebt. Und schließlich wird aus dem Verschweigen der dem gewerkschaftlichen Kampfe gezogenen objektiven Schranken der bürgerlichen Gesellschaftsordnung eine direkte Feindseligkeit gegen jede theoretische Kritik, die auf diese Schranken im Zusammenhang mit den Endzielen der Arbeiterbewegung hinweist. Die unbedingte Lobhudelei, der grenzenlose Optimismus werden zur Pflicht jedes »Freundes der Gewerkschaftsbewegung« gemacht. Da aber der sozialdemokratische Standpunkt gerade in der Bekämpfung des kritiklosen gewerkschaftlichen Optimismus, ganz wie in der Bekämpfung des kritiklosen parlamentarischen Optimismus besteht, so wird schließlich gegen die sozialdemokratische Theorie selbst Front gemacht: [die Gewerkschaftsbeamten suchen tastend nach einer »neuen Theorie«, die *ihren* Bedürfnissen und *ihrer* Auffassung entsprechen würde]*, das heißt nach einer Theorie, die den gewerkschaftlichen Kämpfen im Gegensatz zur sozialdemokratischen Lehre auf dem Boden der kapitalistischen Ordnung ganz unbeschränkte Perspektiven des wirtschaftlichen Aufstiegs eröffnen würde. Eine solche Theorie existiert freilich schon seit geraumer Zeit: es ist dies die Theorie von Prof. *Sombart,* die ausdrücklich mit der Absicht aufgestellt wurde, einen Keil zwischen die Gewerkschaften und die Sozialdemokratie in Deutschland zu treiben und die Gewerkschaften auf bürgerlichen Boden hinüberzulocken.

[Im engsten Zusammenhang mit diesem theoretischen Umschwung bei einem Teil der Gewerkschaftsführer steht – auch dies ganz im Sinne der Sombartschen Theorie – ein Umschwung im Verhältnis der Führer zur Masse. An Stelle der kollegialen, unentgeltlichen, aus reinem Idealismus betriebenen gewerkschaftlichen Agitation durch lokale Kom-

---

* Für die 2. Auflage ersetzt durch: man sucht tastend nach einer neuen gewerkschaftlichen Theorie

missionen der Genossen selbst tritt die geschäftsmäßige, bürokratisch geregelte Leitung des meistens von auswärts hergeschickten Gewerkschaftsbeamten. Durch die Konzentrierung der Fäden der Bewegung in seinen Händen wird auch die Urteilsfähigkeit in gewerkschaftlichen Dingen zu seiner Berufsspezialität. Die Masse der Genossen wird zur urteilsunfähigen Masse degradiert, der hauptsächlich die Tugend der »Disziplin«, das heißt des passiven Gehorsams zur Pflicht gemacht wird. Im Gegensatz zur Sozialdemokratie, wo entgegen dem tendenziösen Märchen von der »Bebelschen Diktatur«, tatsächlich durch die Wählbarkeit und die kollegiale Geschäftsführung der größte Demokratismus herrscht, wo der Parteivorstand tatsächlich nur ein Verwaltungsorgan ist, besteht in den Gewerkschaften in einem viel höheren Maße das Verhältnis der Obrigkeit zu der untergebenen Masse. Eine Blüte dieses Verhältnisses ist nämlich]* die Argumentation, mit der jede theoretische Kritik an den Aussichten und Möglichkeiten der Gewerkschaftspraxis verpönt wird, weil sie angeblich eine Gefahr für die gewerkschaftsfromme Gesinnung der Masse darstelle. Es wird dabei von der Ansicht ausgegangen, daß die Arbeitermasse nur bei blindem kindlichen Glauben an das Heil des Gewerkschaftskampfes für die Organisation gewonnen und erhalten werden könne. Im Gegensatz zur

---

* Für die 2. Auflage ersetzt durch: Im engen Zusammenhang mit diesen theoretischen Tendenzen steht ein Umschwung im Verhältnis der Führer zur Masse. An die Stelle der kollegialen Leitung durch lokale Kommissionen mit ihren zweifellosen Unzulänglichkeiten tritt die geschäftsmäßige Leitung der Gewerkschaftsbeamten. Die Initiative und die Urteilsfähigkeit werden damit sozusagen zu einer Berufsspezialität, während der Masse hauptsächlich die mehr passive Tugend der Disziplin obliegt. Diese Schattenseiten des Beamtentums bergen sicherlich auch für die Partei bedeutende Gefahren in sich, die sich aus der jüngsten Neuerung, aus der Anstellung der lokalen Parteisekretäre, sehr leicht ergeben können, wenn die sozialdemokratische Masse nicht darauf bedacht sein wird, daß die genannten Sekretäre reine Vollziehungsorgane bleiben und nicht etwa als die berufenen Träger der Initiative und der Leitung des lokalen Parteilebens betrachtet werden. Allein dem Bürokratismus sind in der Sozialdemokratie durch die Natur der Sache, durch den Charakter des politischen Kampfes selbst engere Grenzen gezogen als im Gewerkschaftsleben. Hier bringt gerade die technische Spezialisierung der Lohnkämpfe, zum Beispiel der Abschluß von komplizierten Tarifverträgen und dergleichen mit sich, daß der Masse der Organisierten häufig der »Überblick über das gesamte Gewerbsleben« abgesprochen und damit ihre Urteilsunfähigkeit begründet wird. Eine Blüte dieser Auffassung ist namentlich

Sozialdemokratie, die gerade auf der Einsicht der Masse in die Widersprüche der bestehenden Ordnung und in die ganze komplizierte Natur ihrer Entwicklung, auf dem kritischen Verhalten der Masse zu allen Momenten und Stadien des eigenen Klassenkampfes ihren Einfluß basiert, wird der Einfluß und die Macht der Gewerkschaften nach dieser verkehrten Theorie auf der Kritik- und Urteilslosigkeit der Masse gegründet. »Dem Volke muß der Glaube erhalten werden« – dies der Grundsatz, aus dem heraus manche Gewerkschaftsbeamten alle Kritik an den objektiven Unzulänglichkeiten der Gewerkschaftsbewegung zu einem Attentat auf diese Bewegung selbst stempeln. Und endlich ein Resultat dieser Spezialisierung und dieses Bürokratismus unter den Gewerkschaftsbeamten ist auch die starke Verselbständigung und die »Neutralität« der Gewerkschaften gegenüber der Sozialdemokratie. Die äußere Selbständigkeit der gewerkschaftlichen Organisation hat sich mit ihrem Wachstum als eine natürliche Bedingung ergeben, als ein Verhältnis, das auf der technischen Arbeitsteilung zwischen der politischen und der gewerkschaftlichen Kampfform erwächst. Die »Neutralität« der deutschen Gewerkschaften kam ihrerseits als ein Produkt der reaktionären Vereinsgesetzgebung, des preußisch-deutschen Polizeistaates auf. Mit der Zeit haben beide Verhältnisse ihre Natur geändert. Aus dem polizeilich erzwungenen Zustand der politischen »Neutralität« der Gewerkschaften ist nachträglich eine Theorie ihrer freiwilligen Neutralität als einer angeblich in der Natur des Gewerkschaftskampfes selbst begründeten Notwendigkeit zurechtgemacht worden. Und die technische Selbständigkeit der Gewerkschaften, die auf praktischer Arbeitsteilung innerhalb des einheitlichen sozialdemokratischen Klassenkampfes beruhen sollte, ist in die [Unabhängigkeit]* der Gewerkschaften von der Sozialdemokratie, von ihren Ansichten und von ihrer Führung, in die sogenannte »Gleichberechtigung« mit der Sozialdemokratie umgewandelt.

Dieser Schein der [Unabhängigkeit] und der Gleich-

---

* Wie auch im nachstehenden Satz in der 2. Auflage ersetzt durch: Lostrennung

stellung der Gewerkschaften mit der Sozialdemokratie wird aber hauptsächlich in den Gewerkschaftsbeamten verkörpert, durch den Verwaltungsapparat der Gewerkschaften genährt. Äußerlich ist durch die Nebenexistenz eines ganzen Stabes von Gewerkschaftsbeamten, einer gänzlich unabhängigen Zentrale, einer zahlreichen Berufspresse und endlich der gewerkschaftlichen Kongresse der Schein einer völligen Parallelität mit dem Verwaltungsapparat der Sozialdemokratie, dem Parteivorstand, der Parteipresse und den Parteitagen geschaffen. Diese Illusion der Gleichstellung zwischen Sozialdemokratie und Gewerkschaften hat auch unter anderem zu der monströsen Erscheinung geführt, daß auf den sozialdemokratischen Parteitagen und den gewerkschaftlichen Kongressen zum Teil ganz analoge Tagesordnungen behandelt und zu derselben Frage verschiedene, ja, direkt entgegengesetzte Beschlüsse gefaßt werden. Aus der [Arbeitsteilung]* zwischen dem Parteitag, der die allgemeinen Interessen und Aufgaben der Arbeiterbewegung vertritt, und den Gewerkschaftskonferenzen, die das viel engere Gebiet der speziellen Fragen und Interessen des beruflichen Tageskampfes behandeln, ist der künstliche Zwiespalt zwischen einer angeblichen gewerkschaftlichen und einer sozialdemokratischen Weltanschauung in bezug auf *dieselben* allgemeinen Fragen und Interessen der Arbeiterbewegung konstruiert worden. [Ist aber dieser abnorme Zustand einmal geschaffen, so hat er die natürliche Tendenz, sich immer weiter auszuwachsen und zu verschärfen. Nunmehr, seit die Unsitte der parallelen Tagesordnungen der Gewerkschaftskongresse und der Parteitage aufgekommen, ist die Existenz selbst der Gewerkschaftskongresse ein natürlicher Anreiz zur immer stärkeren Abgrenzung und Abrückung von der Sozialdemokratie. Um die eigene »Selbständigkeit« vor sich und anderen zu dokumentieren, um nicht bei einer einfachen Wiederholung der Stellungnahme der Parteitage etwa die eigene Überflüssigkeit oder Unterwürfigkeit zu beweisen, müssen die Gewerkschaftskongresse – die ja, wie bekannt,

---

* In den späteren Auflagen heißt es: natürliche Arbeitsteilung

hauptsächlich Beamtenkongresse sind – instinktiv das Trennende, das »spezifisch Gewerkschaftliche« hervorzukehren suchen. Ebenso führt nunmehr das Bestehen selbst einer parallelen unabhängigen Zentralleitung der Gewerkschaften psychologisch dazu, auf Schritt und Tritt die eigene Unabhängigkeit gegenüber der Leitung der Sozialdemokratie fühlbar zu machen, jeden Kontakt mit der Partei vor allem vom Standpunkte der »Kompetenzgrenzen« ins Auge zu fassen.]*

So hat sich der eigenartige Zustand herausgebildet, daß dieselbe Gewerkschaftsbewegung, die mit der Sozialdemokratie unten, in der breiten proletarischen Masse, vollständig eins ist, oben, in dem Verwaltungsüberbau, von der Sozialdemokratie schroff abspringt und sich ihr gegenüber als eine unabhängige zweite Großmacht aufrichtet. Die deutsche Arbeiterbewegung bekommt dadurch die eigentümliche Form einer Doppelpyramide, deren Basis und Körper aus einem Massiv besteht, deren beide Spitzen aber weit auseinanderstehen.

Es ist aus dem Dargelegten klar, auf welchem Wege allein in natürlicher und erfolgreicher Weise jene kompakte Einheit der deutschen Arbeiterbewegung geschaffen werden kann, die im Hinblick auf die kommenden politischen Klassenkämpfe sowie im eigenen Interesse der weiteren Entwicklung der Gewerkschaften unbedingt notwendig ist. Nichts wäre verkehrter und hoffnungsloser, als die erstrebte Einheit auf dem Wege sporadischer oder periodischer Verhandlungen über Einzelfragen der Arbeiterbewegung zwischen der sozialdemokratischen Parteileitung und der gewerkschaftlichen Zentrale herstellen zu wollen. Gerade die obersten Organisationsspitzen der beiden Formen der Arbeiterbewegung verkörpern, wie wir gesehen, ihre Trennung und Verselbständigung in sich, [sind zugleich – dies bezieht sich namentlich auf die gewerkschaftliche Leitung – Träger und Stützen]** der Illusion von der »Gleichberechtigung« und der Parallelexistenz der Sozialdemo-

---

* In der 2. Auflage gestrichen.
** Für die 2. Auflage ersetzt durch: sind also selbst Träger

kratie und der Gewerkschaften. Die Einheit der beiden durch die Verbindung des Parteivorstandes und der Generalkommission herstellen zu wollen, hieße eine Brücke gerade dort zu bauen, wo der Abstand am weitesten und der Übergang am schwersten ist. [Sollte diese Art der Verbindung zwischen Partei und Gewerkschaften, das jedesmalige Verhandeln von Großmacht zu Großmacht, zum System werden, so wäre das nichts anderes als gerade die Heiligsprechung jenes föderativen Verhältnisses zwischen dem Ganzen der proletarischen Klassenbewegung und einer Teilerscheinung dieser Bewegung, das als eine Abnormität zu beseitigen ist. Das diplomatisch-föderative Verhältnis zwischen der sozialdemokratischen und der gewerkschaftlichen Oberinstanz kann nur zu einer immer größeren Entfremdung und Erkaltung der Beziehungen führen, zur Quelle immer neuer Reibungen werden. Und dies liegt in der Natur der Sache. Durch die Form selbst dieses Verhältnisses ist es nämlich gegeben, daß die große Frage der harmonischen Vereinigung der ökonomischen und der politischen Seite des proletarischen Emanzipationskampfes in die winzige Frage eines »freundnachbarlichen« Verhältnisses zwischen den »Instanzen« in der Lindenstraße und dem Engel-Ufer verwandelt und die großen Gesichtspunkte der Arbeiterbewegung durch kleinliche Rangrücksichten und Empfindlichkeiten verdeckt werden. Die erste Probe mit der diplomatischen Instanzenmethode, die Verhandlungen des Parteivorstandes mit der Generalkommission in Sachen des Massenstreiks haben bereits ausreichende Belege für das Hoffnungslose dieses Verfahrens geliefert. Und wenn von der Generalkommission neulich erklärt worden ist, daß Rücksprachen zwischen ihr und dem Parteivorstand in einzelnen Fällen bereits mehrmals, bald von dieser, bald von anderer Seite, nachgesucht wurden und auch stattgefunden haben, so mag diese Versicherung vom Standpunkte der gegenseitigen Etikette sehr beruhigend und erhebend wirken; die deutsche Arbeiterbewegung jedoch, die angesichts der kommenden ernsten Zeiten alle Probleme ihres Kampfes etwas tiefer erfassen muß, hat allen Grund, dieses chinesische Mandarinentum auf die

Seite zu schieben und die Lösung der Aufgabe dort zu suchen, wo sie von selbst durch die Verhältnisse gegeben ist.]* Nicht oben, in den Spitzen der Organisationsleitungen und ihrem föderativen Bündnis, sondern unten in der organisierten proletarischen Masse liegt die Gewähr für die wirkliche Einheit der Arbeiterbewegung. Im Bewußtsein der Million Gewerkschaftsmitglieder sind Partei und Gewerkschaften tatsächlich *eins,* sie sind nämlich der *sozialdemokratische* Emanzipationskampf des Proletariats in verschiedenen Formen. Und daraus ergibt sich auch von selbst die Notwendigkeit zur Beseitigung jener Reibungen, die sich zwischen der Sozialdemokratie und [den]** Gewerkschaften ergeben haben, ihr gegenseitiges Verhältnis dem Bewußtsein der proletarischen Masse anzupassen, das heißt *die Gewerkschaften der Sozialdemokratie wieder anzugliedern.* Es wird damit nur die Synthese der tatsächlichen Entwicklung zum Ausdruck gebracht, die es von der ursprünglichen Inkorporation der Gewerkschaften zu ihrer Ablösung von der Sozialdemokratie geführt hatte, um nachher durch die Periode des starken Wachstums sowohl der Gewerkschaften wie der Sozialdemokratie die kommende Periode großer proletarischer Massenkämpfe vorzubereiten, damit aber die Wiedervereinigung der Sozialdemokratie und der Gewerkschaften im Interesse beider zur Notwendigkeit zu machen.

Es handelt sich dabei selbstverständlich nicht etwa um die Auflösung des ganzen gewerkschaftlichen Aufbaus in der Partei, sondern es handelt sich um die Herstellung jenes natürlichen Verhältnisses zwischen der Leitung der Sozialdemokratie und der Gewerkschaften, zwischen Parteitagen und Gewerkschaftskongressen, die dem tatsächlichen Verhältnis zwischen der Arbeiterbewegung im ganzen und ihrer gewerkschaftlichen Teilerscheinung entspricht. Ein solcher Umschwung wird, wie es nicht anders gehen kann, eine heftige Opposition eines Teils der Gewerkschaftsführer hervorrufen. Allein, es ist hohe Zeit, daß die sozialdemo-

---

* In der 2. Auflage gestrichen.
** Für die 2. Auflage ersetzt durch: einem Teil der

kratische Arbeitermasse lernt, ihre Urteilsfähigkeit und Aktionsfähigkeit zum Ausdruck zu bringen und damit ihre Reife für jene Zeiten großer Kämpfe und großer Aufgaben darzutun, in denen sie, die Masse, der handelnde Chorus, die Leitungen nur die »sprechenden Personen«, die Dolmetscher des Massenwillens sein sollen.

Die Gewerkschaftsbewegung ist nicht das, was sich in den vollkommen erklärlichen, aber irrtümlichen Illusionen [der paar Dutzend]* Gewerkschaftsführer spiegelt, sondern das, was im Bewußtsein der großen Masse der für den Klassenkampf gewonnenen Proletarier lebt. In diesem Bewußtsein ist die Gewerkschaftsbewegung ein Stück der Sozialdemokratie. »Und was sie ist, das wage sie zu scheinen.«

Petersburg, 15. September 1906.

---

* Für die 2. Auflage ersetzt durch: einer Minderheit
Massenstreik, Partei und Gewerkschaft. Hamburg 1906

Militarismus, Krieg und Arbeiterklasse

Rede vor der Frankfurter Strafkammer

20. Februar 1914

Meine Verteidiger haben die Tatbestandsmerkmale der Anklage auf ihre Nichtigkeit hin juristisch hinreichend beleuchtet. Ich möchte deshalb die Anklage von einer anderen Seite beleuchten. Sowohl in der heutigen mündlichen Ausführung des Herrn Staatsanwalts wie in seiner schriftlichen Anklage spielt nicht bloß der Wortlaut meiner inkriminierten Äußerungen eine große Rolle, sondern noch mehr die *Auslegung und die Tendenz*, die diesen Worten innegewohnt haben soll. Wiederholt und mit dem größten Nachdruck betonte der Herr Staatsanwalt das, was ich nach seiner Auffassung *wußte und wollte*, während ich meine Äußerungen in jenen Versammlungen machte. Nun, über dieses innere psychologische Moment meiner Rede, über mein Bewußtsein ist wohl niemand kompetenter als ich und mehr in der Lage, vollen und gründlichen Aufschluß zu geben.

Und ich will im voraus bemerken: ich bin sehr gerne bereit, dem Herrn Staatsanwalt und Ihnen, meine Herren Richter, vollen Aufschluß zu geben. Um die Hauptsache vorwegzunehmen, möchte ich erklären, daß das, was der Herr Staatsanwalt hier, gestützt auf die Aussagen seiner Kronzeugen, als meine Gedankengänge, als meine Absichten und meine Gefühle geschildert hat, nichts als *ein plattes, geistloses Zerrbild sowohl meiner Reden wie der sozialdemokratischen Agitationsweise im allgemeinen war*. Als ich diesen Ausführungen des Staatsanwalts lauschte, da mußte ich innerlich lachen und denken: Hier haben wir wieder ein klassisches Beispiel dafür, wie wenig formale Bildung ausreicht, um die sozialdemokratischen Gedankengänge, um unsere Ideenwelt in ihrer ganzen Kompliziertheit, wissenschaftlichen Feinheit und historischen Tiefe zu begreifen, wenn die soziale Klassenzugehörigkeit diesen Umständen hindernd im Wege steht. Hätten Sie, meine Herren Richter, den einfachsten ungebildeten Arbeiter aus jenen Tausenden gefragt, die meinen Versammlungen beiwohnten, er hätte Ihnen ein ganz anderes Bild, einen ganz anderen Eindruck von meinen Ausführungen wiedergegeben. Ja, die schlichten Männer und Frauen des arbeitenden Volkes sind wohl imstande, unsere Gedankenwelt in sich aufzunehmen, die sich im Hirn eines preußischen Staatsanwalts wie in einem schiefen Spiegel als ein Zerrbild reflektiert. Ich will dies jetzt eingehender an einigen Punkten nachweisen.

Der Herr Staatsanwalt hat mehrmals wiederholt, daß ich die Tausende meiner Zuhörer, schon bevor jene inkriminierte Äußerung gefallen ist, die den Höhepunkt meiner Rede gebildet haben soll, »maßlos aufgehetzt« hätte. Darauf erkläre ich: *Herr Staatsanwalt, wir Sozialdemokraten hetzen überhaupt nicht auf!* Denn was heißt »hetzen«? Habe ich etwa den Versammelten einzuschärfen versucht: Wenn ihr im Kriege als Deutsche in Feindesland, zum Beispiel nach China, kommt, dann haust so, daß kein Chinese nach hundert Jahren wagt, einen Deutschen mit scheelen Blicken anzusehen? Hätte ich *so* gesprochen, dann wäre das allerdings eine Aufhetzung. Oder habe ich vielleicht in den versammelten Massen den nationalen Dünkel, den Chauvinismus, die Verachtung und den Haß für andere Rassen und Völker aufzustacheln gesucht? Das wäre allerdings eine Aufhetzung gewesen.

Aber so sprach ich nicht und so spricht nie ein geschulter Sozialdemokrat. Was ich in jenen Frankfurter Versammlungen tat und was wir Sozialdemokraten stets in Wort und Schrift tun, das ist: *Aufklärung verbreiten, den arbeitenden Massen ihre Klasseninteressen und ihre geschichtlichen Aufgaben zum Bewußtsein bringen,* sie auf die großen Linien der historischen Entwicklung, auf die Tendenzen der ökonomischen, politischen und sozialen Umwälzungen hinweisen, die sich im Schoße unserer heutigen Gesellschaft vollziehen, die mit eherner Notwendigkeit dazu führen, daß auf einer gewissen Höhe der Entwicklung die bestehende Gesellschaftsordnung beseitigt und an ihre Stelle die höhere sozialistische Gesellschaftsordnung gesetzt werden muß. So agitieren wir, so heben wir durch die adelnde Wirkung der geschichtlichen Perspektiven, auf deren Boden wir uns stellen, auch das sittliche Leben der Massen. Von denselben großen Gesichtspunkten führen wir – weil sich bei uns Sozialdemokraten alles zu einer harmonischen, geschlossenen, wissenschaftlich fundierten Weltanschauung fügt – auch unsere *Agitation gegen den Krieg und den Militarismus*. Und wenn der Herr Staatsanwalt mit seinem armseligen Kronzeugen das alles als eine simple Hetzarbeit auffaßt, so liegt das Rohe und Simplistische dieser Auffassung einzig und allein an der *Unfähigkeit des Staatsanwalts, in sozialdemokratischen Bahnen zu denken.*

Ferner hat der Herr Staatsanwalt mehrfach meine angeblichen Hinweise auf den »*Vorgesetztenmord*« herangezogen. Diese versteckten, aber jedermann verständlichen Hinweise auf den Offiziersmord sollen ganz besonders meine schwarze Seele und die hohe Gefährlichkeit meiner Absichten enthüllen. Nun, ich bitte Sie, für einen Augenblick sogar die Richtigkeit der mir in den Mund gelegten Äußerung anzunehmen, dann müssen Sie sich bei einiger Überlegung sagen, daß der Staatsanwalt hier eigentlich – im löblichen Bestreben, mich möglichst schwarz zu malen – völlig aus der Rolle gefallen ist. Denn wann und gegen *welche* »Vorgesetzten« soll ich zum Mord aufgefordert haben? Die Anklage selbst behauptet, ich hätte die Einführung des *Milizsystems* in Deutschland befürwortet, hätte in diesem System als das Wesentliche die Pflicht bezeichnet, den Mannschaften die Handwaffe – wie dies in der Schweiz geschieht – mit nach Hause zu geben. Und daran – wohlgemerkt: *daran* – soll ich den Hinweis geknüpft haben, daß die Waffe auch einmal nach einer anderen Richtung losgehen könnte, als den Herrschenden lieb ist. Es ist also klar: der Herr Staatsanwalt beschuldigt mich, zum Morden nicht gegen die Vorgesetzten des heutigen deutschen Heeressystems, sondern – gegen die Vorgesetzten der *künftigen deutschen Milizheere aufgestachelt zu haben!* Unsere Propaganda des Milizsystems wird aufs schärfste bekämpft und wird mir gerade in der Anklage als Verbrechen angerechnet. Und gleichzeitig fühlt sich der Staatsanwalt veranlaßt, sich des durch mich bedrohten Lebens der Offiziere dieses verpönten Milizsystems anzunehmen. Noch ein Schritt und der Herr Staatsanwalt wird im Eifer des Gefechts gegen mich die Anklage erheben, daß ich zu *Attentaten auf den Präsidenten der künftigen deutschen Republik aufgestachelt habe!*

Was habe ich aber in Wirklichkeit von dem sogenannten Vorgesetztenmord ausgeführt? Etwas total anderes! Ich hatte in meiner Rede darauf hingewiesen, daß der heutige Militarismus von seinen offiziellen Verfechtern gewöhnlich mit der Phrase von der notwendigen Vaterlandsverteidigung begründet wird. Wäre dieses Vaterlandsinteresse ehrlich und aufrichtig gemeint, dann – so führte ich aus – brauchten die herrschenden Klassen ja nichts anderes zu tun, als die alte Programmforderung der Sozialdemokratie, das Milizsystem, in die Tat umzusetzen. Denn nur dieses sei die einzige sichere Gewähr für die Verteidigung des Vaterlandes, da nur das freie Volk, das aus eigenem Entschlusse gegen den Feind ins Feld rückt, ein ausreichendes und zuverlässiges Bollwerk ist für die Freiheit und Unabhängigkeit des Vaterlandes. Nur dann könne es heißen: Lieb Vaterland magst ruhig sein! Weshalb also, so frug ich, wollen die offiziellen Vaterlandsverteidiger von diesem einzig wirksamen System der Verteidigung nichts hören? Nur deshalb, weil es ihnen eben nicht in erster und nicht in zweiter Linie auf die Vaterlandsverteidigung ankommt, sondern auf imperialistische Eroberungskriege, zu denen die Miliz allerdings nichts taugt. Und ferner scheuen sich wohl deshalb die herrschenden Klassen, dem arbeitenden Volke die Waffen in die Hand zu drücken, weil das böse Gewissen der Ausbeuter sie befürchten läßt, die Waffe könnte auch einmal nach einer Richtung hin losgehen, die den Herrschenden nicht lieb ist.

Also das, was ich als die *Befürchtung der herrschenden Klassen formuliert* hatte, wird mir jetzt vom Staatsanwalt auf das Wort seiner unbeholfenen Kronzeugen hin als meine eigene Aufforderung imputiert! Hier haben Sie wieder einen Beweis dafür, welchen Wirrwarr in seinem Hirn die absolute Unfähigkeit angerichtet hat, der Gedankenbahn der Sozialdemokratie zu folgen.

Ebenso grundfalsch ist die Behauptung der Anklage, ich hätte das *holländische Beispiel* empfohlen, wonach es in der Kolonialarmee dem Soldaten freisteht, einen ihn mißhandelnden Vorgesetzten niederzumachen. In Wirklichkeit sprach ich damals im Zusammenhang mit dem Militarismus und den Soldatenmißhandlungen von unserem unvergeßlichen Führer *Bebel* und wies darauf hin, daß eines der wichtigsten Kapitel seines Lebenswerkes der Kampf im Reichstag gegen Soldatenschinder war, wobei ich zur Illustration aus dem stenographischen Bericht über die Reichstagsverhandlungen – und diese sind, so viel ich weiß, gesetzlich erlaubt – mehrere Reden Bebels zitierte, unter anderem auch jene Ausführungen aus dem Jahre 1893 über den Brauch in der holländischen Kolonialarmee. Sie sehen, meine Herren, auch hier hat sich der Herr Staatsanwalt in seinem Eifer vergriffen: er hat jedenfalls seine Anklage nicht gegen mich, sondern gegen einen anderen erheben sollen.

Doch ich komme zum springenden Punkt der Anklage. Der Herr Staatsanwalt leitet seinen Hauptangriff: *die Behauptung,* als hätte ich in der inkriminierten Äußerung *die Soldaten aufgefordert, im Kriegsfalle entgegen dem Befehl nicht auf den Feind zu schießen,* von einer Deduktion ab, die ihm offenbar von unwiderleglicher Beweiskraft und von zwingender Logik zu sein scheint. Er deduziert folgendermaßen: Da ich gegen den Militarismus agitierte, da ich den Krieg verhindern wollte, so konnte ich offenbar keinen anderen Weg, kein anderes wirksames Mittel im Auge haben als die Aufforderung direkt an die Soldaten: Wenn Euch befohlen wird, zu schießen – schießt nicht! Nicht wahr, meine Herren Richter, welcher knappe überzeugende Schluß, welche unwiderstehliche Logik! Und doch erlauben Sie mir, Ihnen zu erklären: Diese Logik und dieser Schluß ergeben sich aus der Auffassung des Herrn Staatsanwalts, nicht aus der meinen, nicht aus der der Sozialdemokratie. Hier bitte ich Sie um besondere Aufmerksamkeit. Ich sage: Der Schluß, daß das einzige wirksame Mittel, um Kriege zu verhindern, darin bestehe, sich direkt an die Soldaten zu wenden und sie aufzufordern, nicht zu schießen – dieser Schluß ist nur die andere Seite jener Auffassung, wonach, solange der Soldat den Befehlen seiner Vorgesetzten folgt, alles im Staate wohlbestellt sei, wonach – um es kurz zu sagen – das Fundament der Staatsmacht und des Militarismus der *Kadavergehorsam des Soldaten* ist. Diese Auffassung des Herrn Staatsanwalts findet auch eine harmonische Ergänzung zum Beispiel in jener amtlich veröffentlichten Äußerung des obersten Kriegsherrn, wonach der Kaiser beim Empfang des Königs der Hellenen in Potsdam am 6. November vorigen Jahres gesagt hat, der Erfolg der griechischen Heere beweise, »daß die von unserem Generalstab und unseren Truppen gepflegten Prinzipien bei richtiger Anwendung stets den Sieg verbürgen«. *Der Generalstab mit seinen »Prinzipien« und der Soldat im Kadavergehorsam* – das sind die Grundlagen der Kriegführung und die Bürgschaft der Siege. Nun, *dieser Auffassung sind wir Sozialdemokraten eben nicht*. Wir denken vielmehr, daß über das Zustandekommen und den Ausgang der Kriege nicht bloß die Armee, die »Befehle« von oben und der blinde »Gehorsam« von unten entscheiden, sondern daß darüber die *große Masse des werktätigen Volkes entscheidet und zu entscheiden hat. Wir sind der Auffassung, daß Kriege nur dann und nur so lange geführt werden können, als die arbeitende Masse sie entweder begeistert mitmacht, weil sie sie für eine gerechte und notwendige Sache hält oder wenigstens duldend erträgt*. Wenn hingegen die große Mehrheit des werktätigen Volkes zu der Überzeugung gelangt – und in ihr diese Überzeugung, dieses Bewußtsein zu wecken, ist gerade die Aufgabe, die wir Sozialdemokraten uns stellen –, wenn, sage ich, *die Mehrheit des Volkes zu der Überzeugung gelangt, daß Kriege eine barbarische, tief unsittliche, reaktionäre und volksfeindliche Erscheinung sind, dann sind die Kriege unmöglich geworden* – und mag zunächst der Soldat noch den Befehlen der Obrigkeit Gehorsam leisten! Nach der Auffassung des Staatsanwalts ist die *Armee* die kriegführende Partei, nach *unserer* Auffassung ist es *das gesamte Volk*. Dieses hat zu entscheiden, ob Kriege zustande kommen oder nicht; bei der Masse der arbeitenden Männer und Frauen, alten und jungen, liegt die Entscheidung über das Sein oder Nichtsein des heutigen Militarismus – nicht bei dem kleinen Teilchen dieses Volkes, der im sogenannten Rock des Königs steckt.

Und wenn ich das ausgeführt habe, so habe ich zugleich ein klassisches Zeugnis in der Hand, daß dies meine, unsere Auffassung in der Tat ist.

Durch einen Zufall bin ich in der Lage, auf die Frage des Frankfurter Staatsanwalts: *wen* ich damit gemeint hätte, als ich sagte, »*wir* tun das nicht«, mit einer Frankfurter Rede von mir zu antworten. Am 17. April 1910 habe ich hier im Zirkus Schumann vor etwa 6000 Personen über den preußischen Wahlrechtskampf gesprochen – wie Sie wissen, schlugen damals gerade die Wellen unseres Kampfes hoch –, und ich finde im stenographischen Bericht jener Rede auf Seite 10 die folgende Wendung:

»Werte Anwesende! Ich sage: wir sind im gegenwärtigen Wahlrechtskampfe, wie in allen wichtigen politischen Fragen des Fortschritts in Deutschland, ganz allein auf uns gestellt. Aber wer sind ›wir‹? ›Wir‹ sind doch die Millionen Proletarier und Proletarierinnen Preußens und Deutschlands. Ja, wir sind mehr als eine Zahl. Wir sind die Millionen jener, von deren Hände Arbeit die Gesellschaft lebt. Und es genügt, daß diese einfache Tatsache so recht im Bewußtsein der breitesten Massen des Proletariats Deutschlands Wurzel schlägt, damit einmal der Moment kommt, wo in Preußen der herrschenden Reaktion gezeigt wird, daß die Welt wohl ohne die ostelbischen Junker und ohne Zentrumsgrafen, ohne Geheimräte und zur Not auch ohne Staatsanwälte auskommen kann, daß sie aber nicht vierundzwanzig Stunden zu existieren vermag, wenn die Arbeiter einmal die Arme kreuzen.«

Sie sehen, hier spreche ich deutlich aus, wo wir den Schwerpunkt des politischen Lebens und der Geschicke des Staates erblicken: *Im Bewußtsein, im klar geformten Willen, in der Entschlossenheit der großen arbeitenden Masse.*

Und genauso fassen wir die Frage des Militarismus auf.
Wenn die Arbeiterklasse zu der Erkenntnis und dem Entschluß kommt, die Kriege nicht zuzulassen, dann sind die Kriege unmöglich geworden.

Aber ich habe der Beweise noch mehr, daß wir so und nicht anders die militärische Agitation verstehen. Ich muß mich überhaupt wundern: der Herr Staatsanwalt gibt sich die größte Mühe, durch Deutungen, Vermutungen, willkürliche Deduktionen aus meinen Worten herauszudestillieren, auf welche Art und Weise ich etwa beabsichtigt haben mochte, gegen den Krieg vorzugehen. Und dabei lag vor ihm das Beweismaterial in Hülle und Fülle. Wir betreiben unsere antimilitärische Agitation nicht etwa im geheimen Dunkel, im Verborgenen, nein, im hellsten Licht der Öffentlichkeit. Seit Jahrzehnten bildet der Kampf gegen den Militarismus einen Hauptgegenstand unserer Agitation. Schon seit der alten Internationale bildet er den Gegenstand von Erörterungen und Beschlüssen fast sämtlicher Kongresse sowie deutscher Parteitage. Hier brauchte der Herr Staatsanwalt nur ins volle Menschenleben hineinzugreifen, und wo er es gepackt hätte, da wäre es interessant. Das ganze betreffende umfangreiche Material kann ich leider nicht hier vor Ihnen ausbreiten. Aber das Wichtigste wenigstens gestatten Sie mir hier anzuführen.

Schon der *Brüsseler Kongreß der Internationale* im Jahre 1868 weist auf praktische Maßnahmen zur Verhinderung des Krieges hin. Er sagt unter anderem in seiner Resolution:

»daß die Völker schon jetzt die Zahl der Kriege vermindern können, indem sie sich jenen entgegenstellen, die die Kriege machen und erklären;

daß dieses Recht vor allem den arbeitenden Klassen zusteht, die beinahe allein zu militärischem Dienst herangezogen werden und ihm daher allein eine Sanktion erteilen können;

daß ihnen zu diesem Behufe ein wirksames, gesetzliches und augenblicklich realisierbares Mittel zur Verfügung steht;

daß die Gesellschaft in der Tat nicht leben könnte, wenn

die Produktion eine Zeitlang aussetzt, die Produzenten daher mit der Arbeit nur einzuhalten brauchen, um den persönlich vorgehenden, despotischen Regierungen ihre Unternehmen unmöglich zu machen;

erklärt der Kongreß der internationalen Vereinigung der Arbeiter in Brüssel, vereinigt aufs energischste gegen den Krieg zu protestieren, und lädt alle Sektionen der Vereinigungen in den verschiedenen Ländern sowie alle Arbeitervereine und Arbeiterorganisationen ohne Unterschied ein, mit dem größten Eifer dafür zu wirken, um einen Krieg von Volk zu Volk zu verhindern, der gleichzeitig, weil unter Produzenten, also Brüdern und Bürgern geführter Krieg, als ein Bürgerkrieg anzusehen wäre.

Der Kongreß empfiehlt den Arbeitern insbesondere die Niederlegung der Arbeit für den Fall des Ausbruches eines Krieges in ihrem Lande.«

Ich übergehe die anderen zahlreichen Resolutionen der alten Internationale und gehe zu den Kongressen der neuen Internationale über. Der *Züricher* Kongreß 1893 erklärt:

»Die Stellung der Arbeiter zum Kriege ist durch den Beschluß des Brüsseler Kongresses über den Militarismus scharf bezeichnet. Die internationale revolutionäre Sozialdemokratie hat in allen Ländern mit Aufgebot aller Kräfte den chauvinistischen Gelüsten der herrschenden Klasse entgegenzutreten, das Band der Solidarität um die Arbeiter aller Länder immer fester zu schlingen und unablässig auf die Beseitigung des Kapitalismus hinzuwirken, der die Menschheit in zwei feindliche Heerlager geteilt und die Völker gegeneinander hetzt. Mit der Aufhebung der Klassenherrschaft verschwindet auch der Krieg. Der Sturz des Kapitalismus ist der Weltfriede.«

Der *London*er Kongreß 1896 erklärt:

»Nur die Arbeiterklasse kann ernstlich den Willen haben und sich die Macht erringen, den Weltfrieden zu schaffen. Deshalb fordert sie:

1. Gleichzeitige Abschaffung der stehenden Heere in allen Staaten und Einführung der Volksbewaffnung.

2. Einrichtung eines internationalen Schiedsgerichts, dessen Beschlüsse Gesetzeskraft haben.

3. Endgültige Entscheidung über Krieg oder Frieden direkt durch das Volk für den Fall, daß die Regierungen nicht die Entscheidung des Schiedsgerichts annehmen.«

Der *Pariser* Kongreß 1900 empfiehlt als praktisches Mittel des Kampfes gegen den Militarismus:

»daß die sozialistischen Parteien überall die Erziehung und Organisierung der Jugend zum Zwecke der Bekämpfung des Militarismus in Angriff zu nehmen und mit größtem Eifer zu betreiben haben«.

Gestatten Sie mir noch einen wichtigen Passus aus der Resolution des *Stuttgarter* Kongresses von 1907, wo schon eine ganze Reihe praktischer Handlungen der Sozialdemokratie im Kampfe gegen den Krieg sehr plastisch zusammengefaßt ist. Hier heißt es:

»Tatsächlich hat seit dem internationalen Kongreß in Brüssel das Proletariat in seinem unermüdlichen Kampfe gegen den Militarismus durch *Verweigerung der Mittel für Rüstungen zu Lande und zu Wasser,* durch die Bestrebungen, *die militärische Organisation zu demokratisieren,* mit steigendem Nachdruck und Erfolg zu den verschiedensten Aktionsformen gegriffen, um den Ausbruch von Kriegen zu verhindern oder ihnen ein Ende zu machen, sowie um die durch den Krieg herbeigeführte Aufrüttelung der Gesellschaft für die Befreiung der Arbeiterklasse auszunutzen: so namentlich die Verständigung der englischen und französischen Gewerkschaften nach dem Faschoda-Fall zur Sicherung des Friedens und zur Wiederherstellung freundlicher Beziehungen zwischen England und Frankreich; das Vorgehen der sozialistischen Parteien im deutschen und im französischen Parlament während der Marokkokrise; die Kundgebungen, die zum gleichen Zweck von den deutschen und französischen Sozialisten veranstaltet wurden; die gemeinsame Aktion der Sozialisten Österreichs und Italiens, die sich in Triest versammelten, um einem Konflikt der beiden Staaten vorzubeugen; weiter das nachdrückliche Eingreifen der sozialistischen Arbeiterschaft Schwedens zur Verhinderung eines Angriffes auf Norwegen; endlich die heldenhaften Opfer und Massenkämpfe der sozialistischen Arbeiter und Bauern Rußlands und Polens, um sich dem vom Zarismus entfesselten Kriege zu widersetzen, ihm ein Ende zu machen und die Krise zur Befreiung des Landes und der arbeitenden Klassen auszunutzen. Alle diese Bestrebungen legen Zeugnis ab von der wachsenden Macht des Proletariats und von seinem *wachsenden Drange, die Aufrechterhaltung des Friedens durch entschlossenes Eingreifen zu sichern.*«

Und nun frage ich: Finden Sie, meine Herren, in all diesen Resolutionen und Beschlüssen auch nur eine Aufforderung, die dahin geht, daß wir uns vor die Soldaten hinstellen und ihnen zurufen sollen: Schießt nicht! Und weshalb? Etwa deshalb, weil wir uns vor den Folgen einer solchen Agitation, vor Strafparagraphen fürchten? Ach, wir wären traurige Wichte, wenn wir aus Furcht vor den Folgen etwas unterließen, was wir als notwendig und heilsam erkannt haben. Nein, wir tun es nicht, weil wir uns sagen: jene, die im sogenannten Rock des Königs stecken, sind doch nur ein Teil des werktätigen Volkes, und wenn dieses zu der nötigen Erkenntnis in bezug auf das Verwerfliche und Volksfeindliche der Kriege gelangt, dann werden auch die Soldaten von selbst wissen, ohne unsere Aufforderung, was sie im gegebenen Falle zu tun haben.

Sie sehen, meine Herren, unsere Agitation gegen den Militarismus ist nicht so arm und so simplistisch, wie der Herr Staatsanwalt es sich vorstellt. Wir haben so viele und so mannigfache Mittel der Einwirkung: *Jugenderziehung* – und wir betreiben sie mit Eifer und nachhaltigem Erfolg, trotz aller Schwierigkeiten, die uns in den Weg gelegt werden –, *Propaganda des Milizsystems, Massenversammlungen, Straßendemonstrationen* ... Schließlich blicken Sie nach Italien. Wie haben die klassenbewußten Arbeiter dort das tripolitanische Kriegsabenteuer beantwortet? Durch einen Demonstrationsmassenstreik, der aufs glänzendste durchgeführt wurde. Und wie reagierte darauf die deutsche Sozialdemokratie? Am 12. November nahm die Berliner Arbeiterschaft in zwölf Versammlungen eine Resolution an, *in der sie den italienischen Genossen für den Massenstreik dankte.*

Ja, *der Massenstreik!* sagt der Staatsanwalt. Gerade hier

glaubt er mich wieder bei meiner gefährlichsten, staatserschütternden Absicht gepackt zu haben. Der Staatsanwalt stützte heute seine Anklage ganz besonders durch die Hinweise auf meine Massenstreikagitation, an die er die *schauerlichsten Perspektiven eines gewaltsamen Umsturzes knüpfte, wie sie eben nur in der Phantasie eines preußischen Staatsanwalts ihr Dasein führen.* Herr Staatsanwalt, wenn ich bei Ihnen die geringste Fähigkeit voraussetzen könnte, auf die Gedankengänge der Sozialdemokratie, auf eine edlere historische Auffassung eingehen zu können, so würde ich Ihnen auseinandersetzen, was ich in jeder Volksversammlung mit Erfolg darlege, daß Massenstreiks als eine *bestimmte Periode in der Entwicklung der heutigen Verhältnisse* nicht »gemacht« werden, so wenig wie die Revolutionen »gemacht« werden. Die Massenstreiks sind eine *Etappe des Klassenkampfes*, zu der allerdings unsere heutige Entwicklung mit Naturnotwendigkeit führt. Unsere, der Sozialdemokratie, ganze Rolle ihnen gegenüber besteht darin, *diese Tendenz der Entwicklung der Arbeiterklasse zum Bewußtsein zu bringen,* damit die Arbeiter auf der Höhe ihrer Aufgaben sind, als eine geschulte, disziplinierte, reife, entschlossene und tatkräftige Volksmasse.

Sie sehen, auch hier wieder will mich der Staatsanwalt, wenn er das Gespenst des Massenstreiks in der Anklage vorführt, wie er ihn versteht, eigentlich für seine Gedanken, nicht für die meinigen strafen.

Hier will ich schließen. Nur eines möchte ich noch bemerken. Der Herr Staatsanwalt hat in seinen Ausführungen speziell meiner kleinen Person viel Aufmerksamkeit gewidmet. Er hat mich als die große Gefahr für die Sicherheit der Staatsordnung geschildert, er hat es sogar nicht verschmäht, sich auf das *Kladderadatschniveau herabzulassen,* und mich als die »rote Rosa« gekennzeichnet. Ja, *er hat es gewagt, meine persönliche Ehre zu verdächtigen,* indem er den Fluchtverdacht gegen mich aussprach für den Fall, daß seinem Strafantrag stattgegeben werde.

Herr Staatsanwalt, ich verschmähe es für meine Person, auf alle Ihre Angriffe zu antworten. Aber eines will ich Ihnen sagen: *Sie kennen die Sozialdemokratie nicht!* (Der

Vorsitzende unterbrechend: »Wir können hier keine politischen Reden anhören.«) Im Jahre 1913 allein haben viele Ihrer Kollegen im Schweiße ihres Angesichts dahin gearbeitet, daß über unsere Presse insgesamt die Strafe von 60 Monaten Gefängnis ausgeschüttet wurde. Haben Sie vielleicht gehört, daß auch nur einer von den Sündern aus Furcht vor der Strafe die Flucht ergriffen hat? Glauben Sie, daß diese Unmenge von Strafen auch nur einen Sozialdemokraten zum Wanken gebracht oder in seiner Pflichterfüllung erschüttert hat? *Ach nein, unser Werk spottet aller Zwirnsfäden Ihrer Strafparagraphen, es wächst und gedeiht trotz aller Staatsanwälte!*

Zum Schluß nur noch ein Wort zu dem *unqualifizierten Angriff, der auf seinen Urheber zurückfällt.*

Der Staatsanwalt hat wörtlich gesagt – ich habe es mir notiert: er beantrage meine sofortige Verhaftung, denn »es wäre ja unbegreiflich, wenn die Angeklagte nicht die Flucht ergreifen würde«. Das heißt mit anderen Worten: Wenn ich, der Staatsanwalt, ein Jahr Gefängnis abzubüßen hätte, dann würde ich die Flucht ergreifen. *Herr Staatsanwalt, ich glaube Ihnen, Sie würden fliehen. Ein Sozialdemokrat flieht nicht. Er steht zu seinen Taten und lacht Ihrer Strafen.*

Und nun verurteilen Sie mich!

Militarismus, Krieg und Arbeiterklasse
Zuerst veröffentlicht im »Vorwärts«,
22. Februar 1914.

Die Krise der Sozialdemokratie

(Junius-Broschüre)

I

Die Szene hat gründlich gewechselt. Der Marsch in sechs Wochen nach Paris hat sich zu einem Weltdrama ausgewachsen; die Massenschlächterei ist zum ermüdend eintönigen Tagesgeschäft geworden, ohne die Lösung vorwärts oder rückwärts zu bringen. Die bürgerliche Staatskunst sitzt in der Klemme, im eigenen Eisen gefangen; die Geister, die man rief, kann man nicht mehr bannen.

Vorbei ist der Rausch. Vorbei der patriotische Lärm in den Straßen, die Jagd auf Goldautomobile, die einander jagenden falschen Telegramme, die mit Cholerabazillen vergifteten Brunnen, die auf jeder Eisenbahnbrücke Berlins bombenwerfenden russischen Studenten, die über Nürnberg fliegenden Franzosen, die Straßenexzesse des spionenwitternden Publikums, das wogende Menschengedränge in den Konditoreien, wo ohrenbetäubende Musik und patriotische Gesänge die höchsten Wellen schlugen; ganze Stadtbevölkerungen in Pöbel verwandelt, bereit, zu denunzieren, Frauen zu mißhandeln, hurra zu schreien und sich selbst durch wilde Gerüchte ins Delirium zu steigern; eine Ritualmordatmosphäre, eine Kischineff-Luft, in der der Schutzmann an der Straßenecke der einzige Repräsentant der Menschenwürde war.

Die Regie ist aus. Die deutschen Gelehrten, die »wankenden Lemuren«, sind längst zurückgepfiffen. Die Reservistenzüge werden nicht mehr vom lauten Jubel der nachstürzenden Jungfrauen begleitet, sie grüßen nicht mehr das Volk aus den Wagenfenstern mit freudigem Lächeln; sie trotten still, ihren Karton in der Hand, durch die Straßen, in denen das Publikum mit verdrießlichen Gesichtern dem Tagesgeschäft nachgeht.

In der nüchternen Atmosphäre des bleichen Tages tönt ein anderer Chorus: der heisere Schrei der Geier und Hyänen des Schlachtfeldes. Zehntausend Zeltbahnen garantiert vorschriftsmäßig! 100 000 Kilo Speck, Kakaopulver, Kaffee-Ersatz, nur per Kasse, sofort lieferbar! Granaten, Drehbänke, Patronentaschen, Heiratsvermittlung für Witwen der Gefallenen, Ledergurte, Vermittlung von Heereslieferungen – nur ernst gemeinte Offerten! Das im August, im September verladene und patriotisch angehauchte Kanonenfutter verwest in Belgien, in den Vogesen in den Masuren in Totenäckern, auf denen der Profit mächtig in die Halme schießt. Es gilt, rasch die Ernte in die Scheunen zu bringen. Über den Ozean strecken sich tausend gierige Hände, um mit zu raffen.

Das Geschäft gedeiht auf Trümmern. Städte werden zu Schutthaufen, Dörfer zu Friedhöfen, Länder zu Wüsteneien, Bevölkerungen zu Bettlerhaufen, Kirchen zu Pferdeställen; Völkerrecht, Staatsverträge, Bündnisse, heiligste Worte, höchste Autoritäten in Fetzen zerrissen; jeder Souverän von Gottes Gnaden den Vetter von der Gegenseite als Trottel und wortbrüchigen Wicht, jeder Diplomat den Kollegen von der anderen Partei als abgefeimten Schurken, jede Regierung die andere als Verhängnis des eigenen Volkes der allgemeinen Verachtung preisgebend; und Hungertumulte in Venetien, in Lissabon, in Moskau, in Singapur, und Pest in Rußland, und Elend und Verzweiflung überall.

Geschändet, entehrt, im Blute watend, von Schmutz triefend – so steht die bürgerliche Gesellschaft da, so ist sie. Nicht wenn sie, geleckt und sittsam, Kultur, Philosophie und Ethik, Ordnung, Frieden und Rechtsstaat mimt – als reißende Bestie, als Hexensabbat der Anarchie, als Pesthauch für Kultur und Menschheit –, so zeigt sie sich in ihrer wahren, nackten Gestalt.

Mitten in diesem Hexensabbat vollzog sich eine weltgeschichtliche Katastrophe: die Kapitulation der internationalen Sozialdemokratie. Sich darüber zu täuschen, sie zu verschleiern, wäre das Törichtste, das Verhängnisvollste, was dem Proletariat passieren könnte. ».. .der Demokrat«

(das heißt der revolutionäre Kleinbürger), sagt Marx, »geht ebenso makellos aus der schmählichsten Niederlage heraus, wie er unschuldig in sie hineingegangen ist, mit der neugewonnenen Überzeugung, daß er siegen muß, nicht daß er selbst und seine Partei den alten Standpunkt aufzugeben, sondern umgekehrt, daß die Verhältnisse ihm entgegenzureifen haben.« Das moderne Proletariat geht anders aus geschichtlichen Proben hervor. Gigantisch wie seine Aufgaben sind auch seine Irrtümer. Kein vorgezeichnetes, ein für allemal gültiges Schema, kein unfehlbarer Führer zeigt ihm die Pfade, die es zu wandeln hat. Die geschichtliche Erfahrung ist seine einzige Lehrmeisterin, sein Dornenweg der Selbstbefreiung ist nicht bloß mit unermeßlichen Leiden, sondern auch mit unzähligen Irrtümern gepflastert. Das Ziel seiner Reise, seine Befreiung hängt davon ab, ob das Proletariat versteht, aus den eigenen Irrtümern zu lernen. Selbstkritik, rücksichtslose, grausame, bis auf den Grund der Dinge gehende Selbstkritik ist Lebensluft und Lebenslicht der proletarischen Bewegung. Der Fall des sozialistischen Proletariats im gegenwärtigen Weltkrieg ist beispiellos, ist ein Unglück für die Menschheit. Verloren wäre der Sozialismus nur dann, wenn das internationale Proletariat die Tiefe dieses Falls nicht ermessen, aus ihm nicht lernen wollte.

Was jetzt in Frage steht, ist der ganze letzte fünfundvierzigjährige Abschnitt in der Entwicklung der modernen Arbeiterbewegung. Was wir erleben, ist die Kritik, der Strich und die Summa unter den Posten unserer Arbeit seit bald einem halben Jahrhundert. Das Grab der Pariser Kommune hatte die erste Phase der europäischen Arbeiterbewegung und die erste Internationale geschlossen. Seitdem begann eine neue Phase. Statt der spontanen Revolutionen, Aufstände, Barrikadenkämpfe, nach denen das Proletariat jedesmal wieder in seinen passiven Zustand zurückfiel, begann der systematische Tageskampf, die Ausnützung des bürgerlichen Parlamentarismus, die Massenorganisation, die Vermählung des wirtschaftlichen mit dem politischen Kampfe und des sozialistischen Ideals mit der hartnäckigen Verteidigung der nächsten Tagesinteressen. Zum ersten

Male leuchtete der Sache des Proletariats und seiner Emanzipation der Leitstern einer strengen wissenschaftlichen Lehre. Statt der Sekten, Schulen, Utopien, Experimente in jedem Lande auf eigene Faust erstand eine einheitliche internationale theoretische Grundlage, die Länder wie Zeilen in einem Band verschlang. Die marxistische Erkenntnis gab der Arbeiterklasse der ganzen Welt einen Kompaß in die Hand, um sich im Strudel der Tagesereignisse zurechtzufinden, um die Kampftaktik jeder Stunde nach dem unverrückbaren Endziel zu richten.

Trägerin, Verfechterin und Hüterin dieser neuen Methode war die deutsche Sozialdemokratie. Der Krieg von 1870 und die Niederlage der Pariser Kommune hatten den Schwerpunkt der europäischen Arbeiterbewegung nach Deutschland verlegt. Wie Frankreich die klassische Stätte der ersten Phase des proletarischen Klassenkampfes, wie Paris das pochende und blutende Herz der europäischen Arbeiterklasse in jener Zeit gewesen war, so wurde die deutsche Arbeiterschaft zur Vorhut der zweiten Phase. Sie hat durch zahllose Opfer der unermüdlichen Kleinarbeit die stärkste und mustergültige Organisation ausgebaut, die größte Presse geschaffen, die wirksamsten Bildungs- und Aufklärungsmittel ins Leben gerufen, die gewaltigsten Wählermassen um sich geschart, die zahlreichsten Parlamentsvertretungen errungen. Die deutsche Sozialdemokratie galt als die reinste Verkörperung des marxistischen Sozialismus. Sie hatte und beanspruchte eine Sonderstellung als die Lehrmeisterin und Führerin der zweiten Internationale. Friedrich Engels schrieb im Jahre 1895 in seinem berühmten Vorwort zu Marxens »Klassenkämpfen in Frankreich«: »Was auch in anderen Ländern geschehen möge, die deutsche Sozialdemokratie hat eine besondere Stellung und damit wenigstens zunächst auch eine besondere Aufgabe. Die zwei Millionen Wähler, die sie an die Urnen schickt, nebst den jungen Männern und den Frauen, die als Nichtwähler hinter ihnen stehen, bilden die zahlreichste, kompakteste Masse, den entscheidenden ›Gewalthaufen‹ der internationalen proletarischen Armee.« Die deutsche Sozialdemokratie war, wie die »Wiener Arbeiterzeitung«

am 5. August 1914 schrieb, »das Juwel der Organisation des klassenbewußten Proletariats«. In ihre Fußstapfen traten immer eifriger die französische, die italienische und die belgische Sozialdemokratie, die Arbeiterbewegung Hollands, Skandinaviens, der Schweiz, der Vereinigten Staaten. Die slawischen Länder aber, die Russen, die Sozialdemokraten des Balkans, blickten zu ihr mit schrankenloser, beinahe kritikloser Bewunderung auf. In der zweiten Internationale spielte der deutsche »Gewalthaufen« die ausschlaggebende Rolle. Auf den Kongressen, in den Sitzungen des Internationalen Sozialistischen Büros wartete alles auf die deutsche Meinung. Ja, gerade in den Fragen des Kampfes gegen den Militarismus und den Krieg trat die deutsche Sozialdemokratie stets entscheidend auf. »Für uns Deutsche ist dies unannehmbar«, genügte regelmäßig, um die Orientierung der Internationale zu bestimmen. Mit blindem Vertrauen ergab sie sich der Führung der bewunderten mächtigen deutschen Sozialdemokratie: diese war der Stolz jedes Sozialisten und der Schrecken der herrschenden Klassen in allen Ländern.

Und was erlebten wir in Deutschland, als die große historische Probe kam? Den tiefsten Fall, den gewaltigsten Zusammenbruch. Nirgends ist die Organisation des Proletariats so gänzlich in den Dienst des Imperialismus gespannt, nirgends wird der Belagerungszustand so widerstandslos ertragen, nirgends die Presse so geknebelt, die öffentliche Meinung so erwürgt, der wirtschaftliche und politische Klassenkampf der Arbeiterklasse so gänzlich preisgegeben wie in Deutschland.

Aber die deutsche Sozialdemokratie war nicht bloß der stärkste Vortrupp, sie war das denkende Hirn der Internationale. Deshalb muß in ihr und an ihrem Fall die Analyse, der Selbstbesinnungsprozeß ansetzen. Sie hat die Ehrenpflicht, mit der Rettung des internationalen Sozialismus, das heißt mit schonungsloser Selbstkritik voranzugehen. Keine andere Partei, keine andere Klasse der bürgerlichen Gesellschaft darf die eigenen Fehler, die eigenen Schwächen im klaren Spiegel der Kritik vor aller Welt zeigen, denn der Spiegel wirft ihr zugleich die vor ihr stehende geschichtliche Schranke und das hinter ihr stehende geschichtliche Verhängnis zurück. Die Arbeiterklasse darf stets ungescheut der Wahrheit, auch der bittersten Selbstbezichtigung ins Antlitz blicken, denn ihre Schwäche ist nur eine Verirrung, und das strenge Gesetz der Geschichte gibt ihr die Kraft zurück, verbürgt ihren endlichen Sieg.

Die schonungslose Selbstkritik ist nicht bloß das Daseinsrecht, sie ist auch die oberste Pflicht der Arbeiterklasse. An unserem Bord führten wir die höchsten Schätze der Menschheit, zu deren Hüter das Proletariat bestellt war! Und während die bürgerliche Gesellschaft, geschändet und entehrt durch die blutige Orgie, ihrem Verhängnis weiter entgegenrennt, muß und wird das internationale Proletariat sich aufraffen und die goldenen Schätze heben, die es im wilden Strudel des Weltkrieges in einem Augenblick der Verwirrung und der Schwäche hat auf den Grund sinken lassen.

Eines ist sicher: der Weltkrieg ist eine Weltwende. Es ist ein törichter Wahn, sich die Dinge so vorzustellen, daß wir den Krieg nur zu überdauern brauchen, wie der Hase unter dem Strauch das Ende des Gewitters abwartet, um nachher munter wieder in alten Trott zu verfallen. Der Weltkrieg hat die Bedingungen unseres Kampfes verändert und uns selbst am meisten. Nicht als ob die Grundgesetze der kapitalistischen Entwicklung, der Krieg zwischen Kapital und Arbeit auf Tod und Leben eine Abweichung oder eine Milderung erfahren sollten. Schon jetzt, mitten im Kriege, fallen die Masken und es grinsen uns die alten bekannten Züge an. Aber das Tempo der Entwicklung hat durch den Ausbruch des imperialistischen Vulkans einen gewaltigen Ruck erhalten, die Heftigkeit der Auseinandersetzungen im Schoße der Gesellschaft, die Größe der Aufgaben, die vor dem sozialistischen Proletariat in unmittelbarer Nähe ragen – sie lassen alles bisherige in der Geschichte der Arbeiterbewegung als sanftes Idyll erscheinen.

Geschichtlich war dieser Krieg berufen, die Sache des Proletariats gewaltig zu fördern. Bei Marx, der so viele historische Begebenheiten mit prophetischem Blick im Schoße der Zukunft entdeckt hat, findet sich in der Schrift über »Die Klassenkämpfe in Frankreich« die folgende merkwürdige Stelle:

»In Frankreich tut der Kleinbürger, was normalerweise der industrielle Bourgeois tun müßte (um die parlamentarischen Rechte kämpfen); der Arbeiter tut, was normalerweise die Aufgabe des Kleinbürgers wäre (um die demokratische Republik kämpfen); und die Aufgabe des Arbeiters, wer löst sie? Niemand. Sie wird nicht in Frankreich gelöst, sie wird in Frankreich proklamiert. Sie wird nirgendwo gelöst innerhalb der nationalen Wände. Der Klassenkrieg innerhalb der französischen Gesellschaft schlägt um in einen Weltkrieg, worin sich die Nationen gegenübertreten. Die Lösung, sie beginnt erst in dem Augenblick, wo durch den Weltkrieg das Proletariat an die Spitze des Volkes getrieben wird, das den Weltmarkt beherrscht, an die Spitze Englands. Die Revolution, die hier nicht ihr Ende, sondern ihren organisatorischen Anfang findet, ist keine kurzatmige Revolution. Das jetzige Geschlecht gleicht den Juden, die Moses durch die Wüste führt. Es hat nicht nur eine neue Welt zu erobern, es muß untergehen, um den Menschen Platz zu machen, die einer neuen Welt gewachsen sind.«

Das war im Jahre 1850 geschrieben, zu einer Zeit, wo England das einzige kapitalistisch entwickelte Land, das englische Proletariat das bestorganisierte, durch den wirtschaftlichen Aufschwung seines Landes zur Führung der internationalen Arbeiterklasse berufen schien. Lies statt England: Deutschland, und die Worte Marxens sind eine geniale Vorausahnung des heutigen Weltkrieges. Er war berufen, das deutsche Proletariat an die Spitze des Volkes zu treiben und damit »den organisatorischen Anfang« zu der großen internationalen Generalauseinandersetzung zwischen der Arbeit und dem Kapital um die politische Macht im Staate zu machen.

Und haben wir uns etwa die Rolle der Arbeiterklasse im Weltkriege anders vorgestellt? Erinnern wir uns, wie wir noch vor kurzer Zeit das Kommende zu schildern pflegten.

»Dann kommt die *Katastrophe*. Alsdann wird in Europa der große Generalmarsch schlagen, auf den hin

16 bis 18 Millionen Männer, die Blüte der verschiedenen Nationen, ausgerüstet mit den besten Mordwerkzeugen, gegeneinander als Feinde ins Feld rücken. Aber nach meiner Überzeugung steht hinter dem großen Generalmarsch der große Kladderadatsch. Er kommt nicht durch uns, er kommt durch Sie selber. Sie treiben die Dinge auf die Spitze, Sie führen es zu einer Katastrophe. Sie werden ernten, was Sie gesät haben. *Die Götterdämmerung der bürgerlichen Welt ist im Anzuge. Seien Sie sicher: sie ist im Anzuge!*«

So sprach unser Fraktionsredner, *Bebel*, in der *Marokkodebatte* im Reichstag.

Die offizielle Flugschrift der Partei »Imperialismus oder Sozialismus?«, die vor einigen Jahren in Hunderttausenden von Exemplaren verbreitet worden ist, schloß mit den Worten:

»So wächst sich der Kampf gegen den Imperialismus immer mehr zum *Entscheidungskampf zwischen Kapital und Arbeit* aus. Kriegsgefahr, Teuerung und Kapitalismus. — Friede, Wohlstand für alle, Sozialismus! so ist die Frage gestellt. *Großen Entscheidungen geht die Geschichte entgegen.* Unablässig muß das Proletariat an seiner welthistorischen Aufgabe arbeiten, die Macht seiner Organisation, die Klarheit seiner Erkenntnis stärken. Möge dann kommen, was da will, mag es seiner Kraft gelingen, die fürchterlichen Greuel eines Weltkrieges der Menschheit zu ersparen, *oder mag die kapitalistische Welt nicht anders in die Geschichte versinken, wie sie aus ihr geboren ward, in Blut und in Gewalt: die historische Stunde* wird die Arbeiterklasse bereit finden, und *bereit sein ist alles.*«

Im offiziellen »Handbuch für sozialdemokratische Wähler« vom Jahre 1911, zur letzten Reichstagswahl, steht auf S. 42 über den erwarteten Weltkrieg zu lesen:

»Glauben unsere Herrschenden und herrschenden Klassen dieses Ungeheuere den Völkern zumuten zu dürfen? Wird nicht ein Schrei des Entsetzens, des Zornes, der Empörung die Völker erfassen und sie veranlassen, diesem Morden ein Ende zu machen?

Werden sie nicht fragen: Für wen, für was das alles? Sind wir denn Geisteskranke, um so behandelt zu werden oder uns so behandeln zu lassen?

Wer sich die Wahrscheinlichkeit eines großen europäischen Krieges ruhig überlegt, kann zu keinen anderen Schlüssen, als den hier angeführten kommen.

Der nächste europäische Krieg wird ein Vabanquespiel, wie es die Welt noch nicht gesehen, er ist aller Voraussicht nach der letzte Krieg.«

Mit dieser Sprache, mit diesen Worten warben unsere jetzigen Reichstagsabgeordneten um ihre 110 Mandate.

Als im Sommer des Jahres 1911 der Panthersprung nach Agadir und die lärmende Hetze der deutschen Imperialisten die Gefahr des europäischen Krieges in die nächste Nähe gerückt hatten, nahm eine internationale Versammlung in London am 4. August die folgende Resolution an:

»Die deutschen, spanischen, englischen, holländischen und französischen Delegierten der Arbeiterorganisationen erklären, *bereit zu sein, sich jeder Kriegserklärung mit allen zu Gebote stehenden Mitteln zu widersetzen.* Jede vertretene Nation übernimmt die Verpflichtung, gemäß den Beschlüssen ihrer nationalen und der internationalen Kongresse gegen alle verbrecherischen Umtriebe der herrschenden Klassen *zu handeln.*«

Als aber im November 1912 der Internationale Kongreß in Basel zusammentrat, als der lange Zug der Arbeitervertreter im Münster anlangte, da ging ein Erschauern vor der Größe der kommenden Schicksalsstunde und ein heroischer Entschluß durch die Brust aller Anwesenden.

Der kühle, skeptische *Victor Adler* rief:

»Genossen, das Wichtigste ist, daß wir hier an dem gemeinsamen Quell unserer Kraft sind, daß wir von hier die Kraft mitnehmen, ein jeder in seinem Lande zu tun, was er kann, durch die Formen und Mittel, die wir haben, mit der ganzen Macht, die wir besitzen, uns entgegenzustemmen dem Verbrechen des Krieges. Und wenn es vollbracht werden sollte, wenn es wirklich vollbracht werden sollte, *dann müssen wir dafür sorgen, daß es ein Stein sei, ein Stein vom Ende.*

Das ist die Gesinnung, die die ganze Internationale beseelt.

Und wenn Mord und Brand und Pestilenz durch das zivilisierte Europa ziehen – wir können nur mit Schaudern daran denken, und Empörung und Entrüstung ringt sich aus unserer Brust. *Und wir fragen uns: sind denn die Menschen, sind die Proletarier wirklich heute noch Schafe, daß sie stumm zur Schlachtbank geführt werden können?* ...«

Troelestra sprach im Namen der »kleinen Nationen«, auch in *Belgiens* Namen:

»Mit Gut und Blut steht das Proletariat der kleinen Länder der Internationale zur Verfügung in allem, was sie beschließen will, um den Krieg fernzuhalten. Wir sprechen weiter die Erwartung aus, daß, wenn einmal die herrschenden Klassen der großen Staaten die Söhne ihres Proletariats zu den Waffen rufen, um die Habgier und die Herrschaft ihrer Regierung zu kühlen in dem Blute und auf dem Boden der kleinen Völker, *daß dann die Proletariersöhne unter dem mächtigen Einfluß ihrer proletarischen Eltern, des Klassenkampfes und der proletarischen Presse es sich dreimal überlegen werden, ehe sie im Dienste dieses kulturfeindlichen Unternehmens uns, ihren Brüdern, ihren Freunden etwas zuleide tun.*«

Und *Jaurès* schloß seine Rede, nachdem er im Namen des Internationalen Büros das Manifest gegen den Krieg verlesen hatte:

»Die Internationale vertritt alle sittlichen Kräfte in der Welt! Und wenn einmal die tragische Stunde schlägt, in der wir uns ganz hingeben müßten, dieses Bewußtsein würde uns stützen und stärken. Nicht nur leichthin gesprochen, nein, *aus dem Tiefsten unseres Wesens erklären wir, wir sind zu allen Opfern bereit.*«

Es war wie ein Rütlischwur. Die ganze Welt richtete die Blicke auf den Basler Münster, wo die Glocken zur künftigen großen Schlacht zwischen der Armee der Arbeit und der Macht des Kapitals ernst und feierlich läuteten.

Am 3. Dezember 1912 sprach der sozialdemokratische Fraktionsredner David im Deutschen Reichstag:

»Das war eine der schönsten Stunden meines Lebens, das bekenne ich. Als die Glocken des Münsters den Zug der internationalen Sozialdemokraten begleiteten, als die roten Fahnen im Chor der Kirche um den Altar sich aufstellten, und als Orgelklang die Sendboten der Völker begrüßte, die den Frieden verkünden wollten, da war das allerdings ein Eindruck, den ich nicht vergessen werde ... Was sich hier vollzieht, das sollte Ihnen doch klarwerden. *Die Massen hören auf, willenlose, gedankenlose Herden zu sein.* Das ist neu in der Geschichte. Früher haben sich die Massen blindlings von denen, die Interesse an einem Krieg hatten, gegeneinanderhetzen und in den Massenmord treiben lassen. *Das hört auf. Die Massen hören auf, willenlose Instrumente und Trabanten irgendwelcher Kriegsinteressenten zu sein.*«

Noch eine Woche vor Ausbruch des Krieges, am 26. Juli 1914, schrieben deutsche Parteiblätter:

»Wir sind keine Marionetten, wir bekämpfen mit aller Energie ein System, das die Menschen zu willenlosen Werkzeugen der blind waltenden Verhältnisse macht, diesen Kapitalismus, der das nach Frieden dürstende Europa in ein dampfendes Schlachthaus zu verwandeln sich anschickt. Wenn das Verderben seinen Gang geht, wenn der entschlossene Friedenswille des deutschen, des internationalen Proletariats, der in den nächsten Tagen sich in machtvollen Kundgebungen offenbar wird, nicht imstande sein sollte, den Weltkrieg abzuwehren, *dann soll er wenigstens der letzte Krieg, dann soll er die Götterdämmerung des Kapitalismus werden.*« (»Frankfurter Volksstimme.«)

Noch am 30. Juli 1914 rief das Zentralorgan der deutschen Sozialdemokratie:

»Das sozialistische Proletariat lehnt jede Verantwortung für die Ereignisse ab, die eine bis zum Aberwitz verblendete herrschende Klasse heraufbeschwört. Es weiß, daß *gerade ihm neues Leben aus den Ruinen blühen wird.* Alle *Verantwortung* fällt auf die Machthaber von heute. Für sie handelt es sich um *Sein oder Nichtsein. Die Weltgeschichte ist das Weltgericht.*«

Und dann kam das Unerhörte, das Beispiellose, der 4. August 1914.

Ob es so kommen mußte? Ein Geschehnis von dieser Tragweite ist gewiß kein Spiel des Zufalls. Es müssen ihm tiefe und weitgreifende objektive Ursachen zugrunde liegen. Aber diese Ursachen können auch in Fehlern der Führerin des Proletariats, der Sozialdemokratie, im Versagen unseres Kampfwillens, unseres Muts, unserer Überzeugungstreue liegen. Der wissenschaftliche Sozialismus hat uns gelehrt, die objektiven Gesetze der geschichtlichen Entwicklung zu begreifen. Die Menschen machen ihre Geschichte nicht aus freien Stücken. Aber sie machen sie selbst. Das Proletariat ist in seiner Aktion von dem jeweiligen Reifegrad der gesellschaftlichen Entwicklung abhängig, aber die gesellschaftliche Entwicklung geht nicht jenseits des Proletariats vor sich, es ist in gleichem Maße ihre Triebfeder und Ursache, wie es ihr Produkt und Folge ist. Seine Aktion selbst ist mitbestimmender Teil der Geschichte. Und wenn wir die geschichtliche Entwicklung so wenig überspringen können, wie der Mensch seinen Schatten, wir können sie wohl beschleunigen oder verlangsamen.

Der Sozialismus ist die erste Volksbewegung der Weltgeschichte, die sich zum Ziel setzt und von der Geschichte berufen ist, in das gesellschaftliche Tun der Menschen einen bewußten Sinn, einen planmäßigen Gedanken und damit den freien Willen hineinzutragen. Darum nennt Friedrich Engels den endgültigen Sieg des sozialistischen Proletariats einen Sprung der Menschheit aus dem Tierreich in das Reich der Freiheit. Auch dieser »Sprung« ist an eherne Gesetze der Geschichte, an tausend Sprossen einer vorherigen qualvollen und allzu langsamen Entwicklung gebunden. Aber er kann nimmermehr vollbracht werden, wenn aus all dem von der Entwicklung zusammengetragenen Stoff der materiellen Vorbedingungen nicht der zündende Funke des bewußten Willens der großen Volksmasse aufspringt. Der Sieg des Sozialismus wird nicht wie ein Fatum vom Himmel herabfallen. Er kann nur durch eine lange Kette gewaltiger Kraftproben zwischen den alten und den neuen Mächten erkämpft werden, Kraftproben, in denen das internationale Proletariat unter der Führung der Sozialdemokratie lernt und versucht, seine Geschicke in die eigene Hand zu nehmen, sich des Steuers des gesellschaftlichen Lebens zu bemächtigen, aus einem willenlosen Spielball der eigenen Geschichte zu ihrem zielklaren Lenker zu werden.

Friedrich Engels sagte einmal: die bürgerliche Gesellschaft steht vor einem Dilemma: entweder Übergang zum Sozialismus oder Rückfall in die Barbarei. Was bedeutet ein »Rückfall in die Barbarei« auf unserer Höhe der europäischen Zivilisation? Wir haben wohl alle die Worte bis jetzt gedankenlos gelesen und wiederholt, ohne ihren furchtbaren Ernst zu ahnen. Ein Blick um uns in diesem Augenblick zeigt, was ein Rückfall der bürgerlichen Gesellschaft in die Barbarei bedeutet. Dieser Weltkrieg – das ist ein Rückfall in die Barbarei. Der Triumph des Imperialismus führt zur Vernichtung der Kultur – sporadisch während der Dauer eines modernen Krieges, und endgültig, wenn die nun begonnene Periode der Weltkriege ungehemmt bis zur letzten Konsequenz ihren Fortgang nehmen sollte. Wir stehen also heute, genau wie Friedrich Engels vor einem Menschenalter, vor vierzig Jahren, voraussagte, vor der Wahl: entweder Triumph des Imperialismus und Untergang jeglicher Kultur, wie im alten Rom, Entvölkerung, Verödung, Degeneration, ein großer Friedhof. Oder Sieg des Sozialismus, das heißt der bewußten Kampfaktion des internationalen Proletariats gegen den Imperialismus und seine Methode: den Krieg. Dies ist ein Dilemma der Weltgeschichte, ein Entweder – Oder, dessen Waagschalen zitternd schwanken vor dem Entschluß des klassenbewußten Proletariats. Die Zukunft der Kultur und der Menschheit hängt davon ab, ob das Proletariat sein revolutionäres Kampfschwert mit männlichem Entschluß in die Waagschale wirft. In diesem Kriege hat der Imperialismus gesiegt. Sein blutiges Schwert des Völkermordes hat mit brutalem Übergewicht die Waagschale in den Abgrund des Jammers und der Schmach hinabgezogen. Der ganze Jammer und die ganze Schmach können nur dadurch aufgewogen werden, daß wir aus dem Kriege lernen, wie das Proletariat sich aus der Rolle eines Knechts in den Händen der herrschenden Klassen zum Herrn des eigenen Schicksals aufrafft.

Teuer erkauft die moderne Arbeiterklasse jede Erkenntnis ihres historischen Berufes. Der Golgathaweg ihrer Klassenbefreiung ist mit furchtbaren Opfern besät. Die Junikämpfer, die Opfer der Kommune, die Märtyrer der russischen Revolution – ein Reigen blutiger Schatten schier ohne Zahl. Jene waren aber auf dem Felde der Ehre gefallen, sie sind, wie Marx über die Kommune-Helden schrieb, auf »ewige Zeiten eingeschreint in dem großen Herzen der Arbeiterklasse«. Jetzt fallen Millionen Proletarier aller Zungen auf dem Felde der Schmach, des Brudermordes, der Selbstzerfleischung mit dem Sklavengesang auf den Lippen. Auch das sollte uns nicht erspart bleiben. Wir gleichen wahrhaft den Juden, die Moses durch die Wüste führt. Aber wir sind nicht verloren, und wir werden siegen, wenn wir zu lernen nicht verlernt haben. Und sollte die heutige Führerin des Proletariats, die Sozialdemokratie, nicht zu lernen verstehen, dann wird sie untergehen, »um den Menschen Platz zu machen, die einer neuen Welt gewachsen sind«. –

II

»Jetzt stehen wir vor der ehernen Tatsache des Krieges. Uns drohen die Schrecken feindlicher Invasionen. Nicht für oder gegen den Krieg haben wir heute zu entscheiden, sondern über die Frage der für die Verteidigung des Landes erforderlichen Mittel ... Für unser Volk und seine freiheitliche Zukunft steht bei einem Sieg des russischen Despotismus, der sich mit dem Blute der Besten des eigenen Volkes befleckt hat, viel, wenn nicht alles auf dem Spiel. Es gilt, diese Gefahr abzuwehren, die Kultur und die Unabhängigkeit unseres eigenen Landes sicherzustellen. Da machen wir wahr, was wir immer betont haben: Wir lassen in der Stunde der Gefahr das eigene Vaterland nicht im Stich. Wir fühlen uns dabei im Einklang mit der Internationale, die das Recht jedes Volkes auf nationale Selbständigkeit und Selbstverteidigung jederzeit anerkannt hat, wie wir auch in Übereinstimmung mit ihr jeden Eroberungskrieg verurteilen... Von diesen Grundsätzen geleitet, bewilligen wir die geforderten Kriegskredite.«

Mit dieser Erklärung gab die Reichstagsfraktion am 4. August die Parole, welche die Haltung der deutschen Arbeiterschaft im Kriege bestimmen und beherrschen sollte. Vaterland in Gefahr, nationale Verteidigung, Volkskrieg um Existenz, Kultur und Freiheit – das war das Stichwort, das von der parlamentarischen Vertretung der Sozialdemokratie gegeben wurde. Alles andere ergab sich daraus als einfache Folge: die Haltung der Parteipresse und der Gewerkschaftspresse, der patriotische Taumel der Massen, der Burgfrieden, die plötzliche Auflösung der Internationale – alles war nur unvermeidliche Konsequenz der ersten Orientierung, die im Reichstag getroffen wurde.

Wenn es sich wirklich um die Existenz der Nation, um die Freiheit handelt, wenn diese nur mit dem Mordeisen verteidigt werden kann, wenn der Krieg eine heilige Volkssache ist – dann wird alles selbstverständlich und klar, dann muß alles in Kauf genommen werden. Wer den Zweck will, muß die Mittel wollen. Der Krieg ist ein methodisches, organisiertes, riesenhaftes Morden. Zum systematischen Morden muß aber bei normal veranlagten Menschen erst der entsprechende Rausch erzeugt werden. Dies ist seit jeher die wohlbegründete Methode der Kriegführenden. Der Bestialität der Praxis muß die Bestialität der Gedanken und der Gesinnung entsprechen, diese muß jene vorbereiten und begleiten. Alsdann sind der *»Wahre Jacob«* vom 28. August mit dem Bild des deutschen »Dreschers«, die Parteiblätter in Chemnitz, Hamburg, Kiel, Frankfurt, Koburg und andere mit ihrer patriotischen Hetze in Poesie und Prosa das entsprechende und notwendige geistige Narkotikum für ein Proletariat, das nur noch seine Existenz und Freiheit retten kann, indem es das tödliche Eisen in die Brust russischer, französischer und englischer Brüder stößt. Jene Hetzblätter sind dann konsequenter als diejenigen, die Berg und Tal zusammenbringen,

Krieg mit »Humanität«, Morden mit Bruderliebe, Bewilligung von Mitteln zum Kriege mit sozialistischer Völkerverbrüderung vermählen wollen.

War aber die von der deutschen Reichstagsfraktion am 4. August ausgegebene Parole richtig, dann wäre damit über die Arbeiterinternationale das Urteil nicht nur für diesen Krieg, sondern überhaupt gesprochen. Zum ersten Male, seit die moderne Arbeiterbewegung besteht, gähnt hier ein Abgrund zwischen den Geboten der internationalen Solidarität der Proletarier und den Interessen der Freiheit und nationalen Existenz der Völker, zum ersten Male stehen wir vor der Entdeckung, daß Unabhängigkeit und Freiheit der Nationen gebieterisch erfordern, daß die Proletarier verschiedener Zungen einander niedermachen und ausrotten. Bisher lebten wir in der Überzeugung, daß Interessen der Nationen und Klasseninteressen der Proletarier sich harmonisch vereinigen, daß sie identisch sind, daß sie unmöglich in Gegensatz zueinander geraten könen. Das war die Basis unserer Theorie und Praxis, die Seele unserer Agitation in den Volksmassen. Waren wir in diesem Kardinalpunkt unserer Weltanschauung in einem ungeheuren Irrtum befangen? Wir stehen vor der Lebensfrage des internationalen Sozialismus.

Der Weltkrieg ist nicht die erste Probe aufs Exempel unserer internationalen Grundsätze. Die erste Probe hat unsere Partei vor 45 Jahren bestanden. Damals am 21. Juli 1870 gaben Wilhelm Liebknecht und August Bebel die folgende historische Erklärung im Norddeutschen Reichstag ab:

»Der gegenwärtige Krieg ist ein dynastischer Krieg, unternommen im Interesse der Dynastie Bonaparte, wie der Krieg von 1866 im Interesse der Dynastie Hohenzollern.

Die zur Führung des Krieges dem Reichstag abverlangten Geldmittel können wir nicht bewilligen, weil dies ein Vertrauensvotum für die preußische Regierung wäre, die durch ihr Vorgehen im Jahre 1866 den gegenwärtigen Krieg vorbereitet hat.

Ebensowenig können wir die geforderten Geldmittel

verweigern, denn es könnte dies als Billigung der frevelhaften und verbrecherischen Politik Bonapartes aufgefaßt werden.

Als prinzipielle Gegner jedes dynastischen Krieges, als Sozial-Republikaner und Mitglieder der Internationalen Arbeiterassoziation, die ohne Unterschied der Nationalität alle Unterdrücker bekämpft, alle Unterdrückten zu einem großen Bruderbunde zu vereinigen sucht, können wir uns weder direkt noch indirekt für den gegenwärtigen Krieg erklären und enthalten uns daher der Abstimmung, indem wir die zuversichtliche Hoffnung aussprechen, daß die Völker Europas, durch die jetzigen unheilvollen Ereignisse belehrt, alles aufbieten werden, um sich ihr Selbstbestimmungsrecht zu erobern und die heutige Säbel- und Klassenherrschaft als Ursache aller staatlichen und gesellschaftlichen Übel zu beseitigen.«

Mit dieser Erklärung stellten die Vertreter des deutschen Proletariats dessen Sache klar und unzweideutig unter das Zeichen der Internationale und sprachen dem Kriege gegen Frankreich den Charakter eines nationalen, freiheitlichen Krieges rundweg ab. Es ist bekannt, daß Bebel in seinen Lebenserinnerungen sagt, daß er gegen die Bewilligung der Anleihe gestimmt haben würde, wenn er bei der Abstimmung schon alles gewußt hätte, was erst in den nächsten Jahren bekanntgeworden ist.

In jenem Kriege also, den die gesamte bürgerliche Öffentlichkeit und die ungeheure Mehrheit des Volkes, damals, unter dem Einfluß der Bismarckschen Mache für ein nationales Lebensinteresse Deutschlands hielt, vertraten die Führer der Sozialdemokratie den Standpunkt: die Lebensinteressen der Nation und die Klasseninteressen des internationalen Proletariats sind eins, beide sind *gegen* den Krieg. Erst der heutige Weltkrieg, erst die Erklärung der sozialdemokratischen Fraktion vom 4. August 1914 deckten zum erstenmal das furchtbare Dilemma auf: hie nationale Freiheit – hie der internationale Sozialismus!

Nun, die fundamentale Tatsache in der Erklärung unserer Reichstagsfraktion, die grundsätzliche Neuorientierung der proletarischen Politik war jedenfalls eine ganz plötzliche Erleuchtung. Sie war einfaches Echo der Version der Thronrede und der Kanzlerrede am 4. August. »Uns treibt nicht Eroberungslust« – hieß es in der Thronrede –, »uns beseelt der unbeugsame Wille, den Platz zu bewahren, auf den Gott uns gestellt hat, für uns und alle kommenden Geschlechter. Aus den Schriftstücken, die Ihnen zugegangen sind, werden Sie ersehen, wie Meine Regierung und vor allem Mein Kanzler bis zum letzten Augenblick bemüht waren, das Äußerste abzuwenden. In aufgedrungener Notwehr, mit reinem Gewissen und reiner Hand ergreifen wir das Schwert.« Und Bethmann Hollweg erklärte: »Meine Herren, wir sind jetzt in der Notwehr, und Not kennt kein Gebot... Wer so bedroht ist wie wir und um sein Höchstes kämpft, der darf nur daran denken, wie er sich durchhaut... Wir kämpfen um die Früchte unserer friedlichen Arbeit, um das Erbe einer großen Vergangenheit und um unsere Zukunft.« Das ist genau der Inhalt der sozialdemokratischen Erklärung: 1. wir haben alles getan, um den Frieden zu erhalten, der Krieg ist uns aufgezwungen worden von anderen, 2. nun der Krieg da ist, müssen wir uns verteidigen, 3. in diesem Kriege steht für das deutsche Volk alles auf dem Spiele. Die Erklärung unserer Reichstagsfraktion ist nur eine etwas andere Stilisierung der Regierungserklärungen. Wie diese auf die diplomatischen Friedensbemühungen Bethmann Hollwegs und auf kaiserliche Telegramme, beruft sich die Fraktion auf Friedensdemonstrationen der Sozialdemokraten vor dem Ausbruch des Krieges. Wie die Thronrede jede Eroberungslust weit von sich weist, so lehnt die Fraktion den Eroberungskrieg unter Hinweis auf den Sozialismus ab. Und wenn Kaiser und Kanzler rufen: Wir kämpfen um unser Höchstes! Ich kenne keine Parteien, ich kenne nur noch Deutsche, so antwortet das Echo in der sozialdemokratischen Erklärung: Für unser Volk steht alles auf dem Spiele, wir lassen in der Stunde der Gefahr das eigene Vaterland nicht im Stich. Nur in einem Punkt weicht die sozialdemokratische Erklärung vom Regierungsschema ab: sie stellt in den Vordergrund der Orientierung den russischen Despotismus als die Gefahr für Deutschlands Freiheit. In der Thronrede hieß es in bezug auf Rußland bedauernd: »Mit schwerem Herzen habe ich meine Armee gegen einen Nachbar mobilisieren müssen, mit dem sie auf so vielen Schlachtfeldern gemeinsam gefochten hat. Mit aufrichtigem Leid sah ich eine von Deutschland treu bewahrte Freundschaft zerbrechen.« Die sozialdemokratische Fraktion hat den schmerzlichen Bruch einer treu bewahrten Freundschaft mit dem russischen Zarismus in eine Fanfare der Freiheit gegen die Despotie umstilisiert, und so in dem einzigen Punkt, wo sie Selbständigkeit gegenüber der Regierungserklärung zeigt, revolutionäre Überlieferungen des Sozialismus gebraucht, um den Krieg demokratisch zu adeln, ihm eine volkstümliche Glorie zu schaffen.

Dies alles leuchtete der Sozialdemokratie, wie gesagt, ganz plötzlich am 4. August ein. Alles, was sie bis zu jenem Tage, was sie am Vorabend des Ausbruchs des Krieges sagte, war das gerade Gegenteil der Fraktionserklärung. So schrieb der »Vorwärts« am 25. Juli, als das österreichische Ultimatum an Serbien, an dem sich der Krieg entzündete, veröffentlicht wurde:

»Sie *wollen den Krieg*, die *gewissenlosen Elemente*, die in der Wiener Hofburg Einfluß haben und Ausschlag geben. Sie wollen den Krieg – *aus dem wilden Geschrei der schwarzgelben Hetzpresse klang es seit Wochen heraus*. Sie wollen den Krieg – das österreichische Ultimatum an Serbien macht es deutlich und aller Welt offenbar ...

Weil das Blut Franz Ferdinands und seiner Gattin unter den Schüssen eines irren Fanatikers geflossen ist, soll das *Blut Tausender von Arbeitern und Bauern fließen, ein wahnwitziges Verbrechen* soll von einem *weit wahnwitzigeren Verbrechen übergipfelt werden!* ... *Das österreichische Ultimatum* an Serbien kann der Fidibus sein, mit dem *Europa an allen vier Ecken in Brand gesteckt wird!*

Denn dieses *Ultimatum ist in seiner Fassung wie in seinen Forderungen derart unverschämt*, daß eine serbische Regierung, die demütig vor dieser Note zurückwiche, mit der Möglichkeit rechnen muß, von den Volksmassen zwischen Diner und Dessert davongejagt zu werden ...

Ein *Frevel der chauvinistischen Presse Deutschlands* war es, den teuren *Bundesgenossen in seinen Kriegsgelüsten auf das äußerste anzustacheln,* und sonder Zweifel hat auch Herr v. Bethmann Hollweg Herrn Berchtold seine Rückendeckung zugesagt. *Aber in Berlin spielt man dabei ein genau so gefährliches Spiel wie in Wien...«*
Die »*Leipziger Volkszeitung*« schrieb am 24. Juli:
»Die österreichische Militärpartei ... setzt alles auf eine Karte, weil der nationale und militaristische Chauvinismus in keinem Lande der Welt etwas zu verlieren hat ... In *Österreich sind die chauvinistischen Kreise ganz besonders bankrott, ihr nationales Geheul soll ihren wirtschaftlichen Ruin verdecken und der Raub und der Mord des Krieges ihre Kassen füllen ...«*
Die »*Dresdner Volkszeitung*« äußerte sich am gleichen Tage:
»...Vorläufig sind die Kriegstreiber am Wiener Ballplatz noch immer jene schlüssigen Beweise schuldig, die Österreich berechtigen würden, Forderungen an Serbien zu stellen.

Solange die *österreichische Regierung* dazu nicht in der Lage ist, *setzt sie sich mit ihrer provokatorischen beleidigenden Anrempelung Serbiens vor ganz Europa ins Unrecht, und selbst wenn die serbische Schuld erwiesen würde,* wenn unter den Augen der serbischen Regierung das Attentat von Serajewo vorbereitet worden wäre, *gingen die in der Note gestellten Forderungen weit über alle normalen Grenzen hinaus.* Nur die *frivolsten Kriegsabsichten* einer Regierung können ein *solches Ansinnen* an einen anderen Staat erklärlich machen ...«
Die »*Münchener Post*« meinte am 25. Juli:
»*Diese österreichische Note ist ein Aktenstück, das in der Geschichte der letzten beiden Jahrhunderte nicht seinesgleichen hat.* Es stellt auf Grund von Untersuchungsakten, deren Inhalt der europäischen Öffentlichkeit bis jetzt vorenthalten wird, und ohne durch eine öffentliche Gerichtsverhandlung gegen die Mörder des Thronfol-

gerpaares gedeckt zu sein, *Forderungen an Serbien, deren Annahme dem Selbstmord dieses Staates gleichkommt* ...«

Die »*Schleswig-Holsteinsche Volkszeitung*« erklärte am 24. Juli:

»*Österreich provoziert Serbien, Österreich-Ungarn will den Krieg, begeht ein Verbrechen, das ganz Europa in Blut ersäufen kann* ...

Österreich spielt va banque. Es wagt eine *Provokation* des serbischen Staates, die sich dieser, wenn er nicht ganz wehrlos sein sollte, sicher nicht gefallen läßt ...

Jeder Kulturmensch hat auf das entschiedenste gegen dieses verbrecherische Benehmen der österreichischen Machthaber zu protestieren. Sache der Arbeiter vor allem und aller anderen Menschen, die für Frieden und Kultur auch nur das geringste übrig haben, *muß es sein, das Äußerste zu versuchen, um die Folgen des in Wien ausgebrochenen Blutwahnsinns zu verhindern.*«

Die »*Magdeburger Volksstimme*« vom 25. Juli sagte:

»Eine jede serbische Regierung, die auch nur entfernt Miene machte, ernsthaft an eine dieser Forderungen heranzutreten, würde in derselben Stunde vom Parlament wie vom Volke hinweggefegt werden.

Das Vorgehen Österreichs ist um so verwerflicher, als die Berchtold mit leeren Behauptungen vor die serbische Regierung und damit vor Europa treten ...

So kann man heute nicht mehr einen Krieg, der ein Weltkrieg würde, anzetteln. So kann man nicht vorgehen, wenn man nicht die Ruhe eines ganzen Weltteils stören will. So kann man keine moralischen Eroberungen machen oder die Unbeteiligten von dem eigenen Recht überzeugen. Es ist deshalb anzunehmen, daß die Presse Europas und danach die Regierungen die eitlen und übergeschnappten Wiener Staatsmänner energisch und unzweideutig zur Ordnung rufen werden.«

Die »*Frankfurter Volksstimme*« schrieb am 24. Juli:

»Gestützt auf die *Treibereien der ultramontanen Presse*, die in Franz Ferdinand ihren besten Freund betrauerte und seinen Tod an dem Serbenvolke rächen wollte; gestützt auch auf einen Teil der *reichsdeutschen Kriegshetzer*, deren Sprache von Tag zu Tag drohender und gemeiner wurde, hat sich die österreichische Regierung dazu verleiten lassen, an das Serbenreich ein *Ultimatum* zu richten, das nicht nur in einer an *Anmaßung* nichts zu wünschen übriglassenden Sprache abgefaßt ist, sondern auch einige *Forderungen enthält, deren Erfüllung der serbischen Regierung schlechterdings unmöglich ist.*«

Die »*Elberfelder Freie Presse*« schrieb am gleichen Tage:

»Ein Telegramm des offiziösen Wolffschen Büros gibt die österreichischen Forderungen an Serbien wieder. Daraus ist ersichtlich, daß die *Machthaber in Wien mit aller Gewalt zum Kriege* drängen, denn was in der gestern abend in Belgrad überreichten Note verlangt wird, ist schon eine Art von Protektorat Österreichs über Serbien. Es wäre *dringend vonnöten, daß die Berliner Diplomatie den Wiener Hetzern zu verstehen gäbe, daß Deutschland für die Unterstützung derartiger anmaßender Forderungen keinen Finger rühren kann* und daß daher ein Zurückstecken der österreichischen Ansprüche geboten sei.«

Und die »*Bergische Arbeiterstimme*« in Solingen:

»Österreich *will* den Konflikt mit Serbien und benutzt das Attentat von Sarajewo nur als Vorwand, um Serbien moralisch ins Unrecht zu setzen. Aber die Sache ist doch zu plump angefangen worden, als daß die Täuschung der öffentlichen Meinung Europas gelingen könnte...

Wenn aber die *Kriegshetzer* des Wiener Ballplatzes etwa *glauben,* daß ihnen bei einem Konflikt, in den auch Rußland hineingezogen würde, *die Dreibundgenossen Italien und Deutschland zu Hilfe kommen müßten, so geben sie sich leeren Illusionen hin.* Italien wäre eine Schwächung Österreich-Ungarns, des Konkurrenten in der Adria und auf dem Balkan, sehr gelegen, und es wird sich deshalb nicht die Finger verbrennen, Österreich zu unterstützen. *In Deutschland aber dürfen es die Machthaber* – selbst wenn sie so töricht wären, es zu wollen – *nicht wagen, das Leben eines einzigen Soldaten für die verbrecherische Machtpolitik der Habsburger aufs Spiel zu setzen, ohne den Volkszorn gegen sich heraufzubeschwören.«*

So beurteilte unsere gesamte Parteipresse ohne Ausnahme den Krieg noch eine Woche vor seinem Ausbruch. Danach handelte es sich nicht um die Existenz und um die Freiheit Deutschlands, sondern um ein frevelhaftes Abenteuer der österreichischen Kriegspartei, nicht um Notwehr, nationale Verteidigung und aufgedrungenen heiligen Krieg im Namen der eigenen Freiheit, sondern um frivole Provokation, um unverschämte Bedrohung fremder, serbischer Selbständigkeit und Freiheit.

Was geschah am 4. August, um diese so scharf ausgeprägte, so allgemein verbreitete Auffassung der Sozialdemokratie plötzlich auf den Kopf zu stellen? Nur eine neue Tatsache trat hinzu: das am gleichen Tage von der deutschen Regierung dem Reichstag vorgelegte Weißbuch. Und dieses enthielt auf S. 4:

»Unter diesen Umständen mußte Österreich sich sagen, daß es weder mit der Würde noch mit der Selbsterhaltung der Monarchie vereinbar wäre, dem Treiben jenseits der Grenze noch länger tatenlos zuzusehen. *Die K. u. K. Regierung benachrichtigte uns von dieser Auffassung und erbat unsere Ansicht.* Aus vollem Herzen konnten wir unserem Bundesgenossen unser Einverständnis mit seiner Einschätzung der Sachlage geben und ihm versichern, daß eine Aktion, die er für notwendig hielte, um der gegen den Bestand der Monarchie gerichteten Bewegung in Serbien ein Ende zu machen, unsere Billigung finden würde. *Wir waren uns hierbei wohl bewußt, daß ein etwaiges kriegerisches Vorgehen Österreich-Ungarns gegen Serbien Rußland auf den Plan bringen und uns hiermit unserer Bundespflicht entsprechend in einen Krieg verwickeln könnte.* Wir konnten aber in der Erkenntnis der vitalen Interessen Österreich-Ungarns, die auf dem Spiele standen, unserem Bundesgenossen weder *zu einer mit seiner Würde nicht zu vereinbarenden Nachgiebigkeit rate*n, noch auch ihm unseren Beistand in diesem schweren Moment versagen. Wir konnten dies um so weniger, als auch unsere Interessen durch die andauernde serbische Wühlarbeit auf das empfindlichste bedroht waren. Wenn es den Serben mit Rußlands und Frankreichs Hilfe noch länger gestattet geblieben wäre, den Bestand der Nachbarmonarchie zu gefährden, so würde dies den allmählichen Zusammenbruch Österreichs und eine Unterwerfung des gesamten Slawentums unter russisches Zepter zur Folge haben, wodurch die Stellung der germanischen Rasse in Mitteleuropa unhaltbar würde. *Ein moralisch geschwächtes, durch das Vordringen des russischen Panslawismus zusammenbrechendes Österreich wäre für uns kein Bundesgenosse mehr, mit dem wir rechnen* könnten und auf den wir uns verlassen könnten, wie wir es angesichts der immer drohender werdenden Haltung unserer östlichen und westlichen Nachbarn müssen. *Wir ließen daher Österreich völlig freie Hand in seiner Aktion gegen Serbien*. Wir haben an den Vorbereitungen dazu nicht teilgenommen.«

Diese Worte lagen der sozialdemokratischen Reichstagsfraktion am 4. August vor, Worte, die die einzig wichtige ausschlaggebende Stelle des ganzen Weißbuchs ausmachen, bündige Erklärungen der deutschen Regierung, neben denen alle übrigen Gelb-, Grau-, Blau- und Orangebücher für die Aufklärung der diplomatischen Vorgeschichte des Krieges und ihrer nächsten treibenden Kräfte völlig belanglos und gleichgültig sind. Hier hatte die Reichstagsfraktion den Schlüssel zur Beurteilung der Situation in der Hand. Die gesamte sozialdemokratische Presse schrie eine Woche vorher, daß das österreichische Ultimatum eine verbrecherische Provokation des Weltkrieges wäre, und hoffte auf die hemmende, mäßigende Einwirkung der deutschen Regierung auf die Wiener Kriegshetzer. Die gesamte Sozialdemokratie und die gesamte deutsche Öffentlichkeit war überzeugt, daß die deutsche Regierung seit dem österreichischen Ultimatum im Schweiße ihres Angesichts für die Erhaltung des europäischen Friedens arbeitete. Die gesamte sozialdemokratische Presse nahm an, daß dieses Ultimatum für die deutsche Regierung genau so ein Blitz aus heiterem Himmel war, wie für die deutsche Öffentlichkeit. Das Weißbuch erklärte nun klipp und klar: 1. daß die österreichische Regierung vor ihrem Schritt gegen Serbien Deutschlands Einwilligung eingeholt hatte; 2. daß die deutsche Regierung sich vollkommen bewußt war, daß das Vorgehen Österreichs zum Kriege mit Serbien und im weiteren Verfolg zum europäischen Kriege führen würde; 3. daß die deutsche Regierung Österreich nicht zur Nachgiebigkeit riet, sondern umgekehrt erklärte, daß ein nachgiebiges, geschwächtes Österreich kein würdiger Bundesgenosse mehr für Deutschland sein könnte; 4. daß die deutsche Regierung Österreich vor dessen Vorgehen gegen Serbien auf alle Fälle den Beistand im Kriege fest zugesichert hatte, und endlich 5. daß die deutsche Regierung sich bei alledem die Kontrolle über das entscheidende Ultimatum Österreichs an Serbien, an dem der Weltkrieg hing, nicht vorbehalten, sondern Österreich »völlig freie Hand gelassen hatte«.

Dies alles erfuhr unsere Reichstagsfraktion am 4. August. Und noch eine neue Tatsache erfuhr sie aus dem Munde der Regierung am gleichen Tage: daß die deutschen Heere bereits in Belgien einmarschiert waren. Aus alledem schloß die sozialdemokratische Fraktion, daß es sich um einen Verteidigungskrieg Deutschlands gegen eine fremde Invasion, um die Existenz des Vaterlandes, um Kultur und einen Freiheitskrieg gegen den russischen Despotismus handle.

Konnte der deutsche Hintergrund des Krieges und die ihn notdürftig verdeckende Kulisse, konnte das ganze diplomatische Spiel, das den Kriegsausbruch umrankte, das Geschrei von der Welt von Feinden, die alle Deutschland nach dem Leben trachten, es schwächen, erniedrigen, unterjochen wollen, konnte das alles für die deutsche Sozialdemokratie eine Überraschung sein, an ihr Urteilsvermögen, an ihren kritischen Scharfsinn zu hohe Anforderungen stellen? Gerade für unsere Partei am allerwenigsten! Zwei große deutsche Kriege hatte sie bereits erlebt und aus beiden denkwürdige Lehren schöpfen können.

Jeder Abc-Schütze der Geschichte weiß heute, daß der

erste Krieg von 1866 gegen Österreich von Bismarck planmäßig von langer Hand vorbereitet war, daß seine Politik von der ersten Stunde an zum Bruch, zum Krieg mit Österreich führte. Der Kronprinz und nachmalige Kaiser Friedrich selbst hat in seinem Tagebuch unter dem 14. November jenes Jahres diese Absicht des Kanzlers niedergeschrieben:

»Er (Bismarck) habe bei Übernahme seines Amtes den festen Vorsatz gehabt, Preußen zum Krieg mit Österreich zu bringen, aber sich wohl gehütet, damals oder überhaupt zu früh mit Seiner Majestät davon zu sprechen, bis er den Zeitpunkt für geeignet angesehen.«

»Mit dem Bekenntnis« – sagt Auer in seiner Broschüre »Die Sedanfeier und die Sozialdemokratie« – »vergleiche man nun den Wortlaut des Aufrufs, den König Wilhelm ›an sein Volk‹ richtete:

›Das Vaterland ist in Gefahr!

Österreich und ein großer Teil Deutschlands steht gegen dasselbe in Waffen!

Nur wenige Jahre sind es her, seit ich aus freiem Entschlusse und ohne früherer Unbill zu gedenken, dem Kaiser von Österreich die Bundeshand reichte, als es galt, ein deutsches Land von fremder Herrschaft zu befreien. – – Aber Meine Hoffnung ist getäuscht worden. Österreich will nicht vergessen, daß seine Fürsten einst Deutschland beherrschten: in dem jüngeren, aber kräftig sich entwickelnden Preußen will es keinen natürlichen Bundesgenossen, sondern nur einen feindlichen Nebenbuhler erkennen. Preußen – so meint es – muß in allen seinen Bestrebungen bekämpft werden, weil, was Preußen frommt, Österreich schade. Die alte unselige Eifersucht ist in hellen Flammen wieder aufgelodert: *Preußen soll geschwächt, vernichtet, entehrt werden*. Ihm gegenüber gelten keine Verträge mehr, gegen Preußen werden deutsche Bundesfürsten nicht bloß aufgerufen, sondern zum Bundesbruch verleitet. Wohin wir in Deutschland schauen, sind wir von Feinden umgeben, deren Kampfgeschrei ist: Erniedrigung Preußens‹.

Um für diesen gerechten Krieg den Segen des Himmels zu erflehen, erließ König Wilhelm für den 18. Juni die Anordnung eines allgemeinen Landes- Bet- und Bußtages, worin er sagte: ›Es hat Gott nicht gefallen, Meine Bemühungen, die Segnungen des Friedens Meinem Volke zu erhalten, mit Erfolg zu krönen.‹«

Mußte unserer Fraktion, wenn sie ihre eigene Parteigeschichte nicht gänzlich vergessen hatte, die offizielle Begleitmusik des Kriegsausbruchs am 4. August nicht wie eine lebhafte Erinnerung an längst bekannte Melodien und Worte vorkommen?

Aber nicht genug. Im Jahre 1870 folgte der Krieg mit Frankreich, und mit dessen Ausbruch ist in der Geschichte ein Dokument unauflöslich verknüpft: die *Emser Depesche,* ein Dokument, das für alle bürgerliche Staatskunst im Kriegmachen ein klassisches Erkennungswort geworden ist und das auch eine denkwürdige Episode in der Geschichte unserer Partei bezeichnet. Es war ja der alte Liebknecht, es war die deutsche Sozialdemokratie, die damals für ihre Aufgabe und ihre Pflicht hielt, aufzudecken und den Volksmassen zu zeigen: »Wie Kriege gemacht werden.«

Das »Kriegmachen« einzig und allein zur Verteidigung des bedrohten Vaterlandes war übrigens nicht Bismarcks Erfindung. Er befolgte nur mit der ihm eigenen Skrupellosigkeit ein altes, allgemeines, wahrhaft internationales Rezept der bürgerlichen Staatskunst. Wann und wo hat es denn einen Krieg gegeben, seit die sogenannte öffentliche Meinung bei den Rechnungen der Regierungen eine Rolle spielt, in dem nicht jede kriegführende Partei einzig und allein zur Verteidigung des Vaterlandes und der eigenen gerechten Sache vor dem schnöden Überfall des Gegners schweren Herzens das Schwert aus der Scheide zog? Die Legende gehört so gut zum Kriegführen wie Pulver und Blei. Das Spiel ist alt. Neu ist nur, daß eine sozialdemokratische Partei an diesem Spiel teilgenommen hat.

III

Allein noch tiefere Zusammenhänge und gründlichere Einsichten bereiteten unsere Partei darauf vor, das wahre Wesen, die wirklichen Ziele dieses Krieges zu durchschauen und sich von ihm in keiner Hinsicht überraschen zu lassen. Die Vorgänge und Triebkräfte, die zum 4. August 1914 führten, waren keine Geheimnisse. Der Weltkrieg wurde seit Jahrzehnten vorbereitet, in breitester Öffentlichkeit, im hellichten Tage, Schritt für Schritt und Stunde um Stunde. Und wenn heute verschiedene Sozialisten der »Geheimdiplomatie«, die diese Teufelei hinter den Kulissen zusammengebraut hätte, grimmig die Vernichtung ansagen, so schreiben sie den armen Schelmen unverdient geheime Zauberkraft zu, wie der Botokude, der seinen Fetisch für den Ausbruch des Gewitters peitscht. Die sogenannten Lenker der Staatsgeschicke waren diesmal, wie stets, nur Schachfiguren, von übermächtigen historischen Vorgängen und Verlagerungen in der Erdrinde der bürgerlichen Gesellschaft geschoben. Und wenn jemand diese Vorgänge und Verlagerungen die ganze Zeit über mit klarem Auge zu erfassen bestrebt und fähig war, so war es die deutsche Sozialdemokratie.

Zwei Linien der Entwicklung in der jüngsten Geschichte führen schnurgerade zu dem heutigen Kriege. Eine leitet noch von der Periode der Konstituierung der sogenannten Nationalstaaten, das heißt der modernen kapitalistischen Staaten, vom Bismarckschen Kriege gegen Frankreich her. Der Krieg von 1870, der durch die Annexion Elsaß-Lothringens die französische Republik in die Arme Rußlands geworfen, die Spaltung Europas in zwei feindliche Lager und die Ära des wahnwitzigen Wettrüstens eröffnet hat, schleppte den ersten Zündstoff zum heutigen Weltbrande herbei. Noch während Bismarcks Truppen in Frankreich standen, schrieb *Marx* an den Braunschweiger Ausschuß:

»Wer nicht ganz vom Geschrei des Augenblicks übertäubt ist, oder ein Interesse hat, das deutsche Volk zu übertäuben, muß einsehen, daß der Krieg von 1870 ganz

so notwendig einen Krieg zwischen Deutschland und Rußland im Schoße trägt, wie der Krieg von 1866 den Krieg von 1870. Ich sage notwendig, unvermeidlich, außer im unwahrscheinlichen Falle eines vorherigen Ausbruchs einer Revolution in Rußland. Tritt dieser unwahrscheinliche Fall nicht ein, so muß der Krieg zwischen Deutschland und Rußland schon jetzt als un fait accompli (eine vollendete Tatsache) behandelt werden. Es hängt ganz vom jetzigen Verhalten der deutschen Sieger ab, ob dieser Krieg nützlich oder schädlich. Nehmen sie Elsaß und Lothringen, so wird Frankreich mit Rußland Deutschland bekriegen. Es ist überflüssig, die unheilvollen Folgen zu deuten.«
Diese Prophezeiung wurde damals verlacht; man hielt das Band, das Preußen mit Rußland verknüpfte, für so stark, daß es als Wahnsinn galt, auch nur daran zu denken, das autokratische Rußland könnte sich mit dem republikanischen Frankreich verbünden. Die Vertreter dieser Auffassung wurden als reine Tollhäusler hingestellt. Und doch ist alles, was Marx vorausgesagt hat, bis zum letzten Buchstaben eingetroffen. »Das ist eben« – sagt Auer in seiner »Sedanfeier« – »sozialdemokratische Politik, die klar sieht, was ist, und sich darin von jener Alltagspolitik unterscheidet, welche blind vor jedem Erfolg sich auf den Bauch wirft.«
Allerdings darf der Zusammenhang nicht in der Weise aufgefaßt werden, als ob die seit 1870 fällige Vergeltung für den Bismarckschen Raub nunmehr Frankreich wie ein unabwendbares Schicksal zur Kraftprobe mit dem Deutschen Reich getrieben hätte, als ob der heutige Weltkrieg in seinem Kern die viel verschriene »Revanche« für Elsaß-Lothringen wäre. Dies die bequeme nationalistische Legende der deutschen Kriegshetzer, die von dem finsteren rachebrütenden Frankreich fabeln, das seine Niederlage »nicht vergessen konnte«, wie die Bismarckschen Preßtrabanten im Jahre 1866 von der entthronten Prinzessin Österreich fabelten, die ihren ehemaligen Vorrang vor dem reizenden Aschenbrödel Preußen »nicht vergessen konnte«. In Wirklichkeit war die Rache für Elsaß-Lothringen nur noch thea-

tralisches Requisit einiger patriotischer Hanswürste, der »Lion de Belfort« ein altes Wappentier geworden.

In der Politik Frankreichs war die Annexion längst überwunden, von neuen Sorgen überholt, und weder die Regierung noch irgendeine ernste Partei in Frankreich dachte an einen Krieg mit Deutschland wegen der Reichslande. Wenn das Bismarcksche Vermächtnis der erste Schritt zu dem heutigen Weltbrand wurde, so vielmehr in dem Sinne, daß es einerseits Deutschland wie Frankreich und damit ganz Europa auf die abschüssige Bahn des militärischen Wettrüstens gestoßen, andererseits das Bündnis Frankreichs mit Rußland und Deutschlands mit Österreich als unabwendbare Konsequenz herbeigeführt hat. Damit war dort eine außerordentliche Stärkung des russischen Zarismus als Machtfaktor der europäischen Politik gegeben – begann doch gerade seitdem das systematische Wettkriechen zwischen Preußen-Deutschland und der französischen Republik um die Gunst Rußlands –, hier war die politische Zusammenkoppelung des Deutschen Reichs mit Österreich-Ungarn bewirkt; dessen Krönung, wie die angeführten Worte des deutschen Weißbuchs zeigen, die »Waffenbrüderschaft« im heutigen Krieg ist.

So hat der Krieg von 1870 in seinem Gefolge die äußere politische Gruppierung Europas um die Achse des deutsch-französischen Gegensatzes wie die formale Herrschaft des Militarismus im Leben der europäischen Völker eingeleitet. Diese Herrschaft und jene Gruppierung hat die geschichtliche Entwicklung aber seitdem mit einem ganz neuen Inhalt gefüllt. Die zweite Linie, die im heutigen Weltkrieg mündet und die Marxens Prophezeiung so glänzend bestätigt, rührt von Vorgängen internationaler Natur her, die Marx nicht mehr erlebt hat: von der imperialistischen Entwicklung der letzten 25 Jahre.

Der kapitalistische Aufschwung, der nach der Kriegsperiode der sechziger und siebziger Jahre in dem neukonstituierten Europa Platz gegriffen und der namentlich nach Überwindung der langen Depression, die dem Gründerfieber und dem Krach des Jahres 1873 gefolgt war, in der Hochkonjunktur der neunziger Jahre einen nie dagewesenen Höhepunkt erreicht hatte, eröffnete bekanntlich eine neue Sturm- und Drangperiode der europäischen Staaten: ihre Expansion um die Wette nach den nichtkapitalistischen Ländern und Zonen der Welt. Schon seit den achtziger Jahren macht sich ein neuer besonders energischer Drang nach Kolonialeroberungen geltend. England bemächtigt sich Ägyptens und schafft sich in Südafrika ein gewaltiges Kolonialreich, Frankreich besetzt Tunis in Nordafrika und Tonkin in Ostasien, Italien faßt Fuß in Abessinien, Rußland bringt in Zentralasien seine Eroberungen zum Abschluß und dringt in der Mandschurei vor, Deutschland erwirbt in Afrika und der Südsee die ersten Kolonien, endlich treten auch die Vereinigten Staaten in den Reigen und erwerben mit den Philippinen »Interessen« in Ostasien. Diese Periode der fieberhaften Zerpflückung Afrikas und Asiens, die, von dem chinesisch-japanischen Krieg im Jahre 1895 an, fast eine ununterbrochene Kette blutiger Kriege entfesselte, gipfelt in dem großen Chinafeldzug und schließt mit dem russisch-japanischen Kriege des Jahres 1904 ab.

Alle diese Schlag auf Schlag erfolgten Vorgänge schufen neue außereuropäische Gegensätze nach allen Seiten: zwischen Italien und Frankreich in Nordafrika, zwischen Frankreich und England in Ägypten, zwischen England und Rußland in Zentralasien, zwischen Rußland und Japan in Ostasien, zwischen Japan und England in China, zwischen den Vereinigten Staaten und Japan im Stillen Ozean – ein bewegliches Meer, ein Hin- und Herwogen von scharfen Gegensätzen und vorübergehenden Allianzen, von Spannungen und Entspannungen, bei denen alle paar Jahre ein partieller Krieg zwischen den europäischen Mächten auszubrechen drohte, aber immer wieder hinausgeschoben wurde. Es war daraus für jedermann klar: 1. daß der heimliche, im stillen arbeitende Krieg aller kapitalistischen Staaten gegen alle auf dem Rücken asiatischer und afrikanischer Völker früher oder später zu einer Generalabrechnung führen, daß der in Afrika und Asien gesäte Wind einmal nach Europa als fürchterlicher Sturm zurückschlagen mußte, um so mehr, als der ständige Niederschlag der asiatischen und afrikanischen Vorgänge die steigenden Rüstungen in Europa waren, 2. daß der europäische Weltkrieg zur Entladung kommen würde, sobald die partiellen und abwechselnden Gegensätze zwischen den imperialistischen Staaten eine Zentralisationsachse, *einen* überwiegenden starken Gegensatz finden würden, um den sie sich zeitweilig gruppieren können. Diese Lage wurde geschaffen mit dem Auftreten des deutschen Imperialismus.

In Deutschland kann das Aufkommen des Imperialismus, das auf die kürzeste Zeitspanne zusammengedrängt ist, in Reinkultur beobachtet werden. Der beispiellose Aufschwung der Großindustrie und des Handels seit der Reichsgründung hat hier in den achtziger Jahren zwei charakteristische eigenartige Formen der Kapitalakkumulation hervorgebracht: die stärkste Kartellentwicklung Europas und die größte Ausbildung sowie Konzentration des Bankwesens in der ganzen Welt. Jene hat die Schwerindustrie, das heißt gerade den an Staatslieferungen, an militärischen Rüstungen wie an imperialistischen Unternehmungen (Eisenbahnbau, Ausbeutung von Erzlagern usw.) unmittelbar interessierten Kapitalzweig zum einflußreichsten Faktor im Staate organisiert. Dieses hat das Finanzkapital zu einer geschlossenen Macht von größter, stets gespannter Energie zusammengepreßt, zu einer Macht, die gebieterisch schaltend und waltend in Industrie, Handel und Kredit des Landes, gleich ausschlaggebend in Privat- wie in Staatswirtschaft, schrankenlos und sprunghaft ausdehnungsfähig, immer nach Profit und Betätigung hungernd, unpersönlich, daher großzügig, wagemutig und rücksichtslos, international von Hause aus, ihrer ganzen Anlage nach auf die Weltbühne als den Schauplatz ihrer Taten zugeschnitten war.

Fügt man hierzu das stärkste, in seinen politischen Initiativen sprunghafteste persönliche Regiment und den schwächsten, jeder Opposition unfähigen Parlamentarismus, dazu alle bürgerlichen Schichten im schroffen Gegensatz zur Arbeiterklasse zusammengeschlossen und hinter der Regierung verschanzt, so konnte man voraussehen, daß dieser junge, kraftstrotzende, von keinerlei Hemmungen beschwerte Imperialismus, der auf die Weltbühne mit ungeheuren Appetiten trat, als die Welt bereits so gut wie verteilt war, sehr rasch zum unberechenbaren Faktor der allgemeinen Beunruhigung werden mußte.

Dies kündigte sich bereits durch den radikalen Umschwung in der militärischen Politik des Reiches Ende der neunziger Jahre an, mit den beiden einander überstürzenden Flottenvorlagen der Jahre 1898 und 1899, die in beispielloser Weise auf plötzliche Verdoppelung der Schlachtflotte, einen gewaltigen, nahezu auf zwei Jahrzehnte berechneten Bauplan der Seerüstungen bedeuteten. Dies war nicht bloß eine weitgreifende Umgestaltung der Finanzpolitik und der Handelspolitik des Reiches – der Zolltarif des Jahres 1902 war nur der Schatten, der den beiden Flottenvorlagen folgte – in weiterer logischer Konsequenz der Sozialpolitik und der ganzen inneren Klassen- und Parteiverhältnisse. Die Flottenvorlagen bedeuteten vor allem einen demonstrativen Wechsel im Kurs der auswärtigen Politik des Reiches, wie sie seit der Reichsgründung maßgebend war. Während die Bismarcksche Politik auf dem Grundsatz basierte, daß das Reich eine Landmacht sei und bleiben müsse, die deutsche Flotte aber höchstens als überflüssiges Requisit der Küstenverteidigung gedacht war – erklärte doch der Staatssekretär Hollmann selbst im März 1897 in der Budgetkommission des Reichstags: »Für den Küstenschutz brauchen wir gar keine Marine; die Küsten schützen sich von selbst« –, wurde jetzt ein ganz neues Programm aufgestellt: Deutschland sollte zu Lande und zur See die erste Macht werden. Damit war die Wendung von der Bismarckschen kontinentalen Politik zur Weltpolitik, von der Verteidigung zum Angriff als Ziel der Rüstungen gegeben. Die Sprache der Tatsachen war so klar, daß im Deutschen Reichstag selbst der nötige Kommentar geliefert wurde. Der damalige Führer des Zentrums, Lieber, sprach schon am 11. März 1896, nach der bekannten Rede des Kaisers beim fünfundzwanzigsten Jubiläum des Deutschen Reiches, die als Vorbote der Flottenvorlagen das neue Programm entwickelt hatte, von »uferlosen Flottenplänen«, gegen die man sich entschieden verwahren müsse. Ein anderer Zentrumsführer, Schädler, rief im Reichstag am

23. März 1898 bei der ersten Flottenvorlage: »Das Volk hat die Anschauung, wir können nicht die erste Macht zu Lande und die erste Macht zur See sein. Wenn mir soeben zugerufen wird, das wollen wir gar nicht – ja, meine Herren, Sie sind am Anfange davon, und zwar an einem sehr dicken Anfang.« Und als die zweite Vorlage kam, erklärte derselbe Schädler im Reichstag am 8. Februar 1900, nachdem er auf all die früheren Erklärungen, daß man an keine neue Flottenvorlage denke, hingewiesen hatte: »Und heute diese Novelle, *die nichts mehr und nichts weniger inauguriert, als die Schaffung der Weltflotte, als Unterlage der Weltpolitik,* durch Verdoppelung unserer Flotte unter Bindung auf fast zwei Jahrzehnte hinaus.« Übrigens sprach die Regierung selbst das politische Programm des neuen Kurses offen aus: am 11. Dezember 1899 sagte von Bülow, damals Staatssekretär des Auswärtigen Amtes, bei der Begründung der zweiten Flottenvorlage: »Wenn die Engländer von einem greater Britain (größeren Britannien), wenn die Franzosen von einer nouvelle France (neuen Frankreich) reden, wenn die Russen sich Asien erschließen, haben auch wir Anspruch auf *ein größeres Deutschland* ... Wenn wir uns nicht eine Flotte schaffen, die ausreicht, unseren Handel und unsere Landsleute in der Fremde, unsere Missionen und die Sicherheit unserer Küsten zu schützen, so gefährden wir die vitalsten Interessen des Landes ... In dem kommenden Jahrhundert wird das deutsche Volk *Hammer oder Amboß sein.*« Streifte man die Redefloskeln von dem Küstenschutz, den Missionen und dem Handel ab, so bleibt das lapidare Programm: Größeres Deutschland, Politik des Hammers für andere Völker.

Gegen wen sich diese Provokationen in erster Linie richteten, war allen klar: die neue aggressive Flottenpolitik sollte Deutschland zum Konkurrenten der ersten Seemacht, Englands, machen. Und sie ist auch nicht anders in England verstanden worden. Die Flottenreform und die Programmreden, die sie begleiteten, riefen in England die größte Beunruhigung hervor, die seitdem nicht nachgelassen hat. Im März 1910 sagte im englischen Unterhause Lord Robert Cecil bei der Flottendebatte wieder: er fordere jedermann heraus, irgendeinen denkbaren Grund dafür anzugeben, daß Deutschland eine riesige Flotte baue, es sei denn, daß damit beabsichtigt werde, einen Kampf mit England aufzunehmen. Der Wettkampf zur See, der auf beiden Seiten seit anderthalb Jahrzehnten dauerte, zuletzt der fieberhafte Bau von Dreadnoughts und Überdreadnoughts, das *war* bereits der Krieg zwischen Deutschland und England. Die Flottenvorlage vom 11. Dezember 1899 war eine Kriegserklärung Deutschlands, die England am 4. August 1914 quittierte.

Wohlgemerkt hatte dieser Kampf zur See nicht das geringste gemein mit einem wirtschaftlichen Konkurrenzkampf um den Weltmarkt. »Das englische Monopol« auf dem Weltmarkt, das angeblich die kapitalistische Entwicklung Deutschlands einschnürte und von dem heute so viel gefaselt wird, gehört in das Reich der patriotischen Kriegslegenden, die auch auf die immergrimmige französische »Revanche« nicht verzichten können. Jenes »Monopol« war schon seit den achtziger Jahren zum Schmerz englischer Kapitalisten ein Märchen aus alten Zeiten geworden. Die industrielle Entwicklung Frankreichs, Belgiens, Italiens, Rußlands, Indiens, Japans, vor allem aber Deutschlands und der Vereinigten Staaten hatte jenem Monopol aus der ersten Hälfte des 19. Jahrhunderts und bis in die sechziger Jahre ein Ende bereitet. Neben England trat in den letzten Jahrzehnten ein Land nach dem anderen auf den Weltmarkt, der Kapitalismus entwickelte sich naturgemäß und mit Sturmschritt zur kapitalistischen Weltwirtschaft.

Die englische Seeherrschaft aber, die heute sogar manchen deutschen Sozialdemokraten den ruhigen Schlaf raubt und deren Zertrümmerung nach diesen Braven für das Wohlergehen des internationalen Sozialismus dringend notwendig erscheint, diese Seeherrschaft – eine Folge der Ausdehnung des britischen Reichs auf fünf Weltteile – störte den deutschen Kapitalismus bisher so wenig, daß dieser vielmehr unter ihrem »Joch« mit unheimlicher Schnelligkeit zu einem ganz robusten Burschen mit drallen Backen aufgewachsen ist. Ja, gerade England selbst und seine Kolonien sind der wichtigste Eckstein des deutschen großindustriellen Aufschwungs, wie auch umgekehrt Deutschland für das britische Reich der wichtigste und unentbehrliche Abnehmer geworden ist. Weit entfernt, einander im Wege zu stehen, sind die britische und die deutsche großkapitalistische Entwicklung aufs höchste aufeinander angewiesen und in einer weitgehenden Arbeitsteilung aneinander gekettet, was namentlich durch den englischen Freihandel in weitestem Maße begünstigt wird. Der deutsche Warenhandel und dessen Interessen auf dem Weltmarkt hatten also mit dem Frontwechsel in der deutschen Politik und mit dem Flottenbau gar nichts zu tun.

Ebensowenig führte der bisherige deutsche Kolonialbesitz an sich zu einem gefährlichen Weltgegensatz und zur Seekonkurrenz mit England. Die deutschen Kolonien bedurften keiner ersten Seemacht zu ihrem Schutze, weil sie bei ihrer Beschaffenheit kaum jemand, England am wenigsten, dem Deutschen Reich neidete. Daß sie jetzt im Kriege von England und Japan weggenommen worden sind, daß der Raub den Besitzer wechselt, ist eine übliche Maßnahme und Wirkung des Krieges, so gut wie jetzt der Appetit der deutschen Imperialisten ungestüm nach Belgien schreit, ohne daß vorher, im Frieden, ein Mensch, der nicht ins Irrenhaus gesperrt werden wollte, den Plan hätte entwickeln dürfen, Belgien zu schlucken. Um Südost- und Südwestafrika, um das Wilhelmsland oder um Tsingtau wäre es nie zu einem Krieg zu Lande oder zur See zwischen Deutschland und England gekommen, war doch knapp vor dem Ausbruch des heutigen Krieges zwischen Deutschland und England sogar ein Abkommen fix und fertig, das eine gütliche Verteilung der portugiesischen Kolonien in Afrika zwischen den beiden Mächten einleiten sollte.

Die Entfaltung der Seemacht und des weltpolitischen Paniers auf deutscher Seite kündigte also neue und großartige Streifzüge des deutschen Imperialismus in der Welt an. Es wurde mit der erstklassigen aggressiven Flotte und mit den parallel zu ihrem Ausbau einander überstürzenden Heeresvergrößerungen erst ein Apparat für künftige Politik geschaffen, deren Richtung und Ziele unberechenbaren

Möglichkeiten Tür und Tor öffneten. Der Flottenbau und die Rüstungen wurden an sich zum grandiosen Geschäft der deutschen Großindustrie, sie eröffneten zugleich unbegrenzte Perspektiven für die weitere Operationslust des Kartell- und Bankkapitals in der weiten Welt. Damit war das Einschwenken sämtlicher bürgerlicher Parteien unter die Fahne des Imperialismus gesichert. Dem Beispiel der Nationalliberalen als des Kerntrupps der imperialistischen Schwerindustrie folgte das Zentrum, das gerade mit der Annahme der von ihm so laut denunzierten weltpolitischen Flottenvorlage im Jahre 1900 definitiv zur Regierungspartei wurde; dem Zentrum trabte bei dem Nachzügler des Flottengesetzes – dem Hungerzolltarif – der Freisinn nach; die Kolonne schloß das Junkertum, das sich aus einem trutzigen Gegner der »gräßlichen Flotte« und des Kanalbaus zum eifrigen Krippenreiter und Parasiten des Wassermilitarismus, des Kolonialraubs und der mit ihnen verbundenen Zollpolitik bekehrt hatte. Die Reichstagswahlen von 1907, die sogenannten Hottentottenwahlen, enthüllten das ganze bürgerliche Deutschland in einem Paroxismus der imperialistischen Begeisterung unter einer Fahne fest zusammengeschlossen, das Deutschland von Bülows, das sich berufen fühlt, als Hammer der Welt aufzutreten. Und auch diese Wahlen – mit ihrer geistigen Pogromatmosphäre – ein Vorspiel zu dem Deutschland des 4. August – waren eine Herausforderung nicht bloß an die deutsche Arbeiterklasse, sondern an die übrigen kapitalistischen Staaten, eine gegen niemand im besonderen, aber gegen alle insgesamt ausgestreckte geballte Faust.

IV

Das wichtigste Operationsfeld des deutschen Imperialismus wurde die Türkei, sein Schrittmacher hier die Deutsche Bank und ihre Riesengeschäfte in Asien, die im Mittelpunkt der deutschen Orientpolitik stehen. In den fünfziger und sechziger Jahren wirtschaftete in der asiatischen Türkei hauptsächlich englisches Kapital, das die Eisenbahnen von

Smyrna aus baute und auch die erste Strecke der anatolischen Bahn bis Esmid gepachtet hatte. 1888 tritt das deutsche Kapital auf den Plan und bekommt von Abdul Hamid zum Betrieb die von den Engländern erbaute Strecke und zum Bau die neue Strecke von Esmid bis Angora mit Zweiglinien nach Skutari, Brussa, Konia und Kaizarile. 1899 erlangte die Deutsche Bank die Konzession zum Bau und Betrieb eines Hafens nebst Anlagen in Haidar Pascha und die alleinige Herrschaft über Handel und Zollwesen im Hafen. 1901 übergab die türkische Regierung der Deutschen Bank die Konzession für die große Bagdadbahn zum Persischen Golf, 1907 für die Trockenlegung des Sees von Karaviran und die Bewässerung der Koma-Ebene.

Die Kehrseite dieser großartigen »friedlichen Kulturwerke« ist der »friedliche« und großartige Ruin des kleinasiatischen Bauerntums. Die Kosten der gewaltigen Unternehmungen werden natürlich durch ein weitverzweigtes System der öffentlichen Schuld von der Deutschen Bank vorgestreckt, der türkische Staat wurde in alle Ewigkeit zum Schuldner der Herren Siemens, Gwinner, Helferich usw., wie er es schon früher beim englischen, französischen und österreichischen Kapital war. Dieser Schuldner mußte nunmehr nicht bloß ständig enorme Summen aus dem Staate herauspumpen, um die Anleihen zu verzinsen, sondern mußte für die Bruttogewinne der auf diese Weise errichteten Eisenbahnen Garantie leisten. Die modernsten Verkehrsmittel und Anlagen werden hier auf ganz rückständige, noch zum großen Teil naturalwirtschaftliche Zustände, auf die primitivste Bauernwirtschaft aufgepfropft. Aus dem dürren Boden dieser Wirtschaft, die, von der orientalischen Despotie seit Jahrhunderten skrupellos ausgesogen, kaum einige Halme zur eigenen Ernährung des Bauerntums über die Staatsabgaben hinaus produziert, können der nötige Verkehr und die Profite für die Eisenbahnen natürlich nicht herauskommen. Der Warenhandel und der Personenverkehr sind, der wirtschaftlichen und kulturellen Beschaffenheit des Landes entsprechend, sehr unentwickelt und können nur langsam steigen. Das zur Bildung des erforderlichen kapitalistischen Profits Fehlende wird nun in

Form der sogenannten »Kilometergarantie« vom türkischen Staate den Eisenbahngesellschaften jährlich zugeschossen. Dies ist das System, nach dem die Bahnen in der europäischen Türkei vom österreichischen und französischen Kapital errichtet wurden, und dasselbe System wurde nun auf die Unternehmungen der Deutschen Bank in der asiatischen Türkei angewendet. Als Pfand und Sicherheit, daß der Zuschuß geleistet wird, hat die türkische Regierung an die Vertretung des europäischen Kapitals, den sogenannten Verwaltungsrat der öffentlichen Schuld, die Hauptquelle der Staatseinnahmen in der Türkei: die Zehnten aus einer Reihe von Provinzen überwiesen. Von 1893 bis 1910 hat die türkische Regierung auf solche Weise zum Beispiel für die Bahn bis Angora und für die Strecke Eskischehir-Konia etwa 90 Millionen Franken »zugeschossen«. Die von dem türkischen Staat an seine europäischen Gläubiger immer wieder verpfändeten »Zehnten« sind uralte bäuerliche Naturalabgaben in Korn, Hammeln, Seide usw. Die Zehnten werden nicht direkt, sondern durch Pächter in der Art der berühmten Steuereinnehmer des vorrevolutionären Frankreichs erhoben, denen der Staat den voraussichtlichen Ertrag der Abgaben jedes Wilajets (Provinz) einzeln im Wege der Auktion, das heißt an den Meistbietenden gegen Bezahlung in bar verkauft. Ist der Zehent eines Wilajets von einem Spekulanten oder einem Konsortium erstanden, so verkaufen diese den Zehnten jedes einzelnen Sandschaks (Kreises) an andere Spekulanten, die ihren Anteil wiederum einer ganzen Reihe kleinerer Agenten abtreten. Da jeder seine Auslagen decken und soviel Gewinn als möglich einstreichen will, so wächst der Zehent in dem Maße, wie er sich den Bauern nähert, lawinenartig. Hat sich der Pächter in seinen Berechnungen geirrt, so sucht er sich auf Kosten des Bauern zu entschädigen. Dieser wartet, fast immer verschuldet, mit Ungeduld auf den Augenblick, seine Ernte verkaufen zu können; wenn er aber sein Getreide geschnitten hat, muß er mit dem Dreschen oft wochenlang warten, bis es dem Zehentpächter beliebt, sich den ihm gebührenden Teil zu nehmen. Der Pächter, der gewöhnlich zugleich Getreidehändler ist, benutzt diese Lage des Bauern, dem die ganze Ernte auf dem Felde zu verfaulen droht, um ihm die Ernte zu niedrigem Preise abzupressen, und weiß sich gegen Beschwerden Unzufriedener die Hilfe der Beamten und besonders der Muktars (Ortsvorsteher) zu sichern. Kann kein Steuerpächter gefunden werden, so werden die Zehnten von der Regierung in natura eingetrieben, in Magazine gebracht und als der schuldige »Zuschuß« an die Kapitalisten überwiesen. Dies der innere Mechanismus der »wirtschaftlichen Regeneration der *Türkei*« durch Kulturwerke des europäischen Kapitals.

Durch diese Operationen werden also zweierlei Resultate erzielt. Die kleinasiatische Bauernwirtschaft wird zum Objekt eines wohlorganisierten Aussaugungsprozesses zu Nutz und Frommen des europäischen, in diesem Falle vor allem des deutschen Bank- und Industriekapitals. Damit wachsen die »Interessensphären« Deutschlands in der Türkei, die wiederum Grundlage und Anlaß zur politischen »Beschützung« der Türkei abgeben. Zugleich wird der für die wirtschaftliche Ausnutzung des Bauerntums nötige Saugapparat, die türkische Regierung, zum gehorsamen Werkzeug, zum Vasallen der deutschen auswärtigen Politik. Schon von früher her standen türkische Finanzen, Zollpolitik, Steuerpolitik, Staatsausgaben, unter europäischer Kontrolle. Der deutsche Einfluß hat sich namentlich der *Militärorganisation* bemächtigt.

Es ist nach alledem klar, daß im Interesse des deutschen Imperialismus die Stärkung der türkischen Staatsmacht liegt, soweit, daß ihr vorzeitiger Zerfall verhütet wird. Eine beschleunigte Liquidation der Türkei würde zu ihrer Verteilung unter England, Rußland, Italien, Griechenland und anderen führen, womit für die großen Operationen des deutschen Kapitals die einzigartige Basis verschwinden müßte. Zugleich würde ein außerordentlicher Machtzuwachs Rußlands und Englands sowie der Mittelmeerstaaten erfolgen. Es gilt also für den deutschen Imperialismus, den bequemen Apparat des »selbständigen türkischen Staates«, die »Integrität« der Türkei zu erhalten, so lange, bis sie, vom deutschen Kapital von innen heraus zerfressen, wie früher Ägypten von den Engländern oder neuerdings

Marokko von den Franzosen, als reife Frucht Deutschland in den Schoß fallen wird. Sagt doch zum Beispiel der bekannte Wortführer des deutschen Imperialismus, Paul Rohrbach, ganz offen und ehrlich:

»Es liegt in der Natur der Verhältnisse begründet, daß die Türkei, auf allen Seiten von begehrlichen Nachbarn umgeben, ihren Rückhalt bei einer Macht findet, die möglichst keine territorialen Interessen im Orient hat. Das ist Deutschland. Wir wiederum würden beim Verschwinden der Türkei großen Schaden erleiden. Sind Rußland und England die Haupterben der Türken, so liegt es auf der Hand, daß jene beiden Staaten dadurch einen bedeutenden Machtzuwachs erhalten würden. Aber auch wenn die Türkei so geteilt würde, daß ein erhebliches Stück auf uns entfällt, so bedeutet das für uns Schwierigkeiten ohne Ende, denn Rußland, England und in gewissem Sinne auch Frankreich und Italien sind Nachbarn des jetzigen türkischen Besitzes und entweder zu Lande oder zur See oder auf beiden Wegen imstande, ihren Anteil zu besetzen und zu verteidigen. Wir dagegen stehen außer jeder direkten Verbindung mit dem Orient... *Ein deutsches Kleinasien oder Mesopotamien könnte nur Wirklichkeit werden,* wenn vorher zum mindesten Rußland und damit auch Frankreich zum Verzicht auf ihre gegenwärtigen politischen Ziele und Ideale gezwungen wären, das heißt *wenn vorher der Weltkrieg seinen Ausgang entschieden im Sinne der deutschen Interessen genommen hätte.*« (»Der Krieg und die deutsche Politik«, S. 36)

Deutschland, das am 8. November 1898 in Damaskus beim Schatten des Großen Saladin feierlich schwur, die mohammedanische Welt und die grüne Fahne des Propheten zu schützen und zu schirmen, stärkte also ein Jahrzehnt lang mit Eifer das Regiment des Blutsultans Abdul Hamid und setzte nach einer kurzen Pause der Entfremdung das Werk an dem jungtürkischen Regime fort. Die Mission erschöpfte sich außer den einträglichen Geschäften der Deutschen Bank hauptsächlich in der Reorganisation und dem Drill des türkischen Militarismus durch deutsche Instrukteure, von der Goltz Pascha an der Spitze. Mit der Modernisierung des Heerwesens waren natürlich neue drückende Lasten auf den Rücken des türkischen Bauern gewälzt, aber auch neue glänzende Geschäfte für Krupp und die Deutsche Bank eröffnet. Zugleich wurde der türkische Militarismus zur Dependenz des preußisch-deutschen Militarismus, zum Stützpunkt der deutschen Politik im Mittelmeer und in Kleinasien.

Daß die von Deutschland unternommene »Regeneration« der Türkei rein künstlicher Galvanisierungsversuch an einem Leichnam ist, zeigen am besten die Schicksale der türkischen Revolution. In ihrem ersten Stadium, als das ideologische Element in der jungtürkischen Bewegung überwog, als sie noch hochfliegende Pläne und Selbsttäuschungen über einen wirklichen lebenverheißenden Frühling und innere Erneuerung der Türkei hegte, richteten sich ihre politischen Sympathien entschieden nach England, in dem sie das Ideal des liberalen modernen Staatswesens erblickte, während Deutschland, der offizielle langjährige Beschützer des heiligen Regimes des alten Sultan, als Widersacher der Jungtürken auftrat. Die Revolution des Jahres 1908 schien der Bankerott der deutschen Orientpolitik zu sein und wurde allgemein als solcher aufgefaßt, die Absetzung Abdul Hamids erschien als die Absetzung der deutschen Einflüsse. In dem Maße jedoch, als die Jungtürken, ans Ruder gelangt, ihre völlige Unfähigkeit zu irgendeiner modernen wirtschaftlichen sozialen und nationalen großzügigen Reform zeigten, in dem Maße, als ihr konterrevolutionärer Pferdefuß immer mehr hervorguckte, kehrten sie alsbald mit Naturnotwendigkeit zu den altväterlichen Herrschaftsmethoden Abdul Hamids, das heißt zu dem periodisch organisierten Blutbad zwischen den aufeinandergehetzten unterjochten Völkern und zur schrankenlosen orientalischen Auspressung des Bauerntums als zu den zwei Grundpfeilern des Staates zurück. Damit ward auch die künstliche Erhaltung dieses Gewaltregimes wieder zur Hauptsorge der »jungen Türkei«, und so wurde sie auch in der auswärtigen Politik sehr bald zu den Traditionen Abdul Hamids – zur Allianz mit Deutschland zurückgeführt.

Daß bei der Vielfältigkeit der nationalen Fragen, welche den türkischen Staat zersprengen: der armenischen, kurdischen, syrischen, arabischen, griechischen (bis vor kurzem noch der albanischen und mazedonischen), bei der Mannigfaltigkeit der ökonomisch-sozialen Probleme in den verschiedenen Teilen des Reiches, bei dem Aufkommen eines kräftigen und lebensfähigen Kapitalismus in den benachbarten jungen Balkanstaaten, vor allem bei der langjährigen zersetzenden Wirtschaft des internationalen Kapitals und der internationalen Diplomatie in der Türkei, daß bei alledem eine wirkliche Regeneration des türkischen Staates ein völlig aussichtsloses Beginnen ist und alle Versuche, den morschen, zerfallenden Haufen von Trümmern zusammenzuhalten, auf ein reaktionäres Unternehmen hinauslaufen, war für jedermann und namentlich für die deutsche Sozialdemokratie seit langem ganz klar. Schon aus Anlaß des großen kretischen Aufstandes im Jahre 1896 hatte in der deutschen Parteipresse eine gründliche Erörterung des Orientproblems stattgefunden, welche zur Revision des einst von Marx vertretenen Standpunkts aus der Zeit des Krimkrieges und zur definitiven Verwerfung der »Integrität der Türkei« als eines Erbstücks der europäischen Reaktion führte. Und nirgends war das jungtürkische Regime in seiner inneren sozialen Unfruchtbarkeit und seinem konterrevolutionären Charakter so rasch und genau erkannt, wie in der deutschen sozialdemokratischen Presse. Es war auch eine echt preußische Idee, daß es lediglich strategischer Eisenbahnen zur raschen Mobilisation und schneidiger Militärinstrukteure bedürfe, um eine so morsche Baracke wie den türkischen Staat lebensfähig zu machen.[1]

---

[1] Am 3. Dezember 1912, nach dem ersten Balkankriege, führte der sozialdemokratische Fraktionsredner David im Reichstag aus: »Gestern wurde hier bemerkt, die deutsche Orientpolitik sei an dem *Zusammenbruch der Türkei* nicht schuld, die deutsche Orientpolitik sei eine gute gewesen. Der Herr Reichskanzler meinte, wir hätten der Türkei manchen guten Dienst geleistet, und Herr Bassermann sagte, wir hätten die Türkei veranlaßt, vernünftige Reformen durchzuführen. Von dem letzteren ist mir nun gar nichts bekannt (Heiterkeit bei den Sozialdemokraten.); und auch hinter die guten Dienste möchte ich ein Fragezeichen setzen. Warum ist die Türkei zusammengebrochen? Was dort zusammengebrochen ist, das war ein *Junkerregiment*, ähnlich dem, das wir in Ostelbien haben. (»Sehr richtig!« bei den Sozialdemokraten. – Lachen rechts.) Der Zusammenbruch der Türkei ist eine

Schon im Sommer 1912 mußte das jungtürkische Regiment der Konterrevolution Platz machen. Der erste Akt der türkischen »Regeneration« in diesem Kriege war bezeichnenderweise der Staatsstreich, die Aufhebung der Verfassung, das heißt auch in dieser Hinsicht die formelle Rückkehr zum Regiment Abdul Hamids.

Der von deutscher Seite gedrillte türkische Militarismus machte schon im ersten Balkankrieg elend bankrott. Und der jetzige Krieg, in dessen unheimlichen Strudel die Türkei als Deutschlands »Schützling« hineingestoßen worden ist, wird, wie der Krieg auch ausgehen mag, mit unabwendbarer Fatalität zur weiteren oder gar definitiven Liquidation des Türkischen Reiches führen.

Die Position des deutschen Imperialismus – und in dessen Kern: das Interesse der Deutschen Bank – hat das Deutsche Reich im Orient in Gegensatz zu allen anderen Staaten gebracht. Vor allem zu England. Dieses hatte nicht bloß konkurrierende Geschäfte und damit fette Kapital-

---

Parallelerscheinung zu dem Zusammenbruch des mandschurischen Junkerregiments in China. Mit den Junkerregimentern scheint es allmählich überall zu Ende zu gehen. (Zurufe von den Sozialdemokraten: »Hoffentlich!«); sie entsprechen nicht mehr den modernen Bedürfnissen.

Ich sagte, die Verhältnisse in der Türkei glichen bis zu einem gewissen Grade denen in Ostelbien. Die Türken sind eine regierende Erobererkaste, nur eine kleine Minderheit. Neben ihnen gibt es noch Nichttürken, die die mohammedanische Religion angenommen haben; aber die eigentlichen Stammtürken sind nur eine kleine Minderheit, eine Kriegerkaste, eine Kaste, die sämtliche leitenden Stellen eigenommen hat, wie in Preußen, in der Verwaltung, in der Diplomatie, im Heere; eine Kaste, deren wirtschaftliche Stellung sich stützte auf einen großen Grundbesitz, auf die Verfügung über hörige Bauern, gerade wie in Ostelbien; eine Kaste, die diesen Hintersassen gegenüber, die fremden Stammes und fremder Religion waren, den bulgarischen, den serbischen Bauern gegenüber die gleiche rücksichtslose Grundherrenpolitik verfolgt hat, wie in Ostelbien unsere Spahis. (Heiterkeit.) Solange die Türkei Naturalwirtschaft hatte, ging das noch; denn da ist ein solches Grundherrenregiment noch einigermaßen erträglich, weil der Grundherr noch nicht so auf das Ausquetschen seiner Hintersassen drängt; wenn er sonst gut zu essen und zu leben hat, ist er zufrieden. In dem Moment aber, wo die Türkei durch die Berührung mit Europa zu einer modernen Geldwirtschaft kam, wurde der Druck der türkischen Junker auf ihre Bauern immer unerträglicher. Es kam zu einer Ausquetschung dieses Bauernstandes, und ein großer Teil der Bauern ist zu Bettlern herabgedrückt worden; viele sind zu Räubern geworden. Das sind die Komitaschis! (Lachen rechts.) Die türkischen Junker haben nicht nur einen Krieg geführt gegen einen auswärtigen Feind, nein, unterhalb dieses Krieges gegen den auswärtigen Feind hat sich in der Türkei eine Bauernrevolution vollzogen. Das war es, was den Türken das Rückgrat gebrochen hat, und das war der Zusammenbruch ihres Junkersystems!

profite in Anatolien und Mesopotamien an den deutschen Rivalen abtreten müssen, womit es sich schließlich abfand. Die Errichtung strategischer Bahnen und die Stärkung des türkischen Militarismus unter deutschem Einfluß wurde aber hier an einem der weltpolitisch empfindlichsten Punkte für England vorgenommen: in einem Kreuzungspunkt zwischen Zentralasien, Persien, Indien einerseits und Ägypten andererseits.

»England« – schrieb Rohrbach in seiner »Bagdadbahn« – »kann von Europa aus nur an einer Stelle zu Lande angegriffen und schwer verwundet werden: in Ägypten. Mit Ägypten würde England nicht nur die Herrschaft über den Suezkanal und die Verbindung mit Indien und Asien, sondern wahrscheinlich auch seine Besitzungen in Zentral- und Ostafrika verlieren. Die Eroberung Ägyptens durch eine mohammedanische Macht wie die Türkei könnte außerdem gefährliche Rückwirkungen auf die 60 Millionen mohammedanischer Untertanen Englands in Indien, dazu auf Afghanistan und Persien haben. Die Türkei kann aber nur unter der Vor-

---

Wenn man nun sagt, die deutsche Regierung habe da gute Dienste geleistet – nun, die besten Dienste, die sie der Türkei und auch dem jungtürkischen System hätte leisten können, hat sie nicht geleistet. Sie hätte ihnen raten sollen, die Reformen, zu denen die Türkei durch das Berliner Protokoll verpflichtet war, durchzuführen, ihre Bauern wirklich frei zu machen, wie Bulgarien und Serbien es getan haben. Aber wie konnte das die preußisch-deutsche Junkerdiplomatie!
... Die Instruktionen, die Herr von Marschall von Berlin empfing, konnten jedenfalls nicht darauf gehen, den Jungtürken wirklich gute Dienste zu leisten. Was sie ihnen gebracht haben – ich will von den militärischen Dingen gar nicht sprechen – war ein gewisser Geist, den sie in das türkische Offizierkorps hineingetragen haben, der Geist des »elejanten Jardeoffiziers« (Heiterkeit bei den Sozialdemokraten), der Geist, der sich in diesem Kampfe so außerordentlich verderblich für die türkische Armee erwiesen hat. Man spricht davon, daß Leichen von Offizieren in Lackschuhen usw. gefunden werden. Die Überhebung über die Masse des Volkes, über die Masse der Soldaten vor allen Dingen, dieses Rauskehren des Offiziers, dieses Vonobenrunterbefehlen hat das Vertrauensverhältnis in der türkischen Armee in der Wurzel zerstört, und so begreift sich denn auch, daß dieser Geist mit dazu beigetragen hat, die innere Auflösung in der türkischen Armee herbeizuführen.
Meine Herren, wir sind also in bezug auf die Frage, wer an dem Zusammenbruch der Türkei schuld hat, doch verschiedener Meinung. Die Hilfe eines gewissen preußischen Geistes hat den Zusammenbruch der Türkei nicht allein verschuldet, natürlich nicht, aber er hat mit dazu beigetragen, er hat ihn beschleunigt. Im Grunde waren es ökonomische Ursachen, wie ich dargelegt habe.«

aussetzung an Ägypten denken, daß sie über ein ausgebautes Eisenbahnsystem in Kleinasien und Syrien verfügt, daß sie durch die Fortführung der anatolischen Bahn einen Angriff Englands auf Mesopotamien abwehren kann, daß sie ihre Armee vermehrt und verbessert und daß ihre allgemeine Wirtschaftslage und ihre Finanzen Fortschritte machen.«

Und in seinem zu Beginn des Weltkrieges erschienenen Buche »Der Weltkrieg und die deutsche Politik« sagt er: »Die Bagdadbahn war von Anfang an dazu bestimmt, Konstantinopel und die militärischen Kernpunkte des türkischen Reiches in Kleinasien in unmittelbare Verbindung mit Syrien und den Provinzen am Euphrat und Tigris zu bringen ... Natürlich war vorauszusehen, daß die Bahn im Verein mit den teils projektierten, teils im Werke befindlichen oder schon vollendeten Eisenbahnlinien in Syrien und Arabien auch die Möglichkeit gewähren würde, türkische Truppen in der Richtung auf Ägypten zur Verwendung zu bringen ... Es wird niemand leugnen, daß unter der Voraussetzung eines deutsch-türkischen Bündnisses und unter verschiedenen anderen Voraussetzungen, deren Verwirklichung eine noch weniger einfache Sache wäre, als jenes Bündnis, die Bagdadbahn für Deutschland eine politische Lebensversicherung bedeutet.«

So offen sprachen die halboffiziösen Wortführer des deutschen Imperialismus dessen Pläne und Absichten im Orient aus. Hier bekam die deutsche Politik bestimmte weitausgreifende Umrisse, eine für das bisherige weltpolitische Gleichgewicht höchst grundstürzende, aggressive Tendenz und eine sichtbare Spitze gegen England. Die deutsche Orientpolitik wurde so der konkrete Kommentar zu der 1899 inaugurierten Flottenpolitik.

Zugleich setzte sich Deutschland mit seinem Programm der Integrität der Türkei in Gegensatz zu den Balkanstaaten, deren historischer Abschluß und innerer Aufschwung mit der Liquidierung der europäischen Türkei identisch ist. Endlich geriet es in Gegensatz zu Italien, dessen imperialistische Appetite sich in erster Linie auf türkische Besitzungen richten. Auf der Marokkanischen Konferenz in Algeciras 1905 stand denn auch Italien bereits auf seiten Englands und Frankreichs. Und sechs Jahre später war die Tripolitanische Expedition Italiens, die sich an die österreichische Annexion Bosniens anschloß und ihrerseits zu dem ersten Balkankrieg den Auftakt gab, schon die Absage Italiens, die Sprengung des Dreibunds und Isolierung der deutschen Politik auch von dieser Seite. –

Die zweite Richtung der deutschen Expansionsbestrebungen kam im Westen zum Vorschein, in der Marokkoaffäre. Nirgends zeigte sich die Abkehr von der Bismarckschen Politik schroffer. Bismarck begünstigte bekanntlich mit Absicht die kolonialen Bestrebungen Frankreichs, um es von den kontinentalen Brennpunkten, von Elsaß-Lothringen abzulenken. Der neueste Kurs in Deutschland zielte umgekehrt direkt gegen die französische Kolonialexpansion. Die Sachlage in Marokko war nun bedeutend anders gestaltet als in der asiatischen Türkei. An berechtigten Kapitalinteressen Deutschlands in Marokko war sehr wenig vorhanden. Zwar wurden von deutschen Imperialisten während der Marokkokrise zur Not die Ansprüche der Remscheider Kapitalistenfirma Mannesmann, die dem marokkanischen Sultan Geld geliehen und dafür Konzessionen auf Erzgruben erhalten hatte, als »vaterländisches Lebensinteresse« nach Kräften aufgebauscht. Doch hinderte die offenkundige Tatsache, daß jede der beiden konkurrierenden Kapitalgruppen in Marokko: sowohl die Mannesmanngruppe wie die Krupp-Schneider-Gesellschaft, ein ganz internationales Gemisch von deutschen, französischen und spanischen Unternehmern darstellte, im Ernst und mit einigem Erfolg von einer »deutschen Interessensphäre« zu sprechen. Um so symptomatischer war die Entschlossenheit und der Nachdruck, mit denen das Deutsche Reich im Jahre 1905 plötzlich seinen Anspruch auf Mitwirkung bei der Regelung der Marokko-Angelegenheit und seinen Protest gegen die französische Herrschaft in Marokko anmeldete. Es war dies der erste weltpolitische Zusammenstoß mit Frankreich. Im Jahre 1895 war Deutschland noch zusammen mit Frankreich und Rußland dem siegreichen Japan in den Arm gefallen, um es an der Ausnutzung des Sieges über China in Schimonoseki zu hindern. Fünf Jahre später zog es Arm in Arm mit Frankreich in der ganzen internationalen Phalanx auf den Plünderungszug gegen China. Jetzt, in Marokko, kam eine radikale Neuorientierung der deutschen Politik in ihrem Verhältnis zu Frankreich zum Vorschein. In der Marokkokrise, die in den sieben Jahren ihrer Dauer zweimal dicht an den Rand eines Krieges zwischen Deutschland und Frankreich geführt hatte, handelte es sich nicht mehr um die »Revanche«, um irgendwelche kontinentale Gegensätze zwischen den beiden Staaten. Hier äußerte sich ein ganz neuer Gegensatz, der dadurch geschaffen wurde, daß der deutsche Imperialismus dem französischen ins Gehege kam. Im Schlußergebnis der Krise ließ sich Deutschland durch das französische Kongogebiet abfinden und gab damit selbst zu, daß es in Marokko keine eigenen Interessen besaß und zu schützen hatte. Gerade dadurch bekam aber der deutsche Vorstoß in der Marokkosache eine weittragende politische Bedeutung. Gerade in der Unbestimmtheit ihrer greifbaren Ziele und Ansprüche verriet die ganze deutsche Marokkopolitik die unbegrenzten Appetite, das Tasten und Suchen nach Beute – sie war eine ganz allgemein gehaltene imperialistische Kriegserklärung gegen Frankreich. Der Gegensatz der beiden Staaten erschien hier in grellem Lichte. Dort eine langsame Industrieentwicklung, eine stagnierende Bevölkerung, ein Rentnerstaat, der hauptsächlich auswärtige Finanzgeschäfte macht, bepackt mit einem großen Kolonialreich, das mit Mühe und Not zusammengehalten wird, hier – ein mächtiger, junger, auf den ersten Platz hinstrebender Kapitalismus, der in die Welt auszieht, um Kolonien zu pirschen. An die Eroberung englischer Kolonien war nicht zu denken. So konnte sich der Heißhunger des deutschen Imperialismus, außer auf die asiatische Türkei, in erster Linie nur auf die französische Erbschaft richten. Dieselbe Erbschaft bot auch einen bequemen Köder, um Italien eventuell auf Frankreichs Kosten für die österreichischen Expansionsgelüste auf dem Balkan zu entschädigen und es so durch gemeinsame Geschäfte am Dreibund festzuhalten. Daß die deutschen Ansprüche auf Marokko den französischen Imperialismus aufs äußerste beunruhigen mußten, ist klar, wenn man bedenkt, daß Deutschland, in irgendeinem Teile Marokkos festgesetzt, es stets in der Hand hätte, das ganze nordafrikanische Reich Frankreichs, dessen Bevölkerung in chronischem Kriegszustand gegen die französischen Eroberer lebt, durch Waffenlieferungen an allen Ecken in Brand zu setzen. Der schließliche Verzicht und die Abfindung Deutschlands hatten nur diese unmittelbare Gefahr beseitigt, aber die allgemeine Beunruhigung Frankreichs und den einmal geschaffenen weltpolitischen Gegensatz weiter bestehen lassen.[2]

Mit der Marokkopolitik kam Deutschland jedoch nicht nur in Gegensatz zu Frankreich, sondern mittelbar wiederum zu England. Hier in Marokko, in nächster Nähe Gibraltars, wo sich der zweite wichtigste Kreuzungspunkt der weltpolitischen Straßen des britischen Reiches befindet, mußte das plötzliche Auftauchen des deutschen Imperialismus mit seinem Anspruch und mit dem drastischen Nachdruck, der dieser Aktion gegeben wurde, als eine Kundgebung gegen England aufgefaßt werden. Auch formell

---

[2] Die in den Kreisen der deutschen Imperialisten jahrelang betriebene lärmende Hetze wegen Marokkos war auch nicht geeignet, die Besorgnisse Frankreichs zu beruhigen. Der Alldeutsche Verband vertrat laut das Programm der Annexion Marokkos, natürlich als »eine Lebensfrage« für Deutschland und verbreitete eine Flugschrift aus der Feder seines Vorsitzenden Heinrich Claß unter dem Titel: »Westmarokko deutsch!« Als nach dem getroffenen Kongohandel Prof. Schiemann in der »Kreuzzeitung« die Abmachung des Auswärtigen Amtes und den Verzicht auf Marokko zu verteidigen suchte, fiel die »Post« über ihn folgendermaßen her:
»*Herr Professor Schiemann ist von Geburt Russe, vielleicht nicht einmal rein deutscher Abkunft*. Niemand kann es ihm daher verdenken, daß er *Fragen, die das Nationalbewußtsein, den patriotischen Stolz in der Brust eines jeden Reichsdeutschen auf das empfindlichste berühren, kalt und höhnisch gegenübersteht*. Das Urteil eines Fremden, der von dem patriotischen Herzschlag, dem schmerzlichen Zucken der bangen Seele des deutschen Volkes spricht als von einer durchgegangenen politischen Phantasie, einem Konquistadorenabenteuer, muß um so mehr unsern *berechtigten Zorn und Verachtung* herausfordern, als dieser Fremde als Hochschullehrer der Berliner Universität die *Gastfreundschaft des preußischen Staates* genießt. Mit *tiefem Schmerz* aber muß es uns erfüllen, daß dieser Mann, der in dem leitenden Organ der deutschkonservativen Partei die *heiligsten Gefühle des deutschen Volkes derart zu beschimpfen wagt*, der Lehrer und Ratgeber unseres Kaisers in politischen Dingen ist, und – ob mit Recht oder Unrecht – als das Sprachrohr des Kaisers gilt.«

richtete sich der erste Protest Deutschlands direkt gegen die Abmachung zwischen England und Frankreich über Marokko und Ägypten vom Jahre 1904, und die deutsche Forderung ging klipp und klar dahin, England bei der Regelung der Marokkoaffäre auszuschalten. Die unvermeidliche Wirkung dieser Stellung auf die deutsch-englischen Beziehungen konnte für niemanden ein Geheimnis sein. Die damals geschaffene Situation wird deutlich in einer Londoner Korrespondenz der »*Frankfurter Zeitung*« vom 8. November 1911 geschildert:

»Das ist das Fazit: Eine Million Neger am Kongo, ein großer Katzenjammer und eine starke Wut auf das ›perfide Albion‹. Den Katzenjammer wird Deutschland überstehen. Was aber soll aus unserem Verhältnis zu England werden, das so, wie es ist, absolut nicht fortgehen kann, sondern nach aller historischen Wahrscheinlichkeitsrechnung entweder zur Verschlimmerung, also zum Kriege führen, oder aber sich bald bessern muß ... Die Fahrt des ›Panther‹ war, wie eine Berliner Korrespondenz der Frankfurter Zeitung sich neulich treffend ausdrückte, ein Rippenstoß, der Frankreich zeigen sollte, daß Deutschland auch noch da ist ... Über die Wirkung, die dieser Vorstoß *hier* hervorrufen würde, kann man sich in Berlin niemals im unklaren befunden haben; wenigstens hat kein hiesiger Zeitungskorrespondent Zweifel daran gehabt, daß England energisch auf die *französische* Seite rücken würde. Wie kann man in der *Norddeutschen Allgemeinen Zeitung* noch immer an der Redensart festhalten, daß Deutschland ›mit Frankreich allein‹ zu unterhandeln hatte! Seit einigen hundert Jahren hat sich in Europa eine stetig zunehmende Verflechtung der politischen Interessen herausgebildet. Wenn *einer* malträtiert wird, so erfüllt das nach dem politischen Naturgesetz, unter dem wir stehen, die andern teils mit Freude, teils mit Sorge. Als vor zwei Jahren die *Österreicher* ihren bosnischen Handel mit *Rußland* hatten, fand Deutschland sich ›in schimmernder Wehr‹ auf dem Plane, obwohl man in Wien, wie nachher gesagt worden ist, lieber allein fertig geworden wäre ...

Es ist nicht verständlich, wie man in Berlin meinen konnte, daß die Engländer, die eben erst eine Periode entschieden antideutscher Stimmung überwunden hatten, sich plötzlich überreden lassen würden, daß unsere Verhandlungen mit Frankreich *sie* ganz und gar nichts angingen. Es handelte sich in letzter Linie um die *Machtfrage,* denn ein Rippenstoß, er mag noch so freundlich aussehen, ist etwas Handgreifliches, und niemand kann vorhersagen, wie bald ein Faustschlag in die Zähne darauf folgen wird... Seitdem ist die Lage weniger kritisch gewesen. Im Momente, wo Lloyd George sprach, bestand, wie wir aufs genaueste informiert sind, die *akute Gefahr eines Krieges zwischen Deutschland und England*... Ob man, nach dieser Politik, die Sir Edward Grey und seine Vertreter seit langem verfolgen und deren Berechtigung hier nicht erörtert wird, in der Marokkofrage von ihnen eine andere Haltung erwarten durfte? Uns scheint, daß, wenn man das in Berlin tat, die Berliner Politik damit gerichtet ist.«

So hatte die imperialistische Politik sowohl in Vorderasien wie in Marokko einen scharfen Gegensatz zwischen Deutschland und England sowohl wie Frankreich geschaffen. Wie war aber das Verhältnis zwischen Deutschland und Rußland beschaffen? Was liegt auf dem Grunde des Zusammenstoßes hier? In der Pogromstimmung, die sich in den ersten Kriegswochen der deutschen Öffentlichkeit bemächtigt hatte, glaubte man alles. Man glaubte, daß belgische Frauen deutschen Verwundeten die Augen ausstechen, daß die Kosaken Stearinkerzen fressen und Säuglinge an den Beinchen packen und in Stücke reißen, man glaubt auch, daß die russischen Kriegsziele darauf ausgehen, das Deutsche Reich zu annektieren, die deutsche Kultur zu vernichten und von der Warthe bis zum Rhein, von Kiel bis München den Absolutismus einzuführen.

Die sozialdemokratische »*Chemnitzer Volksstimme*« schrieb am 2. August:

»In diesem Augenblick empfinden wir alle die Pflicht, vor allem anderen gegen die russische Knutenherrschaft zu kämpfen. *Deutschlands Frauen und Kinder sollen nicht das Opfer russischer Bestialitäten werden, das deutsche Land nicht die Beute der Kosaken. Denn wenn der Dreiverband siegt, wird nicht ein englischer Gouverneur oder ein französischer Republikaner, sondern der Russenzar über Deutschland herrschen. Deshalb verteidigen wir in diesem Augenblick alles, was es an deutscher Kultur und deutscher Freiheit gibt, gegen einen schonungslosen und barbarischen Feind.«*

Die »*Fränkische Tagespost*« rief am gleichen Tage:

»*Wir wollen nicht, daß die Kosaken*, die alle Grenzorte schon besetzt haben, in unser Land hineinrasen und in unsere Städte Verderben tragen. Wir wollen nicht, daß der *russische Zar*, an dessen Friedensliebe selbst am Tage des Erlasses seines Friedensmanifestes die Sozialdemokratie nicht geglaubt hat, der der ärgste Feind des russischen Volkes ist, *gebiete über einen, der deutschen Stammes ist.*«

Und die »*Königsberger Volkszeitung*« vom 3. August schrieb:

»Aber keiner von uns, ob er militärpflichtig ist oder nicht, kann auch nur einen Moment daran zweifeln, daß er, solange der Krieg geführt wird, alles tun muß, um *jenes nichtswürdige Zarat* von unseren Grenzen fernzuhalten, das, *wenn es siegt, tausende unserer Genossen in die grauenvollen Kerker Rußlands verbannen würde.* Unter russischem Zepter gibt es keine Spur von Selbstbestimmungsrecht des Volkes; keine sozialdemokratische Presse ist dort erlaubt; sozialdemokratische Vereine und Versammlungen sind verboten. Und deshalb kommt keinem von uns der Gedanke, es in dieser Stunde darauf ankommen zu lassen, ob Rußland siegt oder nicht, sondern wir alle wollen bei Aufrechterhaltung unserer Gegnerschaft gegen den Krieg *zusammenwirken, um uns selbst vor den Greueln jener Schandbuben zu bewahren, die Rußland beherrschen.*«

Auf das Verhältnis der deutschen Kultur zum russischen Zarismus, das ein Kapitel für sich in der Haltung der deutschen Sozialdemokratie in diesem Kriege darstellt, werden wir noch näher eingehen. Was jedoch die Annexionsgelüste des Zaren gegenüber dem Deutschen Reich betrifft, so könnte man ebensogut annehmen, Rußland beabsichtige Europa oder auch den Mond zu annektieren. In dem heutigen Kriege handelt es sich überhaupt um die Existenz nur für zwei Staaten: Belgien und Serbien. Gegen beide wurden die deutschen Kanonen gerichtet unter dem Geschrei, es handle sich um die Existenz Deutschlands. Mit Ritualmordgläubigen ist bekanntlich jede Diskussion ausgeschlossen. Für Leute jedoch, die nicht die Pöbelinstinkte und die auf den Pöbel berechneten grobkalibrigen Schlagworte der nationalistischen Hetzpresse, sondern politische Gesichtspunkte zu Rate ziehen, muß es klar sein, daß der russische Zarismus so gut das Ziel der Annexion Deutschlands verfolgen konnte wie die des Mondes. An der Spitze der russischen Politik stehen abgefeimte Schurken, aber keine Irrsinnigen, und die Politik des Absolutismus hat bei aller Eigenart das mit jeder anderen gemein, daß sie sich nicht in der blauen Luft, sondern in der Welt der realen Möglichkeiten bewegt, wo sich die Dinge hart im Raume stoßen. Was also die befürchtete Verhaftung und lebenslängliche Verbannung der deutschen Genossen nach Sibirien sowie die Einführung des russischen Absolutismus im Deutschen Reich betrifft, so sind die Staatsmänner des Blutzaren bei aller geistigen Inferiorität bessere historische Materialisten als unsere Parteiredakteure: diese Staatsmänner wissen sehr wohl, daß sich eine politische Staatsform nicht überall nach Belieben »einführen« läßt, sondern daß jeder Staatsform eine bestimmte ökonomisch-soziale Grundlage entspricht; sie wissen aus eigener bitterer Erfahrung, daß sogar in Rußland selbst die Verhältnisse ihrer Herrschaft beinahe entwachsen sind; sie wissen endlich, daß auch die herrschende Reaktion in jedem Lande nur die ihr entsprechenden Formen braucht und vertragen kann, und daß die den deutschen Klassen- und Parteiverhältnissen entsprechende Abart des Absolutismus der hohenzollernsche Polizeistaat und das preußische Dreiklassenwahlrecht sind. Bei nüchterner Betrachtung der Dinge bestand also von vornherein gar kein Grund zur Besorgnis, daß der russische Zarismus sich im Ernst bewogen fühlen würde, sogar in dem unwahrscheinlichen Falle seines vollen Sieges, an diesen Produkten der deutschen Kultur zu rütteln.

In Wirklichkeit waren zwischen Rußland und Deutschland ganz andere Gegensätze im Spiel. Nicht auf dem Gebiete der inneren Politik, die im Gegenteil durch ihre gemeinsame Tendenz und innere Verwandtschaft eine Jahrhundert alte traditionelle Freundschaft zwischen den beiden Staaten begründet hat, stießen sie zusammen, sondern entgegen und trotz der Solidarität der inneren Politik – auf dem Gebiete der auswärtigen, in den weltpolitischen Jagdgründen.

Der Imperialismus in Rußland ist ebenso wie in den westlichen Staaten aus verschiedenartigen Elementen zusammengeflochten. Seinen stärksten Strang bildet jedoch nicht wie in Deutschland oder in England die ökonomische Expansion des akkumulationshungrigen Kapitals, sondern das politische Interesse des Staates. Freilich hat die russische Industrie, wie das für die kapitalistische Produktion überhaupt typisch ist, bei aller Unfertigkeit des inneren Marktes, seit längerer Zeit auch schon einen Export nach dem Orient, nach China, Persien, Mittelasien aufzuweisen, und die zarische Regierung sucht diese Ausfuhr als erwünschte Grundlage für ihre »Interessensphäre« mit allen Mitteln zu fördern. Aber die Staatspolitik ist hier der schiebende, nicht der geschobene Teil. Einerseits äußert sich in den Eroberungstendenzen des Zarentums die traditionelle Expansion des gewaltigen Reichs, dessen Bevölkerung heute 170 Millionen Menschen umfaßt und das aus wirtschaftlichen wie strategischen Gründen den Zutritt zum freien Weltmeer, zum Stillen Ozean im Osten, zum Mittelmeer im Süden zu erlangen sucht. Andererseits spricht hier das Lebensinteresse des Absolutismus mit, die Notwendigkeit, in dem allgemeinen Wettlauf der Großstaaten auf weltpolitischem Felde eine achtunggebietende Stellung zu behaupten, um sich den finanziellen Kredit im kapitalistischen Auslande zu sichern, ohne den der Zarismus absolut nicht existenzfähig ist. Hinzu tritt endlich wie in allen Monarchien das dynastische Interesse, das bei dem immer schrofferen Gegensatz der Regierungsform zur großen

Masse der Bevölkerung des äußeren Prestiges und der Ablenkung von den inneren Schwierigkeiten dauernd bedarf, als des unentbehrlichen Hausmittels der Staatskunst.

Allein auch moderne bürgerliche Interessen kommen immer mehr als Faktor des Imperialismus im Zarenreich in Betracht. Der junge russische Kapitalismus, der unter dem absolutistischen Regime natürlich nicht voll zur Entfaltung gelangen und im großen und ganzen nicht aus dem Stadium des primitiven Raubsystems herauskommen kann, sieht jedoch bei den unermeßlichen natürlichen Hilfsquellen des Riesenreiches eine gewaltige Zukunft vor sich. Es unterliegt keinem Zweifel, daß, sobald der Absolutismus weggeräumt ist, Rußland sich – vorausgesetzt, daß der internationale Stand des Klassenkampfes ihm noch diese Frist gewährt – rasch zum ersten modernen kapitalistischen Staate entwickeln wird. Es ist die Ahnung dieser Zukunft und die Akkumulationsappetite sozusagen auf Vorschuß, was die russische Bourgeoisie mit einem sehr ausgeprägten imperialistischen Drang erfüllt und bei der Weltverteilung mit Eifer ihre Ansprüche melden läßt. Dieser historische Drang findet zugleich seine Unterstützung in sehr kräftigen Gegenwartsinteressen der russischen Bourgeoisie. Dies ist, erstens, das greifbare Interesse der Rüstungsindustrie und ihrer Lieferanten; spielt doch auch in Rußland die stark kartellierte schwere Industrie eine große Rolle. Zweitens ist es der Gegensatz zum »inneren Feind«, zum revolutionären Proletariat, der die Wertschätzung der russischen Bourgeoisie für den Militarismus und die ablenkende Wirkung des weltpolitischen Evangelismus besonders gesteigert und das Bürgertum unter dem konterrevolutionären Regime zusammengeschlossen hat. Der Imperialismus der bürgerlichen Kreise in Rußland, namentlich der liberalen, ist in der Gewitterluft der Revolution zusehends gewachsen und hat in dieser modernen Taufe der traditionellen auswärtigen Politik des Zarenreichs ein modernes Gepräge verliehen.

Das Hauptziel sowohl der traditionellen Politik des Zarismus wie der modernen Appetite der russischen Bourgeoisie sind nun die Dardanellen, die nach dem bekannten

Ausspruch Bismarcks den Hausschlüssel zu den russischen Besitzungen am Schwarzen Meer darstellen. Um dieses Zieles willen hat Rußland seit dem 18. Jahrhundert eine Reihe blutiger Kriege mit der Türkei geführt, die Befreiermission auf dem Balkan übernommen und in ihrem Dienste bei Ismail, bei Navarin, bei Sinope, Silistra und Sewastopol, bei Plewna und Schipka enorme Leichenhügel errichtet. Die Verteidigung der slawischen Brüder und Christen vor den türkischen Greueln fungierte bei dem russischen Muschik als ebenso zugkräftige Kriegslegende, wie jetzt die Verteidigung der deutschen Kultur und Feigheit gegen die russischen Greuel bei der deutschen Sozialdemokratie. Aber auch die russische Bourgeoisie erwärmte sich viel mehr für die Aussichten auf das Mittelmeer als für die mandschurische und mongolische Kulturmission. Der japanische Krieg wurde von dem liberalen Bürgertum besonders deshalb als ein sinnloses Abenteuer so scharf kritisiert, weil er die russische Politik von ihrer wichtigsten Aufgabe ablenkte – von dem Balkan. Der verunglückte Krieg mit Japan hat noch in anderer Hinsicht nach derselben Richtung gewirkt. Die Ausbreitung der russischen Macht in Ostasien, in Zentralasien, bis in den Tibet und nach Persien hinein, mußte die Wachsamkeit des englischen Imperialismus lebhaft beunruhigen. Besorgt um das enorme indische Reich, mußte England die asiatischen Vorstöße des Zarenreichs mit wachsendem Mißtrauen verfolgen. In der Tat war der englisch-russische Gegensatz in Asien um den Beginn des Jahrhunderts der stärkste weltpolitische Gegensatz der internationalen Situation, wie er höchstwahrscheinlich auch der Brennpunkt der künftigen imperialistischen Entwicklung nach dem heutigen Weltkrieg sein dürfte. Die krachende Niederlage Rußlands im Jahre 1904 und der Ausbruch der Revolution änderten die Situation. Auf die sichtbare Schwächung des Zarenreichs folgte eine Entspannung mit England, die im Jahre 1907 sogar zu einer Abmachung über gemeinsame Verspeisung Persiens und freundnachbarliche Beziehungen in Mittelasien führte. Dadurch wurde Rußland der Weg zu großen Unternehmungen im Osten vorerst verlegt, und seine Energie wendete sich um so kräftiger dem alten Ziel – der Balkanpolitik zu. Hier war es nun, daß das zarische Rußland zum ersten Male seit einem Jahrhundert treuer und gut fundierter Freundschaft mit der deutschen Kultur in einen schmerzlichen Gegensatz zu ihr geraten war. Der Weg zu den Dardanellen führt über die Leiche der Türkei, Deutschland betrachtete aber seit einem Jahrzehnt die Integrität dieser Leiche für seine vornehmste weltpolitische Aufgabe. Freilich hat die Methode in der russischen Balkanpolitik schon verschiedentlich gewechselt, und auch Rußland hat eine Zeitlang – erbittert durch den »Undank« der befreiten Balkanslawen, die sich der Vasallität beim Zarenreich zu entwinden suchten – das Programm der »Integrität« der Türkei vertreten, auch mit demselben stillschweigenden Vorbehalt, daß die Aufteilung auf günstigere Zeiten verschoben werden müsse. Jetzt aber paßte die endliche Liquidation der Türkei in die Pläne Rußlands sowohl wie der englischen Politik, die ihrerseits zur Stärkung der eigenen Position in Indien und Ägypten die dazwischen liegenden türkischen Gebiete – Arabien und Mesopotamien – zu einem großen mohammedanischen Reich unter britischem Zepter zu vereinigen strebt. So geriet im Orient der russische Imperialismus, wie früher schon der englische, auf den deutschen, der in der Rolle des privilegierten Nutznießers der türkischen Zersetzung als ihre Schildwache am Bosporus Posto gefaßt hatte.[3]

---

[3] Im Januar 1908 schrieb nach der deutschen Presse der russische liberale Politiker Peter von Struve: »Jetzt ist es Zeit, auszusprechen, daß es nur einen Weg gibt, ein großes Rußland zu schaffen, und der ist: die Hinlenkung aller Kräfte auf ein Gebiet, das der realen Einwirkung der russischen Kultur zugänglich ist. Dieses Gebiet ist das *ganze Becken des Schwarzen Meeres*, das heißt alle europäischen und asiatischen Länder, die einen Ausgang zum Schwarzen Meer haben. Hier besitzen wir für unsere unanfechtbare wirtschaftliche Herrschaft eine wirkliche Basis: *Menschen, Steinkohle und Eisen*. Auf dieser realen Basis – und nur auf ihr – kann durch unermüdliche Kulturarbeit, die nach allen Richtungen hin vom Staat unterstützt werden muß, ein wirtschaftlich starkes Großrußland geschaffen werden.«
Bei Beginn des heutigen Weltkrieges schrieb derselbe Struve noch vor dem Eingreifen der Türkei: »Bei den deutschen Politikern tauchte eine selbständige türkische Politik auf, die sich zu der Idee und dem Programm der Ägyptisierung der Türkei unter dem Schutze Deutschlands verdichtete. Der Bosporus und die Dardanellen sollten sich in ein deutsches Suez verwandeln. Schon vor dem italienisch-türkischen Krieg, der die Türkei aus Afrika verdrängte, und vor dem Balkankrieg, der die Türken fast aus Europa hinauswarf, tauchte für Deutschland deutlich die Aufgabe auf: die Türkei und ihre Unabhängigkeit im Interesse der wirtschaftlichen und politischen Festi-

Aber noch mehr als direkt mit Deutschland prallte die russische Politik auf dem Balkan mit *Österreich* zusammen. Die politische Ergänzung des deutschen Imperialismus, sein siamesischer Zwillingsbruder und sein Verhängnis zugleich ist der österreichische Imperialismus.

Deutschland, das sich durch seine Weltpolitik nach allen Seiten isoliert hat, findet nur in Österreich einen Bundesgenossen. Das Bündnis mit Österreich ist freilich alt, noch von Bismarck im Jahre 1879 gegründet, seitdem hat es aber völlig seinen Charakter verändert. Wie der Gegensatz zu Frankreich, so ist das Bündnis mit Österreich durch die Entwicklung der letzten Jahrzehnte mit neuem Inhalt gefüllt worden. Bismarck dachte lediglich an die Verteidigung des durch die Kriege 1864 bis 1870 geschaffenen Besitzstandes. Der von ihm geschlossene Dreibund hatte durchaus konservativen Charakter, namentlich auch in dem Sinne, daß er den endgültigen Verzicht Österreichs auf den Eintritt in den deutschen Staatenbund, die Aussöhnung mit dem von Bismarck geschaffenen Stand der Dinge, die Besiegelung der nationalen Zersplitterung Deutschlands und der militärischen Hegemonie Großpreußens bedeutete. Die Balkantendenzen Österreichs waren Bismarck ebenso zuwider wie die südafrikanischen Erwerbungen Deutschlands. In seinen »Gedanken und Erinnerungen« sagt er:

gung Deutschlands zu erhalten. Nach den erwähnten Kriegen änderte sich diese Aufgabe nur insofern, als die äußerste Schwäche der Türkei zutage getreten war: unter diesen Umständen mußte ein Bündnis de facto in ein Protektorat oder eine Bevormundung ausarten, die das Ottomanische Reich schließlich auf das Niveau Ägyptens bringen mußte. *Es ist aber vollkommen klar, daß ein deutsches Ägypten am Schwarzen und am Marmarameer vom russischen Standpunkt aus völlig unerträglich wäre.* Kein Wunder daher, daß die russische Regierung sofort gegen die auf eine solche Politik hinzielenden Schritte, *so gegen die Mission General Liman von Sanders* protestierte, der nicht nur die türkische Armee reorganisierte, sondern auch ein *Armeekorps in Konstantinopel befehligen sollte.* Formell erhielt Rußland in dieser Frage Genugtuung, in Wirklichkeit aber änderte sich die Sachlage nicht im geringsten. *Unter diesen Umständen stand im Dezember 1913 ein Krieg zwischen Rußland und Deutschland in unmittelbarer Nähe: der Fall der Militärmission* Liman von Sanders hatte die auf die ›Ägyptisierung‹ der Türkei gerichtete Politik Deutschlands aufgedeckt.
Schon diese neue Richtung der deutschen Politik hätte ausgereicht, um einen bewaffneten Konflikt zwischen Deutschland und Rußland hervorzurufen. Wir traten also *im Dezember 1913* in eine Epoche der Heranreifung eines Konfliktes ein, der unvermeidlich den Charakter eines Weltkonfliktes annehmen mußte.«

»Es ist natürlich, daß die Einwohner des Donaubekkens Bedürfnisse und Pläne haben, die sich über die heutigen Grenzen der Monarchie hinaus erstrecken: und die deutsche Reichsverfassung zeigt den Weg an, auf dem Österreich eine Versöhnung der politischen und materiellen Interessen erreichen kann, die zwischen der Ostgrenze des rumänischen Volksstammes und der Bucht von Cattaro vorhanden sind. *Aber es ist nicht die Aufgabe des Deutschen Reichs, seine Untertanen mit Gut und Blut zur Verwirklichung von nachbarlichen Wünschen herzuleihen.*«

Was er auch einmal drastischer ausgedrückt hat mit dem bekannten Wort, Bosnien sei ihm nicht die Knochen eines pommerschen Grenadiers wert. Daß Bismarck in der Tat nicht gedachte, den Dreibund in den Dienst österreichischer Expansionsbestrebungen zu stellen, beweist am besten ein 1884 mit Rußland abgeschlossener »Rückversicherungsvertrag«, wonach das Deutsche Reich im Falle eines Krieges zwischen Rußland und Österreich nicht etwa an die Seite des letzteren treten, sondern »wohlwollende Neutralität« bewahren sollte.

Seit in der deutschen Politik der imperialistische Wandel vollzogen war, ist auch ihr Verhältnis zu Österreich verschoben worden. Österreich-Ungarn liegt zwischen Deutschland und dem Balkan, also auf dem Wege zum Brennpunkt der deutschen Orientpolitik. Österreich zum Gegner haben, wäre bei der allgemeinen Isolierung, in die sich Deutschland durch seine Politik versetzt hatte, gleichbedeutend mit dem Verzicht auf alle weltpolitischen Pläne. Aber auch im Falle einer Schwächung und des Zerfalls Österreich-Ungarns, der mit der sofortigen Liquidierung der Türkei und mit einer ungeheuren Stärkung Rußlands, der Balkanstaaten und Englands identisch ist, wäre zwar die nationale Einigung und Stärkung Deutschlands verwirklicht, aber der imperialistischen Politik des Deutschen Reichs das Lebenslicht ausgeblasen.[4] Die Rettung und

---

[4] In der imperialistischen Flugschrift »Warum es der deutsche Krieg ist?« lesen wir: »Rußland hatte es schon vorher mit der Verlockung versucht, uns Deutsch-Österreich anzubieten, jene zehn Millionen Deutsche, die bei unserer

Erhaltung der habsburgischen Monarchie wurde also logisch zur Nebenaufgabe des deutschen Imperialismus, wie die Erhaltung der Türkei seine Hauptaufgabe war.

Österreich bedeutet aber einen ständigen latenten Kriegszustand auf dem Balkan. Seit der unaufhaltsame Prozeß der Auflösung der Türkei zur Bildung und Erstarkung der Balkanstaaten in nächster Nähe Österreichs geführt hatte, begann auch der Gegensatz zwischen dem habsburgischen Staat und seinen jungen Nachbarn. Es ist klar, daß durch das Aufkommen selbständiger lebensfähiger nationaler Staaten in unmittelbarer Nähe der Monarchie, die, aus lauter Bruchstücken derselben Nationalitäten zusammengesetzt, diese Nationalitäten nur mit der Fuchtel der Diktaturparagraphen zu regieren weiß, die Zersetzung der ohnehin zerrütteten Monarchie beschleunigt werden mußte. Die innere Lebensunfähigkeit Österreichs zeigte sich gerade in seiner Balkanpolitik und besonders im Verhältnis zu Serbien. Österreich war trotz seiner imperialistischen Appetite, die sich wahllos bald auf Saloniki, bald auf Durazzo warfen, nicht etwa in der Lage, Serbien zu annektieren, auch als dieses noch nicht den Zuwachs an Kraft und Umfang durch die beiden Balkankriege erfahren hatte. Durch die Einverleibung Serbiens hätte Österreich in seinem Innern eine von den widerspenstigen südslawischen Nationalitäten in gefährlicher Weise gestärkt, die es durch das brutale und stumpfsinnige Regime seiner Reaktion ohnehin kaum zu zügeln vermag.[5] Österreich

---

nationalen Einigung 1866 und 1870/1871 draußen bleiben mußten. Lieferten wir ihnen die alte Monarchie der Habsburger aus, so mochten wir den Lohn für den Verrat davontragen.«

[5] Die »Kölnische Zeitung« schrieb nach dem Attentat von Sarajewo, also am Vorabend des Krieges, als die Karten der offiziellen deutschen Politik noch nicht aufgedeckt waren:

»Der in die Verhältnisse Uneingeweihte wird die Frage stellen, woher es komme, daß Österreich trotz seiner Bosnien erwiesenen Wohltaten im Lande nicht nur nicht beliebt, sondern geradezu verhaßt ist bei den Serben, die 42 Prozent der Bevölkerung ausmachen? Die Antwort wird nur der wirkliche Kenner des Volkes und der Verhältnisse verstehen, der Fernstehende, namentlich der an europäische Begriffe und Zustände gewöhnte, wird ihr verständnislos gegenüberstehen. Die Antwort lautet klipp und klar: *Die Verwaltung Bosniens war in der Anlage und ihren Grundideen vollkommen verpfuscht*, und daran trägt die gerade sträfliche Unkenntnis die Schuld, welche zum Teil noch heute, nach mehr als einem Menschenalter (seit der Okkupation) über die wirklichen Zustände im Lande herrscht.«

kann aber auch nicht die selbständige normale Entwicklung Serbiens dulden und von ihr durch normale Handelsbeziehungen profitieren, weil die habsburgische Monarchie nicht die politische Organisation eines bürgerlichen Staates, sondern bloß ein lockeres Syndikat einiger Cliquen gesellschaftlicher Parasiten ist, die mit vollen Händen unter Ausnutzung der staatlichen Machtmittel raffen wollen, solange der morsche Bau der Monarchie noch hält. Im Interesse der ungarischen Agrarier und der künstlichen Teuerung landwirtschaftlicher Produkte verbot Österreich also Serbien die Einfuhr von Vieh und Obst und schnürte so dem Bauernlande den Hauptabsatz seiner Produkte ab. Im Interesse der österreichischen Kartellindustrie zwang es Serbien, Industrieerzeugnisse zu höchsten Preisen nur aus Österreich zu beziehen. Um Serbien in wirtschaftlicher und politischer Abhängigkeit zu erhalten, verhinderte es Serbien, sich im Osten durch ein Bündnis mit Bulgarien den Zutritt zum Schwarzen Meer und im Westen durch Erwerbung eines Hafens in Albanien den Zutritt zum Adriatischen Meer zu verschaffen. Die Balkanpolitik Österreichs zielte also einfach auf die Erdrosselung Serbiens. Sie war aber zugleich auf Verhinderung jeder gegenseitigen Annäherung und des inneren Aufschwungs der Balkanstaaten überhaupt gerichtet und bildete für sie die ständige Gefahr. Bedrohte doch der österreichische Imperialismus bald durch die Annexion Bosniens, bald durch Ansprüche auf den Sandschak Novibazar und auf Saloniki, bald durch Ansprüche auf die albanische Küste fortwährend den Bestand und die Entwicklungsmöglichkeiten der Balkanstaaten. Diesen österreichischen Tendenzen zuliebe sowie infolge der Konkurrenz Italiens mußte auch nach dem zweiten Balkankrieg das Spottgebilde des »unabhängigen Albaniens« unter einem deutschen Fürsten geschaffen werden, das von der ersten Stunde an nichts anderes war als ein Spielball von Intrigen der imperialistischen Rivalen.

So wurde die imperialistische Politik Österreichs im letzten Jahrzehnt zum Hemmschuh für eine normale fortschrittliche Entwicklung auf dem Balkan und führte von selbst zu dem unausweichlichen Dilemma: entweder die habsburgische Monarchie oder die kapitalistische Entwicklung der Balkanstaaten! Der Balkan, der sich von der türkischen Herrschaft emanzipiert hatte, sah sich vor die weitere Aufgabe gestellt, noch das Hindernis Österreich aus dem Wege zu räumen. Die Liquidierung Österreich-Ungarns ist historisch nur die Fortsetzung des Zerfalls der Türkei und zusammen mit ihm ein Erfordernis des geschichtlichen Entwicklungsprozesses.

Aber jenes Dilemma ließ keine andere Lösung zu als Krieg, und zwar den Weltkrieg. Hinter Serbien stand nämlich Rußland, das seinen Einfluß auf dem Balkan und seine »Beschützer«-Rolle nicht preisgeben konnte, ohne auf sein ganzes imperialistisches Programm im Orient zu verzichten. In direktem Gegensatz zur österreichischen ging die russische Politik darauf aus, die Balkanstaaten, natürlich unter Rußlands Protektorat, zusammenzuschließen. Der Balkanbund, dessen siegreicher Krieg im Jahre 1912 mit der europäischen Türkei fast ganz aufgeräumt hatte, war Rußlands Werk und hatte in dessen Intentionen die Hauptspitze gegen Österreich zu richten. Zwar zerschellte der Balkanbund entgegen allen Bemühungen Rußlands alsbald im zweiten Balkankrieg, aber das aus diesem Kriege siegreich hervorgegangene Serbien wurde nun in gleichem Maße auf die Bundesgenossenschaft Rußlands angewiesen, als Österreich sein Todfeind wurde. Deutschland, an die Schicksale der habsburgischen Monarchie gekoppelt, sah sich genötigt, deren stockreaktionäre Balkanpolitik auf Schritt und Tritt zu decken und nun in doppelt scharfen Gegensatz zu Rußland zu treten.

Die österreichische Balkanpolitik führte aber ferner zum Gegensatz mit Italien, das an der Liquidation sowohl Österreichs wie der Türkei lebhaft interessiert ist. Der Imperialismus Italiens findet in den italienischen Besitzungen Österreichs den nächstliegenden und bequemsten, weil populärsten Deckmantel seiner Expansionsgelüste, die sich bei der Neuordnung der Dinge auf dem Balkan vor allem auf die gegenüberliegende albanische Küste der Adria richten. Der Dreibund, der schon im Tripoliskrieg einen argen Stoß erlitten hatte, wurde durch die akute Krise auf dem Balkan seit den beiden Balkankriegen vollends ausgehöhlt und die beiden Zentralmächte in scharfen Gegensatz zu aller Welt gebracht. Deutschlands Imperialismus, gekettet an zwei verwesende Leichname, steuerte geraden Weges in den Weltkrieg.

Die Fahrt war übrigens ganz bewußt. Namentlich Österreich als treibende Kraft rannte mit fataler Blindheit schon seit Jahren ins Verderben. Seine herrschende klerikal-militärische Clique mit dem Erzherzog Franz Ferdinand und dessen Handlanger Baron von Chlumezki an der Spitze haschte förmlich nach Vorwänden, um loszuschlagen. Im Jahre 1909 ließ sie eigens zur Entfachung des nötigen Kriegsfurors in deutschen Landen von Prof. *Friedmann* die berühmten Dokumente fabrizieren, die eine weitverzweigte teuflische Verschwörung der Serben gegen die habsburgische Monarchie enthüllten und nur den kleinen Fehler hatten, daß sie von A bis Z gefälscht waren. Einige Jahre später sollte die tagelang kolportierte Nachricht vom entsetzlichen Martyrium des österreichischen Konsuls *Prohaska* in Üsküb wie der zündende Funke ins Pulverfaß fallen, unterdes Prohaska gesund und munter pfeifend in den Straßen von Üsküb spazierte. Endlich kam das Attentat von Sarajewo, ein lang ersehntes veritables empörendes Verbrechen. »Wenn je ein Blutopfer *eine befreiende, eine erlösende Wirkung* gehabt hat, so war es dieses«, jubelten die Wortführer der deutschen Imperialisten. Die österreichischen Imperialisten jubelten noch lauter und beschlossen, die erzherzoglichen Leichen zu benutzen, solange sie frisch waren.[6] Nach rascher Verständigung mit Berlin wurde der

---

[6] »Warum es der deutsche Krieg ist?« S. 18.
Das Organ der Clique des Erzherzogs, »Groß-Österreich«, schrieb Woche für Woche Brandartikel im folgenden Stil:
»Wenn man den Tod des Erzherzogs-Thronfolgers Franz Ferdinand in würdiger und seinen Empfindungen Rechnung tragender Weise rächen will, *dann vollstrecke man so rasch als möglich das politische Vermächtnis* des unschuldigen Opfers einer unseligen Entwicklung der Verhältnisse im Süden des Reiches.
Seit sechs Jahren warten wir schon auf die endliche Auflösung all der drückenden Spannungen, die wir in unserer ganzen Politik so überaus qualvoll empfinden.
Weil wir wissen, daß erst aus einem Krieg das neue und große Österreich, das glückliche, seine Völker befreiende Groß-Österreich geboren werden kann, *darum wollen wir den Krieg.*

Krieg abgemacht und das Ultimatum als der Fidibus ausgesandt, der die kapitalistische Welt an allen Ecken anzünden sollte.

Aber der Zwischenfall in Sarajewo hatte nur den Vorwand geliefert. An Ursachen, an Gegensätzen war seit langer Zeit alles für den Krieg reif, die Konstellation, die wir heute erleben, war seit einem Jahrzehnt fertig. Jedes Jahr und jede politische Begebenheit der letzten Zeit brachten ihn einen Schritt näher: die türkische Revolution, die Annexion Bosniens, die Marokkokrise, die Tripolisexpedition, die beiden Balkankriege. Alle Militärvorlagen der letzten Jahre wurden direkt mit Hinblick auf diesen Krieg als bewußte Vorbereitung zur unvermeidlichen Generalabrechnung eingebracht. Fünfmal im Laufe der letzten Jahre wäre der heutige Krieg schon um ein Haar ausgebrochen: im Sommer 1905, als Deutschland zum ersten Male in entscheidender Form seine Ansprüche in der Marokkosache anmeldete. Im Sommer 1908, als England, Rußland und Frankreich nach der Monarchenbegegnung in Reval wegen der mazedonischen Frage ein Ultimatum an die Türkei stellen wollten und Deutschland sich bereitete, zum Schutz der Türkei sich in den Krieg zu stürzen, den nur der plötzliche Ausbruch der türkischen Revolution für diesmal verhindert hat.[7] Im Anfang 1909, als Rußland die österrei-

---

Wir wollen den Krieg, weil es unsere innerste Überzeugung ist, daß nur durch einen Krieg in radikaler, plötzlicher Weise unser Ideal erreicht werden kann: *ein starkes Groß-Österreich,* in dem die österreichische Staatsidee, der österreichische Missionsgedanke, *den Balkanvölkern* die Freiheit und Kultur zu bringen, im Sonnenglanze einer großen, frohen Zukunft blüht.
Seitdem der Große tot ist, dessen starke Hand, dessen unbeugsame Energie Groß-Österreich über Nacht geschaffen hätte, seitdem erhoffen wir alles nur mehr vom Krieg.
Es ist die letzte Karte, auf die wir alles setzen!
Vielleicht führt die ungeheure Erregung, die in Österreich und Ungarn nach diesem Attentat gegen Serbien herrscht, zur Explosion gegen Serbien und im weiteren Verlauf auch gegen Rußland.
Erzherzog Franz Ferdinand hat als einziger diesen Imperialismus nur vorbereiten, nicht durchsetzen können. *Sein Tod wird hoffentlich das Blutopfer sein, das notwendig war, um die imperialistische Entflammung ganz Österreichs durchzuführen.«*

[7] »Auf Seiten der deutschen Politik war man natürlich darüber unterrichtet, was geschehen sollte, und *heute wird kein Geheimnis mehr mit der Tatsache verraten,* daß wie andere europäische Flotten, *so auch die deutschen Seestreitkräfte sich damals im Zustande unmittelbarer Kriegsbereitschaft befanden.«* Rohrbach, »Der Krieg und die deutsche Politik«, S. 32.

chische Annexion Bosniens mit einer Mobilmachung beantwortete, woraufhin Deutschland in Petersburg in aller Form erklärte, es sei bereit, auf Österreichs Seite in den Krieg zu ziehen. Im Sommer 1911, als der »Panther« nach Agadir entsandt wurde, was unbedingt den Ausbruch des Krieges herbeigeführt hätte, wenn Deutschland auf den Marokkoanteil nicht verzichtet und sich mit Kongo nicht hätte abfinden lassen. Und endlich anfangs 1913, als Deutschland angesichts des beabsichtigten Einmarsches Rußlands in Armenien zum zweitenmal in Petersburg in aller Form erklärte, kriegsbereit zu sein.

Derartig hing der heutige Weltkrieg seit acht Jahren in der Luft. Wenn er immer wieder verschoben wurde, so nur deshalb, weil jedesmal eine der beteiligten Seiten mit den militärischen Vorbereitungen noch nicht fertig war. Namentlich war in dem »Panther«-Abenteuer 1911 schon der heutige Weltkrieg reif – ohne das ermordete Erzherzogpaar, ohne französische Flieger über Nürnberg und ohne russische Invasion in Ostpreußen. Deutschland hat ihn bloß auf einen für sich gelegeneren Moment verschoben. Auch hier braucht man nur die offenherzige Darlegung der deutschen Imperialisten zu lesen: »Wenn von der sogenannten alldeutschen Seite her während der Marokkokrisis von 1911 gegen die deutsche Politik der Vorwurf der Schwäche gemacht worden ist, so erledigt sich diese falsche Idee schon allein dadurch, daß, als wir den ›Panther‹ nach Agadir schickten, der Umbau des Nordostseekanals noch mitten im Werk, der Ausbau von Helgoland zu einer großen Seefestung lange nicht vollendet und unsere Flotte an Dreadnoughts und Hilfswaffen gegenüber der englischen Seemacht ein bedeutend ungünstigeres Verhältnis aufwies als drei Jahre nachher. Sowohl der Kanal als auch Helgoland, als auch die Flottenstärke waren im Vergleich zum gegenwärtigen Jahre, 1914, teils stark zurück, teils überhaupt noch nicht kriegsbrauchbar. *In einer solchen Lage, wo man weiß, daß man etwas später sehr viel günstigere Chancen haben wird, den Entscheidungskrieg provozieren zu wollen, wäre doch einfach töricht gewesen.*«[8] Erst mußte die

---
[8] *Rohrbach*, »Der Krieg und die deutsche Politik«, S. 41.

deutsche Flotte instand gesetzt und die große Militärvorlage im Reichstag durchgedrückt werden. Im Sommer 1914 fühlte sich Deutschland kriegsbereit, während Frankreich noch an seiner dreijährigen Dienstzeit laborierte und Rußland weder mit dem Flottenprogramm noch mit dem Landheer fertig war. Es galt, die Lage energisch auszunutzen. »Für uns, das heißt für Deutschland und Österreich-Ungarn« – schreibt über die Situation im Jahre 1914 derselbe Rohrbach, der nicht bloß der ernsteste Wortführer des Imperialismus in Deutschland, sondern auch in genauer Fühlung mit den leitenden Kreisen der deutschen Politik, halb und halb ihr offiziöses Mundstück ist –, »für uns bestand *die Hauptsorge* diesmal darin, daß wir durch eine vorübergehende und scheinbare *Nachgiebigkeit Rußlands moralisch gezwungen werden könnten, zu warten*, bis Rußland und Frankreich wirklich bereit waren.«[9] Mit anderen Worten: die Hauptsorge im Juli 1914 war, daß die »Friedensaktion« der deutschen Regierung Erfolg haben, daß Rußland und Serbien nachgeben konnten. Es galt, sie diesmal zum Kriege zu *zwingen*. Und die Sache gelang. »Mit tiefem Schmerz sahen wir unsere auf die Erhaltung des Weltfriedens gerichteten unermüdlichen Bemühungen scheitern« usw.

Als die deutschen Bataillone in Belgien einmarschierten, als der Deutsche Reichstag vor die vollendete Tatsache des Krieges und des Belagerungszustandes gestellt war, war es nach alledem kein Blitz aus heiterem Himmel, keine neue unerhörte Situation, kein Ereignis, das in seinen politischen Zusammenhängen für die sozialdemokratische Fraktion eine Überraschung sein konnte. Der am 4. August offiziell begonnene Weltkrieg war derselbe, auf den die deutsche und die internationale imperialistische Politik seit Jahrzehnten unermüdlich hinarbeitete, derselbe, dessen Nahen die deutsche Sozialdemokratie ebenso unermüdlich seit einem Jahrzehnt fast jedes Jahr prophezeite, derselbe, den die sozialdemokratischen Parlamentarier, Zeitungen und Broschüren tausendmal als ein frivoles imperialistisches

[9] Ebenda, S. 83.

Verbrechen brandmarkten, das weder mit Kultur noch mit nationalen Interessen etwas zu tun hätte, vielmehr das direkte Gegenteil von beiden wäre.

Und in der Tat. Nicht um die »Existenz und die freiheitliche Entwicklung Deutschlands« handelt es sich in diesem Kriege, wie die sozialdemokratische Fraktionserklärung sagt, nicht um die deutsche Kultur, wie die sozialdemokratische Presse schreibt, sondern um jetzige Profite der Deutschen Bank in der asiatischen Türkei und künftige Profite der Mannesmänner und Krupp in Marokko, um die Existenz und die Reaktion Österreichs, dieses »Haufens organisierte Verwesung, der sich habsburgische Monarchie nennt«, wie der »*Vorwärts*« am 25. Juli 1914 schrieb, um ungarische Schweine und Zwetschgen, um den § 14 und die Kultur Friedmann-Prohaska, um die Erhaltung der türkischen Baschibuzukenherrschaft in Kleinasien und der Konterrevolution auf dem Balkan.

Ein großer Teil unserer Parteipresse war sittlich entrüstet, daß von den Gegnern Deutschlands die »Farbigen und Wilden«, Neger, Sikhs, Maori in den Krieg gehetzt wurden. Nun, diese Völker spielen im heutigen Kriege ungefähr dieselbe Rolle wie die sozialistischen Proletarier der europäischen Staaten. Und wenn die Maori von Neuseeland nach Reuter-Meldung darauf brannten, sich für den englischen König die Schädel einzurennen, so zeigten sie just soviel Bewußtsein für die eigenen Interessen wie die deutsche sozialdemokratische Fraktion, welche die Erhaltung der habsburgischen Monarchie, der Türkei und der Kassen der Deutschen Bank mit der Existenz, Freiheit und Kultur des deutschen Volkes verwechselte. Ein großer Unterschied besteht freilich bei alledem: die Maori trieben noch vor einer Generation Menschenfresserei und nicht marxistische Theorie.

V

Aber der Zarismus! Dieser war es zweifellos, der für die Haltung der Partei, namentlich im ersten Augenblick des

Krieges, den Ausschlag gegeben hat. Die sozialdemokratische Fraktion hatte in ihrer Erklärung die Parole gegeben: Gegen den Zarismus! Die sozialdemokratische Presse hat daraus alsbald den Kampf um »die Kultur« für ganz Europa gemacht.

Die »*Frankfurter Volksstimme*« schrieb schon am 31. Juli:

»Die deutsche Sozialdemokratie hat seit langem das Zarentum bezichtigt als den blutigen Hort der europäischen Reaktion, seit der Zeit, da *Marx* und *Engels* mit geschärften Blicken jede Bewegung dieses barbarischen Regiments verfolgten, bis heute, wo es die Gefängnisse mit politischen Verbrechern füllt und doch vor jeder Arbeiterbewegung zittert. *Nun käme die Gelegenheit, unter den deutschen Kriegsfahnen* mit dieser fürchterlichen Gesellschaft abzurechnen.«

Die »*Pfälzische Post*« in Ludwigshafen am gleichen Tage:

»Das ist ein Grundsatz, den unser unvergeßlicher August Bebel prägte. Es gilt hier den Kampf der Kultur gegen die Unkultur, da stellt auch das Proletariat seinen Mann.«

Die »*Münchener Post*« am 1. August:

»In der Pflicht der Landesverteidigung gegen das Blutzarentum lassen wir uns nicht zu Bürgern zweiter Klasse machen.«

Das Hallesche »*Volksblatt*« am 5. August:

»Wenn es richtig ist, daß wir von Rußland angegriffen wurden – und alle Meldungen haben das bisher so zu erkennen gegeben –, so ist es *selbstverständlich, daß die Sozialdemokratie alle Mittel für die Verteidigung bewilligt*. Der Zarismus muß mit aller Kraft aus dem Lande geworfen werden.«

Und am 18. August:

»Nun aber die eisernen Würfel ins Rollen gekommen sind, nun ist es nicht nur die Pflicht der Vaterlandsverteidigung, der nationalen Selbsterhaltung, die uns, wie allen anderen Deutschen, die Waffe in die Hand drückt, sondern auch das Bewußtsein, daß wir mit dem Feind, gegen den wir im Osten kämpfen, zugleich den Feind allen Fortschritts und aller Kultur bekämpfen... *Die Niederlage Rußlands ist zugleich der Sieg der Freiheit in Europa.*«

Der Braunschweiger *»Volksfreund«* vom 5. August schrieb:

»Der unwiderstehliche Druck der militärischen Gewalt zieht alle mit sich fort. Aber die klassenbewußten Arbeiter folgen nicht nur äußerer Gewalt, sie gehorchen ihrer eigenen Überzeugung, wenn sie den Boden, auf dem sie stehen, vor dem Einbruch des Ostens verteidigen.«

Die Essener *»Arbeiterzeitung«* rief schon am 3. August:

»Wenn jetzt dieses Land durch Rußlands Entschließungen bedroht wird, dann werden die Sozialdemokraten angesichts der Tatsache, daß der Kampf dem russischen Blutzarismus, dem millionenfachen Verbrecher an Freiheit und Kultur, gilt, an Pflichterfüllung und Opferwilligkeit sich von keinem im Lande übertreffen lassen... Nieder mit dem Zarismus! Nieder mit dem Hort der Barbarei! Das wird dann Parole sein.«

Ebenso die Bielefelder *»Volkswacht«* am 4. August:

»Die Losung ist überall die gleiche: *Gegen russische Despotie und Hinterhältigkeit!*«« ...

Das *Elberfelder* Parteiblatt am 5. August:

»Das ganze westliche Europa hat das Lebensinteresse, den scheußlichen, mordbübischen Zarismus auszurotten. Dies Menschheitsinteresse wird aber erdrückt von der Gier der kapitalistischen Klassen Englands und Frankreichs, die Profitmöglichkeiten aufzuhalten, die bisher deutsches Kapital ausübte.«

Die *»Rheinische Zeitung«* in Köln:

»Tut eure Pflicht, ihr Freunde, gleichviel, wohin euch das Schicksal stellt! *Ihr kämpft für die Kultur Europas*, für die Freiheit eures Vaterlandes und euer eigenes Wohlergehen.«

Die *»Schleswig-Holsteinische Volkszeitung«* vom 7. August schrieb:

»Selbstverständlich leben wir in der Zeit des Kapitalismus, und ganz sicher werden wir auch nach dem großen Kriege Klassenkämpfe haben. Aber diese Klassenkämpfe werden sich abspielen in einem freieren Staate, als wir ihn heute kennen, diese Klassenkämpfe werden sich weit mehr auf ökonomische Gebiete beschränken und die Behandlung der Sozialdemokraten als Ausgestoßene, als Bürger zweiter Klasse, als politisch Rechtlose wird in Zukunft unmöglich sein, wenn das russische Zarentum verschwunden ist.«

Am 11. August rief das Hamburger »*Echo*«:

»Denn nicht nur haben wir den Verteidigungskrieg zu führen gegen England und Frankreich, wir haben vor allem den Krieg zu führen *gegen den Zarismus, und den führen wir mit aller Begeisterung. Denn es ist ein Krieg für die Kultur.*«

Und das *Lübecker* Parteiorgan erklärte noch am 4. September:

»Wenn die Freiheit Europas gerettet wird, so hat Europa das, nachdem der Krieg einmal entfesselt ist, *der Kraft der deutschen Waffen zu danken. Es ist der Todfeind aller Demokratie und aller Freiheit, gegen den unser Hauptkampf sich richtet.*«

So hallte es aus der deutschen Parteipresse in vielstimmigem Chor.

Die deutsche Regierung ging im Anfangsstadium des Krieges auf die angebotene Hilfe ein: sie steckte sich mit lässiger Hand den Lorbeer des Befreiers der europäischen Kultur an den Helm. Ja, sie bequemte sich, wenn auch mit sichtlichem Unbehagen und ziemlich plumper Grazie, zur Rolle des »Befreiers der Nationen«. Die Generalkommandos »fun die beide graußе Armees« haben sogar – »Not kennt kein Gebot« – zu mauscheln gelernt und krauten in Russisch-Polen die »Schnorrer und Verschwörer« hinter die Ohrlocken. Den Polen wurde gleichfalls ein Wechsel auf das Himmelreich ausgestellt, für den Preis natürlich, daß sie gegen ihre zarische Regierung denselben »Hochverrat« in Massen begehen, für dessen angeblichen Versuch der Duala Manga Bell in Kamerun unter dem Kriegslärm sang- und klanglos und ohne lästige Gerichtsprozedur gehängt wurde. Und all diese Bärensprünge des deutschen

Imperialismus in Nöten machte die sozialdemokratische Parteipresse mit. Während die Reichstagsfraktion mit diskretem Schweigen die Leiche des Duala-Häuptlings zudeckte, erfüllte die sozialdemokratische Presse die Luft mit jubelndem Lerchengesang über die Freiheit, die von »deutschen Gewehrkolben« den armen Opfern des Zarismus gebracht werde.

Das theoretische Organ der Partei, *»Die Neue Zeit«*, schrieb in der Nummer vom 28. August:

»Die Grenzbevölkerung in Väterchens Reich *hat mit jubelndem Zuruf die deutschen Vortruppen begrüßt* – denn was in diesen Strichen an Polen und Juden sitzt, hat den Begriff Vaterland immer nur in Gestalt von Korruption und Knute zu schmecken bekommen. Arme Teufel und wirklich vaterlandslose Gesellen, hätten diese geschundenen Untertanen des blutigen Nikolaus, selbst wenn sie die Lust dazu aufbrächten, nichts zu verteidigen als ihre Ketten, und *darum leben und weben sie jetzt in dem einen Sehnen und Hoffen, daß deutsche Gewehrkolben, von deutschen Fäusten geschwungen, das ganze zarische System ehestens zerschmettern möchten*... Ein zielklarer politischer Wille lebt auch, während sich die Donner des Weltkrieges über ihren Häuptern entladen, in der deutschen Arbeiterklasse: sich der Bundesgenossen der östlichen Barbarei im Westen zu erwehren, um zu einem ehrenvollen Frieden mit ihnen zu gelangen, und an *die Vernichtung des Zarismus den letzten Hauch von Roß und Mann zu setzen.*«

Nachdem die sozialdemokratische Fraktion dem Kriege den Charakter einer Verteidigung der deutschen Nation und Kultur angedichtet hatte, dichtete ihm die sozialdemokratische Presse gar den Charakter des Befreiers fremder Nationen an. Hindenburg wurde zum Vollstrecker des Testaments von Marx und Engels.

Das Gedächtnis hat unserer Partei in diesem Kriege entschieden einen fatalen Streich gespielt: während sie alle ihre Grundsätze, Gelöbnisse und Beschlüsse der internationalen Kongresse just in dem Moment völlig vergaß, wo es sie anzuwenden galt, hat sie sich zu ihrem Pech an ein

»Vermächtnis« von Marx erinnert und es gerade in dem Moment aus dem Staub der Zeiten hervorgeholt, wo es nur dazu dienen konnte, den preußischen Militarismus damit zu schmücken, an dessen Bekämpfung Marx »den letzten Hauch von Mann und Roß« hergeben wollte. Es waren die gefrorenen Trompetentöne der *Neuen Rheinischen Zeitung*, der deutschen Märzrevolution gegen das leibeigene Rußland Nikolaus I., die der deutschen Sozialdemokratie plötzlich im Jahre des Heils 1914 ans Ohr drangen und ihr den »deutschen Gewehrkolben« – Arm in Arm mit dem preußischen Junkertum – gegen das Rußland der großen Revolution in die Hand drückten.

Aber hier gerade gilt es, die »Revision« anzusetzen und die Schlagworte aus der Märzrevolution an der Hand der geschichtlichen Erfahrung von bald 70 Jahren nachzuprüfen.

1848 war der russische Zarismus in der Tat der »Hort der europäischen Reaktion«. Ein bodenständiges Produkt der russischen sozialen Verhältnisse, in deren mittelalterlicher, naturalwirtschaftlicher Basis er tief wurzelte, war der Absolutismus der Schutz und zugleich der übermächtige Lenker der durch die bürgerliche Revolution erschütterten und namentlich in Deutschland durch die Kleinstaaterei geschwächten monarchischen Reaktion. Noch 1851 konnte Nikolaus I. durch den preußischen Gesandten von Rochow in Berlin zu verstehen geben, daß er »es allerdings gerne gesehen haben würde, wenn im November 1848 beim Einrücken des Generals von Wrangel in Berlin die Revolution in der Wurzel unterdrückt worden wäre«, und daß es »noch andere Momente gegeben habe, wo man keine schlechte Konstitution hätte zu geben brauchen«. Oder ein anderes Mal in einer Ermahnung an Manteuffel: daß er »mit Zuversicht darauf rechne, daß das königliche Ministerium unter Hochdero Führung den Kammern gegenüber mit aller Entschlossenheit die Rechte der Krone verteidigen und die konservativen Grundsätze zur Geltung bringen lassen werde«. Derselbe Nikolaus konnte auch noch einem preußischen Ministerpräsidenten den Alexander-Newski-Orden verleihen in Anerkennung seiner »beständigen Anstrengungen . . . zur Befestigung der gesetzlichen Ordnung in Preußen«.

Schon der Krimkrieg hat darin eine große Verschiebung gebracht. Er führte den militärischen und damit auch den politischen Bankrott des alten Systems herbei. Der russische Absolutismus sah sich genötigt, den Weg der Reformen zu beschreiten, sich zu modernisieren, den bürgerlichen Verhältnissen anzupassen, und damit hatte er den kleinen Finger dem Teufel gereicht, der ihn jetzt schon fest am Arme hält und schließlich ganz holen wird. Die Ergebnisse des Krimkrieges waren zugleich eine lehrreiche Probe auf das Dogma von der Befreiung, die man einem geknechteten Volke mit »Gewehrkolben« bringen könne. Der militärische Bankrott bei Sedan bescherte Frankreich die Republik. Aber diese Republik war nicht ein Geschenk der Bismarckschen Soldateska: Preußen hatte damals wie heute anderen Völkern nichts zu schenken als das eigene Junkerregiment. Die Republik war in Frankreich die innerlich gereifte Frucht sozialer Kämpfe seit 1789 und der drei Revolutionen. Der Krach bei Sebastopol wirkte wie bei Jena: beim Fehlen einer revolutionären Bewegung im Innern des Landes führte er nur zur äußeren Renovierung und zur Neubefestigung des alten Regimes.

Aber die Reformen der sechziger Jahre in Rußland, die der bürgerlich-kapitalistischen Entwicklung die Bahn brachen, waren auch nur mit Geldmitteln einer bürgerlich-kapitalistischen Wirtschaft zu bewerkstelligen. Und diese Mittel wurden geliefert vom westeuropäischen Kapital – aus Deutschland und Frankreich. Seitdem knüpfte sich das neue Verhältnis, das bis auf den heutigen Tag dauert: der russische Absolutismus wird von der westeuropäischen Bourgeoisie ausgehalten. Nicht mehr der »russische Rubel« rollt in den diplomatischen Kammern und, wie der Prinz Wilhelm von Preußen noch 1854 bitter klagte, »bis in die Vorkammern des Königs«, sondern umgekehrt rollt deutsches und französisches Gold nach Petersburg, um dort das Zarenregiment zu speisen, das ohne diese belebenden Säfte längst seine Mission ausgespielt haben würde. Seitdem ist der Zarismus nicht mehr bloß ein Produkt der russischen Verhältnisse: seine zweite Wurzel sind die kapitalistischen Verhältnisse Westeuropas. Ja, das Verhältnis verschiebt sich seitdem mit jedem Jahrzehnt mehr. In demselben Maße wie mit der Entwicklung des russischen Kapitalismus die innere bodenständige Wurzel der Alleinherrschaft in Rußland selbst zernagt wird, erstarkt die andere, westeuropäische, immer mehr. Zur finanziellen Unterstützung kam in steigendem Maße durch den Wetteifer Frankreichs mit Deutschland seit dem Kriege 1870 die politische hinzu. Je mehr aus dem Schoße des russischen Volkes selbst revolutionäre Kräfte gegen den Absolutismus emporsteigen, um so mehr prallen sie auf Widerstände aus Westeuropa, das dem bedrohten Zarismus moralische und politische Rückenstärkung gewährt. Als zu Beginn der achtziger Jahre die terroristische Bewegung des älteren russischen Sozialismus das zarische Regiment für einen Moment schwer erschüttert, seine Autorität nach innen und nach außen vernichtet hatte, gerade dann schloß Bismarck mit Rußland seinen Rückversicherungsvertrag ab und schaffte ihm Rückendeckung in der internationalen Politik. Je mehr Rußland andererseits von der deutschen Politik umworben wurde, um so unbegrenzter wurde ihm natürlich der Säckel der französischen Bourgeoisie geöffnet. Aus beiden Hilfsquellen schöpfend, fristete der Absolutismus sein Dasein im Kampfe gegen die nunmehr steigende Flut der revolutionären Bewegung im Innern.

Die kapitalistische Entwicklung, die der Zarismus mit eigenen Händen hegte und pflegte, trug nun endlich die Frucht: seit den neunziger Jahren beginnt die revolutionäre Massenbewegung des russischen Proletariats. Unter dem Zarismus geraten die Fundamente im eigenen Lande ins Schwanken und Beben. Der einstige »Hort der europäischen Reaktion« sieht sich bald gezwungen, selbst »eine schlechte Konstitution« zu geben, und muß vor der steigenden Flut im eigenen Heim nunmehr selbst einen rettenden »Hort« suchen. Und er findet ihn – in Deutschland. Das Deutschland Bülows trägt die Schuld der Dankbarkeit ab, die das Preußen Wrangels und Manteuffels eingegangen war. Das Verhältnis erfährt eine direkte Umkehrung:

russische Hilfeleistungen gegen die deutsche Revolution werden ersetzt durch deutsche Hilfeleistungen gegen die russische Revolution. Spitzeleien, Ausweisungen, Auslieferungen – eine regelrechte »Demagogenhetze« aus den seligen Zeiten der Heiligen Allianz wird in Deutschland gegen die russischen Freiheitskämpfer entfesselt, die sie bis an die Schwelle der russischen Revolution verfolgt. Die Hetze findet im Jahre 1904 im *Königsberger Prozeß* nicht bloß ihre Krönung: sie beleuchtet hier wie mit Blitzlicht die ganze geschichtliche Strecke der Entwicklung seit 1848, die völlige Umstülpung des Verhältnisses zwischen dem russischen Absolutismus und der europäischen Reaktion. Tua res agitur! (um deine Sache geht es) ruft ein preußischer Justizminister den herrschenden Klassen Deutschlands zu, auf die wankenden Fundamente des zarischen Regimes in Rußland mit dem Finger weisend. *»Die Einrichtung einer demokratischen Republik in Rußland müßte auf Deutschland in empfindlichster Weise einwirken«* – erklärt in Königsberg der Erste Staatsanwalt Schütze – *»Brennt meines Nachbars Haus, so ist auch das meinige gefährdet.«* Und sein Gehilfe Caspar unterstreicht: »Es ist natürlich von erheblichem Einfluß auf Deutschlands öffentliche Interessen, ob das Bollwerk des Absolutismus bestehen bleibt oder nicht. *Unzweifelhaft können die Flammen einer revolutionären Bewegung leicht nach Deutschland hinüberschlagen* . . .« Hier war es endlich mit Händen zu greifen, wie der Maulwurf der geschichtlichen Entwicklung die Dinge unterwühlt, auf den Kopf gestellt, die alte Phrase vom »Hort der europäischen Reaktion« begraben hatte. Die europäische Reaktion, die preußisch-junkerliche in erster Linie, ist es, die jetzt der Hort des russischen Absolutismus ist. An ihr hält er sich noch aufrecht, in ihr kann er tödlich getroffen werden. Die Schicksale der russischen Revolution sollten das bestätigen.

Die Revolution wurde niedergeschlagen. Aber gerade die Ursachen ihres vorläufigen Scheiterns sind, wenn man in sie etwas tiefer hineinblickt, lehrreich für die Stellung der deutschen Sozialdemokratie im heutigen Kriege. Zwei Ursachen können uns die Niederlage der russischen Erhebung im Jahre 1905/1906 trotz ihres beispiellosen Aufwands an revolutionärer Kraft, Zielklarheit und Zähigkeit erklären. Die eine liegt im inneren Charakter der Revolution selbst: in ihrem enormen geschichtlichen Programm, in der Masse von ökonomischen und politischen Problemen, die sie wie vor einem Jahrhundert die große französische Revolution aufgerollt hat und von denen einige, wie die Agrarfrage, überhaupt im Rahmen der heutigen Gesellschaftsordnung nicht zu lösen sind; in der Schwierigkeit, eine moderne Staatsform für die Klassenherrschaft der Bourgeoisie gegen den konterrevolutionären Widerstand der gesamten Bourgeoisie des Reiches zu schaffen. Von hier aus gesehen, scheiterte die russische Revolution, weil sie eben eine proletarische Revolution mit bürgerlichen Aufgaben, oder wenn man will, eine bürgerliche Revolution mit proletarisch-sozialistischen Kampfmitteln, ein Zusammenstoß zweier Zeitalter unter Blitz und Donner war, eine Frucht sowohl der verspäteten Entwicklung der Klassenverhältnisse in Rußland wie deren Überreife in Westeuropa. Von hier aus gesehen, ist auch ihre Niederlage im Jahre 1906 nicht ihr Bankrott, sondern bloß ein natürlicher Abschluß des ersten Kapitels, dem weitere mit der Notwendigkeit eines Naturgesetzes folgen müssen. Die zweite Ursache war wieder äußerer Natur: sie lag in Westeuropa. Die europäische Reaktion eilte wieder ihrem bedrängten Schützling zu Hilfe. Noch nicht mit Pulver und Blei, obwohl »deutsche Gewehrkolben« bereits 1905 in »deutschen Fäusten« nur auf einen Wink aus Petersburg warteten, um nach dem benachbarten Polen einzuschreiten. Aber mit Hilfsmitteln, die ebenso wirksam waren: mit finanziellen Subsidien und mit politischen Allianzen griff man dem Zarismus unter die Arme. Für französisches Geld schaffte er sich die Kartätschen an, mit denen er die russischen Revolutionäre niederschlug, und aus Deutschland bezog er die moralische und politische Stärkung, um aus der Tiefe der Schmach heraufzuklettern, in die ihn die japanischen Torpedos und die russischen Proletarierfäuste hinabgestoßen hatten. 1910 in Potsdam empfing das offizielle Deutschland den russischen Zarismus mit offenen Armen. Der Empfang des Blutbesudelten vor den Toren der deutschen Reichshauptstadt war nicht bloß der Segen Deutschlands über die Erwürgung Persiens, sondern vor allem über die Henkerarbeit der russischen Konterrevolution, war das offizielle Bankett der deutschen und europäischen »Kultur« auf dem vermeintlichen Grabe der russischen Revolution. Und merkwürdig! Damals, als sie diesem herausfordernden Leichenschmaus auf den Hekatomben der russischen Revolution in ihrem eigenen Heim beiwohnte, schwieg die deutsche Sozialdemokratie vollständig und hatte das »Vermächtnis unserer Altmeister« aus dem Jahre 1848 total vergessen. Während zu Beginn des Krieges, seit es die Polizei erlaubt, das kleinste Parteiblatt sich in blutigen Ausdrücken gegen den Henker der russischen Freiheit berauschte, hat 1910, als der Henker in Potsdam gefeiert wurde, kein Ton, keine Protestaktion, kein Artikel die Solidarität mit der russischen Freiheit bekundet, gegen die Unterstützung der russischen Konterrevolution ein Veto eingelegt. Und doch hat gerade die Triumphreise des Zaren 1910 in Europa besser als alles andere enthüllt, daß die niedergeschlagenen russischen Proletarier nicht bloß Opfer der heimatlichen Reaktion, sondern auch der westeuropäischen sind, daß sie sich heute genau wie 1848 nicht bloß gegen die Reaktion im eigenen Lande, sondern auch gegen ihren »Hort« im Auslande die Schädel blutig rennen.

Doch der lebendige Born der revolutionären Energie im russischen Proletariat ist so unerschöpflich wie der Kelch seiner Leiden unter dem doppelten Knutenregiment des Zarismus und des Kapitals. Nach einer Periode des unmenschlichsten Kreuzzugs der Konterrevolution begann die revolutionäre Gärung von neuem. Seit 1911, seit der Lena-Metzelei raffte sich die Arbeitermasse wieder zum Kampfe auf, die Flut begann zu steigen und zu schäumen. Die ökonomischen Streiks umfaßten in Rußland nach den offiziellen Berichten 1910 46 623 Arbeiter und 256 385 Tage, 1911 96 730 Arbeiter und 768 556 Tage, in den ersten 5 Monaten 1912 98 771 Arbeiter und 1 214 881 Tage. Die politischen Massenstreiks, Protestaktionen, Demonstrationen umfaßten 1912 1 005 000 Arbeiter, 1913

1 272 000. Im Jahre 1914 stieg die Flut mit dumpfem Murmeln immer drohender und höher. Am 22. Januar, zur Feier des Revolutionsbeginns, gab es einen Demonstrationsmassenstreik von 200 000 Arbeitern. Im Juni schlug, ganz wie vor dem Ausbruch der Revolution von 1905, die große Stichflamme im Kaukasus, in Baku, in die Höhe. 40 000 Arbeiter standen hier im Massenstreik. Die Flamme sprang sofort nach Petersburg über: am 17. Juli streikten hier 80 000, am 20. Juli 200 000 Arbeiter, am 23. Juli begann der Generalstreik sich auf das ganze russische Reich auszubreiten, Barrikaden wurden bereits errichtet, die Revolution war auf dem Marsche ... Noch einige Monate, und sie zog sicher mit wehenden Fahnen ein. Noch einige Jahre, und sie konnte vielleicht den Zarismus so lahmlegen, daß er zu dem für 1916 geplanten imperialistischen Tanz aller Staaten nicht mehr hätte dienen können. Vielleicht wäre dadurch die ganze weltpolitische Konstellation geändert, dem Imperialismus ein Strich durch die Rechnung gemacht.

Aber die deutsche Reaktion machte umgekehrt wieder einen Strich durch die revolutionären Rechnungen der russischen Bewegung. Von Wien und Berlin wurde der Krieg entfesselt, und er begrub die russische Revolution unter den Trümmern – vielleicht wieder für Jahre. »Die deutschen Gewehrkolben« zerschmetterten nicht den Zarismus, sondern seinen Widersacher. Sie halfen dem Zarismus zu dem populärsten Krieg, den Rußland seit einem Jahrhundert hatte. Alles wirkte diesmal für den moralischen Nimbus der russischen Regierung: die für jedermann außerhalb Deutschlands sichtbare Provokation des Krieges durch Wien und Berlin, der »Burgfrieden« in Deutschland und das durch ihn entfesselte Delirium des Nationalismus, das Schicksal Belgiens, die Notwendigkeit, der französischen Republik beizuspringen – nie hatte der Absolutismus eine so unerhört günstige Stellung in einem europäischen Kriege. Die hoffnungsvoll aufflatternde Fahne der Revolution ging im wilden Strudel des Krieges unter – aber sie sank mit Ehren, und sie wird wieder aus dem wüsten Gemetzel aufflattern – trotz der »deutschen Gewehrkolben«, trotz Sieg und trotz Niederlage des Zarismus auf den Schlachtfeldern.

Auch die nationalen Aufstände in Rußland versagten. Die »Nationen« haben sich offenbar durch die Befreiermission der Hindenburgschen Kohorten weniger ködern lassen, als die deutsche Sozialdemokratie. Die Juden, ein praktisches Volk wie sie sind, mochten sich das einfache Rechenexempel an den Fingern abzählen, daß die »deutschen Fäuste«, die es nicht einmal fertiggebracht haben, ihre eigene preußische Reaktion, zum Beispiel das Dreiklassenwahlrecht, zu »zerschmettern«, wohl wenig tauglich sind, den russischen Absolutismus zu zerschmettern. Die Polen, der dreifachen Hölle des Krieges preisgegeben, konnten zwar ihren »Befreiern« aus Wreschen, wo polnischen Kindern das deutsche Vaterunser mit blutigen Striemen auf den Körper eingebläut wurde, und aus den preußischen Ansiedlungskommissionen auf die verheißende Heilbotschaft nicht laut antworten; sie dürften aber im stillen den deutschen Kernspruch Götz von Berlichingens in ein noch kernigeres Polnisch übersetzt haben. Alle: Polen, Juden wie Russen, haben wohl gar bald die einfache Wahrnehmung gemacht, daß »deutsche Gewehrkolben«, mit denen man ihnen die Schädel zerschmettert, ihnen nicht die Freiheit, sondern den Tod bringen.

Die Befreiungslegende der deutschen Sozialdemokratie mit dem Vermächtnis von Marx in diesem Kriege ist aber mehr als ein übler Spaß: sie ist eine Frivolität. Für Marx war die russische Revolution eine Weltwende. Alle seine politischen und geschichtlichen Perspektiven waren an den Vorbehalt geknüpft: »sofern nicht inzwischen in Rußland die Revolution ausbricht«. Marx glaubte an die russische Revolution und erwartete sie, selbst als er noch das leibeigene Rußland vor den Augen hatte. Die Revolution war inzwischen gekommen. Sie hatte nicht auf den ersten Schlag gesiegt, aber sie ist nicht mehr zu bannen, sie steht auf der Tagesordnung, sie richtete sich gerade wieder auf. Und da rücken plötzlich deutsche Sozialdemokraten mit »deutschen Gewehrkolben« an und erklären die russische Revolution für null und nichtig, sie streichen sie aus der Geschichte. Sie haben plötzlich die Register von 1848 hervorgezogen: Es lebe der Krieg gegen Rußland! Aber im Jahre 1848 war in Deutschland Revolution, in Rußland starre, hoffnungslose Reaktion. Im Jahre 1914 hingegen hatte Rußland die Revolution im Leibe, in Deutschland aber herrschte das preußische Junkertum. Nicht von deutschen Barrikaden, wie Marx 1848 voraussetzte, sondern direkt aus dem Pandurenkeller, wo sie ein kleiner Leutnant eingesperrt hielt, rückten die deutschen »Befreier Europas« zu ihrer Kulturmission gegen Rußland aus! Sie rückten aus – brüderlich umarmt, ein einig Volk, mit dem preußischen Junkertum, das der stärkste Hort des russischen Zarismus ist; mit den Ministern und Staatsanwälten von Königsberg »burgfriedlich« umarmt – rückten sie gegen den Zarismus aus und schmetterten die »Gewehrkolben« – den russischen Proletariern auf den Schädel! . . .

Eine blutigere historische Posse, eine brutalere Verhöhnung der russischen Revolution und des Vermächtnisses von Marx läßt sich kaum denken. Sie bildet die dunkelste Episode in dem politischen Verhalten der Sozialdemokratie während des Krieges.

Eine Episode sollte nämlich die Befreiung der europäischen Kultur doch nur werden. Die unbequeme Maske wurde von dem deutschen Imperialismus gar bald gelüftet, die Front wendete sich offen gegen Frankreich und namentlich gegen England. Ein Teil der Parteipresse machte auch diese Wendung hurtig mit. Sie begann statt des Blutzaren das perfide Albion und seinen Krämergeist der allgemeinen Verachtung preiszugeben und die Kultur Europas statt von dem russischen Absolutismus von der englischen Seeherrschaft zu befreien. Die heillos verworrene Situation, in die sich die Partei begeben hat, konnte sich indes nicht greller äußern, als in den krampfhaften Versuchen des besseren Teils der Parteipresse, der, erschreckt durch die reaktionäre Front, sich partout bemühte, den Krieg auf das ursprüngliche Ziel zurückzudrängen, ihn auf das »Vermächtnis unserer Meister« festzunageln – das heißt auf einen Mythus, den sie selbst, die Sozialdemokratie, geschaffen hatte. »Mit schwerem Herzen habe ich meine Armee gegen einen Nachbar mobilisieren müssen, mit dem sie auf so vielen Schlachtfeldern gemeinsam gefochten hat. Mit aufrichtigem Leid sah ich eine von Deutschland treu bewahrte Freundschaft zerbrechen.« Das war schlicht, offen und ehrlich. Die sozialdemokratische Fraktion und die Presse hatte dies in einen Artikel der *»Neuen Rheinischen Zeitung«* umstilisiert. Als nun die Rhetorik der ersten Kriegswochen durch den prosaischen Lapidarstil des Imperialismus weggescheucht wurde, löste sich die einzige schwache Erklärung für die Haltung der deutschen Sozialdemokratie in Dunst auf.

VI

Die andere Seite in der Haltung der Sozialdemokratie war die offizielle Annahme des Burgfriedens, das heißt die Einstellung des Klassenkampfes für die Dauer des Krieges. Die im Reichstag am 4. August verlesene Fraktionserklärung war selbst der erste Akt dieser Preisgabe des Klassenkampfes: ihr Wortlaut war im voraus mit den Vertretern der Reichsregierung und der bürgerlichen Parteien vereinbart, der feierliche Akt des 4. August war ein hinter den Kulissen vorbereitetes patriotisches Schaustück fürs Volk und für das Ausland, in dem die Sozialdemokratie bereits die von ihr übernommene Rolle neben anderen Teilnehmern spielte.

Die Bewilligung der Kredite durch die Fraktion gab das Stichwort allen leitenden Instanzen der Arbeiterbewegung. Die Gewerkschaftsführer veranlaßten sofort die Einstellung aller Lohnkämpfe und teilten dies ausdrücklich unter Berufung auf die patriotischen Pflichten des Burgfriedens den Unternehmern offiziell mit. Der Kampf gegen die kapitalistische Ausbeutung wurde für die Dauer des Krieges freiwillig aufgegeben. Dieselben Gewerkschaftsführer übernahmen die Lieferung städtischer Arbeitskräfte an die Agrarier, um ihnen die ungestörte Einholung der Ernte zu sichern. Die Leitung der sozialdemokratischen Frauenbewegung proklamierte die Vereinigung mit bürgerlichen

Frauen zum gemeinsamen »nationalen Frauendienst«, um die wichtigste nach der Mobilmachung im Lande gebliebene Arbeitskraft der Partei statt zur sozialdemokratischen Agitation zu nationalen Samariterdiensten, wie Verteilung von Suppen, Erteilung von Rat usw. zu kommandieren. Unter dem Sozialistengesetz hatte die Partei am meisten die Parlamentswahlen ausgenützt, um allen Belagerungszuständen und Verfolgungen der sozialdemokratischen Presse zum Trotz Aufklärung zu verbreiten und ihre Position zu behaupten. Jetzt verzichtete die Sozialdemokratie bei den Parlamentsnachwahlen zum Reichstag, den Landtagen und den Kommunalvertretungen offiziell auf jeden Wahlkampf, das heißt auf jede Agitation und Aufklärung im Sinne des proletariatischen Klassenkampfes, und reduzierte die Parlamentswahlen auf ihren schlichten bürgerlichen Inhalt: auf die Einheimsung von Mandaten, über die sie sich mit den bürgerlichen Parteien schiedlich-friedlich einigte. Die Zustimmung der sozialdemokratischen Vertreter zu dem Etat in den Landtagen und Kommunalvertretungen – mit Ausnahme des preußischen und elsaß-lothringischen Landtags –, unter feierlicher Berufung auf den Burgfrieden unterstrich den schroffen Bruch mit der Praxis vor dem Kriegsausbruch. Die sozialdemokratische Presse, mit höchstens ein paar Ausnahmen, erhob laut das Prinzip der nationalen Einigkeit zum Lebensinteresse des deutschen Volkes. Sie warnte gleich bei Ausbruch des Krieges vor dem Zurückziehen der Guthaben aus den Sparkassen, wodurch sie nach Kräften die Beunruhigung des ökonomischen Lebens im Lande verhütete und die hervorragende Heranziehung der Sparkassen zu den Kriegsanleihen sicherte; sie warnte die Proletarierinnen davor, ihren Männern im Felde von ihrer und ihrer Kinder Not, von der ungenügenden Versorgung durch den Staat zu berichten, und riet ihnen, auf die Krieger lieber durch Schilderungen holden Familienglücks »und *durch freundliche Darstellung der Hilfe,* die bisher gewährt wurde, beruhigend und erhebend zu wirken«.[10] Sie pries die erzieherische Arbeit der

---

[10] Siehe den Artikel des *Nürnberger* Parteiorgans, nachgedruckt im Hamburger »*Echo*« vom 6. Oktober 1914.

modernen Arbeiterbewegung als hervorragendes Hilfsmittel der Kriegführung, zum Beispiel in folgendem klassischen Probestück:

»Wahre Freunde erkennt man nur in der Not. Dieses alte Sprichwort wird im Augenblick zum Wahrwort. Die drangsalierten, gehudelten und gebüttelten Sozialdemokraten treten wie ein Mann auf zum Schutze der Heimat, und die deutschen Gewerkschaftszentralen, denen man in Preußen-Deutschland das Leben oft so sauer machte, sie berichten übereinstimmend, daß ihre besten Leute sich bei der Fahne befinden. Sogar Unternehmerblätter vom Schlage des Generalanzeiger melden diese Tatsache und bemerken dazu, sie seien überzeugt, daß ›diese Leute‹ ihre Pflicht erfüllen werden wie andere, und daß dort, wo *sie* stehen, die Hiebe vielleicht am dichtesten fallen werden.

Wir aber sind der Überzeugung, daß unsere geschulten Gewerkschafter noch mehr können als ›dreinhauen‹. Mit den modernen Massenheeren ist das Kriegführen für die Generale nicht etwa leichter geworden, das moderne Infanteriegeschoß, mit dem man beinahe bis auf 3000 Meter, sicher aber bis auf 2000 Meter noch ›Treffer‹ erzielen kann, macht es den Heerführern ganz unmöglich, große Truppenverbände in geschlossener Marschkolonne vorwärts zu bringen. Da muß vorzeitig ›auseinandergezogen‹ werden, und dieses Auseinanderziehen erfordert wieder eine viel größere Zahl von Patrouillen und eine solche Disziplin und Klarheit des Blickes nicht nur bei den Abteilungen, sondern auch beim einzelnen Mann, daß sich in diesem Kriege wirklich zeigen wird, wie erzieherisch die Gewerkschaften gewirkt haben und wie gut man sich auf diese Erziehung in so schlimmen Tagen wie den jetzigen verlassen kann. Der russische und der französische Soldat mögen Wunder an Tapferkeit vollbringen, in der kühlen ruhigen Überlegung wird ihnen der deutsche Gewerkschafter über sein. Wozu noch kommt, daß die organisierten Leute oft in den Grenzgebieten Weg und Steg wie ihre Hosentasche kennen, daß manche Gewerkschaftsbeamte auch über

Sprachkenntnisse verfügen usw. *Wenn es also anno 1866 hieß, der Vormarsch der preußischen Truppen sei ein Sieg des Schulmeisters gewesen, so wird man diesmal von einem Sieg des Gewerkschaftsbeamten reden können.*« (»Frankfurter Volksstimme« vom 18. August 1914.)

Das theoretische Organ der Partei, »*Die Neue Zeit*« (Nr. 23 vom 25. September 1914), erklärte: »Solange die Frage bloß lautet, *ob Sieg oder Niederlage,* drängt sie alle anderen Fragen zurück, *sogar die nach dem Zweck des Krieges. Also erst recht alle Unterschiede der Parteien, Klassen, Nationen innerhalb des Heeres und der Bevölkerung.*« Und in ihrer Nr. 8 vom 27. November 1914 erklärte dieselbe »*Neue Zeit*« in einem Artikel »Die Grenzen der Internationale«: »Der Weltkrieg spaltet die Sozialisten in verschiedene Lager und vorwiegend in verschiedene nationale Lager. *Die Internationale ist unfähig, das zu verhindern.* Das heißt, sie ist kein wirksames Werkzeug im Kriege, sie ist im wesentlichen ein Friedensinstrument.« Ihre »große historische Aufgabe« sei »Kampf für den Frieden, *Klassenkampf im Frieden*«.

Der Klassenkampf ist also von der Sozialdemokratie mit dem 4. August 1914 und bis zum künftigen Friedensschluß für nicht existierend erklärt. Deutschland verwandelte sich mit dem ersten Donner der Kruppkanonen in Belgien in ein Wunderland der Klassensolidarität und der gesellschaftlichen Harmonien.

Wie soll man sich dies Wunder eigentlich vorstellen? Der Klassenkampf ist bekanntlich nicht eine Erfindung, nicht eine freie Schöpfung der Sozialdemokratie, um von ihr beliebig und aus freien Stücken für gewisse Zeitperioden abgestellt werden zu können. Der proletarische Klassenkampf ist älter als die Sozialdemokratie; ein elementares Produkt der Klassengesellschaft, lodert er schon mit dem Einzug des Kapitalismus in Europa auf. Nicht die Sozialdemokratie hat erst das moderne Proletariat zum Klassenkampf angeleitet, sie ist vielmehr selbst von ihm ins Leben gerufen worden, um Zielbewußtsein und Zusammenhang in die verschiedenen örtlichen und zeitlichen Fragmente des Klassenkampfes zu bringen. Was hat sich nun daran mit dem Ausbruch des Krieges geändert? Hat etwa Privateigentum, kapitalistische Ausbeutung, Klassenherrschaft aufgehört? Haben etwa die Besitzenden in der Aufwallung des Patriotismus erklärt: jetzt, angesichts des Krieges, geben wir für seine Dauer die Produktionsmittel: Grund und Boden, Fabriken, Werke in den Besitz der Allgemeinheit, verzichten auf die alleinige Nutznießung der Güter, schaffen alle politischen Privilegien ab und opfern sie auf dem Altar des Vaterlandes, solange es in Gefahr ist? Die Hypothese ist höchst abgeschmackt und gemahnt an die Kinderfibel. Und doch wäre dies die einzige Voraussetzung, auf die logisch die Erklärung der Arbeiterklasse hätte folgen können: der Klassenkampf wird eingestellt. Aber es erfolgte natürlich nichts derartiges. Im Gegenteil: alle Eigentumsverhältnisse, die Ausbeutung, die Klassenherrschaft, selbst die politische Entrechtung in ihrer mannigfachen preußisch-deutschen Gestalt sind intakt geblieben. An der ökonomischen, sozialen und politischen Struktur Deutschlands hat der Donner der Kanonen in Belgien und Ostpreußen nicht das geringste geändert.

Die Aufhebung des Klassenkampfes war also eine ganz einseitige Maßnahme. Während der »innere Feind« der Arbeiterklasse, die kapitalistische Ausbeutung und Unterdrückung, geblieben ist, haben die Führer der Arbeiterklasse: Sozialdemokratie und Gewerkschaften, in patriotischem Großmut die Arbeiterklasse diesem Feinde für die Dauer des Krieges kampflos ausgeliefert. Während die herrschenden Klassen in voller Rüstung ihrer Besitzer- und Herrscherrechte blieben, wurde dem Proletariat von der Sozialdemokratie die »Abrüstung« anbefohlen.

Das Wunder der Klassenharmonie, der Verbrüderung aller Schichten in einer modernen bürgerlichen Gesellschaft hat man schon einmal erlebt – im Jahre 1848 in Frankreich.

»In der Idee der Proletarier« – schreibt Marx in seinen »Klassenkämpfen in Frankreich« –, »welche die Finanzaristokratie mit der Bourgeoisie überhaupt verwechselten; in der Einbildung republikanischer Biedermänner, welche die Existenz selbst der Klassen leugneten oder höchstens als Folge der konstitutionellen Monarchie zugaben; in den heuchlerischen Phrasen der bisher von der Herrschaft ausgeschlossenen bürgerlichen Fraktionen war die *Herrschaft der Bourgeoisie* abgeschafft mit der Einführung der Republik. Alle Royalisten verwandelten sich damals in Republikaner und alle Millionäre von Paris in Arbeiter. Die Phrase, welche dieser eingebildeten Aufhebung der Klassenverhältnisse entsprach, war die *fraternité*, die allgemeine Verbrüderung und Brüderschaft. Diese gemütliche Abstraktion von den Klassengegensätzen, diese sentimentale Ausgleichung der sich widersprechenden Klasseninteressen, diese schwärmerische Erhebung über den Klassenkampf, die Fraternité, sie war das eigentliche Stichwort der Februarrevolution ... Das Pariser Proletariat schwelgte in diesem großmütigen Fraternitätsrausche ... Das Pariser Proletariat, das in der Republik seine eigene Schöpfung erkannte, akklamierte natürlich jedem Akt der provisorischen Regierung, der sie leichter in der bürgerlichen Gesellschaft Platz greifen ließ. Von Caussidière ließ es sich willig zu Polizeidiensten verwenden, um das Eigentum in Paris zu beschützen, wie es die Lohnzwiste zwischen Arbeitern und Meistern von Louis Blanc schlichten ließ. Es war sein Point d'honneur, vor den Augen von Europa die bürgerliche Ehre der Republik unangetastet zu lassen.«

Im Februar 1848 hatte also das Pariser Proletariat in naiver Illusion auch den Klassenkampf abgestellt, aber wohlgemerkt nachdem es durch seine revolutionäre Aktion die Julimonarchie zerschmettert und die Republik erzwungen hatte. Der 4. August 1914, das war die auf den Kopf gestellte Februarrevolution: Die Aufhebung der Klassengegensätze nicht unter der Republik, sondern unter der Militärmonarchie, nicht nach einem Siege des Volkes über die Reaktion, sondern nach einem Siege der Reaktion über das Volk, nicht bei der Proklamierung der Liberté, Egalité, Fraternité, sondern bei der Proklamierung des Belagerungszustands, Erdrosselung der Preßfreiheit und Aufhebung der Verfassung. Die Regierung proklamierte feierlich den Burgfrieden und nahm den Handschlag aller

Parteien darauf, ihn ehrlich einzuhalten. Aber als erfahrener Politiker traute sie dem Versprechen nicht recht und sicherte sich den »Burgfrieden« – durch handgreifliche Mittel der Militärdiktatur. Die sozialdemokratische Fraktion akzeptierte auch das ohne jeden Protest und Widerstand. Nicht mit einer Silbe verwahrte sich die Reichstagserklärung der Fraktion vom 4. August und auch die vom 2. Dezember gegen die Ohrfeige des Belagerungszustands. Mit dem Burgfrieden und den Kriegskrediten bewilligte die Sozialdemokratie stillschweigend den Belagerungszustand, der sie selbst geknebelt den herrschenden Klassen vor die Füße legte. Damit erkannte sie zugleich an, daß zur Verteidigung des Vaterlandes der Belagerungszustand, die Knebelung des Volkes, die Militärdiktatur notwendig seien. Aber der Belagerungszustand war gegen niemand anderen als gegen die Sozialdemokratie gerichtet. Nur von ihrer Seite konnte man Widerstand, Schwierigkeiten und Protestaktionen gegen den Krieg erwarten. Im gleichen Atem, wo man unter Zustimmung der Sozialdemokratie den Burgfrieden, also Aufhebung der Klassengegensätze proklamierte, wurde sie selbst, die Sozialdemokratie, in Belagerungszustand erklärt, gegen die Arbeiterklasse der Kampf in seiner schärfsten Gestalt, in der Form der Militärdiktatur proklamiert. Als Frucht ihrer Kapitulation erhielt die Sozialdemokratie, was sie im schlimmsten Falle einer Niederlage bei entschlossenem Widerstand erhalten hätte: den Belagerungszustand! Die feierliche Erklärung der Reichstagsfraktion beruft sich zur Begründung der Kreditbewilligung auf das sozialistische Prinzip: das Selbstbestimmungsrecht der Nationen. Der erste Schritt der »Selbstbestimmung« der deutschen Nation in diesem Kriege war die Zwangsjacke des Belagerungszustands, in die man die Sozialdemokratie steckte. Eine größere Selbstverhöhnung einer Partei hat die Geschichte wohl kaum je gesehen.

Mit der Annahme des Burgfriedens hat die Sozialdemokratie für die Dauer des Krieges den Klassenkampf verleugnet. Aber damit verleugnete sie die Basis der eigenen Existenz, der eigenen Politik. Was ist jeder ihrer Atemzüge sonst als Klassenkampf? Welche Rolle konnte sie nun während der Dauer des Krieges spielen, nachdem sie ihr Lebensprinzip: den Klassenkampf, preisgegeben hatte? Mit der Verleugnung des Klassenkampfes gab sich die Sozialdemokratie für die Dauer des Krieges selbst den Laufpaß als aktive politische Partei, als Vertreterin der Arbeiterpolitik. Damit schlug sie sich aber auch ihre wichtigste Waffe aus der Hand: die Kritik des Krieges vom besonderen Standpunkt der Arbeiterklasse. Sie überließ die »Vaterlandsverteidigung« den herrschenden Klassen und begnügte sich damit, die Arbeiterklasse unter deren Kommando zu stellen und für die Ruhe unter dem Belagerungszustand zu sorgen, das heißt die Rolle des Gendarmen der Arbeiterklasse zu spielen.

Durch ihre Haltung hat die Sozialdemokratie aber auch noch weit über die Dauer des heutigen Krieges hinaus die Sache der deutschen Freiheit, für die nach der Fraktionserklärung die Kruppkanonen jetzt sorgen, aufs schwerste gefährdet. In den führenden Kreisen der Sozialdemokratie wird viel auf die Aussicht gebaut, daß der Arbeiterklasse nach dem Kriege eine bedeutende Erweiterung demokratischer Freiheiten, daß ihr bürgerliche Gleichberechtigung als Lohn für ihr vaterländisches Verhalten im Kriege verliehen werden würde. Aber noch nie in der Geschichte sind beherrschten Klassen politische Rechte als Trinkgeld für ihr den herrschenden Klassen genehmes Verhalten von diesen verliehen worden. Im Gegenteil ist die Geschichte mit Beispielen des schnöden Wortbruchs der Herrschenden selbst in solchen Fällen gesät, wo feierliche Versprechungen vor dem Kriege gemacht worden waren. In Wirklichkeit hat die Sozialdemokratie durch ihr Verhalten nicht die künftige Erweiterung der politischen Freiheiten in Deutschland gesichert, sondern die vor dem Kriege besessenen erschüttert. Die Art und Weise, wie in Deutschland die Aufhebung der Preßfreiheit, der Versammlungsfreiheit, des öffentlichen Lebens, wie der Belagerungszustand nun lange Monate ohne jeden Kampf, ja mit teilweisem Beifall gerade von sozialdemokratischer Seite[11] ertragen wird, ist

---

[11] Die »*Chemnitzer Volksstimme*« schrieb am 21. Oktober 1914: »Jedenfalls ist die Militärzensur in Deutschland im ganzen genommen anständiger und

beispiellos in der Geschichte der modernen Gesellschaft. In England herrscht völlige Preßfreiheit, in Frankreich ist die Presse nicht entfernt derart geknebelt wie in Deutschland. In keinem Lande ist die öffentliche Meinung derart völlig verschwunden, einfach durch die offiziöse »Meinung«, durch den Befehl der Regierung ersetzt wie in Deutschland. Auch in Rußland kennt man bloß den verheerenden Rotstift des Zensors, der die oppositionelle Meinung vertilgt, gänzlich unbekannt ist dagegen die Einrichtung, daß die oppositionelle Presse von der Regierung gelieferte fertige Artikel abdrucken, daß sie in eigenen Artikeln bestimmte Auffassungen vertreten muß, die ihr von Regierungsbehörden in »vertraulichen Besprechungen mit der Presse« diktiert und anbefohlen werden. Auch in Deutschland selbst war während des Krieges von 1870 nichts dem heutigen Zustand Ähnliches erlebt worden. Die Presse erfreute sich unbeschränkter Freiheit und begleitete die Kriegsereignisse zum lebhaften Verdruß Bismarcks mit teilweise scharfen Kritiken sowie mit einem munteren Kampf der Meinungen, namentlich auch über Kriegsziele, Annexionsfragen, Verfassungsfragen usw. Als aber Johann Jacoby verhaftet wurde, da ging ein Sturm der Entrüstung durch Deutschland, und Bismarck hat selbst das dreiste Attentat der Reaktion als einen schweren Mißgriff abgeschüttelt. Das war die Lage in Deutschland, nachdem Bebel und Liebknecht im Namen der deutschen Arbeiterklasse jede Gemeinschaft mit den herrschenden Hurrapatrioten schroff abgelehnt hatten. Und es mußte erst die vaterländische Sozialdemokratie mit ihren 4¼ Millionen Wählern, das rührende Versöhnungsfest des Burgfriedens und die Zustimmung der sozialdemokratischen Fraktion zu den Kriegskrediten kommen, damit über Deutschland die härteste Militärdiktatur verhängt wurde, die je ein mündiges Volk über sich hat ergehen lassen. Daß derartiges heute in

---

vernünftiger als in Frankreich oder England. Das Geschrei über die Zensur, hinter dem sich vielfach der Mangel an fester Stellungnahme zum Kriegsproblem verbirgt, hilft nur Deutschlands Feinden die Lüge verbreiten, als sei Deutschland ein zweites Rußland. Wer ernsthaft glaubt, unter der jetzigen Militärzensur nicht nach seiner Gesinnung schreiben zu können, der lege die Feder aus der Hand und schweige.«

Deutschland möglich, ja nicht nur von der bürgerlichen, sondern von der hoch entwickelten und einflußreichen sozialdemokratischen Presse völlig kampflos, ohne jeden Versuch eines namhaften Widerstandes hingenommen wird, diese Tatsache ist für die Schicksale der deutschen Freiheit von verhängnisvollster Bedeutung. Sie beweist, daß die Gesellschaft in Deutschland für die politischen Freiheiten heute in sich selbst keine Grundlagen hat, da sie die Freiheit so leicht und ohne jede Reibung entbehren kann. Vergessen wir nicht, daß das kümmerliche Maß an politischen Rechten, das im Deutschen Reich vor dem Kriege bestand, nicht wie in Frankreich und England eine Frucht großer und wiederholter revolutionärer Kämpfe und durch deren Tradition im Leben des Volkes fest verankert ist, sondern das Geschenk der Bismarckschen Politik nach einer über zwei Jahrzehnte dauernden, siegreichen Konterrevolution. Die deutsche Verfassung war nicht auf Revolutionsfeldern gereift, sondern in dem diplomatischen Spiel der preußischen Militärmonarchie als das Zement, womit diese Militärmonarchie zum heutigen Deutschen Reich ausgebaut wurde. Die Gefahren für die »freiheitliche Entwicklung Deutschlands« liegen nicht, wie die Reichstagsfraktion meinte, in Rußland, sie liegen in Deutschland selbst. Sie liegen in diesem besonderen konterrevolutionären Ursprung der deutschen Verfassung, sie liegen in jenen reaktionären Machtfaktoren der deutschen Gesellschaft, die seit der Gründung des Reiches einen ständigen stillen Krieg gegen die kümmerliche »deutsche Freiheit« geführt haben; und das sind: das ostelbische Junkertum, das großindustrielle Scharfmachertum, das stockreaktionäre Zentrum, die Verlumpung des deutschen Liberalismus, das persönliche Regiment und die aus alle den Faktoren zusammen hervorgegangene Säbelherrschaft, der Zabernkurs, der just vor dem Kriege in Deutschland Triumphe feierte. Das sind die wirklichen Gefahren für die Kultur und »freiheitliche Entwicklung« Deutschlands. Und alle jene Faktoren stärkt jetzt der Krieg, der Belagerungszustand und die Haltung der Sozialdemokratie in höchstem Maße. Es gibt freilich eine echt liberale Ausrede für die heutige Kirchhofsruhe in

Deutschland: das sei ja nur »zeitweiliger« Verzicht für die Dauer des Krieges. Aber ein politisch reifes Volk kann so wenig »zeitweilig« auf die politischen Rechte und das öffentliche Leben verzichten, wie ein lebender Mensch auf das Luftatmen »verzichten« kann. Ein Volk, das durch sein Verhalten zugibt, während des Krieges sei Belagerungszustand notwendig, hat damit zugegeben, die politische Freiheit sei überhaupt entbehrlich. Die duldende Zustimmung der Sozialdemokratie zum heutigen Belagerungszustand – und ihre Kreditbewilligung ohne jeden Vorbehalt wie die Annahme des Burgfriedens bedeutet nichts anderes –, muß im gleichen Maße auf die Volksmassen, diese einzige Stütze der Verfassung in Deutschland, demoralisierend wirken, wie sie auf die herrschende Reaktion, den Feind der Verfassung, ermutigend und stärkend wirkt.

Durch den Verzicht auf den Klassenkampf hat sich unsere Partei aber zugleich eine wirksame Beeinflussung der Dauer des Krieges und der Gestaltung des Friedensschlusses abgeschnitten. Und hier schlug sie ihrer eigenen offiziellen Erklärung ins Gesicht. Eine Partei, die sich feierlich verwahrte gegen alle Annexionen, das heißt gegen unvermeidliche logische Konsequenzen des imperialistischen Krieges, sofern er militärisch glücklich verläuft, lieferte Waffen aus, die geeignet wären, die Volksmassen, die öffentliche Meinung in ihrem Sinne zu mobilisieren, durch sie einen wirksamen Druck auszuüben und so den Krieg zu kontrollieren, den Frieden zu beeinflussen. Umgekehrt. Indem sie durch den Burgfrieden dem Militarismus Ruhe im Rücken sicherte, erlaubte ihm die Sozialdemokratie, ohne jede Rücksicht auf andere Interessen als die der herrschenden Klassen seinen Bahnen zu folgen, entfesselte sie seine ungezügelten inneren imperialistischen Tendenzen, die grade nach Annexion streben und zu Annexionen führen müssen. Mit andern Worten: die Sozialdemokratie verurteilte durch die Annahme des Burgfriedens und die politische Entwaffnung der Arbeiterklasse ihre eigene feierliche Verwahrung gegen jede Annexion dazu, eine ohnmächtige Phrase zu bleiben.

Aber damit ist noch ein anderes erreicht: die Verlängerung des Krieges! Und hier ist es mit Händen zu greifen, welcher gefährliche Fallstrick für die proletarische Politik in dem jetzt geläufigen Dogma liegt, unser Widerstand gegen den Krieg könne nur solange geboten werden, als erst Kriegsgefahr bestehe. Ist der Krieg da, dann sei die Rolle der sozialdemokratischen Politik ausgespielt, dann heiße es nur noch: Sieg oder Niederlage, das heißt der Klassenkampf höre für die Dauer des Krieges auf. In Wirklichkeit *beginnt* für die Politik der Sozialdemokratie die größte Aufgabe nach dem Ausbruch des Krieges. Die unter einmütiger Zustimmung der deutschen Partei- und Gewerkschaftsvertreter angenommene Resolution des Stuttgarter Internationalen Kongresses von 1907, die in Basel 1912 nochmals bestätigt wurde, besagt:

»Falls der Krieg dennoch ausbrechen sollte, ist es die Pflicht der Sozialdemokratie, für *dessen rasche Beendigung einzutreten* und mit allen Kräften dahin zu streben, die durch den Krieg herbeigeführte *wirtschaftliche und politische Krise zur Aufrüttelung des Volkes auszunutzen und dadurch die Beseitigung der kapitalistischen Klassenherrschaft zu beschleunigen.*«

Was tat die Sozialdemokratie in diesem Kriege? Das direkte Gegenteil von dem Gebot des Stuttgarter und Baseler Kongresses: sie wirkt durch die Bewilligung der Kredite und die Einhaltung des Burgfriedens mit allen Mitteln dahin, die wirtschaftliche und politische Krise, die Aufrüttelung der Massen durch den Krieg zu verhüten. Sie »strebt mit allen Kräften« danach, die kapitalistische Gesellschaft vor ihrer eigenen Anarchie im Gefolge des Krieges zu retten, damit wirkt sie für die ungehinderte Verlängerung des Krieges und die Vergrößerung der Zahl seiner Opfer. Angeblich wäre – wie man von den Reichstagsabgeordneten oft hören kann –, kein Mann weniger auf dem Schlachtfeld gefallen, ob die sozialdemokratische Fraktion die Kriegskredite bewilligt hätte oder nicht. Ja, unsere Parteipresse vertrat allgemein die Meinung: wir müßten gerade die »Verteidigung des Landes« mitmachen und unterstützen, um für unser Volk möglichst die blutigen Opfer des Krieges zu verringern. Die betriebene Politik hat das Gegenteil erreicht: erst durch das »vaterländische« Verhalten der Sozialdemokratie, dank dem Burgfrieden im Rücken, konnte der imperialistische Krieg ungescheut seine Furien entfesseln. Bisher war die Angst vor inneren Unruhen, vor dem Grimm des notleidenden Volkes der ständige Alpdruck und dadurch der wirksamste Zügel der herrschenden Klassen bei ihren Kriegsgelüsten. Bekannt ist das Wort von Bülows, daß man jetzt hauptsächlich aus Angst vor der Sozialdemokratie jeden Krieg möglichst hinauszuschieben trachte. Rohrbach sagt in seinem »Krieg und die deutsche Politik« auf S. VII: »Wenn nicht elementare Katastrophen eintreten, so ist das einzige, was Deutschland zum Frieden zwingen könnte, der Hunger der Brotlosen.« Er dachte offenbar an einen Hunger, der sich meldet, der sich vernehmlich und bemerkbar macht, um den herrschenden Klassen die Rücksichtnahme auf sich nahezulegen. Hören wir endlich was ein hervorragender Militär und Theoretiker des Krieges, General von *Bernhardi*, sagt. In seinem großen Werk »Vom heutigen Kriege« schreibt er:

»So erschweren die *modernen Massenheere* die Kriegführung in den verschiedensten Beziehungen. Außerdem aber stellen sie an und für sich auch *ein nicht zu unterschätzendes Gefahrmoment* dar.

Der Mechanismus eines solchen Heeres ist so gewaltig und kompliziert, daß er operationsfähig und lenkbar nur dann bleiben kann, wenn das Räderwerk wenigstens im großen und ganzen zuverlässig arbeitet und starke moralische Erschütterungen in größerem Umfange vermieden werden. Daß derartige Erscheinungen bei einem wechselvollen Kriege vollständig ausgeschaltet werden könnten, darauf freilich kann man ebensowenig rechnen, wie auf lauter siegreiche Kämpfe. Sie lassen sich auch überwinden, wenn sie sich in begrenztem Umfange geltend machen. Wo aber große, zusammengedrängte Massen einmal der Führung aus der Hand gehen, wo sie in panische Zustände verfallen, wo die Verpflegung in größerem Umfange versagt, und der Geist der Unbotmäßigkeit in den Scharen Herr wird, da werden solche Massen nicht nur widerstandsunfähig gegen den Feind, sondern sie werden sich selbst und der eigenen Heeresleitung zur Gefahr werden, indem sie die Bande der Disziplin sprengen, den Gang der Operationen willkürlich stören und damit die Führung vor Aufgaben stellen, die sie zu lösen außerstande ist.

Der Krieg mit modernen Heeresmassen ist also unter allen Umständen ein gewagtes Spiel, das die personellen wie finanziellen Kräfte des Staates aufs äußerste in Anspruch nimmt. Unter solchen Umständen ist es nur natürlich, daß überall Anordnungen getroffen werden, die es ermöglichen sollen, *den Krieg, wenn er ausbricht, rasch zu beenden und die ungeheure Spannung rasch zu lösen, die sich aus dem Aufgebot ganzer Nationen ergeben muß.*«

So hielten bürgerliche Politiker wie militärische Autoritäten den Krieg mit den modernen Massenheeren für ein »gewagtes Spiel«, und dies war das wirksamste Moment, um die heutigen Machthaber vor der Anzettelung eines Krieges zurückzuhalten wie im Falle des Kriegsausbruchs auf dessen rasche Beendigung bedacht zu sein. Das Verhalten der Sozialdemokratie in diesem Kriege, das nach jeder Richtung dahin wirkt, um »die ungeheure Spannung« zu dämpfen, hat die Besorgnisse zerstreut, es hat die einzelnen Dämme, die der ungehemmten Sturmflut des Militarismus entgegenstanden, niedergerissen. Ja, es sollte etwas eintreten, was nie ein Bernhardi oder ein bürgerlicher Staatsmann im Traume hätte für möglich halten können: aus dem Lager der Sozialdemokratie erscholl die Losung des »Durchhaltens«, das heißt der Fortsetzung der Menschenschlächterei. Und so fallen seit Monaten Tausende von Opfern, welche die Schlachtfelder bedecken, auf unser Gewissen.

VII

Wie aber nun trotz alledem – wenn wir den Kriegsausbruch nicht haben verhindern können, wenn der Krieg einmal da ist, wenn das Land vor einer feindlichen Invasion steht – sollen wir da das eigene Land wehrlos machen, es dem Feinde preisgeben, die Deutschen den Russen, die Franzosen und Belgier den Deutschen, die Serben den Österreichern? Besagt nicht der sozialistische Grundsatz: das Selbstbestimmungsrecht der Nationen, daß jedes Volk berechtigt und verpflichtet ist, seine Freiheit und Unabhängigkeit zu schützen? Wenn das Haus brennt, muß man da nicht vor allem löschen, statt nach dem Schuldigen zu suchen, der den Brand angelegt hat? Dieses Argument vom »brennenden Hause« hat in der Haltung der Sozialisten hüben wie drüben, in Deutschland wie in Frankreich, eine große Rolle gespielt. Auch in neutralen Ländern hat es Schule gemacht: ins Holländische übertragen heißt es: wenn das Schiff leck ist, muß man es da nicht vor allem zu verstopfen suchen?

Gewiß, nichtswürdig das Volk, das vor dem äußeren Feinde kapituliert, wie nichtswürdig die Partei, die vor dem inneren Feinde kapituliert. Nur eins haben die Feuerwehrleute des »brennenden Hauses« vergessen: daß im Munde des Sozialisten die Verteidigung des Vaterlandes anderes bedeutet, als die Rolle des Kanonenfutters unter dem Kommando der imperialistischen Bourgeoisie. Zunächst was die »Invasion« betrifft, ist das wirklich jenes Schreckbild, vor dem jeder Klassenkampf im Innern des Landes wie von einem übermächtigen Zauber gebannt und gelähmt verschwindet? Nach der polizeilichen Theorie des bürgerlichen Patriotismus und des Belagerungszustandes ist jeder Klassenkampf ein Verbrechen an den Verteidigungsinteressen des Landes, weil er die Gefährdung und Schwächung der Wehrkraft der Nation sein soll. Von diesem Geschrei hat sich die offizielle Sozialdemokratie verblüffen lassen. Und doch zeigte die moderne Geschichte der bürgerlichen Gesellschaft auf Schritt und Tritt, daß ihr die fremde Invasion nicht der Greuel aller Greuel, als welcher sie heute hingemalt wird, sondern ein mit Vorliebe angewandtes und erprobtes Mittel gegen den »inneren Feind« ist. Riefen nicht die Bourbonen und die Aristokraten Frankreichs die Invasion ins Land gegen die Jakobiner? Rief die österreichische und kirchenstaatliche Konterrevolution nicht

1849 die französische Invasion gegen Rom, die russische gegen Budapest? Drohte nicht in Frankreich die »Ordnungspartei« 1850 offen mit der Invasion der Kosaken, um die Nationalversammlung kirre zu machen? Und wurde nicht durch den famosen Vertrag vom 18. Mai 1871 zwischen Jules Favre, Thiers und Co. und Bismarck die Freilassung der gefangenen bonapartistischen Armee und die direkte Unterstützung der preußischen Truppen zur Ausrottung der Kommune von Paris abgemacht? Für *Karl Marx* genügte die geschichtliche Erfahrung, um schon vor 45 Jahren die »nationalen Kriege« der modernen bürgerlichen Staaten als Schwindel zu entlarven. In seiner berühmten Adresse des Generalrats der Internationalen zum Fall der Pariser Kommune sagt er:

»Daß nach dem gewaltigsten Kriege der neueren Zeit die siegreiche und die besiegte Armee sich verbünden zum gemeinsamen Abschlachten des Proletariats – ein so unerhörtes Ereignis beweist, nicht wie Bismarck glaubt, die endliche Niederdrückung der sich emporarbeitenden neuen Gesellschaft, sondern die vollständige Zerbröckelung der alten Bourgeoisgesellschaft. Der *höchste heroische Aufschwung, dessen die alte Gesellschaft noch fähig war, ist der Nationalkrieg, und dieser erweist sich jetzt als reiner Regierungsschwindel,* der keinen anderen Zweck mehr hat, als den Klassenkampf hinauszuschieben, und der beiseite fliegt, sobald der Klassenkampf im Bürgerkrieg auflodert. Die Klassenherrschaft ist nicht länger imstande, sich unter einer nationalen Uniform zu verstecken; die nationalen Regierungen sind eins gegenüber dem Proletariat!«

Invasion und Klassenkampf sind also in der bürgerlichen Geschichte nicht Gegensätze, wie es in der offiziellen Legende heißt, sondern eins ist Mittel und Äußerung des anderen. Und wenn für die herrschenden Klassen die Invasion ein erprobtes Mittel gegen den Klassenkampf darstellt, so hat sich für die aufstrebenden Klassen der schärfste Klassenkampf noch immer als das beste Mittel gegen die Invasion erwiesen. An der Schwelle der Neuzeit zeigt schon die stürmische, von zahllosen inneren Umwälzungen und äußeren Anfeindungen aufgewühlte Geschichte der Städte, namentlich der italienischen, die Geschichte von Florenz, von Mailand mit ihrem hundertjährigen Ringen gegen die Hohenstaufen, daß die Gewalt und das Ungestüm der inneren Klassenkämpfe die Abwehrkraft des Gemeinwesens nach außen nicht bloß nicht schwächen, sondern daß im Gegenteil erst aus der Esse dieser Kämpfe die mächtige Lohe aufsteigt, die stark genug ist, jedem feindlichen Anprall von außen Trotz zu bieten. Aber das klassische Beispiel aller Zeiten ist die große französische Revolution. Wenn je, so galt für das Frankreich des Jahres 1793, für das Herz Frankreichs, Paris: Feinde ringsum! Wenn Paris und Frankreich der Sturmflut des koalierten Europas, der Invasion von allen Seiten damals nicht erlegen waren, sondern sich im Verlaufe des beispiellosen Ringens mit dem Wachsen der Gefahr und des feindlichen Angriffs zu immer gigantischerem Widerstand emporrafften, jede neue Koalition der Feinde durch erneute Wunder des unerschöpflichen Kampfmuts aufs Haupt schlugen, so war es nur der schrankenlosen Entfesselung der inneren Kräfte der Gesellschaft in der großen Auseinandersetzung der Klassen zu danken. Heute, aus der Perspektive eines Jahrhunderts, ist es deutlich sichtbar, daß nur der schärfste Ausdruck jener Auseinandersetzung, daß nur die Diktatur des Pariser Volkes und ihr rücksichtsloser Radikalismus aus dem Boden der Nation Mittel und Kräfte zu stampfen vermocht haben, die ausreichend waren, die neugeborene bürgerliche Gesellschaft gegen eine Welt von Feinden zu verteidigen und zu behaupten: gegen die Intrigen der Dynastie, die landesverräterischen Machinationen der Aristokraten, die Zettelungen des Klerus, den Aufstand der Vendée, den Verrat der Generale, den Widerstand von sechzig Departements und Provinzialhauptstädten und gegen die vereinigten Heere und Flotten der monarchischen Koalition Europas. Wie Jahrhunderte bezeugen, ist also nicht der Belagerungszustand, sondern der rücksichtslose Klassenkampf, der das Selbstgefühl, den Opfermut und die sittliche Kraft der Volksmassen wachrüttelt, der beste Schutz und die beste Wehr des Landes gegen äußere Feinde.

Dasselbe tragische Quidproquo (Mißverständnis) passiert der Sozialdemokratie, wenn sie sich zur Begründung ihrer Haltung in diesem Kriege auf das Selbstbestimmungsrecht der Nationen beruft. Es ist wahr: der Sozialismus gesteht jedem Volke das Recht auf Unabhängigkeit und Freiheit, auf selbständige Verfügung über die eigenen Geschicke zu. Aber es ist ein wahrer Hohn auf den Sozialismus, wenn die heutigen kapitalistischen Staaten als der Ausdruck dieses Selbstbestimmungsrechts der Nationen hingestellt werden. In welchem dieser Staaten hat denn die Nation bis jetzt über die Formen und Bedingungen seines nationalen, politischen oder sozialen Daseins bestimmt?

Was die Selbstbestimmung des deutschen Volkes bedeutet, was sie will, das haben die Demokraten von 1848, das haben die Vorkämpfer des deutschen Proletariats, Marx, Engels und Lassalle, Bebel und Liebknecht verkündet und verfochten: *es ist die einige großdeutsche Republik*. Um dieses Ideal haben die Märzkämpfer in Wien und Berlin auf den Barrikaden ihr Herzblut verspritzt, zur Verwirklichung dieses Programms wollten Marx und Engels 1848 Preußen zu einem Krieg mit dem russischen Zarismus zwingen. Das erste Erfordernis für die Erfüllung dieses nationalen Programms war die Liquidierung des »Haufens organisierte Verwesung«, genannt habsburgische Monarchie, und die Abschaffung der preußischen Militärmonarchie sowie der zwei Dutzend Zwergmonarchien in Deutschland. Die Niederlage der deutschen Revolution, der Verrat des deutschen Bürgertums an seinen eigenen demokratischen Idealen führten zum Bismarckschen Regiment und zu dessen Schöpfung: dem heutigen Großpreußen mit den zwanzig Vaterländern unter einer Helmspitze, das sich das Deutsche Reich nennt. Das heutige Deutschland ist auf dem Grabe der Märzrevolution, auf den Trümmern des nationalen Selbstbestimmungsrechts des deutschen Volkes errichtet. Der heutige Krieg, der neben der Erhaltung der Türkei die Erhaltung der habsburgischen Monarchie und die Stärkung der preußischen Militärmonarchie zum Zweck hat, ist eine abermalige Verscharrung der Märzgefallenen und des nationalen Programms Deutschlands.

Und es liegt ein wahrhaft teuflischer Witz der Geschichte darin, daß Sozialdemokraten, die Erben der deutschen Patrioten von 1848, in diesen Krieg ziehen – das Banner des »Selbstbestimmungsrechts der Nationen« in der Hand! Oder ist es das Britische Reich mit Indien und der südafrikanischen Herrschaft einer Million Weißer über fünf Millionen farbiger Bevölkerung? Oder ist es gar die Türkei, das Zarenreich? Nur für einen bürgerlichen Politiker, für den die Herrenrassen die Menschheit und die herrschenden Klassen die Nation darstellen, kann in den Kolonialstaaten überhaupt von einer »nationalen Selbstbestimmung« die Rede sein. Im sozialistischen Sinne dieses Begriffs gibt es keine freie Nation, wenn ihre staatliche Existenz auf der Versklavung anderer Völker beruht, denn auch die Kolonialvölker zählen als Völker und als Glieder des Staates. Der internationale Sozialismus erkennt das Recht freier, unabhängiger, gleichberechtigter Nationen, aber nur er kann solche Nationen schaffen, erst er kann das Selbstbestimmungsrecht der Völker verwirklichen. Auch diese Losung des Sozialismus ist, wie alle anderen, nicht eine Heiligsprechung des Bestehenden, sondern ein Wegweiser und Ansporn für die revolutionäre, umgestaltende, aktive Politik des Proletariats. Solange kapitalistische Staaten bestehen, namentlich solange die imperialistische Weltpolitik das innere und äußere Leben der Staaten bestimmt und gestaltet, hat das nationale Selbstbestimmungsrecht mit ihrer Praxis im Krieg wie im Frieden nicht das geringste gemein.

Noch mehr: in dem heutigen imperialistischen Milieu kann es überhaupt keine nationalen Verteidigungskriege mehr geben, und jede sozialistische Politik, die von diesem bestimmenden historischen Milieu absieht, die sich mitten im Weltstrudel nur von den isolierten Gesichtspunkten eines Landes leiten lassen will, ist von vornherein auf Sand gebaut.

Wir haben bereits den Hintergrund des jetzigen Zusammenstoßes Deutschlands mit seinen Gegnern aufzuzeigen gesucht. Es war nötig, die eigentlichen Triebfedern und die inneren Zusammenhänge des heutigen Krieges näher zu beleuchten, weil in der Stellungnahme unserer Reichstagsfraktion wie unserer Presse die Verteidigung der Existenz, Freiheit und Kultur Deutschlands die entscheidende Rolle spielte. Demgegenüber muß an der historischen Wahrheit festgehalten werden, daß es sich um einen vom deutschen Imperialismus durch seine weltpolitischen Ziele seit Jahren vorbereiteten und im Sommer 1914 durch die deutsche und österreichische Diplomatie zielbewußt herbeigeführten Präventivkrieg handelt. Darüber hinaus ist bei der allgemeinen Einschätzung des Weltkrieges und seiner Bedeutung für die Klassenpolitik des Proletariats die Frage der Verteidigung und des Angriffs, die Frage nach dem »Schuldigen« völlig belanglos. Ist Deutschland am allerwenigsten in der Selbstverteidigung, so sind es auch Frankreich und England nicht, denn was sie »verteidigen«, ist nicht ihre nationale, sondern ihre weltpolitische Position, ihr von den Anschlägen des deutschen Emporkömmlings bedrohter alter imperialistischer Besitzstand. Haben die Streifzüge des deutschen und österreichischen Imperialismus im Orient den Weltbrand zweifellos entzündet, so hatten zu ihm der französische Imperialismus durch die Verspeisung Marokkos, der englische durch seine Vorbereitungen zum Raub Mesopotamiens und Arabiens wie durch alle Maßnahmen zur Sicherung seiner Zwingherrschaft in Indien, der russische durch seine auf Konstantinopel zielende Balkanpolitik Scheit für Scheit den Brennstoff zusammengeschleppt und aufgeschichtet. Wenn die militärischen Rüstungen eine wesentliche Rolle als Triebfeder zum Losbrechen der Katastrophe gespielt haben, so waren sie ein Wettkampf aller Staaten. Und wenn Deutschland zu dem europäischen Wettrüsten durch die Bismarcksche Politik von 1870 den Grundstein gelegt hatte, so war jene Politik vorher durch die des zweiten Kaiserreichs begünstigt und nachher durch die militärische koloniale Abenteurerpolitik der dritten Republik, durch ihre Expansionen in Ostasien und Afrika gefördert.

Die französischen Sozialisten waren in ihre Illusion von der »Nationalen Verteidigung« besonders durch die Tatsache hineingetrieben worden, daß die französische Regierung wie das ganze Volk im Juli 1914 nicht die geringsten

Kriegsabsichten hatten. »In Frankreich sind heute alle aufrichtig und ehrlich, rückhaltlos und vorbehaltlos für den Frieden«, bezeugte Jaurès in der letzten Rede seines Lebens, am Vorabend des Krieges, im Brüsseler Volkshaus. Die Tatsache stimmt vollkommen, und sie kann psychologisch die Entrüstung begreiflich machen, die sich der französischen Sozialisten bemächtigt hatte, als der verbrecherische Krieg ihrem Lande aufgezwungen wurde. Aber zur Beurteilung des Weltkrieges als einer historischen Erscheinung und zur Stellungnahme der proletarischen Politik ihm gegenüber reicht diese Tatsache nicht aus. Die Geschichte, aus der der heutige Krieg geboren wurde, begann nicht erst im Juli 1914, sondern sie reicht Jahrzehnte zurück, wo sich Faden an Faden mit der Notwendigkeit eines Naturgesetzes knüpfte, bis das dichtmaschige Netz der imperialistischen Weltpolitik fünf Weltteile umstrickt hatte – ein gewaltiger historischer Komplex von Erscheinungen, deren Wurzeln in die plutonischen Tiefen des ökonomischen Werdens hinabreichen, deren äußerste Zweige in die undeutlich heraufdämmernde neue Welt hinüberwinken – Erscheinungen, bei deren umfassender Größe die Begriffe von Schuld und Sühne, von Verteidigung und Angriff wesenlos verblassen.

Die imperialistische Politik ist nicht das Werk irgendeines oder einiger Staaten, sie ist das Produkt eines bestimmten Reifegrads in der Weltentwicklung des Kapitals, eine von Hause aus internationale Erscheinung, ein unteilbares Ganzes, das nur in allen seinen Wechselbeziehungen erkennbar ist und *dem sich kein einzelner Staat zu entziehen vermag.*

Von hier aus kann erst die Frage der »nationalen Verteidigung« im heutigen Kriege richtig gewertet werden. Der Nationalstaat, nationale Einheit und Unabhängigkeit, das war das ideologische Schild, unter dem sich die bürgerlichen Großstaaten in Mitteleuropa im vorigen Jahrhundert konstituierten. Der Kapitalismus kann sich mit der Kleinstaaterei, mit wirtschaftlicher und politischer Zersplitterung nicht vertragen, er bedarf zu seiner Entfaltung eines möglichst großen, innerlich geschlossenen Gebietes und einer geistigen Kultur, ohne die weder die Bedürfnisse der Gesellschaft auf das der kapitalistischen Warenproduktion entsprechende Niveau gehoben werden, noch der Mechanismus der modernen bürgerlichen Klassenherrschaft funktionieren kann. Bevor der Kapitalismus zur erdumspannenden Weltwirtschaft sich auswachsen konnte, suchte er sich in den nationalen Grenzen eines Staates ein geschlossenes Gebiet zu schaffen. Dieses Programm ist – da es sich auf dem vom feudalen Mittelalter überwiesenen politischen und nationalen Schachbrett nur auf revolutionärem Wege durchführen ließ – in Frankreich allein, in der großen Revolution, verwirklicht worden. Im übrigen Europa ist es, wie die bürgerliche Revolution überhaupt, Stückwerk geworden, auf halbem Weg stehengeblieben. Das Deutsche Reich und das heutige Italien, der Fortbestand Österreich-Ungarns und der Türkei bis heute, das Russische Reich und das Britische Weltreich sind dafür lebendige Beweise. Das nationale Programm hatte nur als ideologischer Ausdruck der aufstrebenden, nach der Macht im Staate zielenden Bourgeoisie eine geschichtliche Rolle gespielt, bis sich die bürgerliche Klassenherrschaft in den Großstaaten Mitteleuropas schlecht und recht zurechtgesetzt, sich in ihnen die nötigen Werkzeuge und Bedingungen geschaffen hat.

Seitdem hat der Imperialismus das alte bürgerlich-demokratische Programm vollends zu Grabe getragen, indem er die Expansion über nationale Grenzen hinaus und ohne jede Rücksicht auf nationale Zusammenhänge zum Programm der Bourgeoisie aller Länder erhoben hat. Die nationale Phrase freilich ist geblieben. Ihr realer Inhalt, ihre Funktion ist aber in ihr Gegenteil verkehrt, sie fungiert nur noch als notdürftiger Deckmantel imperialistischer Bestrebungen und als Kampfschrei imperialistischer Rivalitäten, als einziges und letztes ideologisches Mittel, womit die Volksmassen für ihre Rolle des Kanonenfutters in den imperialistischen Kriegen eingefangen werden können.

Die allgemeine Tendenz der jetzigen kapitalistischen Politik beherrscht dabei so gut als übermächtiges blindwaltendes Gesetz die Politik der einzelnen Staaten, wie die Gesetze der wirtschaftlichen Konkurrenz die Produktionsbedingungen des einzelnen Unternehmers gebieterisch bestimmen.

Denken wir uns für einen Augenblick – um das Phantom des »nationalen Krieges«, das die sozialdemokratische Politik gegenwärtig beherrscht, nachzuprüfen –, daß in einem der heutigen Staaten der Krieg in seinem Ausgangspunkt tatsächlich als reiner nationaler Verteidigungskrieg begonnen hat, so führt vor allem militärischer Erfolg zur Besetzung fremder Gebiete. Bei dem Vorhandensein höchst einflußreicher kapitalistischer Gruppen aber, die an imperialistischen Erwerbungen interessiert sind, werden im Laufe des Krieges selbst Expansionsappetite geweckt, die imperialistische Tendenz, die zu Beginn des Krieges erst im Keime vorhanden war oder schlummerte, wird im Verlauf des Krieges selbst wie in einer Treibhausatmosphäre aufwuchern und den Charakter des Krieges, seine Ziele und Ergebnisse bestimmen. Ferner: das System der Bündnisse zwischen den Militärstaaten, das seit Jahrzehnten die politischen Beziehungen der Staaten beherrscht, bringt es mit sich, daß jede der kriegführenden Parteien im Verlaufe des Krieges auch aus reinen Defensivrücksichten Bundesgenossen auf ihre Seite zu bringen sucht. Dadurch werden immer weitere Länder in den Krieg mit hineingezogen und damit unvermeidlich imperialistische Kreise der Weltpolitik berührt und neue geschaffen. So hat auf der einen Seite England Japan hineingezogen, den Krieg aus Europa auf Ostasien übergeleitet und die Schicksale Chinas auf die Tagesordnung gestellt, die Rivalitäten zwischen Japan und den Vereinigten Staaten, zwischen England und Japan geschürt, also neuen Stoff zu künftigen Konflikten gehäuft. So hat auf der anderen Seite Deutschland die Türkei in den Krieg gezerrt, wodurch die Frage Konstantinopels, der ganze Balkan und Vorderasien unmittelbar zur Liquidierung gestellt worden sind. Wer nicht begriff, daß der Weltkrieg schon in seinen Ursachen und Ausgangspunkten ein rein imperialistischer war, kann nach diesen Wirkungen jedenfalls einsehen, daß der Krieg sich unter den jetzigen Bedingungen ganz mechanisch, unabwendbar zum impериalistischen Weltumteilungsprozeß auswachsen mußte. Ja, er ist schon fast vom ersten Augenblick seiner Dauer zu einem solchen geworden. Das beständig schwankende Gleichgewicht der Kräfte zwischen den kämpfenden Parteien zwingt jede von ihnen, schon aus rein militärischen Gesichtspunkten, um die eigene Position zu stärken oder Gefahren neuer Feindseligkeiten zu verhüten, auch die Neutralen durch intensiven Völker- und Länderschacher im Zügel zu halten. Siehe einerseits die deutsch-österreichischen, andererseits die englisch-russischen »Angebote« in Italien, in Rumänien, in Griechenland und Bulgarien. Der angeblich »nationale Verteidigungskrieg« hat so die frappante Wirkung, daß er sogar bei unbeteiligten Staaten eine allgemeine Verschiebung des Besitzstandes, der Machtverhältnisse, und zwar in der ausdrücklichen Richtung zur Expansion, herbeiführt. Endlich die Tatsache selbst, daß heute alle kapitalistischen Staaten Kolonialbesitzungen haben, die im Kriege, mag er auch als »nationaler Verteidigungskrieg« beginnen, schon aus rein militärischen Gesichtspunkten mit in den Krieg gezogen werden, indem jeder kriegführende Staat die Kolonien des Gegners zu okkupieren oder mindestens zum Aufruhr zu bringen sucht – siehe die Beschlagnahme der deutschen Kolonien durch England und die Versuche, den »Heiligen Krieg« in den englischen und französischen Kolonien zu entfachen –, diese Tatsache verwandelt gleichfalls automatisch jeden heutigen Krieg in einen imperialistischen Weltbrand.

So ist der Begriff selbst jenes bescheidenen tugendhaften vaterländischen Verteidigungskriegs, der unseren Parlamentariern und Redakteuren heute vorschwebt, reine Fiktion, die jede geschichtliche Erfassung des Ganzen und seiner Weltzusammenhänge vermissen läßt. Über den Charakter des Krieges entscheiden eben nicht die feierlichen Erklärungen und nicht einmal die ehrlichen Absichten der sogenannten leitenden Politiker, sondern die jeweilige historische Beschaffenheit der Gesellschaft und ihrer militärischen Organisation.

Das Schema des reinen »nationalen Verteidigungskriegs« könnte auf den ersten Blick vielleicht auf ein Land wie die

Schweiz passen. Aber die Schweiz ist ausgerechnet kein Nationalstaat und dazu kein Typus für die heutigen Staaten. Gerade ihr »neutrales« Dasein und ihr Luxus an Miliz ist selbst nur negative Frucht des latenten Kriegszustandes der sie umgebenden großen Militärstaaten und auch nur solange haltbar, als sie sich mit jenem Zustand vertragen kann. Wie eine solche Neutralität im Weltkriege im Nu vom Kommisstiefel des Imperialismus zertreten wird, zeigt das Schicksal Belgiens. Hier kommen wir speziell zur Situation der Kleinstaaten. Geradezu eine klassische Probe auf das Exempel des »nationalen Krieges« bildet heute Serbien. Wenn irgendein Staat nach allen äußeren formalen Merkmalen das Recht der nationalen Verteidigung auf seiner Seite hat, so ist es Serbien. Durch Österreichs Annexionen um die nationale Einheit gebracht, von Österreich in seiner nationalen Existenz bedroht, durch Österreich zum Kriege gezwungen, kämpft Serbien allem menschlichen Ermessen nach den echten Verteidigungskrieg um Existenz, Freiheit und Kultur seiner Nation. Hat die deutsche sozialdemokratische Fraktion mit ihrer Stellungnahme recht, dann sind die serbischen Sozialdemokraten, die im Belgrader Parlament gegen den Krieg protestierten und die Kriegskredite ablehnten, geradezu Verräter an den Lebensinteressen des eigenen Landes. In Wirklichkeit haben die Serben Lapschewitsch und Kazlerowitsch sich nicht nur mit goldenen Lettern in die Geschichte des internationalen Sozialismus eingetragen, sondern zugleich einen scharfen historischen Blick für die wirklichen Zusammenhänge des Krieges gezeigt, wodurch sie ihrem Lande, der Aufklärung ihres Volkes, den besten Dienst erwiesen haben. Serbien ist allerdings formell im nationalen Verteidigungskrieg. Aber die Tendenzen seiner Monarchie und seiner herrschenden Klassen gehen, wie die Bestrebungen der herrschenden Klassen in allen heutigen Staaten, auf Expansion, unbekümmert um nationale Grenzen, und bekommen dadurch aggressiven Charakter. So geht auch die Tendenz Serbiens nach der Adriaküste, wo es mit Italien einen recht imperialistischen Wettstreit auf dem Rücken der Albaner auszufechten hat, dessen Ausgang, außerhalb Serbiens, von den Großmächten entschieden wird. Die Hauptsache jedoch ist dies: hinter dem serbischen Nationalismus steht der russische Imperialismus. Serbien selbst ist nur eine Schachfigur im großen Schachspiel der Weltpolitik, und eine Beurteilung des Krieges in Serbien, die von diesen großen Zusammenhängen, von dem allgemeinen weltpolitischen Hintergrund absieht, muß in der Luft hängen. Genau dasselbe bezieht sich auf die jüngsten Balkankriege. Isoliert für sich und formal betrachtet, waren die jungen Balkanstaaten in ihrem guten historischen Recht, führten das alte demokratische Programm des Nationalstaates durch. In dem realen historischen Zusammenhang jedoch, der den Balkan zum Brennpunkt und Wetterwinkel der imperialistischen Weltpolitik gemacht hat, waren auch die Balkankriege objektiv nur ein Fragment der allgemeinen Auseinandersetzung, ein Glied in der verhängnisvollen Kette jener Geschehnisse, die zu dem heutigen Weltkrieg mit fataler Notwendigkeit geführt haben. Die internationale Sozialdemokratie hat auch den Balkansozialisten für ihre entschiedene Ablehnung jeder moralischen und politischen Mitwirkung an dem Balkankriege und für die Entlarvung seiner wahren Physiognomie eine begeisterte Ovation in Basel bereitet, womit sie die Haltung der deutschen und französischen Sozialisten im heutigen Kriege im voraus gerichtet hat.

In der gleichen Lage wie die Balkanstaaten befinden sich aber heute alle Kleinstaaten, so zum Beispiel auch Holland. »Wenn das Schiff leck ist, muß vor allem daran gedacht werden, es zu verstopfen.« Um was könnte es sich in der Tat bei dem kleinen Holland handeln, als um reine nationale Verteidigung, um die Verteidigung der Existenz und der Unabhängigkeit des Landes? Zieht man lediglich die *Absichten* des holländischen Volkes und selbst seiner herrschenden Klassen in Betracht, so steht allerdings reine nationale Verteidigung in Frage. Aber die proletarische Politik, die auf historischer Erkenntnis ruht, kann sich nicht nach den subjektiven Absichten in einem einzelnen Lande richten, sie muß sich an dem Gesamtkomplex der weltpolitischen Lage international orientieren. Auch Holland ist, ob es will oder nicht, nur ein kleines Rädchen in dem ganzen Getriebe der heutigen Weltpolitik und Diplomatie. Dies würde sofort klarwerden, falls Holland tatsächlich in den Mahlstrom des Weltkrieges hineingerissen würde. Das erste ist, daß seine Gegner auch gegen seine Kolonien den Schlag zu führen suchen würden. Hollands Kriegführung würde sich also von selbst auf die Erhaltung seines heutigen Besitzstandes richten, die Verteidigung der nationalen Unabhängigkeit des Flamenvolkes an der Nordsee würde sich konkret erweitern zur Verteidigung seines Herrschafts- und Ausbeuterechts über die Malaien im Ostindischen Archipel. Aber nicht genug: der Militarismus Hollands würde, auf sich gestellt, in dem Strudel des Weltkriegs wie eine Nußschale zerschellen, Holland würde auch, ob es will oder nicht, sofort Mitglied eines der kämpfenden Großstaatkonsortien, also auch von dieser Seite Träger und Werkzeug rein imperialistischer Tendenzen werden.

Auf diese Weise ist es immer wieder das historische Milieu des heutigen Imperialismus, das den Charakter der Kriege in den einzelnen Ländern bestimmt, und dieses Milieu macht es, daß *heutzutage nationale Verteidigungskriege überhaupt nicht mehr möglich sind*.

So schrieb auch Kautsky erst vor wenigen Jahren in seiner Broschüre »*Patriotismus und Sozialdemokratie*«, Leipzig 1907:

»Sind der Patriotismus der Bourgeoisie und des Proletariats zwei ganz verschiedene, geradezu gegensätzliche Erscheinungen, so gibt es doch Situationen, in denen beide Arten von Patriotismus zu gemeinsamem Wirken sogar in einem Kriege zusammenfließen können. Bourgeoisie und Proletariat einer Nation haben das gleiche Interesse an ihrer Unabhängigkeit und Selbständigkeit, an der Beseitigung und Fernhaltung jeder Art von Unterdrückung und Ausbeutung durch eine fremde Nation ... Bei den nationalen Kämpfen, die derartigen Bestrebungen entsprossen, hat sich stets der Patriotismus des Proletariats mit dem der Bourgeoisie vereinigt ... Seitdem aber das Proletariat eine Macht geworden ist, die bei jeder größeren Erschütterung des Staates für die herrschenden Klassen gefährlich wird, seitdem am Ende eines Krieges die Revolution droht, wie die Pariser Kommune 1871 und der russische Terrorismus nach dem russisch-türkischen Krieg bewiesen, seitdem hat die Bourgeoisie auch solcher Nationen, die nicht oder nicht genügend selbständig und geeint sind, ihre nationalen Ziele tatsächlich aufgegeben, wenn diese nur durch den Umsturz einer Regierung erreichbar sind, da sie die Revolution mehr haßt und fürchtet, als sie die Selbständigkeit und Größe der Nation liebt. Daher verzichtet sie auf die Selbständigkeit Polens und läßt so vorsintflutliche Staatsgebilde wie Österreich und die Türkei weiter bestehen, die schon vor einem Menschenalter dem Untergange geweiht erschienen. Damit haben in den zivilisierten Teilen Eruopas die nationalen Kämpfe als Ursache von Revolutionen oder Kriegen aufgehört. Jene nationalen Probleme, die doch auch heute noch nur durch Krieg oder Revolution zu lösen sind, können fortan erst gelöst werden nach dem Siege des Proletariats. Dann aber nehmen sie sofort, dank der internationalen Solidarität, eine ganz andere Gestalt an, als heute, in der Gesellschaft der Ausbeutung und Unterdrückung. Sie brauchen in den kapitalistischen Staaten das Proletariat bei seinen praktischen Kämpfen von heute nicht mehr zu beschäftigen, dieses hat seine ganze Kraft anderen Aufgaben zuzuwenden.« (S. 12–14.)

»Indessen schwindet die Wahrscheinlichkeit immer mehr, daß sich jemals noch der proletarische und der bürgerliche Patriotismus zur Verteidigung der Freiheit des eigenen Volkes vereinigen.« Die französische Bourgeoisie habe sich vereinigt mit dem Zarismus. Rußland sei keine Gefahr mehr für die Freiheit Westeuropas, weil durch die Revolution geschwächt. »Unter diesen Verhältnissen ist ein *Krieg zur Verteidigung der Nation*, in dem bürgerlicher und proletarischer Patriotismus sich vereinigen könnten, nirgends mehr zu erwarten.« (S. 16.)

»Wir haben schon gesehen, daß die Gegensätze aufgehört hatten, die im 19. Jahrhundert noch manche freiheitlichen Völker zwingen konnten, ihren Nachbarn kriegerisch entgegenzutreten; wir haben gesehen, daß der heutige Militarismus auch nicht im entferntesten mehr der Verfechtung wichtiger Volksinteressen, sondern nur der Verfechtung des Profits gilt; *nicht der Sicherstellung der Unabhängigkeit und Unverletztheit des eigenen Volkstums, das niemand bedroht, sondern nur der Sicherstellung und Erweiterung der überseeischen Eroberungen*, die bloß der Förderung des kapitalistischen Profits dienen. *Die heutigen Gegensätze der Staaten können keinen Krieg mehr bringen, dem der proletarische Patriotismus nicht aufs entschiedenste zu widerstreben hätte.*« (S. 23)

Was ergibt sich aus alledem für das praktische Verhalten der Sozialdemokratie in dem heutigen Kriege? Sollte sie etwa erklären: da dieser Krieg ein imperialistischer, da dieser Staat nicht dem sozialen Selbstbestimmungsrecht, nicht dem nationalen Ideal entspricht, so ist er uns gleichgültig, und wir geben ihn dem Feinde preis? Das passive Gehen- und Geschehenlassen kann niemals die Richtschnur für das Verhalten einer revolutionären Partei, wie die Sozialdemokratie, abgeben. Weder sich zur Verteidigung des bestehenden Klassenstaates unter das Kommando der herrschenden Klassen stellen, noch schweigend auf die Seite gehen, um abzuwarten, bis der Sturm vorbei ist, sondern *selbständige Klassenpolitik* einschlagen, die in jeder großen Krise der bürgerlichen Gesellschaft die herrschenden Klassen *vorwärts* peitscht, die Krise über sich selbst hinaustreibt, das ist die Rolle der Sozialdemokratie, als der Vorhut des kämpfenden Proletariats. Statt also dem imperialistischen Kriege den Mantel der nationalen Verteidigung fälschlich umzuhängen, galt es gerade mit dem Selbstbestimmungsrecht der Völker und mit der nationalen Verteidigung *Ernst* zu machen, sie als revolutionären Hebel *gegen* den imperialistischen Krieg zu wenden. Das elementarste Erfordernis der nationalen Verteidigung ist, daß die Nation die Verteidigung in die eigene Hand nimmt. Der erste Schritt dazu ist: *die Miliz,* das heißt: nicht bloß sofortige Bewaffnung der gesamten erwachsenen männlichen Bevölkerung, sondern vor allem auch die Entscheidung des Volkes über Krieg und Frieden, das heißt ferner: die sofortige Beseitigung aller politischen Entrechtung, da die größte politische Freiheit als Grundlage der Volksverteidigung notwendig ist. Diese wirklichen Maßnahmen der nationalen Verteidigung zu proklamieren, ihre Verwirklichung zu fordern, das war die erste Aufgabe der Sozialdemokratie. Vierzig Jahre lang haben wir den herrschenden Klassen wie den Volksmassen bewiesen, daß *nur* die Miliz imstande sei, das Vaterland wirklich zu verteidigen, es unbesiegbar zu machen. Und nun, wo es zu der ersten großen Probe kam, haben wir die Verteidigung des Landes als etwas ganz Selbstverständliches in die Hände des stehenden Heeres, des Kanonenfutters unter der Fuchtel der herrschenden Klassen überwiesen. Unsere Parlamentarier haben offenbar gar nicht bemerkt, daß sie indem sie dieses Kanonenfutter »mit heißen Wünschen« als wirkliche Wehr des Vaterlandes ins Feld begleiteten, indem sie ohne weiteres zugaben, das königlich-preußische stehende Heer sei in der Stunde der größten Not des Landes sein wirklicher Retter, daß sie dabei den Angelpunkt unseres politischen Programms: die Miliz, glatt preisgaben, die praktische Bedeutung unserer vierzigjährigen Milizagitation in Dunst auflösten, zur doktrinär-utopischen Schrulle machten, die kein Mensch mehr ernst nehmen wird.[12]

Anders verstanden die Vaterlandsverteidigung die Meister des internationalen Proletariats. Als das Proletariat in dem von Preußen belagerten Paris 1871 das Heft in die Hände nahm, schrieb Marx begeistert über seine Aktion:

---

[12] »Wenn trotzdem die sozialdemokratische Reichstagsfraktion jetzt einstimmig die Kriegskredite bewilligte« – schrieb das *Münchener* Parteiorgan am 6. August –, »wenn sie heiße Wünsche des Erfolges allen auf den Weg mitgab, die zur Verteidigung des Deutschen Reiches hinausziehen, so war das nicht etwa ein ›taktischer Zug‹, es war die ganz natürliche Konsequenz der Haltung einer Partei, die stets bereit war, ein Volksheer zur Verteidigung des Landes *an die Stelle eines Systems zu setzen, das ihr mehr der Ausdruck der Klassenherrschaft als des Verteidigungswillens der Nation gegen freche Überfälle schien.*«
Schien!!... In der »*Neuen Zeit*« ist der heutige Krieg gar direkt zum »Volkskrieg«, die stehende Armee zum »Volksheer« erhoben (siehe Nr. 20 und 23 vom August-September 1914). – Der sozialdemokratische Militärschriftsteller Hugo Schulz rühmt im Kriegsbericht vom 24. August 1914 den »starken Milizengeist«, der in der habsburgischen Armee »lebendig« sei!...

»Paris, der Mittelpunkt und Sitz der alten Regierungsmacht und gleichzeitig der gesellschaftliche Schwerpunkt der französischen Arbeiterklasse, Paris hatte sich in Waffen erhoben gegen den Versuch des Herrn Thiers und seiner Krautjunker, diese ihnen vom Kaisertum überkommene alte Regierungsmacht wieder herzustellen und zu verewigen. Paris konnte nur Widerstand leisten, weil es infolge der Belagerung die Armee losgeworden war, an deren Stelle es eine hauptsächlich aus Arbeitern bestehende Nationalgarde gesetzt hatte. Diese Tatsache galt es jetzt in eine bleibende Einrichtung zu verwandeln. *Das erste Dekret der Kommune war daher die Unterdrückung des stehenden Heeres und seine Ersetzung durch das bewaffnete Volk* ... Wenn sonach die Kommune die wahre Vertreterin aller gesunden Elemente der französischen Gesellschaft war, und daher *die wahrhaft nationale Regierung**, so war sie gleichzeitig, als eine Arbeiterregierung, als der kühne Vorkämpfer der Befreiung der Arbeit, im vollen Sinne des Worts international. Unter den Augen der preußischen Armee, die zwei französische Provinzen an Deutschland annektiert hatte, annektierte die Kommune die Arbeiter der ganzen Welt an Frankreich.« (Adresse des Generalrats der Internationale.)

Und wie dachten unsere Altmeister über die Rolle der Sozialdemokratie in einem Kriege wie der heutige? Friedrich Engels schrieb im Jahre 1892 über die Grundlinien der Politik, die in einem großen Kriege der Partei des Proletariats zufällt, wie folgt:

»Ein Krieg, wo Russen und Franzosen in Deutschland einbrächen, wäre für dieses ein Kampf auf Leben und Tod, worin es seine nationale Existenz *nur sichern könnte durch Anwendung der revolutionären Maßregeln.* Die jetzige Regierung, falls sie nicht gezwungen wird, entfesselt die Revolution sicher nicht. Aber wir haben eine starke Partei, *die sie dazu zwingen oder im Notfall sie ersetzen kann, die sozialdemokratische Partei.*

---

* Hervorhebungen von Rosa Luxemburg.

Und wir haben das großartige Beispiel nicht vergessen, das Frankreich uns 1793 gab. Das hundertjährige Jubiläum von 1793 naht heran. Sollte der Eroberungsmut des Zaren und die chauvinistische Ungeduld der französischen Bourgeoisie den siegreichen, aber friedlichen Vormarsch der deutschen Sozialisten aufhalten, so sind diese – verlaßt euch darauf – bereit, der Welt zu beweisen, *daß die deutschen Proletarier von heute der französischen Sanskulotten nicht unwürdig sind und daß 1893 sich sehen lassen kann neben 1793.* Und wenn dann die Soldaten des Herrn Constans' den Fuß auf deutsches Gebiet setzen, wird man sie begrüßen mit den Worten der Marseillaise:

Quoi? ces cohortes étrangères
Feraient la loi dans nos foyers?
Wie, sollen diese fremden Kohorten
Das Gesetz uns schreiben am eigenen Herd?

Kurz und gut: Der Friede sichert den Sieg der deutschen sozialdemokratischen Partei in ungefähr zehn Jahren. Der Krieg bringt ihr entweder den Sieg in zwei bis drei Jahren, oder vollständigen Ruin wenigstens auf fünfzehn bis zwanzig Jahre.«

Engels hatte, als er das schrieb, eine ganz andere Situation im Sinn als die heutige. Er hatte noch das alte Zarenreich vor den Augen, während wir seitdem die große russische Revolution erlebt haben. Er dachte ferner an einen wirklichen nationalen Verteidigungskrieg des überfallenen Deutschlands gegen zwei gleichzeitige Angriffe in Ost und West. Er hat schließlich die Reife der Verhältnisse in Deutschland und die Aussichten auf die soziale Revolution überschätzt, wie wirkliche Kämpfer das Tempo der Entwicklung meist zu überschätzen pflegen. Was aber bei alledem aus seinen Ausführungen mit aller Deutlichkeit hervorgeht, ist, daß Engels unter nationaler Verteidigung im Sinne der sozialdemokratischen Politik nicht die Unterstützung der preußisch-junkerlichen Militärregierung und ihres Generalstabs verstand, sondern eine revolutionäre Aktion nach dem Vorbild der französischen Jakobiner.

Ja, die Sozialdemokraten sind verpflichtet, ihr Land in

einer großen historischen Krise zu verteidigen. Und darin gerade liegt eine schwere Schuld der sozialdemokratischen Reichstagsfraktion, daß sie in ihrer Erklärung vom 4. August 1914 feierlich verkündete: »Wir lassen das Vaterland in der Stunde der Gefahr nicht im Stich«, ihre Worte aber im gleichen Augenblick verleugnete. *Sie hat* das Vaterland in der Stunde der größten Gefahr im Stiche gelassen. Denn die erste Pflicht gegenüber dem Vaterland in jener Stunde war: ihm den wahren Hintergrund dieses imperialistischen Krieges zu zeigen, das Gewebe von patriotischen und diplomatischen Lügen zu zerreißen, womit dieser Anschlag auf das Vaterland umwoben war; laut und vernehmlich auszusprechen, daß für das deutsche Volk in diesem Krieg Sieg wie Niederlage gleich verhängnisvoll sind; sich der Knebelung des Vaterlandes durch den Belagerungszustand bis zum äußersten zu widersetzen; die Notwendigkeit der sofortigen Volksbewaffnung und der Entscheidung des Volkes über Krieg und Frieden zu proklamieren; die permanente Tagung der Volksvertretung für die Dauer des Krieges mit allem Nachdruck zu fordern, um die wachsame Kontrolle der Regierung durch die Volksvertretung und der Volksvertretung durch das Volk zu sichern; die sofortige Abschaffung aller politischen Entrechtung zu verlangen, da nur ein freies Volk sein Land wirksam verteidigen kann; endlich dem imperialistischen auf die Erhaltung Österreichs und der Türkei, das heißt der Reaktion in Europa und in Deutschland gerichteten Programm des Krieges das alte wahrhaft nationale Programm der Patrioten und Demokraten von 1848, das Programm von Marx, Engels und Lassalle: die Losung der einigen großen deutschen Republik entgegenzustellen. Das war die Fahne, die dem Lande vorangetragen werden mußte, die wahrhaft national, wahrhaft freiheitlich gewesen wäre und in Übereinstimmung mit den besten Traditionen Deutschlands wie mit der internationalen Klassenpolitik des Proletariats.

Die große geschichtliche Stunde des Weltkrieges heischte offenbar eine entschlossene politische Leitung, eine großzügige umfassende Stellungnahme, eine überlegene Orientierung des Landes, die nur die Sozialdemokratie zu geben berufen war. Statt dessen erfolgte von der parlamentarischen Vertretung der Arbeiterklasse, die in jenem Augenblick das Wort hatte, ein jämmerliches, beispielloses Versagen. Die Sozialdemokratie hat – dank ihren Führern – nicht eine falsche Politik, sondern überhaupt *gar keine* eingeschlagen, sie hat sich als besondere Klassenpartei mit eigener Weltanschauung völlig ausgeschaltet, hat das Land kritiklos dem furchtbaren Verhängnis des imperialistischen Krieges nach außen und der Säbeldiktatur im Inneren preisgegeben und obendrein die Verantwortung für den Krieg abgelehnt. Das gerade Gegenteil ist wahr. Die Mittel zu *dieser* »Verteidigung«, das heißt zur imperialistischen Menschenschlächterei durch die Heere der Militärmonarchie brauchte die Sozialdemokratie gar nicht zu bewilligen, denn ihre Anwendung hing nicht im geringsten von der Bewilligung der Sozialdemokratie ab: dieser als Minderheit stand die kompakte Dreiviertelmajorität des bürgerlichen Reichstags gegenüber. Durch ihre freiwillige Bewilligung hat die sozialdemokratische Fraktion nur eines erreicht: die Demonstration der Einigkeit des ganzen Volkes im Kriege, die Proklamierung des Burgfriedens, das heißt die Einstellung des Klassenkampfes, die Auslöschung der oppositionellen Politik der Sozialdemokratie im Kriege, also die moralische Mitverantwortung für den Krieg. Durch ihre freiwillige Bewilligung der Mittel hat *sie dieser* Kriegführung den Stempel der demokratischen Vaterlandsverteidigung aufgedrückt, die Irreführung der Massen über die wahren Bedingungen und Aufgaben der Vaterlandsverteidigung unterstützt und besiegelt.

So ist das schwere Dilemma zwischen Vaterlandsinteressen und internationaler Solidarität des Proletariats, der tragische Konflikt, der unsere Parlamentarier nur »mit schwerem Herzen« auf die Seite des imperialistischen Krieges fallen ließ, reine Einbildung, bürgerlich-nationalistische Fiktion. Zwischen den Landesinteressen und dem Klasseninteresse der proletarischen Internationale besteht vielvielmehr im Krieg wie im Frieden vollkommene Harmonie: beide erfordern die energischste Entfaltung des Klassenkampfes und die nachdrücklichste Vertretung des sozialdemokratischen Programms.

Was sollte aber unsere Partei tun, um ihrer Opposition gegen den Krieg, um jenen Forderungen Nachdruck zu verleihen? Sollte sie den Massenstreik proklamieren? Oder zur Dienstverweigerung der Soldaten auffordern? So wird gewöhnlich die Frage gestellt. Eine Bejahung solcher Fragen wäre genauso lächerlich, wie wenn die Partei etwa beschließen wollte: »Wenn der Krieg ausbricht, dann machen wir Revolution.« Revolutionen werden nicht »gemacht«, und große Volksbewegungen werden nicht mit technischen Rezepten aus der Tasche der Parteiinstanzen inszeniert. Kleine Verschwörerzirkel können für einen bestimmten Tag und Stunde einen Putsch »vorbereiten«, können ihren paar Dutzend Anhängern im nötigen Moment das Signal zum »Losschlagen« geben. Massenbewegungen in großen historischen Augenblicken können mit dergleichen primitiven Mitteln nicht geleitet werden. Der »bestvorbereitete« Massenstreik kann unter Umständen just, wenn ein Parteivorstand zu ihm »das Signal« gibt, kläglich versagen oder nach einem ersten Anlauf platt zu Boden fallen. Ob große Volkskundgebungen und Massenaktionen, sei es in dieser oder jener Form, wirklich stattfinden, darüber entscheidet die ganze Menge ökonomischer, politischer und psychischer Faktoren, die jeweilige Spannung der Klassengegensätze, der Grad der Aufklärung, die Reife der Kampfstimmung der Massen, die unberechenbar sind und die keine Partei künstlich erzeugen kann. Das ist der Unterschied zwischen den großen Krisen der Geschichte und den kleinen Paradeaktionen, die eine gutdisziplinierte Partei im Frieden sauber nach dem Taktstock der »Instanzen« ausführen kann. Die geschichtliche Stunde heischt jedesmal die entsprechenden Formen der Volksbewegung und *schafft sich selbst neue*, improvisiert vorher unbekannte Kampfmittel, sichtet und bereichert das Arsenal des Volkes, unbekümmert um alle Vorschriften der Parteien.

Was die Führer der Sozialdemokratie als der Vorhut des klassenbewußten Proletariats zu geben hatten, waren also nicht lächerliche Vorschriften und Rezepte technischer Natur, sondern *die politische Losung, die Klarheit über die politischen Aufgaben und Interessen des Proletariats im Kriege*. Auf jede Massenbewegung paßt nämlich, was sich von den Massenstreiks in der russischen Revolution sagen ließ:

»Wenn die Leitung der Massenstreiks im Sinne des Kommandos über ihre Entstehung und im Sinne der Berechnung und Deckung ihrer Kosten Sache der revolutionären Periode selbst ist, so kommt dafür die Leitung in einem ganz anderen Sinne der Sozialdemokratie und ihren führenden Organen zu. Statt sich mit der technischen Seite, mit dem Mechanismus der Massenbewegung ihren Kopf zu zerbrechen, ist die Sozialdemokratie berufen, die *politische* Leitung auch mitten in der historischen Krise zu übernehmen. Die Parole, die Richtung dem Kampfe zu geben, die *Taktik* des politischen Kampfes so einzurichten, daß in jeder Phase und in jedem Moment die ganze Summe der vorhandenen und bereits ausgelösten, betätigten Macht des Proletariats realisiert wird und in der Kampfstellung der Partei zum Ausdruck kommt, daß die Taktik der Sozialdemokratie nach ihrer Entschlossenheit und Schärfe nie *unter* dem Niveau des tatsächlichen Kräfteverhältnisses steht, sondern vielmehr diesem Verhältnis vorauseilt, das ist die wichtige Aufgabe der ›Leitung‹ in der großen geschichtlichen Krise. Und diese Leitung schlägt von selbst gewissermaßen in technische Leitung um. Eine konsequente, entschlossene, vorwärtsstrebende Taktik der Sozialdemokratie ruft in der Masse das Gefühl der Sicherheit, des Selbstvertrauens und der Kampflust hervor; eine schwankende schwächliche, auf der Unterschätzung des Proletariats basierte Taktik wirkt auf die Masse lähmend und verwirrend. Im ersteren Falle brechen Massenaktionen ›von selbst‹ und immer ›rechtzeitig‹ aus, im zweiten bleiben mitunter direkte Aufforderungen der Leitung zur Massenaktion erfolglos.«[13]

---

[13] *R. Luxemburg*, »Massenstreik, Partei und Gewerkschaften«, Hamburg 1907. (Siehe S. 183 im 1. Band der vorliegenden Auswahl.)

Daß es nicht auf die äußere technische Form der Aktion, sondern auf ihren politischen *Inhalt* ankommt, beweist die Tatsache, daß zum Beispiel gerade die *Parlamentstribüne*, als der einzige freie, weithin vernehmbare und international sichtbare Posten, zum gewaltigen Werkzeug der Volksaufrüttelung in diesem Falle werden konnte, wenn sie von der sozialdemokratischen Vertretung dazu benutzt worden wäre, um laut und deutlich die Interessen, die Aufgaben und die Forderungen der Arbeiterklasse in dieser Krise zu formulieren.

Ob diesen Losungen der Sozialdemokratie die Massen durch ihr Verhalten Nachdruck verliehen hätten? Niemand kann das im Drang sagen. Aber das ist auch gar nicht das Entscheidende. Haben doch unsere Parlamentarier auch die Generale des preußisch-deutschen Heeres in den Krieg »vertrauensvoll« ziehen lassen, ohne ihnen etwa vor der Kreditbewilligung die seltsame Zusicherung im voraus abzufordern, daß sie unbedingt siegen werden, daß Niederlagen ausgeschlossen bleiben. Was für die militärischen Armeen, gilt auch für revolutionäre Armeen: sie nehmen den Kampf auf, wo er sich bietet, ohne im voraus die Gewißheit des Gelingens zu beanspruchen. Schlimmstenfalls wäre die Stimme der Partei zuerst ohne sichtbare Wirkung geblieben. Ja, die größten Verfolgungen wären wahrscheinlich der Lohn der mannhaften Haltung unserer Partei geworden, wie sie 1870 der Lohn Bebels und Liebknechts gewesen. »Aber was hat das zu sagen?« – meinte schlicht *Ignaz Auer* in seiner Rede über die Sedanfeier 1895 –, »eine Partei, welche die Welt erobern will, muß ihre Grundsätze hochhalten, ohne Rücksicht darauf, mit welchen Gefahren das verknüpft ist; sie wäre verloren, wenn sie anders handelte!«

»Gegen den Strom schwimmen ist nie leicht« – schrieb der alte Liebknecht –, »und wenn der Strom mit der reißenden Schnelle und Wucht eines Niagara dahinschnellt, dann ist's erst recht keine Kleinigkeit.

Den älteren Genossen ist noch die Sozialistenhatz des Jahres der tiefsten nationalen Schmach: der Sozialistengesetz-Schmach – 1878 – im Gedächtnis. Millionen sahen damals in jedem Sozialdemokraten einen Mörder und gemeinen Verbrecher, wie 1870 einen Vaterlandsverräter und Todfeind. Solche Ausbrüche der ›Volksseele‹ haben durch ihre ungeheure Elementarkraft etwas Verblüffendes, Betäubendes, Erdrückendes. Man fühlt sich machtlos einer höheren Macht gegenüber – einer richtigen, jeden Zweifel ausschließenden force majeure. Man hat keinen greifbaren Gegner. Es ist wie eine Epedemie – in den Menschen, in der Luft, überall.

Der Ausbruch von 1878 war jedoch an Stärke und Wildheit bei weitem nicht vergleichbar mit dem von 1870. Nicht bloß dieser Orkan menschlicher Leidenschaft, der alles, was er packt, auch beugt, niederwirft, zerbricht – dazu noch die furchtbare Maschinerie des Militarismus in vollster furchtbarster Tätigkeit, und wir zwischen dem Herumsausen der eisernen Räder, deren Berührung der Tod war, und zwischen den eisernen Armen, die um uns herumschwirrten und jeden Augenblick uns fassen konnten. Neben der Elementarkraft entfesselter Geister der vollendetste Mechanismus der Mordkunst, den die Welt bis dahin gesehen. Und alles in wildester Arbeit – alle Dampfkessel geheizt zum Bersten. Wo bleibt da die Einzelkraft, der Einzelwille? Namentlich wenn man sich in verschwindender Minderheit weiß und im Volke selbst keinen sicheren Stützpunkt hat.

Unsere Partei war erst im Werden. Wir waren auf die denkbar schwerste Probe gestellt, ehe die erforderliche Organisation geschaffen war. Als die Sozialistenhatz kam, im Jahre der Schande für unsere Feinde und im Jahre des Ruhms für die Sozialdemokratie, hatten wir schon eine so starke und weitverzweigte Organisatoin, daß jeder durch das Bewußtsein eines mächtigen Rückhalts gekräftigt war und daß kein Denkfähiger an ein Erliegen der Partei glauben konnte.

Also eine Kleinigkeit war's nicht, damals gegen den Strom zu schwimmen. Aber was war zu machen? Was sein mußte, mußte sein. Da hieß es: die Zähne zusammenbeißen und was kommen wollte, an sich herankommen lassen. Zur Furcht war keine Zeit ... Nun, Bebel und ich ... beschäftigten uns keine Minute mit der Warnung. Das Feld räumen konnten wir nicht, wir mußten auf dem Posten bleiben, komme was komme.«

Sie blieben auf dem Posten, und die deutsche Sozialdemokratie zehrte vierzig Jahre lang von der moralischen Kraft, die sie damals gegen eine Welt von Feinden aufgeboten hatte.

So wäre es auch diesmal gegangen. Im ersten Moment wäre vielleicht nichts anderes erreicht, als daß die Ehre des deutschen Proletariats gerettet war, als daß Tausende und aber Tausende Proletarier, die jetzt in den Schützengräben bei Nacht und Nebel umkommen, nicht in dumpfer seelischer Verwirrung, sondern mit dem Lichtfunken im Hirn sterben würden, daß das, was ihnen im Leben das Teuerste war: die internationale, völkerbefreiende Sozialdemokratie, kein Trugbild sei. Aber schon als ein mächtiger Dämpfer auf den chauvinistischen Rausch und die Besinnungslosigkeit der Menge hätte die mutige Stimme unserer Partei gewirkt, sie hätte die aufgeklärten Volkskreise vor dem Delirium bewahrt, hätte den Imperialisten das Geschäft der Volksvergiftung und der Volksverdummung erschwert. Gerade der Kreuzzug gegen die Sozialdemokratie hätte die Volksmassen am raschesten ernüchtert. Sodann im weiteren Verlaufe des Krieges, im Maße, wie der Katzenjammer der unendlichen grausigen Massenschlächterei in allen Ländern wächst, wie der imperialistische Pferdefuß des Krieges immer deutlicher hervorguckt, wie der Marktlärm des blutgierigen Spekulantentums frecher wird, würde alles Lebendige, Ehrliche, Humane, Fortschrittliche sich um die Fahne der Sozialdemokratie scharen. Und dann vor allem: Die deutsche Sozialdemokratie wäre in dem allgemeinen Strudel, Zerfall und Zusammenbruch wie ein Fels im brausenden Meer der hohe Leuchtturm der Internationale geblieben, nach dem sich bald alle anderen Arbeiterparteien orientiert hätten. Die enorme moralische Autorität, welche die deutsche Sozialdemokratie bis zum 4. August 1914 in der ganzen proletarischen Welt genoß, hätte ohne jeden Zweifel auch in dieser allgemeinen Verwirrung in kurzer Frist einen Wandel herbeigeführt. Damit wäre die

Friedensstimmung und der Druck der Volksmassen zum Frieden in allen Ländern gesteigert, die Beendigung des Massenmordes beschleunigt, die Zahl seiner Opfer verringert worden. Das deutsche Proletariat wäre der Turmwächter des Sozialismus und der Befreiung der Menschheit geblieben – und dies ist wohl ein patriotisches Werk, das der Jünger von Marx, Engels und Lassalle nicht unwürdig war. –

VIII

Trotz Militärdiktatur und Pressezensur, trotz Versagens der Sozialdemokratie, trotz brudermörderischen Kriegs steigt aus dem »Burgfrieden« mit Elementargewalt der Klassenkampf und aus den Blutdämpfen der Schlachtfelder die internationale Solidarität der Arbeiter empor. Nicht in den schwächlichen Versuchen, die alte Internationale künstlich zu galvanisieren, nicht in den Gelöbnissen, die bald hier, bald dort erneuert werden, *nach* dem Kriege sofort wieder zusammenzustehen. Nein, jetzt im Kriege, aus dem Kriege ersteht mit ganz neuer Macht und Wucht die Tatsache, daß die Proletarier aller Länder ein und dieselben Interessen haben. Der Weltkrieg widerlegt selbst die von ihm geschaffene Täuschung.

Sieg oder Niederlage? So heißt die Losung des herrschenden Militarismus in jedem der kriegführenden Länder, und so haben sie, wie ein Echo, die sozialdemokratischen Führer übernommen. Um Sieg oder Niederlage auf dem Schlachtfelde soll es sich jetzt nur noch auch für die Proletarier Deutschlands wie Frankreichs, Englands wie Rußlands handeln, genau so wie für die herrschenden Klassen dieser Länder. Sobald die Kanonen donnern, soll jedes Proletariat am Siege des eigenen, also an der Niederlage der anderen Länder interessiert sein. Sehen wir zu, was ein Sieg dem Proletariat einbringen kann.

Nach der von den Führern der Sozialdemokratie kritiklos übernommenen offiziellen Version bedeutet der Sieg für Deutschland die Aussicht auf ungehinderten schrankenlosen wirtschaftlichen Aufschwung, die Niederlage aber einen wirtschaftlichen Ruin. Diese Auffassung stützt sich ungefähr auf das Schema des Krieges von 1870. Aber die kapitalistische Blüte, die in Deutschland dem Kriege von 1870 folgte, war nicht Folge des Krieges, sondern der politischen Einigung, wenn auch nur in der verkrüppelten Gestalt des von Bismarck geschaffenen Deutschen Reiches. Der wirtschaftliche Aufschwung ergab sich hier aus der Einigung *trotz* des Krieges und der mannigfachen reaktionären Hemmnisse in seinem Gefolge. Was der siegreiche Krieg dazu aus eigenem tat, war die Befestigung der Militärmonarchie in Deutschland und des preußischen Junkerregiments, während die Niederlage Frankreich zur Liquidierung des Kaiserreichs und zur Republik verholfen hat. Heute liegen aber die Dinge noch ganz anders in allen beteiligten Staaten. Heute funktioniert der Krieg nicht als eine dynamische Methode, dem aufkommenden jungen Kapitalismus zu den unentbehrlichsten politischen Voraussetzungen seiner »nationalen« Entfaltung zu verhelfen. Diesen Charakter trägt der Krieg höchstens, und auch nur als isoliertes Fragment betrachtet, in Serbien. Auf seinen objektiven historischen Sinn reduziert, ist der heutige Weltkrieg als Ganzes ein Konkurrenzkampf des bereits zur vollen Blüte entfalteten Kapitalismus um die Weltherrschaft, um die Ausbeutung der letzten Reste der nichtkapitalistischen Weltzonen. Daraus ergibt sich ein gänzlich veränderter Charakter des Krieges selbst und seiner Wirkungen. Der hohe Grad der weltwirtschaftlichen Entwicklung der kapitalistischen Produktion äußert sich hier sowohl in der außerordentlich hohen Technik, das heißt Vernichtungskraft der Kriegsmittel, wie in ihrer annähernd ganz gleichen Höhe bei allen kriegführenden Ländern. Die internationale Organisation der Mordwerkindustrien spiegelt sich jetzt in dem militärischen Gleichgewicht, das sich mitten durch partielle Entscheidungen und Schwankungen der Waagschalen immer wieder herstellt und eine allgemeine Entscheidung immer wieder hinausschiebt. Die Unentschiedenheit der militärischen Kriegsergebnisse führt ihrerseits dazu, daß immer neue Reserven sowohl an Bevölkerungsmassen der Kriegführenden wie an bisher neutralen Ländern ins Feuer geschickt werden. An imperialistischen Gelüsten und Gegensätzen findet der Krieg überall aufgehäuftes Material, schafft selbst neues herbei und breitet sich so wie ein Steppenbrand aus. Je gewaltigere Massen aber und je mehr Länder auf allen Seiten in den Weltkrieg gezerrt werden, um so mehr wird seine Dauer hinausgezogen. All das zusammen ergibt als die Wirkung des Krieges noch vor jeder militärischen Entscheidung über Sieg oder Niederlage ein in den früheren Kriegen der Neuzeit unbekanntes Phänomen: den wirtschaftlichen Ruin aller beteiligten und in immer höherem Maße auch der formell unbeteiligten Länder. Jeder weitere Monat der Dauer des Krieges befestigt und steigert dieses Ergebnis und nimmt so vorweg die erwarteten Früchte des militärischen Erfolges auf ein Jahrzehnt hinaus. An diesem Ergebnis kann weder Sieg noch Niederlage in letzter Rechnung etwas ändern, es macht umgekehrt die rein militärische Entscheidung überhaupt zweifelhaft und führt mit immer größerer Wahrscheinlichkeit zur schließlichen Beendigung des Krieges durch äußerste allseitige Erschöpfung. Unter diesen Umständen würde aber auch ein siegreiches Deutschland – selbst wenn es seinen imperialistischen Kriegshetzern gelingen sollte, den Massenmord bis zur völligen Niederschlagung aller Gegner zu führen, und wenn diese kühnen Träume je in Erfüllung gehen sollten – nur einen Pyrrhussieg davontragen. Seine Trophäen wären: einige auf den Bettelstab gebrachte entvölkerte Annexionsgebiete und ein grinsender Ruin unter eigenem Dache, der sich sofort zeigen wird, wenn die gemalte Kulisse der Finanzwirtschaft mit Kriegsanleihen und die Potemkinschen Dörfer des durch Kriegslieferungen in Betrieb gehaltenen »unerschütterlichen Volkswohlstandes« auf die Seite geschoben werden. Daß auch der siegreichste Staat heute an keine Kriegsentschädigung denken kann, die im entferntesten die durch diesen Krieg geschlagenen Wunden zu heilen imstande wäre, ist für den oberflächlichsten Beobachter klar. Einen Ersatz dafür und eine Ergänzung des »Sieges« würde der vielleicht noch etwas größere ökonomische Ruin der besiegten Gegenseite: Frankreichs und Englands bieten, das heißt derjenigen Länder, mit denen Deutschland durch wirtschaftliche Beziehungen am engsten verknüpft, von deren Wohlstand sein eigenes Wiederaufblühen am meisten abhängig ist. Das ist der Rahmen, in dem es sich für das deutsche Volk nach dem Kriege – wohlgemerkt nach einem »siegreichen« Kriege –, darum handeln würde, die auf Vorschuß von der patriotischen Volksvertretung »bewilligten« Kriegskosten nachträglich in Wirklichkeit zu decken, das heißt eine unermeßliche Last von Steuern zusammen mit der erstarkten militärischen Reaktion als die einzige bleibende, greifbare Frucht des »Sieges« auf seine Schultern zu nehmen.

Sucht man sich nun die schlimmsten Ergebnisse einer Niederlage vorzustellen, so sind sie – ausgenommen die imperialistischen Annexionen –, Zug um Zug demselben Bilde ähnlich, das sich als unabweisbare Konsequenz aus dem Sieg ergab: die Wirkungen der Kriegführung selbst sind heute so tiefgreifender und weittragender Natur, daß an ihnen der militärische Ausgang nur wenig zu ändern imstande ist.

Doch nehmen wir für einen Augenblick an, der siegreiche Staat verstände dennoch, den größeren Ruin von sich ab- und dem besiegten Gegner aufzuwälzen, dessen wirtschaftliche Entwicklung durch allerlei Hemmnisse einzuschnüren. Kann die deutsche Arbeiterklasse in ihrem gewerkschaftlichen Kampf nach dem Kriege erfolgreich vorwärts kommen, wenn die gewerkschaftliche Aktion der französischen, englischen, belgischen, italienischen Arbeiter durch wirtschaftlichen Rückgang unterbunden wird? Bis 1870 schritt noch die Arbeiterbewegung in jedem Lande für sich, ja, in einzelnen Städten fielen ihre Entscheidungen. Es war Paris, auf dessen Pflaster die Schlachten des Proletariats geschlagen und entschieden wurden. Die heutige Arbeiterbewegung, ihr mühsamer wirtschaftlicher Tageskampf, ihre Massenorganisation sind auf Zusammenwirkung aller Länder der kapitalistischen Produktion basiert. Gilt der Satz, daß nur auf dem Boden eines gesunden, kräftig pulsierenden wirtschaftlichen Lebens die Sache der Arbeiter gedeihen kann, dann gilt er nicht bloß für

Deutschland, sondern auch für Frankreich, England, Belgien, Rußland, Italien. Und stagniert die Arbeiterbewegung in allen kapitalistischen Staaten Europas, bestehen dort niedrige Löhne, schwache Gewerkschaften, geringe Widerstandskraft der Ausgebeuteten, dann kann die Gewerkschaftsbewegung unmöglich in Deutschland blühen. Von diesem Standpunkte aus ist es für die Lage des Proletariats in seinem wirtschaftlichen Kampfe in letzter Rechnung genau derselbe Verlust, wenn der deutsche Kapitalismus auf Kosten des französischen oder der englische auf Kosten des deutschen gekräftigt wird.

Wenden wir uns aber an die politischen Ergebnisse des Krieges. Hier dürfte die Unterscheidung leichter sein als auf dem ökonomischen Gebiete. Seit jeher wandten sich die Sympathien und die Parteinahme der Sozialisten derjenigen kriegführenden Seite zu, die den historischen Fortschritt gegen die Reaktion verfocht. Welche Seite vertritt in dem heutigen Weltkriege den Fortschritt und welche die Reaktion? Es ist klar, daß diese Frage nicht nach den äußerlichen Merkmalen der kriegführenden Staaten, wie »Demokratie« oder »Absolutismus« beurteilt werden kann, sondern lediglich nach den objektiven Tendenzen der von jeder Seite vertretenen weltpolitischen Stellung. Ehe wir beurteilen können, was ein deutscher Sieg dem deutschen Proletariat eintragen kann, müssen wir ins Auge fassen, wie er auf die Gesamtgestaltung der politischen Verhältnisse Europas einwirken würde. Der entschiedene Sieg Deutschlands würde als nächstes Ergebnis die Annexion Belgiens sowie möglicherweise noch einiger Landstriche im Osten und Westen und eines Teils der französischen Kolonien herbeiführen, zugleich die Erhaltung der habsburgischen Monarchie und ihre Bereicherung um neue Gebiete, endlich die Erhaltung einer fiktiven »Integrität« der Türkei unter deutschem Protektorat, das heißt gleichzeitige Verwandlung Kleinasiens und Mesopotamiens in dieser oder jener Form faktisch in deutsche Provinzen. Im weiteren Ergebnis würde daraus die tatsächliche militärische und ökonomische Hegemonie Deutschlands in Europa erfolgen. Alle diese Resultate eines durchgreifenden militärischen Sieges Deutschlands sind nicht etwa deshalb zu gewärtigen, weil sie den Wünschen imperialistischer Schreier im heutigen Kriege entsprechen, sondern weil sie sich als ganz unvermeidliche Konsequenzen aus der einmal eingenommenen weltpolitischen Position Deutschlands ergeben, aus den Gegensätzen zu England, Frankreich und Rußland, in die sich Deutschland hineingerannt und die sich im Laufe des Krieges selbst über ihre anfänglichen Dimensionen ungeheuer hinausgewachsen haben. Es genügt jedoch, sich diese Resultate zu vergegenwärtigen, um einzusehen, daß sie unter keinen Umständen ein irgendwie haltbares weltpolitisches Gleichgewicht ergeben würden. Wie sehr auch der Krieg für alle Beteiligten und vielleicht noch mehr für die Besiegten einen Ruin bedeuten mag, die Vorbereitungen zu einem neuen Weltkriege unter Englands Führung würden am anderen Tage nach dem Friedensschluß beginnen, um das Joch des preußisch-deutschen Militarismus, das auf Europa und Vorderasien lasten würde, abzuschütteln. Ein Sieg Deutschlands wäre somit nur ein Vorspiel zum alsbaldigen zweiten Weltkrieg und dadurch nur ein Signal zu neuen fieberhaften militärischen Rüstungen sowie zur Entfesselung der schwärzesten Reaktion in allen Ländern, aber in erster Linie in Deutschland selbst. Auf der anderen Seite führt der Sieg Englands und Frankreichs für Deutschland höchstwahrscheinlich zum Verlust wenigstens eines Teiles der Kolonien sowie der Reichslande und ganz sicher zum Bankrott der weltpolitischen Stellung des deutschen Imperialismus. Das bedeutet aber: die Zerstückelung Österreich-Ungarns und die gänzliche Liquidierung der Türkei. So erzreaktionäre Gebilde nun beide Staaten sind und so sehr ihr Zerfall an sich den Anforderungen der fortschrittlichen Entwicklung entspricht, in dem heutigen konkreten weltpolitischen Milieu könnte der Zerfall der habsburgischen Monarchie wie der Türkei auf nichts anderes hinauslaufen als auf die Verschacherung ihrer Länder und Völker an Rußland, England, Frankreich und Italien. An diese grandiose Weltumteilung und Machtverschiebung am Balkan und am Mittelmeer würde sich aber eine weitere in Asien: die Liquidierung Persiens und eine neue Zerstückelung Chinas unaufhaltsam anschließen. Damit rückt der englisch-russische sowie der englisch-japanische Gegensatz in den Vordergrund der Weltpolitik, was vielleicht schon im unmittelbaren Anschluß an die Liquidierung des heutigen Weltkrieges einen neuen Weltkrieg etwa um Konstantinopel nach sich ziehen, ihn jedenfalls zur unausweichlichen weiteren Perspektive machen würde. Auch von dieser Seite führt der Sieg also dazu, neue fieberhafte Rüstungen in allen Staaten – das besiegte Deutschland selbstverständlich mit an der Spitze –, und damit eine Ära der ungeteilten Herrschaft des Militarismus und der Reaktion in ganz Europa vorzubereiten, mit einem neuen Weltkrieg als Endziel.

So ist die proletarische Politik, wenn sie vom Standpunkte des Fortschritts und der Demokratie für die eine oder die andere Seite im heutigen Kriege Partei ergreifen sollte, die Weltpolitik und ihre weiteren Perspektiven im ganzen genommen, zwischen der Szylla und der Charybdis eingeschlossen, und die Frage: Sieg oder Niederlage kommt unter diesen Umständen für die europäische Arbeiterklasse in politischer genau wie in ökonomischer Beziehung auf die hoffnungslose Wahl zwischen zwei Trachten Prügel hinaus. Es ist deshalb nichts als ein verhängnisvoller Wahn, wenn die französischen Sozialisten vermeinen, durch militärische Niederwerfung Deutschlands dem Militarismus oder gar dem Imperialismus aufs Haupt zu schlagen und der friedlichen Demokratie die Bahn in der Welt zu brechen. Der Imperialismus und in seinem Dienste der Militarismus kommen vielmehr bei jedem Siege und bei jeder Niederlage in diesem Kriege vollauf auf ihre Rechnung, ausgenommen den einzigen Fall: wenn das internationale Proletariat durch seine revolutionäre Intervention einen dicken Strich durch jene Rechnung macht.

Die wichtigste Lehre für die Politik des Proletariats aus dem heutigen Kriege ist deshalb die unerschütterliche Tatsache, daß es sich weder in Deutschland noch in Frankreich, weder in England noch in Rußland zum kritiklosen Echo der Losung: *Sieg oder Niederlage* machen darf, einer Losung, die einzig vom Standpunkte des Imperialismus realen

Gehalt hat und für jeden Großstaat mit der Frage: Erwerb oder Verlust der weltpolitischen Machtstellung, der Annexionen, Kolonien und der militärischen Vorherrschaft identisch ist. Für das europäische Proletariat im ganzen sind heute von seinem Klassenstandpunkt Sieg und Niederlage jedes der kriegführenden Lager gleich verhängnisvoll. Es ist eben der *Krieg* als solcher und bei jedem militärischen Ausgang, der die denkbar größte Niederlage für das europäische Proletariat bedeutet, es ist die Niederkämpfung des Krieges und die schleunigste Erzwingung des Friedens durch die internationale Kampfaktion des Proletariats, die den einzigen Sieg für die proletarische Sache bringen kann. Und dieser Sieg allein kann zugleich die wirkliche Rettung Belgiens wie der Demokratie in Europa bewirken.

In dem heutigen Kriege kann das klassenbewußte Proletariat mit keinem militärischen Lager seine Sache identifizieren. Folgt etwa daraus, daß die proletarische Politik heute das Festhalten am status quo erfordert, daß wir kein anderes Aktionsprogramm haben als den Wunsch: alles soll beim alten bleiben, wie es vor dem Kriege war? Aber der bestehende Zustand ist nie unser Ideal, er ist nie der Ausdruck der Selbstbestimmung der Völker gewesen. Noch mehr: der frühere Zustand läßt sich gar nicht mehr retten, er existiert nicht mehr, selbst wenn die bisherigen Staatsgrenzen bestehen blieben. Der Krieg hat schon vor der formalen Liquidation seiner Ergebnisse eine gewaltige Verschiebung der Machtverhältnisse, der gegenseitigen Kräfteeinschätzung, der Bündnisse und der Gegensätze gebracht, er hat die Beziehungen der Staaten zueinander und der Klassen innerhalb der Gesellschaft einer so scharfen Revision unterzogen, soviel alte Illusionen und Potenzen vernichtet, soviel neuen Drang und neue Aufgaben geschaffen, daß die Rückkehr zum alten Europa, wie es vor dem 4. August 1914 war, ganz so ausgeschlossen ist wie die Rückkehr zu vorrevolutionären Verhältnissen auch nach einer niedergeschlagenen Revolution. Die Politik des Proletariats kennt auch nie ein »Zurück«, sie kann nur vorwärts streben, sie muß immer über das Bestehende und das Neugeschaffene hinausgehen. In diesem Sinne allein vermag sie beiden Lagern des imperialistischen Weltkrieges ihre eigene Politik entgegenzustellen.

Aber diese Politik kann nicht darin bestehen, daß die sozialdemokratischen Parteien jede für sich oder gemeinsam auf internationalen Konferenzen um die Wette Projekte machen und Rezepte für die bürgerliche Diplomatie ausklügeln, wie diese den Frieden schließen soll, um die weitere friedliche und demokratische Entwicklung zu ermöglichen. Alle Forderungen, die etwa auf die völlige oder stückweise »Abrüstung«, auf die Abschaffung der Geheimdiplomatie, auf Zerschlagung aller Großstaaten in nationale Kleinstaaten und dergleichen mehr hinauslaufen, sind samt und sonders völlig utopisch, solange die kapitalistische Klassenherrschaft das Heft in den Händen behält. Diese kann zumal unter dem jetzigen imperialistischen Kurs so wenig auf den heutigen Militarismus, auf die Geheimdiplomatie, auf den zentralistischen gemischtnationalen Großstaat verzichten, daß die betreffenden Postulate eigentlich mit mehr Konsequenz allesamt auf die glatte »Forderung« hinauslaufen: Abschaffung des kapitalistischen Klassenstaates. Nicht mit utopischen Ratschlägen und Projekten, wie der Imperialismus im Rahmen des bürgerlichen Staates durch partielle Reformen zu mildern, zu zähmen, zu dämpfen wäre, kann die proletarische Politik sich wieder den ihr gebührenden Platz erobern. Das eigentliche Problem, das der Weltkrieg vor die sozialistischen Parteien gestellt hat und von dessen Lösung die weiteren Schicksale der Arbeiterbewegung abhängen, das ist *die Aktionsfähigkeit der proletarischen Massen im Kampfe gegen den Imperialismus*. Nicht an Postulaten, Programmen, Losungen fehlt es dem internationalen Proletariat, sondern an Taten, an wirksamem Widerstand, an der Fähigkeit, den Imperialismus im entscheidenden Moment gerade im Kriege anzugreifen und die alte Losung »Krieg dem Kriege« in die Praxis umzusetzen. Hier ist der Rhodus, wo es zu springen gilt, hier der Knotenpunkt der proletarischen Politik und ihrer ferneren Zukunft.

Der Imperialismus mit all seiner brutalen Gewaltpolitik und Kette unaufhörlicher sozialer Katastrophen, die er provoziert, ist freilich für die herrschenden Klassen der heutigen kapitalistischen Welt eine historische Notwendigkeit. Nichts wäre verhängnisvoller, als wenn sich das Proletariat selbst aus dem jetzigen Weltkriege die geringste Illusion und Hoffnung auf die Möglichkeit einer idyllischen und friedlichen Weiterentwicklung des Kapitalismus retten würde. Aber der Schluß, der aus der geschichtlichen Notwendigkeit des Imperialismus für die proletarische Politik folgt, ist nicht, daß sie vor dem Imperialismus kapitulieren muß, um sich fortab in seinem Schatten vom Gnadenknochen seiner Siege zu nähren.

Die geschichtliche Dialektik bewegt sich eben in Widersprüchen und setzt auf jede Notwendigkeit auch ihr Gegenteil in die Welt. Die bürgerliche Klassenherrschaft ist zweifellos eine historische Notwendigkeit, aber auch der Aufruhr der Arbeiterklasse gegen sie; das Kapital ist eine historische Notwendigkeit, aber auch sein Totengräber, der sozialistische Proletarier; die Weltherrschaft des Imperialismus ist eine historische Notwendigkeit, aber auch ihr Sturz durch die proletarische Internationale. Auf Schritt und Tritt gibt es zwei historische Notwendigkeiten, die zueinander in Widerstreit geraten, und die unsrige, die Notwendigkeit des Sozialismus, hat einen längeren Atem. Unsere Notwendigkeit tritt in ihr volles Recht mit dem Moment, wo jene andere, die bürgerliche Klassenherrschaft, aufhört, Trägerin des geschichtlichen Fortschritts zu sein, wo sie zum Hemmschuh, zur Gefahr für die weitere Entwicklung der Gesellschaft wird. Dies hat für die kapitalistische Gesellschaftsordnung gerade der heutige Weltkrieg enthüllt.

Der imperialistische Expansionsdrang des Kapitalismus als der Ausdruck seiner höchsten Reife, seines letzten Lebensabschnitts, hat zur ökonomischen Tendenz, die gesamte Welt in eine kapitalistisch produzierende zu verwandeln, alle veralteten, vorkapitalistischen Produktions- und Gesellschaftsformen wegzufegen, alle Reichtümer der Erde und alle Produktionsmittel zum Kapital, die arbeitenden Volksmassen aller Zonen zu Lohnsklaven zu machen. In Afrika und Asien, vom nördlichsten Gestade bis zur Südspitze Amerikas und in der Südsee werden die Überreste alter urkommunistischer Verbände, feudaler Herrschaftsverhältnisse, patriarchalischer Bauernwirtschaften, uralter Handwerksproduktionen vom Kapital vernichtet, zerstampft, ganze Völker ausgerottet, uralte Kulturen dem Erdboden gleichgemacht, um an ihre Stelle die Profitmacherei in modernster Form zu setzen. Dieser brutale Siegeszug des Kapitals in der Welt, gebahnt und begleitet durch alle Mittel der Gewalt, des Raubes und der Infamie hatte eine Lichtseite: er schuf die Vorbedingungen zu seinem eigenen endgültigen Untergang, er stellte die kapitalistische Weltherrschaft her, auf die allein die sozialistische Weltrevolution folgen kann. Dies war die einzige kulturelle und fortschrittliche Seite seiner sogenannten großen Kulturwerke in den primitiven Ländern. Für bürgerlich-liberale Ökonomen und Politiker sind Eisenbahnen, schwedische Zündhölzer, Straßenkanalisation und Kaufhäuser »Fortschritt« und »Kultur«. An sich sind jene Werke, auf die primitiven Zustände gepfropft, weder Kultur noch Fortschritt, denn sie werden mit einem jähen wirtschaftlichen und kulturellen Ruin der Völker erkauft, die den ganzen Jammer und alle Schrecken zweier Zeitalter: der traditionellen naturalwirtschaftlichen Herrschaftsverhältnisse und der modernsten raffiniertesten kapitalistischen Ausbeutung, auf einmal auszukosten haben. Nur als materielle Vorbedingungen für die Aufhebung der Kapitalherrschaft, für die Abschaffung der Klassengesellschaft überhaupt trugen die Werke des kapitalistischen Siegeszuges in der Welt den Stempel des Fortschritts im weiteren geschichtlichen Sinne. In diesem Sinne arbeitete der Imperialismus in letzter Linie für uns.

Der heutige Weltkrieg ist eine Wende in seiner Laufbahn. Zum ersten Male sind jetzt die reißenden Bestien, die vom kapitalistischen Europa auf alle anderen Weltteile losgelassen waren, mit einem Satz mitten in Europa eingebrochen. Ein Schrei des Entsetzens ging durch die Welt, als Belgien, das kostbare kleine Juwel der europäischen Kultur, als die ehrwürdigsten Kulturdenkmäler in Nordfrankreich unter dem Anprall einer blinden Vernichtungskraft klirrend in

Scherben fielen. Die »Kulturwelt«, welche gelassen zugesehen hatte, als derselbe Imperialismus Zehntausende Hereros dem grausigsten Untergang weihte und die Kalahariwüste mit dem Wahnsinnsschrei Verdurstender, mit dem Röcheln Sterbender füllte, als in Putumayo binnen zehn Jahren vierzigtausend Menschen von einer Bande europäischer Industrieritter zu Tode gemartert, der Rest eines Volkes zu Krüppeln geschlagen wurde, als in China eine uralte Kultur unter Brand und Mord von der europäischen Soldateska allen Greueln der Vernichtung und der Anarchie preisgegeben ward, als Persien ohnmächtig in der immer enger zugezogenen Schlinge der fremden Gewaltherrschaft erstickte, als in Tripolis die Araber mit Feuer und Schwert unter das Joch des Kapitals gebeugt, ihre Kultur, ihre Wohnstätten dem Erdboden gleichgemacht wurden – diese »Kulturwelt« ist erst heute gewahr geworden, daß der Biß der imperialistischen Bestien todbringend, daß ihr Odem Ruchlosigkeit ist. Sie hat es erst bemerkt, als die Bestien ihre reißenden Pranken in den eigenen Mutterschoß, in die bürgerliche Kultur Europas krallten. Und auch diese Erkenntnis ringt sich in der verzerrten Form der bürgerlichen Heuchelei durch, worin jedes Volk die Infamie nur in der nationalen Uniform des anderen erkennt. »Die deutschen Barbaren!« – wie wenn nicht jedes Volk, das zum organisierten Mord auszieht, sich in demselben Augenblick in eine Horde Barbaren verwandelte. »Die Kosaken-Greuel!« – wie wenn nicht der Krieg an sich der Greuel aller Greuel, wie wenn die Anpreisung der Menschenschlächterei als Heldentum in einem sozialistischen Jugendblatt nicht geistiges Kosakentum in Reinkultur wäre!

Aber das heutige Wüten der imperialistischen Bestialität in den Fluren Europas hat noch eine Wirkung, für welche die »Kulturwelt« kein entsetztes Auge, kein schmerzzuckendes Herz hat: das ist *der Massenuntergang des europäischen Proletariats*. Nie hat ein Krieg in diesem Maße ganze Volksschichten ausgerottet, nie hat er seit einem Jahrhundert derart sämtliche große und alte Kulturländer Europas ergriffen. Millionen Menschenleben werden in den Vogesen, in den Ardennen, in Belgien, in Polen, in den Karpathen, an der Save vernichtet, Millionen werden zu Krüppeln geschlagen. Aber unter diesen Millionen sind neun Zehntel das arbeitende Volk aus Stadt und Land. Es ist unsere Kraft, unsere Hoffnung, die dort reihenweise wie das Gras unter der Sichel tagtäglich dahingemäht wird. Es sind die besten, intelligentesten, geschultesten Kräfte des internationalen Sozialismus, die Träger der heiligsten Traditionen und des kühnsten Heldentums der modernen Arbeiterbewegung, die Vordertruppen des gesamten Weltproletariats: die Arbeiter Englands, Frankreichs, Belgiens, Deutschlands, Rußlands, die jetzt zuhauf niedergeknebelt, niedergemetzelt werden. Diese Arbeiter der führenden kapitalistischen Länder Europas sind es ja gerade, die die geschichtliche Mission haben, die sozialistische Umwälzung durchzuführen. Nur aus Europa, nur aus den ältesten kapitalistischen Ländern kann, wenn die Stunde reif ist, das Signal zur menschenbefreienden sozialen Revolution ausgehen. Nur die englischen, französischen, belgischen, deutschen, russischen, italienischen Arbeiter gemeinsam können die Armee der Ausgebeuteten und Geknechteten der fünf Weltteile voranführen. Nur sie können, wenn die Zeit kommt, für die jahrhundertealten Verbrechen des Kapitalismus an allen primitiven Völkern, für sein Vernichtungswerk auf dem Erdenrund Rechenschaft fordern und Vergeltung üben. Aber zum Vordringen und zum Siege des Sozialismus gehört ein starkes, aktionsfähiges, geschultes Proletariat, gehören Massen, deren Macht sowohl in ihrer geistigen Kultur wie in ihrer Zahl liegt. Und diese Massen werden gerade durch den Weltkrieg dezimiert. Die Blüte des Mannesalters und der Jugendkraft Hunderttausender, deren sozialistische Schulung in England und Frankreich, in Belgien, Deutschland und Rußland das Produkt jahrzehntelanger Aufklärungs- und Agitationsarbeit war, andere Hunderttausende, die morgen für den Sozialismus gewonnen werden konnten, fallen und vermodern elend auf den Schlachtfeldern. Die Frucht jahrzehntelanger Opfer und Mühen von Generationen wird in wenigen Wochen vernichtet, die Kerntruppen des internationalen Proletariats werden an der Lebenswurzel ergriffen.

Der Aderlaß der Junischlächterei hatte die französische Arbeiterbewegung für anderthalb Jahrzehnte lahmgelegt. Der Aderlaß der Kommunemetzelei hat sie nochmals um mehr als ein Jahrzehnt zurückgeworfen. Was jetzt vorgeht, ist eine nie dagewesene Massenabschlachtung, die immer mehr die erwachsene Arbeiterbevölkerung aller führenden Kulturländer auf Frauen, Greise und Krüppel reduziert, ein Aderlaß, an dem die europäische Arbeiterbewegung zu verbluten droht. Noch ein solcher Weltkrieg, und die Aussichten des Sozialismus sind unter den von der imperialistischen Barbarei aufgetürmten Trümmern begraben. Das ist noch mehr als die ruchlose Zerstörung Löwens und der Reimser Kathedrale. Das ist ein Attentat nicht auf die bürgerliche Kultur der Vergangenheit, sondern auf die sozialistische Kultur der Zukunft, ein tödlicher Streich gegen diejenige Kraft, die die Zukunft der Menschheit in ihrem Schoß trägt und die allein die kostbaren Schätze der Vergangenheit in eine bessere Gesellschaft hinüberretten kann. Hier enthüllt der Kapitalismus seinen Totenschädel, hier verrät er, daß sein historisches Daseinsrecht verwirkt, seine weitere Herrschaft mit dem Fortschritt der Menschheit nicht mehr vereinbar ist.

Hier erweist sich aber auch der heutige Weltkrieg nicht bloß als ein grandioser Mord, sondern auch als Selbstmord der europäischen Arbeiterklasse. Es sind ja die Soldaten des Sozialismus, die Proletarier Englands, Frankreichs, Deutschlands, Rußlands, Belgiens selbst, die einander auf Geheiß des Kapitals seit Monaten abschlachten, einander das kalte Mordeisen ins Herz stoßen, einander mit tödlichen Armen umklammernd, zusammen ins Grab hinabtaumeln.

»Deutschland, Deutschland über alles! Es lebe die Demokratie! Es lebe der Zar und das Slawentum! Zehntausende Zeltbahnen, garantiert vorschriftsmäßig! Hunderttausend Kilo Speck, Kaffee-Ersatz, sofort lieferbar!« ... Die Dividenden steigen, und die Proletarier fallen. Und mit jedem sinkt ein Kämpfer der Zukunft, ein Soldat der Revolution, ein Retter der Menschheit vom Joch des Kapitalismus ins Grab.

Der Wahnwitz wird erst aufhören und der blutige Spuk der Hölle wird verschwinden, wenn die Arbeiter in Deutschland und Frankreich, in England und Rußland endlich aus ihrem Rausch erwachen, einander brüderlich die Hand reichen und den bestialischen Chorus der imperialistischen Kriegshetzer wie den heiseren Schrei der kapitalistischen Hyänen durch den alten mächtigen Schlachtruf der Arbeit überdonnern: Proletarier aller Länder, vereinigt euch!

Anhang

*Leitsätze über die Aufgaben
der internationalen Sozialdemokratie*

Eine größere Anzahl von Genossen aus allen Teilen Deutschlands hat die folgenden Leitsätze angenommen, die eine Anwendung des Erfurter Programms auf die gegenwärtigen Probleme des internationalen Sozialismus darstellen.

1. Der Weltkrieg hat die Resultate der vierzigjährigen Arbeit des europäischen Sozialismus zunichte gemacht, indem er die Bedeutung der revolutionären Arbeiterklasse als eines politischen Machtfaktors und das moralische Prestige des Sozialismus vernichtet, die proletarische Internationale gesprengt, ihre Sektionen zum Brudermord gegeneinander geführt und die Wünsche und Hoffnungen der Volksmassen in den wichtigsten Ländern der kapitalistischen Entwicklung an das Schiff des Imperialismus gekettet hat.

2. Durch die Zustimmung zu den Kriegskrediten und die Proklamation des Burgfriedens haben die offiziellen Führer der sozialistischen Parteien in Deutschland, Frankreich und England (mit Ausnahme der Unabhängigen Arbeiterpartei) dem Imperialismus den Rücken gestärkt, die Volksmassen zum geduldigen Ertragen des Elends und der Schrecken des Krieges veranlaßt und so zur zügellosen Entfesselung der imperialistischen Raserei, zur Verlängerung

des Gemetzels und zur Vermehrung seiner Opfer beigetragen, die Verantwortung für den Krieg und seine Folgen mitübernommen.

3. Diese Taktik der offiziellen Parteiinstanzen der kriegführenden Länder, in allererster Linie in Deutschland, dem bisherigen führenden Lande der Internationale, bedeutet einen Verrat an den elementarsten Grundsätzen des internationalen Sozialismus, an den Lebensinteressen der Arbeiterklasse, an allen demokratischen Interessen der Völker. Dadurch ist die sozialistische Politik auch in jenen Ländern zur Ohnmacht verurteilt worden, wo die Parteiführer ihren Pflichten treu geblieben sind: in Rußland, Serbien, Italien und – mit einer Ausnahme – Bulgarien.

4. Indem die offizielle Sozialdemokratie der führenden Länder den Klassenkampf im Kriege preisgab und auf die Zeit nach dem Kriege verschob, hat sie den herrschenden Klassen in allen Ländern Frist gewährt, ihre Positionen auf Kosten des Proletariats wirtschaftlich, politisch und moralisch ungeheuer zu stärken.

5. Der Weltkrieg dient weder der nationalen Verteidigung, noch den wirtschaftlichen oder politischen Interessen irgendwelcher Volksmassen, er ist lediglich eine Ausgeburt imperialistischer Rivalitäten zwischen den kapitalistischen Klassen verschiedener Länder um die Weltherrschaft und um das Monopol in der Aussaugung und Unterdrückung der noch nicht vom Kapital beherrschten Gebiete. In der Ära dieses entfesselten Imperialismus kann es keine nationalen Kriege mehr geben. Die nationalen Interessen dienen nur als Täuschungsmittel, um die arbeitenden Volksmassen ihrem Todfeind, dem Imperialismus, dienstbar zu machen.

6. Aus der Politik der imperialistischen Staaten und aus dem imperialistischen Kriege kann für keine unterdrückte Nation Freiheit und Unabhängigkeit hervorsprießen. Die kleinen Nationen, deren herrschende Klassen Anhängsel und Mitschuldige ihrer Klassengenossen in den Großstaaten sind, bilden nur Schachfiguren in dem imperialistischen Spiel der Großmächte und werden ebenso wie deren arbeitende Massen während des Krieges als Werkzeug miß-

braucht, um nach dem Kriege den kapitalistischen Interessen geopfert zu werden.

7. Der heutige Weltkrieg bedeutet unter diesen Umständen bei jeder Niederlage und bei jedem Sieg eine Niederlage des Sozialismus und der Demokratie. Er treibt bei jedem Ausgang – ausgenommen die revolutionäre Intervention des internationalen Proletariats – zur Stärkung des Militarismus, der internationalen Gegensätze, der weltwirtschaftlichen Rivalitäten. Er steigert die kapitalistische Ausbeutung und die innerpolitische Reaktion, schwächt die öffentliche Kontrolle und drückt die Parlamente zu immer gehorsameren Werkzeugen des Militarismus herab. Der heutige Weltkrieg entwickelt so zugleich alle Voraussetzungen neuer Kriege.

8. Der Weltfriede kann nicht gesichert werden durch utopische oder im Grunde reaktionäre Pläne wie internationale Schiedsgerichte kapitalistischer Diplomaten, diplomatische Abmachungen über »Abrüstung«, »Freiheit der Meere«, Abschaffung des Seebeuterechts, »europäische Staatenbünde«, »mitteleuropäische Zollvereine«, nationale Pufferstaaten und dergleichen. Imperialismus, Militarismus und Kriege sind nicht zu beseitigen oder einzudämmen, solange die kapitalistischen Klassen unbestritten ihre Klassenherrschaft ausüben. Das einzige Mittel, ihnen erfolgreich Widerstand zu leisten, und die einzige Sicherung des Weltfriedens ist die politische Aktionsfähigkeit und der revolutionäre Wille des internationalen Proletariats, seine Macht in die Waagschale zu werfen.

9. Der Imperialismus als letzte Lebensphase und höchste Entfaltung der politischen Weltherrschaft des Kapitals ist der gemeinsame Todfeind des Proletariats aller Länder. Aber er teilt auch mit den früheren Phasen des Kapitalismus das Schicksal, die Kräfte seines Todfeinds in demselben Umfange zu stärken, wie er sich selbst entfaltet. Er beschleunigt die Konzentration des Kapitals, die Zermürbung des Mittelstands, die Vermehrung des Proletariats, weckt den wachsenden Widerstand der Massen und führt so zur intensiven Verschärfung der Klassengegensätze. Gegen den Imperialismus muß der proletarische Klassen-

kampf im Frieden wie im Krieg in erster Reihe konzentriert werden. Der Kampf gegen ihn ist für das internationale Proletariat zugleich der Kampf um die politische Macht im Staate, die entscheidende Auseinandersetzung zwischen Sozialismus und Kapitalismus. Das sozialistische Endziel wird von dem internationalen Proletariat nur verwirklicht, indem es gegen den Imperialismus auf der ganzen Linie Front macht und die Losung: »Krieg dem Kriege« unter Aufbietung der vollen Kraft und des äußersten Opfermutes zur Richtschnur seiner praktischen Politik erhebt.

10. Zu diesem Zwecke richtet sich die Hauptaufgabe des Sozialismus heute darauf, das Proletariat aller Länder zu einer lebendigen revolutionären Macht zusammenzufassen, es durch eine starke internationale Organisation mit einheitlicher Auffassung seiner Interessen und Aufgaben, mit einheitlicher Taktik und politischer Aktionsfähigkeit im Frieden wie im Kriege zu dem entscheidenden Faktor des politischen Lebens zu machen, wozu es durch die Geschichte berufen ist.

11. Die II. Internationale ist durch den Krieg gesprengt. Ihre Unzulänglichkeit hat sich erwiesen durch ihre Unfähigkeit, einen wirksamen Damm gegen die nationale Zersplitterung im Kriege aufzurichten und eine gemeinsame Taktik und Aktion des Proletariats in allen Ländern durchzuführen.

12. Angesichts des Verrats der offiziellen Vertretungen der sozialistischen Parteien der führenden Länder an den Zielen und Interessen der Arbeiterklasse, angesichts ihrer Abschwenkung vom Boden der proletarischen Internationale auf den Boden der bürgerlich-imperialistischen Politik ist es eine Lebensnotwendigkeit für den Sozialismus, eine neue Arbeiter-Internationale zu schaffen, welche die Leitung und Zusammenfassung des revolutionären Klassenkampfes gegen den Imperialismus in allen Ländern übernimmt.

Sie muß, um ihre historische Aufgabe zu lösen, auf folgenden Grundlagen beruhen:

1. Der Klassenkampf im Innern der bürgerlichen Staa-

ten gegen die herrschenden Klassen und die internationale Solidarität der Proletarier aller Länder sind zwei unzertrennliche Lebensregeln der Arbeiterklasse in ihrem welthistorischen Befreiungskampfe. Es gibt keinen Sozialismus außerhalb der internationalen Solidarität des Proletariats, und es gibt keinen Sozialismus außerhalb des Klassenkampfes. Das sozialistische Proletariat kann weder im Frieden noch im Kriege auf Klassenkampf und auf internationale Solidarität verzichten, ohne Selbstmord zu begehen.

2. Die Klassenaktion des Proletariats aller Länder muß im Frieden wie im Kriege auf die Bekämpfung des Imperialismus und Verhinderung der Kriege als auf ihr Hauptziel gerichtet werden. Die parlamentarische Aktion, die gewerkschaftliche Aktion wie die gesamte Tätigkeit der Arbeiterbewegung muß dem Zwecke untergeordnet werden, das Proletariat in jedem Lande aufs schärfste der nationalen Bourgeoisie entgegenzustellen, den politischen und geistigen Gegensatz zwischen beiden auf Schritt und Tritt hervorzukehren sowie gleichzeitig die internationale Zusammengehörigkeit der Proletarier aller Länder in den Vordergrund zu schieben und zu betätigen.

3. In der Internationale liegt der Schwerpunkt der Klassenorganisation des Proletariats. Die Internationale entscheidet im Frieden über die Taktik der nationalen Sektionen in Fragen des Militarismus, der Kolonialpolitik, der Handelspolitik, der Maifeier, ferner über die gesamte im Kriege einzuhaltende Taktik.

4. Die Pflicht zur Ausführung der Beschlüsse der Internationale geht allen anderen Organisationspflichten voran. Nationale Sektionen, die ihren Beschlüssen zuwiderhandeln, stellen sich außerhalb der Internationale.

5. In den Kämpfen gegen den Imperialismus und den Krieg kann die entscheidende Macht nur von den kompakten Massen des Proletariats aller Länder eingesetzt werden. Das Hauptaugenmerk der Taktik der nationalen Sektionen ist somit darauf zu richten, die breiten Massen zur politischen Aktionsfähigkeit und zur entschlossenen Initiative zu erziehen, den internationalen Zusammenhang der Mas-

senaktion zu sichern, die politischen und gewerkschaftlichen Organisationen so auszubauen, daß durch ihre Vermittlung jederzeit das rasche und tatkräftige Zusammenwirken aller Sektionen gewährleistet und der Wille der Internationale so zur Tat der breitesten Arbeitermassen aller Länder wird.

6. Die nächste Aufgabe des Sozialismus ist die geistige Befreiung des Proletariats von der Vormundschaft der Bourgeoisie, die sich in dem Einfluß der nationalistischen Ideologie äußert. Die nationalen Sektionen haben ihre Agitation in den Parlamenten wie in der Presse dahin zu richten, die überlieferte Phraseologie des Nationalismus als bürgerliches Herrschaftsinstrument zu denunzieren. Die einzige Verteidigung aller wirklichen nationalen Freiheit ist heute der revolutionäre Klassenkampf gegen den Imperialismus. Das Vaterland der Proletarier, dessen Verteidigung alles andere untergeordnet werden muß, ist die sozialistische Internationale.

Die Krise der Sozialdemokratie (Junius-Broschüre), Zürich 1916.

Was will der Spartakusbund?

I

Am 9. November haben Arbeiter und Soldaten das alte Regime in Deutschland zertrümmert. Auf den Schlachtfeldern Frankreichs war der blutige Wahn von der Weltherrschaft des preußischen Säbels zerronnen. Die Verbrecherbande, die den Weltbrand entzündet und Deutschland in das Blutmeer hineingetrieben hat, war am Ende ihres Lateins angelangt. Das vier Jahre lang betrogene Volk, das im Dienste des Molochs Kulturpflicht, Ehrgefühl und Menschlichkeit vergessen hatte, das sich zu jeder Schandtat mißbrauchen ließ, erwachte aus der vierjährigen Erstarrung – vor dem Abgrund.

Am 9. November erhob sich das deutsche Proletariat, um das schmachvolle Joch abzuwerfen. Die Hohenzollern wurden verjagt, Arbeiter- und Soldatenräte gewählt.

Aber die Hohenzollern waren nie mehr als Geschäftsträger der imperialistischen Bourgeoisie und des Junkertums. Die bürgerliche Klassenherrschaft: das ist der wahre Schuldige des Weltkrieges in Deutschland wie in Frankreich, in Rußland wie in England, in Europa wie in Amerika. Die Kapitalisten aller Länder: das sind die wahren Anstifter zum Völkermord. Das internationale Kapital: das ist der unersättliche Baal, dem Millionen auf Millionen dampfender Menschenopfer in den blutigen Rachen geworfen werden.

Der Weltkrieg hat die Gesellschaft vor die Alternative gestellt: entweder Fortdauer des Kapitalismus, neue Kriege und baldigster Untergang im Chaos und in der Anarchie oder Abschaffung der kapitalistischen Ausbeutung.

Mit dem Ausgang des Weltkrieges hat die bürgerliche Klassenherrschaft ihr Daseinsrecht verwirkt. Sie ist nicht mehr imstande, die Gesellschaft aus dem furchtbaren wirtschaftlichen Zusammenbruch herauszuführen, den die imperialistische Orgie hinterlassen hat.

Produktionsmittel sind in ungeheurem Maßstab vernichtet. Millionen Arbeitskräfte, der beste und tüchtigste Stamm der Arbeiterklasse hingeschlachtet. Der am Leben Gebliebenen harrt bei der Heimkehr das grinsende Elend der Arbeitslosigkeit, Hungersnot und Krankheiten drohen die Volkskraft an der Wurzel zu vernichten. Der finanzielle Staatsbankrott infolge der ungeheuren Lasten der Kriegsschulden ist unabwendbar.

Aus all dieser blutigen Wirrsal und diesem gähnenden Abgrund gibt es keine Hilfe, keinen Ausweg, keine Rettung als im Sozialismus. Nur die Weltrevolution des Proletariats kann in dieses Chaos Ordnung bringen, kann allen Arbeit und Brot verschaffen, kann der gegenseitigen Zerfleischung der Völker ein Ende machen, kann der geschundenen Menschheit Frieden, Freiheit, wahre Kultur bringen. Nieder mit dem Lohnsystem! Das ist die Losung der Stunde. An Stelle der Lohnarbeit und der Klassenherrschaft soll die genossenschaftliche Arbeit treten. Die Arbeitsmittel müssen aufhören, das Monopol einer Klasse zu sein, sie müssen Gemeingut aller werden. Keine Ausbeuter und Ausgebeutete mehr! Regelung der Produktion und Verteilung der Produkte im Interesse der Allgemeinheit. Abschaffung wie der heutigen Produktionsweise, die Ausbeutung und Raub, so des heutigen Handels, der nur Betrug ist.

An Stelle der Arbeitgeber und ihrer Lohnsklaven freie Arbeitsgenossen! Die Arbeit niemandes Qual, weil jedermanns Pflicht! Ein menschenwürdiges Dasein jedem, der seine Pflicht gegen die Gesellschaft erfüllt. Der Hunger hinfür nicht mehr der Arbeit Fluch, sondern des Müßiggängers Strafe!

Erst in einer solchen Gesellschaft sind Völkerhaß, Knechtschaft entwurzelt. Erst wenn eine solche Gesellschaft verwirklicht ist, wird die Erde nicht mehr durch Menschenmord geschändet. Erst dann wird es heißen: Dieser Krieg ist der letzte gewesen.

Sozialismus ist in dieser Stunde der einzige Rettungsanker der Menschheit. Über den zusammensinkenden Mauern der kapitalistischen Gesellschaft lodern wie ein feuriges Menetekel die Worte des »Kommunistischen Manifestes«:
Sozialismus oder Untergang in der Barbarei!

II

Die Verwirklichung der sozialistischen Gesellschaftsordnung ist die gewaltigste Aufgabe, die je einer Klasse und einer Revolution der Weltgeschichte zugefallen ist. Diese Aufgabe erfordert einen vollständigen Umbau des Staates und eine vollständige Umwälzung in den wirtschaftlichen und sozialen Grundlagen der Gesellschaft.

Dieser Umbau und diese Umwälzung können nicht durch irgendeine Behörde, Kommission oder ein Parlament dekretiert werden, sie können nur von der Volksmasse selbst in Angriff genommen und durchgeführt werden.

In allen bisherigen Revolutionen war es eine kleine Minderheit des Volkes, die den revolutionären Kampf leitete, die ihm Ziel und Richtung gab und die Masse nur als Werkzeug benutzte, um ihre Interessen, die Interessen der Minderheit, zum Siege zu führen. Die sozialistische Revolution ist die erste, die im Interesse der großen Mehrheit und durch die große Mehrheit der Arbeitenden allein zum Siege gelangen kann.

Die Masse des Proletariats ist berufen- nicht bloß der Revolution in klarer Erkenntnis Ziele und Richtung zu stecken. Sie muß auch selbst, durch eigene Aktivität Schritt um Schritt den Sozialismus ins Leben einführen.

Das Wesen der sozialistischen Gesellschaft besteht darin, daß die große arbeitende Masse aufhört, eine regierte Masse zu sein, vielmehr das ganze politische und wirtschaftliche Leben selbst lebt und in bewußter freier Selbstbestimmung lenkt.

Von der obersten Spitze des Staates bis zur kleinsten Gemeinde muß deshalb die proletarische Masse die überkommenen Organe der bürgerlichen Klassenherrschaft, die Bundesräte, Parlamente, Gemeinderäte, durch eigene Klassenorgane, die Arbeiter- und Soldatenräte, ersetzen, alle Posten besetzen, alle Funktionen überwachen, alle staatlichen Bedürfnisse an dem eigenen Klasseninteresse und den sozialistischen Aufgaben messen. Und nur in ständiger, lebendiger Wechselwirkung zwischen den Volksmassen und ihren Organen, den Arbeiter- und Soldatenräten, kann ihre Tätigkeit den Staat mit sozialistischem Geiste erfüllen.

Auch die wirtschaftliche Umwälzung kann sich nur als ein von der proletarischen Massenaktion getragener Prozeß vollziehen. Die nackten Dekrete oberster Revolutionsbehörden über die Sozialisierung sind allein ein leeres Wort. Nur die Arbeiterschaft kann das Wort durch eigene Tat zum Fleische machen. In zähem Ringen mit dem Kapital, Brust an Brust, in jedem Betriebe, durch unmittelbaren Druck der Massen, durch Streiks, durch Schaffung ihrer ständigen Vertretungsorgane können die Arbeiter die Kontrolle über die Produktion und schließlich die tatsächliche Leitung an sich bringen.

Die Proletariermassen müssen lernen, aus toten Maschinen, die der Kapitalist an den Produktionsprozeß stellt, zu denkenden, freien, selbsttätigen Lenkern dieses Prozesses zu werden. Sie müssen das Verantwortungsgefühl wirkender Glieder der Allgemeinheit erwerben, die Alleinbesitzerin alles gesellschaftlichen Reichtums ist. Sie müssen Fleiß ohne Unternehmerpeitsche, höchste Leistung ohne kapitalistische Antreiber, Disziplin ohne Joch und Ordnung ohne Herrschaft entfalten. Höchster Idealismus im Interesse der Allgemeinheit, straffste Selbstdisziplin, wahrer Bürgersinn der Massen sind für die sozialistische Gesellschaft die moralische Grundlage, wie Stumpfsinn, Egoismus und Korruption die moralische Grundlage der kapitalistischen Gesellschaft sind.

Alle diese sozialistischen Bürgertugenden, zusammen mit Kenntnissen und Befähigungen zur Leitung der sozialistischen Betriebe, kann die Arbeitermasse nur durch eigene Betätigung, eigene Erfahrung erwerben.

Sozialisierung der Gesellschaft kann nur durch zähen,

unermüdlichen Kampf der Arbeitermasse in ihrer ganzen Breite verwirklicht werden, auf allen Punkten, wo Arbeit mit Kapital, wo Volk mit bürgerlicher Klassenherrschaft einander ins Weiße des Auges blicken. Die Befreiung der Arbeiterklasse muß das Werk der Arbeiterklasse selbst sein.

III

In den bürgerlichen Revolutionen war Blutvergießen, Terror, politischer Mord die unentbehrliche Waffe in der Hand der aufsteigenden Klassen.

Die proletarische Revolution bedarf für ihre Ziele keines Terrors, sie haßt und verabscheut den Menschenmord. Sie bedarf dieser Kampfmittel nicht, weil sie nicht Individuen, sondern Institutionen bekämpft, weil sie nicht mit naiven Illusionen in die Arena tritt, deren Enttäuschung sie blutig zu rächen hätte. Sie ist kein verzweifelter Versuch einer Minderheit, die Welt mit Gewalt nach ihrem Ideal zu modeln, sondern die Aktion der großen Millionenmassen des Volkes, die berufen ist, die geschichtliche Mission zu erfüllen und die geschichtliche Notwendigkeit in Wirklichkeit umzusetzen.

Aber die proletarische Revolution ist zugleich die Sterbeglocke für jede Knechtschaft und Unterdrückung. Darum erheben sich gegen die proletarische Revolution alle Kapitalisten, Junker, Kleinbürger, Offiziere, alle Nutznießer und Parasiten der Ausbeutung und der Klassenherrschaft wie ein Mann zum Kampf auf Leben und Tod.

Es ist ein toller Wahn, zu glauben, die Kapitalisten würden sich gutwillig dem sozialistischen Verdikt eines Parlaments, einer Nationalversammlung fügen, sie würden ruhig auf den Besitz, den Profit, das Vorrecht der Ausbeutung verzichten. Alle herrschenden Klassen haben um ihre Vorrechte bis zuletzt mit zähester Energie gerungen. Die römischen Patrizier wie die mittelalterlichen Feudalbarone, die englischen Kavaliere wie die amerikanischen Sklavenhändler, die walachischen Bojaren wie die Lyoner Seidenfabrikanten – sie haben alle Ströme von Blut vergossen, sie sind über Leichen, Mord und Brand geschritten, sie haben Bürgerkrieg und Landesverrat angestiftet, um ihre Vorrechte und ihre Macht zu verteidigen.

Die imperialistische Kapitalistenklasse überbietet als letzter Sproß der Ausbeuterkaste die Brutalität, den unverhüllten Zynismus, die Niedertracht aller ihrer Vorgänger. Sie wird ihr Allerheiligstes, ihren Profit und ihr Vorrecht der Ausbeutung, mit Zähnen und Nägeln, mit jenen Methoden der kalten Bosheit verteidigen, die sie in der ganzen Geschichte der Kolonialpolitik und in dem letzten Weltkriege an den Tag gelegt hat. Sie wird Himmel und Hölle gegen das Proletariat in Bewegung setzen. Sie wird das Bauerntum gegen die Städte mobil machen, sie wird rückständige Arbeiterschichten gegen die sozialistische Avantgarde aufhetzen, sie wird mit Offizieren Metzeleien anstiften, sie wird jede sozialistische Maßnahme durch tausend Mittel der passiven Resistenz lahmzulegen suchen, sie wird der Revolution zwanzig Vendeen auf den Hals hetzen, sie wird den äußeren Feind, das Mordeisen der Clemenceau, Lloyd George und Wilson als Retter ins Land rufen, – sie wird lieber das Land in einen rauchenden Trümmerhaufen verwandeln, als freiwillig die Lohnsklaverei preisgeben.

All dieser Widerstand muß Schritt um Schritt mit eiserner Faust, rücksichtsloser Energie gebrochen werden. Der Gewalt der bürgerlichen Gegenrevolution muß die revolutionäre Gewalt des Proletariats entgegengestellt werden. Den Anschlägen, Ränken, Zettelungen der Bourgeoisie die unbeugsame Zielklarheit, Wachsamkeit und stets bereite Aktivität der proletarischen Masse. Den drohenden Gefahren der Gegenrevolution die Bewaffnung des Volkes und Entwaffnung der herrschenden Klassen. Den parlamentarischen Obstruktionsmanövern der Bourgeoisie die tatenreiche Organisation der Arbeiter- und Soldatenmasse. Der Allgegenwart und den tausend Machtmitteln der bürgerlichen Gesellschaft die konzentrierte, zusammengeballte aufs höchste gesteigerte Macht der Arbeiterklasse. Die geschlossene Front des gesamten deutschen Proletariats, des süddeutschen mit dem norddeutschen, des städtischen mit dem ländlichen, der Arbeiter mit den Soldaten, die lebendige geistige Fühlung der deutschen Revolution mit der Internationale, die Erweiterung der deutschen Revolution zur Weltrevolution des Proletariats vermag allein die granitene Basis zu schaffen, auf der das Gebäude der Zukunft errichtet werden kann.

Der Kampf um den Sozialismus ist der gewaltigste Bürgerkrieg, den die Weltgeschichte gesehen, und die proletarische Revolution muß sich für diesen Bürgerkrieg das nötige Rüstzeug bereiten, sie muß lernen, es zu gebrauchen – zu Kämpfen und Siegen.

Eine solche Ausrüstung der kompakten arbeitenden Volksmasse mit der ganzen politischen Macht für die Aufgaben der Revolution, das ist die Diktatur des Proletariats und deshalb die wahre Demokratie. Nicht wo der Lohnsklave neben dem Kapitalisten, der Landproletarier neben dem Junker in verlogener Gleichheit sitzen, um über ihre Lebensfragen parlamentarisch zu debattieren, dort, wo die millionenköpfige Proletariermasse die ganze Staatsgewalt mit ihrer schwieligen Faust ergreift, um sie, wie der Gott Thor seinen Hammer, den herrschenden Klassen aufs Haupt zu schmettern, dort allein ist die Demokratie, die kein Volksbetrug ist.

Um dem Proletariat die Erfüllung dieser Aufgaben zu ermöglichen, fordert der Spartakus-Bund:

1. Als sofortige Maßnahme zur Sicherung der Revolution:

1. Entwaffnung der gesamten Polizei, sämtlicher Offiziere sowie der nichtproletarischen Soldaten, Entwaffnung aller Angehörigen der herrschenden Klassen.
2. Beschlagnahme aller Waffen- und Munitionsbestände sowie Rüstungsbetriebe durch Arbeiter- und Soldatenräte.
3. Bewaffnung der gesamten erwachsenen männlichen proletarischen Bevölkerung als Arbeitermiliz. Bildung einer Roten Garde aus Proletariern als aktiven Teil der Miliz zum ständigen Schutz der Revolution vor gegenrevolutionären Anschlägen und Zettelungen.

4. Aufhebung der Kommandogewalt der Offiziere und Unteroffiziere. Ersetzung des militärischen Kadavergehorsams durch freiwillige Disziplin der Soldaten. Wahl aller Vorgesetzten durch die Mannschaften unter jederzeitigem Rückberufungsrecht. Aufhebung der Militärgerichtsbarkeit.

5. Entfernung der Offiziere und der Kapitulanten aus allen Soldatenräten.

6. Ersetzung aller politischen Organe und Behörden des früheren Regimes durch Vertrauensmänner der Arbeiter- und Soldatenräte.

7. Einsetzung eines Revolutionstribunals, vor dem die Hauptschuldigen am Kriege und seiner Verlängerung, die beiden Hohenzollern, Ludendorff, Hindenburg, Tirpitz und ihre Mitverbrecher, sowie alle Verschwörer der Gegenrevolution abzuurteilen sind.

8. Sofortige Beschlagnahme aller Lebensmittel zur Sicherung der Volksernährung.

2. Auf politischem und sozialem Gebiet:

1. Abschaffung aller Einzelstaaten; einheitliche deutsche sozialistische Republik.

2. Beseitigung aller Parlamente und Gemeinderäte und Übernahme ihrer Funktionen durch Arbeiter- und Soldatenräte sowie deren Ausschüsse und Organe.

3. Wahl von Arbeiterräten über ganz Deutschland durch die gesamte erwachsene Arbeiterschaft beider Geschlechter in Stadt und Land, nach Betrieben, sowie von Soldatenräten durch die Mannschaften, unter Ausschluß der Offiziere und Kapitulanten. Recht der Arbeiter und Soldaten zur jederzeitigen Rückberufung ihrer Vertreter.

4. Wahl von Delegierten der Arbeiter- und Soldatenräte im ganzen Reiche für den Zentralrat der Arbeiter- und Soldatenräte, der den Vollzugsrat als das oberste Organ der gesetzgebenden und vollziehenden Gewalt zu wählen hat.

5. Zusammentritt des Zentralrats vorläufig mindestens alle drei Monate – unter jedesmaliger Neuwahl der Dele-

gierten – zur ständigen Kontrolle über die Tätigkeit des Vollzugsrates und zur Herstellung einer lebendigen Fühlung zwischen der Masse der Arbeiter- und Soldatenräte im Reiche und ihrem obersten Regierungsorgan. Recht der lokalen Arbeiter- und Soldatenräte zur jederzeitigen Rückberufung und Ersetzung ihrer Vertreter im Zentralrat, falls diese nicht im Sinne ihrer Auftraggeber handeln. Recht des Vollzugsrats, die Volksbeauftragten sowie die zentralen Reichsbehörden – und Beamten zu ernennen und abzusetzen.

6. Abschaffung aller Standesunterschiede, Orden und Titel. Völlige rechtliche und soziale Gleichstellung der Geschlechter.

7. Einschneidende soziale Gesetzgebung. Verkürzung der Arbeitszeit zur Steuerung der Arbeitslosigkeit und unter Berücksichtigung der körperlichen Entkräftung der Arbeiterschaft durch den Weltkrieg; sechsstündiger Höchstarbeitstag.

8. Sofortige gründliche Umgestaltung des Ernährungs-, Wohnungs-, Gesundheits- und Erziehungswesens im Sinne und Geiste der proletarischen Revolution.

3. Nächste wirtschaftliche Forderungen:

1. Konfiskation aller dynastischen Vermögen und Einkünfte für die Allgemeinheit.

2. Annullierung der Staats- und anderer öffentlichen Schulden sowie sämtlicher Kriegsanleihen, ausgenommen Zeichnungen von einer bestimmten Höhe an, die durch den Zentralrat der Arbeiter- und Soldatenräte festzusetzen ist.

3. Enteignung des Grund und Bodens aller landwirtschaftlichen Groß- und Mittelbetriebe, Bildung sozialistischer landwirtschaftlicher Genossenschaften unter einheitlicher zentraler Leitung im ganzen Reiche; bäuerliche Kleinbetriebe bleiben im Besitze ihrer Inhaber bis zu deren freiwilligem Anschluß an die sozialistischen Genossenschaften.

4. Enteignung aller Banken, Bergwerke, Hütten, sowie

aller Großbetriebe in Industrie und Handel durch die Räterepublik.

5. Konfiskation aller Vermögen von einer bestimmten Höhe an, die durch den Zentralrat festzusetzen ist.

6. Übernahme des gesamten öffentlichen Verkehrswesens durch die Räterepublik.

7. Wahl von Betriebsräten in allen Betrieben, die im Einvernehmen mit den Arbeiterräten die inneren Angelegenheiten der Betriebe zu ordnen, die Arbeitsverhältnisse zu regeln, die Produktion zu kontrollieren und schließlich die Betriebsleitung zu übernehmen haben.

8. Einsetzung einer zentralen Streikkommission, die unter ständigem Zusammenwirken mit den Betriebsräten der beginnenden Streikbewegung im ganzen Reich einheitliche Leitung, sozialistische Richtung und die kräftigste Unterstützung durch die politische Macht der Arbeiter- und Soldatenräte sichern soll.

4. Internationale Aufgaben:

Sofortige Aufnahme der Verbindungen mit den Bruderparteien des Auslandes, um die sozialistische Revolution auf internationale Basis zu stellen und den Frieden durch die internationale Verbrüderung und revolutionäre Erhebung des Weltproletariats zu gestalten und zu sichern.

5. Das will der Spartakus-Bund!

Und weil er das will, weil er der Mahner, der Dränger, weil er das sozialistische Gewissen der Revolution ist, wird er von allen offenen und heimlichen Feinden der Revolution und des Proletariats gehaßt, verfolgt und verleumdet.

Kreuzigt ihn! rufen die Kapitalisten, die um ihre Kassenschränke zittern.

Kreuzigt ihn! rufen die Kleinbürger, die Offiziere, die Antisemiten, die Preßlakeien der Bourgeoisie, die um die Fleischtöpfe der bürgerlichen Klassenherrschaft zittern.

Kreuziget ihn! rufen die Scheidemänner, die wie Judas Ischariot die Arbeiter an die Bourgeoisie verkauft haben und um die Silberlinge ihrer politischen Herrschaft zittern.

Kreuziget ihn! wiederholen noch wie ein Echo getäuschte, betrogene, mißbrauchte Schichten der Arbeiterschaft und Soldaten, die nicht wissen, daß sie gegen ihr eigen Fleisch und Blut wüten, wenn sie gegen den Spartakus-Bund wüten.

Im Hasse, in der Verleumdung gegen den Spartakus-Bund vereinigt sich alles, was gegenrevolutionär, volksfeindlich, antisozialistisch, zweideutig, lichtscheu, unklar ist. Dadurch wird bestätigt, daß in ihm das Herz der Revolution pocht, daß ihm die Zukunft gehört.

Der Spartakus-Bund ist keine Partei, die über der Arbeitermasse oder durch die Arbeitermasse zur Herrschaft gelangen will.

Der Spartakus-Bund ist nur der zielbewußteste Teil des Proletariats, der die ganze breite Masse der Arbeiterschaft bei jedem Schritt auf ihre geschichtlichen Aufgaben hinweist, der in jedem Einzelstadium der Revolution das sozialistische Endziel und in allen nationalen Fragen die Interessen der proletarischen Weltrevolution vertritt.

Der Spartakus-Bund lehnt es ab, mit Handlangern der Bourgeoisie, mit den Scheidemann-Ebert, die Regierungsgewalt zu teilen, weil er in einer solchen Zusammenwirkung einen Verrat an den Grundsätzen des Sozialismus, eine Stärkung der Gegenrevolution und eine Lähmung der Revolution erblickt.

Der Spartakus-Bund wird es auch ablehnen, zur Macht zu gelangen, nur weil sich die Scheidemann-Ebert abgewirtschaftet und die Unabhängigen durch die Zusammenarbeit mit ihnen in eine Sackgasse geraten sind.

Der Spartakus-Bund wird nie anders die Regierungsgewalt übernehmen als durch den klaren, unzweideutigen Willen der großen Mehrheit der proletarischen Masse in ganz Deutschland, nie anders als kraft ihrer bewußten Zustimmung zu den Ansichten, Zielen und Kampfmethoden des Spartakus-Bundes.

Die proletarische Revolution kann sich nur stufenweise,

Schritt für Schritt, auf dem Golgathaweg eigener bitterer Erfahrungen durch Niederlagen und Siege, zur vollen Klarheit und Reife durchringen.

Der Sieg des Spartakus-Bundes steht nicht am Anfang, sondern am Ende der Revolution: er ist identisch mit dem Siege der großen Millionenmassen des sozialistischen Proletariats.

Auf, Proletarier! Zum Kampf! Es gilt eine Welt zu erobern und gegen eine Welt anzukämpfen. In diesem letzten Klassenkampf der Weltgeschichte um die höchsten Ziele der Menschheit gilt dem Feinde das Wort: Daumen aufs Auge und Knie auf die Brust!

Der Spartakus-Bund

Flugschrift, o. O., o. J. (Berlin 1918).

Unser Programm und die politische Situation

*Rede auf dem Gründungsparteitag der KPD
(Spartakusbund)
31. Dezember 1918*

Parteigenossen und -genossinnen! Wenn wir heute an die Aufgabe herantreten, unser Programm zu besprechen und es anzunehmen, so liegt dem mehr als der formale Umstand zugrunde, daß wir uns gestern als eine selbständige neue Partei konstituiert haben und daß eine neue Partei offiziell ein Programm annehmen müsse; der heutigen Besprechung des Programms liegen große historische Vorgänge zugrunde, nämlich die Tatsache, daß wir vor einem Moment stehen, wo das sozialdemokratische, sozialistische Programm des Proletariats überhaupt auf eine neue Basis gestellt werden muß. Parteigenossen, wir knüpfen dabei an den Faden an, den genau vor 70 Jahren *Marx* und *Engels* in dem »Kommunistischen Manifest« gesponnen hatten. Das »Kommunistische Manifest« behandelt den Sozialismus, die Durchführung der sozialistischen Endziele, wie Sie wissen, als die unmittelbare Aufgabe der proletarischen Revolution. Es war die Auffassung, die Marx und Engels in der Revolution von 1848 vertraten und als die Basis für die proletarische Aktion auch im internationalen Sinne betrachteten. Damals glaubten die beiden und mit ihnen alle führenden Geister der proletarischen Bewegung, man stände vor der unmittelbaren Aufgabe, den Sozialismus einzuführen; es sei dazu nur notwendig, die politische Revolution durchzusetzen, der politischen Gewalt im Staate sich zu bemächtigen, um den Sozialismus unmittelbar zu Fleisch und Blut zu machen.

Nachher wurde, wie Sie wissen, von Marx und Engels selbst eine durchgreifende Revision dieses Standpunktes vorgenommen. In der ersten Vorrede zum *»Kommunistischen Manifest«* vom Jahre 1872, die noch von Marx und Engels gemeinsam unterzeichnet ist (abgedruckt in der Ausgabe des »Kommunistischen Manifests« von 1894), sagen die beiden über ihr eigenes Werk: »Dieser Passus« – das Ende von Abschnitt II, nämlich die Darlegung der praktischen Maßnahmen zur Durchführung des Sozialismus – »würde heute in vieler Beziehung anders lauten. Gegenüber der immensen Fortentwicklung der großen Industrie in den letzten fünfundzwanzig Jahren und der mit ihr fortschreitenden Parteiorganisation der Arbeiterklasse, gegenüber den praktischen Erfahrungen, zuerst der Februarrevolution und noch weit mehr der Pariser Kommune, wo das Proletariat zum erstenmal zwei Monate lang die politische Gewalt innehatte, ist heute dies Programm stellenweise veraltet. Namentlich hat die Kommune den Beweis geliefert, daß ›die Arbeiterklasse nicht die fertige Staatsmaschine einfach in Besitz nehmen und sie für ihre eigenen Zwecke in Bewegung setzen kann‹.«

Und wie lautet dieser Passus, der für veraltet erklärt wurde? Das lesen wir in dem »*Kommunistischen Manifest*« folgendermaßen:

»Das Proletariat wird seine politische Herrschaft dazu benutzen, der Bourgeoisie nach und nach alles Kapital zu entreißen, alle Produktionsinstrumente in den Händen des Staats, d. h. des als herrschende Klasse organisierten Proletariats zu zentralisieren und die Masse der Produktionskräfte möglichst rasch zu vermehren.

Es kann dies natürlich zunächst nur geschehen vermittelst despotischer Eingriffe in das Eigentumsrecht und in die bürgerlichen Produktionsverhältnisse, durch Maßregeln also, die ökonomisch unzureichend und unhaltbar erscheinen, die aber im Lauf der Bewegung über sich selbst hinaustreiben und als Mittel zur Umwälzung der ganzen Produktionsweise unvermeidlich sind.

Diese Maßregeln werden natürlich je nach den verschiedenen Ländern verschieden sein.

Für die fortgeschrittensten Länder werden jedoch die folgenden ziemlich allgemein in Anwendung kommen können:

1. Expropriation des Grundeigentums und Verwendung der Grundrente zu Staatsausgaben.

2. Starke Progressivsteuer.

3. Abschaffung des Erbrechts.

4. Konfiskation des Eigentums aller Emigranten und Rebellen.

5. Zentralisation des Kredits in den Händen des Staats durch eine Nationalbank mit Staatskapital und ausschließlichem Monopol.

6. Zentralisation alles Transportwesens in den Händen des Staats.

7. Vermehrung der Nationalfabriken, Produktionsinstrumente, Urbarmachung und Verbesserung der Ländereien nach einem gemeinschaftlichen Plan.

8. Gleicher Arbeitszwang für alle, Errichtung industrieller Armeen, besonders für den Ackerbau.

9. Vereinigung des Betriebs von Ackerbau und Industrie, Hinwirken auf die allmähliche Beseitigung des Unterschieds von Stadt und Land.

10. Öffentliche und unentgeltliche Erziehung aller Kinder. Beseitigung der Fabrikarbeit der Kinder in ihrer heutigen Form. Vereinigung der Erziehung mit der materiellen Produktion usw., usw.«

Wie Sie sehen, sind das mit einigen Abweichungen dieselben Aufgaben, vor denen wir heute unmittelbar stehen: die Durchführung, Verwirklichung des Sozialismus. Zwischen der Zeit, wo jenes als Programm aufgestellt wurde, und dem heutigen Moment liegen 70 Jahre kapitalistischer Entwicklung, und die historische Dialektik hat dahin geführt, daß wir heute zu der Auffassung zurückkehren, die Marx und Engels nachher als eine irrtümliche aufgegeben hatten. Sie hatten sie mit gutem Grunde damals als eine irrtümliche aufgegeben. Die Entwicklung des Kapitals, die inzwischen vor sich gegangen ist, hat uns dahin gebracht, daß das, was damals Irrtum war, heute Wahrheit geworden ist; und heute ist unmittelbare Aufgabe, das zu erfüllen, wovor Marx und Engels im Jahre 1848 standen. Allein zwischen jenem Punkte der Entwicklung, dem Anfange, und unserer heutigen Auffassung und Aufgabe liegt die ganze Entwicklung nicht bloß des Kapitalismus, sondern auch der sozialistischen Arbeiterbewegung und in erster Linie derjenigen in Deutschland als des führenden Landes des modernen Proletariats. Die Entwicklung hat in einer eigenartigen Form stattgefunden.

Nachdem von Marx und Engels nach den Enttäuschungen der Revolution von 1848 der Standpunkt aufgegeben wurde, daß das Proletariat unmittelbar, direkt in der Lage sei, den Sozialismus zu verwirklichen, entstanden in jedem Lande sozialdemokratische, sozialistische Parteien, die einen ganz anderen Standpunkt einnahmen. Als unmittelbare Aufgabe wurde erklärt der tägliche Kleinkampf auf politischem und wirtschaftlichem Gebiete, um nach und nach erst die Armeen des Proletariats heranzubilden, die berufen sein werden, wenn die kapitalistische Entwicklung heranreift, den Sozialismus zu verwirklichen. Dieser Umschwung, diese völlig andere Basis, auf die das sozialistische Programm gestellt wurde, hat namentlich in Deutschland eine sehr typische Form erhalten. In Deutschland war ja für die Sozialdemokratie bis zu ihrem Zusammenbruch am 4. August das Erfurter Programm maßgebend, in dem die sogenannten nächsten Minimalaufgaben auf dem ersten Plan standen und der Sozialismus nur als der Leuchtstern in der Ferne, als das Endziel hingestellt wurde. Es kommt aber alles darauf an, nicht, was im Programm geschrieben steht, sondern wie man das Programm lebendig erfaßt; und für diese Auffassung des Programms war maßgebend eine wichtige geschichtliche Urkunde unserer Arbeiterbewegung, nämlich jene Vorrede, die Friedrich Engels im Jahre 1895 zu den »*Klassenkämpfen in Frankreich*« geschrieben hat. Parteigenossen, ich gehe auf diese Fragen ein nicht aus bloßem historischem Interesse, sondern es ist eine rein aktuelle Frage und eine historische Pflicht, die vor uns steht, indem wir unser Programm heute auf den Boden stellen, auf dem einst 1848 Marx und Engels standen. Mit den Veränderungen, die die historische Entwicklung inzwischen herbeigeführt hat, haben wir die Pflicht, ganz klar und bewußt eine Revision vorzunehmen gegenüber der Auffassung, die in der deutschen Sozialdemokratie bis zum Zusammenbruch am 4. August maßgebend war. Diese Revision soll hier offiziell vorgenommen werden.

Parteigenossen, wie hat Engels die Frage aufgefaßt in jener berühmten Vorrede zu den »*Klassenkämpfen in Frankreich*« von Marx, die er im Jahre 1895, also schon nach dem Tode von Marx, geschrieben hatte? Er hat zuerst, rückblickend bis zum Jahre 1848, dargelegt, die Auffassung sei veraltet, daß man unmittelbar vor der sozialistischen Revolution stehe. Dann fährt er in seiner Schilderung fort:

»Die Geschichte hat uns und allen, die ähnlich dachten, unrecht gegeben. Sie hat klargemacht, daß der Stand der ökonomischen Entwicklung auf dem Kontinent damals noch bei weitem nicht reif war für die Beseitigung der kapitalistischen Produktion; sie hat dies bewiesen durch die ökonomische Revolution, die seit 1848 den ganzen Kontinent ergriffen und die große Industrie in Frankreich, Österreich, Ungarn, Polen und neuerdings Rußland erst wirklich eingebürgert, aus Deutschland aber geradezu ein Industrieland ersten Ranges gemacht hat – alles auf kapitalistischer, im Jahre 1848 also noch sehr ausdehnungsfähiger Grundlage.«

Dann entwickelt er, wie sich seit jener Zeit alles verändert hat, und kommt auf die Frage zu sprechen, wie in Deutschland die Aufgaben der Partei liegen:

»Der Krieg von 1870/71 und die Niederlage der Kommune hatten, wie Marx vorhergesagt, den Schwerpunkt der europäischen Arbeiterbewegung einstweilen von Frankreich nach Deutschland verlegt. In Frankreich brauchte es selbstverständlich Jahre, bis man sich von dem Aderlaß des Mai 1871 erholt hatte. In Deutschland dagegen, wo die obendrein von dem französischen Milliardensegen geradezu treibhausmäßig geförderte Industrie sich immer rascher entwickelte, wuchs noch weit rascher und nachhaltiger die Sozialdemokratie. Dank dem Verständnis, womit die deutschen Arbeiter das 1866 eingeführte allgemeine Stimmrecht benutzten, liegt das staunenerregende Wachstum der Partei in unbestreitbaren Zahlen offen vor aller Welt.«

Dann kommt die berühmte Aufzählung, wie wir wuchsen von Reichstagswahl zu Reichstagswahl bis in die Millionen, und daraus schließt Engels folgendes:

»Mit dieser erfolgreichen Benutzung des allgemeinen Stimmrechts war aber eine ganz neue Kampfweise des Proletariats in Wirksamkeit getreten, und diese bildete sich rasch weiter aus. Man fand, daß die Staatseinrichtungen, in denen die Herrschaft der Bourgeoisie sich organisiert, noch weitere Handhaben bieten, vermittelst deren die Arbeiterklasse diese selben Staatseinrichtungen bekämpfen kann. Man beteiligte sich an den Wahlen für Einzellandtage, Gemeinderäte, Gewerbegerichte, man machte der Bourgeoisie jeden Posten streitig, bei dessen Besetzung ein genügender Teil des Proletariats mitsprach. Und so geschah es, daß Bourgeoisie und Regierung dahin kamen, sich weit mehr zu fürchten vor der gesetzlichen als vor der ungesetzlichen Aktion der Arbeiterpartei, vor den Erfolgen der Wahl als vor denen der Rebellion.«

Und hier knüpft Engels eine ausführliche Kritik des Wahnes an, als könnte überhaupt in den modernen Verhältnissen des Kapitalismus das Proletariat auf der Straße durch die Revolution irgend etwas erreichen. Ich glaube, daß es heute angesichts dessen, daß wir mitten in der Revolution, in einer Straßenrevolution mit allem, was dazugehört, stehen, Zeit ist, sich mit der Auffassung auseinanderzusetzen, die in der deutschen Sozialdemokratie offiziell bis zur letzten Stunde gang und gäbe war und die mit dafür verantwortlich ist, daß wir den 4. August 1914 erlebt haben.

Ich will damit nicht sagen, daß Engels sich persönlich durch diese Ausführungen zum Mitschuldigen an dem ganzen Gange der Entwicklung in Deutschland gemacht hat; ich sage nur: hier ist ein klassisch zusammengefaßtes Dokument für die Auffassung, die in der deutschen Sozialdemokratie lebendig war, oder vielmehr: die sie tot machte. Hier, Parteigenossen, legt Ihnen Engels dar mit aller Sachkenntnis, die er auch auf dem Gebiete der Militärwissenschaft hatte, daß es ein purer Wahn ist, zu glauben, das arbeitende Volk könnte bei der heutigen Entwicklung des Militarismus, der Industrie und der Großstädte Straßenrevolutionen machen und dabei siegen. Diese Entgegenstellung brachte zweierlei mit sich: erstens wurde dabei der parlamentarische Kampf als Gegensatz zur direkten revolutionären Aktion des Proletariats und geradezu als das einzige Mittel des Klassenkampfes betrachtet. Es war der reine Nur-Parlamentarismus, der sich aus dieser Kritik ergab. Zweitens wurde merkwürdigerweise gerade die gewaltigste Organisation des Klassenstaates – der Militarismus, die Masse der in die Kommißröcke gesteckten Proletarier als von vornherein immun und unzugänglich jeder sozialistischen Einwirkung hingestellt. Und wenn die Vorrede davon spricht, bei der heutigen Entwicklung der Riesenarmeen sei es ein Wahnwitz, zu denken, das Proletariat könnte mit diesen mit Maschinengewehren und mit den neuesten technischen Kampfmitteln ausgerüsteten Soldaten je fertig werden, so geht sie offenbar von der Voraussetzung aus, daß, wer Soldat ist, von vornherein und ein für allemal eine Stütze der herrschenden Klassen bleiben müsse – ein Irrtum, der, vom Standpunkt der heutigen Erfahrung beurteilt und bei einem Manne, der an der Spitze unserer Bewegung stand, geradezu unbegreiflich wäre, wenn man nicht wüßte, unter welchen tatsächlichen Umständen das angeführte historische Dokument entstanden war. Zu Ehren unserer beiden großen Meister und namentlich des viel später verstorbenen Engels, der mit die Ehre und die Ansichten von Marx vertrat, muß festgestellt werden, daß Engels diese Vorrede bekanntermaßen unter dem direkten Druck der damaligen Reichstagsfraktion geschrieben hat. Das war zu jener Zeit, wo in Deutschland – nach dem Fall des Sozialistengesetzes im Anfange der neunziger Jahre – sich innerhalb der deutschen Arbeiterbewegung eine starke linksgerichtete radikale Strömung bemerkbar machte, die die Parteigenossen vor einem völligen Aufgehen in dem reinen parlamentarischen Kampfe bewahrt wissen wollte. Um die radikalen Elemente theoretisch zu schlagen und praktisch niederzuhalten, um sie durch die Autorität unserer großen Lehrmeister aus der Beachtung der breiten Masse auszuschalten, haben Bebel und Genossen – das war ja damals auch für unsere Zustände bezeichnend: die parlamentarische Reichstagsfraktion entschied, geistig und taktisch, über die Geschicke und Aufgaben der Partei –, haben

Bebel und Genossen Engels, der im Auslande lebte und sich auf ihre Versicherungen verlassen mußte, dazu gedrängt, jene Vorrede zu schreiben, da es jetzt die dringendste Notwendigkeit sei, die deutsche Arbeiterbewegung vor anarchistischen Entgleisungen zu retten. Von nun an beherrschte diese Auffassung tatsächlich die deutsche Sozialdemokratie in ihrem Tun und Lassen, bis wir das schöne Erlebnis am 4. August 1914 gehabt haben. Es war die Proklamierung des Nichts-als-Parlamentarismus. Engels hat ja die Ergebnisse, die praktischen Folgen dieser Anwendung seiner Vorrede, seiner Theorie nicht mehr erlebt. Ich bin sicher: wenn man die Werke von Marx und Engels kennt, wenn man den lebendigen revolutionären, echten, unverfälschten Geist kennt, der aus allen ihren Lehren und Schriften atmet, so muß man überzeugt sein, daß Engels der erste gewesen wäre, der gegen die Ausschweifungen, die sich aus dem Nur-Parlamentarismus ergeben haben, gegen diese Versumpfung und Verlotterung der Arbeiterbewegung, wie sie in Deutschland Platz gegriffen hat, schon Jahrzehnte vor dem 4. August – da der 4. August nicht etwa vom Himmel gefallen ist als eine unverhoffte Wendung, sondern eine logische Folge dessen war, was wir Tag für Tag und Jahr für Jahr vorher erlebt haben –, daß Engels und, wenn er gelebt hätte, Marx die ersten gewesen wären, um mit aller Kraft hiergegen zu protestieren und mit mächtiger Hand den Karren zurückzureißen, daß er nicht in den Sumpf hinabrollte. Aber Engels starb im gleichen Jahre, als er sein Vorwort schrieb. Im Jahre 1895 haben wir ihn verloren; seitdem ging leider die theoretische Führung aus den Händen von Engels in die Hände eines Kautsky über, und da erleben wir die Erscheinung, daß jede Auflehnung gegen den Nur-Parlamentarismus, die Auflehnung, die auf jedem Parteitag von links kam, getragen von einer größeren oder kleineren Gruppe von Genossen, die in zähem Kampf gegen die Versumpfung standen, über deren drohende Folgen sich jeder klarwerden mußte – daß jede solche Auflehnung als Anarchismus, Anarchosozialismus, mindestens aber Antimarxismus gestempelt wurde. Der offizielle Marxismus sollte als Deckmantel dienen für jede

Rechnungsträgerei, für jede Abschwenkung von dem wirklichen revolutionären Klassenkampf, für jede Halbheit, die die deutsche Sozialdemokratie und überhaupt die Arbeiterbewegung, auch die gewerkschaftliche, zu einem Dahinsiechen im Rahmen und auf dem Boden der kapitalistischen Gesellschaft verurteilte, ohne jedes ernste Bestreben, die Gesellschaft zu erschüttern und aus den Fugen zu bringen.

Nun, Parteigenossen, heute erleben wir den Moment, wo wir sagen können: wir sind wieder bei Marx, unter seinem Banner. Wenn wir heute in unserm Programm erklären: die unmittelbare Aufgabe des Proletariats ist keine andere, als – in wenigen Worten zusammengefaßt – den Sozialismus zur Wahrheit und Tat zu machen und den Kapitalismus mit Stumpf und Stiel auszurotten, so stellen wir uns auf den Boden, auf dem Marx und Engels 1848 standen und von dem sie prinzipiell nie abgewichen waren. Jetzt zeigt sich, was wahrer Marxismus ist und was dieser Ersatz-Marxismus war, der sich als offizieller Marxismus in der deutschen Sozialdemokratie so lange breitmachte. Ihr seht ja an den Vertretern dieses Marxismus, wohin er heutzutage geraten, als Neben- und Beigeordneter der Ebert, David und Konsorten. Dort sehen wir die offiziellen Vertreter der Lehre, die man uns jahrzehntelang als den wahren, unverfälschten Marxismus ausgegeben hat. Nein, Marxismus führte nicht dorthin, zusammen mit den Scheidemännern konterrevolutionäre Politik zu machen. Wahrer Marxismus kämpft auch gegen jene, die ihn zu verfälschen suchten, er wühlt wie ein Maulwurf in den Grundfesten der kapitalistischen Gesellschaft, und er hat dazu geführt, daß heute der beste Teil des deutschen Proletariats unter unserer Fahne, unter der Sturmfahne der Revolution marschiert und wir auch drüben, wo die Konterrevolution noch zu herrschen scheint, unsere Anhänger und künftigen Mitkämpfer besitzen.

Parteigenossen, wir stehen also heute, wie ich schon erwähnt habe, geführt durch den Gang der historischen Dialektik und bereichert um die ganze inzwischen zurückgelegte 70jährige kapitalistische Entwicklung wieder an der Stelle, wo Marx und Engels 1848 standen, als sie zum ersten Male das Banner des internationalen Sozialismus aufrollten. Damals glaubte man, als man die Irrtümer, die Illusionen des Jahres 1848 revidierte, nun habe das Proletariat noch eine unendlich weite Strecke Wegs vor sich, bis der Sozialismus zur Wirklichkeit werden könnte. Natürlich, ernste Theoretiker haben sich nie damit abgegeben, irgendwelchen Termin für den Zusammenbruch des Kapitalismus als verpflichtend und sicher anzugeben; aber ungefähr dachte man sich die Strecke noch sehr lang, und das spricht aus jeder Zeile gerade der Vorrede, die Engels 1895 geschrieben hat. Nun, jetzt können wir ja die Rechnung zusammenfassen. War es nicht im Vergleich zu der Entwicklung der einstigen Klassenkämpfe ein sehr kurzer Zeitabschnitt? 70 Jahre der großkapitalistischen Entwicklung haben genügt, um uns so weit zu bringen, daß wir heute Ernst damit machen können, den Kapitalismus aus der Welt zu schaffen. Ja noch mehr: Wir sind heutzutage nicht nur in der Lage, diese Aufgabe zu lösen, sie ist nicht bloß unsere Pflicht gegenüber dem Proletariat, sondern ihre Lösung ist heute überhaupt die einzige Rettung für den Bestand der menschlichen Gesellschaft.

Denn, Parteigenossen, was hat dieser Krieg anderes von der bürgerlichen Gesellschaft zurückgelassen als einen gewaltigen Trümmerhaufen? Formell liegen noch sämtliche Produktionsmittel und auch sehr viele Machtmittel, fast alle ausschlaggebenden Machtmittel, in den Händen der herrschenden Klassen: darüber täuschen wir uns nicht. Aber was sie damit ausrichten können, außer den krampfhaften Versuchen, die Ausbeutung durch Blutbäder wiederaufzurichten, ist nichts als Anarchie. Sie sind so weit, daß heutzutage das Dilemma, vor dem die Menschheit steht, heißt: entweder Untergang in der Anarchie oder die Rettung durch den Sozialismus. Aus den Ergebnissen des Weltkrieges können die bürgerlichen Klassen unmöglich auf dem Boden ihrer Klassenherrschaft und des Kapitalismus irgendeinen Ausweg finden. Und so ist es gekommen, daß wir die Wahrheit, die gerade Marx und Engels zum ersten Male als wissenschaftliche Basis des Sozialismus in der großen Urkunde, in dem »*Kommunistischen Manifest*«, ausgesprochen haben: Der Sozialismus wird eine geschichtliche Notwendigkeit werden, in des Wortes genauester Bedeutung heute erleben. Der Sozialismus ist Notwendigkeit geworden nicht bloß deshalb, weil das Proletariat unter den Lebensbedingungen nicht mehr zu leben gewillt ist, die ihm die kapitalistischen Klassen bereiten, sondern deshalb, weil, wenn das Proletariat nicht seine Klassenpflichten erfüllt und den Sozialismus verwirklicht, uns allen zusammen der Untergang bevorsteht.

Nun, Parteigenossen, das ist die allgemeine Grundlage, auf der unser Programm aufgebaut ist, das wir heute offiziell annehmen und dessen Entwurf Sie ja in der Broschüre »Was will der Spartakusbund?« kennengelernt haben. Es befindet sich im bewußten Gegensatz zu dem Standpunkt, auf dem das Erfurter Programm bisher steht, im bewußten Gegensatz zu der Trennung der unmittelbaren, sogenannten Minimalforderungen für den politischen und wirtschaftlichen Kampf von dem sozialistischen Endziel als einem Maximalprogramm. Im bewußten Gegensatz dazu liquidieren wir die Resultate der letzten 70 Jahre der Entwicklung und namentlich das unmittelbare Ergebnis des Weltkrieges, indem wir sagen: für uns gibt es jetzt kein Minimal- und kein Maximalprogramm; eines und dasselbe ist der Sozialismus; das ist das Minimum, das wir heutzutage durchzusetzen haben.

Über einzelne Maßnahmen, die wir in unserm Programmentwurf Ihnen vorgelegt haben, werde ich mich hier nicht verbreiten, denn Sie haben ja die Möglichkeit, dazu im einzelnen Stellung zu nehmen, und es würde zu weit führen, wenn wir das detailliert hier besprechen wollten. Ich betrachte es als meine Aufgabe, nur die allgemeinen großen Grundzüge, die unsere programmatische Stellungnahme von der bisherigen, der sogenannten offiziellen deutschen Sozialdemokratie unterscheiden, hier zu kennzeichnen und zu formulieren. Dagegen halte ich es für wichtiger und dringender, daß wir uns darüber verständigen, wie die konkreten Umstände zu bewerten sind, wie die taktischen Aufgaben, die praktischen Lösungen sich gestalten müssen, die sich aus der politischen Lage, aus dem bisherigen Verlauf der Revolution und aus den vorauszusehenden weiteren Richtlinien ihrer Entwicklung ergeben. Wir wollen die politische Situation gemäß der Auffassung besprechen, die ich zu kennzeichnen versucht habe – vom Standpunkt der Verwirklichung des Sozialismus als der unmittelbaren Aufgabe, die jeder Maßnahme, jeder Stellungnahme unsererseits voranzuleuchten hat.

Genossen, unser heutiger Parteitag, der ja, wie ich glaube mit Stolz sagen zu dürfen, der konstituierende Parteitag der einzigen revolutionären sozialistischen Partei des deutschen Proletariats ist, dieser Parteitag fällt zusammen durch Zufall oder vielmehr, wenn ich eigentlich recht sagen soll, nicht durch Zufall, mit einem Wendepunkt in der Entwicklung der deutschen Revolution selbst. Man kann behaupten, daß mit den Vorgängen der letzten Tage die Anfangsphase der deutschen Revolution abgeschlossen ist, daß wir jetzt in ein zweites, weiteres Stadium der Entwicklung treten, und es ist unser aller Pflicht und zugleich die Quelle einer besseren tieferen Erkenntnis für die Zukunft, Selbstkritik zu üben, eine nachdenkliche kritische Prüfung des Geleisteten, Geschaffenen und Versäumten vorzunehmen, um die Handhaben für unser weiteres Vorgehen zu gewinnen. Wir wollen einen prüfenden Blick auf die eben abgeschlossene erste Phase der Revolution werfen!

Ihr Ausgangspunkt war der 9. November. Der 9. November war eine Revolution voller Unzulänglichkeiten und Schwächen. Das ist kein Wunder. Es war die Revolution, die nach den vier Jahren des Krieges gekommen ist, nach den vier Jahren, in denen das deutsche Proletariat dank der Erziehungsschule der Sozialdemokratie und der freien Gewerkschaften ein solches Maß von Schmach und Verleugnung seiner sozialistischen Aufgaben an den Tag gelegt hat, wie sich dafür in keinem anderen Lande uns ein Beispiel bietet. Man kann nicht erwarten, wenn man auf dem Boden historischer Entwicklung steht – und das tun wir gerade als Marxisten und Sozialisten –, daß man in dem Deutschland, das das furchtbare Bild des 4. August und der vier Jahre darauf geboten hat, plötzlich am 9. November 1918 eine großartige, klassen- und zielbewußte Revolution erlebt; und was wir am 9. November erlebt haben, war zu drei Vierteln mehr Zusammenbruch des bestehenden Imperialismus als Sieg eines neuen Prinzips. Es war einfach der Moment gekommen, wo der Imperialismus wie ein Koloß auf tönernen Füßen, innerlich morsch, zusammenbrechen mußte; und was darauf folgte, war eine mehr oder weniger chaotische, planlose, sehr wenig bewußte Bewegung, in der das einigende Band und das bleibende, das rettende Prinzip nur in der Losung zusammengefaßt war: die Bildung der Arbeiter- und Soldatenräte. Das ist das Stichwort dieser Revolution, das ihr sofort das besondere Gepräge der proletarischen sozialistischen Revolution gegeben hat – bei allen Unzulänglichkeiten und Schwächen des ersten Moments, und wir sollen es nie vergessen, wenn man uns mit den Verleumdungen gegen die russischen Bolschewisten kommt, darauf zu antworten: wo habt ihr das Abc eurer heutigen Revolution gelernt? Von den Russen habt ihr's geholt: die Arbeiter- und Soldatenräte; und jene Leutchen, die heute als ihr Amt betrachten, an der Spitze der deutschen sogenannten sozialistischen Regierung die russischen Bolschewisten zu meucheln, Hand in Hand mit den englischen Imperialisten, sie fußen ja formell gleichfalls auf Arbeiter- und Soldatenräten, und sie müssen damit bekennen: die russische Revolution war es, die die ersten Losungen für die Weltrevolution ausgegeben hat. Wir können sicher sagen – und das ergibt sich aus der ganzen Lage von selbst –: in welchem Lande auch nach Deutschland die proletarische Revolution zum Durchbruch kommt, ihre erste Geste wird die Bildung von Arbeiter- und Soldatenräten sein.

Gerade darin haben wir das einigende internationale Band unseres Vorgehens, das ist das Stichwort, das unsere Revolution vollständig von allen früheren bürgerlichen Revolutionen scheidet, und es ist sehr charakteristisch für die dialektischen Widersprüche, in denen sich diese Revolution, wie alle Revolutionen übrigens, bewegt, daß sie schon am 9. November, als sie ihren ersten Schrei, gewissermaßen ihren Geburtsschrei ausstieß, das Wort gefunden hat, das uns fortleitet bis in den Sozialismus: Arbeiter- und Soldatenräte, dieses Wort, um das sich alles gruppierte – und daß die Revolution dieses Wort instinktiv gefunden hat, trotzdem sie am 9. November so sehr zurück war, daß sie vor Unzulänglichkeiten, vor Schwächen, vor Mangel an eigener Initiative und Klarheit über ihre Aufgaben es fertiggebracht hat, beinahe am zweiten Tage nach der Revolution die Hälfte der Machtmittel sich wieder aus der Hand entgleiten zu lassen, die sie am 9. November erobert hatte. Darin zeigt sich einerseits, daß die heutige Revolution unter dem übermächtigen Gesetz der historischen Notwendigkeit steht, welches die Bürgschaft enthält, daß wir Schritt um Schritt an unser Ziel gelangen werden trotz aller Schwierigkeiten, Verwickelungen und eigener Gebrechen; andererseits aber muß man sagen, wenn man diese klare Losung mit der unzulänglichen Praxis vergleicht, die sich an sie geknüpft hat: es waren eben die ersten Kinderschritte der Revolution, die noch Gewaltiges zu leisten und einen weiten Weg zu gehen hat, um heranzuwachsen zur völligen Verwirklichung ihrer ersten Losungen.

Parteigenossen, diese erste Phase vom 9. November bis zu den letzten Tagen ist charakterisiert durch Illusionen nach allen Seiten hin. Die erste Illusion des Proletariats und der Soldaten, die die Revolution gemacht haben, war: die Illusion der Einigkeit unter dem Banner des sogenannten Sozialismus. Was kann charakteristischer sein für die innere Schwäche der Revolution des 9. November als ihr erstes Ergebnis, daß an die Spitze der Bewegung Elemente getreten sind, die zwei Stunden vor Ausbruch der Revolution ihr Amt darin erblickt haben, gegen sie zu hetzen, sie unmöglich zu machen: die Ebert-Scheidemann mit Haase! Die Idee der Vereinigung der verschiedenen sozialistischen Strömungen unter dem allgemeinen Jubel der Einigkeit, das war das Motto der Revolution vom 9. November – eine Illusion, die sich blutig rächen sollte und die wir erst in den letzten Tagen ausgelebt und ausgeträumt haben; eine Selbsttäuschung auch auf seiten der Ebert-Scheidemann und auch der Bourgeois – auf allen Seiten. Ferner eine Illusion der Bourgeoisie in diesem abgeschlossenen Stadium, daß sie vermittels der Kombination Ebert-Haase, der sogenannten sozialistischen Regierung, in Wirklichkeit die proletarischen Massen im Zügel halten und die sozialistische Revolution werde erdrosseln können, und die Illusion auf seiten der Regierung Ebert-Scheidemann, daß sie mit Hilfe der soldatischen Massen von den Fronten die Arbeitermassen in ihrem sozialistischen Klassenkampfe niederhalten könnte. Das waren die verschiedenartigen Illusionen, aus denen sich auch die Vorgänge der letzten Zeit erklären lassen. Sämtliche Illusionen sind in nichts zerronnen. Es hat sich gezeigt, daß die Vereinigung von Haase mit Ebert-Scheidemann unter dem Schilde des »Sozialismus« in Wirklichkeit nichts anderes bedeutete als ein Feigenblatt auf eine rein konterrevolutionäre Politik, und wir haben erlebt, daß wir von dieser Selbsttäuschung geheilt wurden wie in allen Revolutionen. Es gibt eine bestimmte revolutionäre Methode, das Volk von seinen Illusionen zu kurieren, diese Kur wird aber leider mit dem Blute des Volkes erkauft. Genau wie in allen früheren Revolutionen so auch hier. Es war das Blut der Opfer in der Chausseestraße am 6. Dezember, es war das Blut der gemordeten Matrosen am 24. Dezember, das die Erkenntnis und die Wahrheit für die breiten Massen besiegelt hat: Was ihr da zusammengeleimt habt als eine sogenannte sozialistische Regierung ist nichts anderes als eine Regierung der bürgerlichen Konterrevolution, und wer diesen Zustand weiter duldet, der arbeitet gegen das Proletariat und gegen den Sozialismus.

Parteigenossen, zerronnen ist aber auch die Illusion der Herren Ebert-Scheidemann, daß sie mit Hilfe der Soldaten von der Front imstande wären, das Proletariat dauernd niederzuhalten. Denn welches Ergebnis hat der 6. und der 24. Dezember gezeigt? Wir alle haben eine tiefgehende Ernüchterung der Soldatenmassen wahrnehmen können und den Beginn einer kritischen Stellungnahme ihrerseits denselben Herren gegenüber, die sie als Kanonenfutter gegen das sozialistische Proletariat haben gebrauchen wollen. Auch dies steht unter dem Gesetz der notwendigen objektiven Entwicklung der sozialistischen Revolution, daß die einzelnen Trupps der Arbeiterbewegung nach und nach durch eigene bittere Erfahrung dazu gebracht werden, den richtigen Weg der Revolution zu erkennen. Man hat nach Berlin frische Soldatenmassen eingeführt als Kanonenfutter, das die Regungen des sozialistischen Proletariats unterdrücken sollte – man hat erlebt, daß heute aus verschiedenen Kasernen die Nachfragen nach den Flugblättern des Spartakusbundes kommen. Parteigenossen, das ist der Abschluß der ersten Phase. Die Hoffnungen der Ebert-Scheidemann auf die Beherrschung des Proletariats mit Hilfe der rückständigen Soldaten sind zum großen Teil bereits erschüttert. Was sie in nicht zu ferner Zeit zu gewärtigen haben, das ist eine immer klarere revolutionäre Auffassung auch in der Kaserne und dadurch Vergrößerung der Armee des kämpfenden Proletariats, Schwächung des Lagers der Konterrevolution. Daraus ergibt sich aber, daß noch jemand seine Illusionen verlieren mußte, und das ist die Bourgeoisie, die herrschende Klasse. Wenn Sie die Zeitungen der letzten Tage nach den Ereignissen des 24. Dezember lesen, so merken Sie einen sehr deutlichen, klaren Ton der Enttäuschung, der Entrüstung: die Knechte da oben haben sich als untauglich erwiesen.

Man erwartete von Ebert-Scheidemann, daß sie sich als die starken Männer erweisen würden, um die Bestie niederzuhalten. Und was haben sie ausgerichtet? Sie haben ein paar unzulängliche Putsche gemacht, aus denen umgekehrt die Hydra der Revolution noch entschlossener den Kopf erhebt. Also eine gegenseitige Desillusion nach allen Seiten! Das Proletariat hat jede Illusion verloren über die Verkoppelung von Ebert-Scheidemann-Haase als sogenannte sozialistische Regierung. Ebert-Scheidemann haben die Illusion verloren, mit Hilfe des Proletariats im Soldatenrock die Proletarier in der Arbeiterbluse auf die Dauer niederhalten zu können, und die Bourgeoisie hat die Illusion verloren, vermittelst Ebert-Scheidemann-Haase die ganze sozialistische Revolution in Deutschland um ihre Ziele zu betrügen. Es ist nichts als negatives Konto, lauter Fetzen von vernichteten Illusionen. Aber gerade daß nur solche zerrissenen Fetzen nach der ersten Phase der Revolution zurückbleiben, ist für das Proletariat der größte Gewinn; denn es gibt nichts, was der Revolution so schädlich ist als Illusionen, es gibt nichts, was ihr so nützlich ist wie die klare, offene Wahrheit. Ich kann mich da auf die Meinung eines Klassikers des deutschen Geistes berufen, der kein Revolutionär des Proletariats, aber ein geistiger Revolutionär der Bourgeoisie war: Ich meine Lessing, der in einer seiner letzten Schriften als Bibliothekar in Wolfenbüttel die folgenden für mich sehr interessanten und sympathischen Sätze geschrieben hat:

»Ich weiß nicht, ob es Pflicht ist, Glück und Leben der Wahrheit zu opfern ... Aber das weiß ich, ist Pflicht, wenn man Wahrheit lehren will, sie ganz oder gar nicht zu lehren, sie klar und rund, ohne Rätsel, ohne Zurückhaltung, ohne Mißtrauen in ihre Kraft zu lehren ... Denn je gröber der Irrtum, desto kürzer und gerader der Weg zur Wahrheit; dahingegen der verfeinerte Irrtum uns auf ewig von der Wahrheit entfernt halten kann, je schwerer uns einleuchtet, daß er Irrtum ist ... Wer nur darauf denkt, die Wahrheit unter allerlei Larven und Schminken an den Mann zu bringen, der möchte wohl gern ihr Kuppler sein, nur ihr Liebhaber ist er nie gewesen.«

Parteigenossen, die Herren Haase, Dittmann usw. haben unter allerlei Larven und Schminken die Revolution, die sozialistische Ware an den Mann bringen wollen, sie haben sich als Kuppler der Konterrevolution erwiesen; heute sind wir frei von diesen Zweideutigkeiten, die Ware steht vor der Masse des deutschen Volkes in der brutalen, vierschrötigen Gestalt des Herrn Ebert und Scheidemann da. Heute kann auch der Blödeste nicht verkennen: das ist Konterrevolution, wie sie leibt und lebt.

Was ergibt sich nun als weitere Perspektive der Entwicklung, nachdem wir ihre erste Phase hinter uns haben. Selbstverständlich kann es sich nicht darum handeln zu prophezeien, sondern nur darum, die logischen Konsequenzen aus dem bisher Erlebten zu ziehen und auf die voraussichtlichen Wege der bevorstehenden Entwicklung zu schließen, um danach unsere Taktik, unsere eigene Kampfesweise zu richten. Parteigenossen, wohin führt der Weg weiter? Eine gewisse Andeutung darüber haben Sie schon in den letzten Äußerungen der neuen Regierung Ebert-Scheidemann in reiner, unverfälschter Couleur. Wohin kann sich der Kurs der sogenannten sozialistischen Regierung bewegen, nachdem, wie ich gezeigt habe, sämtliche Illusionen verschwunden sind? Diese Regierung verliert mit jedem Tage mehr den Rückhalt in den großen Massen des Proletariats, es sind neben dem Kleinbürgertum nur noch Reste, traurige Reste der Proletarier, die hinter ihr stehen, von denen es aber sehr unklar ist, wie lange sie noch hinter Ebert-Scheidemann stehen werden. Sie werden immer mehr den Rückhalt in den Soldatenmassen verlieren, denn die Soldaten haben sich auf den Weg der Kritik, der Selbstbesinnung begeben, ein Prozeß, der zwar vorerst noch langsam geht, jedoch keinen Halt machen kann bis zur vollen sozialistischen Erkenntnis. Sie haben den Kredit verloren bei der Bourgeoisie, weil sie sich nicht stark genug erwiesen. Wo kann also ihr Weg weiter gehen? Mit der Komödie der sozialistischen Politik werden sie sehr schnell völlig aufräumen; und wenn Sie das neue Programm dieser Herren lesen, dann werden Sie sehen, daß sie in die zweite Phase – die der entschleierten Konterrevolution, ja ich möchte das formulieren: in die Restauration der früheren, vorrevolutionären Verhältnisse mit Volldampf hinaussegeln. Was ist das Programm der neuen Regierung? Es ist die Wahl eines Präsidenten, der eine Mittelstellung zwischen dem englischen König und dem amerikanischen Präsidenten hat, also beinahe ein König Ebert; und zweitens Wiederherstellung des Bundesrats. Sie konnten heute die selbständig gestellten Forderungen der süddeutschen Regierungen lesen, die den bundesstaatlichen Charakter des Deutschen Reiches unterstrichen. Die Wiederherstellung des alten braven Bundesrats und natürlich seines Anhängsels, des Deutschen Reichstags, ist nur noch eine Frage von wenigen Wochen. Parteigenossen, die Ebert-Scheidemann begeben sich damit auf die Linie der einfachen Restauration der Verhältnisse, wie sie vor dem 9. November bestanden. Aber damit haben sie sich selbst auf eine schiefe Ebene begeben, um mit zerschmetterten Gliedern auf dem Boden des Abgrunds liegenzubleiben. Denn die Wiederaufrichtung der Verhältnisse *vor* dem 9. November war schon am 9. November überholt, und heute ist Deutschland meilenweit von dieser Möglichkeit entfernt. Die Regierung wird, um ihren Rückhalt bei der einzigen Klasse, deren wirkliche Klasseninteressen sie vertritt, bei der Bourgeoisie, zu stärken – den Rückhalt, der ja durch die letzten Vorgänge merklich geschwunden ist –, sich gezwungen sehen, eine immer gewaltsamere konterrevolutionäre Politik zu treiben. Aus diesen Forderungen der süddeutschen Staaten, die heute in den Blättern von Berlin veröffentlicht sind, spricht deutlich der Wunsch heraus, eine, wie es heißt, verstärkte Sicherheit des Deutschen Reiches herbeizuführen, auf gut deutsch heißt das: den Belagerungszustand gegen die »anarchistischen«, »putschistischen«, »bolschewistischen«, also sozialistischen Elemente durchzusetzen. Ebert-Scheidemann werden durch die Verhältnisse dahin gestoßen, zur Diktatur mit oder ohne Belagerungszustand zu greifen. Daraus ergibt sich aber, daß wir gerade durch die bisherige Entwicklung, durch die Logik der Ereignisse selbst und durch das Gewaltsame, das über den Ebert-Scheidemann lastet, dazu kommen werden, in der zweiten Phase der Revolution eine viel verschärftere Auseinandersetzung, viel heftigere Klassenkämpfe zu erleben, als das vorhin der Fall war; eine viel schärfere Auseinandersetzung nicht bloß deshalb, weil die politischen Momente, die ich bisher aufgezählt habe, dahin führen, ohne Illusionen, Brust an Brust, Auge in Auge den Kampfe zwischen der Revolution und der Konterrevolution aufzunehmen, sondern deshalb, weil ein neues Feuer, eine neue Flamme immer mehr aus der Tiefe in das Ganze hineingreift, und das sind die wirtschaftlichen Kämpfe.

Parteigenossen, es ist sehr charakteristisch für die erste Periode der Revolution, man kann sagen, bis zum 24. Dezember, die ich geschildert habe, daß sie – wir müssen uns das mit vollem Bewußtsein klarmachen – eine noch ausschließlich politische Revolution war; und darin liegt das Anfängliche, das Unzulängliche, das Halbe und Bewußtlose dieser Revolution. Das war das erste Stadium einer Umwälzung, deren Hauptaufgaben auf ökonomischem

Gebiete liegen: Umschwung der wirtschaftlichen Verhältnisse. Sie war unbefangen, bewußtlos wie ein Kind, das hinaustappt, ohne zu wissen, wohin, sie hatte noch, wie gesagt, einen rein politischen Charakter. Erst in den letzten Wochen haben ganz spontan die Streiks angefangen, sich bemerkbar zu machen. Wir wollen es nunmehr aussprechen:

Es liegt gerade in dem ganzen Wesen dieser Revolution, daß die Streiks sich mehr und mehr auswachsen, daß sie immer mehr zum Mittelpunkt, zur Hauptsache der Revolution werden müssen. Das ist dann eine ökonomische Revolution, und damit wird sie eine sozialistische Revolution. Der Kampf um den Sozialismus kann aber nur durch die Massen, unmittelbar Brust an Brust mit dem Kapitalismus ausgefochten werden, in jedem Betriebe, von jedem Proletarier gegen seinen Unternehmer. Nur dann wird es eine sozialistische Revolution sein.

Gedankenlosigkeit freilich stellte sich den Gang anders vor. Man dachte, es ist nur nötig, die alte Regierung zu stürzen, eine sozialistische Regierung an die Spitze zu stellen, dann werden Dekrete erlassen, die den Sozialismus einführen. Das war wiederum nichts als eine Illusion. Der Sozialismus wird nicht gemacht und kann nicht gemacht werden durch Dekrete, auch nicht von einer noch so ausgezeichneten sozialistischen Regierung. Der Sozialismus muß durch die Massen, durch jeden Proletarier gemacht werden. Dort, wo sie an die Kette des Kapitals geschmiedet sind, dort muß die Kette zerbrochen werden. Nur das ist Sozialismus, nur so kann Sozialismus gemacht werden.

Und wie ist die äußere Form des Kampfes um den Sozialismus? Es ist der Streik, und deshalb haben wir gesehen, daß die ökonomische Phase der Entwicklung jetzt in der zweiten Periode der Revolution in den Vordergrund getreten ist. Ich möchte auch hier betonen, wir können es mit Stolz sagen, und das wird niemand bestreiten: wir im Spartakusbund, die Kommunistische Partei Deutschlands, sind die einzigen in ganz Deutschland, die auf Seite der streikenden und kämpfenden Arbeiter stehen. Sie haben gelesen und gesehen bei allen Gelegenheiten, wie sich die Unabhängige Partei den Streiks gegenüber verhalten hat. Es war durchaus kein Unterschied zwischen der Stellung des »Vorwärts« und der »Freiheit«. Es wurde gesagt: ihr müßt fleißig sein, Sozialismus heißt Viel-Arbeiten. Und das sagt man, solange noch das Kapital das Heft in den Händen hat! Damit macht man keinen Sozialismus, sondern nur durch energischste Bekämpfung des Kapitalismus, dessen Ansprüche verteidigt werden von den äußersten Scharfmachern bis zur Unabhängigen Partei, bis zur »Freiheit«, allein ausgenommen unsere Kommunistische Partei. Deshalb ist es schon durch diese Darstellung gesagt, daß heute gegen die Streiks restlos alles in schärfster Weise ankämpft, was nicht auf unserem revolutionär-kommunistischen Boden steht.

Daraus ergibt sich: in der kommenden Phase der Revolution werden sich die Streiks nicht nur immer mehr ausdehnen, sondern sie werden im Mittelpunkt, im entscheidenden Punkt der Revolution stehen, zurückdrängend die rein politischen Fragen. So werden Sie einsehen, daß eine ungeheure Verschärfung der Lage im wirtschaftlichen Kampfe eintreten wird. Denn damit kommt die Revolution an die Stelle, wo die Bourgeoisie keinen Spaß versteht. Die Bourgeoisie kann sich Mystifikationen leisten auf politischem Gebiet, wo eine Maskerade noch möglich ist, wo noch Leute wie Ebert-Scheidemann mit sozialistischen Aufschriften auftreten können, aber nicht da, wo es um den Profit geht. Da wird sie die Regierung Ebert-Scheidemann vor die Alternative stellen: entweder mit den Streiks ein Ende zu machen, die ihr drohende Erdrosselung durch die Streikbewegung zu beseitigen, oder aber die Herren Ebert-Scheidemann werden ausgespielt haben. Ich glaube auch, daß schon ihre politischen Maßnahmen dazu führen werden, daß sie sehr bald ausgespielt haben. Die Ebert-Scheidemann empfinden es besonders schmerzlich, daß sie bei der Bourgeoisie nicht viel Vertrauen gefunden haben. Die Bourgeoisie wird es sich überlegen, ob sie den Hermelin auf die derbe Parvenügestalt des Ebert wird legen wollen. Wenn es soweit kommt, dann wird es schließlich heißen:

es genügt hierzu nicht Blut an den Fingern, sondern er muß blaues Blut in den Adern haben, wenn es soweit kommt, dann wird es heißen: wenn wir einen König haben wollen, brauchen wir keinen Emporkömmling, der sich nicht mal als König benehmen kann.

So, Parteigenossen, drängen die Herren Ebert-Scheidemann dazu, daß sich eine konterrevolutionäre Bewegung breitmacht. Sie werden mit den emporlodernden Flammen des ökonomischen Klassenkampfes nicht fertig werden, und sie werden der Bourgeoisie mit ihren Bestrebungen doch nicht Befriedigung schaffen. Sie werden untertauchen, um entweder einem Versuch der Konterrevolution Platz zu machen, die sich zusammenrafft zu einem verzweifelten Kampf um einen Herrn Groener oder zu einer ausgesprochenen Militärdiktatur unter Hindenburg, oder aber sie werden anderen konterrevolutionären Mächten weichen müssen.

Genaues läßt sich nicht bestimmen, es können keine positiven Aussagen gemacht werden über das, was kommen muß. Aber es kommt ja gar nicht auf die äußeren Formen an, auf den Moment, wann dieses oder jenes eintritt, uns genügen die großen Richtlinien der Weiterentwicklung, und die führen dahin: Nach der ersten Phase der Revolution, der des vorwiegend politischen Kampfes, kommt eine Phase des verstärkten, gesteigerten, in der Hauptsache ökonomischen Kampfes, wobei in kurzer oder vielleicht etwas längerer Zeit die Regierung Ebert-Scheidemann in den Orkus verschwinden muß.

Was aus der Nationalversammlung in der zweiten Phase der Entwicklung wird, ist gleichfalls schwer vorauszusagen. Es ist möglich, daß, wenn sie zustande kommt, sie eine neue Schule der Erziehung für die Arbeiterklasse sein wird, oder aber, das ist ebenso nicht ausgeschlossen, es kommt überhaupt gar nicht zu der Nationalversammlung, voraussagen läßt sich nichts. Ich will nur in Klammern hinzufügen, damit Sie verstehen, von welchem Standpunkte wir gestern unsere Position verteidigten: Wir waren nur dagegen, unsere Taktik auf die eine Alternative zu stellen. Ich will hier nicht von neuem Diskussionen anschneiden, sondern dies nur sagen, damit nicht etwa jemand von Ihnen beim flüchtigen Zuhören auf die Idee kommt: Aha, jetzt kommen andere Töne. Wir stehen geschlossen vollkommen auf demselben Boden wie gestern. Wir wollen unsere Taktik gegenüber der Nationalversammlung nicht auf die Möglichkeit einstellen, die wohl eintreten kann, aber nicht muß, daß nämlich die Nationalversammlung in die Luft fliegt, sondern wir wollen sie einstellen auf alle Eventualitäten, auch auf die revolutionäre Ausnutzung der Nationalversammlung, wenn sie zustande kommt. Ob sie zustande kommt oder nicht, ist gleichgültig, die Revolution kann auf alle Fälle nur gewinnen.

Und was bleibt dann der abgewirtschafteten Regierung Ebert-Scheidemann oder irgendeiner anderen sozialdemokratisch genannten Regierung, die am Ruder ist, noch übrig? Ich habe gesagt, das Proletariat als Masse ist bereits ihren Händen entschlüpft, die Soldaten sind gleichfalls nicht mehr als konterrevolutionäres Kanonenfutter zu gebrauchen. Was bleibt diesen armen Leutchen dann überhaupt noch übrig, um ihre Situation zu retten? Es bleibt ihnen nur noch eine Chance, und wenn Sie, Parteigenossen, heute die Pressenachrichten gelesen haben, werden Sie sehen, wo die letzten Reserven stehen, die die deutsche Konterrevolution gegen uns ins Feld führen wird, wenn es hart auf hart gehen soll. Sie haben alle gelesen, daß die deutschen Truppen bereits in Riga Arm in Arm mit den Engländern gegen die russischen Bolschewiki vorgehen. Parteigenossen, ich habe da Dokumente in den Händen, durch die wir das, was jetzt in Riga ausgetragen wird, überblicken können. Die ganze Sache geht aus von dem Oberkommando der VIII. Armee, Arm in Arm mit Herrn August Winnig, dem deutschen Sozialdemokraten und Gewerkschaftsführer. Man hat es immer so hingestellt, als seien die armen Ebert-Scheidemann die Opfer der Entente. Es war aber eine Taktik des »Vorwärts« schon seit Wochen, seit dem Anfang der Revolution, es so hinzustellen, als sei die Erdrosselung der Revolution in Rußland der aufrichtige Wunsch der Entente, und dadurch wurde der Entente selbst erst der Gedanke hieran nahegelegt. Wir haben hier dokumentarisch festgestellt, wie das auf Kosten des russischen Proletariats und der deutschen Revolution gemacht wurde. In einem Telegramm vom 26. Dezember gibt der Oberstleutnant Buerkner, Chef des Generalstabs der VIII. Armee, von den Verhandlungen Kenntnis, die zu dieser Abmachung in Riga führten. Das betreffende Telegramm lautet:

»Am 23. 12. fand Besprechung zwischen Reichsbevollmächtigten Winnig und englischem Regierungsvertreter, früherem Generalkonsul in Riga, Monsanquet, an Bord englischen Schiffes ›Prinzeß Margret‹ statt, zu welcher auch Beteiligung des deutschen Oberbefehlshabers oder seines Vertreters erbeten war. Ich wurde zur Teilnahme bestimmt. Zweck der Besprechung: Ausführung der Waffenstillstandsbedingungen. Verlauf der Besprechung: Engländer: Hier liegende Schiffe sollen Ausführung der Bedingungen überwachen. Auf Grund der Waffenstillstandsbedingungen wird folgendes gefordert:

1. Daß die Deutschen eine genügende Streitmacht in diesem Bezirk zu halten haben, um die Bolschewisten in Schach zu halten und ihnen nicht zu erlauben, über ihre gegenwärtigen Stellungen heraus vorzudringen.«

Ferner:

»3. Eine Aufstellung der gegenwärtigen Dispositionen für die Truppen, welche gegen die Bolschewisten fechten, sowohl der deutschen wie der lettischen, soll an den britischen militärischen Stabsoffizier gesandt werden zur Kenntnis für den ältesten Marineoffizier. Alle künftigen Dispositionen hinsichtlich der Truppen, welche zum Kampf gegen die Bolschewisten bestimmt sind, sollen durch denselben Offizier mitgeteilt werden.

4. Eine genügende Streitkraft muß an den folgenden Punkten unter Waffen gehalten werden, um ihre Einnahme durch die Bolschewisten oder deren Vordringen in eine allgemeine Linie, welche nachfolgende Plätze verbindet, zu verhindern: Walk, Wolmar, Wenden, Friedrichstadt, Pensk, Mitau.

5. Die Eisenbahn von Riga nach Libau soll gegen bolschewistische Angriffe gesichert werden, und alle britischen

Vorräte und Post, welche auf dieser Strecke fahren, sollen Vorzugsbehandlung genießen.«

Dann folgt eine weitere Reihe von Forderungen. Und nun die Antwort des deutschen Bevollmächtigten, Herrn Winnig:

»Zwar sei es ungewöhnlich, eine Regierung zwingen zu wollen, einen fremden Staat besetzt zu halten, in diesem Falle aber wäre es unser eigenster Wunsch« – das sagt Herr Winnig, der deutsche Gewerkschaftsführer! –, »da es gelte, deutsches Blut zu schützen« – die baltischen Barone –, »und wir uns auch für moralisch gebunden hielten, dem Lande zu helfen, das wir aus seinem früheren staatlichen Zusammenhange frei gemacht hätten. Unsere Bestrebungen würden aber erschwert erstens durch den Zustand der Truppen, die unter dem Einfluß der Wirkung der Waffenstillstandsbedingungen nicht mehr kämpfen, sondern heim wollten, die außerdem aus alten, kriegsinvaliden Leuten beständen; zweitens durch das Verhalten der hiesigen Regierungen« – gemeint sind die lettischen –, »die die Deutschen als ihre Unterdrücker hinstellen. Wir wären bemüht, freiwillige, kampfbereite Verbände zu schaffen, was zum Teil schon gelungen sei.«

Das ist Konterrevolution, was hier gemacht wird. Sie haben vor einiger Zeit von der Bildung der eisernen Division gelesen, die ausdrücklich zur Bekämpfung der Bolschewisten in den baltischen Ländern geschaffen wurde. Es war nicht klar, wie sich die Ebert-Scheidemann-Regierung dazu stellt. Jetzt wissen Sie, daß es diese Regierung selbst war, die den Vorschlag dazu gemacht hat.

Parteigenossen, noch eine kleine Bemerkung über Winnig. Wir können es ruhig aussprechen, daß die deutschen Gewerkschaftsführer – es ist kein Zufall, daß ein Gewerkschaftsführer solche politischen Dienste leistet –, daß die deutschen Gewerkschaftsführer und die deutschen Sozialdemokraten die infamsten und größten Halunken, die in der Welt gelebt haben, sind. Wissen Sie, wohin diese Leute, Winnig, Ebert, Scheidemann, gehören? Nach dem deutschen Strafkodex, den sie ja selbst in voller Gültigkeit erklären und nach dem sie selbst Recht sprechen lassen, gehören diese Leute ins Zuchthaus! Denn nach dem deutschen Strafkodex wird mit Zuchthaus bestraft, der es unternimmt, deutsche Soldaten für ausländische Dienste zu werben. Und heute haben wir – das können wir ruhig heraussagen – an der Spitze der »sozialistischen« Regierung nicht bloß Leute, die Judasse der sozialistischen Bewegung, der proletarischen Revolution sind, sondern auch Zuchthäusler, die überhaupt nicht in eine anständige Gesellschaft hineingehören.

Ich werde Ihnen in Zusammenhang mit diesem Punkt zum Schluß meines Referats eine Resolution vorlesen, zu der ich Ihren einstimmigen Beifall erwarte, damit wir mit nötigem Nachdruck gegen diese Leute auftreten können, die die Geschicke Deutschlands nunmehr leiten.

Genossen, um den Faden meiner Darlegungen wieder aufzunehmen: Es ist klar, daß alle diese Machenschaften, die Bildung eiserner Divisionen und namentlich das erwähnte Übereinkommen mit dem englischen Imperialismus nichts anderes bedeuten, als die letzten Reserven, um die deutsche sozialistische Bewegung zu erdrosseln, damit ist aber auch die Kardinalfrage, die Frage in bezug auf die Friedensaussichten aufs engste verknüpft. Was sehen wir in diesen Abmachungen anders als die Wiederentfachung des Krieges? Während diese Halunken in Deutschland eine Komödie aufführen, daß sie alle Hände voll zu tun hätten, den Frieden herzustellen, und daß wir die Leute, die Störenfriede seien, die die Unzufriedenheit der Entente erregen und den Frieden hinauszögen, bereiten sie mit eigenen Händen das Wiederaufflammen des Krieges, des Krieges im Osten vor, dem der Krieg in Deutschland auf dem Fuße folgen wird. So haben Sie auch hier wieder die Situation, die dazu führt, daß wir uns in eine Periode der scharfen Auseinandersetzung begeben müssen. Wir werden zusammen mit dem Sozialismus und den Interessen der Revolution auch die Interessen des Weltfriedens zu verteidigen haben, und dies ist gerade die Bestätigung der Taktik, die wir Spartakusleute wiederum als die einzigen während des ganzen vierjährigen Krieges bei jeder Gelegenheit vertreten haben. Friede bedeutet Weltrevolution des Proletariats! Es gibt keinen anderen Weg, den Frieden wirklich herzustellen und zu sichern, als den Sieg des sozialistischen Proletariats.

Parteigenossen, was ergibt sich für uns daraus als allgemeine taktische Richtlinie für die Situation, in der wir in nächster Zeit stehen? Das Nächste, was Sie daraus schließen werden, ist wohl die Hoffnung, daß nun der Sturz der Ebert-Scheidemann-Regierung erfolgt und daß sie durch eine ausgesprochen sozialistisch-proletarisch-revolutionäre Regierung ersetzt werden müßte. Allein, ich möchte Ihr Augenmerk nicht nach der Spitze, nach oben richten, sondern nach unten. Wir dürfen nicht die Illusion der ersten Phase der Revolution, der des 9. November, weiterpflegen und wiederholen, als sei es überhaupt für den Verlauf der sozialistischen Revolution genügend, die kapitalistische Regierung zu stürzen und durch eine andere zu ersetzen. Nur dadurch kann man den Sieg der proletarischen Revolution herbeiführen, daß man umgekehrt anfängt, die Regierung Ebert-Scheidemann zu unterminieren durch einen sozialen, revolutionären Massenkampf des Proletariats auf Schritt und Tritt, auch möchte ich Sie hier an einige Unzulänglichkeiten der deutschen Revolution erinnern, die nicht mit der ersten Phase überwunden worden sind, sondern deutlich zeigen, daß wir leider noch nicht soweit sind, um durch den Sturz der Regierung den Sieg des Sozialismus zu sichern. Ich habe Ihnen darzulegen versucht, daß die Revolution des 9. November vor allem eine politische Revolution war, während sie doch in der Hauptsache noch eine ökonomische werden muß. Sie war aber auch nur eine städtische Revolution, das flache Land ist bis jetzt so gut wie unberührt geblieben. Es wäre ein Wahn, den Sozialismus ohne Landwirtschaft zu verwirklichen. Vom Standpunkt der sozialistischen Wirtschaft läßt sich überhaupt die Industrie gar nicht umgestalten ohne die unmittelbare Verquickung mit einer sozialistisch umorganisierten Landwirtschaft. Der wichtigste Gedanke der sozialistischen Wirtschaftsordnung ist Aufhebung des Gegensatzes und der Trennung zwischen Stadt und Land. Diese Trennung, dieser Widerspruch, dieser Gegensatz ist eine rein kapitalistische Erscheinung, die sofort aufgehoben werden muß, wenn wir uns auf den sozialistischen Standpunkt stellen. Wenn wir Ernst machen wollen mit einer sozialistischen Umgestaltung, müssen Sie Ihr Augenmerk ebenso auf das flache Land richten wie auf die Industriezentren, und hier sind wir leider noch nicht einmal beim Anfang des Anfangs. Es muß jetzt Ernst damit gemacht werden, nicht bloß aus dem Gesichtspunkt heraus, weil wir ohne Landwirtschaft nicht sozialisieren können, sondern auch, weil, wenn wir jetzt die letzten Reserven der Gegenrevolution gegen uns und unsere Bestrebungen aufgezählt haben, wir eine wichtige Reserve noch nicht aufgezählt haben, das Bauerntum. Gerade, weil es bis jetzt unberührt geblieben ist, ist es noch eine Reserve für die konterrevolutionäre Bourgeoisie. Und das erste, was sie tun wird, wenn die Flamme des sozialistischen Streiks ihr auf den Fersen brennt, ist die Mobilisierung des Bauerntums, des fanatischsten Anhängers des Privateigentums. Gegen diese drohende konterrevolutionäre Macht gibt es kein anderes Mittel, als den Klassenkampf aufs Land hinauszutragen, gegen das Bauerntum das landlose Proletariat und das Kleinbauerntum mobil zu machen.

Daraus ergibt sich, was wir zu tun haben, um die Voraussetzungen des Gelingens der Revolution zu sichern, und ich möchte unsere nächsten Aufgaben deshalb dahin zusammenfassen: wir müssen vor allen Dingen das System der Arbeiter- und Soldatenräte, in der Hauptsache das System der Arbeiterräte in der Zukunft ausbauen, nach allen Richtungen hin. Was wir am 9. November übernommen haben, sind nur schwache Anfänge und nicht bloß das. Wir haben in der ersten Phase der Revolution sogar große Machtmittel wieder verloren. Sie wissen, daß ein fortgesetzter Abbau des Arbeiter- und Soldatenräte-Systems durch die Gegenrevolution vorgenommen worden ist. In Hessen sind die Arbeiter- und Soldatenräte durch die konterrevolutionäre Regierung überhaupt aufgehoben worden, an anderen Stellen werden ihnen die Machtmittel aus der Hand gerissen. Wir müssen deshalb nicht bloß das Arbeiter- und Soldatenräte-System ausbauen, sondern auch die Landarbeiter und Kleinbauern in dieses System der Räte einführen. Wir müssen die Macht ergreifen, wir müssen uns die Frage der Machtergreifung vorlegen als die Frage, was tut, was kann, was soll jeder Arbeiter- und Soldatenrat in ganz Deutschland? Dort liegt die Macht, wir müssen von unten auf den bürgerlichen Staat aushöhlen, indem wir überall die öffentliche Macht, Gesetzgebung und Verwaltung nicht mehr trennen, sondern vereinigen, in die Hände der Arbeiter- und Soldatenräte bringen.

Parteigenossen, das ist ein gewaltiges Feld, das zu beackern ist. Wir müssen vorbereiten von unten auf, den Arbeiter- und Soldatenräten eine solche Macht geben, daß, wenn die Regierung Ebert-Scheidemann oder irgendeine ihr ähnliche gestürzt wird, dies dann nur der Schlußakt ist. So soll die Machteroberung nicht eine einmalige, sondern eine fortschreitende sein, indem wir uns hineinpressen in den bürgerlichen Staat, bis wir alle Positionen besitzen und sie mit Zähnen und Nägeln verteidigen. Und der ökonomische Kampf, auch er soll nach meiner Auffassung und der Auffassung meiner nächsten Parteifreunde durch die Arbeiterräte geführt werden. Auch die Leitung der ökonomischen Auseinandersetzung und die Hinüberleitung dieser Auseinandersetzung in immer größere Bahnen soll in den Händen der Arbeiterräte liegen. Die Arbeiterräte sollen alle Macht im Staate haben. Nach dieser Richtung hin haben wir in der nächsten Zeit zu arbeiten, und daraus ergibt sich auch, wenn wir uns diese Aufgabe stellen, daß wir mit einer kolossalen Verschärfung des Kampfes in der nächsten Zeit zu rechnen haben. Denn hier gilt es, Schritt um Schritt, Brust an Brust zu kämpfen in jedem Staat, in jeder Stadt, in jedem Dorf, in jeder Gemeinde, um alle Machtmittel des Staates, die der Bourgeoisie Stück um Stück entrissen werden müssen, den Arbeiter- und Soldatenräten zu übertragen. Dazu müssen aber auch unsere Parteigenossen, dazu müssen die Proletarier erst geschult werden. Auch dort, wo Arbeiter- und Soldatenräte bestehen, fehlt noch das Bewußtsein dafür, wozu die Arbeiter- und Soldatenräte berufen sind. Wir müssen die Massen erst darin schulen, daß der Arbeiter- und Soldatenrat der Hebel der Staatsmaschinerie nach allen Richtungen hin sein soll, daß er jede Gewalt übernehmen muß und sie alle in dasselbe Fahrwasser der sozialistischen Umwälzung leiten muß. Davon sind auch noch diejenigen Arbeitermassen, die schon in den Arbeiter- und Soldatenräten organisiert sind, meilenweit entfernt, ausgenommen natürlich einzelne kleinere Minderheiten von Proletariern, die sich ihrer Aufgaben klar bewußt sind. Aber das ist nicht ein Mangel, sondern das ist gerade das Normale. Die Masse muß, indem sie Macht ausübt, lernen, Macht auszuüben. Es gibt kein anderes Mittel, ihr das beizubringen. Wir sind nämlich zum Glück über die Zeiten hinaus, wo es hieß, das Proletariat sozialistisch zu schulen. – Diese Zeiten scheinen für die Marxisten von der Kautskyschen Schule bis auf den heutigen Tag noch zu existieren. Die proletarischen Massen sozialistisch schulen, das heißt: ihnen Vorträge halten und Flugblätter und Broschüren verbreiten. Nein, die sozialistische Proletarierschule braucht das alles nicht. Sie werden geschult, indem sie zur Tat greifen. Hier heißt es: Im Anfang war die Tat; und die Tat muß sein, daß die Arbeiter- und Soldatenräte sich berufen fühlen und es lernen, die einzige öffentliche Gewalt im ganzen Reiche zu werden. Nur auf diese Weise können wir den Boden so unterminieren, daß er reif wird zu dem Umsturz, der dann unser Werk zu krönen hat. Und deshalb, Parteigenossen, war es auch nicht ohne klare Berechnung und ohne klares Bewußtsein, wenn wir Ihnen gestern ausführten, wenn ich speziell Ihnen sagte: Machen Sie sich den Kampf nicht weiter so bequem! Von einigen Genossen ist es falsch dahin aufgefaßt worden, als hätte ich angenommen, sie wollten bei der Boykottierung der Nationalversammlung mit verschränkten Armen stehen. Nicht im Traum ist mir das eingefallen. Ich konnte bloß nicht mehr auf die Sache eingehen; in dem heutigen Rahmen und Zusammenhang habe ich die Möglichkeit. Ich meine, die Geschichte macht es uns nicht so bequem, wie es in den bürgerlichen Revolutionen war, daß es genügte, im Zentrum die offizielle Gewalt zu stürzen und durch ein paar oder ein paar Dutzend neue Männer zu ersetzen. Wir müssen von unten auf arbeiten, und das entspricht gerade dem Massencharakter unserer Revolution bei den Zielen, die auf den Grund und Boden der gesellschaftlichen Verfassung gehen, das entspricht dem Charakter der heutigen proletarischen Revolution, daß wir die Eroberung der politischen Macht nicht von oben, sondern von unten machen müssen. Der 9. November war der Versuch, an der öffentlichen Gewalt, an der Klassenherrschaft zu rütteln – ein schwächlicher, halber, unbewußter, chaotischer Versuch. Was jetzt zu machen ist, ist, mit vollem Bewußtsein die gesamte Kraft des Proletariats auf die Grundfesten der kapitalistischen Gesellschaft zu richten. Unten, wo der einzelne Unternehmer seinen Lohnsklaven gegenübersteht, unten, wo sämtliche ausführenden Organe der politischen Klassenherrschaft gegenüber den Objekten dieser Herrschaft, den Massen stehen, dort müssen wir Schritt um Schritt den Herrschenden ihre Gewaltmittel entreißen und in unsere Hände bringen. Wenn ich es so schildere, nimmt sich der Prozeß vielleicht etwas langwieriger aus, als man geneigt wäre, ihn sich im ersten Moment vorzustellen. Ich glaube, es ist gesund für uns, wenn wir uns mit voller Klarheit alle Schwierigkeiten und Komplikationen dieser Revolution vor Augen führen. Denn ich hoffe, wie auf mich, so wirkt auch auf keinen von euch die Schilderung der großen Schwierigkeiten der sich auftürmenden Aufgaben dahin, daß Ihr etwa in eurem Eifer oder eurer Energie erlahmt; im Gegenteil: je größer die Aufgabe, um so mehr werden wir alle Kräfte zusammenfassen; und wir vergessen nicht: die Revolution versteht ihre Werke mit ungeheurer *Geschwindigkeit* zu vollziehen. Ich übernehme es nicht, zu prophezeien, wieviel Zeit dieser Prozeß braucht. Wer rechnet von uns, wen kümmert das, wenn nur unser Leben dazu ausreicht, es dahin zu bringen! Es kommt nur darauf an, daß wir klar und genau wissen, was zu tun ist; und was zu tun ist, hoffe ich mit meinen schwachen Kräften Ihnen einigermaßen in den Hauptzügen dargelegt zu haben.

Bericht über den Gründungsparteitag
der Kommunistischen Partei Deutschlands (Spartakusbund)
vom 30. Dezember 1918 bis 1. Januar 1919,
o. O., o. J., S. 18–42.

Die Ordnung herrscht in Berlin

»Ordnung herrscht in Warschau«, teilte der Minister Sebastiani im Jahre 1831 in der Pariser Kammer mit, als Paskiewitschs Soldateska nach dem furchtbaren Sturm auf die Vorstadt Praga in der polnischen Hauptstadt eingerückt war und ihre Henkerarbeit an den Aufständischen begonnen hatte.

»Ordnung herrscht in Berlin!« verkündet triumphierend die bürgerliche Presse, verkünden Ebert und Noske, verkünden die Offiziere der »siegreichen Truppen«, denen der Berliner kleinbürgerliche Mob in den Straßen mit Tüchern winkt, mit Hurra! zujubelt. Der Ruhm und die Ehre der deutschen Waffen sind vor der Weltgeschichte gerettet. Die jämmerlich Geschlagenen von Flandern und den Argonnen haben ihren Ruf wiederhergestellt durch den glänzenden Sieg – über die 300 »Spartakisten« im »Vorwärts«. Die Zeiten des ersten ruhmreichen Eindringens deutscher Truppen in Belgien, die Zeiten Generals von Emmich, des Bezwingers von Lüttich, erblassen vor den Taten der Reinhardt und Gen. in den Straßen Berlins. Niedergemetzelte *Parlamentäre*, die über die Übergabe des »Vorwärts« verhandeln wollten und von der Regierungs-Soldateska mit Kolben bis zur Unkenntlichkeit zugerichtet wurden, so daß die Rekognoszierung ihrer Leichen unmöglich ist, Gefangene, die an die Wand gestellt und in einer Weise hingemordet werden, daß Schädel und Hirn herumspritzen: Wer denkt da noch angesichts so glorreicher Taten an die schmählichen Niederlagen vor den Franzosen, Engländern und Amerikanern? »Spartakus« heißt der Feind und Berlin der Ort, wo unsere Offiziere zu siegen verstehen. Noske, der »Arbeiter«, heißt der General, der Siege zu organisieren weiß, wo Ludendorff versagt hat.

Wer denkt da nicht an den Siegesrausch der »Ordnungs«-meute in Paris, an das Bacchanal der Bourgeoisie auf den Leichen der Kommunekämpfer, derselben Bourgeoisie, die eben erst vor den Preußen erbärmlich kapituliert und die Hauptstadt des Landes dem äußeren Feinde preisgegeben hatte, um selbst, wie die letzten Feiglinge, Fersengeld zu geben! Aber gegen die schlecht bewaffneten ausgehungerten Pariser Proletarier, gegen ihre wehrlosen Weiber und Kinder – wie flammte da wieder der Mannesmut der Bourgeoissöhnchen, der »goldenen Jugend«, der Offiziere auf! Wie tobte sich da die Tapferkeit der vor dem äußeren Feind zusammengeknickten Marssöhne in bestialischen Grausamkeiten an Wehrlosen, an Gefangenen, an Gefallenen aus!

»Ordnung herrscht in Warschau!« – »Ordnung herrscht in Paris!« – »Ordnung herrscht in Berlin!« So laufen die Meldungen der Hüter der »Ordnung« jedes halbe Jahrhundert von einem Zentrum des weltgeschichtlichen Kampfes zum andern. Und die frohlockenden »Sieger« merken nicht, daß eine »Ordnung«, die periodisch durch blutige Metzeleien aufrechterhalten werden muß, unaufhaltsam ihrem historischen Geschick, ihrem Untergang entgegengeht. Was war diese letzte »Spartakus-Woche« in Berlin, was hat sie gebracht, was lehrt sie uns? Noch mitten im Kampf, mitten im Siegesgeheul der Gegenrevolution müssen sich die revolutionären Proletarier über das Geschehene Rechenschaft ablegen, die Vorgänge und ihre Ergebnisse am großen historischen Maßstab messen. Die Revolution hat keine Zeit zu verlieren, sie stürmt weiter – über noch offene Gräber, über »Siege« und »Niederlagen« hinweg – ihren großen Zielen entgegen. Ihren Richtlinien, ihren Wegen mit Bewußtsein zu folgen, ist die erste Aufgabe der Kämpfer für den internationalen Sozialismus.

War ein endgültiger Sieg des revolutionären Proletariats in dieser Auseinandersetzung, war der Sturz der Ebert-Scheidemann und eine Aufrichtung der sozialistischen Diktatur zu erwarten? Gewiß nicht, wenn man alle Momente reiflich in Betracht zieht, die über die Frage entscheiden. Die wunde Stelle der revolutionären Sache in diesem

Augenblick: die politische Unreife der Soldatenmasse, die sich immer noch von ihren Offizieren zu volksfeindlichen gegenrevolutionären Zwecken mißbrauchen läßt, ist allein schon ein Beweis dafür, daß ein *dauernder* Sieg der Revolution in diesem Zusammenstoß nicht möglich war. Andererseits ist diese Unreife des Militärs selbst nur ein Symptom der allgemeinen Unreife der deutschen Revolution.

Das platte Land, aus dem ein großer Prozentsatz der Soldatenmasse stammt, ist nach wie vor noch von der Revolution kaum berührt. Berlin ist bislang noch vom Reich so gut wie isoliert. Zwar stehen in der Provinz die revolutionären Zentren – im Rheinland, an der Wasserkante, in Braunschweig, in Sachsen, in Württemberg – mit Leib und Seele auf seiten des Berliner Proletariats. Doch fehlt vorerst noch der unmittelbare Gleichschritt des Vormarsches, die direkte Gemeinsamkeit der Aktion, die den Vorstoß und die Schlagfertigkeit der Berliner Arbeiterschaft unvergleichlich wirksamer gestalten würde. Sodann sind – was nur der tiefere Zusammenhang jener politischen Unfertigkeiten der Revolution – die wirtschaftlichen Kämpfe, die eigentliche vulkanische Quelle, die den revolutionären Klassenkampf fortlaufend speist – erst im Anfangsstadium begriffen.

Aus alledem ergibt sich, daß auf einen endgültigen dauernden Sieg in diesem Augenblick noch nicht gerechnet werden konnte. War deshalb der Kampf der letzten Woche ein »Fehler«? Ja, wenn es sich überhaupt um einen absichtlichen »Vorstoß«, um einen sogenannten »Putsch« handeln würde! Was war aber der Ausgangspunkt der letzten Kampfwoche? Wie in allen bisherigen Fällen, wie am 6. Dezember, wie am 24. Dezember: eine brutale Provokation der Regierung! Wie früher das Blutbad gegen wehrlose Demonstranten in der Chausseestraße, wie die Metzelei gegen die Matrosen, so war diesmal der Anschlag gegen das Berliner Polizeipräsidium die Ursache aller weiteren Ereignisse. Die Revolution operiert eben nicht aus freien Stücken, in einem offenen Blachfeld, nach einem schlau von »Strategen« zurechtgelegten Plan. Ihre Gegner haben *auch* die Initiative, ja, sie üben sie in der Regel viel mehr, als die Revolution selbst, aus.

Vor die Tatsache der frechen Provokation seitens der Ebert-Scheidemann gestellt, war die revolutionäre Arbeiterschaft *gezwungen*, zu den Waffen zu greifen. Ja, es war *Ehrensache* der Revolution, sofort den Angriff mit aller Energie abzuschlagen, sollte nicht die Gegenrevolution zu weiterem Vordringen ermuntert, die revolutionären Reihen des Proletariats, der moralische Kredit der deutschen Revolution in der Internationale erschüttert werden.

Der sofortige Widerstand kam auch spontan mit einer so selbstverständlichen Energie aus den Berliner Massen heraus, daß gleich im ersten Anlauf der moralische Sieg auf seiten der »Straße« blieb.

Nun ist es inneres Lebensgesetz der Revolution, nie beim erreichten Schritt in Untätigkeit, in Passivität stehenzubleiben. Die beste Parade ist ein kräftiger Hieb. Diese elementare Regel jedes Kampfes beherrscht erst recht alle Schritte der Revolution. Es versteht sich von selbst und zeugt von dem gesunden Instinkt, von der inneren frischen Kraft des Berliner Proletariats, daß es sich nicht bei der Wiedereinsetzung Eichhorns in sein Amt beruhigte, daß es spontan zur Besetzung anderer Machtposten der Gegenrevolution: der bürgerlichen Presse, des offiziösen Nachrichtenbüros, des »Vorwärts« schritt. Alle diese Maßnahmen ergaben sich bei der Masse aus der instinktiven Erkenntnis, daß sich die Gegenrevolution ihrerseits bei der davongetragenen Niederlage nicht beruhigen, sondern auf eine allgemeine Kraftprobe ausgehen wird.

Auch hier stehen wir vor einem der großen historischen Gesetze der Revolution, gegen die alle Klügeleien und Besserwissereien jener kleinen »Revolutionäre« vom Schlage der USP zerschellen, die in jedem Kampfe nur nach Vorwänden zum Rückzug haschen. Sobald das Grundproblem der Revolution klar aufgestellt worden ist – und das ist in *dieser* Revolution der Sturz der Regierung Ebert-Scheidemann als des ersten Hindernisses für den Sieg des Sozialismus –, dann taucht dieses Grundproblem immer wieder in seiner ganzen Aktualität auf, und jede einzelne Episode des Kampfes rollt mit der Fatalität eines Naturgesetzes das Problem in seinem vollen Umfang auf, mag die Revolution zu seiner Lösung noch so unvorbereitet, mag die Situation noch so unreif sein. »Nieder mit Ebert-Scheidemann!« – diese Losung taucht unausweichlich in jeder Revolutionskrise auf, als die einzig erschöpfende Formel aller partiellen Konflikte, und treibt dadurch von selbst, durch ihre innere objektive Logik, ob man es will oder nicht, jede Kampfepisode auf die Spitze.

Aus diesem Widerspruch zwischen der Zuspitzung der Aufgabe und den mangelnden Vorbedingungen zu ihrer Lösung in einer anfänglichen Phase der revolutionären Entwicklung ergibt sich, daß die Einzelkämpfe der Revolution formell mit einer *Niederlage* enden. Aber die Revolution ist die einzige Form des »Krieges« – auch dies ihr besonderes Lebensgesetz –, wo der Endsieg nur durch eine Reihe von »Niederlagen« vorbereitet werden kann!

Was zeigt uns die ganze Geschichte der modernen Revolutionen und des Sozialismus? Das erste Aufflammen des Klassenkampfes in Europa: der Aufruhr der Lyoner Seidenweber 1831, endete mit einer schweren Niederlage. Die Chartistenbewegung in England – mit einer Niederlage. Die Erhebung des Pariser Proletariats in den Junitagen 1848 endete mit einer niederschmetternden Niederlage. Die Pariser Kommune endet mit einer furchtbaren Niederlage. Der ganze Weg des Sozialismus ist – soweit revolutionäre Kämpfe in Betracht kommen – mit lauter Niederlagen besät.

Und doch führt diese selbe Geschichte Schritt um Schritt unaufhaltsam zum endgültigen Siege! Wo wären wir heute *ohne* jene »Niederlagen«, aus denen wir historische Erfahrung, Erkenntnis, Macht, Idealismus geschöpft haben! Wir fußen heute, wo wir unmittelbar bis vor die Endschlacht des proletarischen Klassenkampfes herangetreten sind, geradezu auf jenen Niederlagen, deren *keine* wir missen dürften, deren jede ein Teil unserer Kraft und Zielklarheit ist.

Es ist da mit Revolutionskämpfen das direkte Gegenteil der parlamentarischen Kämpfe. Wir hatten in Deutschland binnen vier Jahrzehnten lauter parlamentarische »Siege«, wir schritten geradezu von Sieg zu Sieg. Und das

Ergebnis war bei der großen geschichtlichen Probe am 4. August 1914: eine vernichtende politische und moralische Niederlage, ein unerhörter Zusammenbruch, ein beispielloser Bankerott. Die Revolutionen haben uns bis jetzt lauter Niederlagen gebracht, aber diese unvermeidlichen Niederlagen häufen gerade Bürgschaft auf Bürgschaft des künftigen Endsieges.

Allerdings unter *einer* Bedingung! Es fragt sich, unter welchen Umständen die jeweilige Niederlage davongetragen wurde: Ob sie sich dadurch ergab, daß die vorwärtsstürmende Kampfenergie der Massen an die Schranke der mangelnden Reife der historischen Voraussetzungen geprallt, oder aber dadurch, daß die revolutionäre Aktion selbst durch Halbheit, Unentschlossenheit, innere Schwächen gelähmt war.

Klassische Beispiele für beide Fälle sind einerseits die französische Februarrevolution, andererseits die deutsche Märzrevolution. Die heldenmütige Aktion des Pariser Proletariats im Jahre 1848 ist der lebendige Quell der Klassenenergie für das ganze internationale Proletariat geworden. Die Jämmerlichkeiten der deutschen Märzrevolution hingen der ganzen modernen deutschen Entwicklung wie eine Fußkugel an. Sie wirkten durch die besondere Geschichte der offiziellen deutschen Sozialdemokratie bis in die jüngsten Vorgänge der deutschen Revolution – bis in die eben erlebte dramatische Krise nach.

Wie erscheint die Niederlage dieser sogenannten Spartakus-Woche im Lichte der obigen historischen Frage? War sie eine Niederlage aus stürmender Revolutionsenergie und unzulänglicher Reife der Situation, oder aber aus Schwächlichkeit und Halbheit der Aktion?

Beides! Der zwiespältige Charakter dieser Krise, der Widerspruch zwischen dem kraftvollen, entschlossenen offensiven Auftreten der Berliner Massen und der Unentschlossenheit, Zaghaftigkeit, Halbheit der Berliner Führung ist das besondere Kennzeichen dieser jüngsten Episode.

Die Führung hat versagt. Aber die Führung kann und muß von den Massen und aus den Massen heraus neu geschaffen werden. Die Massen sind das Entscheidende, sie sind der Fels, auf dem der Endsieg der Revolution errichtet wird. Die Massen waren auf der Höhe, sie haben diese »Niederlage« zu einem Glied jener historischen Niederlagen gestaltet, die der Stolz und die Kraft des internationalen Sozialismus sind. Und darum wird aus dieser »Niederlage« der künftige Sieg erblühen.

»Ordnung herrscht in Berlin!« Ihr stumpfen Schergen! Eure »Ordnung« ist auf Sand gebaut. Die Revolution wird sich morgen schon »rasselnd wieder in die Höh' richten« und zu eurem Schrecken mit Posaunenklang verkünden:

Ich war, ich bin, ich werde sein!

Ordnung herrscht in Berlin
Die Rote Fahne
Nr. 14 vom 14. Januar 1919.

Einleitung von Ossip K. Flechtheim

I

Rosa Luxemburg war zeit ihres Lebens aufs innigste mit Rußland — das damals Polen einschloß — und mit der Russischen Revolution verbunden, mindestens so sehr — wenn nicht noch stärker — wie ihre Kampfgefährten Karl Liebknecht und Clara Zetkin.

Auch in Zürich, wo sie Nationalökonomie studierte und mit einer — nach dem Urteil ihres Lehrers Julius Wolf — „trefflichen Arbeit über die industrielle Entwicklung Polens" promovierte, blieb sie mit der polnischen Arbeiterbewegung in dauernder Berührung — hier redigierte sie eine polnische sozialistische Zeitschrift und wurde zur Mitgründerin der „Sozialdemokratie des Königreichs Polen", einer Parteiorganisation, die im Gegensatz zur nationalpolnischen PPS Pilsudskis für die Einheit mit der Sozialdemokratischen Arbeiterpartei Rußlands eintrat. Nach dem Ausbruch der ersten russischen Revolution im Jahre 1905 litt es sie nicht mehr in Deutschland: Illegal ging sie nach Warschau, wo sie 1906 zusammen mit ihrem Lebensgefährten Leo Jogiches verhaftet wurde. Nach Stellung einer Kaution freigekommen, kehrte sie über Petersburg und Finnland nach Deutschland zurück. Hier wurde sie zur bedeutendsten Theoretikerin der radikalen Linken: Sie kämpfte nicht nur gegen den Revisionismus, sondern seit etwa 1907—1910 auch immer schärfer gegen das marxistische Zentrum Bebels und Kautskys — in Vorahnung einer krisenhaften Zuspitzung der Weltlage, die ihrer Meinung nach aus der imperialistischen Großmachtpolitik und dem aggressiven Wettrüsten resultieren mußte.

Für die Humanistin und Kriegsgegnerin, die schon 1900 auf dem Pariser Kongreß der II. Internationale vorhergesagt hatte, der Zusammenbruch der kapitalistischen Ordnung werde „durch eine durch die Weltpolitik herbeigeführte Krisis erfolgen" und die auf den Kongressen 1907 in Stuttgart und 1912 in Basel die Internationale gegen Krieg und Militarismus zu aktivieren versucht hatte, war der Ausbruch des Weltkrieges dennoch ein furchtbarer Schlag. Die „Burgfriedenspolitik" der sozialistischen Parteien hatte sogar sie überrascht. Mühselig suchte sie zusammen mit Karl Liebknecht die Kriegsgegner in der SPD zu sammeln und zu organisieren — erst in der „Gruppe Internationale", dann im „Spartakusbund". Ihr vorzeitiges Ende von Mörderhand fand sie zusammen mit Karl Liebknecht am 15. Januar 1919.

II

Fast genau ein Jahrfünft nach dem Tode Rosa Luxemburgs war Lenin seinen Leiden erlegen. Zwei Jahrzehnte lang hatten die so ungleichen Revolutionäre, die zeitweise zusammen gegen die „Reformisten" gekämpft hatten, auch immer wieder die Klingen miteinander gekreuzt. Zu Beginn des Jahrhunderts hatte Lenin seine Auffassungen über den Organisationsaufbau der russischen Partei entwickelt — so kompromißlos setzte er sich für eine Partei neuen Typus ein, die sich von den westeuropäischen Arbeiterparteien durch äußerste Bewußtheit und Geschlossenheit unterscheiden sollte, daß sich die erst ein halbes Jahrzehnt vorher gegründete Sozialdemokratische Arbeiterpartei Rußlands schon auf dem Londoner Parteitag von 1903 in die Fraktionen der Bolschewiki und der Menschewiki spaltete. Stritt man dort auch zunächst nur darum, ob allein als volles Parteimitglied zu gelten habe, wer in einer der aktiven Parteigruppen fest organisiert wäre, so sollte sich das ganze theoretische Ausmaß dieses Disputes erst später zeigen.

Ging es doch schließlich um nichts Geringeres als um die grundlegende Partei- und Organisationskonzeption, damit aber auch indirekt um die weiteren Entwicklungsperspektiven des Landes. Lenin und die Bolschewiki verlangten, daß die Partei selbst dann, wenn der Druck des Zarismus einmal nachlassen sollte, doch im wesentlichen so strukturiert bleiben sollte, wie sie sich nach dem Vorbild der narodnikischen Terrororganisation gebildet hatte: eine straff gefügte, einheitlich handelnde, zwar fest mit dem Proletariat *verbundene, organisatorisch* jedoch von ihm *getrennte* Vereinigung von Berufsrevolutionären, in der schließlich doch die Führung den entscheidenden Einfluß haben sollte, selbst wenn man in der Theorie bereit war, selbständiges

Denken und Handeln zu tolerieren. Lenins Ideal lief somit auf eine Partei „der mit dem Proletariat verbundenen Jakobiner" hinaus, deren Organisationsprinzip der „demokratische Zentralismus" sein sollte. Martow und die Menschewiki akzeptierten einen solchen Parteitypus nur als Notlösung für die Zeit des absolutistischen Regimes; ihr Ideal bildeten nach wie vor die legalen Massenparteien der westeuropäischen Arbeiterbewegung, die sich zur II. Internationale zusammengeschlossen hatten. Für Lenin sollte dagegen die Sozialdemokratische Partei auch in Zukunft eine Funktionärsorganisation, ein Offizierskorps, ein Orden mit eigenem esprit de corps, eigener Ideologie, eigener Ordensregel sein.

Diese seine Auffassung einer revolutionären Arbeiterpartei als disziplinierter und zentralistischer Avantgarde der Berufsrevolutionäre, die berufen ist, alle anderen Organisationen der Arbeiterklasse zu leiten, suchte Lenin im einzelnen in seiner Schrift „Ein Schritt vorwärts, zwei Schritte zurück" zu begründen. In äußerster Konsequenz vertrat er hier den Anspruch der Elite auf die Führung der Massen, das Recht des Geistes, „die Materie" nach seinem Gutdünken zu prägen, die Verpflichtung des Berufsrevolutionärs, die Mehrheit voranzutreiben — koste es, was es wolle.

Nicht lange blieb Rosa Luxemburg Lenin die Antwort auf seine Konzeption schuldig. Ihre Erwiderung erschien zuerst in der „Iskra", der Zeitschrift der russischen Sozialdemokratie, bald darauf auch in der „Neuen Zeit", dem von Karl Kautsky redigierten theoretischen Hauptorgan der deutschen Sozialdemokratie. Alles in Rosa Luxemburg mußte sich gegen Lenins elitären Führungs- und Herrschaftsanspruch aufbäumen. Sie war Sozialistin und Demokratin, weil sie an die Fähigkeit der Arbeiterklasse, sich selbst zu befreien, glaubte. Für sie waren die Schöpferkraft, die Produktivität und die Spontaneität der Massen alles. Alle proletarischen Organisationen einschließlich der Partei waren daher demokratisch von unten nach oben aufzubauen. Rosa Luxemburg scheute sich nicht, als Fazit ihrer Polemik gegen Lenin offen zuzugeben: „Fehltritte, die eine wirklich revolutionäre Arbeiterbewegung begeht, sind geschichtlich unermeßlich fruchtbarer und wertvoller als die Unfehlbarkeit des allerbesten Zentralkomitees."

Wurzelte diese Überzeugung Rosas in ihrem demokratischen Humanismus und Optimismus, in ihrem Glauben an den Menschen und die Geschichte, so wurde sie in ihrem Mißtrauen gegenüber den Führern durch die bürokratisch-passivistische Politik der Parteiführer in Deutschland bestärkt. Wie berechtigt ihre Vorbehalte auch gegen die aktivistisch-voluntaristische Methode Lenins und der Bolschewiki waren, sollte erst die Zukunft zeigen.

III

Dreizehn Jahre nach dem Erscheinen der Luxemburgschen Kritik der bolschewistischen Parteikonzeption war es der hierarchisch organisierten Partei Lenins unter dessen genialer Führung gelungen, die Macht in dem riesigen Zarenreich an sich zu reißen. Schon die Februarrevolution hatte Rosa Luxemburg mit Jubel erfüllt. Im April 1917 schrieb sie: „... die herrlichen Dinge in Rußland wirken auf mich auch wie Lebenselixier. Das ist ja für uns alle eine Heilsbotschaft, was von dort kommt, ich fürchte, Ihr alle schätzt das nicht genügend hoch, empfindet nicht genügend, daß es unsere eigene Sache ist, die dort siegt. Das muß, das wird auf die ganze Welt erlösend wirken, das muß ausstrahlen nach ganz Europa, ich bin felsenfest überzeugt, daß eine neue Epoche jetzt beginnt, und daß der Krieg nicht mehr lange dauern kann."

Jene „zehn Tage" im Oktober 1917, die nach dem Wort John Reeds „die Welt erschütterten", erfüllten auch Rosa Luxemburg mit starker Hoffnung wie mit bangem Zweifel. Im Herbst 1918 — fast ein Jahr nach der Oktoberrevolution — schrieb sie ihren Versuch über die Russische Revolution nieder. Im Gefängnis in Breslau, in dem sie damals saß, hatte sie zwar Zugang zu manchen Presseberichten und Materialien. Es mangelte ihr jedoch an dem direkten Umgang mit Augenzeugen, Gesprächspartnern oder gar gleichgesinnten Genossen. Das Manuskript wurde auch nie vollendet. Publiziert wurde es nach einer fragmentarischen Abschrift erst 1922 von ihrem politischen Freund Paul Levi (1883—1930), der nach dem Tode von Luxemburg und Liebknecht die Führung der KPD übernommen, aber bereits im März 1921 nach dem mitteldeutschen Aufstand mit der Partei gebrochen hatte, um bald zur SPD zurückzukehren. 1928 konnte Felix Weil in Grünbergs „Archiv für die

Geschichte des Sozialismus und der Arbeiterbewegung" wichtige Ergänzungen bringen. Seitdem ist die Schrift in englischer und französischer Übersetzung und in verschiedenen deutschen Ausgaben erschienen, so 1939 in Paris („Neuer Weg"), 1948 in Hamburg (herausgegeben von Peter Blachstein) und 1957 in Hameln (herausgegeben von B. Krauß). Die viel umstrittene Frage, ob und in welchen Punkten Rosa Luxemburg ihre Interpretation später aufrechterhalten hätte, wird sich wohl kaum je befriedigend klären lassen.

Jedenfalls ist auch heute noch — nach einem halben Jahrhundert — ihre Analyse der bolschewistischen Revolution alles andere als verstaubt oder tot. Liegt das am Gegenstand? Liegt es an der Person der Beurteilerin? Oder gar an beidem — dem objektiven Ereignis wie der subjektiven Reflexion über das Ereignis? Was den Gegenstand anlangt, so können und müssen wir uns auch heute noch fragen, ob die Russische Revolution von uns überhaupt objektiv erfaßt werden kann.

Im Leben und Denken unserer Generation, das heißt aller derer, die etwa im Jahrzehnt vor oder nach der Jahrhundertwende geboren wurden, stellt diese Revolution einen Einbruch dar, der an Bedeutung allenfalls vom Ersten Weltkrieg übertroffen wird. Wie für das Geschlecht Schillers und Fichtes, Hölderlins und Hegels die große Französische Revolution stets *das* Erlebnis blieb, mit dem es fertig werden mußte und doch nie ganz fertig werden konnte, so hat auch uns die Russische Revolution nie vollständig aus ihrem Bann gelassen. Hoffnung und Bewunderung erweckte sie ebenso wie Furcht und Verdammung, und selbst heute, da ein Abstand von sieben Jahrzehnten eine distanziert-kühle Beurteilung ermöglichen sollte, scheint sich das Rätsel der Revolution immer noch einer eindeutigen Lösung zu entziehen. Wie sich schon das alte Rußland dem Europäer oft als die große Sphinx darbot, so erscheinen auch die Revolution und das aus ihr hervorgegangene neue Rußland als Quelle immer neuer Gegensätze und Geheimnisse.

In der Kette der großen sozialen Umwälzungen, die die Gesellschaft der Neuzeit verwandeln und die man als die bürgerlichen Revolutionen auf einen Nenner hat bringen wollen, ist die Russische Revolution wohl die widersprüchlichste. Ihr komplexer Charakter offenbart sich in der Vielfalt diametral entgegengesetzter Tendenzen und Strukturen: nationale, bürgerliche, bäuerliche und proletarische Bewegungen gehen unmerklich ineinander über, fortschrittliche und reaktionäre Tendenzen ringen unablässig miteinander, Massendemokratie und totalitäre Diktatur schlagen ineinander um. All diese so ungleichen Elemente erschweren in ihrem Neben-, Mit- und Gegeneinander die Herausbildung eines neuen stabilen Systems, ja, machen es oft schier unmöglich, Wirklichkeit und Schein auseinanderzuhalten.

Jedes Jahrzehnt der Entwicklung trägt dabei ein neues Gesicht: Zu Beginn unter Trotzki und Lenin noch das Vorwärtsdrängen einer eminent dynamischen Weltbewegung, die alle alten Traditionen und Institutionen innerhalb wie außerhalb Rußlands radikal vernichten will; in den zwanziger Jahren unter Lenin und Stalin die Institutionalisierung einer neuen staatswirtschaftlichen Ordnung, die einen Kompromiß mit der kapitalistischen Umwelt wie auch mit der bäuerlichen Vergangenheit schließen zu wollen scheint; in den dreißiger Jahren die neue „Revolution von oben", die Hand in Hand geht mit der konterrevolutionären Vernichtung der altbolschewistischen Elite und großer Teile der Kader, die das Land an den Rand des Abgrunds führt; in den vierziger Jahren die Behauptung und Erneuerung eines bürokratischen Machtstaates, der sich immer mehr von der Umwelt abkapselt; im sechsten und siebten Dezennium die Konsolidierung zu einer Bürokratie, die im Zeichen eines „aufgeklärten Absolutismus" den Kampf um die Hebung des Volkswohlstandes wie um die Eroberung des Weltraumes vorantreibt.

Wie ein roter Faden zieht durch den Wechsel der Phasen das vielleicht einmalige Schauspiel einer permanenten Revolution von oben, die zugleich immer wieder in Gegenrevolution umschlägt. Während sich in den anderen großen sozialen Revolutionen die Etappen des revolutionären Vormarsches und des gegenrevolutionären Rückschlages — mit Militärdiktatur und Restauration — deutlich voneinander abheben, macht das Ineinander von Revolution und Konterrevolution die russische Entwicklung so außerordentlich undurchsichtig, zumindest nach außen hin; der Form nach spielt sich ja seit fünf Jahrzehnten alles im Rahmen der gleichen Ideologie — des Marxismus-Leninismus — und der gleichen Institutionen — der Kommunistischen Partei und des bolschewistischen Staates — ab, der allerdings seinem irreführenden Namen zum Trotz längst kein Sowjetstaat mehr ist. Beide Institutionen vermögen immer wieder, das sich ständig wandelnde Gesellschaftsgebilde zusammenzuhalten und ihm trotz allen historischen Brüchen immerhin ein Minimum an Kontinuität zu verleihen.

Mit der durch den Ablauf von sieben Jahrzehnten gewonnenen Distanz läßt sich Größe wie Grenze der Revolution natürlich besser erkennen als in den dreißiger oder vierziger Jahren.

Trotz Terror und Täuschung ist der Bolschewismus nicht einfach etwas „Böses", er bleibt für die ganze übrige Welt eine Herausforderung, die nur durch ein humaneres System angemessen beantwortet werden kann. Wenn der Bolschewismus mithin *zwei* Seiten — eine gute und eine böse — hat, so unterscheidet er sich damit prinzipiell vom Nationalsozialismus, der das Böse schlechthin verkörperte und insofern einen Ausbruch aus der Geschichte der Humanität bedeutete. Verglichen mit ihm war selbst der Hochstalinismus mehr als lediglich Destruktion und Wahn, Nihilismus und Sadismus. So sehr sein irrationalsinnloser Terror an den Hitlers erinnert und seine Sykophanten moralisch ein für allemal disqualifiziert sind, so blieb doch in dieser Zeit noch eine andere Komponente erhalten, die selbst ein Stalin nicht total eliminieren konnte. Nur so erklärt sich die Möglichkeit einer Rückkehr zum Neo-Leninismus und die Wiederherstellung einiger Freiheiten, wie wir sie seit Stalins Tod beobachten konnten.

IV

Das Grunddilemma dieser Revolution hat Rosa Luxemburg bereits 1918 genial vorausgesehen. 1904 hatte sie sich in ihrer Polemik gegen Lenin darauf beschränkt, die negativen Seiten von dessen „Ultrazentralismus" anzugreifen und so bereits damals jenes Element in der bolschewistischen Theorie und Praxis herauszuspüren, das man später angesichts seiner vollen Entfaltung als „totalitär" angeprangert hat. 1918 sah sie die Revolution einschließlich der bolschewistischen Komponente schon in der ganzen Vielschichtigkeit und Widersprüchlichkeit. Für sie bestand kein Zweifel daran, daß der Bolschewismus einen welthistorischen Fortschritt gegenüber Zarismus, Kapitalismus und Imperialismus darstellte. In diesem Sinne war und blieb für sie die Russische Revolution „das gewaltigste Faktum des Weltkrieges", die Oktoberrevolution „nicht nur eine tatsächliche Rettung für die Russische Revolution, sondern auch eine Ehrenrettung des internationalen Sozialismus", die Lenin-Partei „die einzige, die das Gebot und die Pflicht einer wirklich revolutionären Partei begriff...", die Lenin und Trotzki „die ersten, die dem Weltproletariat mit dem Beispiel vorangegangen sind... die einzigen, die mit Hutten ausrufen können: ‚Ich hab's gewagt!'"

Rosa Luxemburg erkannte aber auch schon die Schwierigkeiten und Begrenzungen, die der nationale Rahmen einer Revolution aufzwang, die auf ein einziges Land beschränkt blieb, insbesondere wenn dieses „unter so verteufelt schwierigen Verhältnissen" litt. Sie trat jedem Anspruch der Bolschewiki entgegen, die Revolution in Rußland zum Vorbild der Revolution in anderen Ländern zu erheben; sie sah deutlich die Gefahr, die darin lag, daß die Bolschewiki „aus der Not die Tugend machten, ihre von diesen fatalen Bedingungen aufgezwungene Taktik nunmehr theoretisch in allen Stücken fixieren und dem internationalen Proletariat als das Muster der sozialistischen Taktik zur Nachahmung empfehlen wollen". Bei aller Anerkennung der historischen Leistung der Lenin und Trotzki glaubte sie nicht, daß für „all ihr unter dem bitteren Zwange und Drange... eingegebenes ‚Tun und Lassen' nur kritiklose Bewunderung und eifrige Nachahmung am Platze wäre". Sie erweisen so „dem internationalen Sozialismus, dem zuliebe und um dessentwillen sie gestritten und gelitten, einen schlechten Dienst, wenn sie in seine Speicher als neue Erkenntnisse all die von Not und Zwang in Rußland eingegebenen Schiefheiten eintragen wollen, die letzten Endes nur Ausstrahlungen des Bankerotts des internationalen Sozialismus in diesem Weltkrieg waren."

Schon 1918 wies damit Rosa Luxemburg jene Hybris der Bolschewiki zurück, die 1924 in dem Anspruch Stalins kulminieren sollte, daß er den „Sozialismus in einem Lande" verwirklichen könne und daß dieser „Sozialismus" der Arbeiterbewegung aller anderen Länder zur Richtschnur für deren Revolution zu dienen habe. Ebensowenig wie Trotzki hätte Rosa Luxemburg je zugeben können, daß das Stalin-Regime in Rußland die Erfüllung der sozialistischen Verheißung darstellt — von vornherein hatte sie aber noch viel klarer und kompromißloser als dieser die antidemokratische Komponente im bolschewistischen System in Rußland selber entdeckt.

Was die Bolschewiki vollbracht haben, bleibt für die Marxistin Rosa Luxemburg stets „in den Grenzen der historischen Möglichkeiten". „Eine mustergültige und fehlerfreie proletarische Revolution in einem isolierten, vom Weltkrieg erschöpften, vom Imperialismus erdrosselten, vom internationalen Proletariat verratenen Lande wäre ein Wunder" — und die Bolschewiki „sollen nicht Wunder wirken wollen". Für die Internationalistin Rosa Luxemburg stand fest: Das Problem der Eroberung der politischen Gewalt und der Verwirklichung des Sozialismus „konnte in Rußland nur gestellt werden" — gelöst werden konnte es hier aber nicht, denn „die sozialistische Gesellschaftsordnung läßt sich eben nur international durchführen".

Rosa Luxemburg geht aber in ihrer Kritik noch einen Schritt weiter: Sogar vom rein russischen Gesichtspunkt aus ist die Politik der Bolschewiki in entscheidenden Punkten anfechtbar. Auf Grund gewisser marxistischer Vorstellungen, deren Berechtigung uns allerdings fraglich erscheinen mag, kritisiert sie deren Nationalitäten- und Agrarpolitik. Darüber hinaus greift sie auch jetzt wie 1904 die Bolschewiki im Kern ihrer Theorie und Praxis an: Auch unter den äußerst ungünstigen Bedingungen, wie sie 1917/18 in Rußland bestanden, hätten sich Lenin und die Seinen demokratischer verhalten müssen, hätten sie gerade auch als radikale sozialistische Revolutionäre nicht auf die Synthese von Demokratie und Diktatur verzichten dürfen.

Verbunden mit der Idee der Revolution war für Rosa Luxemburg stets die Vorstellung von der Vernichtung der alten Herrschafts- und Besitzstrukturen, von der Befreiung der unterdrückten und ausgebeuteten Menschen, von der Bewegung der Massen, die — mit Hilfe ihrer Parteien und Organisationen — ihre Unmündigkeit überwinden und eine neue auf Freiheit, Gleichheit und Brüderlichkeit beruhende Ordnung verwirklichen.

Ihr Glaube an die Massen war unbegrenzt — fast zu mystisch und dogmatisch, um nüchterner Kritik standhalten zu können. „Die Psyche der Massen", schreibt sie einmal in einem Brief, „birgt stets in sich, wie die Thalatta, das ewige Meer, alle latenten Möglichkeiten: tödliche Windstille und brausenden Sturm, niedrigste Feigheit und wildesten Heroismus. Die Masse ist stets das, was sie nach Zeitumständen sein muß, und sie ist stets auf dem Sprunge, etwas total anderes zu werden, als sie scheint. Ein schöner Kapitän, der seinen Kurs nur nach dem momentanen Aussehen der Wasseroberfläche steuern und nicht verstehen würde, aus Zeichen am Himmel und in der Tiefe auf kommende Stürme zu schließen. Mein kleines Mädchen, die ‚Enttäuschung über die Massen' ist stets das blamabelste Zeugnis für den politischen Führer. Ein Führer großen Stils richtet seine Taktik nicht nach der momentanen Stimmung der Massen, sondern nach den ehernen Gesetzen der Entwicklung, hält an seiner Taktik fest trotz aller Enttäuschungen und läßt im übrigen ruhig die Geschichte ihr Werk zur Reife bringen". Für Rosa Luxemburg war die Masse die eigentliche Persönlichkeit der Geschichte — sie sah sie mit den höchsten menschlichen Fähigkeiten begabt —, so wie die Masse in einem künstlerischen Meisterwerk wie dem Eisenstein-Film „Panzerkreuzer Potemkin" wirklich einmal in Erscheinung tritt: entdinglicht und vermenschlicht.

Alles, was auf Bevormundung und Terrorisierung der Massen, auf Manipulierung und Reglementierung ihrer Organisationen, auf Beschneidung oder gar Vernichtung ihrer Freiheiten hinauslief, war ihr im Grunde der Seele zuwider. Trat doch auch in ihrer eigenen Persönlichkeit dem Drang nach gewaltsamer Vernichtung des Bösen stets das Sehnen nach reiner menschlicher Güte entgegen. Gerade in ihren Briefen hat sie diese beiden — oft miteinander im Widerstreit liegenden — Seiten ihres Charakters mit der ihr eigenen bestrickenden Offenheit enthüllt — so, wenn sie sich einmal selber vorwirft, das „Grundgebot" zu vergessen, „das ich mir für's Leben gemacht habe: *Gut* sein ist Hauptsache! Einfach und schlicht *gut* sein, das löst und bindet alles und ist besser als alle Klugheit und Machthaberei". Eigentlich „zum Gänsehüten geboren", kreist sie fast „aus Versehen im Strudel der Weltgeschichte herum" — aber auch hier will sie „voller Mensch" bleiben — und dazu gehört das Einssein mit allem Leid der Schöpfung: „Mir sind die armen Opfer der Gummiplantagen in Putumayo, die Neger in Afrika, mit deren Körper die Europäer Fußball spielen, ebenso nahe. Weißt Du noch die Worte aus dem Werke des Großen Generalstabs über den Trothaschen Feldzug in der Kalahari: ‚... Und das Röcheln der Sterbenden, der Wahnsinnsschrei der Verdurstenden verhallten in der erhabenen Stille der Unendlichkeit'. O diese ‚erhabene Stille der Unendlichkeit', in der so viele Schreie ungehört verhallen, sie klingt in mir so stark, daß ich keinen Sonderwinkel im Herzen für das Getto habe: Ich fühle mich in der ganzen Welt zu Hause, wo es Wolken und Vögel und Menschentränen gibt."

V

Aber das unsagbare Unrecht, das die menschliche Geschichte durchzieht, die Grausamkeit der Mächtigen, auf die wir immer wieder stoßen, rufen auch in dieser zarten Frau Gefühle des tiefen Abscheus und der leidenschaftlichen Abwehr wach. Der im Orkan der Russischen Revolution dahinstürmenden Rebellin, die sich einmal selber als einen der beiden letzten *Männer* in der Partei bezeichnet hatte (der andere war Clara Zetkin!), war nichts so zuwider wie das Mittelmaß ihrer Parteigenossen.

Diese biederen „Bonzen und Budiker" hatte sie schon lange als „Wetterfähnlein" attackiert — seit 1914, da sie die Kriegspolitik der Hohenzollern mehr oder weniger unterstützten, hatte sie für die „kriecherischen Helden" nur noch Verachtung übrig. Für den Tag ihrer Befreiung verspricht sie, diese „Froschgesellschaft zu jagen und zu hetzen mit Trompetenschall, Peitschengeknall und Bluthunden — wie Penthesilea!"

Angesichts der „Durchhalte-Politik", die ihre Partei im nichtendenwollenden Blutrausch des Weltkrieges verfolgt, verdrängt die Frau immer stärker alles Weibliche und Humane: Am 28. 12. 1916 schreibt sie aus Wronke: „Was mich anbelangt, so bin ich in der letzten Zeit, wenn ich schon nie weich war, hart geworden wie geschliffener Stahl und werde nunmehr weder politisch noch im persönlichen Umgang auch die geringste Konzession machen." Aber selbst diese „blutige Rosa" war nie bereit, sich einfach mit organisierter Gewalt, Lüge und Intrige abzufinden. Auch jetzt noch erschöpfte sich für die Revolutionärin Politik nicht in entmenschten Apparaten, verdinglichten Organisationen, entfremdeten Institutionen. Macht, Zwang und Gewalt, ja — aber nur um „bestimmte Maßnahmen im Interesse des Ganzen" gegen die feindliche Klasse durchzusetzen — „als konkrete Maßnahme zu einem konkreten Zweck" — aber nie und nimmer als „allgemeine Regel von dauernder Wirkung": „Jedes dauernde Regiment des Belagerungszustandes führt unweigerlich zur Willkür" ... Hier antizipiert Rosa Luxemburg das Unmenschliche der zentralistisch-terroristischen Dauerdiktatur von Parteimaschine und Staatsapparat, die zum

Eckpfeiler des totalitären Stalinismus werden sollte. Aber auch schon gegen Lenin und Trotzki wendet Rosa Luxemburg ein, daß diese genau wie Kautsky die Diktatur der Demokratie entgegenstellen. Ein solches Entweder-Oder ist das Gegenteil „wirklicher sozialistischer Politik". Das Heilmittel, das Trotzki und Lenin gegen die Mißachtung demokratischer Institutionen, die wie alle menschlichen Institutionen ihre Schranken und Mängel haben, gefunden haben, — die Beseitigung der Demokratie! — ist noch schlimmer als das Übel selber: „Es verschüttet nämlich den lebendigen Quell selbst, aus dem heraus alle angeborenen Unzulänglichkeiten der sozialen Institutionen allein korrigiert werden können. Das aktive, ungehemmte, energische politische Leben der breiten Volksmassen." Für Rosa Luxemburg ist dagegen die Diktatur des Proletariats immer auch sozialistische Demokratie. Die Aufgabe des Proletariats besteht nicht darin, jegliche Demokratie abzuschaffen, es kommt darauf an, sie im Interesse der Klasse und der Gesellschaft richtig zu nutzen: „... diese Diktatur muß das Werk der *Klasse*, und nicht einer kleinen, führenden Minderheit der Klasse sein, d. h. sie muß auf Schritt und Tritt aus der aktiven Teilnahme der Massen hervorgehen, unter ihrer unmittelbaren Beeinflussung stehen, der Kontrolle der gesamten Öffentlichkeit unterstehen, aus der wachsenden politischen Schulung der Volksmassen hervorgehen."

Anders als Stalin und sogar Lenin und Trotzki akzeptiert also Rosa Luxemburg Diktatur und Gewalt selbst als kleinere Übel nur für eine engbegrenzte Phase in der Auseinandersetzung der Klassen. Die Diktatur soll sich ausschließlich gegen die feindliche Minderheit richten. Die Diktatur muß aber auch dann stets ein Instrument der breiten Massen bleiben; nie darf sie zum Werkzeug „einer Handvoll Persönlichkeiten" werden.

VI

Wir mögen uns heute fragen, ob die Verbindung von Diktatur und Demokratie, wie sie Rosa Luxemburg vorschwebte, mehr war als eine reine Chimäre. Daß die Russische Revolution so ganz anders verlaufen ist, als Rosa Luxemburg erhofft und gefordert hatte, daß auch entgegen Lenins und Trotzkis Erwartungen die Revolution relativ bald zur Entstehung der totalitär-terroristischen Tyrannis eines Stalin, allerdings auch zur Herausbildung einer modernen Supermacht geführt hat, widerlegt Rosa Luxemburg noch nicht. Die immer wieder vorgebrachte These, die Modernisierung und Industrialisierung Rußlands wäre ohne den Stalinschen Terror unmöglich gewesen, wird schon dadurch erschüttert, daß dieser Terror erst ein Jahrzehnt nach dem Ende des Bürgerkrieges einsetzte, um dann in einem irrational-pathologischen Paroxismus zu münden. Was wäre ihm gefolgt, hätte nicht Hitlers Wahnsinnspolitik die Sowjetunion gerettet?

So kann man auch heute noch fragen, ob nicht Rußland vieles erspart geblieben wäre, hätten sich Lenin und seine Nachfolger die eine oder andere Lehre Rosa Luxemburgs zu eigen gemacht. Hätten nicht rationalere und demokratischere Methoden das Sowjetregime letztlich mehr gestärkt als geschwächt? Vergessen wir auch nicht, daß schon 1917 die meisten Bolschewiki im Gegensatz zu Lenin, Trotzki und Stalin ein Kompromiß mit den anderen sozialistischen Parteien befürworteten. In den zwanziger Jahren traten dann verschiedene bolschewistische Gruppen für größere Demokratie in der Partei ein. Die rechte Fraktion sah gegen Ende der zwanziger Jahre in der Fortführung der „Neuen Ökonomischen Politik" eine Chance für die Entwicklung einer echten Bauerndemokratie. Die Linke trat zwar für eine Politik der Industrialisierung ein, Stalins Methoden der Industrialisierung und Kollektivierung wurden aber von ihr ebenso wie von der Rechten als überstürzt und übertrieben abgelehnt. Hätte nicht in der Tat eine liberalere und humanere Strategie und Taktik möglicherweise den Verzicht auf den Bau einer Anzahl von Hochöfen und Rüstungsfabriken mit sich gebracht, dafür aber doch die Erreichung einer freiheitlicheren und egalitäreren Gesellschaft und Kultur wie auch einer realistischeren Außenpolitik erleichtert?

So wie die Dinge gelaufen sind, ist die Sowjetunion selbst heute, ein halbes Jahrhundert nach der Oktoberrevolution, bei allen technischen und materiellen Erfolgen immer noch alles andere als eine sozialistische Demokratie. Selbst die Politik des poststalinistischen Rußland ist immer noch viel zu primitiv, als daß sie der Welt als Vorbild für die Erfüllung der drängenden Aufgaben ihrer Befriedung und Vereinheitlichung dienen könnte. Die von Lenin und Stalin gegen Rosa Luxemburg begründete Sowjettradition trägt mit ihrem Partikularismus und Parochialismus zur Polarisierung der Welt bei und erschwert damit die Lösung der — vielleicht fatalen — Krise, in der sich die Menschheit im letzten Drittel unseres Jahrhunderts befindet.

Rosa Luxemburgs Stellungnahme zu vielen Einzelfragen mag man heute für veraltet halten — ist nicht etwa gerade auch ihr Glaube an die positive Wirkung der Gewaltanwendung durch die Massen angesichts der jüngsten Entwicklung überholt? Angesichts der unheimlichen Perfektionierung und Maximierung der Gewalt, für die Auschwitz und Workuta, Hiroshima und Nagasaki als Symbole stehen mögen, erscheint jede Form von Krieg und Bürgerkrieg problematischer denn je. Andererseits haben inzwischen gewaltlose Massenaktionen gezeigt, welche großen Möglichkeiten in einer solchen Politik der gewaltfreien Aktion noch verborgen liegen. Ansätze zu einer Politik der Gewaltlosigkeit kann man sogar bei Rosa Luxemburg selber, etwa in ihrer Propagierung des Massenstreiks, entdecken. Leider hat sie diese Ansätze nicht weiter entwickelt, vor allem wohl aus zwei Gründen: Die typische kontinentaleuropäische Tradition der Glorifizierung der Gewalt als eines schöpferischen, befreienden Elements beherrschte seit Marx und Engels auch die Gedankenwelt des deutschen und russischen Sozialismus; vor allem schien aber die unvorstellbar blutige Gewaltsamkeit des Weltkriegs jeden Glauben an die Macht friedfertiger Aktionen zu widerlegen.

VII

Hat Rosa Luxemburg die Gefahren der Gewalt in unserem industriell-technischen Zeitalter noch nicht voll antizipiert, so hat sie sehr wohl den Grundwiderspruch gespürt, in dem sich die Menschheit in unserer Epoche befindet. Dieses Dilemma war im 19. Jahrhundert noch verborgen — so hat Karl Marx wohl nur in seiner wenig beachteten Rede aus dem Jahre 1856 auf die latente Krise des Zeitalters verwiesen: „Auf der einen Seite", heißt es dort, „sind industrielle und wissenschaftliche Kräfte zum Leben erwacht, von der keine Epoche der früheren menschlichen Geschichte je eine Ahnung hatte. Auf der anderen Seite gibt es Verfallssymptome, die die aus der letzten Zeit des

Römischen Reiches berichteten Schrecken bei weitem in den Schatten stellen. In unsern Tagen scheint jedes Ding mit seinem Gegenteil schwanger zu gehen. Die Maschinerie, die mit der wundervollen Kraft begabt ist, die menschliche Arbeit zu verkürzen und fruchtbarer zu machen, sehen wir diese zu Hunger und Überarbeit verdammen. Die neuen Quellen des Reichtums werden durch einen seltsamen Schicksalsbann zu Quellen der Not. Die Siege der Kunst scheinen erkauft durch Verlust an Charakter. In dem Maße, wie der Mensch die Natur bezwingt, scheint der Mensch durch andere Menschen oder durch seine eigne Niedertracht unterjocht zu werden. Selbst das reine Licht der Wissenschaft scheint nur auf dem dunklen Hintergrund der Unwissenheit leuchten zu können. Alle unsre Erfindungen und Fortschritte scheinen darin zu resultieren, daß materielle Kräfte mit geistigem Leben begabt werden und daß das menschliche Leben zu einer materiellen Kraft verdummt wird. Dieser Antagonismus zwischen moderner Industrie und Wissenschaft auf der einen Seite und modernem Elend und Verfall auf der anderen Seite, dieser Antagonismus zwischen den Produktivkräften und den gesellschaftlichen Beziehungen unserer Epoche ist eine handgreifliche, überwältigende und nicht wegzuleugnende Tatsache."

Rosa Luxemburg zitiert diese Stelle nicht. In jenen Jahren des Massenmordes, in denen Spengler den „Untergang des Abendlandes" prophezeit, sieht aber auch sie nur die Wahl: „Sozialismus oder Untergang in der Barbarei!" Im Grauen des Ersten Weltkrieges dämmert ihr diese Erkenntnis; sie glaubt jetzt, daß der Weltkrieg die Gesellschaft vor die Alternative gestellt hat: „Entweder Fortdauer des Kapitalismus, neue Kriege und baldigster Untergang im Chaos und in der Anarchie oder Abschaffung der kapitalistischen Ausbeutung." Nur die Verwirklichung einer sozialistischen (und das heißt für sie auch demokratischen!) Weltordnung wird den Völkerhaß beenden: „Erst wenn eine solche Gesellschaft verwirklicht ist, wird die Erde nicht mehr durch Menschenmord geschändet. Erst dann wird es heißen: Dieser Krieg ist der letzte gewesen." Die Hoffnung Rosa Luxemburgs hat sich nicht erfüllt — in Rußland herrscht ein „Sozialismus", der nicht demokratisch ist, und in der übrigen Welt ist dem demokratischen Sozialismus der entscheidende Durchbruch nicht gelungen. Statt dessen sollte die Menschheit die Wirtschaftskrise, den Faschismus und Nationalsozialismus, den Zweiten Weltkrieg, die Spaltung der Welt in feindliche Lager, das Wettrüsten erleben. Die Krise unseres Zeitalters reicht heute so tief, daß wir nicht einmal wissen, ob wir auch nur überleben werden — geschweige denn mit welchen Mitteln und in welchen Formen.

Auch derjenige, der Rosa Luxemburgs Glauben an eine sozialistische Welt des Friedens nicht teilt, wird ihr Wort von der furchtbaren Alternative nicht überhören können. Als eine der letzten großen Humanistengestalten des 19. Jahrhunderts (das ja erst 1914 zu Ende ging!) ragt Rosa Luxemburg über die Wende der Zeiten in unser verdüstertes Jahrhundert herüber — eine ungewöhnlich lichte und lautere Persönlichkeit. War ihr vorzeitiger Tod ein unersetzlicher Verlust für die Sache der Humanität, so wird doch die Auseinandersetzung mit ihren Gedanken fortleben und die sozialistischen Humanisten in ihrem Glauben und Wollen stärken — über alle Grenzen der Länder und Lager hinweg.

Vorbemerkung von Ossip K. Flechtheim zu „Der Partei ‚Proletariat' zum Gedächtnis"

Der folgende Artikel, der hier zum erstenmal in deutscher Sprache publiziert wird, erschien ursprünglich im Januar/Februar 1903 in Nr. 1 der polnischen Zeitschrift „Przegląd Socialdemokratyczny". Vier Führer der ersten polnischen sozialistischen Organisation „Proletariat" — Bardowski, Kunicki, Ossowski und Pietrusinski — waren am 28. 1. 1886 in der Warschauer Zitadelle gehenkt, der Gründer der Gruppe, Ludwik Waryński, im gleichen Jahr zu 16 Jahren Zwangsarbeit verurteilt worden.

Rosa Luxemburg benutzt den Gedenktag, um die Entwicklung der Auffassungen und Aktionen dieser Organisation zu analysieren und zu kritisieren. Sie zeigt, wie die Polen in der Zusammenarbeit mit der russischen terroristischen Narodniki-Organisation „Narodnaja Wolja" ihre zunächst marxistische Konzeption den stärker blanquistischen Anschauungen der russischen Revolutionäre zusehends anpaßten. Für Rosa Luxemburg war aber damit das „Proletariat" dem Untergang geweiht.

Es ist faszinierend, zu verfolgen, wie Rosa Luxemburg bereits vor 65 Jahren die Schwächen einer terroristischen Elite-Organisation klar erkannte, die ihrer Meinung nach nie imstande sein würde, den Sozialismus zu verwirklichen, da dieser für jene Organisation nicht das Resultat der sozio-ökonomischen Entwicklung des Kapitalismus und der darauf beruhenden sozialistischen Reifung des proletarischen Klassenbewußtseins darstellte. Die für Rosa Luxemburg typische Synthese von Demokratie und Diktatur, von Arbeiterbewegung und Sozialismus, von Reform und Revolution wird schon hier einleuchtend begründet — ebenso wie sich hier ihre Ablehnung des unmarxistischen „Ultra-Zentralismus" eines Lenin ankündigt.

Ihre Kritik der revolutionären Ungeduld der von den Massen isolierten Führer könnte in diesen Tagen geschrieben sein, da einige junge Rebellen wieder einmal entdecken, jede Reform und Konzession sei nur ein Alibi. Ob allerdings Rosa Luxemburgs eigener Glaube, daß das klassenbewußte, sich selbst bestimmende Proletariat im permanenten Klassenkampf den Kapitalismus überwinden würde, wirklich so fest fundiert war, wie sie selber annahm, mag nach den Erfahrungen der Zwischenzeit dahingestellt bleiben.

Der Partei „Proletariat" zum Gedächtnis

I

Schon seit vielen Jahren finden am Jahrestag des Heldentodes von Kunicki, Bardowski, Ossowski und Pietrusiński an den Gräbern derer, die für den internationalen Sozialismus gefallen sind, sozial-patriotische Plänkeleien statt, die das Andenken der Gründer der ersten sozialistischen Partei in Polen verletzen. Wir denken hier an die alljährlichen Festlichkeiten, die besonders im Ausland durch die „Polnische Sozialistische Partei" veranstaltet werden. Ihr Ziel ist es, die Vergangenheit der polnischen Arbeiterbewegung zugunsten des heutigen Nationalismus, der sich unter der Tarnkappe des Sozialismus verbirgt, zu usurpieren. Wir denken an die aufdringlichen Huldigungen jener politischen Richtung, für deren Programm und politische Ethik Leben und Tätigkeit der Gefallenen nur verdammenswert waren.

Menschen, die auf einem so hohen geistigen Niveau standen wie jene vier, die mit hocherhobenem Haupt für eine Idee in den Tod gingen und die sterbend noch die zurückbleibenden Freunde ermutigten und anfeuerten, sind zweifelsohne nicht das ausschließliche Eigentum irgendeiner bestimmten Partei, Gruppe oder Sekte. Sie gehören in das Pantheon der ganzen Menschheit und jeder, dem die Idee der Freiheit mit welchem Inhalt und in welcher Form auch immer wirklich teuer ist, darf ihnen als verwandten Geistern huldigen und ihr Andenken ehren. Wenn besonders die polnische akademische Jugend an den Festlichkeiten zum Andenken des „Proletariat" zahlreich teilnimmt, begrüßen wir das mit aufrichtiger Freude als Symptom des Idealismus und vielversprechender revolutionärer Neigungen in den Kreisen unserer Intelligenz.

Wir wollen das Andenken der Helden des „Proletariat" weder monopolisieren noch in engem parteilichem Interesse darum kämpfen wie um den Leichnam des Patroklos. Aber wenn die Ehrung des Andenkens der Gehenkten zu einem gedankenlosen und lauten Sport wird, wenn sie zur gewöhnlichen Reklame erniedrigt wird, zum Aushängeschild einer politischen Gruppe, mehr noch, wenn zu diesem niedrigen Zweck die eigenen Ideen und Taten der „Proletarier", für die sie in den Tod gegangen sind, vor den Augen des Volkes mißbraucht und mißdeutet werden, dann ist es einfach die Pflicht derer, die dem Geiste ihrer Grundsätze nach die direkten Erben der revolutionären Tradition des „Proletariat" sind, laut zu protestieren. Wir sind keine Freunde jener regelmäßigen alljährlichen Feierlichkeiten zum Andenken revolutionärer Traditionen, die schon durch ihre mechanische Regelmäßigkeit alltäglich werden und, wie alles, was traditionell ist — ziemlich banal. Wir sind jedoch der Meinung, daß zur Zeit die am 28. Januar Gefallenen am besten gefeiert werden, wenn man beweist, daß ihre Gräber nicht der richtige Ort sind für sozial-patriotische Kapriolen oder das Exerzieren von Zinnsoldaten für den „nationalen Aufstand".

Darüber hinaus sind die Traditionen der sozialistischen Bewegung in unserem Lande der gegenwärtigen Generation polnischer Revolutionäre leider so wenig bekannt, daß es unserer Meinung nach an der Zeit ist, die Erinnerungen an unseren vergangenen Kampf aufzufrischen, an einen Kampf, der in den heutigen Zeiten eine reiche Quelle moralischer Stärkung und politischer Belehrung sein kann. Es ist vor allem höchste Zeit, das geistige Gesicht der ersten, organisatorisch starken und einflußreichen sozialistischen Partei in Polen, des „Proletariats", zu zeigen, und es anhand seiner Worte und Taten im Lichte der historischen Wahrheit darzustellen.

Wer die politischen Ideen der Partei „Proletariat" richtig verstehen und einschätzen will, muß von der Voraussetzung ausgehen, daß diese Partei ihrem Programm nach nicht einheitlich war, daß ihr Programm und ihre Richtung vielmehr von zwei verschiedenen Elementen beeinflußt wurde: vom Westen und von Rußland, von der Marxschen Theorie und von der Praxis der „Narodnaja Wolja".

Die gesellschaftlichen Bedingungen Kongreßpolens in den achtziger Jahren waren durchaus eine geeignete Grundlage für eine Arbeiterbewegung im europäischen Sinne des Wortes. Die Entwicklung der Industrie nach dem Zusammenbruch des letzten Aufstandes und nach der Bodenreform vollendete den endgültigen Triumph des Kapitalismus sowohl in der Stadt wie auch teilweise auf dem Lande. Die positivistische Theorie der organischen Arbeit* fegte die letzten Überreste der adlig-nationalen Ideologie aus der Gesellschaft und legte damit die Grundlage der gesellschaftlichen und intellektuellen Herrschaft der Bourgeoisie in einer so nackten Form wie in keinem anderen Land. Der moderne Klassenantagonismus, die wirtschaftliche Lage und die gesellschaftliche Bedeutung des Industrieproletariats traten deutlich sichtbar hervor. Damit waren die objektiven Bedingungen, die die Grundlage der Marxschen Lehre bilden, in Kongreßpolen in hohem Grade erfüllt, und das „Proletariat" stand mit der ganzen Begründung seines sozialistischen Strebens folgerichtig auf dem Boden des Marxismus.

Bewußt und deutlich wird dieser Gedanke ausgesprochen im zweiten Kapitel des Aufrufs des Arbeiterkomitees der sozial-revolutionären Partei „Proletariat" vom Jahre 1882: „Unser Land stellt in der allgemeinen Entwicklung der europäischen Gesellschaft keine Ausnahme dar: seine vergangene und gegenwärtige Verfassung, gegründet auf Ausbeutung und Unterdrückung, bietet unserem Arbeiter nichts als Elend und Erniedrigung. Unsere Gesellschaft zeigt heute alle Merkmale einer bürgerlich-kapitalistischen Verfassung, wenn auch der Mangel an politischer Freiheit ihr ein abgezehrtes und kränkliches Aussehen gibt. Das ändert jedoch nicht den Kern der Sache."[1]

Der Sozialismus hat auch hier eine klassenmäßige, moderne Grundlage: „Die Interessen der Ausgebeuteten lassen sich nicht mit den Interessen der Ausbeuter in Einklang bringen. Sie können nicht gemeinsam vorwärtsschreiten im Namen einer fiktiven nationalen Einheit; wenn man gleichzeitig berücksichtigt, daß das Interesse der Arbeiter in der Stadt und der Werktätigen auf dem Lande gleich ist, so stellt man fest: Das polnische Proletariat unterscheidet sich grundsätzlich von den privilegierten Klassen und nimmt den Kampf mit ihnen als selbständige Klasse auf, deren ökonomische, politische und moralische Tendenzen vollkommen andere sind."[2]

Der „Aufruf" bezeichnet von vornherein den Charakter des sozialistischen Klassenkampfes als einen rein internationalen

---

* „Organische Arbeit" ist ein Begriff aus der politischen Ideengeschichte Polens im 19. Jh. Nach dem gescheiterten Aufstand von 1863 wendet sich ein Teil des aufstrebenden Bürgertums in Polen von der politischen Romantik der Aufstandsepoche ab, um durch „organische Arbeit" die wirtschaftliche Entwicklung Polens zu fördern.
(Anm. d. Übers.)

[1] „Z pola walki", Genf, Verlag „Walka klas" 1886, S. 27
[2] „Z pola walki", Genf, Verlag „Walka klas" 1886, S. 29

und betont, daß „die ökonomischen Bedingungen die Grundlage der gesellschaftlichen Verhältnisse sind; alle anderen Erscheinungen sind also diesen Bedingungen untergeordnet."[3] Dadurch erkennt der „Aufruf" formal den historischen Materialismus als Grundlage seiner Weltanschauung an.

Insoweit verpflanzten die Anschauungen des „Proletariat" in allen entscheidenden Punkten die Ideen des „Manifests der Kommunistischen Partei" von Marx und Engels auf polnischen Boden.

Diese allgemeine Kritik des Kapitalismus legt jedoch noch nicht die Art der unmittelbaren Aktion der Partei, ihr politisches Programm und ihre Taktik fest. Zwischen der Anerkennung der allgemeinen Grundlagen des wissenschaftlichen Sozialismus und ihren Konsequenzen für die Tätigkeit und die Aufgaben der Partei zwischen der Theorie des „Manifests der Kommunistischen Partei" und dem direkten Programm und der Praxis der Sozialdemokratie liegt eine gewaltige Kluft. Die politischen Anschauungen des „Proletariat" aber wurden in starkem Maße von der russischen „Narodnaja Wolja" beeinflußt.

Diese Organisation war ihrer ganzen Gestalt nach von vollkommen anderen gesellschaftlichen Bedingungen geprägt. Sie wuchs auf dem Boden einer schwach entwickelten kapitalistischen Gesellschaft, in der das soziale Leben noch überwiegend durch die Landwirtschaft und die Überbleibsel des uralten russischen Gemeindeeigentums bestimmt wurde. Die sozialistische Theorie der „Narodnaja Wolja" fußt nicht auf dem städtischen Proletariat, sondern auf dem Eigentümer — der Bauerngemeinde. Sie strebte nicht nach der Verwirklichung und Überwindung des Kapitalismus, sondern nach der Verhinderung dieser Entwicklung. Sie suchte ihre Erfolge nicht im Klassenkampf, sondern im Versuch einer mutigen Minderheit, an das Steuer des Staates zu gelangen.

Berücksichtigen wir den subjektiven Idealismus als Grundlage der historischen Ansichten der „Narodnaja Wolja", dann erhalten wir als Ergebnis eine Theorie, die sich in allen Zügen von den Grundsätzen des „Proletariat" unterscheidet.

Die „Narodnaja Wolja" war zwar auch kein vollkommen einheitliches Gebilde; die Anfänge der marxistischen Theorie sowie Einflüsse des Westens lassen sich auch hier in manchem

---

[3] l.c., S. 32

Punkt feststellen. Auch ist das politische Programm der „Narodnaja Wolja" nicht leicht zu bestimmen. Man kann sich also erst nach ernstem Nachdenken und aufgrund einer Analyse der periodischen Veröffentlichungen dieser Partei zu einer klaren Antwort auf die Frage entschließen, wie eigentlich die politische Aktion der „Narodnaja Wolja" zu verstehen ist. Beabsichtigte sie, die Selbstherrschaft zu stürzen und den „Zemskij Sobor" einzuberufen, um sofort Übergangsmaßnahmen im sozialistischen Sinne zu ergreifen, die vor allem das System des Gemeindeeigentums als künftige Grundlage der sozialistischen Gesellschaftsordnung stärken sollten? Oder wollte sie zuerst einmal gewöhnliche konstitutionelle Rechte durchsetzen? Seinerzeit gab es, wie wir sehen werden, auch Stimmen, die die Ziele der „Narodnaja Wolja" in diesem Sinne interpretierten. Zweifellos läßt sich jedoch die politische Taktik der „Narodnaja Wolja", wenn man schon ein entsprechendes Etikett aus der Geschichte des westeuropäischen Sozialismus gebrauchen will, am besten durch den Begriff des „Blanquismus" bestimmen, einer Taktik, die einerseits darauf abgestellt ist, das Vertrauen der Volksmassen zu gewinnen, andererseits darauf, die Macht durch eine Verschwörerpartei zu ergreifen, die, um sich auf die Massen stützen zu können, aus dem sozialistischen Programm das durchführt, „was sich machen läßt". Genau diese Beurteilung erfährt sie durch die russische Sozialdemokratie, deren programmatische Veröffentlichungen eine breite und erschöpfende Kritik der historischen Weltanschauung und der ökonomischen Theorien der „Narodnaja Wolja" und ihrer politischen Methoden enthalten.

Angesichts so gegensätzlicher Anschauungen scheint der Einfluß der „Narodnaja Wolja" auf das „Proletariat" auf den ersten Blick unverständlich, und die Vereinigung so unterschiedlicher Elemente zu einem Ganzen eine schwer lösbare Aufgabe. Während das „Proletariat" sich in seinen Grundanschauungen auf allgemein-europäische, internationale Grundlagen stützte, war die „Narodnaja Wolja" ein rein russisches, einheimisches Gebilde. Wie und warum trotzdem die Vereinigung dieser zwei vollkommen verschiedenen Elemente erfolgte — das ist das Problem, dessen richtige Erklärung deshalb so wichtig ist, weil es in der Geschichte und beim Ende des „Proletariat" eine entscheidende Rolle gespielt hat.

II

In der geistigen Entwicklung der Schöpfer der Partei „Proletariat" kann man drei Phasen unterscheiden, deren mittlere das Programm am stärksten geprägt hat. Sie ist eng verbunden mit der Tätigkeit des hellsten Kopfes und einflußreichsten Führers des damaligen Sozialismus in Polen, mit Ludwik Waryński. Die erste Phase dauerte etwa bis 1880. Sie ist eine Zeit des theoretischen Gärungsprozesses, der sich vor allem unter den sozialistischen Emigranten in der Schweiz abspielte. Sein literarisches Organ war die Genfer „Równość" (Gleichheit — TK). Die Theorie des wissenschaftlichen Sozialismus, sowohl seine Ökonomie als auch seine Gesamtkritik der bürgerlichen Gesellschaftsordnung, findet hier zwar schon eine teilweise Anerkennung: in der praktischen Anwendung dieser Theorie, dem Programm der unmittelbaren Tätigkeit, ist der Standpunkt der „Równość" jedoch noch vollkommen unklar. Ihr Programm ist das sogenannte Brüsseler Programm, das im Jahre 1878 entstand. Nachdem dieses Programm in den ersten vier Punkten die ökonomischen und sozialen Grundlagen der sozialistischen Gesellschaftsordnung dargestellt hat, verkündet es, daß die Verwirklichung dieser Grundsätze die Aufgabe einer „allgemeinen und internationalen Revolution" sein soll. Auf dieser Grundlage fordert das Programm etwas unklar einen „föderativen Bund mit den Sozialisten aller Länder". Hinsichtlich der praktischen Tätigkeit enthält das Programm nur eine ziemlich geheimnisvolle Erklärung, daß „die Grundlage unserer Tätigkeit die moralische Übereinstimmung der Mittel mit dem angestrebten Ziel" ist. Es nennt ganz allgemein als „Mittel, die zur Entwicklung unserer Partei beitragen": Organisation der Volkskräfte, mündliche und schriftliche Propaganda der Grundlagen des Sozialismus, und Agitation, „d. h. Proteste, Demonstrationen und überhaupt aktiven Kampf gegen die gegenwärtige gesellschaftliche Ordnung im Sinne unserer Grundsätze". Schließlich findet sich noch der Hinweis, daß angesichts der Erfolglosigkeit legaler Kampfmittel dieses Programm „nur durch eine soziale Revolution"[4] erreicht werden kann. Politische Forderungen und überhaupt direkte, auf die unmittelbare Aktion abgestellte Forderungen finden wir in die-

---

[4] „Równość", Jahrgang I, Nr. 1, Oktober 1879

sem Programm nicht. Daher unterscheidet die Gruppe „Równość" in ihrem Programm auch nicht zwischen den drei Teilungsgebieten und wendet ihre Grundsätze und Agitation ebenso in Galizien an wie im Posener Gebiet und in Kongreßpolen. Wenn nämlich die Sozialisten überhaupt kein Programm direkter, an die gegebenen Bedingungen des Landes angepaßter Forderungen aufstellen, sondern nur unbestimmt durch eine „Organisation" der Arbeiter direkt die internationale soziale Revolution anstreben, so spielen natürlich die verschiedenen politischstaatlichen Bedingungen der drei Teilungsgebiete keine Rolle und fordern kein unterschiedliches Vorgehen. Nicht nur das — das Programm der „Równość" konnte genauso gut oder schlecht in den einzelnen Teilungsgebieten Polens angewendet werden wie in England, Frankreich oder Deutschland. Der politische Standpunkt des Sozialismus im damaligen Stadium wird nur in einer Hinsicht ganz deutlich, in seiner Ablehnung des Nationalismus, in seiner streng internationalen Haltung. Unter dem Titel „Patriotismus und Sozialismus" lesen wir im Leitartikel der „Równość": „Von den patriotischen Parteien sind nur kleine Gruppen übriggeblieben, die an dem Glauben festhalten, daß sie noch einmal die Fahne für die „Freiheit des Vaterlandes" erheben werden, daß sie sich noch ein letztes Mal in den Kampf mit dem Feind stürzen werden, und daß sie dann das ihnen teure Vaterland wiedersehen werden! Achten wir jedes echte Gefühl dieser Menschen, die gestern für ihr Vaterland alles zu opfern bereit waren und noch heute zu jedem Opfer bereit sind. Aber wir polnischen Sozialisten haben mit ihnen nichts gemein! Patriotismus und Sozialismus, das sind zwei Ideen, die sich auf keine Art und Weise in Einklang bringen lassen."[5]

„Was unsere heutige Versammlung von so vielen vergangenen unterscheidet", sagt Ludwik Waryński in einer Versammlung im November 1880 in Genf, „das ist die Art, in der wir einander gegenüberstehen, wir polnischen Sozialisten und ihr, unsere russischen Genossen. Wir treten nicht als Vorkämpfer des künftigen polnischen Staates vor euch, die unterdrückten Untertanen des russischen Staates, sondern als Vertreter und Verteidiger des polnischen Proletariats vor euch, die Vertreter des russischen Proletariats."[6] „Fremd sind uns", schließt Wa-

---

[5] „Równość", Jahrgang I, Nr. 2, November 1879
[6] Bericht von der internationalen Versammlung, die zum 50. Jahrestag des Novemberaufstandes einberufen wurde. Genf, 1881, S. 77

ryński, „die Ideale slawischer Föderationen, von welchen Bakunin träumte. Gleichgültig sind uns diese oder jene Grenzen des polnischen Staates, für die sich unsere Patrioten ereifern. Unser Vaterland ist die ganze Welt. Wir sind keine Verschwörer der dreißiger Jahre, die einander suchen, um ihre Zahl zu vergrößern. Wir sind nicht die Kämpfer des Jahres 1863, die einzig und allein der Haß gegen das Zarentum verbindet und die auf dem Feld des nationalen Kampfes ihr Leben lassen. Wir haben keine feindlichen Nationen vor Augen. Wir sind Landsleute, Mitglieder einer großen Nation, die noch unglücklicher als Polen ist, der Nation der Proletarier".[7]

Und noch entschiedener als ihr Vertreter Waryński in der obigen Rede verkündet in der gleichen Zeit die „Równość" in ihrem Leitartikel: „Wir haben ein für allemal mit patriotischen Programmen gebrochen; wir wollen weder ein adliges noch ein demokratisches Polen; und nicht nur, daß wir es nicht wollen, wir sind fest davon überzeugt, daß der Kampf für eine Wiederherstellung Polens durch das Volk heute eine absurde Idee ist."[8]

Außer dieser streng internationalen Haltung, die allerdings unter den besonderen Bedingungen unseres Landes eine positivere politische Bedeutung hatte als in anderen Ländern, verriet der damalige polnische Sozialismus, der den politischen Kampf überhaupt nicht berücksichtigte, eine unbewußte Verwandtschaft mit dem Anarchismus. Wir haben heute keine Möglichkeit, genau festzustellen, inwiefern das auf die mehr oder weniger zahlreichen Mitglieder der Gruppe „Równość" zutrifft. Aber angesicht ihres raschen Übergangs zu reiferen politischen Ansichten kann man vermuten, daß die anfänglichen anarchistischen Schwankungen eher ein Symptom unterschiedlicher Anschauungen innerhalb der Gruppe waren.

Charakteristisch ist jedenfalls in dieser Hinsicht die in der „Równość" vertretene Auffassung, daß die staatlich-politischen Bedingungen jedes Landes nur ein Hindernis für die internationalen Tendenzen des Sozialismus darstellen. Die Gründung besonderer sozialistischer Parteien sowie der politische Kampf, der diesen besonderen Bedingungen entsprechen muß, werden nur als malum necessarium anerkannt: „Unser Ideal

[7] l.c., S. 83
[8] „Równość", Jahrgang II, Nr. 1, November 1880

bleibt immer ein internationaler Zusammenschluß, und wenn die gegebenen politischen Bedingungen einer breiten internationalen Organisation keine Steine in den Weg legten, wenn sie nicht einen Teil der sozialistischen Kräfte zum Kampf mit der Regierung absorbierten — die Grundlage einer allgemeinen sozialistischen Organisation bestünde allein in den ökonomischen Bedingungen."[9] Was sich daraus im besten Falle schließen läßt, ist die Tatsache, daß die organische Verbindung der wirtschaftlichen Verhältnisse mit den staatlichen Institutionen damals zumindest für einige Führer der „Równosc" ein vollkommenes Geheimnis war, ebenso wie jene grundsätzliche Lehre, daß jeder Klassenkampf der Natur nach ein politischer Kampf ist. Dies steht in Einklang mit der Tatsache, daß die „Równość", obwohl sie nach dem „Ideal" eines internationalen Zusammenschlusses strebte, nicht verstand, daß der Zusammenbruch einer solchen Vereinigung und die Entstehung einzelner Arbeiterparteien in jedem Staate auf einer gewissen Entwicklungsstufe des sozialistischen Kampfes eine notwendige und fortschrittliche Erscheinung ist.

Aber, wie wir schon sagten, erfolgte sehr rasch eine entschiedene Wendung in der programmatischen Haltung der polnischen Sozialisten. Den Übergang zur zweiten Phase einer deutlichen Herausbildung des Programms unter dem Einfluß von Waryński sehen wir bereits im Sommer 1881. Das Programm der Arbeiter Galiziens, im ersten Jahrgang der Zeitschrift „Przedświt" (Morgenröte — TK) zeigt uns schon die Ideen der Gründer des „Proletariat" in voller Reife. Indessen tritt der politische Charakter des Programms in aller Deutlichkeit hervor.

Einerseits zeigt sich hier der internationale und antinationalistische Standpunkt genauso entschieden wie in der vorigen Phase. Damals, als Warynskis Gruppe anstatt weiterhin eine verschwommene Propaganda des Sozialismus zu betreiben, den Boden praktischer Tätigkeit, nämlich den des politischen Kampfes betritt, erhält sogar ihr Antinationalismus wesentliches Gewicht im Gesamtbild der politischen Anschauungen der Gruppe und nimmt gleichzeitig konkrete, greifbare Formen an.

Wenn z. B. in der erwähnten Rede Warynskis die Solidarität mit den russischen Revolutionären und die negative Einschätzung des polnischen Nationalismus nur dem internationalen

---

[9] „Równość", Jahrgang II, Nr. 3 und 4, Januar und Februar 1881

Charakter des Sozialismus als Endziel zu entspringen scheinen, was noch dem Standpunkt der „Równość" entspricht, so sind dieselben Anschauungen im „Przedświt" schon eindeutig vom Standpunkt eines Minimalprogramms aus begründet, genauer: als politische Aktion der Sozialisten.

Besonders charakteristisch ist in dieser Hinsicht Warynskis Kritik der damaligen sozial-patriotischen Vereinigung „Lud Polski" (Das polnische Volk — TK), die im August 1881 mit einer programmatischen Proklamation hervortrat.

Während andere Sozialisten der Genfer Gruppe, Brzeziński, Jabłoński, Padlewski, gegen die erwähnte Proklamation auftraten, unter anderem deshalb, weil „wir die Ziele des Sozialismus nicht als ferne und endgültige Ziele betrachten (wie das die Proklamation des ‚Lud Polski' tut), sondern als die einzigen",[10] während also andere Sozialisten der Gruppe sich des Verhältnisses zwischen den endgültigen Zielen und dem unmittelbaren politischen Programm noch gar nicht bewußt waren, schreibt Waryński in derselben Zeit in erstaunlicher Klarheit: „In dem Programm der Proklamation des ‚Lud Polski' ist das, wovon ich eben schrieb, nichts Zufälliges; es ist nicht einfach eine Ungenauigkeit, sondern es bleibt in enger Verbindung mit den grundsätzlichen Punkten dieses Programms, das, im Unterschied zu allen Programmen der sozialistischen Parteien und im Gegensatz zu den Theorien des modernen Sozialismus, das Problem der politisch-nationalen Befreiung auf eine Ebene mit der allgemein-menschlichen Aufgabe einer ökonomisch-sozialen Befreiung stellt. Eine solche Koexistenz allgemeiner Probleme und Einzelprobleme, die in den ersteren enthalten sind, ist in einem Programm nur dann möglich, wenn die Einzelprobleme als Nahziel hingestellt werden, als Minimalforderungen. Andernfalls ist die Hervorhebung solcher Einzelprobleme wie die Aufhebung der politisch-nationalen Unterdrückung in den Gebieten Polens neben der sozialen und ökonomischen Befreiung unverständlich. Mit anderen Worten, es beweist ein mangelndes Verständnis dafür, daß die Befreiung von der ökonomisch-sozialen Knechtschaft gleichzeitig eine Emanzipation des Einzelnen und jeglicher Gruppen von der materiellen und moralischen Unterdrückung bedeutet. Deshalb betrachte ich auch die Aufhebung der politisch-nationalen Unterdrückung im Programm der ‚Pro-

---

[10] „Predświt", Jahrgang I, Nr. 3 und 4, Oktober 1881

klamation' als ein unklar aufgestelltes Minimalprogramm und als solches erörtere ich es."

Nachdem Waryński auf diese Weise mit zwei Worten das Programm der nationalen Befreiung als eine Forderung, die dem Endziel des Sozialismus gleichwertig sein soll, zunichte gemacht hat, analysiert er dasselbe Postulat als unmittelbare Aufgabe des Proletariats: „Ohne zu fragen, warum die Vereinigung ‚Lud Polski' dieses Minimalprogramm unklar formuliert, ohne zu fragen, warum sie es nicht deutlich hinstellt als unmittelbares Ziel ihres Strebens, meine ich, daß die Aufstellung eines solchen Programms, klar oder unklar, für alle drei Teilungsgebiete, aber auch für jedes einzeln, den Aufgaben schadet, die die Sozialisten in ihrer praktischen Tätigkeit vor Augen haben müssen.

Das von den Sozialisten aufgestellte Minimalprogramm geht von der Voraussetzung des täglichen Kampfes mit dem Kapital aus. Ihr Ziel ist nicht eine ‚nationale Wiedergeburt', sondern die Erweiterung der politischen Rechte des Proletariats, die Möglichkeit, Massenorganisationen zu bilden für den Kampf mit der Bourgeoisie als einer politischen und gesellschaftlichen Klasse.

Desgleichen wurde das ‚Programm der Arbeiterpartei Galiziens' nicht nur für das polnische Volk geschrieben, sondern auch für die verschiedenen proletarischen Gruppen jener Nationalitäten, die sich in Galizien solidarisch zu einer Partei verbinden. Diese Tatsache soll denjenigen als Antwort dienen, die von besonderen Entwicklungsbedingungen unserer Gesellschaft reden wollen. Wir raten auch unseren sozialistischen Wegbereitern, sich über diese Tatsache mehr Gedanken zu machen.

Es ist leicht vorauszusehen, daß auch in Posen die sozialistische Bewegung denselben Weg gehen wird wie in Galizien. Auch dort werden die polnischen Arbeiter sich mit den deutschen zu einer festen Organisation verbinden, die nicht nur durch äußere Verhältnisse bedingt ist, sondern ihrem Inhalt und ihrem Wesen nach auf den Grundsätzen der internationalen Solidarität gegründet ist... Wir zweifeln nicht daran, daß auch in Kongreßpolen Menschen, die die Aufgaben des Sozialismus gut verstehen und der Sache des Sozialismus treu ergeben sind, zur Entwicklung der sozialistischen Bewegung in derselben Richtung beitragen werden."

Wir haben bei diesem ausführlichen Zitat deshalb verweilt, weil es für den Leser, der mit dem Gedankengang der heutigen sozialistischen Richtungen vertraut ist, ein typisches Glaubensbekenntnis der Sozialdemokratie ist.

Das, was gerade den sozialdemokratischen Standpunkt im Unterschied zu anderen sozialistischen Strömungen charakterisiert, ist vor allem die Auffassung von der Art des Übergangs der heutigen Gesellschaft zu einer sozialistischen. Mit anderen Worten: die Auffassung von dem Verhältnis zwischen den unmittelbaren Aufgaben und den Endzielen des Sozialismus.

Vom Standpunkt der Sozialdemokratie aus, die ihre Anschauungen auf die Theorie des wissenschaftlichen Sozialismus stützt, kann der Übergang zur sozialistischen Gesellschaftsordnung nur die Folge einer — kürzeren oder längeren — Entwicklungsphase sein. Diese Entwicklung schließt zwar nicht aus, daß die endgültige Umwandlung der Gesellschaft im sozialistischen Sinne nur durch einen gewaltsamen politischen Umsturz erfolgen kann, also durch das, was man gewöhnlich Revolution nennt. Aber diese Revolution ist andererseits unmöglich, wenn nicht die bürgerliche Gesellschaft vorher bestimmte Entwicklungsphasen durchlaufen hat.

Dies trifft sowohl für den objektiven Faktor beim sozialistischen Umsturz — die kapitalistische Gesellschaft selbst — als auch für den subjektiven Faktor — die Arbeiterklasse — zu.

Ausgehend von dem Grundsatz des wissenschaftlichen Sozialismus, daß „die Befreiung der Arbeiterklasse nur das Werk der Arbeiterklasse selbst sein kann", erkennt die Sozialdemokratie, daß nur die Arbeiterklasse als solche den Umsturz, d. h. die Revolution zwecks Verwirklichung der sozialistischen Umwandlung, durchführen kann. Unter Arbeiterklasse versteht sie die eigentliche breite Masse der Arbeiter, vor allem die Masse des Industrieproletariats. Eine Vorbedingung der sozialistischen Umwandlung muß also die Eroberung der politischen Macht durch die Arbeiterklasse sein und die Errichtung der Diktatur des Proletariats, die zur Durchsetzung der Übergangsmaßnahmen unbedingt notwendig ist.

Um aber diesen Aufgaben gewachsen zu sein, muß sich die Arbeitermasse vor allem ihrer Aufgaben bewußt werden und eine klassenmäßig organisierte Masse werden; andererseits muß die bürgerliche Gesellschaft bereits einen sowohl ökonomischen wie auch politischen Entwicklungsstand erreicht haben, der die Einführung sozialistischer Institutionen ermöglicht.

Diese beiden Voraussetzungen sind voneinander abhängig und beeinflussen sich wechselseitig. Die Arbeiterklasse kann keine Organisation und kein Bewußtsein erreichen ohne bestimmte politische Bedingungen, die einen offenen Klassenkampf ermöglichen, d. h. ohne demokratische Institutionen im Rahmen des Staates. Und umgekehrt, das Erreichen demokratischer Institutionen im Staat und ihre Ausdehnung auf die Arbeiterklasse ist von einem bestimmten historischen Moment, von einer bestimmten Phase der Verschärfung des Klassenantagonismus an unmöglich ohne den aktiven Kampf des bewußten und organisierten Proletariats.

Die Lösung dieses scheinbaren Widerspruchs der Aufgaben liegt im dialektischen Prozeß des Klassenkampfes des Proletariats, das für demokratische Bedingungen im Staat kämpft und sich gleichzeitig im Verlauf des Kampfes organisiert und Klassenbewußtsein erwirbt. Indem es dieses Klassenbewußtsein erlangt und sich im Verlauf des Kampfes organisiert, bewirkt es eine Demokratisierung des bürgerlichen Staates und macht ihn in dem Maße, wie es selbst reift, reif für einen sozialistischen Umsturz.

Auf dieser Auffassung beruhen elementare Grundsätze, auf die sich die praktische Tätigkeit der Sozialdemokratie stützt: Der sozialistische Kampf muß ein Massenkampf des Proletariats sein, ein täglicher Kampf um die Demokratisierung der staatlichen Institutionen und um die Hebung des geistigen und materiellen Niveaus der Arbeiterklasse und gleichzeitig um die Organisierung der Arbeitermassen zu einer besonderen politischen Partei, die bewußt der ganzen bürgerlichen Gesellschaft ihren Kampf für einen sozialistischen Umsturz entgegensetzt.

Die Aneignung und Anwendung dieser Grundsätze in der polnischen sozialistischen Bewegung war eine doppelt wichtige und schwierige Aufgabe. Im Unterschied nämlich zu den Ländern Westeuropas ist die Lage der Sozialisten in Polen einerseits durch dreierlei politische Bedingungen kompliziert, unter welchen das polnische Proletariat lebt. Dies trifft besonders zu für die spezifischen politischen Bedingungen des wichtigsten Teils Polens — des russischen Teilungsgebietes. Andererseits wird die Lage der Sozialisten in Polen verschärft durch die nationale Frage.

Diese wichtige und schwierige Aufgabe wurde in der Geschichte der polnischen Arbeiterbewegung zum erstenmal, wie schon das angeführte Zitat bewies, durch Ludwig Waryński gelöst, der die sozialdemokratischen Grundsätze von den unmittelbaren Aufgaben des Sozialismus so klar und bewußt ausspricht, wie wir es sonst weder vorher noch zu seiner Zeit von den anderen polnischen Sozialisten hören.

Was die nationale Frage betrifft, weist Waryński den Wiederaufbau Polens mit der gleichen Entschlossenheit zurück, wie es schon die Gruppe „Równość" getan hat. Aber er verlegt die Lösung dieses Problems auf eine ganz andere Ebene. Während die Gruppe „Równość" ihre negative Einstellung gegenüber nationalistischen Tendenzen mit deren Widerspruch zu den internationalen Zielen des Sozialismus erklärte sowie mit ihrer Gleichgültigkeit gegenüber politischen Aufgaben überhaupt,[11] verwirft Waryński das nationale Programm nicht wegen der Endziele des Sozialismus, sondern wegen der unmittelbaren Aufgaben. Er stellt der Politik der Nationalisten die Politik der Arbeiter gegenüber.

Da das Ziel der täglichen Aktion des Proletariats die Organisierung und Aufklärung der Arbeiterklasse ist — deduziert Waryński —, kann ihr politisches Programm nicht Sturz oder Aufbau von Staaten sein, sondern die Erkämpfung und Erweiterung politischer Rechte, die zur Organisierung der Massen innerhalb dieser bürgerlichen Staaten, in denen sie wirken, unbedingt notwendig sind.

Für das polnische Proletariat legt Waryński hiermit zwei Grundsätze des politischen Programms im Sinne der Sozialdemokratie fest: erstens, als Ausgangspunkt der politischen Aktion, die Anerkennung der bestehenden historischen und staatlichen Verhältnisse als gegebene Bedingungen; zweitens, als Ziel dieser Aktion, die Demokratisierung der gegebenen politischen Bedingungen.

---

[11] Charakteristisch ist in dieser Hinsicht folgendes Fragment des Artikels von K. Dłuski „Patriotismus und Sozialismus": „Die Idee des Sozialismus ist umfassender und größer als die Idee des Patriotismus. Sie geht von den Kraftfeld der politischen Verhältnisse aus, in dem der Patriotismus liegt und fordert, sich auf ökonomische Grundlagen stützend, eine Umwandlung der sozialen Verhältnisse. Dabei betrachtete sie die ökonomischen Bedingungen nur als Hintergrund, auf dem sich alle anderen Verhältnisse und Interessen gruppiert haben, die mit dem Leben sowohl ganzer Gesellschaften wie auch einzelner Menschen verbunden sind."
„Równość", Jahrgang I, Nr. 2, November 1879

Wenn also die negative Schlußfolgerung aus diesen Grundsätzen die Ablehnung des Programms einer Wiedererrichtung des polnischen Staates war, so blieb nur übrig, die positiven Schlußfolgerungen in der Form eines sozialdemokratischen Programms, oder vielmehr von drei Programmen, für das polnische Proletariat zu ziehen. Wenn man nämlich die politisch-staatlichen Bedingungen als maßgebend für die Bestimmung der politischen Aufgaben des Proletariats ansieht, dann ergibt sich daraus, daß eine Aktion und ein politisches Programm für die polnische Arbeiterklasse in allen drei Teilungsgebieten unmöglich ist, daß vielmehr die Aktion und das politische Programm in jedem Teilungsgebiet verschieden sein muß, jedoch gemeinsam für das Proletariat der entsprechenden Teilungsmacht ohne Unterschied der Nationalitäten. Für Galizien und das Posener Gebiet spricht Waryński diesen Grundsatz schon klar und deutlich in dem erwähnten Artikel aus. Für das russische Teilungsgebiet wurde dieser Grundsatz in einem etwas späteren Dokument ausgesprochen, das überhaupt die reifste Frucht der Anschauungen von Waryński und seiner Gruppe in jener mittleren Phase, in der Zeit unmittelbar vor der formalen Organisierung der Partei „Proletariat", ist. Dieses Dokument war der Aufruf einer Gruppe ehemaliger Mitglieder der „Rόwność" und der Redaktion der sozialistischen Zeitschrift „Przedświt" vom 8. November 1881 an die russischen Sozialisten, der in der 6. und 7. Nummer des „Przedświt" vom 1. Dezember 1881 abgedruckt wurde. Das Ziel dieses Aufrufs war, die russischen Genossen zur Ausarbeitung eines gemeinsamen politischen Programms mit den polnischen Sozialisten zu überreden, also die kühnste politische Konsequenz, die aus jenen Grundsätzen gezogen wurde. Aber nicht nur die Schlußfolgerung, sondern auch die Art ihrer Begründung zeichnen sich in dem erwähnten Dokument durch eine besondere, für Waryński so charakteristische Nachdrücklichkeit und Klarheit der Gedanken aus, so daß wir vor einer Wiedergabe des ganzen Schlußabsatzes des Aufrufs nicht zurückschrecken.

Nachdem der Aufruf eine Beurteilung der Bedeutung des politischen Kampfes in Rußland und des historischen Untergangs der polnischen Frage gegeben hat, schließt er mit den Worten:

„Wir fassen zusammen, was wir bisher gesagt haben:

a) Der Sozialismus ist bei uns, wie überall, ein ökonomisches Problem, das mit dem nationalen Problem nichts gemein hat, und das im praktischen Leben als Klassenkampf erscheint.

b) Eine Garantie für den Fortschritt dieses Kampfes und des künftigen Sieges des Proletariats in der sozialen Revolution ist die maximale Entwicklung des sozialistischen Bewußtseins der Arbeitermasse und ihre Organisierung als Klasse auf der Grundlage ihrer Klasseninteressen.

c) Zur Verwirklichung dieser Aufgaben bedarf es politischer Freiheit, deren Fehlen eine Massenorganisation der Werktätigen in Rußland vor unerhörte Schwierigkeiten stellt."

Weiter heißt es in Übereinstimmung mit den Beschlüssen der ehemaligen Gruppe „Równość", die nach einer Diskussion mit den russischen Genossen im vorigen Jahr angenommen wurden:

„a) Den Charakter der sozial-revolutionären Organisation beeinflussen ausschließlich allgemein-ökonomische Interessen und die politischen Verhältnisse,

b) die Organisierung der sozialistischen Partei kann durchgeführt werden, einerseits auf Grund der ökonomischen Bedingungen, andererseits auf Grund der wirklich existierenden staatlich-politischen Bedingungen, wobei die Grenzen der Nationalität nicht als Grundlage der Organisierung dienen können. Infolgedessen kann

c) die Sozialistische Partei Polens nicht als homogene Einheit existieren. Es kann nur sozialistische polnische Gruppen in Österreich, Deutschland und Rußland geben, die gemeinsam mit den sozialistischen Organisationen anderer Nationalitäten in dem gegebenen Staat organisatorisch einen Verband bilden, was Bündnisse untereinander und mit anderen sozialistischen Organisationen nicht ausschließt.

Als Richtschnur dient uns schließlich folgendes:

a) Der Erfolg des terroristischen Kampfes um politische Freiheiten in Rußland ist abhängig von der Zusammenarbeit der solidarisch organisierten Arbeitermassen verschiedener Nationalität innerhalb des russischen Staates.

b) Dem Kampf um politische Freiheiten innerhalb des russischen Staates kann die Betonung der polnischen national-politischen Frage nur schaden; sie kann sich infolgedessen auch auf die Interessen der Arbeiterklasse nur nachteilig auswirken.

Wenn wir das bisher Gesagte berücksichtigen, kommen wir zu folgenden Ergebnissen:

I. Die Organisierung einer allgemeinen sozialistischen Partei, die die sozialistischen Organisationen der verschiedenen Nationalitäten im russischen Staat umfaßt, ist unbedingt notwendig.

II. Durchaus notwendig ist auch eine Verschmelzung der bisher auf ökonomischem und politischem Gebiet getrennt kämpfenden Organisationen, um mit vereinten Kräften den Kampf weiterzuführen.

III. Unerläßlich ist die Ausarbeitung eines gemeinsamen politischen Programms für alle Sozialisten, die innerhalb des russischen Staates wirken, eines Programms, welches in jeder Hinsicht den von uns gestellten Forderungen entspricht."

Es genügt ein Blick auf den zitierten Aufruf, um sich zu vergewissern, daß ein Dokument von außerordentlicher Bedeutung für die Geschichte der sozialistischen Bewegung in Polen vor uns liegt. Ist doch unverkennbar, daß der Aufruf vom Dezember 1881 ein politisches Programm formuliert, das in höchstem Maße sozialdemokratisch und vollkommen identisch ist mit den Auffassungen der heutigen „Sozialdemokratie des Königreichs Polen und Litauen".

Dies gilt nicht nur für die allgemeinen Grundsätze: die Unmöglichkeit eines gemeinsamen Programms und einer gemeinsamen Organisation für die polnischen Sozialisten aus allen drei Teilungsgebieten und die Unerläßlichkeit eines gemeinsamen Programms und einer gemeinsamen Organisation der Sozialisten der jeweiligen Teilungsmacht. Es gilt nicht nur für die sich daraus ergebende negative Schlußfolgerung: die entschiedene Ablehnung eines Programms der Unabhängigkeit Polens die hier wiederum mit äußerstem Nachdruck herausgestellt wird. Mehr noch: der Aufruf des „Przedświt" und der ehemaligen Gruppe „Równość" formuliert zum erstenmal in der Geschichte des polnischen Sozialismus ein positives Programm der Sozialdemokratie für das russische Teilungsgebiet: die Erkämpfung politischer Freiheiten, also konstitutioneller Formen innerhalb Rußlands.

Aber das ist noch nicht alles. Der aufmerksame Leser wird bemerken, daß der Aufruf von Waryński und seinen Genossen als selbstverständlich voraussetzt, daß die russischen Sozialisten sich die gleiche Aufgabe stellen. Indem der Aufruf deutlich die Tätigkeit der „Narodnaja Wolja" erwähnt, spricht er sogar ohne Bedenken von dem „terroristischen Kampf um die politischen Freiheiten in Rußland" und sieht in diesem Terrorismus der russischen Partei einfach eine Taktik im Kampf um den Sturz des Zarismus und die Durchsetzung demokratischer Freiheiten im europäischen Sinne.

Außerdem versucht der Aufruf, diese Taktik soweit wie möglich sozialdemokratisch zu begründen, indem er erklärt, daß der Terrorismus der „Narodnaja Wolja" nur dann politische Bedeutung haben wird, wenn er sich auf eine bewußte Aktion der organisierten Arbeiterklasse im ganzen Staate stützt.

Zweifellos wird heute der Terrorismus von der Sozialdemokratie, sowohl von der polnischen wie auch von der russischen, nicht als zweckmäßige und zum Ziel führende Form des Kampfes angesehen. Die Sozialdemokratie, eben um die Erfahrungen des „Proletariat" und der „Narodnaja Wolja" reicher, versteht, daß sich der Terror nicht mit dem Massenkampf der Arbeiterklasse verbinden läßt, sondern daß er ihn erschwert und gefährdet. Aber diese Erfahrungen konnten Waryński und seine Genossen im Jahre 1881 noch nicht haben. Sie mußten vielmehr, indem sie mit ihrem Aufruf gerade in einem Moment auftraten, als die russische Terroristenpartei noch auf dem Höhepunkt ihrer Kraft zu stehen und an den Grundlagen des Zarismus zu rütteln schien, an die Zweckmäßigkeit und Unerläßlichkeit des Terrors in Rußland glauben. Übrigens finden wir genau dieselben Ansichten in den grundlegenden Veröffentlichungen der russischen Sozialdemokratie, die die gesamte programmatische und taktische Grundlage der „Narodnaja Wolja" kritisch überprüft haben, vier Jahre nachdem Waryński sie ausgesprochen hatte.

Auffallend ist hier also nicht die Anerkennung des Terrors, sondern vielmehr die Tatsache, daß der Aufruf der polnischen Sozialisten bemüht ist, dem Terror sowohl sozialdemokratische Ziele als auch eine breite Grundlage im Klassenkampf zu verleihen.

Inwiefern diese Auffassung des damaligen russischen Sozialismus der Wirklichkeit entsprach, werden wir gleich sehen. Hier ist jedoch eine andere Seite der Sache wichtig. Es ist die Tatsache, daß Waryńskis Gruppe auf dem Weg der programmatischen Entwicklung zu einem rein sozialdemokratischen Standpunkt gelangte, daß sie von diesem Standpunkt aus als grundlegendes Prinzip die Aktionseinheit und Programmeinheit mit den russischen Sozialisten begründete.

Dieser Moment ist der Höhepunkt in der Entwicklung der Gründer des „Proletariat" und gleichzeitig ein Wendepunkt in ihrer Geschichte. Nachdem die letzten politischen Konsequenzen gezogen worden sind, gehen Waryński und seine Genossen zu ihrer Anwendung in der Praxis über, zur formalen Organisierung der Partei „Proletariat" in der Heimat. Damit beginnt die dritte und gleichzeitig letzte Periode ihrer Entwicklung.

III

Das oben zitierte Dokument, der Aufruf an die russischen Genossen, zeigt uns, daß die polnischen Sozialisten Ende 1881 in zwei wichtigen Punkten zu einem sozialdemokratischen Standpunkt gelangt waren: erstens mit dem allgemeinen Grundsatz, daß das politische Programm des polnischen Proletariats gleich und gemeinsam sein soll dem Programm des Proletariats der Teilungsmächte; zweitens in der Erkenntnis, daß in dem russischen Teilungsgebiet dieses Programm den Sturz der Selbstherrschaft und den Kampf um politische Freiheiten, d. h. um parlamentarisch-demokratische Regierungsformen, umfassen sollte. Obwohl diese Schlußfolgerungen zusammengehörten und sich logisch ergänzten, gerieten sie jedoch miteinander in Widerspruch, sobald die polnischen Sozialisten versuchten, sie in der Praxis anzuwenden. Der allgemeine sozialdemokratische Grundsatz führte sie zur Gemeinsamkeit von Programm und Aktion mit den russischen Sozialisten. Aber der damalige russische Sozialismus war keine Sozialdemokratie. Waryńskis Gruppe stellte zwar als gemeinsames Programm den Kampf um die Verfassung auf, aber dieses Programm war im Grunde genommen nicht das Programm der „Narodnaja Wolja". Die polnischen Sozialisten hielten den Kampf mit dem Zarismus nur dann für erfolgreich, wenn er durch die organisierten Arbeitermassen geführt würde, aber die russischen Sozialisten führten damals keine Massenagitation durch und stützten sich weder in der Theorie noch in der Praxis auf die Arbeiterklasse. In Wirklichkeit kämpfte die „Narodnaja Wolja" nicht „um die Erweiterung der politischen Rechte des Proletariats" zwecks „Ermöglichung von Massenorganisationen zum Kampf mit der Bourgeoisie", wie Waryński den Inhalt eines politischen Programms im Geiste der Sozialdemokratie formuliert hatte. Die „Narodnaja Wolja" kämpfte vielmehr um „die Machtergreifung", darum, die Macht zu übernehmen mit dem Ziel der sofortigen Durchführung von Reformen einer Übergangsperiode im Geiste eines sozialistischen Umsturzes. Dabei stützte sie sich nicht auf die Aktion klassenbewußter Massen, auf die Organisation und den Kampf des Industrieproletariats, sondern auf die verschwörerischen Umtriebe einer „mutigen Minderheit".

So mußten die entscheidenden Grundsätze Waryńskis und seiner Genossen bei ihrer Anwendung in der Praxis zu einem Zusammenstoß führen.

Hätte die sozialistische Bewegung in Rußland damals auf sozialdemokratischem Boden gestanden, wie das mit Ausnahme weniger Organisationen heute der Fall ist, so hätten die Prinzipien der Gründer des „Proletariat" einerseits zu einer vollkommen harmonischen Zusammenarbeit zwischen dem russischen und dem polnischen Sozialismus, andererseits schon Anfang der achtziger Jahre zu einer Blütezeit für eine die Massen ergreifende Arbeiterbewegung in Polen mit bewußter und sozialdemokratischer Prägung führen müssen.

Da es aber zu der Zeit, als die Partei „Proletariat" sich organisierte, in Rußland keine sozialdemokratische Bewegung, sondern nur eine Verschwörerpartei blanquistischer Prägung gab, wurden die polnischen Sozialisten vor ein Dilemma gestellt. Sie konnten entweder, um ihr sozialdemokratisches Programm zu bewahren, auf die Gemeinsamkeit von Programm und Aktion mit den russischen Sozialisten verzichten und selbständig in Polen den Kampf um den Sturz des Zarismus durch Massenagitation und Organisation der polnischen Arbeiter aufnehmen — oder auch, um ihrem grundsätzlichen Prinzip der Gemeinsamkeit der Aktion mit dem russischen Sozialismus zu folgen, auf das sozialdemokratische Programm und den Massenkampf verzichten und sich den Kampfmethoden der „Narodnaja Wolja" unterordnen.

Die Lösung dieses Problems sollte über das Schicksal des Sozialismus in Polen für fast ein Jahrzehnt entscheiden — und hat dies auch auf verhängnisvolle Weise getan. Wir zögern jedoch nicht anzuerkennen, daß die Wahl des zweiten der beiden Wege unter den damaligen Bedingungen nur allzu natürlich und verständlich war. In Anbetracht dessen, daß im politischen Kampf gegen das in Rußland herrschende System naturgemäß Rußland selbst das entscheidende Terrain sein mußte und daß Kongreßpolen erst an zweiter Stelle in Betracht kam, weiter, daß die damalige „Narodnaja Wolja" an Mitgliederzahl und politischer Bedeutung die polnischen Sozialisten um vieles übertraf und daß sie bereits einen so bedeutenden politischen und moralischen Sieg hinter sich hatte, wie den Anschlag vom 13. März, der in den Augen der ganzen Welt ihr Programm und ihre Taktik zu bestätigen schien, während die Partei „Proletariat" sich kaum zu einer Partei formiert hatte, unter all diesen Umständen ist es verständlich, daß die polnische sozialistische Organisation versuchen mußte, sich der russischen Bewegung anzuschließen.

Wie sehr die „Narodnaja Wolja" damals die Gedanken beherrschte und wie große Hoffnungen eines nahen politischen Umsturzes sie zu jener Zeit erweckte, bezeugen die 1894 geschriebenen Worte von Friedrich Engels. Engels sagt über jene Epoche in Rußland: „Damals gab es in Rußland zwei Regierungen: die des Zaren und die des geheimen Exekutivkomitees (ispolnitelnyj komitet - F.E.) der terroristischen Verschwörer. Die Macht dieser geheimen Nebenregierung stieg von Tag zu Tag. Der Sturz des Zarismus schien bevorzustehen; eine Revolution in Rußland mußte die gesamte europäische Reaktion ihrer stärksten Stütze, ihrer großen Reservearmee, berauben und dadurch auch der politischen Bewegung des Westens einen neuen gewaltigen Anstoß und obendrein unendlich günstigere Operationsbedingungen geben."[12]

Wenn nüchterne Forscher der sozialen Geschichte wie Engels und Marx — denn die obigen Worte charakterisieren auch die damalige Anschauung und Stimmung von Marx —, reich an eigenen Erfahrungen aus der revolutionären Geschichte Europas, uns so entscheidende Hinweise für die Beurteilung der historischen Entwicklungsprozesse gaben, wenn also solche Forscher die Ergebnisse der Tätigkeit der „Narodnaja Wolja" so überschätzen konnten, verwundert es nicht, daß die damaligen polnischen Sozialisten, die mitten in der Arena des Kampfes standen, vom ersten Augenblick ihrer praktischen Tätigkeit an

---

[12] „Internationales aus dem Volksstaat. Soziales aus Rußland" von Friedrich Engels, Berlin 1894, S. 69

dem ungeheuer starken Einfluß dieser Partei unterliegen mußten.

Nachdem also der polnische Sozialismus aus seiner Entwicklung im Geiste der westeuropäischen Sozialdemokratie die politische Konsequenz einer Verbindung mit dem russischen Sozialismus zur gemeinsamen Aktion gezogen hatte, mußte er schließlich unter den gegebenen konkreten Bedingungen allmählich auf blanquistische Wege geraten. Seine Geschichte ist also von dem Moment der formalen Organisierung der Partei im Lande bis zu seinem Niedergang Ende der achtziger Jahre ein stetiges Abweichen in blanquistischer Richtung von dem Standpunkt, der in dem Aufruf an die russischen Sozialisten im Dezember 1881 formuliert worden war.

Es wäre natürlich falsch anzunehmen, daß die polnischen Sozialisten in der Lage, in der sie sich befanden, diese oben erwähnte Wahl bewußt vollzogen haben. Wir haben diese Alternative formuliert, um eine Analyse der realen Situation zu geben; Waryńskis Gruppe war sich aber dieser Situation keineswegs so kategorisch bewußt. Das liegt einmal daran, daß das wirkliche Wesen der „Narodnaja Wolja" und ihr Widerspruch zum Standpunkt von Waryński und seinen Genossen damals, im Jahre 1882, noch gar nicht so klar war und sich nicht so leicht feststellen ließ, wie das später auf Grund von Dokumenten und Tatsachen möglich war. Anhand des Aufrufs der Gruppe von Waryński an die Russen haben wir schon bewiesen, daß besonders diese Gruppe sozialdemokratische Illusionen über die Tätigkeit der „Narodnaja Wolja" hatte.[13] Darüber hinaus war unter den polnischen Sozialisten, wie eine aufmerksame Lektüre der damaligen sozialistischen Literatur („Równość", „Przedświt" und Broschüren) ergibt, außer Waryński niemand, der ein so bewußter und erfahrener Sozialdemokrat gewesen wäre, wie der Aufruf vermuten ließe.

So vollzog sich die geistige Verbindung des „Proletariat" mit der „Narodnaja Wolja" nach außen nicht als Resultat

---

[13] Das bestätigen auch die Worte, die wir in der „Równość" lesen: Anläßlich des Anschlags vom 13. 3. (1881) auf Alexander II. analysiert die „Równość" das Programm der „Narodnaja Wolja" und mißt ihr „eine gemäßigte Forderung der konstitutionellen Monarchie" bei. Die Urheber des Anschlages vom 13. März, schreibt die „Równość", wollten nichts mehr als Zugeständnisse. „Wir wollen Veränderungen des heutigen Regimes in politischer Form — das ist es, was die ‚Narodnaja Wolja' will".
„Równość, Jahrgang II, Nr. 5—6, März—April 1881

einer ernsthaften Auseinandersetzung über die sozialistische Idee in Polen, sondern vielmehr als naturwüchsiges Ergebnis der allgemeinen Lage. Da andererseits die Geschichte und Physiognomie einer doch ziemlich kleinen Gruppe, wie es bisher die führende sozialistische Organisation in Polen normalerweise ist, in einem nur wenige Jahre dauernden Zeitabschnitt, nicht nur durch große Leitlinien der logischen Entwicklung bestimmt wird, sondern auch durch zahlreiche zufällige persönliche Elemente, so mußte bei der ungleichmäßigen theoretischen Reife der Gründer des „Proletariat" diese Bewegung desto eher russischen Einflüssen unterliegen. Wenn schon die Veröffentlichungen und die Tätigkeit des „Proletariat" sich von Anfang an nicht durch einen einheitlichen Charakter auszeichneten, so genügte das Verschwinden Waryńskis vom Kampfplatz nach seiner Verhaftung im Herbst 1883, um die Bewegung rasch auf die schiefe Ebene aussichtsloser politischer Konspiration abrutschen zu lassen.

Wenn wir den Unterschied zwischen dem sogenannten Blanquismus und der Weltanschauung der Sozialdemokratie hervorheben wollen, so müssen wir vor allem feststellen, daß der Blanquismus überhaupt keine eigene Theorie im Sinne der Sozialdemokratie besaß, d. h. eine Theorie der gesellschaftlichen Entwicklung zum Sozialismus. Das ist übrigens kein spezifisches Merkmal dieser Splitterpartei des Sozialismus, da die Theorie von Marx und Engels überhaupt der erste und, fügen wir hinzu, bis jetzt siegreiche Versuch ist, die sozialistischen Tendenzen auf dem Boden einer wissenschaftlichen Konzeption von den Gesetzen der historischen Entwicklung im allgemeinen und der kapitalistischen Gesellschaft im besonderen zu begründen. Die bisherigen utopischen Theorien des Sozialismus, wenn man hier von Theorien reden kann, beschränken sich im wesentlichen auf die Begründung der sozialistischen Bestrebungen mittels einer Analyse der Mängel der bestehenden Gesellschaft sowie des Vergleichs mit der Vollkommenheit und moralischen Überlegenheit der sozialistischen Gesellschaftsordnung.

Indem sich der Blanquismus, wie alle diese sozialistischen Schulen, in seinen Anschauungen auf die negative Kritik der bürgerlichen Gesellschaftsordnung und des Privateigentums stützte, repräsentierte er nur eine Art Taktik des praktischen Handelns. In dieser Hinsicht verriet er seine Herkunft von den radikalen Revolutionären der großen Französischen Revolution und stellte gewissermaßen eine Anwendung der jakobinischen Taktik auf die sozialistischen Bestrebungen dar, deren ersten Versuch wir in der Verschwörung von Babeuf sehen.

Die Leitidee dieser Taktik ist der unbeschränkte Glaube an die Macht der politischen Herrschaft, die fähig ist, zu jedem beliebigen Zeitpunkt jede ökonomische und soziale Veränderung am gesellschaftlichen Organismus durchzuführen, die für gut und nützlich gehalten wird.

Zwar sieht auch die Theorie des wissenschaftlichen Sozialismus in der politischen Herrschaft einen Hebel des sozialen Umsturzes. Jedoch fällt der politischen Herrschaft in der Konzeption von Marx und Engels in revolutionären Zeiten nur die Rolle eines sozusagen ausführenden Elementes zu, welches die Ergebnisse der inneren Entwicklung der Gesellschaft verwirklicht und seinen politischen Ausdruck im Klassenkampf findet. Nach der bekannten Formel von Karl Marx spielt die politische Herrschaft in revolutionären Zeiten die Rolle einer „Hebamme", die die Geburt der neuen Gesellschaft, die wie eine reife Frucht in der alten Gesellschaft schon enthalten ist, beschleunigt und erleichtert. Daraus ergibt sich bereits von selbst, daß grundsätzliche soziale Veränderungen mittels politischer Herrschaft nur auf einer bestimmten Stufe der gesellschaftlichen Entwicklung zu erzielen sind und daß die politische Herrschaft als Instrument des Umsturzes nur in den Händen einer gesellschaftlichen Klasse funktionieren kann, die in dem gegebenen historischen Zeitabschnitt Sachwalter der Revolution ist, wobei die Reife dieser Klasse für die dauerhafte Übernahme der politischen Herrschaft die einzige Legitimation für die Angemessenheit und Möglichkeit des Umsturzes selbst ist.

Indem der Blanquismus diese Theorie nicht anerkennt oder vielmehr nicht kennt, behandelt er die politische Herrschaft als Werkzeug des gesellschaftlichen Umsturzes ohne Zusammenhang mit der gesellschaftlichen Entwicklung oder mit dem Klassenkampf überhaupt. Dieses Werkzeug steht bereit, jedem zu jeder Zeit zu dienen, der über es verfügt. Von diesem Standpunkt aus sind die einzigen Bedingungen des Umsturzes: der Wille einer entschlossenen Gruppe von Menschen und, im günstigsten Augenblick, eine Verschwörung mit dem Ziel der Machtergreifung.

„Blanqui", sagt Engels in seinem bekannten Artikel im

„Volksstaat" im Jahre 1874, „ist wesentlich politischer Revolutionär, Sozialist nur dem Gefühl nach, mit den Leiden des Volkes sympathisierend, aber er hat weder eine sozialistische Theorie noch bestimmte praktische Vorschläge sozialer Abhilfe. In seiner politischen Tätigkeit war er wesentlich ,Mann der Tat', des Glaubens, daß eine kleine, wohlorganisierte Minderzahl, die im richtigen Moment einen revolutionären Handstreich versucht, durch ein paar erste Erfolge die Volksmasse mit sich fortreißen und so eine siegreiche Revolution machen kann... Daraus, daß Blanqui jede Revolution als den Handstreich einer kleinen revolutionären Minderzahl auffaßt, folgt von selbst die Notwendigkeit der Diktatur nach dem Gelingen: der Diktatur, wohlverstanden, nicht der ganzen revolutionären Klasse, des Proletariats, sondern der kleinen Zahl derer, die den Handstreich gemacht haben, und die schon selbst im voraus wieder unter der Diktatur eines oder einiger weniger organisiert sind." [14]

Wie wir sehen, ist die Taktik der Blanquisten unmittelbar auf die Durchführung der sozialen Revolution gerichtet, ohne Berücksichtigung irgendwelcher Übergangsperioden oder irgendwelcher Entwicklungsetappen. Der Blanquismus war auf diese Weise ein Rezept zur Durchführung der Revolution unter beliebigen Bedingungen und zu jeder Zeit, d. h. er ignorierte alle konkreten historisch-sozialen Bedingungen. Der Blanquismus war demnach eine universale Taktik, die in jedem Land mit demselben Erfolg angewandt werden konnte. Aber nirgends konnte offensichtlich die Anwendung dieser Aktionsmethode einen so entscheidenden Einfluß auf das Schicksal des Sozialismus ausüben wie unter den besonderen Bedingungen des Zarismus.

Die Taktik eines „Sprunges" direkt zur sozialen Revolution mußte vor allem die politische Physiognomie einer Partei, die im Rahmen eines Staates mit absolutistisch-despotischen Regierungsformen wirkte, verhängnisvoll beeinflussen.

Deshalb kann man auch den Einfluß des Blanquismus auf die polnischen Sozialisten auf Schritt und Tritt am deutlichsten in der allmählichen Wandlung ihrer politischen Anschauungen verfolgen.

Übrigens hat sich schon das im September 1882 veröffent-

---

[14] „Internationales aus dem Volksstaat", S. 41—42

lichte offizielle Programm der Partei „Proletariat" bedeutend vom Standpunkt sowohl des Artikels von Waryński im „Przedświt" Nr. 3—4 wie auch des Aufrufs an die russischen Genossen, entfernt. Im allgemeinen Teil sieht dieses Dokument, wie wir es schon angedeutet haben, die sozialistische Zukunft Polens auf dem Boden des wissenschaftlichen Sozialismus und fußt auf den Grundsätzen des Klassenkampfes und des historischen Materialismus. Der Charakter des eigentlichen Programms ist gar nicht so leicht zu bestimmen. Wir sehen hier drei parallele Teile, nämlich Forderungen der Partei „auf ökonomischem Gebiet", „auf politischem Gebiet" und „auf dem Gebiet des moralischen Lebens".[15]

Wenn wir den letzten Teil als praktisch unbedeutend weglassen, so fällt in den ersten Teilen einerseits die parallele Formulierung der Forderungen auf, die den Inhalt des sozialistischen Umsturzes bilden: „1) daß der Boden und die Produktionsmittel aus Eigentum des Einzelnen zum gemeinsamen Eigentum der Werktätigen werden, zum Eigentum des sozialistischen Staates, 2) daß die Lohnarbeit in Gemeinschaftsarbeit umgewandelt wird usw."; andererseits der politischen Forderungen, die auf den ersten Blick den Inhalt parlamentarisch-demokratischer, für den bürgerlichen Staat berechneter Institutionen bilden: „1) vollständige Autonomie der politischen Gruppen, 2) die Beteiligung aller Bürger an der Gesetzgebung, 3) Wählbarkeit aller Beamten, 4) vollständige Freiheit des Wortes, der Presse, der Versammlung, der Organisation usw. usw., 5) vollständige Gleichberechtigung der Frauen, 6) vollständige Gleichberechtigung der Konfessionen und Nationalitäten, 7) internationale Solidarität als Garantie des allgemeinen Friedens."

Es ist unmöglich, in wenigen Worten zu sagen, in welche Kategorie eigentlich dieses Programm gehört. Bei näherer Betrachtung sind zwei verschiedene Interpretationen möglich. Die hier aufgezählten politischen Forderungen erinnern, mit Ausnahme der ersten, die nicht vollkommen klar ist, an die gewöhnlichen Minimalprogramme der sozialdemokratischen Parteien. Aber eben die Zusammenstellung dieser Forderungen als Koordinate der Forderungen eines sozialistischen Umsturzes erweckt die Vermutung, daß sie nicht auf die aktuelle, bürger-

---

[15] „Z pola walki", S. 30—31. Auch „Przedświt", Jahrgang II, Nr. 4, Oktober 1882

liche Gesellschaftsordnung bezogen waren. Gleichzeitig ist zweifelhaft, ob sie die sozialistische Gesellschaft betreffen sollten, da sie zu sehr die aktuelle, auf Ungleichheit der Klassen, Geschlechter und Nationalitäten fußende Gesellschaftsordnung berücksichtigen. Vielleicht haben wir hier also nicht ein Minimalprogramm vor uns, sondern vielmehr ein Programm, das auf die Übergangsepoche nach der Ergreifung der Macht durch das Proletariat berechnet ist und welches die Auslösung des sozialistischen Umsturzes zum Ziel hat.

Das Muster eines ähnlichen Programms, das auch politisch-demokratische Forderungen und Reformen im Geiste eines sozialistischen Umsturzes auf dieselbe Ebene stellt und auf die Übergangsphase unmittelbar nach der Revolution abstellt, finden wir z. B. in den „Forderungen der Kommunistischen Partei in Deutschland", formuliert von der Zentralbehörde des Kommunistischen Bundes in Paris im Jahre 1848, welches u. a. die Unterschriften von Marx und Engels trägt.[16]

Man muß jedoch betonen, daß das obige Programm bei den Schöpfern des Kommunistischen Manifestes durchaus keine blanquistische Taktik erkennen läßt, wie das z. B. Eduard Bernstein behauptet. Zum Verständnis dieses Programms genügt es, wenn man berücksichtigt, daß Marx und Engels es unter dem frischen Eindruck der Februarrevolution in Frankreich und des Ausbruches der Märzrevolution in Deutschland formuliert haben. Es ist bekannt, daß beide den revolutionären Schwung der Bourgeoisie überschätzten und damit rechneten, daß die europäische Bourgeoisie, einmal in den Wirbel der revolutionären Bewegung geraten, in einem kurzen oder längeren Zeitabschnitt den ganzen Zyklus ihrer Herrschaft durchlaufen würde, daß sie die politischen Verhältnisse der kapitalistischen Länder „nach ihrem Ebenbild" verwandelte, worauf dann die Wogen der Revolution von selbst die Kleinbourgeoisie an ihre Stelle tragen würden, und zum Schluß dann das Proletariat,

---

[16] Die wichtigsten Forderungen lauten:
   1/ Ganz Deutschland wird zu einer einigen unteilbaren Republik erklärt,
   4/ Allgemeine Volksbewaffnung,
  11/ Alle Transportmittel: Eisenbahnen, Kanäle, Dampfschiffe, Straßen, Postdienst etc. nimmt der Staat in seine Hand. Sie werden in Staatseigentum umgewandelt und der unbemittelten Klasse zur (unentgeltlichen) Verfügung gestellt,
  16/ Errichtung von Staatswerkstätten. Der Staat garantiert allen Arbeitern ihre Existenz und versorgt die zur Arbeit Unfähigen,
  17/ Allgemeine unentgeltliche (Volks)erziehung.
Enthüllungen über den Kommunistenprozeß zu Köln von K. Marx.
Einleitung von Friedrich Engels, 1885, S. 11—12
Nach ME Werke Bd. 5, S. 3—4, Berlin 1959 — TK

das auf diese Weise unmittelbar an die Ergebnisse der bürgerlichen Revolution anknüpfen könnte, zur Durchführung eines Umsturzes im Geiste seiner Klassenemanzipation berufen sein werde.

Reich an historischer Erfahrung sind wir heute imstande, den ganzen Optimismus dieser Anschauung zu erkennen. Wir wissen, daß die europäische Bourgeoisie gleich nach dem ersten revolutionären Sturm den Rückzug begonnen hat und, nachdem sie ihre eigene Revolution erstickt hatte, die Gesellschaft in „normalen" Gang der Dinge wieder unter ihre Herrschaft brachte. Wir wissen auch, daß die damaligen ökonomischen Bedingungen in Europa von jenem Reifegrad sehr weit entfernt waren, der einen sozialistischen Umsturz ermöglicht hätte. Der Kapitalismus bereitete sich damals nicht auf den Tod, sondern im Gegenteil auf den eigentlichen Beginn seiner Herrschaft vor. Dadurch hat sich auch die Phase, die die Kommunisten von 1848 nur um einige Jahre von der Diktatur des Proletariats zu trennen schien, zu einer ein halbes Jahrhundert währenden Epoche ausgedehnt, die sogar heute noch nicht an ihrem Ende angelangt ist.

Der Grund jedoch, der Marx und Engels veranlaßte, schon damals ein Aktionsprogramm aufzustellen, das unmittelbar auf die Revolution der Arbeiter berechnet war, war nicht die Lust oder die Hoffnung, die Phase der bürgerlichen Herrschaft zu „überspringen", sondern nur die falsche Einschätzung des tatsächlichen Tempos der gesellschaftlichen Entwicklung unter dem Einfluß der Revolution. Bei den Bedingungen der Tätigkeit des „Proletariat" ist es schwer, analoge Umstände zu finden, die das Programm erklären könnten. Wenn wir also seinen Forderungen den Charakter eines der Übergangsepoche angepaßten Programms zuschreiben wollten, so bliebe uns nur die Vermutung übrig, daß das „Proletariat" sich wirklich schon in gewissem Maße den blanquistischen Gesichtspunkt zu eigen gemacht hatte.

Man muß jedoch feststellen, daß außer dieser Vermengung der Endziele mit den unmittelbaren Zielen das Programm des „Proletariat" als Ganzes vom Geiste der sozialdemokratischen Weltanschauung durchdrungen ist. Dies beweist die starke Betonung des Gedankens, daß der sozialistische Umsturz nur von der Arbeiterklasse vollzogen werden kann, daß nur der Massenkampf, die Organisierung des Proletariats und seine Aufklärung imstande sind, die Bedingungen der künftigen Gesellschaftsordnung vorzubereiten. Die Idee der Agitation und der Organisierung der Massen ist das Leitmotiv des ganzen Programms und macht deutlich, daß die Partei sich damals auf eine lange Phase der Arbeit auf der Basis der alltäglichen Interessen des Proletariats vorbereitete.

Darauf weisen auch einige Abschnitte des Programms hin, in denen das „Proletariat" die politischen Freiheiten als Voraussetzung für Organisierung und Massenkampf ansieht, was hier und da genau an die Formulierungen Waryńskis im „Przedświt" aus dem vorigen Jahr erinnert. „Wir mißbilligen entschieden", lesen wir im Programm, „den Mangel an Gewissensfreiheit, Freiheit der Rede, der Versammlung, der Organisation, des Wortes und der Presse — weil all das der Entwicklung des Bewußtseins der Arbeiter große Hindernisse in den Weg legt. Es erweckt entweder religiös-nationalen Haß und Fanatismus oder macht die Propaganda und Massenorganisation unmöglich, die allein den Grundstein zur künftigen Organisierung der sozialistischen Gesellschaftsordnung legen können." Und etwas weiter: „Gegen die Unterdrückung werden wir weiterhin sowohl defensiv als auch offensiv kämpfen. Defensiv, indem wir keine Veränderung zum Schlechteren zulassen werden; offensiv, indem wir eine Verbesserung der Lebensbedingungen des Proletariats im russischen Staat fordern."

Wenn wir trotzdem in dem Programm eine deutliche und kategorische Formulierung des Kampfes gegen den Zarismus um demokratische Freiheiten als unmittelbare Aufgabe nicht finden — es überwiegt eine gewisse Unentschlossenheit und ein Schwanken des politischen Gehalts —, so zeigt jedenfalls dieses Programm und die Begründung seiner positiven Anschauungen durchaus keinen Blanquismus. Die einzige Tatsache, die sich auf Grund dieses Dokumentes feststellen läßt, ist, daß der Standpunkt der polnischen Sozialisten zweifellos schon viel von jener kristallenen Klarheit verloren hat, welche ihn in den von uns analysierten Dokumenten der Genfer Gruppe kennzeichnete. Man muß jedoch auch berücksichtigen, daß das Programm von 1882 schon das Werk der in der Heimat wirkenden Warschauer Gruppe ist und daß Waryński, nachdem er seine Tätigkeit in das russische Teilungsgebiet verlegt hatte, wahrscheinlich viel mehr mit den dortigen Genossen rechnen mußte, die stärker unter dem unmittelbaren Einfluß der Russen standen als die polnische Emigration in der Schweiz. Wenn aber der Charakter des offiziellen Programms der Partei „Proletariat" sich durch Unklarheit auszeichnet, so erlauben die weiteren Formen ihrer Tätigkeit keinen Zweifel mehr an den wachsenden Einfluß des Blanquismus. Wenn wir nun die Entwicklung des „Proletariat" als Ganzes überblicken, so zögern wir nicht, sein Programm von 1882 als Übergangserscheinung zu charakterisieren, die eben durch ihre Unklarheit den Wendepunkt zwischen der sozialdemokratischen und der blanquistischen Phase in der Entwicklung des polnischen Sozialismus widerspiegelt.

IV

Im vorigen Abschnitt haben wir den Übergang der von Waryński und seinen Genossen gegründeten Partei vom sozialdemokratischen Standpunkt zum blanquistischen deduktiv erschlossen, als logisches Ergebnis ihres politischen Leitprinzips der gemeinsamen Aktion mit dem russischen Sozialismus, angewandt unter den damaligen Umständen.

Diesen Schluß bestätigt auf sehr handgreifliche Weise eine Analyse von Dokumenten aus der Tätigkeit des „Proletariat", die beweisen, wie die polnischen Sozialisten bei jeder Annäherung an die „Narodnaja Wolja" deren Anschauungen und Taktik buchstäblich übernahmen. Das läßt sich in genauer chronologischer Folge beobachten. Charakteristisch ist in dieser Hinsicht z. B. bereits das früheste Dokument von Anfang 1883, also kaum einige Monate nach dem „Aufruf des Arbeiterkomitees" — dem formalen Programm der Partei „Proletariat". Wir denken hier an die Resolution, die von dem „Kongreß der Vertreter einiger sozial-revolutionärer Gruppen", die den ersten Schritt zu einer gegenseitigen Annäherung und zur Bildung einer straff organisierten sozial-revolutionären Partei gemacht haben, angenommen wurde. Dieses Dokument führt zwar nicht einzeln auf, von welchen „sozial-revolutionären Gruppen" die Rede ist, trägt auch nicht die offizielle Unterschrift der Partei „Proletariat", aber schon seine Veröffentlichung im „offiziellen Teil" der Zeitschrift „Przedświt" sowie auch die allgemeine politische Tendenz dieses Dokuments, die mit den Absichten Waryńskis und seiner Genossen übereinstimmt, beseitigt jeden Zweifel, daß es sich hier, wenn nicht um den ideologischen Ausdruck der ganzen Partei „Proletariat" oder ihrer Führung, so doch um die Anschauungen eines Teils ihrer einflußreichen Aktivisten handelt. Wir betonen die praktische Wichtigkeit dieser Resolutionen hier nicht, obwohl sie in späteren Veröffentlichungen der Partei als Grundlage der bekannten vertraulichen Vereinbarung zwischen dem „Proletariat" und der „Narodnaja Wolja" erscheinen. Wir betrachten sie nur als Symptom der Stimmung der polnischen Sozialisten kurz nach der Gründung der Partei.

Die Beschlüsse, deren Leitidee genau wie in dem Aufruf „An die russischen sozialistischen Genossen" die Bildung einer einzigen Partei für den russischen Staat mit einem gemeinsamen Programm ist, beginnen mit der folgenden charakteristischen Fragestellung: „Soll eine besondere polnisch-litauisch-weißrussische revolutionäre Partei gebildet werden?

Einstimmig: Nein! Dagegen sollen die polnischen, litauischen und weißrussischen Gruppen in eine einheitliche Partei eintreten, die innerhalb der Grenzen des russischen Staates tätig ist.

Wie soll die Tätigkeit dieser Partei aussehen?

Diese Tätigkeit soll zweierlei umfassen: einerseits sozialrevolutionäre Propaganda und Agitation, andererseits den Kampf mit der russischen Regierung direkt in ihrem Zentrum."

Wenn schon das Ende des letzten Satzes, der auf die Tätigkeit der „Narodnaja Wolja" berechnet ist, den verschwörerischen Gesichtspunkt des politischen Kampfes verrät, so ist der folgende Abschnitt noch charakteristischer:

„Die politische Agitation wird nur insofern als sinnvoll anerkannt, als die politische Unterdrückung Hand in Hand geht mit der ökonomischen. Wenn die Regierung sich z. B. auf die Seite der besitzenden Klasse stellte, so wäre der Kampf mit den letzteren gleichzeitig ein Kampf mit der Regierung. Wenn sich dagegen die Regierung auf keine gesellschaftliche Klasse stützt und durch ihren Druck die Tätigkeit der sozial-revolutionären Partei lähmt, so sollte sie — und dies ist auch leicht möglich — durch eine Verschwörung gestürzt werden. Dabei ist der enge Zusammenschluß der Volksmassen auf der Basis des Antagonismus ihrer Interessen und der Interessen der besitzenden Klassen eine unerläßliche Bedingung weiterer Fortschritte der Revolution."[17]

---

[17] „Przedświt", Jahrgang II, Nr. 17, 14. Mai 1883. Die Redaktion des „Przedświt"

Jeder, dem die Theorien des russischen Sozialismus bekannt sind, erkennt hier sofort einen Widerhall der Anschauungen der „Narodnaja Wolja", die sie ihrerseits von den Bakunisten geerbt hat.

Schon der Herausgeber des „Nabat", Tkatschoff, einer der ältesten russischen Blanquisten, formulierte im Jahre 1874 in seinem „Offenen Brief an Herrn Friedrich Engels", der in deutscher Sprache in Zürich erschien, die Theorie, daß die zaristische Regierung „sich auf keine gesellschaftliche Klasse stützt" und daß sie deshalb gestürzt werden „kann und soll". Dieser Staat, verkündet Tkatschoff, „erscheint nur von weitem als Macht... Er hat keine Wurzeln im ökonomischen Leben des Volks, er verkörpert in sich nicht die Interessen irgendeines Standes... Bei Ihnen (in Deutschland, im Westen — RL) ist der Staat keine scheinbare Macht. Er steht mit beiden Füßen auf dem Boden des Kapitals und verkörpert in sich gewisse ökonomische Interessen... Bei uns (in Rußland — RL) ist es gerade umgekehrt, unsere Gesellschaftsform hat ihre Existenz dem Staat zu verdanken [...] der mit der bestehenden sozialen Ordnung nichts gemeinsam hat, der seine Wurzeln nicht in der Gegenwart, sondern in der Vergangenheit hat."[18]

In den Anschauungen der russischen Sozialisten der siebziger und achtziger Jahre bildete diese Theorie von dem „in der Luft hängenden" russischen Staat nur einen Teil der Theorie von der „eigenständigen" Entwicklung Rußlands. Auf dem Gebiet der Ökonomie entsprach ihr die Betrachtung des Kapitalismus in Rußland als einer „künstlichen Pflanze", die von der russischen Regierung auf russischen Boden „verpflanzt" wurde, und die Betrachtung des ländlichen Gemeindeeigentums als der eigentlichen Form der russischen Volkswirtschaft.

Natürlich war die Beziehung zwischen den ökonomischen Verhältnissen der Gesellschaft und ihrem politischen System so vollkommen durcheinander geraten. Die ökonomischen Verhältnisse, soweit von ihnen in ihrer kapitalistischen Form die Rede war, wurden nämlich von dieser Theorie als willkürliches Produkt der politischen Macht angesehen. Andererseits stand

---

fügt den obigen „Beschlüssen" den Vorbehalt hinzu, daß sie mit den in den Beschlüssen ausgesprochenen Anschauungen nicht völlig einverstanden ist. Für uns sind jedoch hier vor allem die Anschauungen der damaligen im Lande tätigen Aktivisten von Bedeutung. Übrigens werden von der Redaktion des „Przedświt" ihre abweichenden Anschauungen nicht einzeln aufgeführt, so daß es an einer Grundlage für irgendwelche Schlüsse fehlt.

[18] Zitiert in: „Internationales aus dem Volksstaat, Soziales aus Rußland". S. 50

der Zarismus nach der Theorie der „Narodnaja Wolja" in entschiedenem Gegensatz zum ländlichen Gemeindeeigentum, dieser natürlichen Form der Volkswirtschaft. Logisch also war auf die Frage: Worauf stützt eigentlich die politische Herrschaft in Rußland ihre Existenz? nur die eine Antwort möglich: daß der Staat in Rußland „in der Luft hängt" oder, wie es das Programm des Exekutivkomitees der „Narodnaja Wolja" noch genauer formuliert hatte: „Dieser staatlich-bourgeoise Auswuchs hält sich nur mittels nackter Gewalt".[19]

Wenn auf diese Weise das ganze existierende politische System Rußlands auf die politische Gewalt zurückgeführt wurde, so war es nur noch eine logische Schlußfolgerung, daß auch die Beseitigung dieses Systems nur eine Frage der Anwendung von Gewalt sein konnte, und man beschloß: Die allmächtige Regierung „kann und soll durch eine Verschwörung leicht gestürzt werden".

Schon Friedrich Engels hat im Jahre 1874 diesen Gedankengang widerlegt, indem er sofort mit erstaunlicher gedanklicher Tiefe auf die schwachen Seiten der Theorie der russischen Narodniki hinwies. Er stellte fest, daß der russische Staat durchaus nicht „in der Luft hängt", sondern daß er sich sehr stark auf die Klasse der adeligen Grundbesitzer und gleichzeitig auf die entstehende Klasse der Bourgeoisie stützt, daß also vielmehr diejenigen russischen Sozialisten in der Luft hängen, die diese materiellen Grundlagen der zaristischen Regierung nicht erkennen. Weiter weist Engels nach, daß die russische Obschtschina, die von den „eigenständigen" russischen Sozialisten als Basis der nahen sozialistischen Zukunft Rußlands betrachtet wurde, ein geeignetes Fundament war, allerdings nicht für die sozialistische Gesellschaftsordnung, sondern gerade für den orientalischen Despotismus des russischen Zarismus. Er verfolgte auch die Auflösungserscheinungen innerhalb dieser Obschtschina und prophezeite ihre weitere Auflösung unter dem Einfluß der Entwicklung der Bourgeoisie, falls diese sich selbst überlassen würde.

Mit einem Wort, obzwar Engels nicht auf die positiven Aufgaben der russischen Sozialisten hingewiesen und namentlich die künftige Aktion des Industrieproletariats in Rußland nicht berücksichtigt hatte, zerstörte er doch den phantastischen, „in die Luft" gebauten, „eigenständigen" Weg Rußlands zum

---

[19] „Kalendar'Narodnoj Woli", S. 5

Sozialismus, und erklärte gleichzeitig, daß Menschen, die, wie Tkatschoff und andere Sozialisten-Narodniki, auf Grund der Tatsache, daß Rußland „zwar" keine Proletariat, aber „dafür" auch keine Bourgeoisie besitzt, sich dem Sozialismus näher wähnen als die westeuropäischen Länder, „erst vom Sozialismus noch das Abc zu lernen haben".[20]

In der Tat lehrt das Abc des Sozialismus, nämlich des marxistischen, daß die sozialistische Gesellschaftsordnung nicht irgendein im voraus erdichtetes Ideal einer Gesellschaft ist, welches auf verschiedenen Wegen und auf verschiedene, mehr oder weniger geistreiche Weise erreichbar ist, sondern daß sie einfach die historische Tendenz des Klassenkampfes des Proletariats im Kapitalismus gegen die Klassenherrschaft der Bourgeoisie ist. Außerhalb dieses Klassenkampfes zweier ganz bestimmter gesellschaftlicher Klassen ist der Sozialismus nicht realisierbar, weder durch die Propaganda des genialsten Schöpfers einer sozialistischen Utopie noch durch Bauernkriege oder revolutionäre Verschwörungen. Die polnischen Sozialisten gingen, wie wir sahen, formal in ihrem Programm gerade von diesen Grundsätzen aus und wollten ihre Tätigkeit auf den Klassenkampf des Proletariats stützen. Im Grunde genommen versündigten sie sich aber schon in dem zitierten Dokument nicht weniger als die russischen Narodniki am „Abc des Sozialismus".

Indem nämlich unsere Revolutionäre von den russischen Narodniki die Auffassung des russischen Staates als eines mit keiner gesellschaftlichen Klasse verbundenen und „in der Luft hängenden" Staates übernommen haben und an den leichten „Sturz" dieses Staates durch eine Verschwörung glaubten, trennten sie auch künstlich den politischen Kampf von ihrer übrigen sozialistischen Tätigkeit, trennten den Kampf mit der Regierung, den sie der Verschwörerpartei als Sonderaufgabe zuwiesen, von der sozialistischen Agitation und dem Klassenkampf, den sie doch in Polen als Aufgabe der Arbeiterklasse betrachteten. Dieser Auffassung entspricht auch die kategorische Zweiteilung der Aufgaben der Partei im ersten Punkt der zitierten „Beschlüsse" in die „Propaganda und sozial-revolutionäre Agitation" einerseits und den „Kampf mit der Regierung direkt in ihrem Zentrum" andererseits.

---

[20] „Internationales aus dem Volksstaat, Soziales aus Rußland", S. 50

Wir sagten oben, daß es ein charakteristisches Merkmal des Blanquismus sei, daß er „die politische Macht als Mittel zum sozialen Umsturz betrachtet, unabhängig sowohl von der gesellschaftlichen Entwicklung als auch vom Klassenkampf". Obwohl die polnischen Sozialisten diese Theorie in ihrer allgemeinen Form durchaus nicht anerkannten, vielmehr, wie wir sahen, bewußt und mit voller Überzeugung davon ausgingen, daß „die Befreiung der Arbeiterklasse nur das Werk der Arbeiterklasse selbst sein kann", stellten sie sich doch schon durch die Übernahme der Narodniki-Anschauungen über den russischen Staat unbewußt aber faktisch, auf den oben formulierten blanquistischen Standpunkt. Die Hoffnung auf die Möglichkeit, direkt und unter Umgehung der parlamentarisch-bürgerlichen Phase einen sozialistischen Umsturz durchführen zu können, mußte sich daraus als logische Schlußfolgerung ergeben.

Tatsächlich zeigen uns die Veröffentlichungen der Partei schon sehr früh diese Entwicklung ihrer Anschauungen. In der im Lande erscheinenden Zeitschrift „Proletariat", von der fünf Nummern in einer geheimen Druckerei vom September 1883 bis zum Mai 1884 hergestellt wurden, fällt schon eine ironische Verhöhnung der „bürgerlichen Freiheit" des Liberalismus auf, die so charakteristisch ist für den Verschwörersozialismus und den Anarchismus. Während die 2. Nummer der Zeitschrift „Proletariat" das satirische Gedicht „Eine liberale Hymne auf das Jahr 1880 in Erwartung einer Verfassung" enthält, finden wir in dem Leitartikel derselben Nummer bei der Behandlung der Vorteile, die die von der Partei aufgenommene „neue Parole" des sozialistischen Kampfes bringt, den folgenden originellen Gesichtspunkt:

„Noch einen dritten Vorteil hat der schon begonnene Kampf: Er wirft die bürgerliche Gesellschaft in die Arme der Regierung, mit deren allmächtiger Unterstützung sie sich vor dem neuen Feind zu retten hofft, der es auf ihre Vorrechte abgesehen hat; der Kampf schweißt diese beiden Elemente immer enger zusammen und macht sie zu einem hinter keiner Maske leerer Phrasen verborgenen Feind der Arbeiterklasse."

Auf den ersten Blick erscheint es rätselhaft, wie man in der Anfangsphase der sozialistischen Bewegung, wo es an den elementarsten demokratischen Freiheiten fehlt, die wachsende Reaktion der bürgerlichen Klassen als positive Erscheinung auffassen kann. Indem sich die Bourgeoisie dem Zarismus in die

Arme wirft, verlängert sie natürlich dessen Existenz und befestigt gleichzeitig all das, was nach den eigenen Worten des Programms der Partei „Proletariat" „der Entwicklung des Bewußtseins der Arbeiter große Schwierigkeiten bereitet. Sie macht die Propaganda und die Massenorganisationen unmöglich, die allein in der Lage sind, den Grundstein zum künftigen Aufbau einer sozialistischen Gesellschaftsordnung zu legen".

Aber der im Programm von 1882 ausgedrückte Standpunkt war, wie wir sehen, nicht mehr der Standpunkt der Partei aus dem Jahre 1883, und der Gesichtspunkt, von dem aus die Partei die politischen Erscheinungen einschätzte, war schon ein durchaus anderer:

„Das (die bürgerliche Reaktion — RL) erschwert zwar, hören wir jetzt, den Kampf in den Anfängen, indem es weite Kreise Neutraler und sogar mit der Regierung Unzufriedener fernhält, es schafft aber desto festere Grundlagen für den Kampf, gibt dem Kampf eine Richtung und erschwert damit die bis zum Ausbruch des Kampfes mögliche oder längst praktizierte Verführung der Massen durch die herrschenden Klassen und verhindert eine Verfälschung der revolutionären Bewegung."

Der Maßstab für die Einschätzung der politischen Bedingungen der Aktion ist also hier nicht mehr die Unerläßlichkeit der allmählichen Organisierung der Massen, d. h. das Erfordernis des täglichen Kampfes, sondern der Ausblick auf den Moment des „Ausbruchs", die unmittelbare Vorbereitung auf die soziale Revolution.

Diese Anschauung von der Situation des Sozialismus in Polen wird harmonisch ergänzt durch die Anschauung, die das „Proletariat" zur gleichen Zeit von der Lage in Rußland und der Tätigkeit der „Narodnaja Wolja" hat. Infolge der terroristischen Anschläge der letzteren „entsteht im Volk eine hohe Einschätzung der Kraft der Revolutionäre, und es drängt sich dem Volk allmählich die Frage auf, ob es nicht besser sei, sich auf ihre Seite zu stellen, ob sie ihm nicht den Boden, die Wälder und die Weiden zurückgäben. Es hängt von den Revolutionären ab, zu dem Volk ‚ja' zu sagen, und das Schicksal der Revolution ist entschieden."[21]

Fürwahr, leichter und angenehmer kann man sich eine Revolution gar nicht vorstellen, könnte man hier mit Engels sagen.

---

[21] „Proletariat", Nr. 2, 1. Oktober 1883. Aus Rußland.

Von der Vorbereitungsarbeit, der Aufklärung und Organisation der Arbeiterklasse ist nicht mehr die Rede, man vermutet vielmehr, daß die Volksmassen den Hang zur Veränderung der Gesellschaftsordnung in sich tragen, und von diesem Gesichtspunkt aus erscheinen partielle Veränderungen innerhalb des existierenden Regierungssystems, wie die Demokratisierung des Staates, natürlich nur als unbedeutende Kleinigkeiten und als Zeitverlust. In der 3. Nummer vom 20. Okt. 1883 lesen wir auch im Artikel „Wir und die Bourgeoisie" die eindeutige Erklärung:

„Die Masse (des arbeitenden Volkes) erkennt ihre Unfähigkeit zur Durchführung eines Umsturzes an — sie sucht Menschen, denen sie vertrauen, denen sie die Führung überlassen kann, und bis dahin schweigt sie. Wer, wenn nicht wir, könnte und sollte dieses Vertrauen gewinnen! Um es aber zu gewinnen, muß man mit Taten beweisen, daß wir die Feinde ihrer Tyrannen sind, daß wir vor dem Kampf nicht zurückschrecken, den wir heute in ihrem Interesse führen, daß wir bemüht sind, der Masse das zu geben, was ihr gehört, und nur deshalb lehnen wir das Turnier der bürgerlichen Parlamente ab, in denen eine unaufgeklärte Mehrheit die Entscheidung über den Umsturz ihren Feinden in die Hand gibt. Deshalb scheint uns eine energische, nur aus Sozialisten zusammengestellte provisorische Regierung die beste Gewähr für eine möglichst umfassende Übergabe des Eigentums an die arbeitende Klasse zu sein."

Das ist ein klassisches Glaubensbekenntnis im blanquistischen Geiste: die Gegenüberstellung einer „provisorischen Regierung von Sozialisten" und eines „Turniers bürgerlicher Parlamente", wobei das politische Programm in seiner aktuellen Bedeutung vollkommen untergeht.

„Wir sind Kommunisten", verkündet genauso das Manifest der französischen Blanquisten, 1874 in London veröffentlicht, „weil wir bei unserm Ziel ankommen wollen, ohne uns an Zwischenstationen aufzuhalten, an Kompromissen, die nur den Sieg vertagen und die Sklaverei verlängern..."[22]

„Die deutschen Kommunisten", antwortet Friedrich Engels in seiner Kritik des obigen Manifestes (welches die Unterschriften von 33 Blanquisten trägt), „die deutschen Kommunisten sind Kommunisten, weil sie durch alle Zwischenstationen und Kompromisse, die nicht von ihnen, sondern von der ge-

---

[22] „Internationales aus dem Volksstaat". Zwei Flüchtlingskundgebungen, S. 45

schichtlichen Entwicklung geschaffen werden, das Endziel klar hindurchsehen und verfolgen: die Abschaffung der Klassen, die Errichtung einer Gesellschaft, worin kein Privateigentum an der Erde und an den Produktionsmitteln mehr existiert. Diese Dreiunddreißig sind Kommunisten, weil sie sich einbilden: sobald sie nur den guten Willen haben, die Zwischenstationen und Kompromisse zu überspringen, sei die Sache abgemacht, und wenn es, wie ja feststeht, dieser Tage ‚losgeht' und sie nur ans Ruder kommen, so sei übermorgen ‚der Kommunismus eingeführt'. Wenn das nicht sofort möglich ist, sind sie also auch keine Kommunisten. Kindliche Naivität, die Ungeduld als einen theoretisch überzeugenden Grund anzuführen!"

Die 4. Nummer des „Proletariat" zeigt zwar wieder bestimmte Schwankungen hinsichtlich der Rückkehr zu sozialdemokratischen Anschauungen. In dem Artikel „Wir und die Regierung" lesen wir: „Bis zur Phase des Endkampfes wird aber unsere Bewegung verschiedene Stadien durchlaufen müssen. Eine der Hauptaufgaben der Vorbereitungsarbeit ist der Kampf gegen die Angriffe der Regierungen, die uns verfolgen und die Interessen des Bürgertums vertreten, die Verteidigung der politischen Freiheit vor dieser niederträchtigen Verschwörung gegen die Forderungen des Volkes. Die politische Freiheit hat das Volk nicht vor sozialer Unterdrückung bewahrt, wir schätzen sie aus einem anderen Grund: Unsere Tätigkeit braucht, um erfolgreich zu sein, das Tageslicht, bei dem sie sich breit und frei entwickeln kann, und nur unter Zwang geht sie zur geheimen Konspiration über. Unter den Bedingungen politischer Freiheit wird die Wirkung auf die Massen erleichtert, wird ihr Bewußtsein rascher geweckt, sammeln sie sich schneller um die Fahne der sozialen Idee, wird ihre Organisierung in großem Maßstab möglich. Der Kampf mit den politischen Schwierigkeiten, die die Regierungen unserer Tätigkeit bereiten, muß dort besonders hartnäckig sein, wo die politische Unterdrückung in ihrer ursprünglichen schamlosen Form herrscht, wo unbeschränkte Willkür obwaltet, wo die primitivsten Menschenrechte nicht geachtet werden. Hier sollte der Sturz der Regierung einer der Hauptpunkte des sozialistischen Aktionsprogramms sein."

Auf Grund der zitierten Sätze könnte es scheinen, daß das „Proletariat" doch die Notwendigkeit verstand, politische Freiheiten noch vor dem „Ausbruch" zu erkämpfen, um so Agitation und Organisation in großem Ausmaß zu ermöglichen.

Aber auch hier springt die stark einseitige und flache, formalistische Einschätzung der politischen Freiheiten in die Augen, die nur als technische Erleichterungen für die Tätigkeit der Sozialisten gelten. Die objektive, historische Seite der parlamentarisch-bürgerlichen Regierungsformen als unerläßliche Etappe in der Entwicklung der kapitalistischen Gesellschaft selbst, wird hier überhaupt nicht berücksichtigt. Da man andererseits die parlamentarische Demokratie nur als äußeres, die Vorbereitung des „Ausbruches" erleichterndes Mittel betrachtet, kommt man natürlich nicht zu dem logischen Schluß, daß der Kampf um die Realisierung demokratischer Formen eine notwendige und erste Aufgabe der Arbeiterklasse ist, sondern man bleibt dabei stehen, daß ihre Erlangung eine angenehme Eventualität ist, die zwar nicht zu verwerfen wäre, auf die man jedoch, falls notwendig, auch verzichten kann.

Dies sind im Grunde genommen die Schlußfolgerungen, die das „Proletariat" im zweiten Teil des Artikels „Wir und die Regierung" in der fünften und letzten Nummer seiner Warschauer Zeitschrift zieht:

„Mag sich", lesen wir dort, „die Regierung, über die Fortschritte unserer revolutionären Arbeit erschreckt, unserer mehr oder weniger patriotischen Bourgeoisie nähern und ihr einige politisch-nationale Zugeständnisse machen, um sie zum gemeinsamen Kampf gegen uns aufzufordern — bitte schön. Wir werden gegen solche Zugeständnisse bestimmt nicht protestieren und werden uns bemühen, all das, was für die Bourgeoisie gemacht wurde, gegen sie auszunützen, gegen die Regierung zu richten."

Eine noch deutlichere Betonung dieser rein blanquistischen Auffassung der politischen Freiheiten offenbart das Schlußkapitel des Artikels, das aus den beiden grundlegenden Artikeln die Konsequenz zieht: „Wir ziehen die Schlußfolgerung: Eine wesentliche und grundlegende Bedeutung hat für uns der heutige Staat. Indem der Staat seine Existenz eng mit der Aufrechterhaltung des gegebenen ökonomischen Systems verbindet, verteidigt er die privilegierten Klassen, unterdrückt und verfolgt er die Parteien, die eine soziale Befreiung anstreben. Den Regierungsapparat zerschlagen, das heißt das organisierte Hindernis stürzen, das unseren Zielen im Weg steht."

Schließlich ist also nicht mehr von der despotischen Regierung die Rede, sondern von dem „heutigen Staat"; damit wird die besondere russische Form der Regierung mit der Institution des Klassenstaates schlechthin identifiziert. Demnach besteht auch die Aufgabe der sozialistischen Partei in erster Linie nicht in einer fortschrittlichen Reformierung der staatlichen Institutionen, sondern in der „Zerschlagung des Regierungsapparates", also im unmittelbaren Sturz der auf der Klassenherrschaft beruhenden Regierung als einer Festung des bürgerlichen Herrschaftssystems.

Endlich erscheint die besprochene Entwicklung der politischen Anschauungen in voller Pracht in dem wichtigsten Dokument aus der Geschichte der Partei, in dem formellen Vertrag mit der Partei „Narodnaja Wolja" Anfang 1884, also erst, nachdem Ludwik Waryński verhaftet und vom Kampffeld verschwunden war. Dieser Vertrag, der, wie üblich, die Verbindung der polnischen und russischen sozialistischen Bewegung viel später offiziell zur Kenntnis nimmt, als sie wirklich stattgefunden hat, ist ein ausgezeichnetes Pendant zu dem uns bereits bekannten Aufruf „An die russischen Genossen". Er zeigt, welchen langen Weg politischer Wandlungen der polnische Sozialismus in dem kurzen Zeitabschnitt von Ende 1881 bis Anfang 1884 zurückgelegt hat.

In dem an das Exekutivkomitee der „Narodnaja Wolja" gerichteten Bericht des Zentralkomitees des „Proletariat" finden wir die Erklärung, daß „die im Kampf geübten und organisierten Kampfgruppen (der Partei „Proletariat" — RL) im entsprechenden Moment eingesetzt werden sollen als Hilfsabteilung zum Sturz der bestehenden Regierung und zur Ergreifung der Macht durch das Zentralkomitee. Das Zentralkomitee wird sich auf die Massen stützen, da es die einzige wirkliche Vertreterin ihrer Interessen sein wird, und eine Reihe von ökonomischen und politischen Reformen durchführen, durch die die bestehenden Eigentumsvorstellungen endgültig diskreditiert werden. Das Zentralkomitee wird den Teil des sozialistischen Programms verwirklichen, dessen Verwirklichung im Moment des Umsturzes möglich sein wird."[23]

Hier ist der Sturz der „bestehenden Regierung" (prawitelstwo), also des Zarismus, schon deutlich als unmittelbare Einleitung zur sozialen Revolution aufgefaßt; der Kampf gegen den Despotismus verliert vollkommen den Charakter des

---

[23] „Wjestnik Narodnoj Woli", Nr. 4, 1885, S. 242

täglichen Kampfes auf dem Boden der bürgerlichen Gesellschaftsordnung; der Abstand zwischen den Minimalforderungen und dem Endziel, zwischen dem politischen Programm und dem Programm des sozialistischen Umsturzes schwindet, und die tägliche Aktion verwandelt sich unmittelbar in Spekulation über den „Ausbruch", der sofort den sozialen Umsturz einleiten soll.

Dementsprechend bespricht das Zentralkomitee im weiteren alle Einzelheiten des „Ausbruchs", verspricht, den „staatlichen Umsturz" (gosudarstwjennyj pereworot) nicht früher zu beginnen als auf ein von dem Exekutivkomitee der „Narodnaja Wolja" gegebenes Signal, bedingt sich nach dem Umsturz Selbständigkeit „in seinen schöpferischen Arbeiten" (sozidatjelnych rabotach) aus usw.

Kurz und gut, wir haben hier trotz der an anderen Stellen im Dokument betonten Gesichtspunkte des Klassenkampfes, der Massenaktion usw. ein typisch blanquistisches Programm. Damit ist das Dokument, das die praktische Verwirklichung jener Idee krönt, die in dem Aufruf „An die russischen Genossen" ausgedrückt wurde, zugleich der Schlußpunkt einer Reihe allmählicher Wandlungen des polnischen Sozialismus.

V

Die Wandlungen der politischen Anschauungen der Partei mußten sich natürlich in ihrer praktischen Tätigkeit widerspiegeln.

Das zeigte sich in zwei grundlegenden Punkten: im Schwund der Massenagitation und im Schwund der politischen Aktion überhaupt.

Theoretisch stützte sich die Partei „Proletariat" gemäß den Grundsätzen ihres Programms noch auf den Klassenkampf und legte bis zum Ende starken Nachdruck auf die Bedeutung des Massenkampfes und der Agitation auf dem Boden der täglichen Interessen.[24] Aber nachdem sie einmal den Weg zum direkten sozialistischen Umsturz durch eine Verschwörung einer „muti-

---

[24] In dem erwähnten Vertrag des Zentralkomitees mit dem Exekutivkomitee der „Narodnaja Wolja" finden wir noch folgenden Absatz: „Auf diese Weise wird die Tätigkeit der Partei hauptsächlich darauf reduziert, unter den Arbeitern das Bewußtsein ihres Standesunterschiedes zu verbreiten, einerseits durch die Propaganda des Sozialismus, andererseits durch die Agitation der Massen auf der Grundlage der naheliegendsten alltäglichen Interessen und durch den organisierten Kampf um diese Interessen mit den privilegierten Klassen und der Regierung, dessen Resultat die Desorganisierung des bestehenden staatlichen Mechanismus sein soll." l.c.

gen Minderheit" eingeschlagen hatte, verlor sie den eigentlichen
Leitfaden des Massenkampfes. Schon in der Auffassung der
Taktik, wie sie z. B. der von uns zitierte Artikel „Wir und
die Bourgeoisie" in der dritten Nummer der Zeitschrift „Proletariat" formuliert, ist den Volksmassen bis zum Augenblick des
sozialen Umsturzes eine ganz passive Rolle zugedacht. „Die
Masse erkennt ihre Unfähigkeit bei der Durchführung eines
Umsturzes an, sie sucht Menschen, denen sie vertrauen, denen
sie die Führung überlassen kann, und bis dahin schweigt sie."
Die revolutionäre Rollenverteilung in dieser Theorie entspricht
also der antiken griechischen Tragödie: Einzelne wirken und
die Masse bildet den Chor, den passiven Widerhall ihrer Taten.

Die blanquistische Taktik verwandelt demnach eigentlich den
Grundsatz: die Befreiung der Arbeiter soll das Werk der Arbeiter selbst sein, in den Grundsatz: die Befreiung der Arbeiter
soll das Werk einer Handvoll von Verschwörern sein.

Außerdem schließt die Technik des Verschwörerkampfes
selbst eine Massentätigkeit aus. Die Verschwörung, mit welchem
Programm auch immer verbunden, war nie und kann von
Natur aus nicht Aufgabe der Massen sein, sondern nur einer
kleinen Gruppe einzelner, ebensowenig wie der Terrorismus,
wenn er als die wesentlichste Kampfmethode auf die Dauer
praktiziert wird. Dementsprechend mußte die von „Proletariat" verkündete Massenagitation ein Grundsatz bleiben, der
keine Anwendung fand.

Es werden zwar als Beweis für die Massenagitation des
„Proletariat" gewöhnlich zwei bekannte Tatsachen aus seiner
Tätigkeit angeführt: die Aktion gegen die Verordnung des
Warschauer Oberpolizeimeisters im Februar 1883, welche eine
sanitäre Untersuchung der Arbeiterinnen betraf, und die Demonstration der Entlassenen auf dem Schloßplatz in Warschau
im März 1885.

Aber die angeführten Beispiele können nicht im geringsten
die These stützen, daß das „Proletariat" wirklich in Polen
eine Massenbewegung hat oder dazu fähig war.

In beiden Fällen hat die Partei zwar bewiesen, daß sie
die Notwendigkeit verstand, sich an die Massen zu wenden
und sie in Ausnahmefällen zu verteidigen, in Situationen, die
unabhängig von ihrem Willen und ihrer Initiative entstanden.
Im ersten Fall hat die Partei geschickt eine Einzelverordnung
der Behörden ausgenützt, um einen kühnen Appell an die

Massen zu richten und zu verlangen, daß diese Anordnung zurückgenommen wird. Im zweiten Fall, vor die Tatsache einer stürmischen Demonstration einer ihrer Klassenlage nach unbewußten und nicht organisierten Arbeitermenge gestellt, richtete sie an die Menge einen Aufruf und rief sie unter ihre Fahne. Aber beide Fälle beweisen gleichzeitig, daß die Partei „Proletariat" von ihrem taktischen Standpunkt aus durchaus nicht fähig war, die vorhandenen Gelegenheiten auszunützen, um eine dauerhafte Massenagitation zu beginnen. Um das zu vollbringen, hätte die Partei es verstehen müssen, den empörten Arbeitermassen irgendeine unmittelbare greifbare Aufgabe zu zeigen, eine unmittelbar für sie verständliche Aktion. Das wäre geschehen, wenn man den beleidigten Arbeiterinnen und den entlassenen Arbeitern den Hinweis gegeben hätte, daß die despotische Regierung, daß die politische Rechtlosigkeit der Arbeiter das größte Hindernis ist auf dem Wege zur Besserung ihrer materiellen und sozialen Lage, wenn man ihnen die Unerläßlichkeit der Organisierung zum täglichen Kampf erklärt hätte, zum Kampf sowohl gegen die Ausbeutung durch einzelne Kapitalisten wie auch zum Kampf um die politische Freiheit gegen die zaristische Regierung. Mit einem Wort, die Partei hätte eine dauernde Massenagitation nur dann beginnen können, wenn sie von vornherein ein Programm des Tageskampfes — des ökonomischen und des politischen — gehabt hätte, ein Programm, das eben auf eine Massenaktion berechnet gewesen wäre.

Indem aber die Partei direkt nach der sozialistischen Revolution strebte und das auf eigene Faust, wobei sie der Arbeiterklasse bis zum Augenblick des Umsturzes die Rolle eines passiven Zuschauers zuwies, wußte sie nicht, worauf sie die Empörung der Massen, die für sie eine Überraschung war, lenken sollte und worin sie sich verwirklichen sollte.

Gleichzeitig beweisen diese beiden Beispiele anhand des zwischen ihnen bemerkbaren Unterschiedes, wie die Partei sich allmählich vom sozialdemokratischen Standpunkt entfernte und damit auch den Kontakt mit den Massen immer mehr verlieren mußte.

Im ersten Fall, in dem Aufruf an die Arbeiterinnen aus dem Jahre 1883, finden wir zwar nicht die geringsten politischen Schlüsse aus einem so dankbaren Objekt, wie es die betreffende Anordnung der Behörden der zaristischen Regierung war, aber wir finden wenigstens noch einen greifbaren Hinweis auf die praktische Tätigkeit, nämlich eine Aufforderung zur Bildung von Betriebsgewerkschaften und Streikkassen.[25]

Im zweiten Aufruf zur Demonstration 1885 auf dem Schloßplatz finden wir überhaupt kein näheres und praktischeres Ziel mehr; die Partei fordert die aus der Arbeit Entlassenen, auf den Straßen Warschaus nach Brot und Arbeit Rufenden auf, die sozialistische Gesellschaftsordnung zu verwirklichen — natürlich hier in der gröbsten und demagogischsten Form.[26]

Auf diese Weise schied die Partei auf dem politischen und

---

[25] „Jede Fabrik, jede Werkstatt, jedes Magazin sollen sich zu einem Kreis verbinden. Bildet Kassen, um den für ihren Widerstand verfolgten Genossinnen zu helfen, damit ihr in Zukunft in Massen eure Werkstätten verlassen und eure ‚Herren' zu Zugeständnissen zwingen könnt."
„Przedświt", Jahrgang II, Nr. 15 vom 10. April 1883

[26] Nachdem der Aufruf der ökonomischen Seite der bürgerlichen Wirtschaft und ihrer Anarchie erklärt hat, schließt er: „Aber Schluß damit! Auch wir wollen Menschenrechte haben. Nehmen wir den Starken ihre Vorrechte weg, teilen wir unter uns die gerechte Arbeit und ihr Produkt.
Genossen! Das ist unser Ziel. Wir müssen endlich verstehen, daß wir es nur dann erreichen können, wenn wir uns die Hände reichen und gemeinsam und einträchtig gegen unsere Feinde auftreten, denen wir immer mutiger und drohender die Stirn bieten können. Und wenn auch der Sieg noch viele Opfer kosten wird, die Zukunft gehört uns! Wir rufen alle unsere Brüder-Arbeiter im Namen der Menschenrechte unter eine Fahne, unter eine Losung: ‚Freiheit, Fabriken und Boden', wir fordern alle Menschen guten Willens zum Kampf gegen das Joch auf, das die Menschheit niederdrückt. Und noch einmal: ‚Proletarier aller Länder, vereinigt euch'."
„Walka klas" (Klassenkampf — TK) Jahrgang I, Nr. 10 — 11 — 12, Februar — März — April 1885.
Jeder Sozialist muß zwar die entstehenden Massenbewegungen ausnützen, um stets die weiteren Perspektiven der endgültigen Befreiung des Proletariats aufzuzeigen. Aber diese Hinweise haben für die Massen nur dann wirklichen Wert, wenn gleichzeitig ein sichtbarer Weg gezeigt wird, der zu diesen weiter entfernten Zielen führt. Losungen, die so abstrakt waren, wie die vom „Proletariat" aufgestellten, mußten also unverständliche Laute, leere Phrasen bleiben. Sie konnten das Bewußtsein der Massen weder um einen politischen Begriff bereichern noch ihnen irgendwie als Hinweis für die weiteren Aktionen dienen. Auf diese Weise mußten sogar so hervorragende Agitationsmomente, wie die zwei obigen, ohne dauernde Effekte für die Bewegung bleiben. Um so klarer ist, daß unter den gewöhnlichen Bedingungen und durch reguläre Agitation die Partei „Proletariat" noch weniger in der Lage war, in den breiten Massen einen Grad politischen Bewußtseins und aktiven Willens zu erwecken oder auch diese Massen einigermaßen zu organisieren.
Aus demselben Grunde wurde auch die Agitation und ökonomische Organisation der Massen, auf die die Partei „Proletariat" in ihren Schriften so großen Wert legte, unmöglich. Von dem „Ausbruch" aus gesehen, für den die Volksmasse „schweigend" wartet, verliert ihr ökonomischer Kampf vollkommen seinen Sinn. In diesem Sinne stellt auch die Partei folgenden Grundsatz in der 2. Nummer ihrer Warschauer Zeitschrift „Proletariat" in dem Artikel „Arbeitslosigkeit und Terror" auf: „Wenn die Arbeitsniederlegung dem Arbeiter nur so wenig nützt, sollten wir sie nur mit großer Vorsicht nach Untersuchung und Berechnung aller möglichen Erfolgsaussichten hervorrufen. Wenn aber gegen unseren Willen irgendwo ein geheimes Einverständnis zustande kommt, sollten wir ihm die Richtung und den Charakter eines energischen Kampfes geben, jedoch keines Massenkampfes, sondern eines Einzelkampfes. Wenn uns der ruhige Kampf keinen Sieg sichert, müssen wir zur Waffengewalt, zum Terror greifen." Und wieder weiter: „Eine ruhige Arbeitsniederlegung erreicht nichts. Sie muß begleitet werden von einer Bestrafung derjenigen, die der Ursache solcher Ereignisse sind und ringsum Elend und Unterdrückung verbreiten. Wir brauchen die Massen zu einem solchen Kampf nicht aufzufordern, ein solcher Kampf sollte sich aus der Tätigkeit der Einzelnen ergeben und den Charakter einer heimlichen geheimnisvollen Strafe und Rache annehmen."

ökonomischen Gebiet die Massen selbst aus dem unmittelbaren Kampfe aus, indem sie die Vollmacht zum Handeln für sie und in ihrem Namen übernahm.

Notwendigerweise beschränkte sich das „Proletariat", indem es ununterbrochen Massenagitationen verkündete, immer mehr auf Propaganda im kleinen Kreis, und im besten Falle auf das Herausfischen von Einzelnen aus der Masse, um sie in die geheime Parteiorganisation aufzunehmen.

Als aber auf diese Weise der politische Kampf des „Proletariat" auf Spekulationen über den „Ausbruch" zusammenschrumpfte und seine Agitation sich auf die Mitgliedergruppen beschränkte, da war der vollkommene Untergang des politischen Kampfes nach einiger Zeit unvermeidlich.

Das Schicksal des „Proletariat" wurde noch besonders durch einen Umstand beeinflußt. Die Verschwörertätigkeit, die auf den Sturz der Regierung und die Ergreifung der Macht gerichtet ist, wird dadurch charakterisiert, daß sie überhaupt nur dort angewandt werden kann, wo sich die Zentralbehörden des Staates, die wichtigsten Organe der Regierung, befinden. „Machtergreifung" kann man sich im besten Falle in Petersburg vorstellen, aber nicht in Warschau angesichts dessen untergeordneter, provinzieller Rolle im Staatsapparat Rußlands. Wenn bei so einer Aktion die Provinz während des „Ausbruchs" eine Hilfsrolle spielen sollte, dann schrumpfte diese Rolle jedenfalls bis zum Moment des „Ausbruchs" auf passives Abwarten und Agitation innerhalb der Gruppen zusammen. Auch der systematische Terror, der die Hauptform der Tätigkeit der „Narodnaja Wolja" war und die Desorganisierung der Regierung bezweckte, konnte natürlich nur gegenüber den wichtigsten Vertretern der Zentralmacht angewandt werden, also in der Hauptstadt, und nicht gegenüber zweit- und drittrangigen provinziellen Satrapen — wenn es sich nicht um eine Bestrafung besonderer Vergehen handelte.

Die Sache ist aber vollkommen anders, wenn wir auf dem Standpunkt des Massenkampfes gegen den Zarismus um demokratische Freiheiten stehen, wie ihn die Sozialdemokratie versteht. Zweifelsohne spielt auch hier vor allem das eigentliche Rußland eine entscheidende und einflußreiche Rolle. Da aber von diesem Standpunkt aus nur eine unmittelbare Aktion der Arbeiterklasse selbst den Zarismus stürzen kann, so ist eben der Kampf des Proletariats auf dem ganzen Gebiet des russischen Staates die unerläßliche Bedingung eines dauerhaften Sieges. Da die Arbeiterklasse selbst, und nicht eine Handvoll sozialistischer Führer-Verschwörer die Ergebnisse des Sieges über den Zarismus realisieren, die demokratische Freiheit verwirklichen soll, so ist auch die Höchstentwicklung des politischen Klassenbewußtseins in allen Kreisen und Gruppen des Proletariats in Rußland unbedingt notwendig.

Dabei waren die polnischen Sozialisten vom Standpunkt der Verschwörung aus von vornherein gezwungen, passiv zu bleiben, die Rolle der stummen Zeugen zu übernehmen, die Knechte der russischen „Narodnaja Wolja" zu sein. Man muß aber hinzufügen, daß auch die „Narodnaja Wolja" in dem Zeitabschnitt, wo die Partei „Proletariat" sich mit ihr zum gemeinsamen Kampf fest und förmlich verband, sich schon auf einer schiefen Ebene befand. Seit dem Anschlag auf Alexander II. ist ihre Geschichte die eines fortschreitenden Verfalls. Seit der Mitte der achtziger Jahre macht sich in der russischen Bewegung der zersetzende Einfluß der unvermeidlichen Schwierigkeiten bemerkbar, in die eine Verschwörerpartei gerät, die keine Kraft hat, terroristische Anschläge durchzuführen, und daher anfängt davon zu leben, daß sie von Anschlägen redet oder versucht, sie unter ungünstigen Bedingungen durchzuführen.

Als also in Rußland, wo allein die Aktion stattfinden konnte, eine Stockung eintrat, mußte es in Polen naturgemäß sehr rasch mit der Bewegung abwärts gehen. Und wirklich übte das „Proletariat" überhaupt keinen Terror aus, von dem in seiner Agitation in den letzten Jahren so viel die Rede war. Die einzigen terroristischen Akte waren zwei Anschläge auf den Verräter Sremski und die Tötung der Verräter Helszer und Skrzypczyński. Aber die Beseitigung von Spionen und Verrätern im Notfall und wenn es möglich ist, ist ein Akt der Selbstverteidigung unter den politischen Bedingungen des Zarismus und hat mit dem eigentlichen Programm und der terroristischen Taktik nichts gemeinsam.[27]

In Wirklichkeit blieb der Terrorismus in der Geschichte des „Proletariat" nur eine Absicht und wurde nie zur politischen Aktion.

---

[27] Deutlich stellt dies Waryński in seiner Rede vor dem Gericht fest, indem er die Behauptungen des Staatsanwaltes widerlegt, der dem „Proletariat" Anwendung von „äußerem und innerem" Terror zuschrieb: „Unter Terror versteht man

VI

Wir betrachteten bisher die Tätigkeit des „Proletariat" von zwei Seiten — der des politischen Programms, wie es sich in kurzer Zeit unter dem Einfluß der russischen „Narodnaja Wolja" gestaltet hat, und der praktischen Arbeit in der Form, die das politische Programm vorsah.

Außer der Taktik unterschied sich, wie wir wissen, die Partei „Proletariat" von ihrer russischen Schwester dadurch, daß sie die Theorie von Marx und Engels entschieden anerkannte, und dieser Unterschied zeigte sich schon in ihrem Programm von 1882 wie auch in ihrem Vertrag mit der „Narodnaja Wolja" von 1884 und schließlich in ihrer Propagandatätigkeit bis zu ihrem Ende. In der allgemeinen Begründung des Sozialismus blieb das „Proletariat" bis zum letzten Augenblick formell ein Adept der westeuropäischen, genauer der deutschen Sozialdemokratie.

An sich widersprach die Tatsache dem verschwörerischen Charakter des „Proletariat" durchaus nicht. Der Blanquismus, der eigentlich keine Theorie war und keine eigene Theorie der gesellschaftlichen Entwicklung hatte, ließ sich mit jeder sozialistischen Theorie in etwa in Übereinstimmung bringen.

Es ist z. B. eine äußerst interessante Tatsache, daß, wie bereits Friedrich Engels feststellte, das erste Manifest, in dem die französischen Arbeiter den „deutschen Kommunismus" als die Theorie des wissenschaftlichen Sozialismus anerkannten, eben das oben erwähnte Programm der französischen Blanquisten aus dem Jahre 1874 war.[28]

Obzwar anfangs die Grundanschauungen des „deutschen Kommunismus": der historische Materialismus, die Theorie des

---

solche Gewalttaten, die gegen Personen gerichtet sind, die ein bestimmtes politisches System verkörpern. Natürlich kann für das, was dem Herrn Staatsanwalt beliebt äußeren und inneren Terror zu nennen, d. h. die Tötung von Spionen und Verrätern, nicht entfernt die Bezeichnung Terrorismus gebraucht werden. Mit der Existenz einer geheimen Organisation ergibt sich die Notwendigkeit, bestimmte Mittel zur Wahrung der Sicherheit anzuwenden. Das ist so natürlich, daß in den Statuten des berühmten Geheimvereins der Illuminaten, dem gekrönte Persönlichkeiten und sogar Päpste angehörten, sich ein Paragraph befand, der den Verrat mit dem Tod bestrafte."
— „Z pola walki", S. 149

[28] „Der zweite Punkt des Programms" (dieser Gruppe — RL), schreibt Engels, „ist der Kommunismus. Da fühlen wir uns schon viel heimischer, denn das Schiff, auf dem wir hier segeln, heißt: ‚Manifest der Kommunistischen Partei, veröffentlicht im Februar 1848'. Bereits im Herbst 1872 hatten die aus der Internationale ausgetretenen 5 Blanquisten sich zu einem sozialistischen Programm bekannt, das in allen wesentlichen Punkten das des jetzigen deutschen Kommunis-

Klassenkampfes und die Theorie der allmählichen Entwicklung der Gesellschaft, mit der Taktik der beliebigen „Durchführung" der Revolution und dem Glauben an die Allmacht der politischen Macht wenig harmonierten, so war doch diese Verbindung für den französischen Sozialismus ein gewaltiger Fortschritt, der eine neue Epoche in der Geschichte dieser einflußreichen Fraktion der Arbeiterbewegung Frankreichs einleitete.

Von jenem Moment an näherten sich nämlich die französischen Blanquisten nicht nur in der Theorie, sondern auch in der Auffassung der unmittelbaren Aufgaben immer mehr der Sozialdemokratie. Schon in den neunziger Jahren war die Partei des Edouard Vaillant nur noch dem Namen nach eine „blanquistische" und im Grunde genommen eine vollkommen sozialdemokratische. Die unlängst vollzogene vollständige Vereinigung dieser Organisation mit der Partei der französischen Marxisten krönte die natürliche Entwicklung, deren Weg die Blanquisten bereits in den siebziger Jahren beschritten hatten.

Für den polnischen Sozialismus jedoch, dessen Ausgangspunkt der „deutsche Kommunismus" Anfang der achtziger Jahre war, war die Verbindung der marxistischen Theorie mit der blanquistischen Taktik der „Narodnaja Wolja" kein Schritt nach vorn in seiner eigenen Entwicklung, wie sie ihm auch nicht die Oberhand über den damaligen russischen Sozialismus gab. Vielmehr hatte der polnische Sozialismus im Vergleich zum russischen viel an innerer Einheitlichkeit und Konsequenz eingebüßt.

In der Tat, wenn es, wie wir sagten, zutrifft, daß sich der Blanquismus in seiner eigenen Heimat, in Frankreich, zu keiner eigenen Gesellschaftstheorie aufgeschwungen hat, ein Mangel, der ihn zwang, fremde und sogar seinem Wesen widersprechende Theorien zu übernehmen, so bildet die einzige Ausnahme in dieser Hinsicht eben der — russische Sozialismus.

Hier fand durch ein Zusammentreffen von besonderen Umständen eine blanquistische Taktik das erste und einzige Mal in ihrer Geschichte eine spezifische Theorie der gesellschaftlichen

---

mus war, und ihren Austritt nur damit begründet, daß die Internationale sich weigerte, nach Art dieser Fünf Revolution zu spielen. Heute adoptiert der Rath der Dreiunddreißig dies Programm mit seiner ganzen materialistischen Geschichtsauffassung, wenn auch die Übertragung desselben ins blanquistische Französisch gar manches zu wünschen läßt, soweit nicht das Manifest ziemlich wörtlich beibehalten wurde."

„Internationales aus dem Volksstaat", l.c. S. 44

Entwicklung, die ihr — scheinbar wenigstens — eine bestimmte materielle Grundlage gab, eine Art abgeschlossener historischer und sozialer Weltanschauung. Diese Grundlage war eben die Theorie des „Narodnitschestwo".

Der Blanquismus stützte sich, wie wir wissen, auf die Vermutung, daß ein Sturz des bestehenden Regierungssystems und die Einführung des Sozialismus nach Belieben möglich ist, konnte sich aber dabei auf keine andere Legitimation berufen als auf die entscheidende Macht der politischen Gewalt. Die Theorie des „Narodnitschestwo" füllte glücklicherweise diese Lücke, wenn nicht durch eine allgemeine Gesellschaftstheorie, so doch wenigstens durch eine spezifisch russische Theorie der „Obschtschina".

Indem die Narodniki in den Überresten des russischen Gemeindeeigentums, die, nota bene, wie es wissenschaftliche Forschungen schon lange bewiesen haben, ein rein staatliches, fiskalisches, mit der Leibeigenschaft verbundenes Gebilde ist, indem also die Narodniki in diesen Überresten die natürliche Grundlage der Wirtschaft und der Seele der russischen Bauernschaft sahen, meinten sie, daß in den Überbleibseln der „Obschtschina" den archimedischen Punkt für die unmittelbare Einführung des Sozialismus in Rußland gefunden zu haben. Die Umgehung aller Entwicklungsphasen im Geiste der blanquistischen Aktion fand also hier ihre scheinbare Begründung in der besonderen Gestaltung der russischen Landwirtschaft, für die die Entwicklung der kapitalistischen Produktion und der bürgerlichen Gesellschaftsordnung fast eine Abweichung vom unmittelbarsten und kürzesten Weg zum Sozialismus zu sein schien.

Nachdem die „Narodnaja Wolja" diese Erklärung der gesellschaftlichen Entwicklung Rußlands von den Narodniki übernommen hatte, stand ihre Auffassung von der unmittelbaren Aktion und von den Aufgaben des Sozialismus sozusagen auf festem Boden. Inwiefern die Theorie des eigenständigen historischen Weges Rußlands falsch war, wissen wir bereits auf Grund einer vielseitigen Analyse in den Veröffentlichungen der russischen Gruppe „Oswoboshdenije". Aber hier geht es nicht um die Richtigkeit oder Falschheit dieser Anschauungen, sondern um ihre Übereinstimmung mit der besonderen Taktik der russischen Terroristen.

In der Tat, wenn die ökonomische und soziale Grundlage für die Verwirklichung des sozialistischen Ideals schon — in der

Form der „Obschtschina" — im Rahmen der russischen Gesellschaft gegeben und fertig war, so brauchte man natürlich nur die staatliche Maschinerie zu beherrschen und das Hindernis für die spontane Entwicklung des Sozialismus, d. h. die Selbstherrschaft, zu beseitigen. Wenn andererseits das kommunistische Ideal schon als angeborener natürlicher Instinkt in Geist und Seele des Volkes steckte, dann blieb der sozialistischen Partei nur die Aufgabe übrig, das Volk zur Macht und zu Entscheidungen aufzurufen; eine besondere Agitation zur Aufklärung und Organisierung der Massen war überflüssig.

So bildete die Taktik der „Narodnaja Wolja" mit ihrer grundlegenden Theorie von der besonderen historischen Entwicklung Rußlands gewissermaßen eine geschlossene Einheit. Völlig anders war es in der Partei „Proletariat". Hier stand die Taktik auf Schritt und Tritt in Widerspruch zu den allgemeinen Grundsätzen des Sozialismus, die von der Partei angenommen und propagiert wurden.

Wenn die russischen Sozialisten den Sozialismus durch die „Obschtschina" erreichen wollten unter Übergehung des ganzen Zeitabschnitts der bürgerlichen Gesellschaftsordnung, so wollten die polnischen Sozialisten, die ihrerseits ihre Daseinsberechtigung von dem kapitalistischen System der ökonomischsozialen Verhältnisse in Kongreßpolen ableiteten, die Phase der bürgerlich-parlamentarischen Regierung überspringen, die doch die natürliche Konsequenz und das politische Korrelat der entwickelten kapitalistischen Wirtschaft bilden.

Während die „Narodnaja Wolja" auf die angeborenen kommunistischen Anschauungen der russischen Bauernschaft spekulierte, verwarf das „Proletariat", das doch auf die Ausbildung eines sozialistischen Bewußtseins im polnischen Industrieproletariat zählte, gleichzeitig jene politischen Bedingungen, unter denen sich allein dieses Bewußtsein im Klassenkampf richtig entwickeln konnte. Auf diese Weise brachte die marxistische Weltanschauung, statt die Überlegenheit des polnischen Sozialismus über den „eingeborenen" Sozialismus Rußlands zu beweisen, in ihm nur eine Reihe von inneren Widersprüchen hervor.

Andererseits mußte dieser Widerspruch, der sich durch die Verbindung der blanquistischen Taktik mit der Theorie des wissenschaftlichen Sozialismus ergab, angesichts der besonderen politischen Formen des Zarismus, unter denen das „Proletariat" wirkte, ganz entgegengesetzte Resultate zeitigen als in Frankreich. Hier, wo das Wirkungsgebiet des Sozialismus in den siebziger Jahren und später die Dritte Republik, also eine bürgerliche Formation in ihrer höchsten politischen Entwicklung, war, mußte die blanquistische Verachtung der „parlamentarischen Turniere" und ähnlicher „Kompromisse" angesichts der Existenz aller Bedingungen des breiten täglichen Klassenkampfes eine mehr oder weniger unschädliche Phrase bleiben. Hier mußte die Theorie, zu der die Sozialisten unbewußt auf Schritt und Tritt durch die Praxis des politischen Lebens und den sich immer stärker entwickelnden, stürmischen Klassenkampf geführt wurden, nach einiger Zeit siegen und die ihr widersprechende Taktik beseitigen. Das ist, wie wir bereits gesagt haben, auch wirklich geschehen.

In Kongreßpolen dagegen, unter den Bedingungen der absolutistischen Regierung des Zaren, war die Verachtung des „bürgerlichen Liberalismus" nicht der Ausdruck der Enttäuschung, genauer des mangelnden Verständnisses für den historischen Wert der schon erreichten demokratischen Formen, sondern Ausdruck der Gleichgültigkeit, sie überhaupt zu erreichen.

Angesichts der Tatsache aber, daß eben die Beseitigung des Zarismus und die Erkämpfung demokratischer Formen eine Lebensfrage für die sozialistische Bewegung innerhalb des russischen Staates ist, mußte die Taktik des „Proletariats", die verhängnisvollerweise diese Lebensfrage zur Seite schob, einen entscheidenden Einfluß ausüben. Anders als in der Geschichte der französischen Blanquisten, mußte hier die Taktik die praktische Bedeutung der ihr widersprechenden propagierten Idee zunichte machen oder, um es genauer zu sagen, sie mußte alle Begriffe der Theorie nach ihrem Modell umgestalten.

Die Aufgabe des Historikers und Kritikers sozialer Theorien wäre im Grunde genommen eine sehr flache und einfache Angelegenheit, wenn die Worte und Begriffe immer denselben Ideeninhalt enthielten, sozusagen in geronnenem Zustande, wenn sie Zahlungsmittel für immer gleiche gedankliche Werte wären. In Wirklichkeit verhält es sich gerade umgekehrt, und man kann gewissermaßen sagen, obzwar das paradox klingt, daß nichts ein ungenaueres Bild von dem geistigen Gehalt der Vergangenheit einer Partei gibt als ihre eigenen Worte.

Wenn irgend jemand die Partei „Proletariat" nur auf Grund der von ihr in ihren Veröffentlichungen ausgesprochenen Anschauungen über die Grundlagen und Aufgaben des Sozialismus beurteilen wollte, wäre er erstaunt über den Nachdruck, mit welchem sie bis zum Ende Formulierungen aus dem theoretischen Wortschatz des Marxismus wiederholte. Da wir aber schon wissen, auf welche konkrete Weise das „Proletariat" seine allgemeinen Grundsätze anwandte, und die Schlußfolgerungen kennen, die es daraus für seine Tätigkeit zog, wissen wir, daß es mit der Zeit nur noch die Sprache des Marxismus war, mit deren Hilfe die Partei vollkommen unmarxistische Inhalte ausdrückte.

Das „Proletariat" erkannte ganz im Geiste des Kommunistischen Manifests, daß die eigentliche Grundlage für die sozialistische Bewegung und für die Verwirklichung des Sozialismus die „bürgerliche Gesellschaftsordnung" ist. Aber es verstand darunter nur die ökonomische Seite — die kapitalistische Produktionsform, und nicht auch die politische — die unmittelbare Herrschaft der Bourgeoisie in der Regierung und Gesetzgebung. Gleichzeitig sah es die Existenz der kapitalistischen Wirtschaft in bestimmtem Umfang, nicht jedoch ihre Entwicklung als Grundlage des Sozialimus an. Es betrachtete den Kapitalismus als Zustand, nicht als Prozeß.

Weiter erkannte das „Proletariat" die Organisierung der Arbeiterklasse als Garantie der Verwirklichung des sozialistischen Umsturzes an. Aber es verstand darunter die Vereinigung der Arbeitermassen nur für den Augenblick des sozialen Umsturzes, nicht für den täglichen Kampf mit den herrschenden Klassen. Es hielt die Organisierung der Massen durch die Propagierung der Auffassung von der Unausweichlichkeit der Revolution für möglich, nicht eine allmähliche Organisierung während des Kampfes um die alltäglichen Interessen. Mit einem Wort, es faßte die Organisierung der Arbeiterklasse als künstliches Produkt der sozialistischen Agitation auf und nicht als natürliches, geschichtliches Produkt des Klassenkampfes, dem die sozialistische Agitation nur das Bewußtsein hinzufügt.

Das „Proletariat" erkannte zwar den „Klassenkampf" als Alpha und Omega des Sozialismus an, aber verstand darunter hauptsächlich den Kampf des Proletariats mit der Bourgeoisie in der Form einer Revolution, und hielt auf diese Weise einen Moment des geschichtlichen Prozesses für den ganzen Prozeß.

Angesichts all dieser Wandlungen in den Begriffen drückte auch die „soziale Revolution" für das „Proletariat" etwas völlig anderes aus als für die Sozialdemokratie. Sie bedeutete nicht das politische Resultat der Reife der Produktivkräfte zur Sprengung der Fesseln des Kapitalismus, sondern nur das Resultat einer beliebigen Anwendung von politischer Gewalt von seiten einer kleinen Minderheit von Sozialisten, die das Volk auf Grund seiner Unzufriedenheit mit der bestehenden Ordnung und seiner Sehnsucht nach einer Veränderung zum Besseren mit sich reißen.

Auf diese Weise wurden in Verlauf der allmählichen geistigen Wandlung der polnischen Sozialisten ihre ursprünglichen theoretischen Anschauungen zu einer Denkweise, aus der der eigentliche Inhalt vollkommen verschwunden war und die mit blanquistischem Inhalt aufgefüllt wurde.

VII

Wie in solchen Fällen üblich, je weniger die durch das „Proletariat" aufgegriffenen taktischen Anschauungen auf günstigen Boden fielen und gute Anwendungsmöglichkeiten fanden, desto schärfer und lauter drückten sie sich in den von der Partei verbreiteten Losungen aus. Besonders als die ältere Generation der Aktivsten des „Proletariat" mit der Zeit infolge der polizeilichen Verfolgung vom Schauplatz verschwand, als die Parteiagitation im Lande schwächer wurde und trotz der Aufopferung aller Kräfte von mutigen Einzelnen, die sich bis zum Ende um die Fahne des „Proletariat" scharten, notwendigerweise zu unfruchtbarer Kleinarbeit zusammenschrumpfte — da machte sich rasch in der Parteiliteratur die vulgäre „revolutionäre" Phrase breit, jeglicher tieferer theoretischer Überlegungen entkleidet. Schon der „Przedświt" aus dem Jahre 1885 betreibt eine vollkommen gedankenlose Apotheose der Gewalt, indem er z. B. auf neun langen Spalten die Frage des Königsmordes untersucht und mit vollem Ernst das Problem erörtert, ob man die Herrscher erst nach Beginn der Revolution auf Grund eines Volksurteils töten soll oder ob es nicht praktischer wäre, die Revolution gleich mit der Hinrichtung der Herrscher zu beginnen.[29]

Zweifellos gibt sich kein Sozialist heute, Phantasten Bernsteinschen Schlages ausgenommen, der Illusion hin, daß irgendein ernst zu nehmender politischer Umsturz, und erst recht kein sozialistischer Umsturz, auf „legalem" friedlichem Wege möglich ist, ohne Gebrauch von Gewalt zum Sturz der konterrevolutionären Mächte. Niemand wird auch verneinen, daß sich in revolutionären Zeiten die Notwendigkeit ergeben kann, einen gekrönten Kopf zu beseitigen, wie es bei Ludwig XVI. der Fall war, der als Hochverräter mit dem äußeren Feind des Landes konspirierte, dadurch zum Stützpunkt der konterrevolutionären Partei wurde und eine ernste Gefahr für das Schicksal der Revolution bildete. Aber das „Schafott für die herrschenden Dynastien" von vornherein als unumgängliches und wichtiges Attribut jeder Volksrevolution anzusehen, ist zweifellos eine originelle Idee. Unwillkürlich denkt man an die Worte von Engels, die er einmal anläßlich ähnlicher revolutionärer Exzesse der französischen Blanquisten geäußert hat: „Zu solchen Kindereien kommt es, wenn im Grund genommen gutmütige Menschen ein notwendiges Bedürfnis fühlen, als schrecklich zu gelten". Aber die „Kinderei" der polnischen Revolutionäre in der Emigration hatte doch einen besseren Grund. Durch diese abschreckenden „revolutionären" Ideen brach doch das Licht der Hoffnung auf den sehr nahen „Ausbruch" der sozialen Revolution durch (im russischen Zarismus!) und mehr noch, der sichtbare Glaube daran, daß vor allem eine reichliche und richtige Anwendung von Gewalt die Gewähr für das Gelingen eines Umsturzes biete. Die Einzelheiten der Anwendung von physischer Gewalt in der künftigen Revolution, die vom Standpunkt des Fortschrittes zum Sozialismus aus vorläufig noch eine ziemlich gleichgültige Frage darstellen und in der Tat heute für die Erwachsenen überhaupt

---

[29] Siehe Artikel: „Wie Könige enden sollten". „Przedświt" Nr. 6, 7 und 8, aus dem Jahre 1885. Was das politische Niveau betrifft, kommt der Artikel dem interessanten Gedichtchen gleich, welches schon im „Przedświt" vom 1. Oktober 1883 veröffentlicht wurde:

> Vorwärts, vorwärts, Arbeiter.
> Hej, ergreift schnell die Waffen.
> Hej, an die Dreschflegel, an die Planken.
> Befreit euch von dem Elend.
> Wenn auch Blut in Strömen fließt,
> Wenn uns auch Feuer verzehrt,
> Wenn auch viele von uns untergehen werden
> durch Folter oder in Sibirien.
> Wenn nur unser Opfer
> nicht ohne Lohn bleibt,
> Wenn durch Mord und Verderben
> der Morgen der Freiheit dämmert.

kein Forschungsproblem mehr darstellen, diese Einzelheiten spielten nun für die Verschwörer die wichtigste Rolle. Der Glaube an die Allgewalt des politischen Elements, der der Ausgangspunkt des Blanquismus ist, erhält bei einer vulgarisierten Agitation die Form des Glaubens an die Allgewalt der nackten physischen Übermacht — der Barrikaden, „Blutgerüste", „Sensen und Dreschflegel".

Ein nicht weniger charakteristisches Symptom ist auch z. B. die zweite Idee des „Przedświt" aus jener Zeit, nämlich seine Agitation für die „Fachausbildung" der Arbeiter, um sie für die Organisierung der Produktion „am nächsten Morgen nach der Revolution" fähig zu machen.[30]

Die Theoretiker des „Przedświt" verstanden nicht, daß die sozialistische Produktion von der technischen Seite her schon innerhalb des Kapitalismus reift, daß infolgedessen das siegreiche Proletariat ihre Organisation schon in fertiger Form von der bürgerlichen Gesellschaft übernimmt, um auf der geschichtlich gegebenen Grundlage weiterzubauen, die Eigentumsverhältnisse zu reformieren usw. Deshalb vermuten sie wahrscheinlich, daß die Wirtschaft „nach der Revolution" sozusagen eine tabula rasa sein würde, auf deren Boden man erst eine neue Produktion organisieren müsse, nach dem ausgedachten „besten" Plan, mit vereinten Kräften — der heutigen Schuster, Tischler, Schlosser usw.

Die rein mechanische Auffassung des sozialistischen Umsturzes und der künstlichen „Durchführung" der Revolution ist hier aus der politischen Sphäre in die ökonomische übertragen. Und man weiß nicht, was den gänzlichen Bruch mit der Theorie der sozialen Entwicklung und mit dem historischen Materialismus krasser anzeigt: die Annahme, daß die „Revo-

---

[30] „Unser Przedświt" wird immer jegliche Hilfe leisten. — Einmal schreibt uns ein Tischler, wie sich die Tischler, seiner Meinung nach, nach der Revolution werden einzurichten haben, ein andermal schreibt uns ein Schuster, dann wieder teilt uns ein Schlosser seine Gedanken mit. Was uns nicht gefällt, das schreiben wir."
„Przedświt" Nr. 2, 1885.
Es ist interessant, wie durch diese eiligen Vorbereitungen zur „Revolution" das Verständnis für die einfachsten Fakten der Arbeiterbewegung im Ausland verlorenging. Die Gewerkschaftspresse, die in Deutschland wie überall natürlich ein Organ des täglichen ökonomischen Kampfes war, erschien dem „Przedświt" als eine Journalistenschule zur Ausbildung von Verwaltern der Produktion in der künftigen Gesellschaftsordnung.
„Und so sehen wir auch", heißt es hier, „wie im Ausland die Arbeiter Fachzeitschriften herausgeben werden, mit deren Hilfe sie sich darauf vorbereiten, in Zukunft die Regierung und die Wirtschaft in ihre Hand zu nehmen."
l. c.

lution" und der Sieg des Proletariats überhaupt möglich sind, bevor der Produktionsprozeß nicht schon so weit vergesellschaftet ist und die Produktivkräfte so weit entwickelt sind, daß ein politischer Akt der Revolution nur die sie bindenden Fesseln der bürgerlichen Gesellschaftsordnung sprengt, oder die Annahme, daß man den „Plan" dieser sozialistischen Organisation der Produktion schon jetzt in jedem Augenblick ausdenken kann und das für jedes Arbeitsgebiet gesondert.

Die Sorge um die rechtzeitige Vorbereitung von Technikern für die künftige Gesellschaftsordnung ist die logische Vollendung der Sorge um „Schafotts" für die heutigen herrschenden Dynastien; alles in allem ist es das Bild einer völligen Verflachung der sozialistischen Theorie bis zu den Niederungen der Vulgarität.

Nach 1886 beginnt die im Ausland tätige Gruppe der Herausgeber des „Przedświt" und der „Walka klas", ihrem eigenen Los überlassen wie ein Schwungrad, das sich von seinem Mechanismus gelöst hat, über Höhen und Tiefen der verschiedensten theoretischen Anschauungen zu springen, watet unterwegs — z. B. in der Broschüre „An die Offiziere der russischen Armee" — kurze Zeit sogar im Sumpf des gewöhnlichen Panslawismus, wirbelt dann immer rascher, stürzt schließlich in reihenweise Veränderungen der politischen Überzeugungen, bis sie endlich in vollem Schwung aus dem alten Gleis gerät, einen gewaltigen Bogen in der Luft macht und tief im Sumpf des Nationalismus stecken bleibt. Aber das Schicksal des „Przedświt" nach dem Jahr 1886—1887 gehört nicht mehr zur eigentlichen Geschichte der polnischen sozialistischen Bewegung, sondern vielmehr zur Geschichte der sozialistischen Emigrationsmakulatur.

Die ideologische Entwicklung des polnischen Sozialismus in der ersten Periode endet eigentlich schon mit dem Jahre 1884, d. h. im Moment, als die Wandlungen der Partei „Proletariat" in blanquistischer Richtung alle Konsequenzen zeigten.

Der letzte Lichtstrahl, der auf das Bild der geistigen Geschichte der Partei „Proletariat" fällt und an die anfängliche Blütezeit der theoretischen Entwicklung des polnischen Sozialismus erinnert, sind die Worte von Waryński, die er nicht mehr während seiner fieberhaften Tätigkeit in einer Parteizeitschrift oder auf einer Versammlung von Revolutionären aussprach, sondern nach 28 Monate langem Aufenthalt im Gefängnis, umgeben von einem Gendarmen- und Spionenmob, im Gerichtssaal im Dezember 1885.

Aus dieser Rede scheint sich mit Gewißheit zu ergeben, daß wenigstens dieser hervorragendste Vertreter des sozialistischen Denkens in Polen persönlich keine so radikale Veränderung in seinen Anschauungen durchmachte, wie man das in der polnischen sozialistischen Bewegung jener Epoche feststellen kann. Es fehlt uns leider an Hinweisen, die klar das eigene Denken und die Tätigkeit Waryńskis von der kollektiven Tätigkeit seiner Gruppe zu trennen erlaubten, so daß wir seinen Standpunkt gegenüber der deutlich blanquistischen Entwicklung, die sich während seiner Freiheit im Jahre 1883 bemerkbar gemacht hatte, nicht genau erläutern können. Unwahrscheinlich erscheint uns auch die Vermutung, daß sich Waryński angesichts solcher Erscheinungen vollkommen von den Einflüssen der „Narodnaja Wolja" hätte fernhalten können. In den Dokumenten des Prozesses der „Proletarier" sind uns nämlich seine damaligen Anschauungen über die politischen Aufgaben der Sozialisten nicht erhalten geblieben. Aber aus der Zusammenfassung seiner Rede, die sich in diesen Dokumenten findet, ergibt sich mit voller Sicherheit, daß Waryński sich gänzlich davor bewahrt hat, die sozialistische Theorie in ihren entscheidenden Grundzügen zu vulgarisieren, daß die Grundlagen seiner Weltanschauung bis zum letzten Augenblick die allgemeinen Anschauungen der marxistischen Theorie — in ihrer eigentlichen Tiefe und ihrem theoretischen Ernst — geblieben sind.

Und so springt in Waryńskis Rede vor allem die charakteristische Betonung der aktiven Rolle der Arbeiterklasse in der sozialistischen Bewegung in die Augen, die Betonung des täglichen Klassenkampfes.

„Wenn die Arbeiterklasse die politische Arena betritt", sagt Waryński, „sollte sie Organisation gegen Organisation stellen und den Kampf für bestimmte Ideale mit der gegebenen Gesellschaftsordnung führen. Dies ist die Aufgabe der unter der Fahne des Sozialismus kämpfenden Arbeiterklasse. Sie bildet das Gegenstück zu anderen gesellschaftlichen Klassen und hemmt die reaktionären Tendenzen. Die Arbeiterpartei strebt nach einer radikalen Veränderung der Gesellschaftsordnung und führt gegenwärtig die Vorbereitungsarbeiten dazu durch. Ihre Aufgabe besteht darin, die Arbeiter zu bewußter Wahrnehmung ihrer Interessen zu bringen und sie zu beharrlicher Verteidigung ihrer Rechte aufzurufen. Die Arbeiterpartei weckt die Disziplin der Arbeiterklasse, organisiert sie und führt sie zum Kampf mit der Regierung und den privilegierten Klassen."

Es ist charakteristisch, daß Waryński vom Terror nur als von einem Hilfsmittel im täglichen Kampf spricht im Kampf für die Erringung freierer Bedingungen der Organisation und der Massenaktion. Die Rolle des Terrors als eines Mittels zur Verwirklichung des sozialen Umsturzes verneint er dagegen deutlich: „Durch Gewalt wirken zu müssen", sagt er, „ist eine traurige, aber unvermeidliche Folge der heutigen fehlerhaften Gesellschaftsordnung. Der ökonomische Terror ist durchaus kein Mittel zur Erreichung unserer gesellschaftlichen Aufgaben; aber unter bestimmten Bedingungen ist er das einzige Mittel des Kampfes mit dem Bösen, das in dem gegenwärtigen Gesellschaftssystem verwurzelt ist."

Obzwar diese Betrachtung der Taktik des ökonomischen Kampfes vollkommen falsch war, unterliegt es keinem Zweifel, daß auch in diesem Punkt die Illusionen Waryńskis über die positiven Ergebnisse des Terrorismus nicht dadurch verursacht waren, daß er den sozialistischen Kampf mit den Augen eines Verschwörers betrachtete, sondern sie entstanden aufgrund einer falschen Einschätzung der praktischen Methoden des Klassenkampfes. Als Beweis kann die Tatsache dienen, daß Waryński die ursprüngliche Taktik der englischen Gewerkschaften Anfang des vorigen Jahrhunderts zitiert. Diese Taktik war das Ergebnis der damaligen politischen Bedingungen in England, die eine offene Organisation und einen gewerkschaftlichen Kampf unmöglich machten. Und zugleich war diese Taktik eine Methode zur Erringung der für diesen Kampf notwendigen Freiheiten.

Vor allem aber ist die Betonung wichtig, welche Waryński in seiner Rede auf die Rolle der objektiven Elemente der eigenständigen gesellschaftlichen Entwicklung legt. Angesichts dieser Entwicklung wird der sozialistischen Partei vor allem die Rolle eines Aufklärers über die historische Richtung des Klassenkampfes der Arbeiterklasse zuteil.

„Wir wissen", sagte er, „daß die wachsenden gesellschaftlichen Antagonismen und die am sozialen Körper anschwellenden Pestbeulen unvermeidlich zu einem Ausbruch führen werden. Wir wissen auch, welch schreckliche Verwüstungen es gibt, wenn die Armut die Volksmassen an die äußersten Grenzen der Verzweiflung treibt und die wilden Elemente sich mit ungeheurer Kraft auf die bestehende Ordnung werfen. Eben deshalb ist es unsere Aufgabe, die Arbeiterklasse auf die Revolution vorzubereiten, ihre Bewegung bewußt zu machen, in den Rahmen der Parteidisziplin zu zwängen und ein bestimmtes Programm von Zielen und Mitteln aufzustellen."

„Wir stehen nicht über der Geschichte, wir unterliegen ihren Gesetzen. Den Umsturz, den wir anstreben, betrachten wir als Resultat der historischen Entwicklung und der sozialen Bedingungen. Wir sehen ihn voraus und bemühen uns, daß er uns nicht unvorbereitet trifft."

Ganz kategorisch lehnt schließlich Waryński die Taktik der unmittelbaren Vorbereitung der sozialen Revolution, des „Ausbruchs" ab.

„Wir haben", sagte er, „die Arbeiterklasse zum Kampf mit der jetzigen Gesellschaftsordnung organisiert. Wir haben keinen Umsturz organisiert, sondern wir haben für den Umsturz organisiert."

„Kann man", ruft Waryński, nachdem er Ziele und Grundsätze der Partei „Proletariat" charakterisiert hat, „kann man unsere Tätigkeit eine Verschwörung nennen, die mit dem Ziel eines gewaltsamen Sturzes der existierenden staatlichen, ökonomischen und sozialen Ordnung angezettelt wurde?"

Auf Grund unserer Analyse wissen wir bereits, daß im Augenblick, als Waryński diese Worte ausrief, seine Partei sehr weit entfernt war von den von ihm dargelegten Anschauungen. Die Leitidee der Tätigkeit Waryńskis: die geistige Vereinigung des polnischen Sozialismus mit dem russischen, führte, nachdem sie sich nach der Gründung der Partei „Proletariat" verwirklicht hatte, zu Konsequenzen, die schon zu seinen Zeiten sichtbar wurden. Waryński aber sah sie weder voraus, noch war er sich ihrer bewußt.

Wenn wir uns jedoch heute die Geschichte der Partei „Proletariat" im ganzen vor Augen halten, dann erkennen wir eine vollkommen logische Entwicklung.

Die gesellschaftlichen Verhältnisse Polens, durch den stark entwickelten Kapitalismus und westeuropäische Einflüsse geformt, führten den polnischen Sozialismus bereits im Jahre 1881 zu einem sozialdemokratischen Standpunkt. Der aus diesem Standpunkt folgende Grundsatz eines gemeinsamen Programms und einer gemeinsamen Aktion mit dem russischen Sozialismus lieferte den polnischen Sozialismus in den achtziger Jahren den Einflüssen der „Narodnaja Wolja" aus. Dieser Einfluß aber brachte ihn in blanquistische Bahnen, auf denen er nach wenigen Jahren zusammen mit der russischen Bewegung untergehen mußte.

Damit schließt das erste Kapitel der Geschichte der sozialistischen Ideologie in Polen; die Schlüsse, die man daraus a priori mit voller Gewißheit ziehen kann, sind folgende: falls der polnische Sozialismus wieder freie Hand gewinnen könnte, um nur den eigenen Tendenzen seiner inneren Entwicklung zu folgen, die den gesellschaftlichen Verhältnissen in Kongreßpolen entsprechen, muß er zum sozialdemokratischen Standpunkt zurückkehren. Andererseits wird die Entwicklung der sozialdemokratischen Bewegung in Kongreßpolen erst dann für immer gesichert sein, wenn der russische Sozialismus ebenfalls auf dem Boden der Sozialdemokratie stehen wird.

Die erste dieser Bedingungen hat die Zeit der Stagnation in der sozialistischen Bewegung erfüllt, die nach der Auflösung der „Narodnaja Wolja" eintrat, als der polnische Sozialismus, von den Einflüssen der „eigenständigen" russischen Theorien befreit, schon Anfang der neunziger Jahre zu einer Massenbewegung in Kongreßpolen wurde, und zuerst faktisch, bald (im Jahre 1893) auch formal zur Organisierung der Sozialdemokratie des Königreiches Polen gelangte.

Die zweite Bedingung wurde durch die Massenbewegung des Industrieproletariats in Rußland verwirklicht, das, Mitte der neunziger Jahre entstanden, ein für allemal den „heimischen" Theorien des Sozialismus den materiellen Boden entzogen hat, Theorien, die schon seit langem durch die Kritik russischer Marxisten widerlegt worden waren. Das Industrieproletariat hat einer sozialistischen Partei Rußlands eine feste Grundlage gegeben.

Aus dem Polnischen von Tadeusz Kachlak
Die Überarbeitung der Übersetzung besorgten
Bernhard Blanke und Viktoria Vierheller

Organisationsfragen
der russischen Sozialdemokratie [1]

Es gehört zu den stehenden altehrwürdigen Wahrheiten, daß die sozialdemokratische Bewegung der zurückgebliebenen Länder von der älteren Bewegung der vorgeschritteneren Länder lernen müsse. Wir wagen diesem Satze den entgegengesetzten hinzuzufügen: die älteren und voranschreitenden sozialdemokratischen Parteien können und sollen ebensogut aus der näheren Bekanntschaft mit ihren jüngeren Bruderparteien lernen. Ebenso wie für den marxistischen Ökonomen — im Unterschied von dem bürgerlichen Klassiker und erst recht von dem Vulgärökonomen — alle der kapitalistischen Wirtschaftsordnung vorangegangenen ökonomischen Stadien nicht einfach bloße Formen der „Unentwickeltheit" im Hinblick auf die Krone der Schöpfung — den Kapitalismus — sind, sondern historisch gleichberechtigte verschiedene Typen der Wirtschaft, ebenso sind für den marxistischen Politiker die verschieden entwickelten sozialistischen Bewegungen bestimmte historische Individuen für sich. Und je mehr wir dieselben Grundzüge der Sozialdemokratie in der ganzen Mannigfaltigkeit ihres verschiedenen sozialen Milieus kennenlernen, um so mehr kommt uns das Wesentliche, das Grundlegende, das Prinzipielle der sozialdemokratischen Bewegung zum Bewußtsein, um so mehr tritt die durch jeden Lokalismus bedingte Borniertheit des Gesichtskreises zurück. Nicht umsonst vibriert in dem revolutionären Marxismus die internationale Note so stark, nicht umsonst klingt der opportunistische Gedankengang stets in eine nationale Absonderung aus. Der nachfolgende Artikel, der für die „Iskra", das russische sozialdemokratische Parteiorgan, auf dessen Aufforderung geschrieben ist, dürfte auch für das deutsche Publikum von einigem Interesse sein.

---

[1] Aus: DIE NEUE ZEIT, 22. Jahrgang, Band 2 (S. 484—492, S. 529—535), Verlag J. H. W. Dietz Nachf., Stuttgart 1904.
Die vorliegende Arbeit geht von russischen Verhältnissen aus, aber die Organisationsfragen, die sie behandelt, sind wichtig auch für die deutsche Sozialdemokratie, nicht bloß wegen der großen internationalen Bedeutung, die heute unsere russische Bruderpartei erlangt hat, sondern auch weil ähnliche Probleme der Organisation zur Zeit unsere eigene Partei aufs lebhafteste beschäftigen. Wir teilen daher diesen Artikel aus der „Iskra" unseren Lesern mit. (Die Neue Zeit)

I

Der russischen Sozialdemokratie ist eine eigenartige, in der Geschichte des Sozialismus beispiellose Aufgabe zuteil geworden: eine sozialdemokratische, auf proletarischen Klassenkampf zugeschnittene Taktik in einem absolutistischen Staate zu schaffen. Der übliche Vergleich der gegenwärtigen Verhältnisse in Rußland mit den deutschen zur Zeit des Sozialistengesetzes ist insofern hinfällig, als er die russischen Verhältnisse vom polizeilichen und nicht vom politischen Standpunkt ins Auge faßt. Die der Massenbewegung durch den Mangel an demokratischen Freiheiten in den Weg gelegten Hindernisse sind verhältnismäßig von untergeordneter Bedeutung: die Massenbewegung hat es auch in Rußland verstanden, die Schranken der absolutistischen „Verfassung" niederzurennen und sich eine, wenn auch verkrüppelte, eigene „Verfassung" der „Straßenunruhen" geschaffen. Sie wird es auch fernerhin bis zu ihrem endgültigen Siege über den Absolutismus verstehen. Was die Hauptschwierigkeit des sozialdemokratischen Kampfes in Rußland bildet, ist die Verschleierung der bürgerlichen Klassenherrschaft durch die Gewaltherrschaft des Absolutismus, die der eigentlichen sozialistischen Klassenkampflehre notgedrungen einen abstrakten propagandistischen und der unmittelbaren politischen Agitation einen hauptsächlich revolutionär-demokratischen Charakter verleiht. Das Sozialistengesetz versuchte bloß die Arbeiterklasse außerhalb der Verfassung zu stellen — mitten in einer hochentwickelten bürgerlichen Gesellschaft mit gänzlich bloßgelegten und im Parlamentarismus entfalteten Klassengegensätzen; darin bestand gerade der Wahnsinn, die Absurdität der Bismärckischen Unternehmung. In Rußland soll das umgekehrte Experiment vollzogen, eine Sozialdemokratie ohne die unmittelbare politische Herrschaft der Bourgeoisie geschaffen werden.

Dies hat nicht nur die Frage der Verpflanzung der sozialistischen Lehre auf den russischen Boden, nicht nur die Frage der Agitation, sondern auch die der Organisation ganz eigenartig gestaltet. In der sozialdemokratischen Bewegung ist auch die Organisation, im Unterschied von den früheren, utopistischen Versuchen des Sozialismus, nicht ein künstliches Produkt der Propaganda, sondern ein historisches Produkt des Klassenkampfes, in das die Sozialdemokratie nur das politische Bewußtsein hineinträgt. Unter normalen Bedingungen, das heißt dort, wo die entfaltete politische Klassenherrschaft der Bourgeoisie der sozialdemokratischen Bewegung vorausgeht, wird die erste politische Zusammenschweißung der Arbeiter in hohem Maße schon durch die Bourgeoisie besorgt. „Auf dieser Stufe", sagt das „Kommunistische Manifest", „ist massenhaftes Zusammenhalten der Arbeiter noch nicht die Folge ihrer eigenen Vereinigung, sondern die Folge der Vereinigung der Bourgeoisie." In Rußland ist der Sozialdemokratie die Aufgabe zugefallen, einen Abschnitt des historischen Prozesses durch bewußtes Eingreifen zu ersetzen und das Proletariat direkt aus der politischen Atomisierung, die die Grundlage des absoluten Regime bildet, zur höchsten Form der Organisation — als zielbewußt kämpfende Klasse zu führen. Die Organisationsfrage ist somit für die russische Sozialdemokratie besonders schwierig, nicht bloß, weil sie sie ohne alle formalen Handhaben der bürgerlichen Demokratie, sondern vor allem, weil sie gewissermaßen wie der liebe Herrgott „aus nichts", in der leeren Luft, ohne das politische Rohmaterial, das sonst von der bürgerlichen Gesellschaft vorbereitet wird, erschaffen soll.

Das Problem, an dem die russische Sozialdemokratie seit einigen Jahren arbeitet, ist eben der Übergang vom Typus der zersplitterten, ganz unabhängigen Zirkel- und Lokalorganisation, die der vorbereitenden, vorwiegend propagandistischen Phase der Bewegung entsprach, zur Organisation, wie sie für eine einheitliche politische Aktion der Masse im ganzen Staate erforderlich ist. Da aber der hervorstechendste Zug der unleidlich gewordenen und politisch überholten alten Organisationsformen die Zersplitterung und die völlige Autonomie, die Selbstherrlichkeit der Lokalorganisationen war, so wurde naturgemäß die Losung der neuen Phase, des vorbereiteten großen Organisationswerkes: Zentralismus.

Die Betonung des zentralistischen Gedankens war das Leitmotiv der „Iskra" in ihrer dreijährigen glänzenden Kampagne zur Vorbereitung des letzten, tatsächlich konstituierenden Parteitags, derselbe Gedanke beherrschte die ganze junge Garde der Sozialdemokratie in Rußland. Bald sollte sich jedoch auf dem Parteitag und noch mehr nach dem Parteitag zeigen, daß der Zentralismus ein Schlagwort ist, das den historischen Inhalt, die Eigentümlichkeiten des sozialdemokratischen Organisationstypus nicht entfernt erschöpft. Es hat sich wieder einmal herausgestellt, daß die marxistischen Auffassungen des Sozialismus sich auf keinem Gebiet, auch nicht auf dem der Organisationsfragen, in starre Formeln fixieren lassen.

Das uns vorliegende Buch des Genossen Lenin, eines der hervorragenden Leiter und Streiter der „Iskra" in ihrer vorbereitenden Kampagne vor dem russischen Parteitag [2] ist die systematische Darstellung der Ansichten der ultrazentralistischen Richtung der russischen Partei. Die Auffassung, die hier in eindringlicher und erschöpfender Weise ihren Ausdruck gefunden hat, ist die eines rücksichtslosen Zentralismus, dessen Lebensprinzip einerseits die scharfe Heraushebung der Absonderung der organisierten Trupps der ausgesprochenen und tätigen Revolutionäre von dem sie umgebenden, wenn auch unorganisierten, aber revolutionäraktiven Milieu, anderseits die straffe Disziplin und die direkte, entscheidende und bestimmende Einmischung der Zentralbehörde in alle Lebensäußerungen der Lokalorganisationen der Partei. Es genügt zu bemerken, daß zum Beispiel das Zentralkomitee nach dieser Auffassung die Befugnis hat, alle Teilkomitees der Partei zu organisieren, also auch die persönliche Zusammensetzung jeder einzelnen russischen Lokalorganisation von Genf und Lüttich bis Tomsk und Irkutsk zu bestimmen, ihr ein selbstgefertigtes Lokalstatut zu geben, sie durch einen Machtspruch ganz aufzulösen und von neuem zu erschaffen, und schließlich auf diese Weise indirekt auch die Zusammensetzung der höchsten Parteiinstanz, des Parteitags, zu beeinflussen. Danach erscheint das Zentralkomitee als der eigentliche aktive Kern der Partei, alle übrigen Organisationen lediglich als seine ausführenden Werkzeuge.

Lenin erblickt gerade in der Vereinigung eines so straffen Zentralismus in der Organisation mit der sozialdemokratischen Massenbewegung ein spezifisch revolutionär-marxistisches Prinzip und weiß eine Menge Tatsachen für seine Auffassung ins Feld zu führen. Doch untersuchen wir die Sache etwas näher.

Es unterliegt keinem Zweifel, daß der Sozialdemokratie im allgemeinen ein starker zentralistischer Zug innewohnt. Erwachsen aus dem wirtschaftlichen Boden des seinen Tendenzen nach zentralistischen Kapitalismus und angewiesen in ihrem Kampfe auf den politischen Rahmen des zentralisierten bürgerlichen Großstaats, ist die Sozialdemokratie von Hause aus

---

[2] Lenin, „Ein Schritt vorwärts, zwei Schritte zurück". Genf 1904, Parteidruckerei.

eine ausgesprochene Gegnerin jedes Partikularismus und nationalen Föderalismus. Berufen dazu, allen partiellen und Gruppeninteressen des Proletariats gegenüber im Rahmen eines gegebenen Staates die Gesamtinteressen des Proletariats als Klasse zu vertreten, hat sie überall die natürliche Bestrebung, alle nationalen, religiösen, beruflichen Gruppen der Arbeiterklasse zur einheitlichen Gesamtpartei zusammenzuschweißen, wovon sie nur in exklusiven, abnormen Verhältnissen, wie zum Beispiel in Österreich, notgedrungen eine Ausnahme zugunsten des föderalistischen Prinzips macht.

In dieser Beziehung war und ist es auch für die Sozialdemokratie Rußlands keine Frage, daß sie nicht ein föderatives Konglomerat einer Unzahl nationaler und provinzieller Sonderorganisationen, sondern eine einheitliche, kompakte Arbeiterpartei des russischen Reiches bilden müsse. Eine davon ganz verschiedene Frage ist jedoch die nach dem größeren oder geringeren Grade der Zentralisation und nach deren näherer Beschaffenheit innerhalb einer geeinigten und einheitlichen Sozialdemokratie Rußlands.

Vom Standpunkt der formalen Aufgaben der Sozialdemokratie als einer Kampfpartei erscheint der Zentralismus in ihrer Organisation von vornherein als eine Bedingung, von deren Erfüllung die Kampffähigkeit und die Tatkraft der Partei in direktem Verhältnis abhängen. Allein viel wichtiger als die Gesichtspunkte der formalen Erfordernisse jeder Kampforganisation sind hier die spezifischen historischen Bedingungen des proletarischen Kampfes.

Die sozialdemokratische Bewegung ist die erste in der Geschichte der Klassengesellschaften, die in allen ihren Momenten, im ganzen Verlauf auf die Organisation und die selbständige direkte Aktion der Masse berechnet ist.

In dieser Beziehung schafft die Sozialdemokratie einen ganz anderen Organisationstypus als die früheren sozialistischen Bewegungen, zum Beispiel die des jakobinisch-blanquistischen Typus.

Lenin scheint dies zu unterschätzen, wenn er in seinem Buche (S. 140) meint, der revolutionäre Sozialdemokrat sei doch nichts anderes als „der mit der Organisation des klassenbewußten Proletariats unzertrennlich verbundene Jakobiner". In der Organisation und dem Klassenbewußtsein des Proletariats im Gegensatz zur Verschwörung einer kleinen Minderheit erblickt

Lenin die erschöpfenden Unterschiedsmomente zwischen der Sozialdemokratie und dem Blanquismus. Er vergißt, daß damit auch eine völlige Umwertung der Organisationsbegriffe, ein ganz neuer Inhalt für den Begriff des Zentralismus, eine ganz neue Auffassung von dem wechselseitigen Verhältnis der Organisation und des Kampfes gegeben ist.

Der Blanquismus war weder auf die unmittelbare Klassenaktion der Arbeitermasse berechnet, noch brauchte er deshalb auch eine Massenorganisation. Im Gegenteil, da die breite Volksmasse erst im Moment der Revolution auf dem Kampfplatz erscheinen sollte, die vorläufige Aktion aber in der Vorbereitung eines revolutionären Handstreichs durch eine kleine Minderheit bestand, so war die scharfe Abgrenzung der mit dieser bestimmten Aktion betrauten Personen von der Volksmasse zum Gelingen ihrer Aufgabe direkt erforderlich. Sie war aber auch möglich und ausführbar, weil zwischen der konspiratorischen Tätigkeit einer blanquistischen Organisation und dem alltäglichen Leben der Volksmasse gar kein innerer Zusammenhang bestand.

Zugleich waren auch die Taktik und die näheren Aufgaben der Tätigkeit, da diese ohne Zusammenhang mit dem Boden des elementaren Klassenkampfes, aus freien Stücken, aus dem Handgelenk improvisiert wurde, im voraus bis ins Detail ausgearbeitet, als bestimmter Plan fixiert und vorgeschrieben. Deshalb verwandelten sich die tätigen Mitglieder der Organisation naturgemäß in reine Ausführungsorgane eines außerhalb ihres eigenen Tätigkeitsfeldes im voraus bestimmten Willens, in Werkzeuge eines Zentralkomitees. Damit war auch das zweite Moment des verschwörerischen Zentralismus gegeben: die absolute blinde Unterordnung der Einzelorgane der Partei unter ihre Zentralbehörde und die Erweiterung der entscheidenden Machtbefugnisse dieses letzteren bis an die äußerste Peripherie der Parteiorganisation.

Grundverschieden sind die Bedingungen der sozialdemokratischen Aktion. Diese wächst historisch aus dem elementaren Klassenkampf heraus. Sie bewegt sich dabei in dem dialektischen Widerspruch, daß hier die proletarische Armee sich erst im Kampfe selbst rekrutiert und erst im Kampfe auch über die Aufgaben des Kampfes klar wird. Organisation, Aufklärung und Kampf sind hier nicht getrennte, mechanisch und auch zeitlich gesonderte Momente, wie bei einer blanquistischen

Bewegung, sondern sie sind nur verschiedene Seiten desselben Prozesses. Einerseits gibt es — abgesehen von allgemeinen Grundsätzen des Kampfes — keine fertige, im voraus festgesetzte detaillierte Kampftaktik, in die die sozialdemokratische Mitgliedschaft von einem Zentralkomitee eingedrillt werden könnte. Andererseits bedingt der die Organisation schaffende Prozeß des Kampfes ein beständiges Fluktuieren der Einflußsphäre der Sozialdemokratie.

Daraus ergibt sich schon, daß die sozialdemokratische Zentralisation nicht auf blindem Gehorsam, nicht auf der mechanischen Unterordnung der Parteikämpfer unter eine Zentralgewalt basieren kann und daß andererseits zwischen dem bereits in feste Parteikadres organisierten Kern des klassenbewußten Proletariats und den vom Klassenkampf bereits ergriffenen, im Prozeß der Klassenaufklärung befindlichen umliegenden Schicht nie eine absolute Scheidewand aufgerichtet werden kann. Die Aufrichtung der Zentralisation in der Sozialdemokratie auf diesen zwei Grundsätzen — auf der blinden Unterordnung aller Parteiorganisationen mit ihrer Tätigkeit bis ins kleinste Detail unter eine Zentralgewalt, die allein für alle denkt, schafft und entscheidet, sowie auf der schroffen Abgrenzung des organisierten Kernes der Partei von dem ihn umgebenden revolutionären Milieu, wie sie von Lenin verfochten wird, erscheint uns deshalb als eine mechanische Übertragung der Organisationsprinzipien der blanquistischen Bewegung von Verschwörerzirkeln auf die sozialdemokratische Bewegung der Arbeitermassen. Und Lenin hat seinen Standpunkt vielleicht scharfsinniger gekennzeichnet, als es irgendeiner seiner Opponenten tun könnte, indem er seinen „revolutionären Sozialdemokraten" als den „mit der Organisation der klassenbewußten Arbeiter verbundenen Jakobiner" definiert. Tatsächlich ist die Sozialdemokratie aber nicht mit der Organisation der Arbeiterklassen verbunden, sondern sie ist die eigene Bewegung der Arbeiterklasse. Der sozialdemokratische Zentralismus muß also von wesentlich anderer Beschaffenheit sein als der blanquistische. Er kann nichts anderes als die gebieterische Zusammenfassung des Willens der aufgeklärten und kämpfenden Vorhut der Arbeiterschaft ihren einzelnen Gruppen und Individuen gegenüber sein, es ist dies sozusagen ein „Selbstzentralismus" der führenden Schicht des Proletariats, ihre Majoritätsherrschaft innerhalb ihrer eigenen Parteiorganisation.

Schon aus der Untersuchung dieses eigentlichen Inhalts des sozialdemokratischen Zentralismus wird klar, daß für einen solchen heutzutage in Rußland die erforderlichen Bedingungen noch nicht in vollem Maße gegeben sein können. Es sind dies nämlich: das Vorhandensein einer beträchtlichen Schicht im politischen Kampfe bereits geschulter Proletarier und die Möglichkeit, ihrer Dispositionsfähigkeit durch direkte Ausübung des Einflusses (auf öffentlichen Parteitagen, in der Parteipresse usw.) Ausdruck zu geben.

Letztere Bedingung kann offenbar erst mit der politischen Freiheit in Rußland geschaffen werden, die erstere aber — die Heranbildung einer klassenbewußten, urteilsfähigen Vorhut des Proletariats — ist eben erst im Werden begriffen und muß als der leitende Zweck der nächsten agitatorischen wie auch organisatorischen Arbeit betrachtet werden.

Um so überraschender wirkt die umgekehrte Zuversicht Lenins, demzufolge alle Vorbedingungen zur Durchführung einer großen und äußerst zentralisierten Arbeiterpartei in Rußland bereits vorhanden sind. Und es verrät wiederum eine viel zu mechanische Auffassung von der sozialdemokratischen Organisation, wenn er optimistisch ausruft, daß jetzt schon „nicht dem Proletariat, sondern manchen Akademikern in der russischen Sozialdemokratie die Selbsterziehung im Sinne der Organisation und der Disziplin not tue" (S. 145), wenn er die erzieherische Bedeutung der Fabrik für das Proletariat rühmt, die es von Hause aus für „Disziplin und Organisation" reif mache (S. 147). Die „Disziplin", die Lenin meint, wird dem Proletariat keineswegs bloß durch die Fabrik, sondern auch durch die Kaserne, auch durch den modernen Bürokratismus, kurz — durch den Gesamtmechanismus des zentralisierten bürgerlichen Staates eingeprägt. Doch ist es nichts als eine mißbräuchliche Anwendung des Schlagwortes, wenn man gleichmäßig als „Disziplin" zwei so entgegengesetzte Begriffe bezeichnet, wie die Willen- und Gedankenlosigkeit einer vielbeinigen und vielarmigen Fleischmasse, die nach dem Taktstock mechanische Bewegungen ausführt, und die freiwillige Koordinierung von bewußten politischen Handlungen einer gesellschaftlichen Schicht; wie den Kadavergehorsam einer beherrschten Klasse und die organisierte Rebellion einer um die Befreiung ringenden Klasse. Nicht durch die Anknüpfung an die ihm durch den kapitalistischen Staat eingeprägte Disziplin —

mit der bloßen Übertragung des Taktstocks aus der Hand der Bourgeoisie in die eines sozialdemokratischen Zentralkomitees, sondern durch die Durchbrechung, Entwurzelung dieses sklavischen Disziplingeistes kann der Proletarier erst für die neue Disziplin — die freiwillige Selbstdisziplin der Sozialdemokratie erzogen werden.

Es erhellt weiter aus derselben Reflexion, daß der Zentralismus im sozialdemokratischen Sinne überhaupt nicht ein absoluter Begriff ist, der sich auf jeder Stufenleiter der Arbeiterbewegung in gleichem Maße durchführen läßt, sondern daß er vielmehr als Tendenz aufgefaßt werden muß, deren Verwirklichung gleichmäßig mit der Aufklärung und der politischen Schulung der Arbeitermasse im Prozeß ihres Kampfes fortschreitet.

Freilich kann das ungenügende Vorhandensein der wichtigsten Voraussetzungen für die Verwirklichung in vollem Maße des Zentralismus in der russischen Bewegung heutzutage in höchstem Maße störend wirken. Doch ist es unseres Erachtens verkehrt, zu denken, daß sich die noch unausführbare Majoritätsherrschaft der aufgeklärten Arbeiterschaft innerhalb ihrer Parteiorganisation „vorläufig" durch eine „übertragene Alleinherrschaft" der Zentralgewalt der Partei ersetzen lasse und daß die fehlende öffentliche Kontrolle der Arbeitermassen über das Tun und Lassen der Parteiorgane ebensogut durch die umgekehrte Kontrolle der Tätigkeit der revolutionären Arbeiterschaft durch ein Zentralkomitee ersetzt wäre.

Die eigene Geschichte der russischen Bewegung gibt viele Belege für den problematischen Wert des Zentralismus in diesem letzteren Sinne. Die allmächtige Zentralgewalt mit ihren fast unbeschränkten Befugnissen der Einmischung und der Kontrolle nach Lenins Ideal wäre offenbar ein Unding, wenn sie ihre Macht lediglich auf die rein technische Seite der sozialdemokratischen Tätigkeit, auf die Regelung der äußeren Mittel und Notbehelfe der Agitation — etwa die Zufuhr der Parteiliteratur und zweckmäßige Verteilung der agitatorischen und finanziellen Kräfte — beschränken sollte. Sie hätte nur dann einen begreiflichen politischen Zweck, wenn sie ihre Macht auf die Schaffung einer einheitlichen Kampftaktik, auf die Auslösung einer großen politischen Aktion in Rußland verwenden würde. Was sehen wir aber in den bisherigen Wandlungen der russischen Bewegung? Ihre wichtigsten und fruchtbarsten taktischen Wendungen des letzten Jahrzehnts sind nicht etwa von bestimmten Leitern der Bewegung, geschweige von leitenden Organisationen „erfunden" worden, sondern sie waren jedesmal das spontane Produkt der entfesselten Bewegung selbst. So die erste Etappe der eigentlichen proletarischen Bewegung in Rußland, die mit dem elementaren Ausbruch des Petersburger Riesenstreiks im Jahre 1896 einsetzte und die zuerst die ökonomische Massenaktion des russischen Proletariats inauguriert hatte. Desgleichen war die zweite Phase — die der politischen Straßendemonstrationen — ganz spontan durch die Petersburger Studentenunruhen im März 1901 eröffnet. Der weitere bedeutende Wendepunkt der Taktik, der ihr neue Horizonte zeigte, war der „von selbst" ausgebrochene Massenstreik in Rostow am Don mit seiner ad hoc improvisierten Straßenagitation, den Volksversammlungen unter freiem Himmel, den öffentlichen Ansprachen, woran der kühnste Stürmer unter den Sozialdemokraten noch wenige Jahre zuvor, als an eine Phantasterei, nicht zu denken gewagt hätte. In allen diesen Fällen war im Anfang „die Tat". Die Initiative und die bewußte Leitung der sozialdemokratischen Organisationen spielten eine äußerst geringe Rolle. Es lag dies jedoch nicht sowohl an der mangelhaften Vorbereitung dieser speziellen Organisationen für ihre Rolle — wenn dieses Moment in beträchtlichem Maße auch mitgewirkt haben mag —, und erst recht nicht am Fehlen dazumal in der russischen Sozialdemokratie einer allmächtigen Zentralgewalt nach dem bei Lenin entwickelten Plane. Umgekehrt, eine solche hätte höchstwahrscheinlich nur dahin gewirkt, die Unschlüssigkeit der Einzelkomitees der Partei noch größer zu machen und eine Entzweiung zwischen der stürmenden Masse und der zaudernden Sozialdemokratie hervorzubringen. Dieselbe Erscheinung — die geringe Rolle der bewußten Initiative der Parteileitungen bei der Gestaltung der Taktik — läßt sich vielmehr auch in Deutschland und überall beobachten. Die Kampftaktik der Sozialdemokratie wird in ihren Hauptzügen überhaupt nicht „erfunden", sondern sie ist das Ergebnis einer fortlaufenden Reihe großer schöpferischer Akte des experimentierenden, oft elementaren Klassenkampfes. Auch hier geht das Unbewußte vor dem Bewußten, die Logik des objektiven historischen Prozesses vor der subjektiven Logik seiner Träger. Die Rolle der sozialdemokratischen Leitung ist dabei wesentlich konservativen Charakters, indem sie erfahrungsgemäß dazu führt, das jedesmalige neugewonnene Terrain des Kampfes bis in die äußersten Konsequenzen auszuarbeiten und es bald in ein Bollwerk gegen eine weitere Neuerung größeren Stiles umzukehren. Die gegenwärtige Taktik der deutschen Sozialdemokratie wird zum Beispiel allgemein wegen ihrer merkwürdigen Vielgestaltigkeit, Biegsamkeit und zugleich Sicherheit bewundert. Das bedeutet aber nur, daß unsere Partei sich in ihrem Tageskampf wunderbar an den gegenwärtigen parlamentarischen Boden bis ins kleinste Detail angepaßt hat, daß sie das gesamte vom Parlamentarismus gebotene Kampfesterrain auszubeuten und den Grundsätzen entsprechend zu beherrschen versteht. Zugleich aber verdeckt bereits diese spezifische Gestaltung der Taktik so sehr die weiteren Horizonte, daß in hohem Maße die Neigung zur Verewigung und zur Betrachtung der parlamentarischen Taktik als der Taktik des sozialdemokratischen Kampfes schlechthin hervortritt. Bezeichnend für diese Stimmung ist zum Beispiel die Vergeblichkeit, mit der Parvus sich seit Jahren Mühe gibt, die Debatte über eine eventuelle Neugestaltung der Taktik für den Fall der Abschaffung des allgemeinen Wahlrechtes in der Parteipresse in Fluß zu bringen, trotzdem eine solche Eventualität von den Führern der Partei durchaus mit bitterem Ernste ins Auge gefaßt wird. Diese Trägheit findet aber zum großen Teile ihre Erklärung darin, daß sich auch sehr schwer in der leeren Luft der abstrakten Spekulation die Konturen und greifbaren Formen einer noch nicht existierenden, also imaginären politischen Situation darstellen lassen. Wichtig ist auch für die Sozialdemokratie jedesmal nicht das Vorausahnen und Vorauskonstruieren eines fertigen Rezeptes für die künftige Taktik, sondern die lebendige Erhaltung in der Partei der richtigen historischen Wertschätzung für die jeweilig herrschenden Kampfformen, das lebendige Gefühl für die Relativität der gegebenen Phase des Kampfes und für die notwendige Steigerung der revolutionären Momente vom Standpunkt des Endziels des proletarischen Klassenkampfes.

Es hieße aber den aus ihrem Wesen notwendigerweise entspringenden Konservatismus jeder Parteileitung gerade künstlich in gefährlichstem Maße potenzieren, wenn man sie mit so absoluten Machtbefugnissen negativen Charakters ausstatten wollte, wie es Lenin tut. Wird die sozialdemokratische Taktik nicht von einem Zentralkomitee, sondern von der Gesamtpartei, noch richtiger von der Gesamtbewegung geschaffen, so ist für einzelne Organisationen der Partei offenbar diejenige Ellenbogenfreiheit nötig, die allein die völlige Ausnutzung aller von der jeweiligen Situation gebotenen Mittel zur Potenzierung des Kampfes sowie die Entfaltung der revolutionären Initiative ermöglicht. Der von Lenin befürwortete Ultrazentralismus scheint uns aber in seinem ganzen Wesen nicht vom positiven schöpferischen, sondern vom sterilen Nachtwächtergeist getragen zu sein. Sein Gedankengang ist hauptsächlich auf die Kontrolle der Parteitätigkeit und nicht auf ihre Befruchtung, auf die Einengung und nicht auf die Entfaltung, auf die Schurigelung und nicht auf die Zusammenziehung der Bewegung zugeschnitten.

Doppelt gewagt scheint ein solches Experiment gerade im gegebenen Moment für die russische Sozialdemokratie zu sein. Sie steht am Vorabend großer revolutionärer Kämpfe um die Niederwerfung des Absolutismus, vor oder vielmehr in einer Periode intensivster, schöpferischer Aktivität auf dem Gebiet der Taktik und — was in revolutionären Epochen selbstverständlich ist — fieberhafter sprungweiser Erweiterungen und Verschiebungen ihrer Einflußsphäre. In solchen Zeiten gerade der Initiative des Parteigeistes Fußangeln anlegen und ihre ruckweise Expansionsfähigkeit mit Stacheldrahtzaun eindämmen zu wollen, hieße die Sozialdemokratie von vornherein für die großen Aufgaben des Moments in hohem Maße ungeeignet machen.

Aus den angeführten allgemeinen Erwägungen über den eigentümlichen Inhalt des sozialdemokratischen Zentralismus läßt sich freilich noch nicht die konkrete Fassung der Paragraphen des Organisationsstatuts für die russische Partei ableiten. Diese Fassung hängt naturgemäß in letzter Instanz von den konkreten Umständen ab, unter denen sich die Tätigkeit in der gegebenen Periode vollzieht, und kann — da es sich in Rußland doch um den ersten Versuch einer großen proletarischen Parteiorganisation handelt — kaum im voraus auf Unfehlbarkeit Anspruch erheben, muß vielmehr auf jeden Fall erst die Feuerprobe des praktischen Lebens bestehen. Was sich aber aus der allgemeinen Auffassung des sozialdemokratischen Organisationstypus ableiten läßt, das sind die großen Grundzüge, das ist der Geist der Organisation, und dieser bedingt, namentlich in den Anfängen der Massenbewegung, hauptsächlich den koordinierenden, zusammenfassenden und nicht den reglementierenden und exklusiven Charakter des sozialdemokratischen Zentralismus. Hat aber dieser Geist der politischen Bewegungsfreiheit, gepaart mit scharfem Blicke für die prinzipielle Festigkeit der Bewegung und für ihre Einheitlichkeit, in den Reihen der Partei Platz gegriffen, dann werden die Schroffheiten eines jeden, auch eines ungeschickt gefaßten Organisationsstatuts sehr bald durch die Praxis selbst eine wirksame Korrektur erfahren. Es ist nicht der Wortlaut des Statuts, sondern der von den tätigen Kämpfern in diesen Wortlaut hineingelegte Sinn und Geist, der über den Wert einer Organisationsform entscheidet.

II

Wir haben bis jetzt die Frage des Zentralismus vom Standpunkt der allgemeinen Grundlagen der Sozialdemokratie sowie zum Teil der heutigen Verhältnisse in Rußland betrachtet. Aber der Nachtwächtergeist des von Lenin und seinen Freunden befürworteten Ultrazentralismus ist bei ihm nicht etwa ein zufälliges Produkt von Irrtümern, sondern er steht im Zusammenhang mit einer bis ins kleinste Detail der Organisationsfragen durchgeführten Gegnerschaft zum — Opportunismus.

„Es handelt sich darum", meint Lenin (S. 52), „vermittels der Paragraphen des Organisationsstatuts eine mehr oder minder scharfe Waffe gegen den Opportunismus zu schmieden. Je tiefer die Quellen des Opportunismus liegen, um so schärfer muß diese Waffe sein."

Lenin erblickt auch in der absoluten Gewalt des Zentralkomitees und in der strengen statutarischen Umzäunung der Partei eben den wirksamen Damm gegen die opportunistische Strömung, als deren spezifische Merkmale er die angeborene Vorliebe des Akademikers für Autonomismus, für Desorganisation und seinen Abscheu vor strenger Parteidisziplin, vor jedem „Bureaukratismus" im Parteileben bezeichnet. Nur der sozialistische „Literat", kraft der ihm angeborenen Zerfahrenheit und des Individualismus, kann sich nach Lenins Meinung gegen so unbeschränkte Machtbefugnisse des Zentralkomitees sträuben, ein echter Proletarier dagegen müsse sogar infolge seines revolutionären Klasseninstinktes ein gewisses Wonnegefühl bei all der Strafheit, Strammheit und Schneidigkeit seiner obersten Parteibehörde empfinden, er unterziehe sich all den derben Operationen der „Parteidisziplin" mit freudig geschlossenen Augen. „Der Bureaukratismus entgegen dem Demokratismus", sagt Lenin, „das ist eben das Organisationsprinzip der revolutionären Sozialdemokratie entgegen dem Organisationsprinzip der Opportunisten" (S. 151). Er beruft sich mit Nachdruck darauf, daß derselbe Gegensatz der zentralistischen und autonomistischen Auffassung in der Sozialdemokratie aller Länder bemerkbar wird, wo sich die revolutionäre und reformistische oder revisionistische Richtung entgegenstehen. Speziell exemplifiziert er mit den jüngsten Vorgängen in der deutschen Partei und mit der Diskussion, die sich um die Frage der Autonomie des Wahlkreises entsponnen hatte. Schon aus diesem Grunde dürfte eine Nachprüfung der Leninschen Parallelen nicht ohne Interesse und ohne Nutzen sein.

Vor allem muß bemerkt werden, daß in der starken Herausstreichung der angeborenen Fähigkeiten der Proletarier zur sozialdemokratischen Organisation und in der Verdächtigung der „akademischen" Elemente der sozialdemokratischen Bewegung an sich noch nichts „Marxistisch-Revolutionäres" liegt, vielmehr darin ebenso leicht die Verwandtschaft mit opportunistischen Ansichten nachgewiesen werden kann. Der Antagonismus zwischen dem rein proletarischen Element und der nichtproletarischen sozialistischen Intelligenz — das ist ja der gemeinsame ideologische Schild, unter dem sich der französische halbanarchistische Nur-Gewerkschafter mit seinem alten Rufe: Méfiez-vous des politiciens!, das Mißtrauen des englischen Trade-Unionismus gegen die sozialistischen „Phantasten" und endlich — wenn wir richtig orientiert sind — auch der reine „Ökonomismus" der ehemaligen Petersburger „Rabotschaja Mysl" (Zeitung „Arbeitergedanke") mit ihrer Übertragung der trade-unionistischen Borniertheit nach dem absolutistischen Rußland die Hand reichen.

Allerdings läßt sich in der bisherigen Praxis der westeuropäischen Sozialdemokratie ein unleugbarer Zusammenhang zwischen Opportunismus und akademischem Element sowie andererseits zwischen Opportunismus und Dezentralisationstendenzen in den Organisationsfragen bemerken. Löst man aber diese Erscheinungen, die auf einem konkreten historischen Boden entstanden sind, von diesem Zusammenhang los, um sie zu abstrakten Schablonen von allgemeiner und absoluter Gültigkeit zu stempeln, so ist ein solches Verfahren die größte Sünde wider den „heiligen Geist" des Marxismus, nämlich gegen seine historisch-dialektische Denkmethode.

Abstrakt genommen läßt sich nur so viel feststellen, daß der „Akademiker", als ein seiner Herkunft nach dem Proletariat fremdes, von der Bourgeoisie abstammendes Element, nicht im Einklang mit dem eigenen Klassenempfinden, sondern nur durch dessen Überwindung, auf dem Wege der Ideologie zum Sozialismus gelangen kann und deshalb eher zu opportunistischen Seitensprüngen prädisponiert ist wie der aufgeklärte Proletarier, dem — wofern er den lebendigen Zusammenhang mit seinem sozialen Mutterboden, mit der proletarischen Masse nicht verloren hat — sein unmittelbarer Klasseninstinkt einen sicheren revolutionären Halt gibt. In welcher konkreten Form jedoch diese Veranlagung des Akademikers zum Opportunismus erscheint, welche handgreifliche Gestalt namentlich von Organisationstendenzen sie annimmt, das hängt jedesmal von dem konkreten sozialen Milieu der Gesellschaft ab, um die es sich handelt.

Die Erscheinungen im Leben der deutschen wie der französischen und der italienischen Sozialdemokratie, auf die sich Lenin beruft, sind aus einer ganz bestimmten sozialen Basis emporgewachsen, nämlich aus der des bürgerlichen Parlamentarismus. Wie dieser überhaupt der spezifische Nährboden der gegenwärtigen opportunistischen Strömung in der sozialistischen Bewegung Westeuropas ist, so sind auch die besonderen Tendenzen des Opportunismus zur Desorganisation aus ihm entsprossen.

Der Parlamentarismus unterstützt nicht nur all die bekannten Illusionen des jetzigen Opportunismus, wie wir sie in Frankreich, Italien und Deutschland kennengelernt haben: die Überschätzung der Reformarbeit, des Zusammenwirkens der Klassen und Parteien, der friedlichen Entwicklung usw. Er bildet zugleich den Boden, auf dem sich diese Illusionen praktisch betätigen können, indem er die Akademiker auch in der Sozialdemokratie als Parlamentarier von der proletarischen Masse absondert, gewissermaßen über sie emporhebt. Endlich gestaltet derselbe Parlamentarismus mit dem Wachstum der Arbeiterbewegung diese letztere zum Sprungbrett politischen Emporkommens, weshalb er sie leicht zum Unterschlupf für ehrgeizige und schiffbrüchige bürgerliche Existenzen macht.

Aus all diesen Momenten ergibt sich auch die bestimmte Neigung des opportunistischen Akademikers der westeuropäischen Sozialdemokratie zur Desorganisation und zur Disziplinlosigkeit. Die zweite bestimmte Voraussetzung der gegenwärtigen opportunistischen Strömung ist nämlich das Vorhandensein einer bereits hohen Entwicklungsstufe der sozialdemokratischen Bewegung, also auch einer einflußreichen sozialdemokratischen Parteiorganisation. Die letztere erscheint nun als derjenige Schutzwall der revolutionären Klassenbewegung gegen bürgerlich-parlamentarische Tendenzen, den es zu zerbröckeln, auseinanderzutragen gilt, um den kompakten aktiven Kern des Proletariats wieder in der amorphen Wählermasse aufzulösen. So entstehen die historisch wohlbegründeten und bestimmten politischen Zwecken vortrefflich angepaßten „autonomistischen" und dezentralistischen Tendenzen des modernen Opportunismus, die somit nicht aus der angeborenen Liederlichkeit und Waschlappigkeit des „Intellektuellen", wie Lenin annimmt, sondern aus den Bedürfnissen des bürgerlichen Parlamentariers, nicht aus der Psychologie des Akademikers, sondern aus der Politik des Opportunisten zu erklären sind.

All diese Verhältnisse sehen aber in dem absolutistischen Rußland bedeutend anders aus, wo der Opportunismus in der Arbeiterbewegung überhaupt nicht ein Produkt des starken Wachstums der Sozialdemokratie, der Zersetzung der bürgerlichen Gesellschaft, wie im Westen, sondern umgekehrt ihrer politischen Zurückgebliebenheit ist.

Die russische Intelligenz, aus der sich der sozialistische Akademiker rekrutiert, hat begreiflicherweise einen viel unbestimmteren Klassencharakter, ist viel mehr deklassiert, in genauem Sinne des Wortes, als die westeuropäische Intelligenz. Daraus ergibt sich zwar — im Verein mit der Jugendlichkeit der proletarischen Bewegung in Rußland — im allgemeinen ein viel weiterer Spielraum für theoretische Haltlosigkeit und opportunistisches Herumvagieren, das sich bald in einer gänzlichen Negierung der politischen Seite der Arbeiterbewegung, bald in dem entgegengesetzten Glauben an den alleinseligmachenden Terror verläuft, um schließlich auf den Morästen des Liberalismus politisch oder des kantischen Idealismus „philosophisch" auszuruhen.

Allein für die spezifische aktive Tendenz zur Desorganisation fehlt dem russischen sozialdemokratischen Akademiker unseres Erachtens nicht nur der positive Anhaltspunkt im bürgerlichen Parlamentarismus, sondern auch das entsprechende sozialpsychische Milieu. Der moderne westeuropäische Literat, der sich dem Kultus seines angeblichen „Ich" widmet und diese „Herrenmenschenmoral" auch in die sozialistische Kampf- und Gedankenwelt verschleppt, ist der Typus nicht der bürgerlichen Intelligenz überhaupt, sondern einer bestimmten Phase ihrer Existenz, nämlich er ist das Produkt einer dekadenten, verfaulten, im schlimmen Zirkel ihrer Klassenherrschaft bereits festgerannten Bourgeoisie. Die utopischen und opportunistischen Schrullen des russischen sozialistischen Akademikers neigen hingegen in erklärlicher Weise eher dazu, die umgekehrte theoretische Gestalt der Selbstentäußerung, der Selbstgeißelung anzunehmen. War doch das einstige „Insvolkgehen", das heißt der obligatorische Mummenschanz des Akademikers als Bauer bei den alten „Volkstümlern" gerade eine verzweifelte Erfindung desselben Akademikers, ebenso wie neuerdings der grobe Kultus der „schwieligen Faust" bei den Anhängern des reinen „Ökonomismus".

Sucht man die Frage der Organisationsformen nicht auf dem Wege der mechanischen Übertragung starrer Schablonen aus Westeuropa nach Rußland zu lösen, sondern durch die Untersuchung der gegebenen konkreten Verhältnisse in Rußland selbst, so gelangt man zu einem ganz anderen Resultat. Dem Opportunismus zuschreiben, wie Lenin dies tut, daß er überhaupt für irgendeine bestimmte Form der Organisation — sagen wir für Dezentralisation — schwärmt, heißt jedenfalls seine innere Natur verkennen. Opportunistisch wie er ist, hat der Opportunismus auch in Organisationsfragen zum einzigen Prinzip — die Prinzipienlosigkeit. Seine Mittel wählt er immer nach den Umständen, insofern sie seinen Zwecken entsprechen. Formulieren wir aber den Opportunismus, wie Lenin, als die Bestrebung, die selbständige revolutionäre Klassenbewegung des Proletariats lahmzulegen, um sie den Herrschaftsgelüsten der bürgerlichen Intelligenz dienstbar zu machen, so läßt sich in den Anfangsstadien der Arbeiterbewegung dieser Zweck am ehesten nicht durch Dezentralisation, sondern gerade durch strammen Zentralismus erreichen, der die noch unklare proletarische Bewegung einer Handvoll akademischer Leiter mit dem Kopfe ausliefert. Es ist charakteristisch, daß auch in Deutschland zu Beginn der Bewegung, wo ein starker Kern aufgeklärter Proletarier und eine erprobte sozialdemokratische Taktik noch fehlten, die beiden Tendenzen in der Organisation vertreten waren, nämlich der äußerste Zentralismus durch den Lassalleschen Allgemeinen Deutschen Arbeiterverein, der „Autonomismus" dagegen durch die Eisenacher. Und dabei hatte diese Taktik der Eisenacher, bei all ihrer zugestandenen prinzipiellen Unklarheit, eine bedeutend größere aktive Beteiligung des proletarischen Elementes an dem geistigen Leben der Partei, einen größeren Geist der Initiative in der Arbeiterschaft selbst großgezogen — als Beweis mag unter anderem die rasche Entwicklung einer beträchtlichen Provinzpresse dieser Fraktion dienen — überhaupt einen viel stärkeren gesunden Zug in die Breite, als die mit ihren „Diktatoren" naturgemäß immer traurigere Erfahrungen machenden Lassalleaner.

Im allgemeinen kann unter Verhältnissen, wo die Arbeitermasse in ihrem revolutionären Teile noch locker, die Bewegung selbst schwankend, kurz, wo die Verhältnisse ähnlich den gegenwärtigen in Rußland sind, als die adäquate organisatorische Tendenz des opportunistischen Akademikers gerade der straffe, despotische Zentralismus leicht nachgewiesen werden. Genauso wie in einem späteren Stadium — im parlamentarischen Milieu und gegenüber einer starken, festgefügten Arbeiterpartei — im Gegenteil die Dezentralisation zur entsprechenden Tendenz des opportunistischen Akademikers wird.

Eben vom Standpunkt der Befürchtungen Lenins vor den gefährlichen Einflüssen der Intelligenz auf die proletarische Bewegung bildet seine eigene Organisationsauffassung die größte Gefahr für die russische Sozialdemokratie.

Tatsächlich liefert nichts eine noch junge Arbeiterbewegung den Herrschaftsgelüsten der Akademiker so leicht und so sicher aus, wie die Einzwängung der Bewegung in den Panzer eines bureaukratischen Zentralismus[3], der die kämpfende Arbeiterschaft zum gefügigen Werkzeug eines „Komitees" herabwürdigt. Und nichts bewahrt umgekehrt die Arbeiterbewegung so sicher vor allen opportunistischen Mißbräuchen seitens einer ehrgeizigen Intelligenz, wie die revolutionäre Selbstbetätigung der Arbeiterschaft, wie die Potenzierung ihres politischen Verantwortlichkeitsgefühls.

---

[3] In England sind gerade die Fabier die eifrigsten Verfechter bureaukratischer Zentralisation und Gegner demokratischer Organisationsformen. Namentlich die Webbs. (Die Neue Zeit)

Und zwar kann das, was Lenin heute als Gespenst sieht, sehr leicht morgen zur greifbaren Wirklichkeit werden.

Vergessen wir nicht, daß die Revolution, an deren Vorabend wir in Rußland stehen, nicht eine proletarische, sondern eine bürgerliche Revolution ist, die die ganze Szenerie des sozialdemokratischen Kampfes stark verändern wird. Alsdann wird sich auch die russische Intelligenz recht bald mit stark ausgeprägtem bürgerlichen Klasseninhalt füllen. Ist heute die Sozialdemokratie die einzige Führerin der russischen Arbeitermasse, so wird am Morgen nach der Revolution das Bürgertum und in erster Reihe seine Intelligenz naturgemäß die Masse zum Piedestal seiner parlamentarischen Herrschaft formen wollen. Je weniger nun in der gegenwärtigen Kampfperiode die Selbstbetätigung, die freie Initiative, der politische Sinn der aufgewecktesten Schicht der Arbeiterschaft entfesselt, je mehr sie durch ein sozialdemokratisches Zentralkomitee politisch geleithammelt und gedrillt wird, um so leichter wird das Spiel der bürgerlichen Demagogen in dem renovierten Rußland sein, um so mehr wird die Ernte der heutigen Mühen der Sozialdemokratie morgen in die Scheunen der Bourgeoisie wandern.

Vor allem aber ist der ganze Grundgedanke der ultrazentralistischen Auffassung, der darin gipfelt, den Opportunismus durch ein Organisationsstatut von der Arbeiterbewegung fernzuhalten, ein verfehlter. Unter dem unmittelbaren Eindruck der neuesten Vorgänge in der französischen, italienischen und deutschen Sozialdemokratie hat sich offenbar auch bei den russischen Sozialdemokraten die Neigung herausgebildet, den Opportunismus überhaupt als eine nur mit den Elementen der bürgerlichen Demokratie in die Arbeiterbewegung von außen hineingetragene, der proletarischen Bewegung selbst aber fremde Beimischung zu betrachten. Wäre dieses auch richtig, so würden sich die statutarischen Organisationsschranken an sich gegen den Andrang des opportunistischen Elementes ganz ohnmächtig erweisen.

Wenn sich einmal der massenhafte Zufluß nichtproletarischer Elemente zu der Sozialdemokratie aus so tiefgewurzelten sozialen Ursachen ergibt, wie der rapide wirtschaftliche Zusammenbruch des Kleinbürgertums und der noch rapidere politische Zusammenbruch des bürgerlichen Liberalismus, das Aussterben der bürgerlichen Demokratie, dann ist es eine naive Illusion, sich einzubilden, daß man durch diese oder andere

Fassung der Paragraphen des Parteistatuts diese anstürmende Welle zurückdämmen könnte. Paragraphen regieren nur die Existenz von kleinen Sekten oder Privatgesellschaften, geschichtliche Strömungen haben sich noch immer über die spitzfindigsten Paragraphen hinwegzusetzen gewußt. Es ist ferner ganz verfehlt, zu denken, daß es auch nur im Interesse der Arbeiterbewegung liegt, den massenhaften Zufluß der Elemente abzuwehren, die von der fortschreitenden Auflösung der bürgerlichen Gesellschaft freigesetzt werden. Der Satz, daß die Sozialdemokratie, eine Klassenvertreterin des Proletariats, doch gleichzeitig die Vertreterin der gesamten Fortschrittsinteressen der Gesellschaft und aller unterdrückten Opfer der bürgerlichen Gesellschaftsordnung ist, ist nicht bloß in dem Sinne zu deuten, daß in dem Programm der Sozialdemokratie ideell alle diese Interessen zusammengefaßt sind. Dieser Satz wird zur Wahrheit in Gestalt des geschichtlichen Entwicklungsprozesses, kraft dessen die Sozialdemokratie auch als politische Partei nach und nach zur Zufluchtstätte der verschiedensten unzufriedensten Elemente, daß sie wirklich zur Partei des Volkes gegen eine winzige Minderheit der herrschenden Bourgeoisie wird. Es kommt nur darauf an, daß sie die Gegenwartsschmerzen dieser bunten Schar von Mitläufern nachhaltig den Endzielen der Arbeiterklasse zu unterordnen, den nichtproletarischen Oppositionsgeist der revolutionären proletarischen Aktion einzugliedern, mit einem Worte, die ihr zufließenden Elemente sich zu assimilieren, sie zu verdauen versteht. Letzteres ist aber nur möglich, wo, wie bis jetzt in Deutschland, bereits kräftige, geschulte proletarische Kerntruppen in der Sozialdemokratie den Ton angeben und klar genug sind, die deklassierten und kleinbürgerlichen Mitläufer ins revolutionäre Schlepptau zu nehmen. In diesem Falle ist auch eine strengere Durchführung des zentralistischen Gedankens im Organisationsstatut und die straffere Paragraphierung der Parteidisziplin als ein Damm gegen die opportunistische Strömung sehr zweckmäßig. Das Organisationsstatut kann unter diesen Umständen zweifellos als eine Handhabe im Kampfe mit dem Opportunismus dienen, wie er der französischen revolutionären Sozialdemokratie tatsächlich gegen den Ansturm des jaurèsistischen Mischmasches gedient hat, und wie auch eine Revision des deutschen Parteistatuts in diesem Sinne jetzt eine Notwendigkeit geworden ist. Aber auch in diesem Falle soll das Parteistatut nicht etwa an sich eine Waffe zur Abwehr des Opportunismus sein, sondern bloß ein äußeres Machtmittel zur Ausübung des maßgebenden Einflusses der tatsächlich vorhandenen revolutionären proletarischen Majorität der Partei. Wo eine solche noch fehlt, kann sie durch die rigorosesten Paragraphen auf dem Papier nicht ersetzt werden.

Doch ist der Zufluß bürgerlicher Elemente, wie gesagt, durchaus nicht die einzige Quelle der opportunistischen Strömung in der Sozialdemokratie. Die andere Quelle liegt vielmehr im Wesen des sozialdemokratischen Kampfes selbst, in seinen inneren Widersprüchen. Der weltgeschichtliche Vormarsch des Proletariats bis zu seinem Siege ist ein Prozeß, dessen Besonderheit darin liegt, daß hier zum erstenmal in der Geschichte die Volksmassen selbst und gegen alle herrschenden Klassen ihren Willen durchsetzen, ihn aber ins Jenseits der heutigen Gesellschaft, über sie hinaus setzen müssen. Diesen Willen können sich die Massen aber andererseits nur im alltäglichen Kampfe mit der bestehenden Ordnung, also nur in ihrem Rahmen ausbilden. Die Vereinigung der großen Volksmasse mit einem über die ganze bestehende Ordnung hinausgehenden Ziele, des alltäglichen Kampfes mit der revolutionären Umwälzung, das ist der dialektische Widerspruch der sozialdemokratischen Bewegung, die sich auch folgerichtig auf dem ganzen Entwicklungsgang zwischen den beiden Klippen: zwischen dem Preisgeben des Massencharakters und dem Aufgeben des Endziels, zwischen dem Rückfall in die Sekte und dem Umfall in die bürgerliche Reformbewegung vorwärtsarbeiten muß.

Es ist deshalb eine ganz unhistorische Illusion, zu denken, die sozialdemokratische Taktik im revolutionären Sinne könne im voraus ein für allemal sichergestellt, die Arbeiterbewegung könne vor opportunistischen Seitensprüngen ein für allemal bewahrt werden. Zwar liefert die Marxsche Lehre vernichtende Waffen gegen alle Grundtypen des opportunistischen Gedankens. Da aber die sozialdemokratische Bewegung eben eine Massenbewegung und die ihr drohenden Klippen nicht aus den menschlichen Köpfen, sondern aus den gesellschaftlichen Bedingungen entspringen, so können die opportunistischen Verirrungen nicht von vornherein verhütet werden, sie müssen erst, nachdem sie in der Praxis greifbare Gestalt angenommen haben, durch die Bewegung selbst — allerdings mit Hilfe der vom Marxismus gelieferten Waffen — überwunden werden.

Unter diesem Gesichtswinkel betrachtet, erscheint der Opportunismus auch als ein Produkt der Arbeiterbewegung selbst, als ein unvermeidliches Moment ihrer geschichtlichen Entwicklung. Gerade in Rußland, wo die Sozialdemokratie noch jung und die politischen Bedingungen der Arbeiterbewegung so abnorm sind, dürfte der Opportunismus sich einstweilen in hohem Maße aus dieser Quelle, aus dem unvermeidlichen Tasten und Experimentieren der Taktik ergeben, aus der Notwendigkeit, den Gegenwartskampf in ganz eigenartigen, beispiellosen Verhältnissen mit den sozialistischen Grundsätzen in Einklang zu bringen.

Ist dem aber so, dann erscheint um so wunderlicher die Idee, gleich in den Anfängen einer Arbeiterbewegung das Aufkommen der opportunistischen Strömungen durch diese oder andere Fassung des Organisationsstatuts verbieten zu können. Der Versuch, den Opportunismus durch solche papierne Mittel abzuwehren, kann tatsächlich nicht diesem, sondern nur der Sozialdemokratie selbst ins Fleisch schneiden und, indem er in ihr das Pulsieren eines gesunden Lebens unterbindet, schwächt er ihre Widerstandsfähigkeit im Kampfe nicht nur gegen opportunistische Strömungen, sondern auch — was doch gleichfalls von einiger Bedeutung sein dürfte — gegen die bestehende Gesellschaftsordnung. Das Mittel wendet sich gegen den Zweck.

In diesem ängstlichen Bestreben eines Teiles der russischen Sozialdemokraten, die so hoffnungsvoll und lebensfreudig aufstrebende russische Arbeiterbewegung durch die Vormundschaft eines allwissenden und allgegenwärtigen Zentralkomitees vor Fehltritten zu bewahren, scheint uns übrigens derselbe Subjektivismus mitzureden, der schon öfters dem sozialistischen Gedanken in Rußland einen Possen gespielt hat. Drollig sind fürwahr die Kapriolen, die das verehrte menschliche Subjekt der Geschichte in dem eigenen geschichtlichen Prozeß mitunter auszuführen beliebt. Das von dem russischen Absolutismus ekrasierte, zermalmte Ich nimmt dadurch Revanche, daß es sich selbst in seiner revolutionären Gedankenwelt auf den Thron setzt und sich für allmächtig erklärt — als ein Verschwörerkomitee im Namen eines nichtexistierenden „Volkswillens". Das „Objekt" zeigt sich aber stärker, die Knute triumphiert bald, indem sie sich als der „legitime" Ausdruck des gegebenen Stadiums des geschichtlichen Prozesses erweist. Endlich erscheint auf der Bildfläche als ein noch legitimeres Kind des Geschichtsprozesses — die russische Arbeiterbewegung, die den schönsten Anlauf nimmt, zum erstenmal in der russischen Geschichte nun wirklich einmal einen Volkswillen zu schaffen. Jetzt aber stellt sich das „Ich" des russischen Revolutionärs schleunigst auf den Kopf und erklärt sich wieder einmal für einen allmächtigen Lenker der Geschichte — diesmal in der höchsteigenen Majestät eines Zentralkomitees der sozialdemokratischen Arbeiterbewegung. Der kühne Akrobat übersieht dabei, daß das einzige Subjekt, dem jetzt diese Rolle des Lenkers zugefallen, das Massen-Ich der Arbeiterklasse ist, das sich partout darauf versteift, eigene Fehler machen und selbst historische Dialektik lernen zu dürfen. Und schließlich sagen wir doch unter uns offen heraus: Fehltritte, die eine wirklich revolutionäre Arbeiterbewegung begeht, sind geschichtlich unermeßlich fruchtbarer und wertvoller als die Unfehlbarkeit des allerbesten „Zentralkomitees".

Die russische Revolution

I

Die russische Revolution ist das gewaltigste Faktum des Weltkrieges. Ihr Ausbruch, ihr beispielloser Radikalismus, ihre dauerhafte Wirkung strafen am besten die Phrase Lügen, mit der die offizielle deutsche Sozialdemokratie den Eroberungsfeldzug des deutschen Imperialismus im Anfang dienstfertig ideologisch bemäntelt hat: die Phrase von der Mission der deutschen Bajonette, den russischen Zarismus zu stürzen und seine unterdrückten Völker zu befreien. Der gewaltige Umfang, den die Revolution in Rußland angenommen hat, die tiefgehende Wirkung, womit sie alle Klassenverhältnisse erschüttert, sämtliche sozialen und wirtschaftlichen Probleme aufgerollt, sich folgerichtig vom ersten Stadium der bürgerlichen Republik zu immer weiteren Phasen mit der Fatalität der inneren Logik voranbewegt hat — wobei der Sturz des Zarismus nur eine knappe Episode, beinahe eine Lappalie geblieben ist —, all dies zeigt auf flacher Hand, daß die Befreiung Rußlands nicht das Werk des Krieges und der militärischen Niederlage des Zarismus war, nicht das Verdienst „deutscher Bajonette in deutschen Fäusten", wie die „Neue Zeit" unter der Redaktion Kautskys im Leitartikel versprach, sondern daß sie im eigenen Lande tiefe Wurzeln hatte und innerlich vollkommen reif war. Das Kriegsabenteuer des deutschen Imperialismus unter dem ideologischen Schilde der deutschen Sozialdemokratie hat die Revolution in Rußland nicht herbeigeführt, sondern nur für eine Zeitlang, anfänglich — nach ihrer ersten steigenden Sturmflut in den Jahren 1911—13 — unterbrochen und dann — nach ihrem Ausbruch — ihr die schwierigsten, abnormalsten Bedingungen geschaffen.

Dieser Verlauf ist aber für jeden denkenden Beobachter auch ein schlagender Beweis gegen die doktrinäre Theorie, die Kautsky mit der Partei der Regierungssozialdemokraten teilt, wonach Rußland als wirtschaftlich zurückgebliebenes, vorwiegend agrarisches Land für die soziale Revolution und für eine

Diktatur des Proletariats noch nicht reif wäre. Diese Theorie, die in Rußland nur eine *bürgerliche* Revolution für angängig hält — aus welcher Auffassung sich dann auch die Taktik der Koalition der Sozialisten in Rußland mit dem bürgerlichen Liberalismus ergibt —, ist zugleich diejenige des opportunistischen Flügels in der russischen Arbeiterbewegung, der sogenannten Menschewiki unter der bewährten Führung Axelrods und Dans. Beide: die russischen wie die deutschen Opportunisten treffen in dieser grundsätzlichen Auffassung der russischen Revolution, aus der sich die Stellungnahme zu den Detailfragen der Taktik von selbst ergibt, vollkommen mit den deutschen Regierungssozialisten zusammen: nach der Meinung aller drei hätte die russische Revolution bei jenem Stadium Halt machen sollen, das sich die Kriegführung des deutschen Imperialismus nach der Mythologie der deutschen Sozialdemokratie zur edlen Aufgabe stellte: beim Sturz des Zarismus. Wenn sie darüber hinausgegangen ist, wenn sie sich die Diktatur des Proletariats zur Aufgabe gestellt hat, so ist das nach jener Doktrin ein einfacher Fehler des radikalen Flügels der russischen Arbeiterbewegung, der Bolschewiki, gewesen, und alle Unbilden, die der Revolution in ihrem weiteren Verlauf zugestoßen sind, alle Wirren, denen sie zum Opfer gefallen, stellen sich eben als ein Ergebnis dieses verhängnisvollen Fehlers dar. *Theoretisch* läuft diese Doktrin, die vom Stampferschen Vorwärts wie von Kautsky gleichermaßen als Frucht „marxistischen Denkens" empfohlen wird, auf die originelle „marxistische" Entdeckung hinaus, daß die sozialistische Umwälzung eine nationale, sozusagen häusliche Angelegenheit jedes modernen Staates für sich sei. In dem blauen Dunst des abstrakten Schemas weiß ein Kautsky natürlich sehr eingehend die weltwirtschaftlichen Verknüpfungen des Kapitals auszumalen, die aus allen modernen Ländern einen zusammenhängenden Organismus machen. Rußlands Revolution — eine Frucht der internationalen Entwicklung und der Agrarfrage — ist aber unmöglich in den Schranken der bürgerlichen Gesellschaft zu lösen.

Praktisch hat diese Doktrin die Tendenz, die Verantwortlichkeit des internationalen, in erster Linie des deutschen Proletariats, für die Geschichte der russischen Revolution abzuwälzen, die internationalen Zusammenhänge dieser Revolution zu leugnen. Nicht Rußlands Unreife, sondern die Unreife des deutschen Proletariats zur Erfüllung der historischen Aufgaben hat der Verlauf des Krieges und der russischen Revolution erwiesen, und dies mit aller Deutlichkeit hervorzukehren ist die erste Aufgabe einer kritischen Betrachtung der russischen Revolution. Die Revolution Rußlands war in ihren Schicksalen völlig von den internationalen Ereignissen abhängig. Daß die Bolschewiki ihre Politik gänzlich auf die Weltrevolution des Proletariats stellten, ist gerade das glänzendste Zeugnis ihres politischen Weitblicks und ihrer grundsätzlichen Festigkeit, des kühnen Wurfs ihrer Politik. Darin ist der gewaltige Sprung sichtbar, den die kapitalistische Entwicklung in dem letzten Jahrzehnt gemacht hatte. Die Revolution 1905—07 fand nur ein schwaches Echo in Europa. Sie mußte deshalb ein Anfangskapitel bleiben. Fortsetzung und Lösung war an die europäische Entwicklung gebunden.

Es ist klar, daß nicht kritikloses Apologetentum, sondern nur eingehende nachdenkliche Kritik imstande ist, die Schätze an Erfahrungen und Lehren zu heben. Es wäre in der Tat eine wahnwitzige Vorstellung, daß bei dem ersten welthistorischen Experiment mit der Diktatur der Arbeiterklasse, und zwar unter den denkbar schwersten Bedingungen: mitten im Weltbrand und Chaos eines imperialistischen Völkermordens in der eisernen Schlinge der reaktionärsten Militärmacht Europas, unter völligem Versagen des internationalen Proletariats, daß bei einem Experiment der Arbeiterdiktatur unter so abnormen Bedingungen just alles, was in Rußland getan und gelassen wurde, der Gipfel der Vollkommenheit gewesen sei. Umgekehrt zwingen die elementaren Begriffe der sozialistischen Politik und die Einsicht in ihre notwendigen historischen Voraussetzungen zu der Annahme, daß unter so fatalen Bedingungen auch der riesenhafteste Idealismus und die sturmfeste revolutionäre Energie nicht Demokratie und nicht Sozialismus, sondern nur ohnmächtige, verzerrte Anläufe zu beiden zu verwirklichen imstande seien.

Sich dies in allen tiefgehenden Zusammenhängen und Wirkungen klar vor die Augen zu führen, ist geradezu elementare Pflicht der Sozialisten in allen Ländern; denn nur an einer solchen bitteren Erkenntnis ist die ganze Größe der eigenen Verantwortung des internationalen Proletariats für die Schicksale der russischen Revolution zu ermessen. Andererseits kommt nur auf diesem Wege die entscheidende Wichtigkeit des geschlossenen internationalen Vorgehens der proletarischen

Revolution zur Geltung — als eine Grundbedingung, ohne die auch die größte Tüchtigkeit und die höchsten Opfer des Proletariats in einem einzelnen Lande sich unvermeidlich in ein Wirrsal von Widersprüchen und Fehlgriffen verwickeln müssen.

Es unterliegt auch keinem Zweifel, daß die klugen Köpfe an der Spitze der russischen Revolution, daß Lenin und Trotzki auf ihrem dornenvollen, von Schlingen aller Art umstellten Weg gar manchen entscheidenden Schritt nur unter größten inneren Zweifeln und mit dem heftigsten inneren Widerstreben taten und daß ihnen selber nichts ferner liegen kann, als all ihr unter dem bittern Zwange und Drange in gärendem Strudel der Geschehnisse eingegebenes Tun und Lassen von der Internationale als erhabenes Muster der sozialistischen Politik hingenommen zu sehen, für das nur kritiklose Bewunderung und eifrige Nachahmung am Platze wäre.

Es wäre ebenso verfehlt, zu befürchten, eine kritische Sichtung der bisherigen Wege, die die russische Revolution gewandelt, sei eine gefährliche Untergrabung des Ansehens und des faszinierenden Beispiels der russischen Proletarier, das allein die fatale Trägheit der deutschen Massen überwinden könne. Nichts verkehrter als dies. Das Erwachen der revolutionären Tatkraft der Arbeiterklasse in Deutschland kann nimmermehr im Geiste der Bevormundungsmethoden der deutschen Sozialdemokratie seligen Angedenkens durch irgendeine fleckenlose Autorität, sei es die der eigenen „Instanzen" oder die des „russischen Beispiels", hervorgezaubert werden. Nicht durch Erzeugung einer revolutionären Hurrastimmung, sondern umgekehrt: nur durch Einsicht in den ganzen furchtbaren Ernst, die ganze Kompliziertheit der Aufgaben, aus politischer Reife und geistiger Selbständigkeit, aus kritischer Urteilsfähigkeit der Massen, die von der deutschen Sozialdemokratie unter verschiedensten Vorwänden jahrzehntelang systematisch ertötet wurde, kann die geschichtliche Aktionsfähigkeit des deutschen Proletariats geboren werden. Sich kritisch mit der russischen Revolution in allen historischen Zusammenhängen auseinandersetzen, ist die beste Schulung der deutschen wie der internationalen Arbeiter für die Aufgaben, die ihnen aus der gegenwärtigen Situation erwachsen.

II

Die erste Periode der russischen Revolution von deren Ausbruch im März bis zum Oktoberumsturz entspricht in ihrem allgemeinen Verlauf genau dem Entwicklungsschema sowohl der großen englischen wie der großen französischen Revolution. Er ist der typische Werdegang jeder ersten großen Generalauseinandersetzung der im Schoße der bürgerlichen Gesellschaft erzeugten revolutionären Kräfte mit den Fesseln der alten Gesellschaft.

Ihre Entfaltung bewegt sich naturgemäß auf aufsteigender Linie: von gemäßigten Anfängen zu immer größerer Radikalisierung der Ziele und parallel damit von der Koalition der Klassen und Parteien zur Alleinherrschaft der radikalen Partei.

Im ersten Moment im März 1917 standen an der Spitze der Revolution die „Kadetten", d. h. die liberale Bourgeoisie. Der allgemeine erste Hochgang der revolutionären Flut riß alle und alles mit: die vierte Duma, das reaktionärste Produkt des aus dem Staatsstreich hervorgegangenen reaktionärsten Vierklassenwahlrechts verwandelte sich plötzlich in ein Organ der Revolution. Sämtliche bürgerliche Parteien, einschließlich der nationalistischen Rechten, bildeten plötzlich eine Phalanx gegen den Absolutismus. Dieser fiel auf den ersten Ansturm fast ohne Kampf, wie ein abgestorbenes Organ, das nur angerührt zu werden brauchte, um dahin zu fallen. Auch der kurze Versuch der liberalen Bourgeoisie, wenigstens die Dynastie und den Thron zu retten, zerschellte in wenigen Stunden. Der reißende Fortgang der Entwicklung übersprang in Tagen und Stunden Strecken, zu denen Frankreich einst Jahrzehnte brauchte. Hier zeigte sich, daß Rußland die Resultate der europäischen Entwicklung eines Jahrhunderts realisierte und vor allem — daß die Revolution des Jahres 1917 eine direkte Fortsetzung der von 1905—07, nicht ein Geschenk der deutschen „Befreier" war. Die Bewegung im März 1917 knüpfte unmittelbar dort an, wo sie vor zehn Jahren ihr Werk abgebrochen hatte. Die demokratische Republik war das fertige, innerlich reife Produkt gleich des ersten Ansturms der Revolution.

Jetzt begann aber die zweite, schwierige Aufgabe. Die treibende Kraft der Revolution war vom ersten Augenblick an die Masse des städtischen Proletariats. Seine Forderungen erschöpften sich aber nicht in der politischen Demokratie, sondern richteten sich auf die brennende Frage der internationalen Politik: sofortigen Frieden. Zugleich stürzte sich die Revolution auf die Masse des Heeres, das dieselbe Forderung nach sofortigem Frieden erhob, und auf die Masse des Bauerntums, das die Agrarfrage, diesen Drehpunkt der Revolution schon seit 1905, in den Vordergrund schob. Sofortiger Frieden und Land — mit diesen beiden Zielen war die innere Spaltung der revolutionären Phalanx gegeben. Die Forderung des sofortigen Friedens setzte sich in schärfsten Widerspruch mit der imperialistischen Tendenz der liberalen Bourgeoisie, deren Wortführer Miljukow war; die Landfrage war das Schreckgespenst zunächst für den andern Flügel der Bourgeoisie: für das Landjunkertum, sodann aber, als Attentat auf das heilige Privateigentum überhaupt, ein wunder Punkt für die gesamten bürgerlichen Klassen.

So begann am andern Tage nach dem ersten Siege der Revolution ein innerer Kampf in ihrem Schoße um die beiden Brennpunkte: Frieden und Landfrage. Die liberale Bourgeoisie begann eine Taktik der Verschleppung und der Ausflüchte. Die Arbeitermassen, die Armee, das Bauerntum drängten immer ungestümer. Es unterliegt keinem Zweifel, daß mit der Frage des Friedens und der Landfrage auch die Schicksale selbst der politischen Demokratie der Republik verknüpft waren. Die bürgerlichen Klassen, die, von der ersten Sturmwelle der Revolution überspült, sich bis zur republikanischen Staatsform hatten mit fortreißen lassen, begannen alsbald nach rückwärts Stützpunkte zu suchen und im Stillen die Konterrevolution zu organisieren. Der Kaledinsche Kosakenfeldzug gegen Petersburg hat dieser Tendenz deutlichen Ausdruck gegeben. Wäre dieser Vorstoß von Erfolg gekrönt gewesen, dann war nicht nur die Friedens- und die Agrarfrage, sondern auch das Schicksal der Demokratie, der Republik selbst besiegelt. Militärdiktatur mit einer Schreckensherrschaft gegen das Proletariat und dann Rückkehr zur Monarchie wären die unausbleibliche Folge gewesen.

Daran kann man das Utopische und im Kern Reaktionäre der Taktik ermessen, von der sich die russischen Sozialisten der Kautskyschen Richtung, die Menschewiki, leiten ließen. In die Fiktion von dem bürgerlichen Charakter der russischen Revolution festgebissen — dieweil ja Rußland für die soziale Revolution noch nicht reif sei — klammerten sie sich verzweifelt an die Koalition mit den bürgerlichen Liberalen, d. h. an die gewaltsame Verbindung derjenigen Elemente, die, durch den natürlichen inneren Gang der revolutionären Entwicklung gespalten, in schärfsten Widerspruch zueinander geraten waren. Die Axelrods, Dans wollten um jeden Preis mit denjenigen Klassen und Parteien zusammenarbeiten, von denen der Revolution und ihrer ersten Errungenschaft, der Demokratie, die größten Gefahren drohten.

Es ist geradezu erstaunlich zu beobachten, wie dieser fleißige Mann (Kautsky) in den vier Jahren des Weltkrieges durch seine unermüdliche Schreibarbeit ruhig und methodisch ein theoretisches Loch nach dem andern in den Sozialismus reißt, eine Arbeit, aus der der Sozialismus wie ein Sieb ohne eine heile Stelle hervorgeht. Der kritiklose Gleichmut, mit dem seine Gefolgschaft dieser fleißigen Arbeit ihres offiziellen Theoretikers zusieht und seine immer neuen Entdeckungen schluckt, ohne mit der Wimper zu zucken, findet nur ihre Analogie in dem Gleichmut, mit dem die Gefolgschaft der Scheidemann und Co. zusieht, wie diese letzteren den Sozialismus praktisch durchlöchern. In der Tat ergänzen sich die beiden Arbeiten vollkommen, und Kautsky, der offizielle Tempelwächter des Marxismus, verrichtet seit Ausbruch des Krieges in Wirklichkeit nur theoretisch dasselbe, was die Scheidemänner praktisch: 1. Die Internationale, ein Instrument des Friedens; 2. Abrüstung und Völkerbund, Nationalismus; endlich 3. Demokratie, *nicht* Sozialismus.

In dieser Situation gebührt denn der bolschewistischen Richtung das geschichtliche Verdienst, von Anfang an diejenige Taktik proklamiert und mit eiserner Konsequenz verfolgt zu haben, die allein die Demokratie retten und die Revolution vorwärts treiben konnte. Die ganze Macht ausschließlich in die Hände der Arbeiter- und Bauernmasse, in die Hände der Sowjets — dies war in der Tat der einzige Ausweg aus der Schwierigkeit, in die die Revolution geraten war, das war der Schwertstreich, womit der gordische Knoten durchhauen, die Revolution aus dem Engpaß hinausgeführt und vor ihr das freie Blachfeld einer ungehemmten weiteren Entfaltung geöffnet wurde.

Die Lenin-Partei war somit die einzige in Rußland, welche die wahren Interessen der Revolution in jener ersten Periode begriff, sie war ihr vorwärtstreibendes Element, als in diesem Sinne die einzige Partei, die wirklich sozialistische Politik treibt.

Dadurch erklärt sich auch, daß die Bolschewiki, im Beginn der Revolution eine von allen Seiten verfemte, verleumdete und gehetzte Minderheit, in kürzester Zeit an die Spitze der Revolution geführt wurden und alle wirklichen Volksmassen: das städtische Proletariat, die Armee, das Bauerntum, sowie die revolutionären Elemente der Demokratie, den linken Flügel der Sozialisten-Revolutionäre, unter ihrer Fahne sammeln konnten.

Die wirkliche Situation der russischen Revolution erschöpfte sich nach wenigen Monaten in der Alternative: Sieg der Konterrevolution oder Diktatur des Proletariats, Kaledin oder Lenin. Das war die objektive Lage, die sich in jeder Revolution sehr bald, nachdem der erste Rausch verflogen ist, ergibt und die sich in Rußland aus den konkreten brennenden Fragen nach dem Frieden und der Landfrage ergab, für die im Rahmen der bürgerlichen Revolution keine Lösung vorhanden war.

Die russische Revolution hat hier nur bestätigt die Grundlehre jeder großen Revolution, deren Lebensgesetz lautet: entweder muß sie sehr rasch und entschlossen vorwärtsstürmen, mit eiserner Hand alle Hindernisse niederwerfen und ihre Ziele immer weiter stecken, oder sie wird sehr bald hinter ihren schwächeren Ausgangspunkt zurückgeworfen und von der Konterrevolution erdrückt. Ein Stillstehen, ein Trippeln auf demselben Fleck, ein Selbstbescheiden mit dem ersten einmal erreichten Ziel gibt es in der Revolution nicht. Und wer diese hausbackenen Weisheiten aus den parlamentarischen Froschmäusekriegen auf die revolutionäre Taktik übertragen will, zeigt nur, daß ihm die Psychologie, das Lebensgesetz selbst der Revolution ebenso fremd wie alle historische Erfahrung ein Buch mit sieben Siegeln ist.

Der Verlauf der englischen Revolution seit ihrem Ausbruch 1642. Wie die Logik der Dinge dazu trieb, daß erst die schwächlichen Schwankungen der Presbyterianer, der zaudernde Krieg gegen die royalistische Armee, in dem die presbyterianischen Häupter einer entscheidenden Schlacht und einem Siege über Karl I. geflissentlich auswichen, es zur unabweisbaren Notwendigkeit machten, daß die Independenten sie aus dem Parlament vertrieben und die Gewalt an sich rissen. Und ebenso war es weiter innerhalb des Independenten-Heeres die untere kleinbürgerliche Masse der Soldaten, die Lilburnschen „Gleichmacher", die die Stoßkraft der ganzen Independentenbewegung bildeten, sowie endlich die proletarischen Elemente der Soldatenmasse, die am weitesten gehenden sozialumstürzlerischen Elemente, die in der Digger-Bewegung ihren Ausdruck fanden, ihrerseits den Sauerteig der demokratischen „Gleichmacher"-Partei darstellten.

Ohne die geistige Wirkung der revolutionären proletarischen Elemente auf die Soldatenmasse, ohne den Druck der demokratischen Soldatenmasse auf die bürgerliche Oberschicht der Independentenpartei wäre es weder zur „Reinigung" des Langen Parlaments von den Presbyterianern noch zur siegreichen Beendigung des Krieges mit dem Heer der Kavaliere und mit den Schotten, noch zum Prozeß und zur Hinrichtung Karls I., noch zur Abschaffung der Lordskammer und zur Proklamierung der Republik gekommen.

Wie war es in der großen französischen Revolution? Die Machtergreifung der Jakobiner erwies sich hier nach vierjährigen Kämpfen als das einzige Mittel, die Errungenschaften der Revolution zu retten, die Republik zu verwirklichen, den Feudalismus zu zerschmettern, die revolutionäre Verteidigung nach innen wie nach außen zu organisieren, die Konspiration der Konterrevolution zu erdrücken, die revolutionäre Welle aus Frankreich über ganz Europa zu verbreiten.

Kautsky und seine russischen Gesinnungsgenossen, die der russischen Revolution ihren „bürgerlichen Charakter" der ersten Phase bewahrt wissen wollten, sind ein genaues Gegenstück zu jenen deutschen und englischen Liberalen des vorigen Jahrhunderts, die in der großen französischen Revolution die bekannten zwei Perioden unterschieden: die „gute" Revolution der ersten girondistischen Phase und die „schlechte" seit dem jakobinischen Umsturz. Die liberale Seichtheit der Geschichtsauffassung brauchte natürlich nicht zu begreifen, daß ohne den Umsturz der „maßlosen" Jakobiner auch die ersten zaghaften und halben Errungenschaften der girondistischen Phase alsbald unter den Trümmern der Revolution begraben worden wären, daß die wirkliche Alternative zu der Jakobiner-Diktatur, wie sie der eherne Gang der geschichtlichen Entwicklung im Jahre 1793 stellte, nicht „gemäßigte" Demokratie war, sondern — Restauration der Bourbonen! Der „goldene Mittelweg" läßt sich eben in keiner Revolution aufrechterhalten, ihr Naturgesetz fordert eine rasche Entscheidung: entweder wird die Lokomotive volldampf den geschichtlichen Anstieg bis zum äußersten Punkt vorangetrieben, oder sie rollt durch die eigene Schwerkraft wieder in die Ausgangsniederung zurück und reißt diejenigen, die sie auf halbem Wege mit ihren schwachen Kräften aufhalten wollten, rettungslos in den Abgrund mit.

Dadurch erklärt sich, daß in jeder Revolution nur diejenige Partei die Führung und die Macht an sich zu reißen vermag, die den Mut hat, die vorwärtstreibende Parole auszugeben und alle Konsequenzen daraus zu ziehen. Daraus erklärt sich die klägliche Rolle der russischen Menschewiki, der Dan, Zeretelli u. a., die, anfänglich von ungeheurem Einfluß auf die Massen, nach längerem Hin- und Herpendeln, nachdem sie sich gegen die Übernahme der Macht und Verantwortung mit Händen und Füßen gesträubt hatten, ruhmlos von der Bühne weggefegt worden sind.

Die Lenin-Partei war die einzige, die das Gebot und die Pflicht einer wirklich revolutionären Partei begriff, die durch die Losung: alle Macht in die Hände des Proletariats und des Bauerntums, den Fortgang der Revolution gesichert hat.

Damit haben die Bolschewiki die berühmte Frage nach der „Mehrheit des Volkes" gelöst, die den deutschen Sozialdemokraten seit jeher wie ein Alp auf der Brust liegt. Als eingefleischte Zöglinge des parlamentarischen Kretinismus übertragen sie auf die Revolution einfach die hausbackene Weisheit der parlamentarischen Kinderstube: um etwas durchzusetzen, müsse man erst die Mehrheit haben. Also auch in der Revolution: zuerst werden wir eine „Mehrheit". Die wirkliche Dialektik der Revolutionen stellt aber diese parlamentarische Maulwurfsweisheit auf den Kopf: nicht durch Mehrheit zur revolutionären Taktik, sondern durch revolutionäre Taktik zur Mehrheit geht der Weg. Nur eine Partei, die zu führen, d. h. vorwärtszutreiben versteht, erwirbt sich im Sturm die Anhängerschaft. Die Entschlossenheit, mit der Lenin und Genossen im entscheidenden Moment die einzige vorwärtstreibende Losung ausgegeben haben: die ganze Macht in die Hände des Proletariats und der Bauern, hat sie fast über Nacht aus einer verfolgten, verleumdeten, illegalen Minderheit, deren Führer sich wie Marat in den Kellern verstecken mußten, zur absoluten Herrin der Situation gemacht.

Die Bolschewiki haben auch sofort als Zweck dieser Machtergreifung das ganze und weitgehendste revolutionäre Programm aufgestellt: nicht etwa Sicherung der bürgerlichen Demokratie, sondern Diktatur des Proletariats zum Zwecke der Verwirklichung des Sozialismus. Sie haben sich damit das unvergängliche geschichtliche Verdienst erworben, zum erstenmal die Endziele des Sozialismus als unmittelbares Programm der praktischen Politik zu proklamieren.

Was eine Partei in geschichtlicher Stunde an Mut, Tatkraft, revolutionärem Weitblick und Konsequenz aufzubringen vermag, das haben Lenin, Trotzki und Genossen vollauf geleistet. Die ganze revolutionäre Ehre und Aktionsfähigkeit, die der Sozialdemokratie im Westen gebrach, war in den Bolschewiki vertreten. Ihr Oktober-Aufstand war nicht nur eine tatsächliche Rettung für die russische Revolution, sondern auch eine Ehrenrettung des internationalen Sozialismus.

III

Die Bolschewiki sind die historischen Erben der englischen Gleichmacher und der französischen Jakobiner. Aber die konkrete Aufgabe, die ihnen in der russischen Revolution nach der Machtergreifung zugefallen ist, war unvergleichlich schwieriger als diejenige ihrer geschichtlichen Vorgänger. (Bedeutung der Agrarfrage. Schon 1905. Dann in der 3. Duma die rechten Bauern! Bauernfrage und Verteidigung, Armee.) Gewiß war die Losung der unmittelbaren sofortigen Ergreifung und Aufteilung des Grund und Bodens durch die Bauern die kürzeste, einfachste und lapidarste Formel, um zweierlei zu erreichen: den Großgrundbesitz zu zertrümmern und die Bauern sofort an die revolutionäre Regierung zu fesseln. Als politische Maßnahme zur Befestigung der proletarisch-sozialistischen Regierung war dies eine vorzügliche Taktik. Sie hatte aber leider ihre zwei Seiten, und die Kehrseite bestand darin, daß die unmittelbare Landergreifung durch die Bauern mit sozialistischer Wirtschaft meist gar nichts gemein hat.

Die sozialistische Umgestaltung der Wirtschaftsverhältnisse setzt in bezug auf die Agrarverhältnisse zweierlei voraus. — Zunächst die Nationalisierung gerade des Großgrundbesitzes als der technisch fortschrittlichsten Konzentration der agrarischen Produktionsmittel und Methoden, die allein dem Ausgangspunkt, der sozialistischen Wirtschaftsweise auf dem Lande dienen kann. Wenn man natürlich dem Kleinbauern seine Parzelle nicht wegzunehmen braucht und es ihm ruhig anheimstellen kann, sich durch Vorteile des gesellschaftlichen Betriebes freiwillig zuerst für den genossenschaftlichen Zusammenschluß und schließlich für die Einordnung in den sozialen Gesamtbetrieb gewinnen zu lassen, so muß jede sozialistische Wirtschaftsreform auf dem Lande selbstverständlich mit dem Groß- und Mittelgrundbesitz anfangen. Sie muß hier das Eigentumsrecht vor allem auf die Nation oder, was bei sozialistischer Regierung dasselbe ist, wenn man will, auf den Staat übertragen; denn nur dies gewährt die Möglichkeit, die landwirtschaftliche Produktion nach zusammenhängenden großen sozialistischen Gesichtspunkten zu organisieren.

Zweitens aber ist eine der Voraussetzungen dieser Umgestaltung, daß die Trennung der Landwirtschaft von der Industrie, dieser charakteristische Zug der bürgerlichen Gesellschaft, aufgehoben wird, um einer gegenseitigen Durchdringung und Verschmelzung beider, einer Ausgestaltung sowohl der Agrar- wie der Industrieproduktion nach einheitlichen Gesichtspunkten Platz zu machen. Wie im einzelnen die praktische Bewirtschaftung sein mag: ob durch städtische Gemeinden, wie die einen vorschlagen, oder vom staatlichen Zentrum aus — auf jeden Fall ist Voraussetzung eine einheitlich durchgeführte, vom Zentrum aus eingeleitete Reform und als ihre Voraussetzung Nationalisierung des Grund und Bodens. Nationalisierung des großen und mittleren Grundbesitzes, Vereinigung der Industrie und der Landwirtschaft, das sind zwei grundlegende Gesichtspunkte jeder sozialistischen Wirtschaftsreform, ohne die es keinen Sozialismus gibt.

Daß die Sowjet-Regierung in Rußland diese gewaltigen Reformen nicht durchgeführt hat — wer kann ihr das zum Vorwurf machen! Es wäre ein übler Spaß, von Lenin und Genossen zu verlangen oder zu erwarten, daß sie in der kurzen Zeit ihrer Herrschaft mitten im reißenden Strudel der inneren und äußeren Kämpfe, von zahllosen Feinden und Widerständen ringsum bedrängt, eine der schwierigsten, ja, wir können ruhig sagen: die schwierigste Aufgabe der sozialistischen Umwälzung lösen oder auch nur in Angriff nehmen sollten! Wir werden uns, einmal zur Macht gelangt, auch im Westen und unter den günstigsten Bedingungen an dieser harten Nuß manchen

Zahn ausbrechen, ehe wir nur aus den gröbsten der tausend komplizierten Schwierigkeiten dieser Riesenaufgabe heraus sind!

Eine sozialistische Regierung, die zur Macht gelangt ist, muß auf jeden Fall eins tun: Maßnahmen ergreifen, die in der Richtung auf jene grundlegenden Voraussetzungen einer späteren sozialistischen Reform der Agrarverhältnisse liegen, sie muß zum mindesten alles vermeiden, was ihr den Weg zu jenen Maßnahmen verrammelt.

Die Parole nun, die von den Bolschewiki herausgegeben wurde: sofortige Besitzergreifung und Aufteilung des Grund und Bodens durch die Bauern, mußte geradezu nach der entgegengesetzten Richtung wirken. Sie ist nicht nur keine sozialistische Maßnahme, sondern sie schneidet den Weg zu einer solchen ab, sie türmt vor der Umgestaltung der Agrarverhältnisse im sozialistischen Sinne unüberwindliche Schwierigkeiten auf.

Die Besitzergreifung der Ländereien durch die Bauern auf die kurze und lapidare Parole Lenins und seiner Freunde hin: Geht und nehmt euch das Land! führte einfach zur plötzlichen chaotischen Überführung des Großgrundbesitzes in bäuerlichen Grundbesitz. Was geschaffen wurde, ist nicht gesellschaftliches Eigentum, sondern neues Privateigentum, und zwar Zerschlagung des großen Eigentums in mittleren und kleineren Besitz, des relativ fortgeschrittenen Großbetriebes in primitiven Kleinbetrieb, der technisch mit den Mitteln aus der Zeit der Pharaonen arbeitet. Nicht genug: durch diese Maßnahme und die chaotische, rein willkürliche Art ihrer Ausführung wurden die Eigentumsunterschiede auf dem Lande nicht beseitigt, sondern nur verschärft. Obwohl die Bolschewiki die Bauernschaft aufforderten, Bauernkomitees zu bilden, um die Besitzergreifung der adligen Ländereien irgendwie zu einer Kollektivaktion zu machen, so ist es klar, daß dieser allgemeine Rat an der wirklichen Praxis und den wirklichen Machtverhältnissen auf dem Lande nichts zu ändern vermochte. Ob mit oder ohne Komitees, sind die reichen Bauern und Wucherer, welche die Dorfbourgeoisie bildeten und in jedem russischen Dorf die tatsächliche lokale Macht in ihren Händen haben, sicher die Hauptnutznießer der Agrarrevolution geworden. Unbesehen kann jeder sich an den Fingern abzählen, daß im Ergebnis der Aufteilung des Landes die soziale und wirtschaftliche Ungleichheit im Schoße des Bauerntums nicht beseitigt, sondern nur gesteigert, die Klassengegensätze dort verschärft worden sind. Diese Machtverschiebung hat aber *zuungunsten* der proletarischen und sozialistischen Interessen stattgefunden. Früher stand einer sozialistischen Reform auf dem Lande allenfalls der Widerstand einer kleinen Kaste adeliger und kapitalistischer Großgrundbesitzer sowie eine kleine Minderheit der reichen Dorfbourgeoisie entgegen, deren Expropriation durch eine revolutionäre Volksmasse ein Kinderspiel ist. Jetzt, nach der „Besitzergreifung" steht als Feind jeder sozialistischen Vergesellschaftung der Landwirtschaft eine enorm angewachsene und starke Masse des besitzenden Bauerntums entgegen, das sein neuerworbenes Eigentum gegen alle sozialistischen Attentate mit Zähnen und mit Nägeln verteidigen wird. Jetzt ist die Frage der künftigen Sozialisierung der Landwirtschaft, also der Produktion überhaupt in Rußland, zur Gegensatz- und Kampffrage zwischen dem städtischen Proletariat und der Bauernmasse geworden. Wie scharf der Gegensatz schon jetzt geworden ist, beweist der Boykott der Bauern den Städten gegenüber, denen sie die Lebensmittel vorenthalten, um damit Wuchergeschäfte zu machen, genau wie die preußischen Junker. Der französische Parzellenbauer war zum tapfersten Verteidiger der großen französischen Revolution geworden, die ihn mit dem konfiszierten Land der Emigranten ausgestattet hatte. Er trug als napoleonischer Soldat die Fahne Frankreichs zum Siege, durchquerte ganz Europa und zertrümmerte den Feudalismus in einem Lande nach dem anderen. Lenin und seine Freunde mochten eine ähnliche Wirkung von ihrer Agrarparole erwartet haben. Indes der russische Bauer hat, nachdem er vom Lande auf eigene Faust Besitz ergriffen, nicht im Traume daran gedacht, Rußland und die Revolution, der er das Land verdankte, zu verteidigen. Er verbiß sich in seinen neuen Besitz und überließ die Revolution ihren Feinden, den Staat dem Zerfall, die städtische Bevölkerung dem Hunger.

Lenins Rede über notwendige Zentralisation in der Industrie, Nationalisierung der Banken, des Handels und der Industrie. Warum nicht des Grund und Bodens? Hier im Gegenteil, Dezentralisation und Privateigentum.

Lenins eigenes Agrarprogramm vor der Revolution war anders. Die Losung übernommen von den vielgeschmähten Sozialisten-Revolutionären oder richtiger: von der spontanen Bewegung der Bauernschaft.

Um sozialistische Grundsätze in die Agrarverhältnisse einzuführen, suchte die Sowjetregierung nunmehr aus Proletariern — meist städtischen, arbeitslosen Elementen — Agrarkommunen zu schaffen. Allein es läßt sich leicht im voraus erraten, daß die Ergebnisse dieser Anstrengungen, gemessen an dem ganzen Umfang der Agrarverhältnisse, nur verschwindend winzige bleiben mußten und für die Beurteilung der Frage gar nicht in Betracht fallen. (Nachdem man den Großgrundbesitz, den geeignetsten Ansatzpunkt für die sozialistische Wirtschaft, in Kleinbetrieb zerschlagen, sucht man jetzt aus kleinen Anfängen kommunistische Musterbetriebe aufzubauen.) Unter den gegebenen Verhältnissen beanspruchen diese Kommunen nur den Wert eines Experiments, nicht einer umfassenden sozialen Reform. Getreidemonopol mit Prämien. *Jetzt* post festum wollen sie den Klassenkampf ins Dorf hineintragen!

Die Leninsche Agrarreform hat dem Sozialismus auf dem Lande eine neue mächtige Volksschicht von Feinden geschaffen, deren Widerstand viel gefährlicher und zäher sein wird, als es derjenige der adligen Großgrundbesitzer war.

Daß sich die militärische Niederlage in den Zusammenbruch und Zerfall Rußlands verwandelte, dafür haben die Bolschewiki einen Teil der Schuld. Diese objektiven Schwierigkeiten der Lage haben sich die Bolschewiki aber selbst in hohem Maße verschärft durch eine Parole, die sie in den Vordergrund ihrer Politik geschoben haben: das sogenannte Selbstbestimmungsrecht der Nationen oder, was unter dieser Phrase in Wirklichkeit steckte: den staatlichen Zerfall Rußlands. Die mit doktrinärer Hartnäckigkeit immer wieder proklamierte Formel von dem Recht der verschiedenen Nationalitäten des Russischen Reichs, ihre Schicksale selbständig zu bestimmen „bis einschließlich der staatlichen Lostrennung von Rußland", war ein besonderer Schlachtruf Lenins und Genossen während ihrer Opposition gegen den Miljukowschen wie gegen den Kerenskischen Imperialismus, sie bildete die Achse ihrer inneren Politik nach dem Oktoberumschwung, und sie bildete die ganze Plattform der Bolschewiki in Brest-Litowsk, ihre einzige Waffe, die sie der Machtstellung des deutschen Imperialismus entgegenzustellen hatten.

Zunächst frappiert an der Hartnäckigkeit und starren Konsequenz, mit der Lenin und Genossen an dieser Parole festhielten, daß sie sowohl in krassem Widerspruch zu ihrem sonstigen ausgesprochenen Zentralismus der Politik wie auch zu der Haltung steht, die sie den sonstigen demokratischen Grundsätzen gegenüber eingenommen haben. Während sie gegenüber der konstituierenden Versammlung, dem allgemeinen Wahlrecht, der Presse- und Versammlungsfreiheit, kurz dem ganzen Apparat der demokratischen Grundfreiheiten der Volksmassen, die alle zusammen das „Selbstbestimmungsrecht" in Rußland selbst bildeten, eine sehr kühle Geringschätzung an den Tag legten, behandelten sie das Selbstbestimmungsrecht der Nationen als ein Kleinod der demokratischen Politik, dem zuliebe alle praktischen Gesichtspunkte der realen Kritik zu schweigen hätten. Während sie sich von der Volksabstimmung zur konstituierenden Versammlung in Rußland, einer Volksabstimmung auf Grund des demokratischsten Wahlrechts der Welt und in voller Freiheit einer Volksrepublik, nicht im geringsten hatten imponieren lassen und von sehr nüchternen, kritischen Erwägungen ihre Resultate einfach für null und nichtig erklärten, verfochten sie in Brest die „Volksabstimmung" der fremden Nationen Rußlands über ihre staatliche Zugehörigkeit als das wahre Palladium jeglicher Freiheit und Demokratie, unverfälschte Quintessenzen des Völkerwillens und als die höchste entscheidende Instanz in Fragen des politischen Schicksals der Nationen.

Der Widerspruch, der hier klafft, ist um so unverständlicher, als es sich bei den demokratischen Formen des politischen Lebens in jedem Lande, wie wir das noch weiter sehen werden, tatsächlich um höchst wertvolle, ja, unentbehrliche Grundlagen der sozialistischen Politik handelt, während das famose „Selbstbestimmungsrecht der Nationen" nichts als hohle kleinbürgerliche Phraseologie und Humbug ist.

In der Tat, was soll dieses Recht bedeuten? Es gehört zum Abc der sozialistischen Politik, daß sie wie jede Art Unterdrückung so auch die einer Nation durch die andere bekämpft.

Wenn trotz alledem sonst so nüchterne und kritische Politiker wie Lenin und Trotzki mit ihren Freunden, die für jede Art utopische Phraseologie wie Abrüstung, Völkerbund usw. nur ein ironisches Achselzucken haben, diesmal eine hohle Phrase von genau derselben Kategorie geradezu zu ihrem Stekkenpferd machten, so geschah es, wie es uns scheint, aus einer Art Opportunitätspolitik. Lenin und Genossen rechneten offenbar darauf, daß es kein sicheres Mittel gäbe, die vielen fremden

Nationalitäten im Schoße des russischen Reiches an die Sache der Revolution, an die Sache des sozialistischen Proletariats zu fesseln, als wenn man ihnen im Namen der Revolution und des Sozialismus die äußerste unbeschränkteste Freiheit gewährte, über ihre Schicksale zu verfügen. Es war dies eine Analogie zu der Politik der Bolschewiki den russischen Bauern gegenüber, deren Landhunger die Parole der direkten Besitzergreifung des adeligen Grund und Bodens befriedigt und die dadurch an die Fahne der Revolution und der proletarischen Regierung gefesselt werden sollten. In beiden Fällen ist die Berechnung leider gänzlich fehlgeschlagen. Während Lenin und Genossen offenbar erwarteten, daß sie als Verfechter der nationalen Freiheit, und zwar „bis zur staatlichen Absonderung", Finnland, die Ukraine, Polen, Litauen, die Baltenländer, die Kaukasier usw. zu ebenso vielen treuen Verbündeten der russischen Revolution machen würden, erlebten wir das umgekehrte Schauspiel: eine nach der anderen von diesen „Nationen" benutzte die frisch geschenkte Freiheit dazu, sich als Todfeindin der russischen Revolution gegen sie mit dem deutschen Imperialismus zu verbünden und unter seinem Schutze die Fahne der Konterrevolution nach Rußland selbst zu tragen. Das Zwischenspiel mit der Ukraine in Brest, das eine entscheidende Wendung jener Verhandlungen und der ganzen inner- und außenpolitischen Situationen der Bolschewiki herbeigeführt hatte, ist dafür ein Musterbeispiel. Das Verhalten Finnlands, Polens, Litauens, der Baltenländer, der Nationen des Kaukasus zeigt überzeugendsterweise, daß wir hier nicht etwa mit einer zufälligen Ausnahme, sondern mit einer typischen Erscheinung zu tun haben.

Freilich, es sind in allen diesen Fällen in Wirklichkeit nicht die „Nationen", die jene reaktionäre Politik betätigten, sondern nur die bürgerlichen und kleinbürgerlichen Klassen, die im schärfsten Gegensatz zu den eigenen proletarischen Massen das „nationale Selbstbestimmungsrecht" zu einem Werkzeug ihrer konterrevolutionären Klassenpolitik verkehrten. Aber — damit kommen wir gerade zum Knotenpunkt der Frage — darin liegt eben der utopisch-kleinbürgerliche Charakter dieser nationalistischen Phrase, daß sie in der rauhen Wirklichkeit der Klassengesellschaft, zumal in der Zeit aufs äußerste verschärfter Gegensätze, sich einfach in ein Mittel der bürgerlichen Klassenherrschaft verwandelt. Die Bolschewiki sollten zu ihrem und der Revolution größten Schaden darüber belehrt werden, daß es eben unter der Herrschaft des Kapitalismus keine Selbstbestimmung der Nation gibt, daß sich in einer Klassengesellschaft jede Klasse der Nation anders „selbstzubestimmen" strebt und daß für die bürgerlichen Klassen die Gesichtspunkte der nationalen Freiheit hinter denen der Klassenherrschaft völlig zurücktreten. Das finnische Bürgertum wie das ukrainische Kleinbürgertum waren darin vollkommen einig, die deutsche Gewaltherrschaft der nationalen Freiheit vorzuziehen, wenn diese mit den Gefahren des „Bolschewismus" verbunden werden sollte.

Die Hoffnung, diese realen Klassenverhältnisse etwa durch „Volksabstimmungen", um die sich alles in Brest drehte, in ihr Gegenteil umzukehren und im Vertrauen auf die revolutionäre Volksmasse ein Mehrheitsvotum für den Zusammenschluß mit der russischen Revolution zu erzielen, war, wenn sie von Lenin-Trotzki ernst gemeint war, ein unbegreiflicher Optimismus, und wenn sie nur ein taktischer Florettstoß im Duell mit der deutschen Gewaltpolitik sein sollte, ein gefährliches Spiel mit dem Feuer. Auch ohne die deutsche militärische Okkupation hätte die famose „Volksabstimmung", wäre es in den Randländern zu einer solchen gekommen, bei der geistigen Verfassung der Bauernmasse und großer Schichten noch indifferenter Proletarier, bei der reaktionären Tendenz des Kleinbürgertums und den tausend Mitteln der Beeinflussung der Abstimmung durch die Bourgeoisie, mit aller Wahrscheinlichkeit allenthalben ein Resultat ergeben, an dem die Bolschewiki wenig Freude erlebt hätten. Kann es doch in Sachen dieser Volksabstimmungen über die nationale Frage als unverbrüchliche Regel gelten, daß die herrschenden Klassen sie entweder, wo ihnen eine solche nicht in den Kram paßt, zu verhindern wissen oder, wo sie etwa zustande käme, ihre Resultate durch all die Mittel und Mittelchen zu beeinflussen wüßten, die es auch bewirken, daß wir auf dem Wege von Volksabstimmungen keinen Sozialismus einführen können.

Daß überhaupt die Frage der nationalen Bestrebungen und Sondertendenzen mitten in die revolutionären Kämpfe hineingeworfen, ja, durch den Brester Frieden in den Vordergrund geschoben und gar zum Schibboleth der sozialistischen und revolutionären Politik gestempelt wurde, hat die größte Verwirrung in die Reihen des Sozialismus getragen und die Position des Proletariats gerade in den Randländern erschüttert. In Finnland hatte das sozialistische Proletariat, solange es als ein Teil der geschlossenen revolutionären Phalanx Rußlands kämpfte, bereits eine beherrschende Machtstellung; es besaß die Mehrheit im Landtag, in der Armee, es hatte die Bourgeoisie völlig zur Ohnmacht herabgedrückt und war der Herr der Situation im Lande. Die russische Ukraine war zu Beginn des Jahrhunderts, als die Narreteien des „ukrainischen Nationalismus" mit den Karbowentzen und den „Universals" und das Steckenpferd Lenins von einer „selbständigen Ukraine" noch nicht erfunden waren, die Hochburg der russischen revolutionären Bewegung gewesen. Von dort aus, aus Rostow, aus Odessa, aus dem Donez-Gebiete flossen die ersten Lavaströme der Revolution (schon um das Jahr 1902—04) und entzündeten ganz Südrußland zu einem Flammenmeer, so den Ausbruch von 1905 vorbereitend; dasselbe wiederholte sich in der jetzigen Revolution, in der das südrussische Proletariat die Elitetruppen der proletarischen Phalanx stellte. Polen und die Baltenländer waren seit 1905 die mächtigsten und zuverlässigsten Herde der Revolution, in denen das sozialistische Proletariat eine hervorragende Rolle spielte.

Wie kommt es, daß in allen diesen Ländern plötzlich die Konterrevolution triumphiert? Die nationalistische Bewegung hat eben das Proletariat dadurch, daß sie es von Rußland losgerissen hat, gelähmt und der nationalen Bourgeoisie in den Randländern ausgeliefert. Statt gerade im Geiste der reinen internationalen Klassenpolitik, die sie sonst vertraten, die kompakteste Zusammenfassung der revolutionären Kräfte auf dem ganzen Gebiete des Reiches anzustreben, die Integrität des russischen Reiches als Revolutionsgebiet mit Zähnen und Nägeln zu verteidigen, die Zusammengehörigkeit und Unzertrennlichkeit der Proletarier aller Länder im Bereiche der russischen Revolution als oberstes Gebot der Politik allen nationalistischen Sonderbestrebungen entgegenzustellen, haben die Bolschewiki durch die dröhnende nationalistische Phraseologie von dem „Selbstbestimmungsrecht bis zur staatlichen Lostrennung" gerade umgekehrt der Bourgeoisie in allen Randländern den erwünschtesten, glänzendsten Vorwand, geradezu das Banner für ihre konterrevolutionären Bestrebungen geliefert. Statt die Proletarier in den Randländern vor jeglichem Separatismus als vor rein bürgerlichem Fallstrick zu warnen, haben sie vielmehr die

Massen in allen Randländern durch ihre Parole verwirrt und der Demagogie der bürgerlichen Klassen ausgeliefert. Sie haben durch diese Forderung des Nationalismus den Zerfall Rußlands selbst herbeigeführt, vorbereitet und so den eigenen Feinden das Messer in die Hand gedrückt, das sie der russischen Revolution ins Herz stoßen sollten.

Freilich, ohne die Hilfe des deutschen Imperialismus, ohne „die deutschen Gewehrkolben in deutschen Fäusten", wie die „Neue Zeit" Kautskys schrieb, wären die Lubinskys und die anderen Schufterles der Ukraine sowie die Erichs und Mannerheims in Finnland und die baltischen Barone mit den sozialistischen Proletariermassen ihrer Länder nimmermehr fertig geworden. Aber der nationale Separatismus war das trojanische Pferd, in dem die deutschen „Genossen" mit Bajonetten in den Fäusten in alle jene Länder eingezogen kamen. Die realen Klassengegensätze und die militärischen Machtverhältnisse haben die Intervention Deutschlands herbeigeführt. Aber die Bolschewiki haben die Ideologie geliefert, die diesen Feldzug der Konterrevolution maskiert hatte, sie haben die Position der Bourgeoisie gestärkt und die der Proletarier geschwächt. Der beste Beweis ist die Ukraine, die eine so fatale Rolle in den Geschicken der russischen Revolution spielen sollte. Der ukrainische Nationalismus war in Rußland ganz anders als etwa der tschechische, polnische oder finnische, nichts als eine einfache Schrulle, eine Fatzkerei von ein paar Dutzend kleinbürgerlichen Intelligenzlern, ohne die geringsten Wurzeln in den wirtschaftlichen, politischen oder geistigen Verhältnissen des Landes, ohne jegliche historische Tradition, da die Ukraine niemals eine Nation oder einen Staat gebildet hatte, ohne irgendeine nationale Kultur, außer den reaktionärromantischen Gedichten Schewtschenkos. Es ist förmlich, als wenn eines schönen Morgens die von der Wasserkante auf den Fritz Reuter hin eine neue plattdeutsche Nation und Staat gründen wollten. Und diese lächerliche Posse von ein paar Universitätsprofessoren und Studenten bauschten Lenin und Genossen durch ihre doktrinäre Agitation mit dem „Selbstbestimmungsrecht bis einschließlich usw." künstlich zu einem politischen Faktor auf. Sie verliehen der anfänglichen Posse eine Wichtigkeit, bis die Posse zum blutigsten Ernst wurde: nämlich nicht zu einer ernsten nationalen Bewegung, für die es nach wie vor gar keine Wurzeln gibt, sondern zum Aushängeschild und zur

Sammelfahne der Konterrevolution! Aus diesem Windei krochen in Brest die deutschen Bajonette.

Diese Phrasen haben in der Geschichte der Klassenkämpfe zu Zeiten eine sehr reale Bedeutung. Es ist das fatale Los des Sozialismus, daß er in diesem Weltkrieg dazu ausersehen war, ideologische Vorwände für die konterrevolutionäre Politik zu liefern. Die deutsche Sozialdemokratie beeilte sich beim Ausbruch des Krieges, den Raubzug des deutschen Imperialismus mit einem ideologischen Schild aus der Rumpelkammer des Marxismus zu schmücken, indem sie ihn für den von unseren Altmeistern herbeigesehnten Befreierfeldzug gegen den russischen Zarismus erklärte. Den Antipoden der Regierungssozialisten, den Bolschewiki, war es beschieden, mit der Phrase von der Selbstbestimmung der Nationen Wasser auf die Mühle der Konterrevolution zu liefern und damit eine Ideologie nicht nur für die Erdrosselung der russischen Revolution selbst, sondern für die geplante konterrevolutionäre Liquidierung des ganzen Weltkrieges zu liefern. Wir haben allen Grund, uns die Politik der Bolschewiki in dieser Hinsicht sehr gründlich anzusehen. Das „Selbstbestimmungrecht der Nationen", verkoppelt mit dem Völkerbund und der Abrüstung von Wilsons Gnaden, bildet den Schlachtruf, dem sich die bevorstehende Auseinandersetzung des internationalen Sozialismus mit der bürgerlichen Welt abspielen wird. Es liegt klar zu Tage, daß die Phrase von der Selbstbestimmung und die ganze nationale Bewegung, die gegenwärtig die größte Gefahr für den internationalen Sozialismus bildet, gerade durch die russische Revolution und die Brester Verhandlungen eine außerordentliche Stärkung erfahren haben. Wir werden uns mit dieser Plattform noch eingehend zu befassen haben. Die tragischen Schicksale dieser Phraseologie in der russischen Revolution, in deren Stacheln sich die Bolschewiki verfangen und blutig ritzen sollten, muß dem internationalen Proletariat als warnendes Exempel dienen.

Nun folgte aus alledem die Diktatur Deutschlands. Vom Brester Frieden bis zum „Zusatzvertrag"! Die 200 Sühneopfer in Moskau. Aus dieser Lage ergab sich der Terror und die Erdrückung der Demokratie.

IV

Wir wollen dies an einigen Beispielen näher prüfen.

Eine hervorragende Rolle in der Politik der Bolschewiki spielte die bekannte Auflösung der konstituierenden Versammlung im November 1917. Diese Maßnahme war bestimmend für ihre weitere Position, sie war gewissermaßen der Wendepunkt ihrer Taktik. Es ist eine Tatsache, daß Lenin und Genossen bis zu ihrem Oktobersiege die Einberufung der Konstitutionsversammlung stürmisch forderten, daß gerade die Verschleppungspolitik der Kerenski-Regierung in dieser Sache einen Anklagepunkt der Bolschewiki gegen jene Regierung bildete und ihnen zu heftigsten Ausfällen Anlaß gab. Ja, Trotzki sagt in seinem interessanten Schriftchen „Von der Oktoberrevolution bis zum Brester Friedensvertrag", der Oktoberumschwung sei geradezu „eine Rettung für die Konstituante" gewesen, wie für die Revolution überhaupt. „Und als wir sagten", fährt er fort, „daß der Eingang zur konstituierenden Versammlung nicht über das Vorparlament Zeretellis, sondern über die Machtergreifung der Sowjets führe, waren wir vollkommen aufrichtig."

Und nun war nach diesen Ankündigungen der erste Schritt Lenins nach der Oktoberrevolution — die Auseinandertreibung derselben konstituierenden Versammlung, zu der sie den Eingang bilden sollte. Welche Gründe konnten für eine so verblüffende Wendung maßgebend sein? Trotzki äußert sich darüber in der erwähnten Schrift ausführlich, und wir wollen seine Argumente hierher setzen:

„Wenn die Monate, die der Oktoberrevolution vorangingen, eine Zeit der Linksverschiebung der Massen und des elementaren Zustroms der Arbeiter, Soldaten und Bauern zu den Bolschewiki waren, so drückte sich innerhalb der Partei der Sozialisten-Revolutionäre dieser Prozeß in der Verstärkung des linken Flügels auf Kosten des rechten aus. Aber immer noch dominierten in den Parteilisten der Sozialisten-Revolutionäre zu drei Vierteln die alten Namen des rechten Flügels..."

Dazu kam noch der Umstand, daß die Wahlen selbst im Laufe der ersten Wochen nach dem Oktoberumsturz stattfanden. Die Nachricht von der Veränderung, die stattgefunden habe, verbreitete sich verhältnismäßig langsam in konzentrischen Kreisen, von der Hauptstadt nach der Provinz und aus den Städten nach den Dörfern. Die Bauernmassen waren sich an vielen Orten recht wenig klar über das, was in Petrograd und Moskau vorging. Sie stimmten für „Land und Freiheit" und stimmten für ihre Vertreter in den Landkomitees, die meistens unter dem Banner der „Narodniki" standen. Damit aber stimmten sie für Kerenski und Awxentjew, die dieses Landkomitee auflösten und deren Mitglieder verhaften ließen... Dieser Sachverhalt ergibt eine klare Vorstellung, in welchem Maße die Konstituante hinter der Entwicklung des politischen Kampfes und den Parteigruppierungen zurückgeblieben war."

Das alles ist ganz ausgezeichnet und sehr überzeugend. Nur muß man sich wundern, daß so kluge Leute wie Lenin und Trotzki nicht auf die nächstliegende Schlußfolgerung geraten sind, die sich aus den obigen Tatsachen ergab. Da die konstituierende Versammlung lange vor dem entscheidenden Wendepunkt, dem Oktoberumschwung, gewählt und in ihrer Zusammensetzung das Bild der überholten Vergangenheit, nicht der neuen Sachlage spiegelte, so ergab sich von selbst der Schluß, daß sie eben die verjährte, also totgeborene konstituierende Versammlung kassierten und ungesäumt Neuwahlen zu einer neuen Konstituante ausschrieben! Sie wollten und durften die Geschicke der Revolution nicht einer Versammlung anvertrauen, die das gestrige Kerenskische Rußland, die Periode der Schwankungen und der Koalition mit der Bourgeoisie spiegelte. Wohlan, es blieb nur übrig, sofort an ihre Stelle eine aus dem erneuerten, weitergegangenen Rußland hervorgegangene Versammlung einzuberufen.

Statt dessen schließt Trotzki aus der speziellen Unzulänglichkeit der im Oktober zusammengetretenen konstituierenden Versammlung, ja, er verallgemeinert sie zu der Untauglichkeit jeder aus dem allgemeinen Volkswahlen hervorgegangenen Volksvertretung während der Revolution überhaupt.

„Dank dem offenen und unmittelbaren Kampf um die Regierungsgewalt häufen die arbeitenden Massen in kürzester Zeit eine Menge politischer Erfahrung an und steigen in ihrer Entwicklung schnell von einer Stufe auf die andere. Der schwerfällige Mechanismus der demokratischen Institutionen kommt dieser Entwicklung um so weniger nach, je größer das Land und je unvollkommener sein technischer Apparat ist." (Trotzki S. 93.)

Hier haben wir schon den „Mechanismus der demokratischen Institution überhaupt". Demgegenüber ist zunächst hervorzuheben, daß in dieser Einschätzung der Vertreterinstitutionen eine etwas schematische, steife Auffassung zum Ausdruck kommt, der die historische Erfahrung gerade aller revolutionären Epochen nachdrücklich widerspricht. Nach Trotzkis Theorie widerspiegelt jede gewählte Versammlung ein für allemal nur die geistige Verfassung, politische Reife und Stimmung ihrer Wählerschaft just in dem Moment, wo sie zur Wahlurne schritt. Die demokratische Körperschaft ist demnach stets das Spiegelbild der Masse vom Wahltermin, gleichsam wie der Herschelsche Sternhimmel uns stets die Weltkörper nicht wie sie sind zeigt, da wir auf sie blicken, sondern wie sie im Moment der Versendung ihrer Lichtboten aus unermeßlicher Weite zur Erde waren. Jeder lebendige geistige Zusammenhang zwischen den einmal Gewählten und der Wählerschaft, jede dauernde Wechselwirkung zwischen beiden wird hier geleugnet.

Wie sehr widerspricht dem alle geschichtliche Erfahrung! Diese zeigt uns umgekehrt, daß das lebendige Fluidum der Volksstimmung beständig die Vertretungskörperschaften umspült, in sie eindringt, sie lenkt. Wie wäre es sonst möglich, daß wir in jedem bürgerlichen Parlament zu Zeiten die ergötzlichsten Kapriolen der „Volksvertreter" erleben, die, plötzlich von einem neuen „Geist" belebt, ganz unerwartete Töne hervorbringen, daß die vertrocknetsten Mumien sich zu Zeiten jugendlich gebärden und die verschiedenen Scheidemännchen auf einmal in ihrer Brust revolutionäre Töne finden — wenn es in den Fabriken, Werkstätten und auf der Straße rumort?

Und diese ständig lebendige Einwirkung der Stimmung und der politischen Reife der Massen auf die gewählten Körperschaften sollte gerade in einer Revolution vor dem starren Schema der Parteischilder und der Wahllisten versagen? Gerade umgekehrt! Gerade die Revolution schafft durch ihre Gluthitze jene dünne, vibrierende, empfängliche politische Luft, in der die Wellen der Volksstimmung, der Pulsschlag des Volkslebens augenblicklich in wunderbarster Weise auf die Vertretungskörperschaften einwirken. Gerade darauf beruhen ja immer die bekannten effektvollen Szenen aus dem Anfangsstadium aller Revolutionen, wo alte reaktionäre oder höchst gemäßigte unter altem Regime aus beschränktem Wahlrecht gewählte

Parlamente plötzlich zu heroischen Wortführern des Umsturzes, zu Stürmern und Drängern werden. Das klassische Beispiel bietet ja das berühmte „Lange Parlament" in England, das, 1642 gewählt und zusammengetreten, sieben Jahre lang auf dem Posten blieb und in seinem Innern alle Wechsel-Verschiebungen der Volksstimmung, der politischen Reife, der Klassenspaltung, des Fortgangs der Revolution bis zu ihrem Höhepunkt, von der anfänglich devoten Plänkelei mit der Krone unter einem auf den Knien liegenden „Sprecher" bis zur Abschaffung des Hauses der Lords, Hinrichtung Karls und Proklamierung der Republik widerspiegelt.

Und hat sich nicht dieselbe wunderbare Wandlung in den Generalstaaten Frankreichs, im Zensusparlament Louis Philipps, ja — das letzte frappanteste Beispiel liegt Trotzki so nahe — in der vierten russischen Duma wiederholt, die im Jahre des Heils 1909, unter der starrsten Herrschaft der Konterrevolution gewählt, im Februar 1917 plötzlich den Johannistrieb des Umsturzes verspürte und zum Ausgangspunkt der Revolution ward?

Das alles zeigt, daß „der schwerfällige Mechanismus der demokratischen Institutionen" einen kräftigen Korrektor hat — eben in der lebendigen Bewegung der Masse, in ihrem unausgesetzten Druck. Und je demokratischer die Institution, je lebendiger und kräftiger der Pulsschlag des politischen Lebens der Masse ist, um so unmittelbarer und genauer ist die Wirkung — trotz starrer Parteischilder, veralteter Wahllisten etc. Gewiß, jede demokratische Institution hat ihre Schranken und Mängel, was sie wohl mit sämtlichen menschlichen Institutionen teilt. Nur ist das Heilmittel, das Trotzki und Lenin gefunden: die Beseitigung der Demokratie überhaupt, noch schlimmer als das Übel, dem es steuern soll: es verschüttet nämlich den lebendigen Quell selbst, aus dem heraus alle angeborenen Unzulänglichkeiten der sozialen Institutionen allein korrigiert werden können. Das aktive, ungehemmte, energische politische Leben der breitesten Volksmassen.

Nehmen wir ein anderes frappantes Beispiel: das von der Sowjetregierung ausgearbeitete Wahlrecht. Es ist nicht ganz klar, welche praktische Bedeutung diesem Wahlrecht beigemessen ist. Aus der Kritik Trotzkis und Lenins an den demokratischen Institutionen geht hervor, daß sie Volksvertretungen aus allgemeinen Wahlen grundsätzlich ablehnen und sich nur auf die Sowjets stützen wollen. Weshalb dann überhaupt ein allgemeines Wahlrecht ausgearbeitet wurde, ist eigentlich nicht ersichtlich. Es ist uns auch nicht bekannt, daß dieses Wahlrecht irgendwie ins Leben eingeführt worden wäre; von Wahlen zu einer Art Volksvertretung auf seiner Grundlage hat man nichts gehört. Wahrscheinlicher ist die Annahme, daß es nur ein theoretisches Produkt sozusagen vom grünen Tisch aus geblieben ist; aber so wie es ist, bildet es ein sehr merkwürdiges Produkt der bolschewistischen Diktaturtheorie. Jedes Wahlrecht, wie überhaupt jedes politische Recht, ist nicht nach irgendwelchen abstrakten Schemen der „Gerechtigkeit" und ähnlicher bürgerlich demokratischer Phraseologie zu messen, sondern an den sozialen und wirtschaftlichen Verhältnissen, auf die es zugeschnitten ist. Das von der Sowjetregierung ausgearbeitete Wahlrecht ist eben auf die Übergangsperiode von der bürgerlich-kapitalistischen zur sozialistischen Gesellschaftsform berechnet, auf die Periode der proletarischen Diktatur. Im Sinne der Auslegung von dieser Diktatur, die Lenin-Trotzki vertreten, wird das Wahlrecht nur denjenigen verliehen, die von eigener Arbeit leben, und allen anderen verweigert.

Nun ist es klar, daß ein solches Wahlrecht nur in einer Gesellschaft Sinn hat, die auch wirtschaftlich in der Lage ist, allen, die arbeiten wollen, ein auskömmliches, kulturwürdiges Leben von eigener Arbeit zu ermöglichen. Trifft das auf das jetzige Rußland zu? Bei den ungeheuren Schwierigkeiten, mit denen das vom Weltmarkt abgesperrte, von seinen wichtigsten Rohstoffquellen abgeschnürte Sowjetrußland zu ringen hat, bei der allgemeinen, furchtbaren Zerrüttung des Wirtschaftslebens, bei dem schroffen Umsturz der Produktionsverhältnisse infolge der Umwälzungen der Eigentumsverhältnisse in der Landwirtschaft wie in der Industrie und im Handel liegt es auf der Hand, daß ungezählte Existenzen ganz plötzlich entwurzelt, aus ihrer Bahn herausgeschleudert werden, ohne jede objektive Möglichkeit, in dem wirtschaftlichen Mechanismus irgendeine Verwendung für ihre Arbeitskraft zu finden. Das bezieht sich nicht bloß auf die Kapitalisten- und Grundbesitzerklasse, sondern auch auf die breite Schicht des Mittelstandes und auf die Arbeiterklasse selbst. Ist es doch Tatsache, daß das Zusammenschrumpfen der Industrie ein massenhaftes Abfluten des städtischen Proletariats aufs platte Land hervorgerufen hat, das in der Landwirtschaft Unterkunft sucht. Unter solchen Umständen ist ein politisches Wahlrecht, das den allgemeinen Arbeitszwang zur wirtschaftlichen Voraussetzung hat, eine ganz unbegreifliche Maßregel. Der Tendenz nach soll es die Ausbeuter allein politisch rechtlos machen. Und während produktive Arbeitskräfte massenhaft entwurzelt werden, sieht sich die Sowjetregierung umgekehrt vielfach gezwungen, die nationale Industrie den früheren kapitalistischen Eigentümern sozusagen in Pacht zu überlassen. Desgleichen sah sich die Sowjetregierung gezwungen, auch mit den bürgerlichen Konsumgenossenschaften ein Kompromiß zu schließen. Ferner hat sich die Benutzung von bürgerlichen Fachleuten als unumgänglich erwiesen. Eine andere Folge derselben Erscheinung ist, daß wachsende Schichten des Proletariats als Rotgardisten etc. vom Staate aus öffentlichen Mitteln erhalten werden. In Wirklichkeit macht es rechtlos breite und wachsende Schichten des Kleinbürgertums und des Proletariats, für die der wirtschaftliche Organismus keinerlei Mittel zur Ausübung des Arbeitszwanges vorsieht.

Das ist eine Ungereimtheit, die das Wahlrecht als ein utopisches, von der sozialen Wirklichkeit losgelöstes Phantasieprodukt qualifiziert. Und gerade deshalb ist es kein ernsthaftes Werkzeug der proletarischen Diktatur. Ein Anachronismus, eine Vorwegnahme der rechtlichen Lage, die auf einer schon fertigen sozialistischen Wirtschaftsbasis am Platze ist, nicht in der Übergangsperiode der proletarischen Diktatur.

Als der ganze Mittelstand, die bürgerliche und kleinbürgerliche Intelligenz nach der Oktoberrevolution die Sowjetregierung monatelang boykottierten, den Eisenbahn-, Post- und Telegraphenverkehr, den Schulbetrieb, den Verwaltungsapparat lahmlegten und sich auf diese Weise gegen die Arbeiterregierung auflehnten, da waren selbstverständlich alle Maßregeln des Druckes gegen sie: durch Entziehung politischer Rechte, wirtschaftlicher Existenzmittel etc. geboten, um den Widerstand mit eiserner Faust zu brechen. Da kam eben die sozialistische Diktatur zum Ausdruck, die vor keinem Machtaufgebot zurückschrecken darf, um bestimmte Maßnahmen im Interesse des Ganzen zu erzwingen oder zu verhindern. Hingegen ein Wahlrecht, das eine allgemeine Entrechtung ganz breiter Schichten der Gesellschaft ausspricht, das sie politisch außerhalb des Rahmens der Gesellschaft stellt, während es für sie wirtschaftlich innerhalb dieses Rahmens selbst keinen Platz zu schaffen imstande ist, eine Entrechtung nicht als konkrete Maßnahme zu einem konkreten Zweck, sondern als allgemeine Regel von dauernder Wirkung, das ist nicht eine Notwendigkeit der Diktatur, sondern eine lebensunfähige Improvisation. Sowohl Sowjets als Rückgrat wie Konstituante und allgemeines Wahlrecht.

Die Bolschewiki bezeichneten die Sowjets als reaktionär, weil die Mehrheit darin Bauern seien (Bauerndelegierte und Soldatendelegierte). Nachdem sich die Sowjets auf ihre Seite stellten, wurden sie die richtigen Vertreter der Volksmeinung. Aber dieser plötzliche Umschwung hing nur mit Frieden und Landfrage zusammen [1].

Doch mit der konstituierenden Versammlung und dem Wahlrecht ist die Frage nicht erschöpft: es kam nicht nur Abschaffung der wichtigsten demokratischen Garantien eines gesunden öffentlichen Lebens und der politischen Aktivität der arbeitenden Massen in Betracht: der Pressefreiheit, des Vereins- und Versammlungsrechts, ohne die alle Gegner der Sowjetregierung vogelfrei geworden sind. Für diese Eingriffe reicht die obige Argumentation Trotzkis über die Schwerfälligkeit der demokratischen Wahlkörper nicht entfernt aus. Hingegen ist es eine offenkundige, unbestreitbare Tatsache, daß ohne freie, ungehemmte Presse, ohne ungehindertes Vereins- und Versammlungsleben gerade die Herrschaft breiter Volksmassen völlig undenkbar ist.

Lenin sagt: der bürgerliche Staat sei ein Werkzeug zur Unterdrückung der Arbeiterklasse, der sozialistische zur Unterdrückung der Bourgeoisie. Es sei bloß gewissermaßen der auf den Kopf gestellte kapitalistische Staat. Diese vereinfachte Auffassung sieht von dem Wesentlichsten ab: die bürgerliche Klassenherrschaft braucht keine politische Schulung und Erziehung der ganzen Volksmasse, wenigstens nicht über gewisse enggezogene Grenzen hinaus. Für die proletarische Diktatur ist sie das Lebenselement, die Luft, ohne die sie nicht zu existieren vermag.

„Dank dem offenen und unmittelbaren Kampf um die Regierungsgewalt häufen die arbeitenden Massen in kürzester Zeit eine Menge politischer Erfahrung an und steigen in ihrer

---

[1] Notiz auf unnumeriertem losem Blatt (wahrscheinlich als Ergänzung gedacht zu dem umstrittenen letzten Satze: „Sowohl Sowjets als Rückgrat wie Konstituante und allgemeines Wahlrecht").

Entwicklung schnell von Stufe zu Stufe." Hier widerlegt Trotzki sich selbst und seine eigenen Parteifreunde. Eben weil dies zutrifft, haben sie durch Erdrückung des öffentlichen Lebens die Quelle der politischen Erfahrung und das Steigen der Entwicklung verstopft. Oder aber müßte man annehmen, daß die Erfahrung und Entwicklung bis zur Machtergreifung der Bolschewiki nötig war, den höchsten Grad erreicht hatte und von nun an überflüssig wurde. (Rede Lenins: Rußland ist überzeugt für den Sozialismus!!!)

In Wirklichkeit umgekehrt! Gerade die riesigen Aufgaben, an die die Bolschewiki mit Mut und Entschlossenheit herantraten, erforderten die intensivste politische Schulung der Massen und Sammlung der Erfahrung.

Freiheit nur für die Anhänger der Regierung, nur für Mitglieder einer Partei — mögen sie noch so zahlreich sein — ist keine Freiheit. Freiheit ist immer nur Freiheit des anders Denkenden. Nicht wegen des Fanatismus der „Gerechtigkeit", sondern weil all das Belehrende, Heilsame und Reinigende der politischen Freiheit an diesem Wesen hängt und seine Wirkung versagt, wenn die „Freiheit" zum Privilegium wird.

Die Bolschewiki werden selbst mit der Hand auf dem Herzen nicht leugnen wollen, daß sie auf Schritt und Tritt tasten, versuchen, experimentieren, hin- und herprobieren mußten und daß ein gut Teil ihrer Maßnahmen keine Perle darstellt. So muß und wird es uns allen gehen, wenn wir daran gehen — wenn auch nicht überall so schwierige Verhältnisse herrschen mögen.

Die stillschweigende Voraussetzung der Diktaturtheorie im Lenin-Trotzkischen Sinn ist, daß die sozialistische Umwälzung eine Sache sei, für die ein fertiges Rezept in der Tasche der Revolutionspartei liege, dies dann nur mit Energie verwirklicht zu werden brauche. Dem ist leider — oder je nachdem: zum Glück — nicht so. Weit entfernt, eine Summe fertiger Vorschriften zu sein, die man nur anzuwenden hätte, ist die praktische Verwirklichung des Sozialismus als eines wirtschaftlichen, sozialen und rechtlichen Systems eine Sache, die völlig im Nebel der Zukunft liegt. Was wir in unserem Programm besitzen, sind nur wenige große Wegweiser, die die Richtung anzeigen, in der die Maßnahmen gesucht werden müssen, dazu vorwiegend negativen Charakters. Wir wissen so ungefähr, was wir zu allererst zu beseitigen haben, um der sozialistischen

Wirtschaft die Bahn frei zu machen, welcher Art hingegen die tausend konkreten praktischen großen und kleinen Maßnahmen sind, um die sozialistischen Grundsätze in die Wirtschaft, in das Recht, in alle gesellschaftlichen Beziehungen einzuführen, darüber gibt kein sozialistisches Parteiprogramm und kein sozialistisches Lehrbuch Aufschluß. Das ist kein Mangel, sondern gerade der Vorzug des wissenschaftlichen Sozialismus vor dem utopischen. Das sozialistische Gesellschaftssystem soll und kann nur ein geschichtliches Produkt sein, geboren aus der eigenen Schule der Erfahrung, in der Stunde der Erfüllung, aus dem Werden der lebendigen Geschichte, die genau wie die organische Natur, deren Teil sie letzten Endes ist, die schöne Gepflogenheit hat, zusammen mit einem wirklichen gesellschaftlichen Bedürfnis stets auch die Mittel zu seiner Befriedigung, mit der Aufgabe zugleich die Lösung hervorzubringen. Ist dem aber so, dann ist es klar, daß der Sozialismus sich seiner Natur nach nicht oktroyieren läßt, durch Ukase einführen. Er hat zur Voraussetzung eine Reihe Gewaltmaßnahmen — gegen Eigentum usw. Das Negative, den Abbau, kann man dekretieren, den Aufbau, das Positive, nicht. Neuland. Tausend Probleme. Nur Erfahrung ist imstande, zu korrigieren und neue Wege zu eröffnen. Nur ungehemmt schäumendes Leben verfällt auf tausend neue Formen, Improvisationen, erhellt schöpferische Kraft, korrigiert selbst alle Fehlgriffe. Das öffentliche Leben der Staaten mit beschränkter Freiheit ist eben deshalb so dürftig, so armselig, so schematisch, so unfruchtbar, weil es sich durch Ausschließung der Demokratie die lebendigen Quellen allen geistigen Reichtums und Fortschritts absperrt. (Beweis: die Jahre 1905 und die Monate Februar—Oktober 1917.) Wie dort politisch, so auch ökonomisch und sozial. Die ganze Volksmasse muß daran teilnehmen. Sonst wird der Sozialismus vom grünen Tisch eines Dutzends Intellektueller dekretiert, oktroyiert.

Unbedingt öffentliche Kontrolle notwendig. Sonst bleibt der Austausch der Erfahrungen nur in dem geschlossenen Kreise der Beamten der neuen Regierung. Korruption unvermeidlich. (Lenins Worte, Mitteilungsblatt Nr. 29.) Die Praxis des Sozialismus erfordert eine ganze geistige Umwälzung in den durch Jahrhunderte der bürgerlichen Klassenherrschaft degradierten Massen. Soziale Instinkte anstelle egoistischer, Masseninitiative anstelle der Trägheit, Idealismus, der über alle Leiden hinweg trägt usw. usw. Niemand weiß das besser, schildert das eindringlicher, wiederholt das hartnäckiger als Lenin. Nur vergreift er sich völlig im Mittel. Dekret, diktatorische Gewalt der Fabrikaufseher, drakonische Strafen, Schreckensherrschaft, das sind alles Palliative. Der einzige Weg zur Wiedergeburt ist die Schule des öffentlichen Lebens selbst, uneingeschränkteste breiteste Demokratie, öffentliche Meinung. Gerade die Schreckensherrschaft demoralisiert.

Fällt das alles weg, was bleibt in Wirklichkeit? Lenin und Trotzki haben an Stelle der aus allgemeinen Volkswahlen hervorgegangenen Vertretungskörperschaften die Sowjets als die einzige wahre Vertretung der arbeitenden Massen hingestellt. Aber mit dem Erdrücken des politischen Lebens im ganzen Lande muß auch das Leben in den Sowjets immer mehr erlahmen. Ohne allgemeine Wahlen, ungehemmte Presse- und Versammlungsfreiheit, freien Meinungskampf erstirbt das Leben in jeder der öffentlichen Institution, wird zum Scheinleben, in der die Bürokratie allein das tätige Element bleibt. Das öffentliche Leben schläft allmählich ein, einige Dutzend Parteiführer von unerschöpflicher Energie und grenzenlosem Idealismus dirigieren und regieren, unter ihnen leitet in Wirklichkeit ein Dutzend hervorragender Köpfe, und eine Elite der Arbeiterschaft wird von Zeit zu Zeit zu Versammlungen aufgeboten, um den Reden der Führer Beifall zu klatschen, vorgelegten Resolutionen einstimmig zuzustimmen, im Grunde also eine Cliquenwirtschaft — eine Diktatur allerdings, aber nicht die Diktatur des Proletariats, sondern die Diktatur einer Handvoll Politiker, d. h. Diktatur im bürgerlichen Sinne, im Sinne der Jakobiner-Herrschaft (das Verschieben der Sowjet-Kongresse von drei Monaten auf sechs Monate!). Ja noch weiter: solche Zustände müssen eine Verwilderung des öffentlichen Lebens zeitigen: Attentate, Geiselerschießungen usw.

Lenins Rede über Disziplin und Korruption.

Ein Problem für sich von hoher Wichtigkeit in jeder Revolution bildet der Kampf mit dem Lumpenproletariat. Auch wir in Deutschland und allerorts werden damit zu tun haben. Das lumpenproletarische Element haftet tief der bürgerlichen Gesellschaft an, nicht nur als besondere Schicht, als sozialer Abfall, der namentlich in Zeiten riesig anwächst, wo die Mauern der Gesellschaftsordnung zusammenstürzen, sondern als integrierendes Element der gesamten Gesellschaft. Die Vorgänge in Deutschland — und mehr oder minder in allen andern Staaten — haben gezeigt, wie leicht alle Schichten der bürgerlichen Gesellschaft der Verlumpung anheimfallen. Abstufungen zwischen kaufmännischem Preiswucher, Schlachtschitzen-Schiebungen, fiktiven Gelegenheitsgeschäften, Lebensmittelfälschung, Prellerei, Beamtenunterschlagung, Diebstahl, Einbruch und Raub flossen so ineinander, daß die Grenze zwischen dem ehrbaren Bürgertum und dem Zuchthaus verschwand. Hier wiederholt sich dieselbe Erscheinung wie die regelmäßige rasche Verlumpung bürgerlicher Zierden, wenn sie in überseeische koloniale Verhältnisse auf fremden sozialen Boden verpflanzt werden. Mit der Abstreifung der konventionellen Schranken und Stützen für Moral und Recht fällt die bürgerliche Gesellschaft, deren innerstes Lebensgesetz die tiefste Unmoral: die Ausbeutung des Menschen durch den Menschen, unmittelbar und hemmungslos einfacher Verlumpung anheim. Die proletarische Revolution wird überall mit diesem Feind und Werkzeug der Konterrevolution zu ringen haben.

Und doch ist auch in dieser Beziehung der Terror ein stumpfes, ja zweischneidiges Schwert. Die drakonischste Feldjustiz ist ohnmächtig gegen Ausbrüche des lumpenproletarischen Unwesens. Ja, jedes dauernde Regiment des Belagerungszustandes führt unweigerlich zur Willkür, und jede Willkür wirkt depravierend auf die Gesellschaft. Das einzige wirksame Mittel in der Hand der proletarischen Revolution sind auch hier: radikale Maßnahmen politischer und sozialer Natur, rascheste Umwandlung der sozialen Garantien des Lebens der Masse und — Entfachung des revolutionären Idealismus, der sich nur in uneingeschränkter politischer Freiheit durch intensiv aktives Leben der Massen auf die Dauer halten läßt.

Wie gegen Krankheitsinfektionen und -keime die freie Wirkung der Sonnenstrahlen das wirksamste, reinigende und heilende Mittel ist, so ist die Revolution selbst und ihr erneuerndes Prinzip, das von ihr hervorgerufene geistige Leben, Aktivität und Selbstverantwortung der Massen, also die breiteste politische Freiheit als ihre Form, die einzige heilende und reinigende Sonne [2].

Anarchie wird auch bei uns und überall unvermeidlich sein.

---

[2] Abhandlung über Lumpenproletariat (offenbar Ausarbeitung der folgenden Notiz, die im Manuskript nur auf einem eingeschalteten losen Blatte steht).

Lumpenproletarisches Element haftet der bürgerlichen Gesellschaft an und läßt sich nicht von ihr trennen:
Beweise:
1. Ostpreußen, die „Kosaken"-Plünderungen.
2. Der generelle Ausbruch von Raub und Diebstahl in Deutschland („Schiebungen", Post- und Eisenbahnpersonal, Polizei, völlige Verwischung der Grenzen zwischen der wohlgeordneten Gesellschaft und dem Zuchthaus).
3. Die rapide Verlumpung der Gewerkschaftsführer. Dagegen sind die drakonischen Terrormaßnahmen machtlos. Im Gegenteil, sie korrumpieren noch mehr. Das einzige Gegengift: Idealismus und soziale *Aktivität* der Massen, unbeschränkte politische Freiheit.

Das ist ein übermächtiges, objektives Gesetz, dem sich keine Partei zu entziehen vermag.

Der Grundfehler der Lenin-Trotzkischen Theorie ist eben der, daß sie die Diktatur, genau wie Kautsky, der Demokratie entgegenstellen. „Diktatur *oder* Demokratie" heißt die Fragestellung sowohl bei den Bolschewiki wie bei Kautsky. Dieser entscheidet sich natürlich für die Demokratie, und zwar für die *bürgerliche* Demokratie, da er sie eben als die Alternative der sozialistischen Umwälzung hinstellt. Lenin-Trotzki entscheiden sich umgekehrt für die Diktatur im Gegensatz zur Demokratie und damit für die Diktatur einer Handvoll Personen, d. h. für Diktatur nach bürgerlichem Muster. Es sind zwei Gegenpole, beide gleich weit entfernt von der wirklichen sozialistischen Politik. Das Proletariat kann, wenn es die Macht ergreift, nimmermehr nach dem guten Rat Kautskys unter dem Vorwand der „Unreife des Landes" auf die sozialistische Umwälzung verzichten und sich nur der Demokratie widmen, ohne an sich selbst, an der Internationale, an der Revolution Verrat zu üben. Es soll und muß eben sofort sozialistische Maßnahmen in energischster, unnachgiebigster, rücksichtslosester Weise in Angriff nehmen, also Diktatur ausüben, aber Diktatur der *Klasse,* nicht einer Partei oder einer Clique, Diktatur der Klasse, d. h. in breitester Öffentlichkeit, unter tätigster ungehemmter Teilnahme der Volksmassen, in unbeschränkter Demokratie. „Als Marxisten sind wir nie Götzendiener der formalen Demokratie gewesen", schreibt Trotzki. Gewiß, wir sind nie Götzendiener der formalen Demokratie gewesen. Wir sind auch nie Götzendiener des Sozialismus oder des Marxismus gewesen. Folgt etwa daraus, daß wir auch den Sozialismus, den Marxismus, wenn er uns unbequem wird, à la Cunow-Lensch-Parvus, in die Rumpelkammer werfen dürfen? Trotzki und Lenin sind die lebendige Verneinung dieser Frage. Wir sind nie Götzendiener der formalen Demokratie gewesen, das heißt nur: Wir unterscheiden stets den sozialen Kern von der politischen Form der *bürgerlichen* Demokratie, wir enthüllten stets den herben Kern der sozialen Ungleichheit und Unfreiheit unter der süßen Schale der formalen Gleichheit und Freiheit — nicht um diese zu verwerfen, sondern um die Arbeiterklasse dazu anzustacheln, sich nicht mit der Schale zu begnügen, vielmehr die politische Macht zu erobern, um sie mit neuem sozialen Inhalt zu füllen. Es ist die historische Aufgabe des Proletariats, wenn es zur Macht gelangt, an Stelle der bürgerlichen Demokratie sozialistische Demokratie zu schaffen, nicht jegliche Demokratie abzuschaffen. Sozialistische Demokratie beginnt aber nicht erst im gelobten Lande, wenn der Unterbau der sozialistischen Wirtschaft geschaffen ist, als fertiges Weihnachtsgeschenk für das brave Volk, das inzwischen treu die Handvoll sozialistischer Diktatoren unterstützt hat. Sozialistische Demokratie beginnt zugleich mit dem Abbau der Klassenherrschaft und dem Aufbau des Sozialismus. Sie beginnt mit dem Moment der Machteroberung durch die sozialistische Partei. Sie ist nichts anderes als Diktatur des Proletariats.

Jawohl: Diktatur! Aber diese Diktatur besteht in der *Art der Verwendung der Demokratie*, nicht in ihrer *Abschaffung*, in energischen, entschlossenen Eingriffen in die wohlerworbenen Rechte und wirtschaftlichen Verhältnisse der bürgerlichen Gesellschaft, ohne welche sich die sozialistische Umwälzung nicht verwirklichen läßt. Aber diese Diktatur muß das Werk der *Klasse*, und nicht einer kleinen, führenden Minderheit im Namen der Klasse sein, d. h. sie muß auf Schritt und Tritt aus der aktiven Teilnahme der Massen hervorgehen, unter ihrer unmittelbaren Beeinflussung stehen, der Kontrolle der gesamten Öffentlichkeit unterstehen, aus der wachsenden politischen Schulung der Volksmassen hervorgehen.

Genauso würden auch bisher die Bolschewiki vorgehen, wenn sie nicht unter dem furchtbaren Zwang des Weltkriegs, der deutschen Okkupation und aller damit verbundenen abnormen Schwierigkeiten litten, die jede von den besten Absichten und den schönsten Grundsätzen erfüllte sozialistische Politik verzerren müssen.

Ein krasses Argument dazu bildet die so reichliche Anwendung des Terrors durch die Räteregierung, und zwar namentlich in der letzten Periode vor dem Zusammenbruch des deutschen Imperialismus, seit dem Attentat auf den deutschen Gesandten. Die Binsenwahrheit, daß Revolutionen nicht mit Rosenwasser getauft werden, ist an sich ziemlich dürftig.

Alles, was in Rußland vorgeht, ist begreiflich und eine unvermeidliche Kette von Ursachen und Wirkungen, deren Ausgangspunkte und Schlußsteine: das Versagen des deutschen Proletariats und die Okkupation Rußlands durch den deutschen Imperialismus. Es hieße, von Lenin und Genossen Übermenschliches verlangen, wollte man ihnen auch noch zumuten, unter solchen Umständen die schönste Demokratie, die vorbildlichste Diktatur des Proletariats und eine blühende sozialistische Wirtschaft hervorzuzaubern. Sie haben durch ihre entschlossene revolutionäre Haltung, ihre vorbildliche Tatkraft und ihre unverbrüchliche Treue dem internationalen Sozialismus wahrhaftig geleistet, was unter so verteufelt schwierigen Verhältnissen zu leisten war. Das Gefährliche beginnt dort, wo sie aus der Not die Tugend machen, ihre von diesen fatalen Bedingungen aufgezwungene Taktik nunmehr theoretisch in allen Stücken fixieren und dem internationalen Proletariat als das Muster der sozialistischen Taktik zur Nachahmung empfehlen wollen. Wie sie sich damit selbst völlig unnötig im Lichte stehen und ihr wirkliches, unbestreitbares historisches Verdienst unter den Scheffel notgedrungener Fehltritte stellen, so erweisen sie dem internationalen Sozialismus, demzuliebe und um dessentwillen sie gestritten und gelitten, einen schlechten Dienst, wenn sie in seine Speicher als neue Erkenntnisse all die von Not und Zwang in Rußland eingegebenen Schiefheiten eintragen wollen, die letzten Endes nur Ausstrahlungen des Bankerotts des internationalen Sozialismus in diesem Weltkriege waren.

Mögen die deutschen Regierungssozialisten schreien, die Herrschaft der Bolschewiki in Rußland sei ein Zerrbild der Diktatur des Proletariats. Wenn sie es war oder ist, so nur, weil sie eben ein Produkt der Haltung des deutschen Proletariats war, die ein Zerrbild auf sozialistischen Klassenkampf war. Wir alle stehen unter dem Gesetz der Geschichte, und die sozialistische Gesellschaftsordnung läßt sich eben nur international durchführen. Die Bolschewiki haben gezeigt, daß sie alles können, was eine echte revolutionäre Partei in den Grenzen der historischen Möglichkeiten zu leisten imstande ist. Sie sollen nicht Wunder wirken wollen. Denn eine mustergültige und fehlerfreie proletarische Revolution in einem isolierten, vom Weltkrieg erschöpften, vom Imperialismus erdrosselten, vom internationalen Proletariat verratenen Lande wäre ein Wunder. Worauf es ankommt, ist, in der Politik der Bolschewiki das Wesentliche vom Unwesentlichen, den Kern von dem Zufälligen zu unterscheiden. In dieser letzten Periode, in der wir vor entscheidenden Endkämpfen in der ganzen Welt stehen, war und ist das wichtigste Problem des Sozialismus geradezu die brennende Zeitfrage: nicht diese oder jene Detailfrage der Taktik, sondern: die Aktionsfähigkeit des Proletariats, die Tatkraft der Massen, der Wille zur Macht des Sozialismus überhaupt. In dieser Beziehung waren Lenin und Trotzki mit ihren Freunden die ersten, die dem Weltproletariat mit dem Beispiel vorangegangen sind, sie sind bis jetzt immer noch die einzigen, die mit Hutten ausrufen können: Ich hab's gewagt!

Dies ist das Wesentliche und Bleibende der Bolschewiki-Politik. In diesem Sinne bleibt ihnen das unsterbliche geschichtliche Verdienst, mit der Eroberung der politischen Gewalt und der praktischen Problemstellung der Verwirklichung des Sozialismus dem internationalen Proletariat vorangegangen zu sein und die Auseinandersetzung zwischen Kapital und Arbeit in der ganzen Welt mächtig vorangetrieben zu haben. In Rußland konnte das Problem nur gestellt werden. Es konnte nicht in Rußland gelöst werden. Und in *diesem* Sinne gehört die Zukunft überall dem „Bolschewismus"

Fragment über Krieg, nationale Frage und Revolution[1]

Während so der Klassenhaß gegen das Proletariat und seine unmittelbar drohende soziale Revolution für alles Tun und Lassen der bürgerlichen Klassen, für ihr Friedensprogramm und ihre künftige Politik absolut richtunggebend geworden ist — was tut das internationale Proletariat? Völlig blind vor den Lehren der russischen Revolution, vergessend auf das Abc des Sozialismus, jagt es demselben Friedensprogramm der Bourgeoisie nach, erhebt es zum eigenen Programm! Hoch Wilson und der Völkerbund! Hoch nationale Selbstbestimmung und Abrüstung! Das ist jetzt das Banner, unter dem sich plötzlich die Sozialisten aller Länder vereinigen — zusammen mit den imperialistischen Regierungen der Entente, mit reaktionärsten Parteien, regierungssozialistischen Strebern, „grundsatztreuen" oppositionellen Sumpfsozialisten, bürgerlichen Pazifisten, kleinbürgerlichen Utopisten, nationalistischen Emporkömmlingsstaaten, bankerotten deutschen Imperialisten, dem Papst, den finnländischen Henkern des revolutionären Proletariats, den ukrainischen Schürzenstipendiaten des deutschen Militarismus.

In Polen die Daszynskis im trauten Bunde mit den galizischen Schlachtschitzen und der Warschauer Großbourgeoisie, in Deutsch-Österreich die Adler, Renner, Otto Bauer und Julius Deutsch Arm in Arm mit Christlich-Sozialen, Agrariern und Deutschnationalen, in Böhmen die Soukup und Nemeč in geschlossener Phalanx mit allen bürgerlichen Parteien, — eine rührende allgemeine Versöhnung der Klassen. Und über all der nationalen Trunkenheit das internationale Banner des Friedens. Die Sozialisten holen überall die Kastanien aus dem Feuer für die Bourgeoisie, helfen mit ihrem Ansehen und ihrer Ideologie den moralischen Bankerott der bürgerlichen Gesellschaft zu decken und zu retten, helfen, die bürgerliche Klassenherrschaft zu renovieren und zu konsolidieren.

Und die erste praktische Krönung dieser salbungsvollen

---

[1] Aus: Archiv für die Geschichte des Sozialismus und der Arbeiterbewegung, 13. Jahrgang (S. 292—298), Hrsg. Dr. Carl Grünberg, Verlag von C. L. Hirschfeld, Leipzig 1928.

Politik — Niederwerfung der russischen Revolution und Aufteilung (?) Rußlands.

Es ist die Politik des 4. August 1914, nur im konkaven Spiegel des Friedens auf den Kopf gestellt. Kapitulation des Klassenkampfes, Zusammenschluß mit jeder nationalen Bourgeoisie zum gegenseitigen Kriegsmorden, umgewandelt in internationalen Weltzusammenschluß im „Verständigungsfrieden". Auf das Platteste, Abgeschmackteste, ein Ammenmärchen, ein Kinorührstück fallen sie herein: Kapital plötzlich verschwunden, Klassengegensätze null und nichtig. Abrüstung, Frieden, Demokratie, Harmonie der Nationen. Macht beugt sich vor Recht, der Schwache richtet sich auf. Krupp wird statt Kanonen... Weihnachtslichte produzieren, die amerikanische Stadt Gari (?) wird in einen Fröbel-Kindergarten verwandelt. Arche Noahs, wo das Lamm grast ruhig neben dem Wolf, der Tiger schnurrt blinzelnd wie eine große Hauskatze, dieweil ihn die Antilope mit dem Horn hinter dem Ohr krault, der Löwe und die Ziege spielen miteinander Blindekuh. Und all das auf die magische Zauberformel Wilsons hin, des Präsidenten der amerikanischen Milliardäre, all das mit Hilfe der Clemenceau, Lloyd George und des Prinzen Max von Baden[2]. Abrüstung, nachdem England und Amerika zwei neue Militarismen! Japan Lieferant. Nachdem die Technik ins Ungemessene gewachsen. Nachdem alle Staaten bei dem Rüstungs- und Finanzkapital durch die Staatsschuld in der Tasche sitzen! Nachdem Kolonien — Kolonien bleiben. Der Gedanke des Klassenkampfes kapituliert hier vor dem nationalen Gedanken. Die Harmonie der Klassen in jeder Nation erscheint als Voraussetzung und Ergänzung der Harmonie der Nationen, die im „Völkerbund" aus dem Weltkriege steigen soll. Der Nationalismus ist augenblicklich Trumpf. Von allen Seiten melden sich Nationen und Natiönchen mit ihren Rechten auf Staatenbildung an. Vermoderte Leichen steigen aus hundertjährigen Gräbern, von neuem Lenztrieb erfüllt, und „geschichtslose" Völker, die noch nie selbständige Staatswesen bildeten, verspüren einen heftigen Drang zur Staatenbildung. Polen, Ukrainer, Weißrussen, Litauer, Tschechen, Jugoslaven, zehn neue Nationen des Kaukasus... Zionisten errichten schon ihr Palästina-Ghetto, vorläufig in Philadelphia..., auf dem nationalistischen Blockberg ist heute Walpurgisnacht.

---

[2] Gestrichen: desselben Erzbergers, der den Friedensvertrag...

Es trägt der Besen, trägt der Stock,
Wird niemals fliegen, der heut nicht flog.

Aber der Nationalismus ist nur die Formel. Der Kern, der historische Inhalt, der darunter steckt, ist so mannigfaltig und beziehungsreich, wie die Formel der „nationalen Selbstbestimmung", unter der er sich verbirgt, hohl und dürftig ist.

Wie in jeder großen revolutionären Periode, kommen jetzt die verschiedensten alten und neuen Rechnungen zur Begleichung, Gegensätze zum Austrag: antiquierte Reste der Vergangenheit mit aktuellsten Fragen der Gegenwart und kaum geborenen Problemen der Zukunft bunt durcheinander. Zerfall Österreichs und der Türkei ist die letzte Liquidierung noch des feudalen Mittelalters, ein Nachtrag zur Arbeit Napoleons. Im Zusammenhang jedoch mit dem Zusammenbruch und der Reduktion Deutschlands ist es der Bankerott des jüngsten und kräftigsten Imperialismus und seiner erst im Kriege geformten Weltherrschaftspläne. Zugleich ist es der Bankerott nur einer speziellen Methode der imperialistischen Herrschaft: durch ostelbische Reaktion und Militärdiktatur, durch Belagerungszustand und Ausrottungsmethoden, es ist der Zusammenbruch der Trotha-Strategie, von den Hereros aus der Kalahari-Wüste auf Europa übertragen. Der Zerfall Rußlands, äußerlich und formell in seinen Resultaten: Bildung neuer kleiner Nationalstaaten — dem Zerfall Österreichs und der Türkei analog, birgt ein entgegengesetztes Problem: einerseits Kapitulation der proletarischen Politik auf nationalem Maßstabe vor dem Imperialismus, andererseits kapitalistische Konterrevolution gegen die proletarische Machtergreifung[3].

Ein K(autsky) sieht hier in seinem pedantischen, schulmeisterlichen Schematismus den Triumph der „Demokratie", deren einfaches Zubehör und Erscheinungsform der Nationalstaat sei. Der trockene kleinbürgerliche Formalist vergißt natürlich, in den inneren historischen Kern hineinzublicken, vergißt als berufener Tempelwächter des historischen Materialismus, daß „Nationalstaat" und „Nationalismus" an sich leere Hülsen sind, in die jede historische Epoche und die Klassenverhältnisse in jedem Land ihren besonderen materiellen Inhalt gießen. Deutscher und italienischer „Nationalstaat" in den siebziger

---

[3] Gestrichen: Dieses letztere ist zugleich die stärkste bewegende historische Kraft, die sich in allen gegenwärtigen Umbildungen äußert, die Achse in dem Wust der verschiedenen widersprechenden und einander durchkreuzenden historischen Bewegungen, der eigentliche Kern der mächtigen nationalen Bewegung.

Jahren war die Losung und das Programm des bürgerlichen Staates, der bürgerlichen Klassenherrschaft, dessen Spitze sich gegen die mittelalterlich-feudale Vergangenheit, den patriarchalisch-bürokratischen Staat und die Zersplitterung des wirtschaftlichen Lebens richtete. In Polen war der „Nationalstaat" traditionelle Losung der agrarisch-adligen und kleinbürgerlichen Opposition gegen die moderne kapitalistische Entwicklung, eine Losung, deren Spitze sich gerade gegen die modernen Erscheinungen des Lebens richtete: sowohl gegen den bürgerlichen Liberalismus wie gegen seinen Antipoden, die sozialistische Arbeiterbewegung. Auf dem Balkan, in Bulgarien, Serbien, Rumänien war der Nationalismus, dessen mächtigen Ausbruch die zwei blutigen Balkankriege als Präludien zum Weltkrieg bezeichneten, einerseits der Ausdruck der aufstrebenden kapitalistischen Entwicklung und der bürgerlichen Klassenherrschaft in allen diesen Staaten, Ausdruck für die widersprechenden Interessen sowohl dieser Bourgeoisien untereinander wie des Zusammenpralls ihrer Entwicklungstendenz mit dem österreichischen Imperialismus. Zugleich war und ist der Nationalismus dieser Staaten, obwohl im Kern nur Ausdruck für einen ganz jungen, erst keimartigen Kapitalismus, zugleich doch schon in der allgemeinen Atmosphäre der imperialistischen Tendenzen gefärbt. In Italien ist der Nationalismus schon durch und durch und ausschließlich Firmenschild für rein imperialistisch-koloniale Appetite, dieser Nationalismus des tripolitanischen Krieges und der albanischen Appetite hat mit dem italienischen Nationalismus der fünfziger und sechziger Jahre so wenig Ähnlichkeit wie Herr Sonnino mit Giuseppe Garibaldi.

In der russischen Ukraine war der Nationalismus bis zum Oktoberumsturz des Jahres 1917 in Petersburg ein Nichts, eine Seifenblase, eine Fatzkerei etlicher Dutzend Professoren und Advokaten, die meist selbst nicht ukrainisch reden können. Seit dem bolschewistischen Umsturz ist er zum Ausdruck eines sehr realen Interesses der kleinbürgerlichen Konterrevolution geworden, deren Spitze sich gegen die sozialistische Arbeiterklasse richtet. In Indien ist der Nationalismus ein Ausdruck der aufstrebenden eingeborenen Bourgeoisie, die nach selbständiger Ausbeutung des Landes für eigene Rechnung strebt, statt nur als Objekt für die Aussaugung seitens des englischen Kapitals zu dienen; dieser Nationalismus entspricht also seinem sozialen Gehalt und seiner historischen Stufe nach den Emanzipationskämpfen der Vereinigten Staaten Amerikas am Ausgang des 18. Jahrhunderts.

So spiegelt der Nationalismus alle denkbaren Interessen, Nuancen, geschichtlichen Situationen wieder. Er schillert in allen Farben. Er ist nichts und alles, er ist bloß die ideologische Hülle, alles kommt darauf an, seinen jeweiligen Kern zu bestimmen.

So birgt die allgemeine augenblickliche Weltexplosion des Nationalismus das bunteste Durcheinander verschiedenster Spezialinteressen und Tendenzen in ihrem Schoße. Aber durch alle diese Spezialinteressen geht richtunggebend als Achse ein allgemeines von der besonderen geschichtlichen Situation geschaffenes Interesse: die Spitze gegen die drohende Weltrevolution des Proletariats.

Die russische Revolution mit der von ihr hervorgebrachten Bolschewiki-Herrschaft hat das Problem der sozialen Revolution auf die Tagesordnung der Geschichte gestellt. Sie hat den Klassengegensatz zwischen Kapital und Arbeit ganz allgemein auf die äußerste Spitze getrieben. Sie hat plötzlich zwischen den beiden Klassen einen gähnenden Abgrund aufgetan, aus dem vulkanische Dämpfe aufwallen und feurige Flammen aufzüngeln. Wie seinerzeit der Juniaufstand des Pariser Proletariats und die Junischlächterei zum ersten Mal die bürgerliche Gesellschaft praktisch in zwei gegensätzliche Klassen gespalten hat, zwischen denen es nur ein Gesetz geben kann: Kampf auf Leben und Tod, so hat die Bolschewiki-Herrschaft in Rußland die bürgerliche Gesellschaft praktisch vor diesen Endkampf auf Tod und Leben von Angesicht zu Angesicht gestellt. Sie hat vernichtet und verweht die Fiktion von der zahmen Arbeiterklasse, mit der man sich schiedlich-friedlich einrichtet, von dem Sozialismus, der theoretisch unschädliche Phrasen bramarbasiert, praktisch aber dem Grundsatz huldigt: leben und leben lassen — jene Fiktion, die durch die Praxis der letzten dreißig Jahre der deutschen Sozialdemokratie in ihren Fußstapfen der ganzen Internationale entstanden war. Die russische Revolution hat plötzlich mit rauher Faust den durch das letzte halbe Jahrhundert des Parlamentarismus geschaffenen Modus vivendi zwischen Sozialismus und Kapitalismus zerstört und den Sozialismus aus einer harmlosen Phrase der Wahlagitation der blauen Zukunftsferne zum blutig ernsten Problem der Gegenwart des heutigen Tages gemacht. Sie hat die alte, seit den Pariser Junitagen des Jahres 1848 vernarbte furchtbare Wunde der bürgerlichen Gesellschaft brutal aufgerissen.

Dies alles freilich zunächst nur im Bewußtsein der herrschenden Klassen. Genau wie die Junitage mit der Kraft eines elektrischen Schlages augenblicklich der Bourgeoisie aller Länder das Bewußtsein des unversöhnlichen Klassengegensatzes zur Arbeiterklasse eingeprägt, den tödlichen Haß zum Proletariat in die Herzen gegossen hatten, während die Arbeiter aller Länder selbst Jahrzehnte brauchten, um sich die Lehren der Junitage, das Bewußtsein des Klassengegensatzes anzueignen, so wiederholt sich das auch jetzt: die russische Revolution hatte in sämtlichen besitzenden Klassen sämtlicher Länder der Welt einen glühenden, schäumenden, zitternden Schreck und Haß gegen das drohende Gespenst der politischen Diktatur geweckt, wie er sich nur mit den Gefühlen der Pariser Bourgeoisie während der Juni-Metzelei und der Kommune-Abschlachtung messen kann. Der „Bolschewismus" ist das Stichwort für den praktischen revolutionären Sozialismus, für alle Bestrebungen der Arbeiterklasse zur Machteroberung geworden. In diesem Aufreißen des sozialen Abgrunds im Schoße der bürgerlichen Gesellschaft, in dieser internationalen Vertiefung und Zuspitzung des Klassengegensatzes liegt das geschichtliche Verdienst des Bolschewismus und in diesem Werk — wie immer in großen historischen Zusammenhängen — verschwinden wesenlos alle besonderen Fehler und Irrtümer des Bolschewismus[4].

Diese Gefühle sind heute der innerste Kern der nationalistischen Delirien, in die die kapitalistische Welt anscheinend verfallen ist, sie sind der objektive historische Inhalt, auf den sich die kunterbunte Musterkarte der sich anmeldenden Nationalismen in Wirklichkeit reduziert. In allen den kleinen jungen Bourgeoisien, die nun zum selbständigen Dasein streben, zittert nicht bloß der Wunsch nach Gewinnen ungehemmter und unbevormundeter Klassenherrschaft, sondern auch nach den solange entbehrten Wonnen der eigenhändigen Erdrosselung des Todfeindes — des revolutionären Proletariats, welche Funktion sie bis jetzt einem ungefügen staatlichen

---

Gestrichen: Sie dienen selbst diesem Werk, indem sie alle dahin wirken, den Haß der bürgerlichen Gesellschaft bis zur Weißglut, die Angst bis zum Wahnsinn zu steigern.

Apparat der Fremdherrschaft überlassen mußten. Haß wie Liebe läßt man ungern durch Dritte ausüben. Die Blutorgien Mannerheims, des finnischen Gallifet, zeigen, wieviel in der Gluthitze des letzten Jahres aufgesprossener Haß in den Busen all dieser „kleinen Nationen", all der Polen, Litauer, Rumänen, Ukrainer, Tschechen, Kroaten usw. nur auf die Möglichkeit wartet, endlich selbst mit „nationalen" Mitteln in den Eingeweiden des revolutionären Proletariats zu wühlen. Aus allen diesen „jungen" Nationen, die wie Lämmer weiß und unschuldig auf die Grasweide der Weltgeschichte hüpfen, blickt schon der Karfunkelblick des grimmen Tigers, der auf eine „Abrechnung" mit der ersten Regung des „Bolschewismus" wartet. Hinter all den idyllischen Banketten und rauschenden Verbrüderungsfesten in Wien, in Prag, in Agram, in Warschau gähnen schon Mannerheims offene Gräber, die sich Rotgardisten selbst schaufeln müssen, schimmern wie undeutliche Schatten die Galgen von Charkow, zu deren Errichtung die Lubinskys und Holubowitschs die deutschen „Befreier" in die Ukraine luden.

Und derselbe Grundgedanke beherrscht das ganze demokratische Friedensprogramm Wilsons. Der „Völkerbund" in der Atmosphäre der Siegestrunkenheit des anglo-amerikanischen Imperialismus und des auf der Weltbühne umgehenden Schreckgespenstes des Bolschewismus kann nur eins hervorbringen: einen bürgerlichen Weltbund zur Niederhaltung des Proletariats. Das erste dampfende Opfer, das der Hohepriester Wilson an der Spitze seiner Auguren von der Bundeslade des „Völkerbundes" bringen wird, wird das bolschewistische Rußland sein, über das sich die „selbstbestimmten Nationen", Sieger und Besiegte zusammen, stürzen werden.

Hier zeigen die herrschenden Klassen wieder einmal ihren untrüglichen Instinkt für ihre Klasseninteressen, ihre wunderbar feine Sensibilität für die ihnen drohenden Gefahren. Während äußerlich für die Bourgeoisie das schönste Wetter herrscht und die Proletarier aller Länder sich an dem nationalistischen und völkerbündlerischen Lenzeswehen berauschen, spürt die bürgerliche Gesellschaft ein Reißen in allen Gliedern, das ihr den bevorstehenden historischen Barometersturz und Witterungsumschlag ankündigt. Während die Sozialisten mit tölpelhaftem Eifer ihr als „nationale Minister" Kastanien des Friedens aus dem Feuer des Weltkrieges zu holen trachten, sieht sie hinter ihrem Rücken schon das unvermeidliche, nahende Verhängnis: das sich aufreckende Riesengespenst der sozialen Weltrevolution, das schweigend im Hintergrunde die Bühne betreten hat.

Die objektive Unlösbarkeit der Aufgaben, vor die sich die bürgerliche Gesellschaft gestellt sieht, diese ist es, die den Sozialismus zur historischen Notwendigkeit und die Weltrevolution unvermeidlich macht.

Wie lange diese letzte Periode dauern, welche Formen sie annehmen wird, kann niemand voraussehen. Die Geschichte hat das ausgefahrene Geleise und den gemütlichen Trott verlassen, und jeder neue Schritt, jede neue Wendung des Weges eröffnen neue Perspektiven und eine neue Szenerie.

Worauf es ankommt, ist, das eigentliche Problem dieser Periode zu begreifen[5]. Dieses Problem heißt: die Diktatur des Proletariats, Verwirklichung des Sozialismus. Die Schwierigkeiten der Aufgabe liegen nicht in der Stärke des Gegners, der Widerstände der bürgerlichen Gesellschaft. Ihre ultima ratio: das Heer, ist durch den Krieg zur Niederhaltung des Proletariats unbrauchbar, selbst revolutionär geworden. Ihre materielle Daseinsbasis: die Erhaltung der Gesellschaft, ist durch den Krieg zerrüttet. Ihre moralische Daseinsbasis: die Tradition, der Schlendrian, die Autorität, sind in alle Winde verweht. Das ganze Gefüge aufgelockert, flüssig und beweglich geworden. Die Bedingungen des Kampfes um die Macht sind so günstig wie noch für keine aufstrebende Klasse in der Weltgeschichte. Sie kann wie eine reife Frucht dem Proletariat in den Schoß fallen. Die Schwierigkeit liegt im Proletariat selbst, in seiner Unreife, vielmehr in der Unreife seiner Führer, der sozialistischen Parteien[6]. Die Arbeiterklasse sträubt sich, sie schreckt immer wieder vor der unbestimmten Ungeheuerlichkeit ihrer Aufgabe zurück. Aber sie muß, sie muß. Die Geschichte schneidet ihr alle Ausflüchte ab, — um aus Nacht und Graus die geschundene Menschheit ins Licht der Befreiung zu führen. Das Ende des Weltkrieges kann nichts... (unleserlich) ... sein und aus d... (unleserlich) ... kann sich... (unleserlich)...

---

[5] Gestrichen: und an ihm unbeirrt festhalten.
[6] Gestrichen: Das allgemeine Nachjagen dem Nationalismus und dem Völkerbund. Jetzt müssen die Sozialisten die Schule durchmachen, das Abc von neuem lernen, — in der Praxis, aber sehr verkürzt. Das Friedensprogramm der bürgerlichen Gesellschaft ist unausführbar. Darum die historische Gewähr für die Nähe der Revolution und des Sieges.

Bibliographie

Werke, Schriften, Reden

Gesammelte Werke. Hrsg. von Clara Zetkin und Adolf Warski, Redaktion Paul Frölich, Berlin 1923—1928.

Geplant in 9 Bänden

Band I	Polen
Band II	Die russische Revolution
Band III	Gegen den Reformismus
Band IV	Gewerkschaftskampf und Massenstreik
Band V	Der Imperialismus
Band VI	Die Akkumulation des Kapitals
Band VII	Krieg und Revolution
Band VIII	Nationalökonomie
Band IX	Briefe, Gedenkartikel, historische Aufsätze

Erschienen: Band III, IV, und VI.

Ausgewählte Reden und Schriften. Hrsg. vom Marx-Engels-Lenin-Institut beim ZK der SED. 2 Bde. Berlin (Ost) 1951.

Ich war, ich bin, ich werde sein! Artikel und Reden zur Novemberrevolution. Hrsg. vom Institut für Marxismus-Leninismus beim ZK der SED. Berlin (Ost) 1958.

Redner der Revolution. Band XI. Rosa Luxemburg. Mit einer Einleitung von Frölich. Berlin 1928 (enthält 15 Reden, zum Teil gekürzt).

Spartakusbriefe. 2 Bde. Berlin 1920 und 1921. Neuauflage in einem Band. Berlin (Ost) 1958.

Spartakus im Kriege. Die illegalen Flugblätter des Spartakusbundes im Kriege. Hrsg. Ernst Meyer. Berlin 1927.

Die Akkumulation des Kapitals und Antikritik. Eingeleitet von Dr. Eduard März, Wien. Neudruck der Erstausgaben von 1913 und 1921. Frankfurt/M. 1966.

Briefe

Briefe aus dem Gefängnis. Berlin 1919. Neuauflage. Berlin (Ost) 1961 (Briefe an Sonja Liebknecht).

Briefe an Karl und Luise Kautsky (1896—1918). Hrsg. von Luise Kautsky. Berlin 1923.

Briefe an Freunde. Nach dem von Luise Kautsky fertiggestellten Manuskript hrsg. von Benedikt Kautsky. Hamburg 1950.

Das Menschliche entscheidet. Briefe an Freunde. München 1958 (enthält eine Auswahl aus „Briefe an Karl und Luise Kautsky" und „Briefe an Freunde").

Literatur über Rosa Luxemburg

Frölich, Paul: Rosa Luxemburg — Gedanke und Tat. 3. Ausgabe. Frankfurt 1967.

Hannover-Drück, Elisabeth, und Hannover, Heinrich (Hrsg.): Der Mord an Rosa Luxemburg und Karl Liebknecht — Dokumentation eines politischen Verbrechens. Frankfurt 1967.

Hochdorf, Max: Rosa Luxemburg. Das Leben einer Revolutionärin. Berlin 1930.

Nettl, Peter: Rosa Luxemburg. Aus dem Englischen von Karl Römer. Köln 1967.

Oelßner, Fred: Rosa Luxemburg. Eine kritische biographische Skizze. Berlin (Ost) 1951.

Radek, Karl: Rosa Luxemburg, Karl Liebknecht, Leo Jogiches. Hamburg 1921.

Roland-Holst, Henriette: Rosa Luxemburg. Ihr Leben und Wirken. Zürich 1937.

Warski, Adolf: Rosa Luxemburgs Stellung zu den taktischen Problemen der Revolution. Hamburg 1922.

Zetkin, Clara: Rosa Luxemburg und Karl Liebknecht. Berlin 1919.

Zetkin, Clara: Revolutionäre Kämpfe und revolutionäre Kämpfer 1919. Rosa Luxemburg, Karl Liebknecht, Leo Jogiches, Eugen Leviné, Franz Mehring und all den treuen kühnen revolutionären Kämpfern und Kämpferinnen zum Gedächtnis. Stuttgart 1920.

Zetkin, Clara: Um Rosa Luxemburgs Stellung zur russischen Revolution. Hamburg 1922.

Namenregister*

Abdul Hamid 280, 283, 284, 286
Adler, Victor 251, 572
Alexander II. (474), 498
Allgemeiner Deutscher Arbeiterverein 530
Archiv für die Geschichte des Sozialismus und der Arbeiterbewegung, hrsg. v. Carl Grünberg 438, (572)
Auer, Ignaz 15, 268, 271, 359
Awxentjew 558
Axelrod, Paul 537, 542

Babeuf, François Noel 476
Baden, Prinz Max v. 573
Bakunin, Michail A. 135, 138, 460
Bardowski, Pjotr 451, 453
Bassermann, Ernst (285)
Bauer, Otto 572
Bebel, August 12, 16, 18, 36, 222, 233, 250, 258, 259, 310, 331, 340, 359, 360, 401 f., 435
Berchtold, Leopold Graf 262
Berlepsch, Hans Hermann v. 127
Bernhardi, Friedrich 335 f.
Bernstein, Eduard 14, 15, 22, 23, 42, (47), 48, 49, 51 ff., (63), (65), 66 ff., 72 ff., 80–130, 133, 140, 202, 479, 506
Bethmann Hollweg, Theobald v. 20, 260, 262
Bismarck, Otto v. 6, 13, 259, 268, 269, 270, 271, 272, 275, 289, 298, 300, 301, 315, 331, 332, 338, 340, 342, 363
Blachstein, Peter 439
Blanc, Louis 328

Blanqui, Auguste 476 f.
Böhm-Bawerk, Eugen 97, 98, 126
Bömelburg, Theodor 140
Bolschewiki (siehe auch Sozialdemokratische Arbeiterpartei Rußlands) 20, 21, 28, 38, 43, 417, 436, 438, 442, 443, 447, 537, 538, 543, 545, 546 f., 550, 552, 556 f., 563 f., 568 ff., 576
Bonaparte, Louis 259
Bonhoeffer, Dietrich 46
Braun, Otto 18
Brentano, Lujo (85), 126
Brzeziński, Z. 462
Buch, Leo v. 125
Bülow, Bernhard v. 16, 276, 279, 316, 335
Buerkner 418
Bulygin, Alexander G. 170

Caprivi, Leo Graf 127
Caspar 317
Caussidière, Marc 328
Cecil, Lord Robert 276
Chlumezki, Baron v. 305
Claß, Heinrich (291)
Clemenceau, Georges 388, 573
Constans, Jean Antoine Ernest 354
Conze, Werner (46)
Cuno, Wilhelm 27, 569

Dan, F. 537, 542, 545
Daszyński, Ignaz 572
David, Eduard 13, (46), 202, (212), 252, (285), 403
Deutsch, Julius 572
Dittmann, Wilhelm 411

* Die in Klammern gesetzten Zahlen beziehen sich auf Fußnoten bzw. auf die Bibliographie

Dluski, Kasimir (466)
Dshershinski, Feliks 44
Duncker, Hermann 16

Ebert, Friedrich 6, 18, 19, 32, 43, 393, 403, 408 ff., 419 ff., 427, 428, 430 f.
Eichhorn, Emil 430
Eisenstein, Sergej 444
Eisner, Kurt 16, 140
Elm, Adolf v. 204, 205
Emmich, Otto v. 427
Engels, Friedrich 7, 12, 30 f., 36, 38, (46), 52, (61), (63), 64, 94, 106, 119, 135, 136, 137, 139, 246, 254, 255, 310, 311, 313, 340, 353 f., 355, 362, 395, 397 ff., 448, 456, 473, 475, 476, 479, 480, 484, 485, 489, 499, (500), 506
Erich 555
Erzberger, Matthias (573)

Favre, Jules 338
Federation of Labor 9
Fischer, Fritz 29
Flechtheim, Ossip K. (46), 435, 451
Fourier, Charles 81
Franz Ferdinand 261, 263, 305, (306)
Friedjung, Heinrich (hier fälschlich: Friedmann) 305, 309
Friedrich III. 268
Frölich, Paul 13, 45, (46), (133), (580), (581)
Frohme 204

Gallifet, Gaston Auguste de 578
Gapon 155, 165
Garibaldi, Giuseppe 575
Die Gewerkschaft (Zeitung) 166
Gewerkschaften, Freie 8, 9, 11, 16, 19, 141 ff., 164, 191–194, 198, 208–228, 325, 327, 406
Gewerkschaften Polens und Litauens 167
Gewerkschaften, russische 149, 165, 166, 168, (186)
Goltz-Pascha, Colmar v. d. 284
Grey, Sir Edward 293
Groener, Wilhelm 416

Grünberg, Carl, siehe unter „Archiv..."
Gruppe Internationale 6, 436

Haase, Hugo 18, 408 ff.
Hannover, Heinrich (581)
Hannover-Drück, Elisabeth (581)
Hegel, Georg Wilhelm Friedrich 35, 42
Heine, Wolfgang 128
Helszer 498
Herkner, Heinrich 125
Hindenburg, Paul v. 20, 32, 313, 321, 390, 416
Hitler, Adolf 43, 447
Hochdorf, Max (581)
Hohenlohe-Langenburg, Gottfried Prinz zu 127
Hollmann, Friedrich v. 275
Holubowitsch 578
Huxley, Aldous 39

Institut für Marxismus-Leninismus beim ZK der SED (Marx-Engels-Lenin-Institut beim ZK der SED) (580)
Internationale Arbeiterassoziation (I. Internationale) 236, 245, 259, 338, 353
II. Internationale 5, 6, 9, 16, 19, 21, 30, 38, 237, 247, 252, 256, 257, 259, 326, 361, 362, 377, 379, 380, 381, 435, 437, (500)
Iskra 437, 513, 515 f.

Jobloński 462
Jacoby, Johann 331
Der wahre Jacob 257
Jaurès, Jean 252, 343
Jevons, William Stanley 97, 98, 126
Jogiches, Leo 5, 435, (581)
Junius (d. i. Rosa Luxemburg) 28

Kachlak, Tadeusz 306
Kaledin, Alexej M. 541, 543
Kant, Immanuel 125
Kapp, Wolfgang 27
Karl I. 543, 544, 560
Karski, Julian 19
Kasprzak, Martin 174

583

Kautsky, Benedikt (581)
Kautsky, Karl 12, 14, 17, 111, 349, 402, 424, 435, 437, 446, 536, 537, 541, 542, 544, 555, 568, 574, (581)
Kautsky, Luise (581)
Kazlerowitsch 347
Kerenski, Alexander F. 550, 557, 558
Kolakowski, Leszek 44, (46)
Kommunistische Partei Deutschlands (Bund der Kommunisten) 479, 480
Kommunistische Partei Deutschlands (KPD), (siehe auch Spartakusbund) (46)
Kommunistische Partei Rußlands (später KPdSU) 440
Krauss, Bernhard 439
Kunicki, Stanislaus 451, 453

Lafargue, Laura (46)
Lafargue, Paul 31, (46)
Lange, Friedrich Albert 125
Lapschewitsch 347
Laski, Harold 27
Lassalle, Ferdinand 7, 30, 49, 125, 340, 355, 362, 530
Lenin, Wladimir I. 19, 28, 31, 42, 43, 44, 45, 436 ff., 440, 441, 442, 443, 446, 447, 451, 516, 517 ff., 539, 542, 543, 545, 546, 547 ff., 555, 557, 558, 560 f., 563 ff., 568 ff.
Lensch, Paul 569
Levi, Paul 438
Leviné, Eugen (581)
Lieber, Ernst 275
Liebknecht, Karl 6, 16, 17, 19, 21, 33, 34, 45, 435, 436, 438, (581)
Liebknecht, Sonja (581)
Liebknecht, Wilhelm 12, 18, 258, 259, 331, 340, 359
Liman v. Sanders, Otto 300
Lloyd George, David 293, 388, 573
Louis Philippe 107, 560
Lubinsky 555, 578
Ludendorff, Erich 20, 390, 427
Lud Polski 462, 463

Ludwig XVI. 506
Lübeck, Gustav 5
Lukács, Georg 31, 42, (46)

März, Eduard (580)
Mann, Heinrich 7
Mannerheim 555, 578
Manteuffel, Edwin v. 314, 316
Marschall, Adolf Hermann v. (287)
Martow, Julius L. 436
Marx, Karl 7, 17, 22, 25, 30, 31, 35, 36, 38, 39, 42, 49, 52, 59 ff., 66, (68), (72), 76, 85, 91 ff., (102), 105, 106, 119, 123, 125, 129 ff., 137, 139, 142, 244 f., 246, 248 f., 256, 270, 271, 272, 285, 310, 313, 314, 321, 322, 327, 338, 340, 341, 352, 355, 362, 395, 397 ff., 448, 454, 455, 456, 473, 475, 476, 479, 480, 499, 533
Mayer, Gustav (46)
Mehring, Franz 17, 19, (581)
Menschewiki 436, 437, 537, 541, 545
Meyer, Ernst (580)
Michels, Robert (46)
Miljukow 541, 550
Miller, Susanne (46)
Monsanquet 418

Nabat, 484
Napoleon I. 107, 574
Napoleon III. 108
Narodnaja, Wolja 451, 454, 456 f., 469 ff., 482 ff., 488, 492 f., 497 f., 499, 500, 501 f., 509, 512
Nemeč 572
Nettl, J. Peter (5), (46), (581)
Die Neue Zeit 48, (51), (53), (54), 68, 101, (110), 313, 326, (352), 437, (513), (530), 536, 555
Neupauer, Ritter v. 125
Nikolaus I. 314
Nikolaus II. 148, 313
Noske, Gustav 43, 427

Oelßner, Fred (581)

Oertzen, Peter v. 10, (46)
Oppenheimer, Franz (85), 102, 125
Ossietzky, Carl v. 46
Ossowski, Michael 451, 453
Oswoboshdenije (Gruppe) 502
Oswoboshdenije (Zeitung) 154

Pabst, Waldemar 6
Padlewski 462
Parvus (d. i. Alexander Helphand) 523, 569
Paskiewitsch, Iwan F. 427
Péreire, Isaac 59
Petersburger Verein des Kampfes und der Befreiung der Arbeiterklasse = Petersburger Komitee der russischen sozialdemokratischen Arbeiterpartei (186)
Pietrusinski, Jan 451, 452
Pilsudski, Josef 435
Polnische Sozialistische Partei (PPS) 435, 453
Posadowsky-Wehner, Arthur 127
Prohaska 511, 515
Prokopovitsch 125
Proletariat (Partei) 451 ff., 470 ff., 477, 480 ff., 488, 490 ff., (496), 497 ff., 502 ff., 509, 511 f.
Proletariat (Zeitschrift) 487, (488), 490, 491, 494, (496)
Proudhon, Pierre Joseph 125
Przedświt 461, 462, 467, 469, 474, 478, 481, 482, (484), (496), 506, 507, 508
Przeglad Socjaldemokratyczny 451
Puttkamer, Robert v. 142

Rabotschaja Mysl 320
Radek, Karl (581)
Rathenau, Walther 40
Reed, John 438
Reinhardt, Walther 427
Renner, Karl 572
Reuter, Fritz 555
Ricardo, David 99
Rochow, v. 314
Rodbertus, Johann Karl 104
Römer, Karl (581)
Rohrbach, Paul 283, 287 f., (306), (307), 308, 335
Roland-Holst, Henriette (186), (581)
Rosenberg, Arthur 37, 38
Die Rote Fahne 30, 33, (433)
Równość (Gruppe) 459 ff., 466, 467 ff., 474
Równość (Zeitung) 458, (459), 460, (461), 474

Say, Leon 126
Schädler 275, 276
Scheidemann, Philipp 6, 18, 19, 32, 393, 408 ff., 419 ff., 428, 430 f., 542
Schewtschenko 555
Schiemann, Theodor (291)
Schippel, Max 128, 130
Schleswig-Holsteinische Volkszeitung 263, 311
Schmidt, Konrad 68–75, 80, 83
Schmoller, Gustav (85)
Schorske, Carl E. 13, 16, 18, (46)
Schütze 317
Schulze-Gävernitz, Gerhart v. 125
Schulz, Hugo 352
Sebastiani, Horace Graf 427
Shdanow, Andrej 43
Singer, Paul 18
Skrzypczyński 498
Smith, Adam 99
Sombart, Werner 221
Sonnino, Sydney Baron 575
Soukup 572
Sozialdemokratie des Königreichs Polen und Litauen (SDKPiL) 160, 161, 174, 181, 435, 469, 470, 474, 502, 505, 512
Sozialdemokratische Arbeiterpartei Rußlands (SAPR) 143, 148 ff., 170, 171, 175, 181, 182, 187, 199, 435, 436, 437, 457, 470, 474, 497, 502, 512, 514 ff., 530 f., 534
Sozialdemokratische Arbeitsgemeinschaft 21
Sozialdemokratische Korrespondenz 19

Sozialdemokratische Partei
Deutschlands (SDP) (hier meist
„deutsche Sozialdemokratie")
5–21, 24, 26, 27, 29 f., 36, 43,
84, (85), 137, 142, 145, 185,
190, 195, 198 f., 202, 205, 206,
207, 209, 213 f., 217, 219, 221
–228, 230, 231, 232, 233, 234,
237, 238, 239, 240, 246, 247,
253–270, 285, 294, 298, 308–
340, 347, 351 f., 354 ff., 398 ff.,
402, 405, 406, 417, 432, 436,
437, 438, 499, 536, 537, 544,
556, 576
Sozial-Revolutionäre (hier Sozialisten-Revolutionäre) 138, 543,
557
Spartakusbund (KPD) 6, 21, 30,
31, 32, (46), 383, 392 ff., 395,
405, 414, 415, (425), 436, 458,
(586)
Spengler, Oswald 449
Sromski 498
Stalin, Josef W. 31, 42, 43, 44,
45, 440, 441, 442, 446, 447
Stampfer, Friedrich 537
Struve, Peter v. 154, (299)
Subatow 151, 152, 155
Swiatopolk-Mirski, Fürst (186)

Thälmann, Ernst 43
Thiers, Adolphe 338, 353
Tirpitz, Alfred v. 390
Tkatschoff 484, 486
Trade Union Congress 9, 71, 190
Troelstra, Piter Jelles 252
Trotha, Lothar v. 444, 574
Trotzki, Leo 28, 440, 442, 446,
447, 539, 546, 551, 553, 557,
558 ff., 564, 566, 568 f., 571

Ulbricht, Walter 43
Unabhängige Sozialdemokrati-
sche Partei Deutschlands
(USPD) 18, 20, 21, 415, 430

Vaillant, Edouard 500
Verein für Sozialreform (85)
Vollmar, Georg v. 128
Vorwärts (68), 105, 106, 111, 124,
261, 309, 415, 417, 427, 430,
537

Wagner, Adolph (85)
Walka klas (496), 508
Warski, Adolf (133), (580), (581)
Waryński, Ludwik 451, 458,
459 ff., 466 f., 469, 470 ff.,
474, 475, 478, 481, 482, 492,
(499), 509 ff.
Webb, Sidney (70), (71), (530)
Webb (Potter-Webb), Beatrice
101, (530)
Weil, Felix 438
Weitling, Wilhelm 94, 106
Wilhelm I. 268 f., 315
Wilhelm II. 13, 20
Wilson, Woodrow 388, 556, 572,
573, 578
Winnig, August 417, 418 f.
Wjestnik Narodnej Woli (492)
Wolf, Julius 125, 126, 435
Wrangel, Friedrich Heinrich Ernst
v. 314, 316

Zeretelli, Isaklij 545, 547
Zetkin, Clara 18, (133), 435, 445,
(580), (581)
Zietz, Luise 18

Inhalt

Einführung von Ossip K. Flechtheim 5

Sozialreform oder Revolution? 47
  Vorwort 47

  Erster Teil
  1. Die opportunistische Methode 51
  2. Anpassung des Kapitalismus 56
  3. Einführung des Sozialismus
     durch soziale Reformen 68
  4. Zollpolitik und Militarismus 75
  5. Praktische Konsequenzen
     und allgemeiner Charakter des Revisionismus . . 82

  Zweiter Teil
  1. Die ökonomische Entwicklung
     und der Sozialismus 91
  2. Gewerkschaften, Genossenschaften
     und politische Demokratie 100
  3. Die Eroberung der politischen Macht . . . 112
  4. Der Zusammenbruch 123
  5. Der Opportunismus in Theorie und Praxis . . 127

Massenstreik, Partei und Gewerkschaften 135

Militarismus, Krieg und Arbeiterklasse 229

Die Krise der Sozialdemokratie 243

Anhang 376

Was will der Spartakusbund? 383

Unser Programm und die politische Situation . . . 395

Ordnung herrscht in Berlin 427

Einleitung von Ossip K. Flechtheim 435

Vorbemerkung von Ossip K. Flechtheim zu „Der Partei ‚Proletariat' zum Gedächtnis" 451

Der Partei „Proletariat" zum Gedächtnis 453

Organisationsfragen der russischen Sozialdemokratie 513

Die russische Revolution 536

Fragment über Krieg, nationale Frage und Revolution 572

Bibliographie 580

Namenregister 582

Väter und Söhne
Eine deutsche Tragödie

Die schicksalhafte Geschichte einer Familie des I.G.-Farben-Imperiums, ihre Intrigen und Liebschaften, wirtschaftlichen Erfolge, großen Erfindungen und Verbrechen in der Zeit von 1911–1947. Nicht die Geschichte des »kleinen Mannes« wird erzählt, sondern die der Mächtigen in diesem Lande; die Verquickung von Wirtschaftsinteressen und Politik, ihre Rolle im Ersten Weltkrieg, ihre schuldhafte Verstrickung in die Verbrechen des Dritten Reichs. Angeklagt in Nürnberg, zu milden Haftstrafen verurteilt, feiert man einige von ihnen wenig später als Helden des deutschen Wirtschaftswunders. Das *Filmbuch* »Väter und Söhne« illustriert ein wichtiges Kapitel deutscher Geschichte und bietet ohne »Zeigefinger« eine Vertiefung der üblichen Geschichtsdarstellungen.

Bernhard Sinkel
Väter und Söhne
Eine deutsche Tragödie
448 Seiten, Sonderformat, kartoniert, mit 240, meist farbigen Abbildungen sowie einem Anhang mit Dokumenten, Kommentaren und Essays von Alexander Kluge, Primo Levi u.a.
ISBN 3-7610-8416-6

athenäum
…mit Leib und Seele Bücher machen

Taschenbücher Syndikat
Gesamtverzeichnis

Adler/Langbein/Lingens-Reiner, Auschwitz 30
Anselm, Angst und Solidarität 47

Benn, Soll die Dichtung das Leben bessern? 80
Bergson, Denken und schöpferisches Werden 50
Bosse, Diebe, Lügner, Faulenzer 39

Chasseguet-Smirgel (Hg.), Wege des Anti-Ödipus 79
Colli, Nach Nietzsche 17

Dannecker, Der Homosexuelle und die Homosexualität 74
Deleuze, Nietzsche und die Philosophie 70
Devereux, Baubo 63
Döll, Philosoph in Haar 16
Dörner, Bürger und Irre 27
Doyle, Das Congoverbrechen 51
Duerr (Hg.), Der Wissenschaftler und das Irrationale I 56
Duerr (Hg.), Der Wissenschaftler und das Irrationale II 57
Duerr (Hg.), Der Wissenschaftler und das Irrationale III 58
Duerr (Hg.), Der Wissenschaftler und das Irrationale IV 59
Duerr (Hg.), Der Wissenschaftler und das Irrationale, 4 Bände in Kassette 60

Ebeling, Der Tod in der Moderne 36
Ebeling/Lütkehaus (Hg.), Schopenhauer und Marx 64
Erdheim, Prestige und Kulturwandel 67

Fletcher, Inseln der Illusion 82
Fried, Höre Israel 19

Gerstner, Der Künstler und die Mehrheit 73
Giedion, Befreites Wohnen 48
Ginzburg, Der Käse und die Würmer 10
Goldmann, Das Jüdische Paradox 13
Gorsen, Salvador Dali 5
Grassi, Die Macht der Phantasie 28

Hallgarten/Radkau, Deutsche Industrie und Politik 81
Hirsch, Der Sicherheitsstaat 87
Hofmann/Helman/Warnke, Goya 93
Honegger/Heintz (Hg.), Listen der Ohnmacht 38
Horkheimer/Adorno, Sociologica 41

Jervis, Kritisches Handbuch der Psychiatrie 4

Kerker, Im Schatten der Paläste 88
Kierkegaard, Der Begriff Angst 21
Kierkegaard, Die Wiederholung, Die Krise 22
Kierkegaard, Furcht und Zittern 23
Kierkegaard, Die Krankheit zum Tode 24
Kierkegaard, Philosophische Brocken 25
Kiltz, Das erotische Mahl 86
Kluge, Der Angriff der Gegenwart auf die übrige Zeit 46
Koltès, Quai West, In der Einsamkeit der Baumwollfelder 84
Kramer/Sigrist, Gesellschaften ohne Staat I 6
Kramer/Sigrist, Gesellschaften ohne Staat II 20

Laube, Ella fällt 68
Lindner/Wiebe (Hg.), Verborgen im Licht 65
zur Lippe, Autonomie als Selbstzerstörung 33
Lülfing, Über ein Spiel mehr von sich selbst erfahren 54
Luxemburg, Briefe an Freunde 77
Luxemburg, Politische Schriften 95

Malinowski, Argonauten des westlichen Pazifik 26
Malinowski, Das Geschlechtsleben der Wilden in Nordwest-Melanesien 12
Mannoni, Der Psychiater, sein Patient und die Psychoanalyse 8
Massing, Vorgeschichte des politischen Antisemitismus 78
Mattenklott, Bilderdienst 62
Memmi, Die Salzsäule 66
Mies, Indische Frauen und das Patriarchat 85
Mitscherlich, Der Kranke in der modernen Gesellschaft 29
Morgenthaler, Technik 72
Müller, Architektur und Avantgarde 32
Müller, Schöner Schein 89

Die neuen Narzißmustheorien: zurück ins Paradies? 18
Neuss, Wir Kellerkinder 15
Neuss, Neuss Testament 55
Nordhofen (Hg.), Philosophen des 20. Jahrhunderts in Portraits 71

Oettermann, Läufer und Vorläufer 40
Oettermann, Zeichen auf der Haut 61

Parin, Der Widerspruch im Subjekt 9
Petersen, Böse Blicke 94
Piaget, Probleme der Entwicklungspsychologie 44

Rosenberg, Die Entstehung und Geschichte der Weimarer Republik 2
Roussel, In Havanna 31

Schreber, Denkwürdigkeiten eines Nervenkranken 52
Schulte, Sperrbezirke 45
Sexualität, hrsg. vom Psychoanalytischen Seminar Zürich 83
Sonnemann, Die Einübung des Ungehorsams in Deutschland 35
Sonnemann, Das Land der unbegrenzten Zumutbarkeiten 49
Soziologische Exkurse 14
Spazier, Der Tod des Psychiaters 69
Sweezy/Dobb u.a., Der Übergang vom Feudalismus zum Kapitalismus 42

Tschajanow, Reise ins Land der bäuerlichen Utopie 37

Voltaire, Recht und Politik 75
Voltaire, Republikanische Ideen 76

Wolfe, Mit dem Bauhaus leben 43

Ziehe, Pubertät und Narzißmus 34

athenäum

Savignystr. 53
6000 Frankfurt a.M. 1

Fernand Braudel/Ernest Labrousse
(Hrsg.)

Wirtschaft und Gesellschaft in Frankreich im Zeitalter der Industrialisierung. 1789 – 1880

Mit Beiträgen von: Pierre Léon, Maurice Lévy-Leboyer, André Armengaud, André Broder, Jean Bruhat, Adeline Daumard, Ernest Labrousse, Robert Laurent, Albert Soboul. Deutsche Ausgabe: Herausgegeben und bearbeitet von Jochen Hoock.

2 Bände, je Band etwa 400 Seiten mit zahlreichen Schaubildern und Tabellen, etwa 40 Abbildungen
geb. mit Schutzumschlag
Band I erscheint im Oktober 1986,
Band II erscheint im Mai 1987

Dieses von herausragenden französischen Historikern verfaßte Standardwerk gibt eine umfassende Darstellung der gesellschaftlichen Entwicklung Frankreichs im neunzehnten Jahrhundert. Von den Auswirkungen der französischen Revolution, der Durchsetzung bürgerlicher Lebensformen, den Veränderungen der strukturellen Voraussetzungen wirtschaftlichen und gesellschaftlichen Handelns spannt sich der Bogen bis zu eingehenden Analysen der technischen Innovationen im Verlauf der Industrialisierung, der Entwicklung des Industriekapitals und der Unternehmensführung, den räumlichen und strukturellen Aspekten des industriellen Wachstums und dessen agrarischem Seitenstück.

Der erste Band befaßt sich mit den strukturellen Voraussetzungen des französischen Industrialisierungsprozesses. Neben den politischen Rahmenbedingungen werden die demographischen und raumwirtschaftlichen Faktoren untersucht. Die Entwicklung der Verkehrsbedingungen, die „Revolution durch die Schiene", der Wandel des inneren Marktes und des Kredit- und Bankwesens sind zentrale Themen der Darstellung der strukturellen Festigung des Industriekapitalismus. – Der zweite Band fragt nach den technischen Anstößen, den unternehmerischen Voraussetzungen und den gesellschaftlichen Folgelasten einer Entwicklung, die im Laufe des Jahrhunderts zum bestimmenden Moment des sozialen Wandels wird. Industrialisierung und agrarischer Wandel, der Einsatz von Kapital und Boden, der dynamische Charakter der Wandlungsprozesse werden ihren räumlichen und zeitlichen Dimensionen sorgfältig nachgezeichnet, bevor die Frage nach der Anpassung der Gesellschaft und der sie bildenden Klassen an diese veränderten Lebensbedingungen aufgeworfen wird. Der Untersuchung der Entstehung und Entwicklung der Arbeiterklasse und Arbeiterbewegung steht eine Untersuchung der verwickelten Verhältnisse innerhalb des französischen Bürgertums gegenüber, die von der Darstellung der gewandelten wirtschaftlichen und sozialen Position des *bourgeois* bis zu seinen alltäglichen Lebensformen und seiner „Aristokratisierung" reicht. Die aus ausführlichen Regionalstudien gebildeten Synthesen der einzelnen Autoren, die durch zahlreiches statistisches Material und kartographische Darstellungen gestützt werden, machen das Werk nicht nur methodisch vorbildlich, sondern geben ihm darüber hinaus eine Anschaulichkeit, die die jüngere französische Geschichtsforschung überhaupt auszeichnet.

athenäum